北京大学考古学丛书

考古学研究

（十六）

庆祝李仰松先生九十寿辰论文集

北京大学考古文博学院
北京大学中国考古学研究中心 编

科学出版社
北京

内 容 简 介

本书系庆祝民族考古学家李仰松先生九十寿辰而编辑的学术论文集。全书共收录学术论文 33 篇，涉及民族考古学、史前考古学、夏商周考古学、文明起源、边疆考古学和博物馆学研究等内容；附录 2 篇，介绍李仰松先生的学术历程和论著总目。

本书可供考古学、人类学、历史学、民族学等领域的研究人员及高等院校相关专业的师生参考、阅读。

图书在版编目（CIP）数据

考古学研究. 十六，庆祝李仰松先生九十寿辰论文集 / 北京大学考古文博学院，北京大学中国考古学研究中心编. —北京：科学出版社，2023.8
（北京大学考古学丛书）
ISBN 978-7-03-076218-4

Ⅰ.①考… Ⅱ.①北… ②北… Ⅲ.①考古学 - 中国 - 文集 Ⅳ.① K870.4-53

中国国家版本馆 CIP 数据核字（2023）第 158515 号

责任编辑：孙 莉 蔡鸿博 / 责任校对：邹慧卿
责任印制：肖 兴 / 封面设计：张 放

科 学 出 版 社 出版
北京东黄城根北街 16 号
邮政编码：100717
http://www.sciencep.com
北京中科印刷有限公司 印刷
科学出版社发行 各地新华书店经销
*
2023 年 8 月第 一 版 开本：787×1092 1/16
2023 年 8 月第一次印刷 印张：28 1/2
字数：675 000
定价：248.00 元
（如有印装质量问题，我社负责调换）

目　录

壹　民族考古学研究

贰　史前考古学研究

叁　夏商周考古学研究

肆　文明起源研究

伍　边疆考古学研究

陆　博物馆学研究

Contents

I Ethnoarchaeological Research

II Prehistoric Archaeological Research

Ⅲ　Xia, Shang, and Zhou Archaeological Research

Ⅳ　Study of the Origins of Civilization

V Research of China's Frontier Archaeology

VI Study of the Museology

壹　民族考古学研究

中国民族考古的开拓者

宋兆麟

（中国国家博物馆）

中国的考古学、民族学兴起较晚，都是近代从国外引进的，其初是各自发展的，如考古学强调田野考古，重视遗迹研究。民族学也强调实地考察，编写调查报告，但忽视物质文化或民族文物，这一点至今都是文物工作的软肋，民族文物工作是当今文物工作的薄弱环节。在 20 世纪中，著名学者吴泽霖已关注民族文物，曾在贵州举办过《少数民族文物展览》，还首先建议中国民族博物馆，与此同时，林惠祥在厦门大学、杨成志在中央民族大学、冯汉骥在四川大学，还有人在中山大学都抓了民族文物研究，有的地方还建了博物馆，这是老民族学家的卓识远见，功不可没。遗憾的是，他们没有时间从事民族考古研究实践。

中华人民共和国成立后，很重视民族工作，如开展民族调查，编写民族史志，收集民族文物，建立民族区域自治制度。从中也出现了一批专家。值得注意的是，有的专家还关注民族与考古研究，这就要首提李仰松先生。

李先生是参加民族调查的最早的考古学者，先去云南佤族地区，后来去滇西北调查，最后又去海南省黎族地区调查。留下许多作品，而且有特点。如他参与编写的《20 世纪 50 年代西盟佤族社会历史调查》，结合考古学进行研究，这是一般民族调查报告所没有的，是学术上的突破。

考古学是研究人类早已遗失的文化，通过遗存和遗物复原历史，有些能说明白，有些就说不明白了，如人们说扳指是钩弦的，其实民族学说它是护手指的；汉代有二牛三人犁，解释多种多样，其实云南农村还在使用此法，是二牛抬杠，由一人牵牛，一人掌辕，一人扶犁。类似例子很多。说明考古学有一定局限性。民族学是研究民族的学问，其中的少数民族处于不同的社会发展阶段，尤其是建国之初，我国有母系制残余的"女儿国"，有父权制的独龙族，有阶级社会初期的佤族，还有凉山彝族奴隶制，西藏和西双版纳的农奴制。上述事实说明，民族学研究活的历史，其中有"活的社会化石"，对研究考古学有重要意义。李仰松先生正是将考古学与民族学接上头绪的第一人，这一点在中国是公认的事实。

我是 1955 年考入北京大学历史系的，后来分配在考古专业。当时既主攻考古学，也学一点民族学，在学中央民族学院（现中央民族大学）林耀华先生的民族学课程时，就由李仰松先生辅导，有时去中央民族学院上课，也是由李先生领队的。他虽然没直接给我讲过课，但我是将他当先生的，事实上许多民族知识都从李先生处得到的。我们师生关系不错，记得还拜访过李先生家，他讲授不少民族考古学知识。

常言说："师父领进门，修行在个人。"我自认是努力的。在学生时代，就参加了十个月广西民族调查，回校后还在临湖轩向陆平校长做了汇报。记得我还说过"下乡十个月，胜读三年书"。陆校长批评说："下乡调查很重要，但学生主要是读书。"我认为他说的正确。后来参加了洛阳王湾考古实习。

调到中国历史博物馆，我又赶上了从事民族考古的良机：1961年暑假，国家文物局请翦伯赞等专家赴内蒙古考察，事后专家提出，中国民族地区正在翻天覆地变化，旧东西即将淘汰，抢救民族文物为当务之急。国家文物局接受了上述建议，又责成中国历史博物馆主抓此事。馆领导认为我年轻，又有民族调查的经历，就安排我担任抓民族文物抢救工作。自1961年起，我每年都在民族地区生活，先后对内蒙古鄂伦春族、云南西双版纳傣族、四川小凉山彝族、云南泸沽湖纳西族作了详实调查，征集大量民族文物，后来又赴东北、西北、西藏和海南民族地区考察。这些工作类似上了一所民族大学的专业课程，让我学到了不少知识，收集了大量史料，使我终身受益。

我的治学活动，有人反对，说我是"考古学的叛徒"，我对此并不在意，历史会有公论的。也有很多人支持我。在20世纪70年代杭州考古会议上，社科院考古所所长夏鼐先生表示调我去当《考古》杂志的编辑，我不知可否，征求苏秉琦先生意见。他坚决反对，还说："现在在全国找《考古》编辑，找一千个人也不难；找搞民族考古的人就难了。现在考古界有'南汪（宁生）北宋'之说，就是对你们研究工作的肯定，尤其是你，在博物馆有一定优越条件，必须坚持搞下去。"苏先生上述鼓励的话，消除了我在民族考古道路上的疑惑，于是我又坚定的从事民族考古工作了。除进行民族调查，完成多卷本《边疆民族调查》著述外，又完成了《民族文物通论》《中国民族民俗文物辞典》《古代器物溯源》等专著和论文写作。

过去，有关"民族考古"含义曾发生过论战，当事人曾建议我表态，我没有介入。今天我想说，民族考古有两层含义：一种是民族学与考古学比较研究，本文说的民族考古基本如此；另一种是民族地区的民族考古，从事此类工作的应该是在边疆考古第一线的考古学家，我敬仰他们，祝福他们，而不能入伍，这是工作环境所限，无可奈何。其实，两者研究对象基本相同，方法也类似，共性较多，把他们都纳入民族考古也是可行的。有幸退休后遇到大量东北亚民族古籍，这才研究当地民族史，写了一些文章，出版了《蹴鞠：中国古代的足球》《唐代渤海国医疗画资料集》《潘家园访古地》等书。

在自己的学术生涯中，做了一点工作，但是"吃水不忘挖井人"，有不少恩师是不能忘却的，其中就包括李仰松先生，他是中国民族考古的开拓者，也是我从事民族考古研究的领路人。

民族考古学现状与展望

黄建秋

（南京大学历史学院）

考古学是根据古代人类通过各种活动遗留下的实物研究人类古代社会历史的一门学科[1]。依靠常识和历史文献从考古发掘出土的实物身上解读出的信息有限。有学者在研究中发现，把出土遗物与相关民族调查资料进行类比有助于解读出土遗物的用途，这种方法逐步被一些考古学者运用。民族学与考古学看似没有联系的两个学科被结合到一起释读考古资料，国外学者把这种做法称为民族志类比或民族考古学。

对此，我国考古学者意见不一。有的学者赞同民族考古学的提法，认为它是考古学的一个分支学科[2]。有的学者则不以为然，认为民族考古学实则是民族志类比，它只是丰富了考古学研究手段的一种方法[3]。有的学者认为它缺少自己的研究对象，而提出要取消民族考古学[4]。当然更多的考古学者虽然未必认同民族考古学的提法，但是都赞成运用民族志类比来解读考古材料。夏鼐曾说过："作为一个考古学家，我们应该以主人翁的身份来利用历史文献和民族志的资料和理论来解决考古学的问题。"[5]

笔者赞同夏鼐的看法。1949年至今中国考古新发现层出不穷，70多年积累起来的考古资料需要认真地解读，解读考古资料离不开民族学，如何利用好民族学为考古学服务成为今后建设民族考古学的关键。笔者认为，建设民族考古学要在以下几个方面下功夫，首先要充分认识到民族志类比的作用，厘清民族考古学的研究对象，完善民族志类比推理方法，增强用实验手法检验类比推理合理性的意识，在提炼适合于解释考古遗存的概念方面进行探索，使民族考古学成为解读考古遗存功能的重要方法和阐述考古学文化现象的基础理论。

一、充分认识民族考古学的作用

民族考古学对考古学最大的贡献就是提供了民族志类比方法，它不仅为阐释考古

---

[1] 夏鼐：《什么是考古学》，《考古》1984年第1期。

[2] 参见容观瓊、乔晓勤：《民族考古学初论》，广西民族出版社，1992年，第1~7页。

[3] 许永杰：《民族考古学是什么》，《四川文物》2005年第2期。

[4] 张忠培：《民族学与考古学的关系》，《中国考古学：走近历史真实之道》，科学出版社，1999年，第125~147页。

[5] 夏鼐：《中国文明起源》，文物出版社，1985年，第25页。

遗存功能，从考古遗存中解读出先民的精神文化乃至过去社会的制度文化提供借鉴，而且还为解读复杂的考古学文化现象提供概念。相关的研究成果不少，这里举几个例子说明民族考古学的作用。

中国、美国、日本等国史前遗址出土过不少带 U 形槽的石器。这类石器长度多在 10 厘米左右，其宽平表面上有一道或多道 U 形凹槽，考古学者多称之为磨石、砺石、石磨具、沟槽器和有槽磨具等，认为它们是研磨工具。但是从这类石器多数是用角岩、滑石、板岩、千枚岩和云母变质岩等制成来看，它们显然不适合做研磨工具，所以上述推断是"望形生义"，认识始终不得要领。美国民族学者在对印第安人的实地调查中发现，印第安人用类似带 U 形凹槽的箭杆调整器来矫正不平整的箭杆。他们把不平直的箭杆放在加热过的箭杆调整器的凹槽中来回拉磨，使得箭杆变直和光滑。考古学者把两者造型类比后，推断史前遗址出土的 U 形槽的石器也能够起到矫正箭杆的作用。有学者作了相关实验证明 U 形槽石器的确能够起到矫正箭杆的作用①。这是通过民族志类比阐释考古遗存功能的成功范例。

再比如，半坡遗址中作为瓮棺葬具的尖底瓶以及长颈壶的口部在埋葬前就被打破②。考古学无法合理地解释这个现象，可以从民族志记载中的类似现象中获得解释这个现象的线索。斐济人认为假如日用斧头或刀子由于长期使用而损坏或折断了，则它们的灵魂很快就飞去为神服务③。据此，把尖底瓶和长颈壶口打破看作毁器行为，毁器的目的与斐济人的精灵崇拜观念相同，让被打破的尖底瓶和长颈壶的灵魂去为死者服务。可见民族志类比有助于揭示考古遗存背后的精神文化内涵。

不仅如此，民族志类比还有助于透视考古学文化所蕴含的制度文化。元君庙墓地是仰韶文化的一处典型墓地。考古学者完成元君庙墓地的考古学文化分析后，把该墓地与北美易洛魁氏族、中国云南宁蒗的普米族和永宁纳西族等的成丁礼、丧葬制度和亲属关系等资料作了类比，认为元君庙墓地是由一对实行对婚的氏族——部落的两个墓区构成的墓地，每个墓地代表一个氏族，它们各由若干个家族墓构成，家族墓是由具有血亲关系男女多人合葬墓构成的④。这个结论让大家看到该墓地所反映的丧葬制度，考古界对此评价甚高⑤。这个实例表明民族志类比是从出土实物中解读出过去社会制度的有效途径。

其实，民族志类比还有一个功能至今没有得到应有的重视，即能够帮助考古学者在发掘现场中辨识遗迹性质。例如，考古发掘中常常发现面积不大呈不规则圆形的没有柱洞的原生红烧土面，红烧土面厚薄不一，考古学者无法合理地解释这个现象。汪宁生在民族调查中发现西双版纳景洪曼勒傣族群众常常在固定地点烧陶，时间长了该

① 参见李新伟：《我国史前有槽箭杆整直器》，《考古》2009 年第 6 期。
② 中国科学院考古研究所、陕西省半坡博物馆：《西安半坡》，文物出版社，1963 年，第 220 页。
③ 〔美〕爱德华·泰勒著，连树声译：《原始文化》，上海文艺出版社，1992 年，第 466 页。
④ 参见北京大学历史系考古教研室：《元君庙仰韶墓地》，文物出版社，1983 年。
⑤ 严文明：《从埋葬制度探讨社会制度的有益尝试——〈元君庙仰韶墓地〉读后》，《史前研究》1984 年第 4 期。

地面上会形成小面积红烧土，最厚的可达 10 厘米[1]。他认为依据这个事例可以推测上述原生红烧土面很可能是露天堆烧陶器的遗迹。当然要确认这类原生红烧土面确实是露天窑遗迹的话，还需要辅证。由于这类"窑"的焙烧温度不高，陶坯在氧化焰中焙烧而成，所以烧成的陶器表面颜色不纯而呈现斑斑驳驳的红色或红褐色等，陶器表面多有无意识渗碳留下的黑色斑块。如果能够重视这一推断，以后只要发现类似红烧土面，应当在同一文化层中寻找有无质地疏松、颜色斑驳并有黑斑的红陶片，如果有的话，就可以把红烧土面解释为露天堆烧陶器的露天窑址遗迹。

民族学对考古学的另一大贡献是为阐释复杂考古学文化现象提供理论支撑。墓葬是内涵比较复杂的考古遗存，考古学者能够解决墓地环境、墓坑排列和规模、随葬品质与量、死者性别和年龄、墓地时代和文化属性及墓葬分期等问题。限于学科特点，考古学者无法说明其中很多文化现象产生的原因，一般读者无法从这个"见物不见人"的成果中窥视过去社会面貌。但是民族学给考古学提供了解释这些文化现象的理论。位于苏北鲁南交界处的苏北一侧的花厅墓地，处在大汶口文化分布区的南部边缘，也是良渚文化分布区的最北边缘。该遗址经过四次调查发掘，共清理了 87 座墓葬[2]。这个墓地分南北两个区；墓分大中小三型；南区只有中小型墓而北区有大中小型墓；随葬陶器有五种风格，分别是大汶口式、大汶口·良渚折衷式、大汶口·薛家岗折衷式、良渚式、薛家岗式。这些墓中，死者头向朝东；超过 1/3 的墓随葬猪；大墓随葬的玉器种类和数量不多而随葬的陶器数量很多；大墓与中、小型墓集中在同一个墓地；有的大中型墓中埋葬多个死者；南区只有很少量良渚式陶器，而北区不仅有大汶口式陶器而且还有大汶口·良渚折衷式陶器和大汶口·薛家岗折衷式陶器。从民族学上讲，花厅遗址处于大汶口文化和良渚文化之间，相当于某个文化的边区。文化边区意味着这里很容易出现涵化。涵化是指由两个或多个自立的文化系统相连接而发生的文化变迁[3]。文化变迁是指或由于民族社会内部的发展，或由于不同民族之间的接触，引起一个民族的文化的改变[4]。在花厅，大汶口人死后葬在南区，良渚人死后葬在北区，看似泾渭分明，但是随葬品中却有融合了大汶口文化和良渚文化特征的大汶口·良渚式陶器，这说明要么是大汶口人、要么是良渚人在制陶时采借了对方陶器造型的某些特质融入陶器制作当中，在陶器制作方面出现了涵化。来自良渚的人死后头向不是按良渚文化葬俗朝南而是按照大汶口文化葬俗朝东，良渚人死后像大汶口人那样随葬猪，在其浙江余杭老家良渚人死者按地位高低尊卑被葬在不同的墓地，而在这里良渚人居然也像大汶口人一样，不问地位高低身份尊卑，所有人死后一律埋在同一块墓地，以上情况说明良渚人在葬俗方面已经入乡随俗了[5]。由此可见，花厅的居民中大汶口人和良渚人在生

① 汪宁生：《汪宁生论著萃编》（上），云南民族出版社，2001 年，第 220 页。
② 参见南京博物院：《花厅——新石器时代墓地发掘报告》，文物出版社，2003 年。
③ 黄淑娉、龚佩华：《文化人类学理论方法研究》，广东高等教育出版社，1998 年，第 221 页。
④ 黄淑娉、龚佩华：《文化人类学理论方法研究》，广东高等教育出版社，1998 年，第 211 页。
⑤ 黄建秋：《花厅墓地的人类学考察》，《东南文化》2007 年第 3 期。

活中互相采借对方的某些文化特质，创造了富有特色的边区文化。这个结论是在民族学涵化理论指导下得出的，一般读者读得懂。用涵化理论能够把静态的错综复杂的花厅墓地考古资料转化为动态的文化现象描述，使得艰涩难懂的考古资料成为一般人都能够读得懂的历史文献，为他们理解花厅墓地提供了一个形象生动有趣的历史画面。

总起来说，民族考古学具有以下几个作用。第一，帮助考古学者解读考古学难解的遗迹和遗物。第二，给考古学者提供从遗迹和遗物中释读出精神文化和制度文化信息的理论和概念。第三，为考古学者在发掘现场判断未知遗迹功能提供线索。第四，为阐释复杂的考古学文化现象提供理论支撑。

二、厘清民族考古学研究对象

如上所述，民族考古学为深化考古学研究做出了贡献，但是以往民族考古学者没有说清楚民族考古学的研究对象是什么，因此民族考古学不被传统考古学者认可。比如有位从事民族考古研究的考古学者认为，民族考古学自己的研究对象是整个考古学的研究对象和"活的社会"保存的民族志材料[1]。有位考古学者指出，这个看法等于说民族考古学没有自己的研究对象，所以建议取消民族考古学[2]。

那么民族考古学到底有没有自己的研究对象呢？笔者认为，有。民族考古学研究对象可以分为三类。

第一类研究对象是那些功能不详的出土遗物和遗迹，要通过民族志类比才能说清楚它们的功能。在这个意义上说，民族考古学"共享"了考古学家的研究材料。站在考古学的立场，说民族志类比是丰富了考古学研究的手段之一无可厚非，是解决"考古遗存是什么"的方法。

第二类研究对象是出土遗迹和遗物的考古研究成果。"考古遗存之所以这样"之类问题只有民族考古学才能够解决，这是因为它能够把静态的物与动态的人联系起来，从"见物不见人"的考古遗存研究成果中挖掘出"人"的信息。比如，陶器是史前遗址出土数量最多的遗物，也是考古学者着力最多的课题。考古学者长于陶器形态研究，把造型相似的陶器集中起来，运用相似相近等原则把陶器分为不同的类、型和式，把造型相似的陶器设定为一个型，把同一型中造型最简朴的设定为Ⅰ式，把与之最相似的设定为Ⅱ式，把与Ⅱ式最相似的设定为Ⅲ式，把与Ⅲ式最接近的设定为Ⅳ式，以此类推不一而足。然后假设这些陶器沿着Ⅰ式→Ⅱ式→Ⅲ式→Ⅳ式方向渐变，最后运用地层学验证这个序列是否正确：如果Ⅰ式见于在最下的文化层，Ⅱ式见于它上面的文化层，Ⅲ式又见于出土Ⅱ式的文化层之上，Ⅳ式见于最上的文化层，那么这个序列就是正

① 汪宁生：《汪宁生论著精粹》（上），云南民族出版社，2001年，第34页。
② 参见张忠培：《民族学与考古学的关系》，《中国考古学：走近历史真实之道》，科学出版社，1999年，第125～147页。

确的。考古学者的陶器类型学成果解决了陶器造型变化过程，这是"见物不见人"的成果。这个成果不是也不应该是陶器研究的结束。这是因为当人们得知陶器造型变化过程后，不禁要追问它们为什么会渐变的问题，考古学难以回答，只有民族考古学才能做出回答。民族学中的"濡化"概念为回答这个问题提供了思路。濡化是指个人通过经验、观察和接受教育、学习所在群体的文化，发挥与自身地位和身份相称的作用的过程。陶器是物，它不能像类型学结果所发现的那样自我繁衍：Ⅰ式生不出Ⅱ式，Ⅱ式生不出Ⅲ式，Ⅲ式生不出Ⅳ式。陶器造型之所以呈现出Ⅰ式→Ⅱ式→Ⅲ式→Ⅳ式这种有序渐变过程，是因为制陶工匠的技术和陶器造型代代相传的缘故。陶工的下一代在其身边长大，下一代们耳濡目染制陶过程，不知不觉中学会了制陶，做出来的陶器自然与上代人做的一样。当他（她）们想对陶器造型做些改动，倘若得到上一代人许可，那么他们做出来的陶器造型一定有别于上一代人所做的。如果把上一代陶工做的陶器称为Ⅰ式，那么他（她）们做的陶器就相当于Ⅱ式了。以此类推，只要一个集团内的年轻一代有一定的自主权，那么不同辈分成员做的陶器造型就会呈现出渐变趋势[1]。这种陶器造型渐变是濡化的结果，可称为濡化效应。濡化效应展示了静态的陶器与动态的陶工的关系，很好地回答了陶器为什么会渐变的问题。濡化效应似乎与玛格丽特·米德所说的互塑文化[2]有一定关系。互塑文化社会中，老年人仍然处于支配地位，他们树立典范，规定限制范围，年轻人的行为中所表现出的互塑性不得超出这些范围。为了获得对变革的最后赞同，年轻人不仅要注重自己的同辈的态度，而且要看老年人的脸色。可见濡化是在互塑文化中实现的，倘若我们能够以濡化效应为出发点，考察该社会的其他方面，将会加深我们对过去社会面貌的认识。

考古学上把给死者随葬猪头或猪下颚骨或整猪的现象称为葬猪。有学者认为葬猪是夸耀财富的表现[3]，也有学者认为葬猪具有宗教意义[4]。这些说法不无道理，但是这些说法似乎没有触及问题的本质。这里以大汶口墓地三次发掘清理的179座墓为例，说明如何运用民族志类比来解读葬猪现象[5]。该墓地中，只有少数死者随葬象牙梳、象牙雕筒、骨雕筒、象牙琮（环）头饰、项饰等奢侈品，制作这些没有实用价值的奢侈品需要耗费大量社会剩余劳动，随葬这些奢侈品的死者占有了大量剩余劳动，可以称这

① 黄建秋：《中国日本考古类型学的比较分析》，《史前考古学方法与实践》，生活·读书·新知三联书店，2014年，第3~25页。
② 参见〔美〕玛格丽特·米德著，曾胡译：《代沟》，光明日报出版社，1988年，第43页。译者把cofigurative culture译为互象征文化。从原著上下文意思和表述习惯看，笔者认为把cofigurative culture译为互塑文化比译为互象征文化更贴近原意。
③ 参见山东省文物管理处、济南市博物馆：《大汶口——新石器时代墓葬发掘报告》，文物出版社，1974年，第122页；王吉怀：《试析史前遗存中的家畜埋葬》，《华夏考古》1996年第1期。
④ 参见王仁湘：《新石器时代葬猪的宗教意义——原始宗教文化遗存探讨札记》，《文物》1981年第2期；〔日〕春成秀尔：《ブタの下顎骨懸架—弥生時代における習俗》，《国立歴史民俗博物館研究報告》第50集，国立歴史民俗博物館，第71~140页。
⑤ 参见山东省文物管理处、济南市博物馆：《大汶口——新石器时代墓葬发掘报告》，文物出版社，1974年；山东省文物考古研究所：《大汶口续集——大汶口遗址第二、三次发掘报告》，科学出版社，1997年。

些死者为贵族。还有一些死者随葬少量随葬笄和臂环或玉斧和陶石骨角器，制作这些器物需要耗费一些劳动，成本不高，可以称随葬这类物品的死者为富人。还有大量死者只随葬陶器、石器和骨角器，这些物品都是日用品，可以称随葬这些物品的死者为平民。该墓地有多个墓组，各组墓内的墓分排，各排墓内的墓还分列。贵族、富人和平民被安葬在同一块墓地内，同一组、同一排墓的墓主中既有贵族又有富人还有平民。所有死者头向始终保持一致。这些情况说明大汶口文化的丧葬习俗始终如一，社会成员有很强的集体认同，成员之间出现贫富分化但是没有出现彼此对立的阶层。安葬在同一组内的墓主生前属于同一家族，同一排墓内墓主属于一个大家庭。在这个墓地中，揭露出来的 179 座墓中有 52 座墓存在葬猪现象。这批墓分为六个阶段，第一阶段 16 座墓中仅 1 座平民墓葬猪；第二阶段 30 座墓中有 2 座平民墓葬猪；第三阶段 10 座墓中只有 1 座富人墓葬猪；第四阶段 7 座贵族墓有 6 座墓、6 座富人墓中有 4 座墓葬猪，61 座平民墓中有 21 座墓葬猪；第五阶段 3 座富人墓中只有 1 座葬猪、15 座平民墓中只有 3 座墓葬猪；第六阶段 10 座贵族墓中 6 座墓葬猪，9 座平民墓中只有 1 座墓葬猪，6 座富人墓皆不葬猪。上述资料表明，葬猪与否与墓主身份没有必然联系，葬猪既不是贵族也不是富人或平民阶层特有的丧葬习俗。葬猪最初见诸平民墓，从第四阶段开始葬猪不仅见于部分平民墓，还见于部分贵族和富人墓。葬猪数量多少与墓主身份不成正比关系。纵观大汶口文化诸多文化因素，发现葬猪突然流行与第四期出现贵族有关。贵族富有但是没有掌握绝对权利。民族志中的有关记载告诉我们，贵族为了获得权力需要享有崇高的社会声望，举办夸富宴或者在斗富中获胜是赢得社会声望的主要途径。北美迈杜人（MAIDU）和胡帕人（HUPA）中流行推举富裕和慷慨者为首领的做法，为的是人民在穷苦时靠他为生，在有争端时指望他以财力帮助。他的地位由于财富的遗传而传于其子，但是遇到更富有而且能干的人便被夺走权利①。大汶口先民集团由多个家族构成，每个家族内部由多个家庭构成。第一到第三阶段，大汶口先民有两个阶层，女性在第一阶段占有绝对优势地位，但是随着时间推移女性不再垄断优势地位。从第四阶段开始大汶口先民拥有三个阶层，贵族墓中既有男性又有女性，女性的社会地位不是由性别而是由她所在家族或家庭地位确定的。各阶段家族势力此消彼长，平民、富人或者贵族个人或者家庭的身份并不固定而是流动的②。参照民族志事例，可见大汶口居民葬猪的目的不仅在于善待死者，更在于用猪肉飨客，为的是赢得社会声望。贵族葬猪希望赢得更高社会声望巩固现有地位，为获得绝对权力而努力。富人葬猪希望赢得声望以期更上一层楼，平民葬猪则希望有个好名声。当然葬猪是大汶口居民神灵信仰的反映，后来蜕变为赢得社会声望的手段。

　　民族考古学第三个研究对象是"活的社会"中的"物与人／事"对应关系模式。这

① 林惠祥：《文化人类学》，商务印书馆，2002 年，第 186、187 页。
② 黄建秋、包艳玲：《从墓葬看大汶口墓地所反映的社会结构》，（韩国）《中国史研究》（第 51 辑），2007 年 12 月。

项工作对研究者的要求很高，有能力从事这类研究的学者凤毛麟角，成果寥若晨星。钻木取火的工具与取火对应关系是不多见的研究实例。有位民族学者从黎族群众钻木取火获得火种的事例中归纳出了"物与事"的对应关系。黎族钻木取火的过程如下：用手搓动细木棍在木条上钻孔，摩擦产生了带有火星的木屑，用它引燃纤维，达到取火的目的。考古学者从这个事实中可以提炼出以下模式：尖端炭化的细木棍加上带有炭化孔边的木条组合与钻木取火有明确的对应关系。以前只从文献中知道钻木取火，而不知道具体怎样做的。民族志中有关物质文化的记载本来就很少，少数民族地区现代化进程的加快导致传统物质文化迅速消失，推动"物与人 / 事"对应关系模式构建工作刻不容缓。

三、提高类比推理科学性

要推动民族考古学发展，就要提高民族志类比推理的科学性，为此首先要弄懂类比推理的原理，为科学地开展民族志类比推理奠定基础。

从学理上讲，类比推理是根据两个或两类对象有部分属性相同，从而推出他们的其他属性也相同的推理。类比推理是或然性推理。提高类比结论可靠程度的方法有三个：一是更多地比较两个或两类事物的属性，所比较的属性越多，则属性间相互制约的情况就愈容易被看出，因而结论就更容易正确。二是研究各个属性间的联系。三是寻找有无和结论相排斥的属性。通过类推，提出假说，再经过验证，最后认识到真理[①]。

开展类比推理必须从慎重选择材料入手，挑选类比材料时，不仅要考虑到考古遗存与民族志材料在形态上的相似程度，而且还要寻找辅证，这样才能够避免因为考古遗存与民族志材料偶然相似导致不正确的推论。提高类比推理的科学性就必须遵循下面三条基本原则：一是类比的双方在造型上相似，二是要找到支撑类比推理结论的辅证，三是类比推理结论要与考古学文化内涵基本一致。

民族志类比推理，从本质上看，是假说。既然是假说，就需要验证，否则推理结论很难被认可。一些学者重视类比推理而不重视对类比推理结果的验证，其后果是类比推理结论缺少科学性。验证，从操作方法上讲，有直接验证和间接验证之别。直接验证是指按照民族志类比结果，按照推理结论使用出土遗物或遗迹开展实验，以此来检验类比推理是否合理。前苏联考古学家谢苗诺夫在研究石斧用途时，对石斧作了微痕观察，发现石斧刃缘有纵向摩擦痕迹，他根据民族志中使用石斧伐木的记载，认为出土的石斧也是伐木工具。为了验证石斧是砍伐工具的假说，他在列宁格勒用色楞格河新石器时代墓葬出土的石斧作了伐木实验，结果仅花了 20 分钟就砍倒了一棵直径 25 厘米的冷杉，实验证明石斧是伐木工具的说法是可信的[②]。当然，这类验证受各种条件

---

①　苏天辅：《形式逻辑》，中央广播电视大学出版社，1983 年，第 410、411 页。

②　参见 Semenov, S. A., *Prehistoric Technology*, Semenoy, S. A., Translated, And With A. Preface By Thompson, M. W., Prehistoric Technology, Bath: ADAMS & DART, Second impression, 1970, p. 130.

制约，能够直接验证民族志类比推理结论的机会不多，更多的民族志类比推理结论只能通过间接验证被检验是否合理。

间接验证，从具体做法上看，细分为两种。一种是指按照民族志中记载仿制出土遗物，看能否制成，这种验证可称为仿制验证。另一种是按照民族志中记载实际使用仿制的器物，看它是否实用可称为使用验证。前者可以用钻木取火为例予以说明。新疆托克逊县清理的春秋战国时期的墓出土了多件长条木片，木片一侧或两侧有数量不等的小圆窝，小圆窝深浅不一，内壁呈焦黑色。塔什库尔干县的一座春秋战国时期的墓也出土了一件长方形木片，它的两侧边上凿有楔形小竖槽，其中两个竖槽上各有一个小圆窝，窝内呈焦黑色 ①。这些木片的用途可以用上文提到的钻木取火模式予以说明，它们应该是钻木取火用的工具。为了进一步检验木片的用途，有学者采用仿制的条形木板和木钻杆作了钻木取火实验，结果获得成功 ②。

使用验证可以直接检验类比推理结论合理与否。日本弥生时代的遗址常出土横断面为椭圆形、刃部似文蛤的石斧，其中有的石斧顶部有很明显的被击打的痕迹。日本考古学者认为这样的石斧虽然从造型上看属于石斧，但是装柄使用的石斧顶部不应有被打击的痕迹，所以他们提出这类石斧未必是伐木工具而可能另有用途。查阅民族志资料后他们发现，这类石器的造型与北美西海岸原住民剖开冷杉制作板材时所使用鹿角楔子相似，那里的原住民在树干上打入成排楔子，把树干劈成两半，重复这个操作过程，便能够把树干剖成板材，使用过的楔子顶部有大量被击打的痕迹。伐木实验表明，当楔子被紧紧地夹在树干中时，人们会通过敲打楔子侧面把它拔出来，然后重新打入树干 ③。日本学者把顶部有被击打痕迹的石斧与它作了类比，推测这类石斧曾被当作楔子使用。笔者课题组曾仿制了类似石斧并作解木实验，结果很顺利地把原木剖开，实验中使用过的石斧顶部留下少许被击的点状痕迹 ④。我们的实验验证了石斧是楔子的说法。这类石器在地层中与用板材制作的木铲、木锄等农具共存的事例屡见不鲜 ⑤。这些发现佐证了当时使用石斧解木的说法。不过这里需要补充说明的是，开展使用实验之前要搞清楚实验原理并合理地设计实验方法，否则不仅不能验证类比推理，而且还会得出相反的结论。有人根据他用高速旋转的电钻钻木而未能生火的事实否定钻木取火的存在。这个结论与证明诸多钻木取火可行性实验情况相矛盾。究其原因是他不清楚钻木取火的关键不在于钻头转速快慢，而在于摩擦过程中能否产生带有火星的木屑并由此引燃其他物品的基本原理的缘故。

---

① 陈戈：《新疆出土的钻木取火工具——兼谈人类发明人工取火的途径》，《考古与文物》1982 年第 2 期。

② 〔日〕坂田邦洋：《考古学统计》，杉山书店，1993 年，第 12、13 页。

③ 〔日〕佐原真：《斧の文化史》，东京大学出版会，1994 年，第 97、98 页。

④ 笔者实验团队开展的实验，研究报告待刊。

⑤ 参见〔日〕山田昌九：《考古资料大观（弥生·古坟时代木·纤维制品）》，小学馆，2003 年。

四、简 短 结 语

综上所述，民族志类比为阐释考古资料提供了重要依据，民族学理论为阐释复杂的考古学文化现象提供了理论支撑，一定程度上推动考古研究向纵深发展。不过也要看到，就现状而言，民族考古学要成为考古学分支学科还有一段路要走。这是因为考古资料所呈现出来的文化面貌比民族调查材料中的文化面貌复杂，而濡化、涵化和文化区理论是从民族学调查中提炼出来的，运用它们诠释考古学文化难言完美。濡化诠释了文化传承原理，但是没有涉及传承过程中的渐变现象。涵化解释了位于两个文化区之间的聚落中两种文化面貌之间的关系，但是无法解释这种聚落中出现多种文化因素的现象。这些问题既是今后民族考古学研究需要解决的课题，也是探讨如何把考古资料与民族志有机地结合起来从中提炼出适合阐释考古学文化现象概念的起点。民族考古学不仅是服务于考古学的重要研究手段和基础理论，也是民族学拓展研究方向的重要途径。希望有志于此道的学者们共同努力，为实现把民族考古学建设成为真正的交叉学科的目标而努力。

附记：感谢赵春青博士惠予为《考古学研究（十六）——庆祝李仰松先生 90 寿辰论文集》作文的机会，谨贡献民族考古学习作一篇，请方家指正。虽然未得机会聆听李仰松教授教诲，但是拜读过李先生关于新石器时代考古著述，受益匪浅。恭祝李仰松先生健康长寿。

阿佤新歌与黎苗新貌

——云南西盟佤族与海南黎族、苗族民族考古复查记

赵春青[1]　王怡珩[2]　罗　伊[3]　王育龙[4]

（1. 中国社会科学院考古研究所　2. 中国社会科学院大学历史学院

3. 云南大学历史与档案学院　4. 海南省博物馆）

1956～1957 年，身为北京大学青年教师的李仰松先生只身前往西盟佤族自治县，调查了西盟佤族的数个村寨。那时，新中国成立不久，民族识别迫在眉睫，民族学界正在进行全国范围的少数民族识别调查活动。刚刚大学毕业的李仰松老师留北大任教，给前来北大讲课的著名民族学家——中央民族学院（现中央民族大学）林耀华先生当助教。那时的李仰松老师才 20 多岁，正是志向高远、血气方刚的青春年华。李老师不满足于教室里听到的关于原始社会的传说，决意亲自参加民族调查活动，最终得到了林耀华先生的同意，来到云南佤族地区进行实地考察。当时的西盟佤族人民还并未褪去原始社会的遗风，生活环境和风俗习惯都比较落后，李仰松先生亲临佤族进行实地调查的条件也十分艰苦，甚至随时面临着被斩首的生命危险，但先生仍然在西盟县调查了整整一年。结束调查后，先生写就了《20 世纪 50 年代西盟佤族社会历史调查》一书，分经济、历史、政治与军事、物质生活、家庭与婚丧、宗教、科学艺术与文教卫生八个方面，对西盟的四个村寨进行了全方位描述与总结，为民族学和考古学的研究都提供了宝贵的资料[①]。

1991 年，李仰松先生带领两名硕士研究生来到海南岛的黎族苗族自治地区进行民族考古调查。之后，受中国历史博物馆宋兆麟先生的委托，赵春青又到海南岛白沙县南开乡高峰大队方通村（黎族）一带再次进行民族考古蹲点调查，均取得了丰硕成果。

2022 年夏季，我们有机会分别重访云南西盟佤族和海南岛的黎族、苗族居住区进行民族考古调查，如果以 20 世纪 50 年代、20 世纪 90 年代和 21 世纪 20 年代为三个不同的历史阶段，分别展示佤族、黎族和苗族不同阶段发生的不同变化，无疑将具有难得的意义。

一、阿佤新歌

初到西盟，一名佤族青年驱车载我们从景迈机场前往西盟县先与西盟县宗教局的

---

① 李仰松：《20 世纪 50 年代西盟佤族社会历史调查》，文物出版社，2015 年。

青年干部见面，一路上地势高低起伏，山路兜兜转转。

到达西盟的第一站是小马散村。汽车停在村口，映入眼帘的是一个坐落在丘陵之上，房屋随地势高低错落有致的村落。小马散村是马散村十一组，也就是永俄寨。马散村位于勐卡镇政府西部，东与莫窝村相邻，北与边境口岸娜妥坝相邻。马散村是勐卡镇的边境村，边境线长达 59 千米，是一个典型的边疆、山区、少数民族村，也是西盟佤

图 1　阿佤山路标

族地区建寨最早的寨子之一，是当时最大的佤族部落，西盟佤文化的起源地。

过去的马散村，茅草房、树杈房间间相连，群众过着衣不蔽体、食不果腹的日子，住的是破旧茅草房，漏雨漏风，喝水用竹筒背。只有丛林土路通向外界，信息闭塞，与外界社会脱轨，跟不上时代发展的步伐。群众沿袭刀耕火种的落后方式，常年面朝黄土背朝天得来的粮食不够一家人生活，时常饿肚子加之缺医少药，缺乏教育，没有产业，无法发展。被群山层层困住的群众，不知道如何打破贫困的牢笼，过着典型的贫穷落后直过民族的生活。

而现在，迎接我们的再也不是泥泞的土路和简陋的茅草房，无论是身着传统服饰的

图 2　在村口玩耍的孩子们

佤族妇女的笑容和盛开的簇簇鲜花，还是宽阔的水泥路和具有民族风情的砖瓦房，都展示着这座村落焕然一新的面貌。村子中央水中的大型戏台正在搭建，水牛在路旁的草场上安闲地踱着步，老人和孩子在房前聊天玩耍，颇有"黄发垂髫，并怡然自乐"之感。马散村早已不是 20 世纪 50 年代那个原始落后的村庄，佤族人民也在与时俱进，在党和国家的支持下，过上了社会主义新生活。

建村初期，马散村民主要种植稻谷、玉米和小红米三种作物。20 世纪 90 年代初期，开始种植茶叶和蔬菜等经济作物。21 世纪初期，在原有农作物的种植基础上，推广青贮玉米产业种植，扩大茶叶种植面积，大力推行科学技术种植，产业产量倍增，群众收入逐年递增。猪、黄牛、水牛从原始放养的饲养方式，在 21 世纪初转变为肥猪、能繁母猪、牛圈养模式。经过近年脱贫攻坚项目的扶持，逐渐形成了规模化科学养殖。此外，马散村还积极发展旅游业，依托独特的人文旅游资源，以佤族文化的宣传为重点，打造了集旅游观光、休闲度假及民俗、民族文化体验为一体的乡村旅游区[①]。

---

① 参考小马散村村史室展板内容和郑州大学李昊泽同学提供资料。

图 3　正在修建的活动中心

图 4　村中池塘

　　马散村在 20 世纪五六十年代，住的是简陋的茅草房、树杈房，直至 80 年代末，才修建木板房居住。在党和国家的支持下，马散村实施了安居工程。2008 年，大部分人家享受国家农村危房改造项目扶持，修建了砖瓦房。2015 年，西盟县全面启动安居房建设工程，改善了村民的住房问题，家家户户都搬进了现代佤族新民居。自 2000 年以来，村内开展道路硬化工程，之前泥泞的路面旧貌换新颜，变成了干净整洁的水泥路。此外，马散村还实施了亮化工程、网络工程、自来水工程、医疗教育工程等，大大改善了村民们的生活①。

图 5　小马散村一角

图 6　小马散村民如今的住房

　　为了展现佤族传统的民族风情，村内特地保留了一座佤族传统干栏式房屋。这是一座草木结构的架空楼房，楼上住人，楼下则用来饲养牲畜或堆放柴火等杂物。房屋进深约十米，宽约五米，屋顶为两面坡形制，用茅草覆盖，房屋主体为木质，推拉窗上装饰有佤族颇具代表性的牛头标志。楼上的房门共三个，分别为正门、火门和客门，房屋两侧各建有一木质楼梯。室内未分隔房间，仅中轴线上有一正方形火塘，火塘内置一三脚架作为灶台使用，周围还摆放着木质桌凳和藤编高凳，陈设较为简单。房屋采用梁架结构，设有两根横梁，横梁中间及房屋周围还有较细的支撑柱。

————————————
① 参考小马散村村史室展板内容和郑州大学李昊泽同学提供资料。

图7　佤族传统民居

图8　推拉窗上的纹饰

图9　传统民居内的火塘

图10　传统民居室内一览

　　马散村像其他现代村镇一样设有村史展示室，位于村寨中央。走进村史室，接待我们的是非物质文化遗产省级传承人岩相太和非物质文化遗产市级传承人岩特长，岩相太先生承担了为我们讲解佤族传统非物质文化遗产的任务。先生皮肤黝黑，看起来很精干。身着黑色对襟短上衣和宽腿裤，头部用黑布缠裹，颈戴银质项圈，肩背黑底红色竖条纹布包，腰间佩挂短刀。佤族人崇尚黑色，将黑色作为自己的象征，服装基本以黑色为主色，其他颜色多为点缀和陪衬[①]。虽然先生普通话说得并不标准，却十分健谈，边讲边演，将我们带入了历史悠久的佤族文化之中。

　　首先，岩相太先生为我们展示的是佤族传统的纺织工艺，从纺织工具到纺线工艺流程，都为我们做了详细的讲解和演示。佤族传统的纺织技术较为先进，纺织艺术也精妙绝伦。置物架上陈列着走线精细、色彩鲜艳的布匹，有些布匹上还垂吊着流苏，颜色以黑、红、蓝、白为主。当地有棉花之前主要用以葛根藤作为原料的麻布，有棉花之后主要用棉线织布。织布前要先纺线，纺线的工具有纺轮也有纺车，织布工具则为腰机。佤族人民不仅纺线制衣，还利用当地丰富的自然资源制作兽皮或树皮衣。

　　接下来展示的是佤族的酒文化。佤族的酒文化十分兴盛，几乎每顿饭都要饮酒，直到现在各家各户都会酿酒供日常饮用。佤族的酒分为水酒和烧酒，一般先将芭蕉根、

----

① 赵富荣：《中国佤族文化》，民族出版社，2005年，第236页。

鸡肚子果根等晒干后磨成粉当作酒引，再将大米搅成粉后发酵。发酵需用一个较大的长颈深腹小平底陶壶，为防止陶壶破损会用竹篾编织包裹起来，再将其腹部钻一个直径约 1 厘米的圆孔，连接竹管把酒引出。或从陶壶口部用竹管吸出，装在竹筒酒壶中，就可以分别倒入竹筒酒杯共饮[①]。佤族人民饮酒一般用规格大小不一的竹筒，较长的竹筒作为酒壶用来分酒，较小的竹筒作为酒杯用来饮酒。岩相太先生给我们展示了四种规格的竹筒，最大最长的竹筒呈素面深褐色，其次是一个浅棕色素面竹筒。最小的就是日常使用的小酒杯，形状为直筒型，底部内收，下方有圈足。

最为精美的是一个体积稍大的酒杯，其基本形制和小酒杯相似，但圈足较高且未外扩，杯外壁用红、黄、黑色颜料绘制了精美的纹饰。纹饰被分为四个区域，口部和圈足部分占比较小。口部为单纯的黄色颜料，圈足为红黄相间的竖条纹。杯腹部的纹饰占比较大，被分为两个区域，上方主要是红颜料绘制的人纹，表现了一个双臂平伸的小人站在一个周围有光芒射出的太阳之中，这样的一组图案围绕竹筒一周，上下两侧还装饰有小的三角形锯齿状纹饰。经过询问，这样的三角形锯齿状纹饰出现在佤族的服饰、房屋等的装饰纹样之中，三角形像箭头，有防御、抵御之意[②]。

下方用黑颜料绘制了牛头图案。牛头是佤族的代表性标志，水牛也是佤族人民最崇拜的圣物，将牛头绘制于酒杯之上，应代表着佤族人民的宗教信仰。绘有如此图案的酒杯不应是日常生活中饮酒所用，更可能用于重要的宗教祭祀场合。至于为何人纹用红色颜料，牛头纹用黑色颜料，并没有找到专门的解释。但我们可以推测，红色可能象征着血液和生命，而黑色代表神圣和庄严，且黑色是佤族最崇尚的颜色，也正说明了牛头图案的重要性。

图 11　小酒杯　　　　　　　　　图 12　绘有精美纹饰的酒杯

佤族在原始社会时期，流行用人头祭祀，有"猎头"的习俗，凡在天气持续干旱或连续歉收时便会举行这项活动。有些村寨则为复仇定期或不定期派猎头人去往其他

---

① 询问县中学音乐老师岩帅所知。
② 询问岩相太所知。

村落寻找"猎物"，时间多集中在三月播种前后和八月即将收获之时。"猎物"一般都是毛发旺盛的青壮年男性，因为旺盛的毛发象征丰产，青壮年男性象征着精气和活力。猎头有两种方式，一种是发现目标后，猎头人从其背后突袭，将"猎物"的头砍下，装进背后的箩筐中。另外一种则为全村的青壮年男子奔袭另一村寨。在佤族的祭司，也就是魔巴或巴猜看过卦象之后，再根据卦象好坏决定是否行动。奔袭行动一旦得手便烧光抢光，手段极其残忍。魔巴看卦象一般使用鸡腿卜骨，也叫"看鸡卦"。魔巴先用竹签将鸡刺死，煮熟后取出两只腿骨，将下端捆在一起，使两根腿骨摆成"V"字形，再用四根竹签插入腿骨上的孔洞中，根据竹签的倒向确定吉凶。猎获的人头起初供奉在猎头人的家中，最后被抬到木鼓房中进行祭祀，放进专门盛放人头的人头桩中，祭祀谷魂、木依吉和木鼓，祈祷谷物生长茂盛，村寨常年平安①。因此，佤族的人祭现象是十分普遍的，红色的人可能就是佤族祭祀活动中的祭品，黑色的牛头可能代表着佤族人民的祭祀对象。

粮食的收割和加工也是佤族文化中非常具有特色的部分。佤族的餐具、计量工具、杵臼、农具均为木质，竹编的器物有簸箕和竹筐等。除此之外，还有一件十分有趣的器物——大酒壶。酒壶为陶质，外部套竹条编制成的保护网，小口、鼓腹、圜底，与新石器时代的圜底壶形器形制颇有些相似。这件器物在展馆中是斜靠在墙上摆放的，在真实的使用环境中，摆放的方式不应如此。直到第二天我们去往西盟县佤族博物馆后才了解到，这种酒壶的下面还有一个用树皮围成的底座，放在这样的底座上，酒壶便能够稳稳地立在地面上了。这不禁让人想到，新石器时代的人们使用圜底器的时候，是否也使用了这样的底座进行支撑呢？甚至小口尖底瓶有没有可能并非埋在土里进行固定，而是放在木质的底座上呢？我想这便是民族考古学的意义所在吧，简单的现象便能引发对考古材料新的思考与理解。

讲完了佤族的饮食器具，岩相太先生捧起了博古架上摆放的一只木质鼓，将其横向背在肩上。这是佤族的传统乐器之一——象脚鼓，整体呈亚腰形，一侧空心，一侧为鼓面。木鼓内壁和前后两侧均为黑色，外壁用红、绿、黄、白、黑等颜色的颜料装饰，绘有莲花状图案，靠近鼓面的外壁还编绳进行缠绕固定。只见先生捧起酒杯，假装将杯中的美酒一饮而尽，接着便用手拍打起了象脚鼓，载歌载舞地表演起来。

图13 佤族传统酒壶

① 李德洙、胡绍华：《中国民族百科全书·傣族、佤族、景颇族、布朗族、阿昌族、德昂族、基诺族卷》，世界图书出版公司，2016年，第371页。部分内容通过询问西盟县佤族博物馆讲解员得知。

　　表演完毕，先生又抽出了背包中的小独笛。小独笛为竖吹，先生展示的三只都有精美的纹饰。一只用颜料在器身绘制了黑色牛头纹饰，还装饰有用颜料绘制的条带状纹饰和三角形纹饰。另一只的器身上则有精美的几何形雕刻图案，分区域分别用斜线纹、菱形纹、波折纹等纹饰刻画，十分精美。还有一只较短的小独笛，长度仅有前两只的一半左右，器身也雕刻有精美的几何形图案。后两只小独笛显然已经被先生使用多次，通体泛着自然的光泽。紧接着，先生又拿出了一只两头较宽，中间较窄的短笛，短笛长约15厘米，居中开孔，横吹，其上也雕刻了精美的几何形纹饰。在他投入的吹奏中，悠扬的笛声令我们每个人深深沉醉。

图 14　佤族象脚鼓

图 15　绘有精美纹饰的小独笛

图 16　岩相太吹奏小独笛

图 17　岩相太吹奏短笛

　　之后，先生又为我们表演了镲和锣，还有具有佤族特色的独弦琴，也就是村口矗立着的那一尊高约三米的铜质雕塑。独弦琴又称"独弦胡"，外观与二胡相似，规格大小不一，广泛流行于西盟的各个佤族村寨之中，但又以马散村流传最广，民众参与度最高。

　　展示完所有乐器之后，岩相太和岩特长先生，还有三个佤族女性为我们带来了佤族的传统歌舞表演，三位女性边唱边跳，两位先生则坐在前排演奏独弦琴进行伴奏。在场的每一个人，无不被这欢快的气氛所感染，都跟着歌唱舞动起来。

　　在这欢歌笑语中，岩相太先生的讲解来到了尾声，我们也结束了对小马散村的考察。临走之前，在小马散碧绿的草坪上，我们与村民留下了这张合影。留恋与不舍中，我们与村民一同唱起了《阿佤人民唱新歌》。

之后，我们又驱车前往了与小马散村相邻的大马散村，在路旁找了一户人家，观察了房屋布局。他们的房屋是在原址上重新用钢筋水泥修筑的，但房屋的建筑形式没有改变，仍旧是干栏式房屋，上层住人，下层储存粮食、柴火，饲养牲畜。新房子旁边还保留了一部分老房子。老房子是一排平房，房前的院子搭了防雨遮阳的顶棚，院内还有一处方形的火塘，现在已经没有人居住了。

傍晚，我们来到了西盟县县中学音乐老师岩帅的家中用餐。晚餐极其丰盛，除了鸡肉、腊肉、蔬菜等，主人还用佤族的传统美食——鸡肉烂饭招待了我们。鸡肉烂饭是佤族人

图 18　村口的独弦琴雕像

图 19　传统歌舞表演场景

民最喜爱的一道餐食，往往在重大节日、祭祀、婚嫁或招待贵客时才做，表达真诚的祝贺和招待。吃鸡肉烂饭的时候，无论数量多少，主人都会平均分配给在场的每一个人，远道而来的宾客则可以优先分到鸡肉烂饭，表示对客人的欢迎和尊重[1]。

图 20　与小马散村村民的合影

---

① 赵富荣:《中国佤族文化》，民族出版社，2005 年，第227 页。

图 21　大马散村的房屋　　　　　　　　　　图 22　丰盛的晚餐

我们在主人的盛情邀请下，品尝了他们家自酿的水酒。水酒度数不高，却十分甘冽，对于中原地区尝惯了白酒、啤酒的我们来说，别有一番风味。岩帅告诉我们，西盟县在 2009 年便已经普及义务教育，县里的文盲数量正在逐年减少。为了让孩子们都能拥有受教育的权利，在国家的支持下，上学的时候三餐均为免费。如若家长不让孩子上学，剥夺孩子受义务教育的权利，国家就会将这户人家的猪和牛拉走作为惩罚。

关于婚丧习俗，岩帅也毫无保留地告诉了我们。随着时代的发展，现在的婚丧习俗已经和过去有了很大的区别，但有些习俗仍然延续了下来。佤族人民比较大方，遇到红白喜事，家底雄厚的人家要杀十几头猪，大户人家甚至要杀四十五头猪和三头牛给村中每户人家分食，娶佤族的姑娘则要给女方家赠送十几头猪作为聘礼。关于丧礼，正常死亡的人用木棺作为葬具，制作木棺要用树干掏出可以装下人的区域，再加上木棺盖，之前还有人家将正常死亡的人埋葬于自家前院里。非正常死亡的人则葬式简陋，直接用竹篾卷起来后埋葬。

我们来到了坐落于勐梭龙潭风景区内的西盟县佤族博物馆参观。博物馆不算很大，位于西盟县龙潭湖风景区内。龙潭湖风景秀丽，游客不多，通往博物馆的石子路高高低低，曲径通幽，路两边即是参天的林木，在古树林的深处建有西盟县佤族博物馆。曾经佤族人民的辉煌与苦难，如今都静静地沉睡在这座博物馆之中。展柜中的展品和展板上的文字，详细地介绍了佤族的历史和当代佤族风貌，让过去和现在的佤族生动地呈现在我们的面前。讲解员不仅讲解了佤族流传至今的民族风情，如佤族饮食、佤族服饰和佤族重要民俗活动，如剽牛、砍牛尾巴等，还向参观者介绍了佤族过去刀耕火种的生产方式，刻木结绳记事、万物有灵、"龙摩爷"（佤语，意为祭拜神灵的圣地）的习俗信仰，以及接新火、拉木鼓等传统活动。是的，谁都不会忘记一曲"阿佤人民唱新歌"曾经唱响祖国大江南北，也不会忘记生活在西盟 1300 多平方千米土地上的 8 万多佤族人民，从原始社会一步跨入社会主义社会的历史。虽然我们在西盟的时光仅有短短两日，却已了解佤族人民生活的方方面面，体会到了佤族人民的新生活、新气象。

再一次来到景迈机场已是午后，登机之前，机场大厅播放着佤族传统民歌，像是欢迎，也像是欢送。从西盟县城到每一个村寨，再到每一位佤族人民的生活，都发生

图 23　勐梭龙潭风景区入口

图 24　龙潭一景

图 25　合影于西盟佤族博物馆门前

了翻天覆地的改变。但民族传统的饮食方式、传统节日、风俗习惯等却仍然存留在每位佤族人民的生活之中，为民族考古学的研究提供了十分宝贵的资料。

二、黎族新貌

海南黎族苗族自治州原为广东省辖自治州，初为"海南黎族苗族自治区"，1955 年改称"海南黎族苗族自治州"，位于海南岛中南部。自治州辖三亚市、东方县（东方市）、乐东县、琼中县、保亭县、陵水县、白沙县、昌江县，汉代属于儋耳郡地，隋代为临振郡，唐代为振州，宋代以后为崖州。抗日战争和解放战争时期，成为海南岛革命斗争的主要根据地之一，曾建有陵水工农民主政权和琼崖少数民族行政委员会等机构。当地居民主要有黎、苗、汉、回、壮等民族。其境内群山耸立，气候温和，雨量充沛，资源丰富。1987 年，撤销海南黎族苗族自治州，设立保亭黎族苗族自治县、琼中黎族苗族自治县、白沙黎族自治县、陵水黎族自治县、东方黎族自治县（东方市）。随后，海南省成立。

　　1994 年赵春青在白沙县开展黎族本地黎调查的时候，居住在牙叉镇高峰村的一个自然村——方通村的一个村委会书记家里，一住便是一个月。那位书记名叫符亚玉，这一个月间，作为赵春青的向导，书记带着他前往周边各地进行民族学调查，二人建立了非常深厚的情谊。

　　时隔二十多年，我们又来到了新高峰村村委会，不禁感叹于新农村建设为偏远地区少数民族群众带来的变化。村委会是一座二层小楼，外观具有浓厚的民族风格，白墙红瓦，外墙还装饰有黎族传统的鱼形纹饰。村委会前是一个小广场，广场西南侧是成片的槟榔树和碧绿的草坪，放眼望去，心旷神怡。新高峰村的村委书记符志明热情地接待了我们，一同接受我们采访的还有村委会的其他工作人员，并从多个角度、结合个人感受说明了村内这些年来的重大变化。

图 26　新高峰村村委会

　　高峰村前之所以要加一个"新"字，是因为 2020 年 12 月，在国家乡村振兴计划和扶贫计划的支持下，高峰村实行了整村搬迁，将原来地处深山的几个自然村进行整合后，由村内的领导班子在山下确定搬迁区域，再用村内的 7600 亩集体土地换取了这片五千余亩的国有土地，让全村 198 户，共 498 人住上了崭新漂亮的房屋。但书记又说，搬迁计划的实施并不是一帆风顺的，相反，遭遇了很多困难。起初，省委刚刚确定搬迁计划时，便找到了村里的领导班子，向他们传达了政策和规划。但随后落实到村民时，村民在意的都是自身的需求和利益。不愿离开一直以来生活的土地、耕地林地补偿不满意和搬迁麻烦等问题都成为阻碍计划进展的重重难关。直到村委将新的房屋建好，新的耕地和林地规划好之后，村民们才陆续同意了搬迁政策，统一搬入了新村，住上了新房子。

　　现在的新高峰村，房屋排列整齐，都是刷有黄色油漆的二层小楼，房屋的外壁上还绘有黎族的传统纹饰，如人纹、鱼纹等，既美观，又保留了民族风情。黎族的传统纹饰体现在生活的方方面面，除了房屋，还有服饰、艺术品等，纹饰以天象、植物、动物人文为主，图案多上下、左右对称，极具美感。每家的屋外还有一个小庭院，和城里的独栋别墅没有任何差别。村民们在屋外种上一些蔬菜，或养殖一些家禽，过着其乐融融的闲适生活。他们的耕地和林地都分布在离居住区不远的地方，村民们每天都会到自家的橡胶树林和槟榔树林中种植、培育和采摘，过着日出而作日入而息的生活。书记说，村子现在的产业主要以种植橡胶树和槟榔树为主。目前，村里根据地理气候情况和农科院的建议，还规划了蘑菇种植园和茶园，虽然产业还尚未成熟，但未来也一定会成为新高峰村经济增长的关键。

采访接近尾声时，赵春青提出了自己想和故友符亚玉再次见面会的想法，表达了自己一直以来的思念。村委会的工作人员听闻此事，纷纷帮助回忆猜测，最终确定了一个最有可能的人选。没过多久，一位瘦小精干的中年男人走进了会议室，和赵春青对视一眼后，二人先是怔了一秒，随后激动地拥抱在了一起，紧握的双手迟迟不愿松开，简单的寒暄中包含的是满满的思念与真诚，这或许就是汪洙诗中的"他乡遇故知"吧。

图27　在符亚玉家门前的合影（左：符亚玉，右：赵春青）

采访完毕，我们也得以到村子里转转，感受一下少数民族地区新农村建设为居民生活带来的巨大变化。村子的面积并不算大，但却规划清晰。房屋排列整齐有序，形制整齐划一，与村委会的外观风格一致，均为白墙红瓦，墙上还装饰有黎族传统的纺织纹饰和水泥砌成的直棂窗。小楼一般为两层，一层外有小院，门外还有草坪等绿化设施，二层外有阳台，房屋面积200余平方米。此外，新村完全具备了一个大型社区应有的配套设施，篮球场、戏台、健身器材等一应俱全，满足了村民日常运动娱乐的需求。村子里的孩童在路边愉快地奔跑玩耍，老人们则悠闲地踱着步，有些还在自家房前屋后的菜园中忙碌着。符亚玉告诉我们，村民们一般在凌晨四五点便出门采橡胶、割槟榔了，七八点太阳出来的时候回家。面对海南的气候，这里的人们早已有了一套自己的应对方法。

图28　村口的船形屋造型的公共凉亭

一同接待我们的一位白沙县博物馆的工作人员提出，县里有位老先生，喜欢收集一些黎族传统的民族服饰，且件件精美，他处难觅。于是，我们离开了新高峰村，在白沙县城的一个小商店门前，见到了这位老先生。他从家里取出一个黑色的布包，小心翼翼地将其打开，数件织造精美的黎族传统服饰便映入我们眼帘。黎族有五大方言支系，分别是哈、杞、润、美孚、赛，各方言的服装、发式、头饰也各不相同，风格各异。黎族男子的服装较为简单，一般由上衣、腰布、帽子或红、黑头巾组成。女子的服饰相较于男子服饰的色彩更为丰富，装饰也更加繁杂，主要有上衣、下裙和头巾三部分。老先生首先展示了黎族男女佩戴的帽子和头巾，并亲自演示了头巾的佩戴方法。之后又展示了多件上衣和筒裙。上衣一般以黑色或藏蓝色作为底色，上面的花纹一般为红色，装饰在领口、袖口和衣角。筒裙一般以红色为底色，较短，上面分区域绣满了对称纹饰。衣服上的纹饰即为黎族传统纹饰，图案形态各异、摆列密集，却因为对称的缘故完全不显杂乱，为深色的衣服平添了几分生机与活力。

最后就是黎族的装饰品了。已婚妇女的发髻均盘于脑后，样式繁多，发饰有银簪、铜簪、骨簪、骨梳、木梳等。老先生为我们展示的是三支骨簪和一支骨梳。骨簪和骨梳上均雕刻有繁缛的纹饰，纹饰用黑色颜料上色，整体黑白相间。其中两枚骨簪整体形象以一名头戴高冠的男子为主，一枚簪头还挂有红色的流苏，悬挂流苏的绳子上穿

图29　帽子

图30　头巾

图 31　上衣

图 32　筒裙

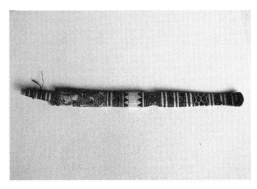

图 33　骨簪

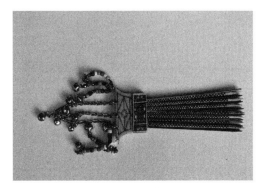

图 34　骨梳

有绿色的扁珠。另外一枚骨簪较短较细，呈圆锥形，顶部挂一串银质链条与彩珠穿成的流苏作为装饰，流苏末端还悬挂了几个小铃铛。骨梳同样在顶部悬挂了银质流苏，不同的是，骨梳的齿部是由骨条和木条间隔排列制成的。

第二天，为了了解高峰村原貌，我们一行人在符亚玉的带领下，前往鹦哥岭高峰村旧址。

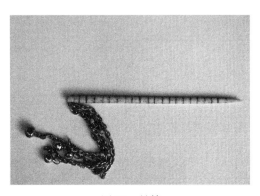

图 35　骨簪

海南岛的山脉多数在海拔 500～800米，属丘陵性低山地形。海拔超过 1500 米的山峰有黎族地区的五指山、鹦哥岭、霸王岭、吊罗山等。这些山大体上分属三大山脉：五指山属五指山脉，位于岛中部，主峰海拔 1867 米，是海南岛最高的山峰；鹦哥岭属黎母山脉，位于五指山西北，主峰海拔 1811 米，霸王岭属雅加大岭山脉，位于岛西部，主峰海拔 1560 米。鹦哥岭所属的黎母山脉分布于黎族地区的 4 个县（市），即琼中黎族苗族自治县、白沙黎族自治县、五指山市和乐东黎族自治县。以鹦哥岭为中心，东北部是琼中黎族苗族自治县北部的黎母岭，西南部是乐东黎族自治县的尖峰岭。而鹦哥岭的海拔最高，山路也最为崎岖。

途中，我们经过了又一个已经焕然一新的村落——牙和村。村子的建设与新高峰村一样美观，建筑的风格和新高峰村完全一致，各项设施也十分齐全。匆匆参观了村委会后，我们便继续行驶在蜿蜒的山路上。其间，我们经过了一个检查站。由于鹦哥岭是国家自然保护区，山上几乎全都是茂密的森林，很容易发生山火，乱砍乱伐和违法狩猎的情况也屡见不鲜，政府加强了对自然保护区的管理工作。我们说明来意后，给工作人员展示了公函，工作人员才同意放行。经历了九曲十八弯的惊险路途，我们终于在半山腰上看到了一座还未被拆除的房屋。房屋外部虽较为完好，但内部已经破

败不堪，看起来多年无人居住。房屋虽陈旧，但也是水泥墙，看起来年代并不算十分久远。简单拍照记录后，我们一行人在这样一处几乎与世隔绝的世外桃源中留下了一张珍贵的合影。正当我们准备继续前进时，护林员驾驶着摩托车赶上了我们，警告我们现在已经驶入了禁区，不能再往上走了。我们一听，只得艰难地把车子调了头，原路下山返回。

图 36　方通村（原址）尚未拆除的老房子

图 37　调查人员在方通村旧址上的合影（从左至右：王育龙、赵春青、王怡珩、张文家）

在对海南黎族的调查中，我们还来到了海南省保亭县加茂镇毛烈村，对该村的黎族居民进行访问。村内一位 73 岁的老支书在家中与妻子一同接待了我们。毛烈村属于黎族五大方言区的赛方言区，赛方言区是最为独立的一个方言区，和其他四个方言区的语言几乎不通。毛烈村是一个自然村，村内约 50 户人。村落在建国初期比较原始，房屋和道路都十分破旧。1971 年，在国家的支持下开始修缮房屋，1997 年在村长的组织下开始修整道路，开通村路。

服饰方面，节假日和红白喜事，村民都会穿着民族服饰，但男人一般都没有民族服饰，他们的服装和汉族没有差别。

农业生产方面，在科技的不断发展中，他们的农业生产方式得到了质的提升。从最原始的木犁，到后来的铁犁，再到拖拉机，到现在的全机械化生产，原来的农具基本已经不用，家家户户都实现了机械化生产。村内的耕地较少，旱地约一人一亩，水田一人约可分到七八分，主要种植槟榔、橡胶和一些反季节蔬菜。

宗教方面，毛烈村的黎族居民并没有固定的传统宗教，一般以原始的宗教信仰为主。基督教在 1994 年由传教士传入，在村中修建了教堂，众多村民开始信仰基督教。这也吸引了大量其他地区的基督教徒，随着村中教徒数量的不断增加，国家也开始出面管理毛烈村的宗教事务。

老支书家中的院子里摆放着一套制作蒸馏酒的工具，吸引了我们的兴趣。对比下文翁村苗寨中发现的制酒小作坊中的制酒工具，这套显然要更加原始，使用时间也更长一些。

图 38　制酒工具　　　　　　　　图 39　身着民族服饰的黄庆祥和夫人

三、苗　族　新　村

在海南苗族的调查中，我们选择了位于保亭县的翁村苗寨进行访问参观，了解海南苗族的生产生活状况。翁村是一个行政村，村中人口以黎族为多，而苗寨则是翁村的一个自然村，苗寨居民几乎都为苗族。我们来到了苗寨的村委书记王鹏泰家中进行访问，书记热情地接待了我们，并给我们简要介绍了海南苗族的文化、生活情况。

海南苗族分布十分广泛，分散聚居在琼海、万宁、澄迈、定安等 12 个县，总人口约 8 万。明朝时，苗兵因驻守边疆来到了海南，在海南建立了许多卫所。当时，广西、广东和福建都有驻扎的苗兵，他们都是将军话的。也正因此，苗族的语言不像黎族要分为五个支系，是十分统一的，但海南苗族的语言与大陆苗族仍有所差异。苗族是没有自己的文字的，所有信息都用符号来表示。

苗寨居民主要的生活来源是种植橡胶、槟榔、益智等经济作物。益智是一种中草

图 40　翁村苗寨

图 41　调查人员在王鹏泰家中访问（左：王鹏
泰，中：赵春青，右：王育龙）

药，生长于阴湿林下，仅分布于海南及广东南部，具有益脾胃、理元气、补肾虚滑沥的功用。村民还会养殖一些家畜，王鹏泰家中就养殖了 40 只鸡。2012 年，村内修通了入户路，2019 年，在村子周围修通了省道国道，大大便捷了村民与外界的沟通与交往。2015 年，苗寨开始了美丽乡村建设工作，政府给每户补贴三万五千元，用于房屋的翻修建设，2021 年，苗寨正式实现了全部脱贫。

海南苗族与大陆苗族的传统节日是基本一致的，都将三月三作为每年中最重要的节日，每到三月三，苗族人会做三色饭食用。三色饭的三色指的是黑黄红三色，且染色用的都是天然染料。黑色用孔兰草，黄色用黄浆，红色则用枫叶。

海南苗族的葬俗则比较特殊。一般情况下，死者的牙齿和指甲会分别放在一个小盒子里，象征两座房子。而且，死者一般拥有两块墓地，一块放藏有牙齿和指甲的小盒子，一块房址棺材，墓地的选址也要参考风水。婚俗则并不十分特殊，一般由男方买礼物到女方家提亲，让女方提出结婚的各种要求，彩礼不是很高。婚礼上，一般会请师傅念经，婚宴会吃爱情饭和猪肝。

在参观村子的过程中，村长将我们带到了一处村内的制酒作坊门前，院中还摆放着成套的制酒工具。遗憾的是，制酒作坊内并无工人在工作，我们也只得匆匆拍照记录了制酒设备，没机会看到制酒的过程了。

回到王鹏泰家中后，他的妻子和另一位女性村民在我们的请求下，都穿上了苗族传统服饰供我们欣赏了解。

图 42　制酒工具

图 43　两位身着苗族服饰的村民

　　此次海南之行，虽时间短暂，但收获颇丰。我们了解了海南黎族苗族人民的过去与现在，希望对海南黎族、苗族生产方式和纺织服饰等方面的调查，可以对民族考古学的研究提供新的资料与研究方向。

　　附记：感谢郑州大学李昊泽同学提供的部分文字版访问资料。

参 考 文 献

陈本亮主编，云南省民族事务委员会编：《佤族文化大观》，云南民族出版社，1999 年。

李德洙、胡绍华主编：《中国民族百科全书·傣族、佤族、景颇族、布朗族、阿昌族、德昂族、基诺族卷》，世界图书出版公司，2016 年。

李仰松著：《20 世纪 50 年代西盟佤族社会历史调查》，文物出版社，2015 年。

马散村永俄寨村史室、西盟县佤族博物馆提供文字资料。

石莉芸、李云兵著：《苗族》，辽宁民族出版社，2014 年。

王学萍主编：《中国黎族》，民族出版社，2004 年。

赵富荣著：《中国佤族文化》，民族出版社，2005 年。

海南岛回族的历史变迁
——海南省三亚市天涯区回族村民族考古纪实

赵春青[1]　封佳仪[2]

（1. 中国社会科学院考古研究所　2. 中国社会科学院大学历史学院）

海南省三亚市羊栏镇的回辉村与回新村，是海南省唯一的回族聚居地。据调查，截至 1990 年底，海南省共有回族人口 5695 人，遍布海南省的 19 个市（县），其中，以三亚市最为集中，共有 5050 人，而羊栏镇回辉、回新两个居委会的总人口占全市回族人口的 97%。此次海南之行，我们主要通过对回辉和回新村的民族考古调查，了解了海南岛回族的历史和现状。

一、民　族　来　源

早在唐代时，中国与大食和波斯等国已有了固定的往来通道，其中一条名"广州通海夷道"。据新唐书记载，这条通道自"广州东南海行，二百里至屯门山，乃帆风西行二日至九州石"[①]。后经海路直达中亚、西亚，海南岛是这条商路的必经之地。波斯与大食商船往返广州时，常会遇到台风，被迫将船只停靠在海南岛。据《太平广记》记载："唐振州民陈武振者，家累万金，为海中大豪，犀象玳瑁仓库数百，先是西域贾漂舶溺至者，因而有焉。"[②] 久之便形成一定规模的人口，三亚与陵水所见穆斯林古墓群可佐证这一看法。

除了唐代为躲避台风偶然定居于海南岛的中亚、西亚商人，海南岛回族先民的主体其实是宋元时期从古占婆国移居而来的，这一族源在实地调查中是被当地居民所共同认可的。这段历史最早见于《宋会要》："（雍熙三年）九月，儋州言，占城人蒲罗遏为交州所逼，率其家百余口内附。"[③] "蒲"是阿拉伯语"阿布、伊卜"的转音，现在在当地回民中仍属大姓。宋朝由占城而来的穆斯林没有形成大规模的聚居地，只是散布于海南岛的东南海岸，谓"番村"。

所三亚里是海南回族最早的聚居地，它的形成最早可追溯至明末清初。据《琼台

---

① （宋）宋祁等：《新唐书》卷四十三下《地理七下·岭南道》，中华书局，1975 年，第 1153 页。

② （宋）李昉等：《太平广记》卷二百八十六《幻术三·陈武振》，中华书局，1961 年，第 2282 页。

③ （清）徐松：《宋会要辑稿·蕃夷四·占城》，上海古籍出版社，2014 年，第 9908 页。

志》记载："其外州者，乃宋元间，因乱挈家驾舟而来，散泊海岸，谓之番坊、番浦，不与土人杂居，其人多蒲。"[1] 至万历《琼州府志》，记述也与之一致[2]。《古今图书集成》在此记录上有所增补："其外州者……谓之番村番浦，今编入所三亚里。"[3] 该书成于康熙四十五年，说明明末清初是"所三亚里"海南回族社区的形成期。

1939 年，日本侵略海南岛，把魔爪伸到三亚，并于 1940 年在所三亚里始建日军机场。旧村的房屋、清真寺以及古墓因此遭到严重破坏，回民也不得不搬迁至羊栏生活。日军投降后，部分回族人又返回了原来的居住地（旧村），形成了如今的回新村；也有一部分留在了羊栏，即为现在的回辉村。

二、村庄与建筑

海南回族是海南的世居少数民族之一，主要聚居在海南三亚市天涯区的回辉村和回新村。

图 1　回新村航拍图（数字为回新村的小区）

据明正德《琼台志·蕃俗》载："（回族）不与土人杂居，公、私室不讲究华美，民舍用茅茨盖顶，官置亦沿其陋，附黎者亦效栖峒巢木，绅士之家，也不尚华饰，惟取坚固而已。"直至 1949 年以前，大部分回族家庭仍然世代居住于低矮简陋的茅草屋中。

---

① （正德）《琼台志》卷七《风俗》，明正德十六年刻本影印本，第 25 页。
② （万历）《琼州府志》卷三《风俗》，明万历年刻本影印本，第 91 页。
③ （清）陈梦雷：《古今图书集成》卷一千三百八十《方舆汇编·职方典·琼州府部》，中华书局，1934 年，第 51 页。

图 2　回辉村航拍图

图 3　回辉村传统民居

20 世纪 50 年代，羊栏镇回族的大部分的住房已由茅草房向砖瓦平房过渡。

1990 年，羊栏镇回族居民已建成钢筋结构的楼房，并用马赛克装饰门面，具有鲜明的伊斯兰特色。房舍外都有篱笆围成的庭园，院里种植高耸的波罗蜜树、椰树、番石榴及各类奇异花草。有些家庭还把庭园辟为菜园，种植蔬菜。

时至今日，回民住房已不仅仅用于家庭栖居，随着旅游业的不断发展，这里出现了很多五六层甚至十几层高的楼房，出租给前来三亚旅游的外地人短居。海南回族结婚收取礼金普遍很高，回民们秉承着互帮互助的原则，在一家结婚时凑几十、几百甚至上千上万的礼金，这笔钱就可以用来做盖房子的资金，等到房子盖好，生活安定下来，有了租金收入，再慢慢偿还这笔"借款"。

我们深入到回族村内调查村内的房屋建筑，一路上我们看到的住房外观都不一样，这和北方农村整齐划一的平房十分不同。有的只一层小屋，房顶的坡度颇大，这样的房子大都无人居住，或是被当作后厨、堆放杂物；有的是二层小楼，水泥砌的墙看起来并不十分牢固，斑驳的墙壁书写着岁月的痕迹，这样的房子类似于我国东南沿海的骑楼，一层有外廊；当然也有两三层、三四层甚至四五层的新楼房，它们的外墙大都被刷成了红色、黄色这种很醒目的颜色，显得它们更加的现代。这里的楼房的一个很大的特点是，在门的上方有或雕刻或书写而成的阿拉伯文，两侧附有繁复精美的窗格或图案，与其他地方农村很不相同。门楣上的阿拉伯文，被称为"经字都阿"，内容就是一些祈祷词，常见的有以下几种：①清真言：内容是"惟有真主是应受崇拜的；穆罕默德是真主的使者"；②台斯米：内容是"奉至仁至慈的真主之名"；③求福词："主啊！求你为我们打开慈悯之门吧！"。与汉族人的"福"一样都是用来祈求好运的，只不过回族人民求之于伊斯兰教。

图 4　回辉村现代楼房

三、生产与生活

海南回族擅长渔业经济，不擅农事，传统经济以捕鱼、种植为主。随着人口的增长和耕地的减少，逐步形成以经营旅游商品经济为主业，兼营交通运输、水果批发、餐饮、酒店旅租、海产品经销等多种少农多商的商品经济模式。但是渔业在三亚回民的生活中仍然具有无可替代的地位。

图 5　渔民正在捕鱼（摄于三亚湾）

清真古寺外立于乾隆十八年（1753 年）的"正堂禁碑"记载了这样一段故事：蒲

儒嵩等 16 位所三亚里的回民因与保平里的徐翰珪为争夺海域的使用权对簿公堂，当地政府为此对回族与汉族所控制海域进行了明确的划分，并赋予其法律依据。这也是海南回族悠久捕鱼传统的证明①。

　　直至民国时期，海南回族人民仍然过着以近海捕捞业为主，辅以农业生产（主要是种植蔬菜），间或进行小额贸易的经济生活。捕鱼的网具为麻制网具，仅有 3 张，长约 700 米，为当时的 140 家人所共有。另有 60 家用手提小网捕鱼，有 35 家兼营一些副业。因为鱼类产量很大程度上受季节影响，每年农历九月至次年二月是产鱼旺季，其他月份则为淡季，再加上捕鱼工具的稀缺与相对落后，大多数以捕鱼为主的回族群众生活都十分困难，有时不得不以野菜、野果充饥。

　　调查时，我们遇见了一位渔民，他刚刚完成了打渔作业，正在家门口整理渔网，收拾网内的海鱼。据介绍，回辉和回新村各有一支渔业队，他们划分了海域，在各自的地盘上打捞海鱼、卖钱，这笔钱发完了他们的工资，就归了村里了。出海的时间是不定的，如果有一天某一个村没有派船，那么这一整片三亚湾允许捞鱼的区域就都是另外一个村的了。海洋对海南回族的影响是很大的，包括前面提到的旅游业，以及此处的渔业，都是将海南回族与其他地方的回族区别开来的关键因素。

　　我们想了解三亚回族究竟有没有耕地，结果在两个回族村内，我们最终也没有找到一处大片耕地，只看到了一户私家菜园。随着旅游业服务业的发展，这样的小菜园以后说不定也会消失不见。我们把车停到一处停车场，稍作休整，那停车场是对外地人出租的，停了很多房车，想来人们都是为了躲避寒冷跑来三亚过冬天的。停车场周围都是回民的自建房，前面也提到了，要么是以婚礼本金盖起来的，要么是与他人合资盖起来然后出租的，也有富裕人家直接自己盖的。据说，餐饮、水果、租房，这三个产业是三亚回民起家的最重要途径。餐饮、租房自不必说，背靠三亚湾，先天条件优越；而水果行当则是将海南岛便宜的水果运往大陆高价销售，再将一些温带水果从大陆运回海南，这样一来一回，利润颇丰。有了这些本钱，当然也就可以盖楼了。

四、日 常 生 活

　　海南回民的日常生活极具地方特色，从饮食与服饰两方面可以非常直观地感受到。

（一）饮食

　　三亚市天涯区羊栏镇回族的主食以大米、面为主，副食有玉米、番薯、豆制品等，一日三餐。忌食猪、狗、猫肉以及自死的动物和没有经过穆斯林亲手宰杀的牲畜，忌讳提到跟猪有关的词语。一般不喝酒和抽烟。由于靠海，有着捕鱼传统，因此经常吃

---

① 根据清真古寺外所抄录碑刻内容概括。

鱼，特色菜式是"鲜鱼汤"，味极酸。

除此之外，由于三亚地处热带，盛产椰子，海南回族也会将椰汁、椰肉与糯米一同蒸熟，制成椰子饭。

槟榔也是当地人的钟爱，既可鲜吃，亦可干吃。槟榔也是待客的必备之物，尤其是婚礼上，男方会用槟榔作为聘礼赠送给女方。

（二）服饰

三亚市回族的服饰，男子平时穿汉装，做礼拜、过宗教节日时，男子头戴礼拜白帽，帽前正中刺有阿拉伯经文"清真言"或"真主至大"，帽周围刺绣花纹，身穿黑或白的宽袖布长衫。

妇女的上衣以黑、蓝、绿色布料为主，裤子多取黑布，很少穿裙。回族女孩自幼两耳穿着耳环，姑娘挂耳珠，已婚妇女挂耳坠。

最让人感到震撼的莫过于回族女子婚嫁时候佩戴的头钗，回族新娘头饰由金簪或银簪及簪花组成，为 54 支，插满各类工艺品和艳丽簪花，形似孔雀开屏。是只有婚礼上才会佩戴的极为正式的装饰品，而且由于成本高昂，除却少数家庭有家传的头钗，其他多是租借来的。

需要说明的是，回族的服饰、贴布绣及其图案，常常突显着中外文化交融的文化因素，如镶绣的鞋帽、阿訇的礼拜服，以及女子的右襟服饰等。

五、回族教育

我们去了三亚市天涯区回辉小学，了解了当地小学教育状况。据说，以前回辉小学占地面积很大，现在我们看到的街边店铺，以前有很多都是回辉小学的楼房。小学不仅仅是学生读书的地方，还是村里集会的固定地点，大事小情都要在小学一聚，如今这里就没有这种职能了，面积也就缩小了。

经过翻修，回辉小学看起来非常干净整洁，白色的楼宇与绿色的操场相得益彰。我们在学校操场的一角，看到了回辉小学的校史介绍。

回辉小学创办于 1926 年，原址位于清真古寺院内，校名为崖县羊栏乡回辉初小。日军入侵海南崖县三亚街后，在崖县羊栏乡创办三亚街日语小学，将回辉初小并入。1941 年秋，日军将在崖县羊栏乡日村居住的大部分回民迁往羊栏乡回辉村居住，学校也随着搬迁，校址设在回辉清真西寺院内。1945 年 8 月 15 日，日本投降后，回辉初小成为当地回民教育中心。1950 年海南解放，党很重视民族教育，随着人口日益增多区办学规模不断扩大，办成一所完全小学。1953 年，学校又从清真西寺院内迁址至回辉韭菜村（现校址），定名为崖县羊栏区回辉小学。1984 年，撤销崖县设立三亚市；2004 年撤销羊栏区设立凤凰镇；2014 年撤销凤凰镇设立天涯区，学校改名"三亚市天涯区回辉小学"至今。经过整整 96 年历史，回辉小学终于成为一所规范化、现代化的学校。

六、宗 教 信 仰

回族信奉伊斯兰教，"万物非主，唯有真主，穆罕默德是真主的使者"。伊斯兰的教规、戒律，在回民心目中具有崇高的权威。他们依从《古兰经》每日 5 次向真主祈祷，按时大阳运行的轨迹分别是晨社、晌礼、脯礼、昏礼、宵礼。每周五集中在清真寺做"主麻日"，讲《古兰经》，传授圣训。海南岛回族，概莫能外。在海南岛天涯区的回辉村和回新村，至今仍可见到数座清真寺和从事宗教活动的日常居民。

（一）清真寺

清真寺是回族人民从事宗教、文化、教育、民事和社会活动的中心。早在清代，聚居在"所三亚里"（今回新村）的回族，就先后建成了古寺、西寺、南寺和北寺 4 座清真寺。

图 6　清真古寺

清真古寺始建于明成化年间，是海南省第一座清真寺，之后经过多次摧毁与重建，现存古寺最终于 2013 年落成，是目前海南省第一大清真寺。三亚伊斯兰教协会会址设于此地，是全国民族团结进步创建活动示范宗教活动场所，同时是一座为官方所承认的清真寺院。

登上长长的阶梯，我们脱下鞋子，徒步进入了清真古寺的建筑主体部分。寺院窗明几净，一尘不染，长廊回折，大厅空旷，人站在其间心生渺小之感。在门口，我们看见了"乜体箱"，穆斯林将自愿诚心举办善功的意图转化为给清真寺或慈善机构施散财物来捐资修建清真寺、学校，据介绍，这里的清真寺基本都是靠大家捐款建成的。

走进寺院内部，整个空间一览无余，正中间是阿訇讲经的讲台，地上铺着毯子的区域便是穆斯林诵经的诵经的地方。四周零星摆放着一两个书架，上面摆放着的是《古兰经》等伊斯兰教经典。透过窗户向外看去，寺院外便有当地的回族学生在进行着篮球比赛，孩子们的青春气息为这座古寺增添了年轻的、别致的氛围。

古寺中还有专门张贴结婚请柬的公告栏。请柬上面的内容也很有趣：首先，这请柬是只有伊斯兰教家庭才会写的，因此都会先感谢伟大的真主恩典；其次结婚的双方基本都是回辉和回新村人，偶尔有内地的回民，当地人称，回民与非回民通婚的现象也越来越普遍；最特殊的一点是，他们都会表明自己"收礼金"，上面已提及回民会用礼金盖房，大家组建新家庭的第一桶金，靠的就是邻里街坊的这笔钱，而且，也会有人专门说明自己"不收礼金"。古寺中还有结婚时候村里炒大锅菜用的锅，婚礼是回辉与回新两座村庄的集体大事。

我们还去了清真南寺，这可真是一座气派的寺院。它始建于清，后几次重修，现建筑为1981~1983年第五次重修，有大门、礼拜殿、左厢房、水井等。大门两侧顶部有拱顶状标志物，礼拜殿为现代层楼式建筑。清真南寺面向着的是繁华的商业街，基本都是贩卖小吃、水果的店铺。

（二）宗教节日

回族的重要两个节日是开斋节和古尔邦节。为了迎接开斋节，成年男女穆斯林在伊斯兰教历每年9月封斋1个月，每日自黎明前至日落，禁绝饮食、房事和一切非礼行为，以省察己躬，洗涤罪过。10月1日，便迎来开斋节。一大早便要起床换上整洁的衣服，扫洒庭院，杀鸡宰羊，准备清真美食，汇集到清真寺参加"会礼"。仪式结束后，亲朋好友开始挨家挨户串门，互道平安。

通常70天后，古尔邦节也来到了，"古尔邦"又称"忠孝节""宰牲节"。"古尔邦"意为"献祭""献牲"，为朝觐功课的主要仪式之一，时间是伊斯兰教历12月10日，即朝觐期的最后一天。节日实际上从9日便开始了，这一天回族男子会到三亚湾旁的墓群扫墓，也会互相上坟祭祀他人的先祖，称作"游坟"，妇女不参加。10日清晨，穆斯林会身着盛装去清真寺沐浴，然后返回家中与家人团聚。

除了开斋节和古尔邦节，回族另有1月10日的"阿舒拉日"、6月15日的"法图麦节"，7月27日的"米尔拉吉"即登霄夜，8月15日夜晚的"拜拉提夜"，9月17日的"盖德尔夜"等节日。

回族不过春节，因此此次海南回族调查虽然临近春节，但整个回辉村也都没有什么过节的气氛，当地人称春节时街道上是没有特殊的节日氛围的，更不会放鞭炮了。过新年要吃斋，白天不吃饭，夜里才能吃饭。

总之，回族的生活习惯，既遵从伊斯兰教规，隆重欢度宗教节日，也蕴含着中国传统节日礼俗，但是这种礼俗也不能违背宗教习俗。

七、风 俗 习 惯

（一）婚俗

　　海南回族的婚礼，是国家级的非物质文化遗产，是宗教婚、法律婚与世俗婚三者的结合体，婚礼包括提亲、订婚、迎娶、回门等四个主要程序。提亲：男女双方家长见面后，商量并确定提亲的时间及所需的相关物品，提亲日当天，男方到女方家进行提亲。订婚：回民认为星期四是好日子，因此一般订婚会选在星期四晚上进行。当天晚上，男方家人会出面并将 1200 个槟榔送至女方家，而女方则会将这些槟榔馈赠给乡亲们。槟榔在三亚回族传统婚礼中有着告知的含义，将槟榔送给乡亲们，示意家中将有喜事发生。迎娶：三亚回族传统婚礼蕴含着十分浓厚的宗教色彩，按伊斯兰教的教规需由清真寺阿訇主持证婚仪式。因此，确定结婚日子后，双方家人会提前三个月甚至半年，在清真寺张贴结婚告示，邀请阿訇、乡老和村民按时前来参加婚礼，婚礼由阿訇主持。

图 7　新婚银钗（摄于海南省民族博物馆）

（二）葬俗

　　海南回族丧葬从简，人经过临终关怀、停尸、着水、穿"克番"、殡礼的程序，当天即以土葬的形式下葬。没有棺材，也没有随葬品，用白布"克番"盖着尸体，放在木板上就掩埋入土了。坟墓从外观上只能看到土堆，或有低矮的木制或石制墓碑，但这都不是必需的。在古尔邦节的前一天，人们会去扫墓祭拜祖先。

　　三亚湾的旁边，就有三亚市穆斯林古墓群，笔者一行实地考察了三亚湾回民墓园，这是所有古墓群中面积最大、年代最久的一处，距今有五六千年。日本人占据台湾时，将这片土地作为入侵东南亚的据点，因此当地人也称之为"日本司令部"。被驱逐的汉民多迁往了三亚市内，而回族都搬去了羊栏，前面提到的旧村与羊栏，即是如今的回新与回辉。古墓多数因为日本人修建机场被破坏了。如今这片墓地，东、南、北都被军事区围起来了，只有西边还没有正式的边界。由于涉及国防安全问题，回民墓园一般不对外开放，笔者一行很幸运的能够前往调查。

墓园中的古墓大多数都是低矮的土丘旁一个低矮的墓碑，墓碑的材质有石头也有木头。墓地很多在方向上都呈现交叉状，排布散乱，横七竖八地隐在仙人掌中，因此难以辨别在方向上是否具有特殊性。墓园中还有日军遗留下来的军用设施。

图 8　墓碑（摄于三亚湾回民墓园）

通过民族考古调查，我们得知，自唐朝直至 20 世纪 70 年代，海南回族社区的社会一直处于迟滞的发展状态，而改革开放发展到今天，随着中国社会的整体变革，天涯区回辉、回新二村也走向了现代化，从前的小渔村已不见影踪。但海南回族人民也依旧虔诚地保持着宗教信仰，与此息息相关的风俗习惯也得以保留。在三亚回族社区的变与不变中，我们管窥到了中国少数民族的发展特征，即紧跟时代脚步的同时坚守民族特色。

变与不变
——云南民族考古田野调查纪行

刘凤芹

（北京市朝阳区职工大学）

2022年7月18日至26日，时隔34年后，我和庞雅妮再次踏上了滇西北民族考古调查之旅。与34年前不同的是，这次同行的不是我们的研究生导师李仰松教授和负责摄影的吕文渊老师，而是昔日同学赵春青、闵锐和赵春青的研究生王怡珩。而更大的不同则是，当年的我们靠长途汽车、拖拉机、牛车、马车、徒步，用3个多月完成对纳西族、摩梭人、怒族、傈僳族、独龙族等少数民族的调查，而今日，闵锐研究员全程亲自开车带我们跨越澜沧江、金沙江，沿怒江、独龙江、泸沽湖走访各少数民族，仅用8天时间便完成了既定任务。

到昆明后第二天（7月19日），我们从昆明的云南省文物考古研究所出发，驾车660多千米到福贡县城，第三天，从福贡县城沿怒江行驶80多千米到贡山县城，再从贡山县城走贡独公路行驶80多千米到独龙江乡政府所在地孔目，第四天，以孔目为根据地走访周围的孔当村民小组和巴坡村（独龙族），第五天，早晨出独龙江乡到贡山县城，走访县城附近的闪当村捧当一组（怒族），下午走访福贡的赤撒底、赤恒底（傈僳族），将近20:00，从福贡县城赶往怒江州府六库，入住酒店时已是23:00。

在前半段这4天的怒江、独龙江之行，闵锐开车1000多千米，虽然有路况很好的昆楚大、杭瑞高速，但更多的是蜿蜒在高黎贡山和怒江、独龙江峡谷中，不时出现落石、塌方的山间公路，沿途景色壮阔深邃，但道路坡大、弯小、险阻不断，闵锐驾车时的身体消耗可想而知。我安心地坐在车里拍照，和老同学聊天，回忆34年前的经历，心里一直是满满的对闵锐的感激和赞赏。深入云南西北部高山大川中的少数民族进行调查，"行"是第一要务，路畅通、车好用、人稳妥，是调查工作能顺利开展的先决条件，2022年7月，因为有闵锐，我们的民族调查之旅安全快捷。1988年9~10月，当我们两个老师、两个学生在山路上艰难地跋涉时，绝对想象不到会有这样的旅行。

记得李仰松老师安排庞雅妮我们二人于1988年8月初赴昆明前，我花了很多时间在图书馆查阅几个民族的材料，学习李仰松、宋兆麟、严汝娴等先生的少数民族调查报告、研究报告，以为这样就算做足了准备。

但当我们两人坐了72小时的火车从北京到昆明；从昆明坐长途汽车到大理，从大理到丽江；从丽江坐公交车到一个丽江族聚居村，走访时流连忘返，错过唯一一班公共汽车，搭上热心老乡的拖拉机，半路上拖拉机的一只轮子脱落，拖拉机差点儿翻到十几米深的沟里，李老师我们4人在细雨中盼着下一个过路的车辆（任何车都行）搭上我们回到丽江那间旅馆，住进温暖的房间；从丽江坐长途汽车到宁蒗，因连日阴雨困在宁蒗的旅舍等待发往泸沽湖的长途汽车开通；从泸沽湖边的旅馆徒步、坐牛车往返周边摩梭人、普米族村子；再从泸沽湖搭车返回宁蒗、丽江，从丽江再到大理……我感觉到了自己的准备不足。而离开丽江、大理地区进入怒江州，再从怒江州府到贡山县城，从贡山县城到独龙江的巴坡，再从巴坡到几个不同的村落，我经受了从未有过的身体和心理挑战。

印象中，我们4人是在大理长途汽车站坐上到怒江州府六库的长途汽车的。那辆车有些破旧，车上挤满了人，连前面的机器盖子上都坐了人。随着汽车离开大理，勉强能错车的山间公路越来越崎岖不平，我感觉车一会儿要贴上山壁，一会儿要歪进峡谷。司机应该是习惯了这样的车况、路况，一边开车还一边与旁边的乘车人说话，李老师和吕老师只能不断地温声提醒司机注意安全。

经过10个小时左右的颠簸终于到达六库，当汽车驶过怒江上的一座大桥时，我们看到桥头柱子上贴着一告示。原来，几天前，一辆长途汽车翻到了怒江，这张告示是寻人启事。我们看着桥下那湍急的江水，听着那咆哮的水声，再目测深达10米以上的峭壁，在心里暗暗祈祷平安。

我们在怒江州府访问了几位领导、阅览了一些资料、补充了一些物资后，继续坐长途汽车，沿怒江北上。此时的道路更加险峻，不时听到车上的乘客谈论最近发生的翻车坠江事故，直达贡山县城之后，才感觉心里稍微踏实下来。但当我们第三天徒步行走在以独龙江为目的地的崇山峻岭中时，才发现能有长途汽车可供乘坐的旅程是多么幸福。

踏上进入独龙江之旅是在1988年9月29日早晨。前一天准备好了干粮等生活用品和调查用品，雇了两个向导姑娘用背篓背上，我们带着自己的随身物品，从怒江边上的县城出发，开始了翻山越岭。

与行车路线图标识的路线相比，这个路线虽然明显缩短了距离，但要在大山中穿行。1988年时，从贡山县城到独龙江里面，只有这一条道路可走。第一天虽然也要爬山，但阳光不错，还能路过村子，晚上我们在一个村头小屋里吃饭、休息。

第二天，当我们迎着细雨不知道翻过多少道山，在一块稍微平坦的地方驻足，眼前赫然出现了一具死马骸骨时，对路程的艰险有了实实在在的认识。我们互相安慰，以平

图1　高黎贡山独龙江公路隧道

复被惊吓得怦怦乱跳的心，抬头看看渐渐暗下的天空和丝毫没有停歇的雨水，环顾笼罩在浓雾中的茫茫山岭，偶遇低头走来的背粮乡亲，又互相鼓励着坚定了走下去的勇气和决心。

天黑之后，雨还在下着，气温进一步降低，愈感衣服单薄。天黑后山路变得更加危险，因此，所有人都要落脚在东哨房过夜。这里海拔在 3500 米以上，建有一个被大雪压塌的哨所，房顶下面可供人坐在里面休息。我们到达时，里面差不多坐满了行人，他们基本上都是当地人到县城背粮背物以备大雪封山。有的人已生起了火做饭。我们没有任何山上过夜经验，如今不记得是否借火煮面，但对在别人的火堆旁取暖印象深刻。那彻骨的寒冷是单薄的湿衣服和附近的火堆抵御不了的，我俩不得不将随身带着的纸张放在衣服之间以保持温度。

现在，贡山县城到独龙江已经有贡独公路，2014 年，全长 6.8 千米的独龙江隧道开通，这才使闵锐开车 3 个多小时即可到达独龙江景区。

1988 年时独龙江乡公所还在巴坡村，旁边是驻军营房。经过长途跋涉，我们在 10 月 1 日中午终于见到了营房上空飘扬的五星红旗，并在营房用了第一餐饭。在独龙江调查的几天里，我们一直住在营房，每天从营房出发到村寨走访，在这里我们感受到了来自军营的温暖。现在，这所军营已经成为爱国主义教育基地。

图 2　独龙江边的孔当村

图 3　1988 年 10 月 1 日到达军营后的合影

图 4　今天的营房仍保留当年的布局，左手有两间房是我们住宿的地方

图 5　当年的营房已成爱国主义教育基地

2022 年 7 月 21 日中午，闵锐开车带我们从乡政府所在地孔目村到巴坡村只用了半个多小时，使我们有更多时间走访村干部和村民，了解到更多独龙族群众生产生活景况，欣喜于 34 年中的巨大变化。

王世荣同志为独龙江乡巴坡村监督委员会主任，2021 年 2 月做为脱贫攻坚先进个人出席了全国脱贫攻坚总结表彰大会。

图 6　传统与现代的融合

图 7　巴坡村委会　　　　　　　　图 8　采访王世荣（左二）

巴坡独龙族种植业主要以草果、玉米、薯类农作物为主，目前草果种植达 2.5 万亩，户均超 100 亩，户均草果收入 1.6 万元，实现家家户户有草果产业。

7 月 22 日早晨，冒着大雨，我们驶离独龙江，回返贡山县城，来到我们 1988 年曾到访过的捧当乡闪当村捧当一组，调查怒族的生产生活现状。闪当村离贡山县城 20 千米，现在的拥有"怒江美丽公路穿村而过，在沟箐河谷间，草果地碧绿飘香，核桃树粗壮葱笼，栋栋蓝顶黄墙的民居错落有致，一片欣欣向荣景象"①。开车走 G219 国道，由南向北，40 分钟就能到达。但在我们的印象中，1988 年 9 月的某一天，我们早早从

① 《贡山闪当村：产业旺村民富》，《光明网》2020 年 12 月 21 日。

图9　正在为草果锄草的村民

贡山县招待所出发，在山中穿行5～6个小时才到达，而当时因为觉得距离不算远，没有带够干粮，饿得前胸贴后背，着实难受。这次路上节约了大量时间，在捧当一组村民组长家里进行了充分的访谈、拍照、测量，对怒族的生产生活和文化有了更全面的认识。

接着，我们走访当年调查过的赤恒底村。除了致富带头人此路恒和他的民族服饰加工专业合作社、获过全国艺术节一等奖的傈僳族合唱团及傈僳族织布技术，给我们意外惊喜的是进村必经的怒江上的京江桥。

这让我们想起了过独龙江独木桥的经历。几十米宽的湍急江面上悬空几十米挂着一架孤零零的窄桥，两手抓着两侧的绳索一步步晃晃悠悠地向前走，边走边提醒自己不要紧张，要放松。当时我们担心李老师和吕老师是否能承

图10　贡山县城到闪当村捧当一组路线（由南向北）

图 11　怒江上的京江桥

受得住，好在他们都过来了。当我们对李老师表示敬佩时，李老师拍着胸口说：想着不过来不行，咬咬牙也就过来了。

　　2022 年 7 月 23 日早晨，我们离开怒江州，一路上跨过澜沧江、丽江、金沙江，翻越盘山公路，行驶 10 个多小时，至晚上 19:30 终于到宁蒗彝族自治县县城。

图 12　34 年前的独木桥与今天的江京桥

　　我们到县城时正值雨过天晴、夕阳普照之时，出现在我们眼前的是一个美丽的小镇，再无 34 年前的破败景象。

图 13　宁蒗县城新貌

24日早晨，我们在参观宁蒗博物馆之后，沿宁泸公路一路向北，奔赴我们34年来念念不忘的泸沽湖。

图14　宁蒗博物馆

图15　宁蒗到泸沽湖路线（由南向北）

但当我们进入泸沽湖风景区大门，坐在行驶的车上看着湖岸边和路旁外观精美的旅馆、商店以及熙熙攘攘的游人时，就知道，当年住过的湖畔普米饭店、走访过的湖边摩梭木楞房，静静停放在湖边的独木舟，带我们湖上泛舟、着摩梭服饰唱好听的摩梭民歌、讲有趣的摩梭故事的摩梭女子，只能永远存放在照片上和我们的记忆深处了。但这样的变化也是大势所趋，我们祝愿泸沽湖美景依旧，住在这里的人幸福安康。

图16　泸沽湖风景区街景

图17　泸沽湖

随后，宁蒗博物馆易馆长带领我们重返宁蒗县温泉村和比七村探访。路上我们特意绕路看了大部分泸沽湖、狮子山全貌、永宁坝子全貌。1988年我们从宁蒗坐长途汽车终点是永宁，那是泸沽湖地区面积最大的平原，但因这个时间在修路又加上阴雨连绵道路泥泞，当地政府限制汽车走入；而狮子山是与泸沽湖一样的存在，当年我们赶上了泸沽湖转山节，留下了许多资料。

图18　狮子山

图19　永宁坝子远眺

34年前，我们在此地走访后，与摩梭、普米青年一起围着火堆跳舞、聊天，了解到了一些习俗。进入村子后，首先映入眼帘的就是老温泉，再往前就是小客栈，而客栈一层已经是新装修过的。夹在温泉和客栈中间是个快递流转点。温泉旁边是宽敞明亮的民宿旅馆。这样的变与不变让我们感慨颇多，也为他们变好的生活感到高兴。

图20　老温泉旁边的一家普米族人家民宿

图21　当年的老温泉

从老温泉开车到比七村途中途经摩梭非遗博物馆。博物馆展品挺丰富，而且兼为摩梭传统纺织手工厂，在脱贫攻坚中发挥着作用。

从非遗博物馆来到比七村，我们走访了比七村中的普米族一家，家中现有老妈妈和两个放假在家的高中的外孙女，两名高中生会讲熟练的汉语，使得我们语言交流顺畅，这使我对这个家庭的形态有了较清晰的认识，也发现婚姻形式在年轻一代还是不同了。

图27中，左一为儿子，左三为现在的老妈妈，左四为已逝的老妈妈，左五和左六为女儿夫妻。两个小娃娃为外孙女儿。

图 22　温泉边的电子商务服务站

图 23　装修过的当年的客栈

图 24　摩梭非遗博物馆

图 25　温泉摩梭传统手工纺织厂

晚上，我们住宿在瓦拉壁村的"高汝苑"家庭性质的旅馆中，这是一个四世同堂的摩梭大家庭，兼营民宿，在永宁镇温泉完小隔壁。我们在这里吃到了丰盛的摩梭传统民族餐，也进一步认识了摩梭家庭和服饰。

已逝的老妈妈（去世不久，现在老妈妈的小姨妈，走婚）

现在的老妈妈（65岁，走婚；对象已去世，为本村人）

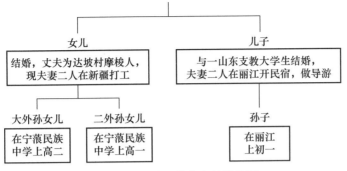

女儿	儿子
结婚，丈夫为达坡村摩梭人，现夫妻二人在新疆打工	与一山东支教大学生结婚，夫妻二人在丽江开民宿，做导游

大外孙女儿	二外孙女儿	孙子
在宁蒗民族中学上高二	在宁蒗民族中学上高一	在丽江上初一

图 26　一个普米族家庭的结构图

图 27　10 多年前的全家福照片

图 28　主屋

图 29　高汝苑摩梭民宿和隔壁的温泉完小

　　以实地走访的方式终于搞清楚一个普米族、一个摩梭人的婚姻家庭形式是我此次民族考古调查的最大收获之一。

图 30　摩梭老妈妈

图 31　在主屋用餐、做调查

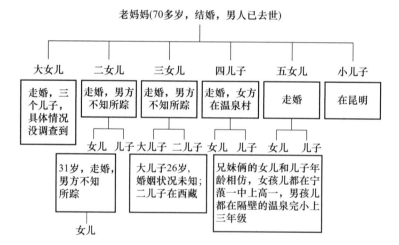

图 32　一个摩梭家庭的结构图

且行且忆

——1988 年滇西北民族考古调查回访日志

庞雅妮

（陕西历史博物馆）

为了复查李仰松先生 20 世纪 50 年代在滇西南、80 年代带着学生在滇西北和海南岛进行民族考古学调查的民族和村寨，考察多年之后这些少数民族的巨大变化，重新思考民族考古学的历史和未来，2022 年 7 月，我参加了被中国社会科学院考古研究所研究员赵春青命名为"云海之行"的民族考古调查回访之旅的部分行程。虽然多年来自己的工作和研究主要集中于博物馆领域，但 1988 年读硕士研究生期间跟随李仰松先生在滇西北为期 3 个月的民族考古学调查，不仅是我学习道路上的一个加油站，更是我人生旅程上的一座里程碑。因此，当得知有"云海之行"这一项目时，心里升腾出一种重走来时路的豪情。而在心底更深处，我则是把它当作向刚刚满九十高龄的李仰松先生，包括由他所代表的老一代民族考古学者，表达致敬的一种方式。

7 月 18 日，滇西北民族考古调查回访之旅开启。至 26 日，在 9 天时间里，我们走村串户，行程 2300 余千米，调查了独龙、怒族、傈僳、普米、摩梭、纳西等 6 个少数民族。因为此次调查工作带有"回访""复查"的意味，所以我们访问的民族、村寨，甚至人家，都尽可能与 1988 年保持一致。中国经济社会在这 34 年间天翻地覆的变化，不仅大大缩短了我们整个行程的时间（当年用了近 3 个月的行程，此次仅用了 9 天），而且村寨面貌和人们生活方式的巨大改变，更让我确切感知到民族地区脱贫攻坚的全面胜利以及小康社会的基本实现。然而，在日常生活中，民族地区特有的生活习惯和文化习俗依然极具生命力，从而使得各个民族依旧特色鲜明、精彩纷呈。

参加滇西北民族考古调查回访之旅的共有 5 人，分别是：中国社会科学院考古研究所研究员赵春青，原北京大学考古系 87 级硕士研究生、现北京市朝阳区职工大学高级教师刘凤芹，云南考古研究所研究员闵锐，中国社会科学院研究生院硕士研究生王怡珩和我。此次考察的成果还在进一步整理和总结中，现先将我这 9 天的日志予以公布，与同好分享。

2022 年 7 月 18 日（周一）

大家陆续从四面八方齐聚昆明，汇聚后首先明确了调查目标，确定了调查路线和各自分工等。夜宿昆明。

　　下午 14:45 我乘坐 MU2207 从西安飞往昆明，16:45 平安落地昆明长水机场。出机场很顺利，没有检查之前专门为出行做的 48 小时核酸证明，但在出口又被核检了一次。

　　在机场等了一个多小时，与从郑州飞过来的赵春青、王怡珏，以及从昆明市里赶过来接我们的闵锐、刘凤芹（上午已先期从北京到达）会合，然后合影留念，以记录"云海之行"的正式开启。然后，离开机场赴市内的春城花园酒店下榻。

图 1　齐聚昆明启动"云海之行"

　　入住后在酒店餐厅用晚餐，晚餐的过桥米线经济实惠，富有特色。之后，大家就在饭桌上开始讨论这次活动的组织原则、基本目标、调查路线和具体分工等内容。虽然之前在微信群里也约略说过一些，但都不很具体。这次的"饭桌会议"是大家从四面八方聚在一起首次面对面的认真讨论，对今后几天的行动具有极大的指导性。

　　会议明确了赵春青是这次活动的领队，刘凤芹、庞雅妮、闵锐、王怡珏为组员。此次活动的主要目的是对李仰松先生在 20 世纪 50 年代以及 80 年代，带领学生在云南和海南调查过的民族村寨进行复查和回访，着眼点是这些年这些少数民族和其所居住村寨的变化。

　　活动方式为社会学的田野调查，除了收集资料、摄影拍照外，就是要进行入户访谈。赵春青、刘凤芹、庞雅妮负责访谈并做好记录；闵锐负责路线规划、开车、联络当地文旅部门同行，并通过他们寻求村、镇文化站干部的协助；王怡珏负责照相摄影、经费管理、安排食宿等事宜。

　　最后确定了整个活动的路线。在云南期间，大致路线为先去滇西北，然后去滇西南。其中，滇西北先去独龙江、怒江，然后再去丽江、宁蒗。滇西北完成后再去滇西南的西盟佤族自治县，云南完成后再去海南。赵春青和王怡珏要走完云南和海南的全部行程，我和闵锐则只能走完滇西北，而刘凤芹尚不能确定能一起走多久，但表示尽可能多走一些行程。

同时决定明天上午 9 点，先去云南省考古所拜见相关领导。因为我们此次活动得到了云南省所的大力支持，应该去当面感谢一下。云南省所不仅在接到社科院考古所公函后向怒江州和丽江市文旅局发了公函，还同意闵锐加入到我们此次活动中。

闵锐的加入真正让此次活动落到了实处。根据 1988 年的调查经验，没有熟悉当地情况的"向导"，民族地区的调查工作一定会举步维艰、寸步难行的。

2022 年 7 月 19 日（周二）

从昆明到福贡，行程近 700 千米。夜宿福贡县城。

早上 9:00 左右，一行人在闵锐带领下拜见了云南省考古研究所相关领导，表达了对云南省所给予我们此次活动大力支持的感谢之意。之后，约 9:30 左右从考古所出发，我们一路向西向北，于下午 19:30 左右到达福贡县城。

原本计划只开到怒江傈僳族自治州首府所在地的六库就要停下来住宿的，但一路顺利加上天色尚早，大家都觉得能多赶点路就多赶点，这样可以为之后独龙江的行程争取更多的时间，因为后者山陡路狭，不确定因素很多，而我们的时间和经费都很有限，所以大家都同意多跑 100 多千米，一鼓作气赶到福贡。我们这帮 60 后的精神头也算响应了一路上看到的标语"今天再晚也是早，明天再早也是晚"所提倡的效率提升要求了。

为了体会当地的特色饮食，我们晚餐找了家以经营傈僳族抓饭大餐闻名的餐馆。饭菜上桌后，大家眼前一亮，只见烤乳猪、腊肉、灌肠、鸡肉、五花肉、红薯、黄瓜、生菜、红米饭等被摆放在硕大的一个圆筛子里，荤素搭配、颜色诱人。虽然也知道这是现代营销理念下的产物，但依然觉得很有地方特色，于是大家纷纷拍照留念。与这些吃的东西相搭配，喝的是漆油鸡汤和苞谷稀饭。据说漆油鸡汤很有营养，当地妇女生了小孩都要喝。尝过之后，觉得味道还真是不错！

图 2　傈僳族抓饭大餐

福贡县文物保护管理所的傈僳族工作人员向我们介绍说，他们傈僳族有白傈僳和黑傈僳之分，前者穿裤，主要分布在怒江下游；后者着裙，主要分布在怒江上游，但总体差别不大。而不像怒族分为兰坪、福贡和贡山三支，且差别明显。他们还介绍说傈僳族在全世界各地都有分布，欧洲、东南亚到处都有傈僳族，所以傈僳族的大裙子摊开就是一个圆形，象征着全球各地到处都有他们傈僳族人。但根据我晚上回到宾馆查找的资料看，傈僳族其实主要分布在中国、缅甸、泰国和印度。

2022 年 7 月 20 日（周三）

从福贡到贡山再到独龙江，夜宿独龙江乡政府所在地孔当。

早上 8:45 左右从福贡出发，大约经过 3 个小时的车程到达贡山县城。1988 年，我和师姐刘凤芹跟随李仰松先生为了进独龙江调查曾在贡山县城住过，应该是进出独龙江前后都住过，但总共住过几晚上却一点儿都不记得了，甚至对贡山县城曾经的面貌也完全没有记忆了。然而，当时有一件事却令我印象深刻，至今依然难以忘怀。

我印象深刻的事就是我们当时对县长（或副县长）的拜访。当年为了寻求政府的支持，李老师、负责照相的吕文渊老师、刘凤芹师姐和我专门去位于县城附近县长的家里拜访过县长。记得县长的家在一个高坡上，高坡的后面则是更高的山峦。房子就是当地的木楞房，县长端着饭碗坐在门口接待了我们。还记得他碗里盛的是苞谷稀饭，膝盖上的两个大补丁尤其显眼。虽然当时整个中国社会大家都还不很富裕，但贵为一县之长的县长的吃穿状况还是令当时的我很吃惊。与现在相比，当时最为可贵的是，我们仅凭着北大的介绍信，就获得了各级政府、广大群众，甚至当地驻军的支持和帮助。另外，我们还能随随便便打听到县长家里的地址，并到他家里拜访他，以寻求他和当地政府的支持。当年虽然物质贫穷、交通不便、信息不发达，但人与人之间的信任却让我们仅仅靠着一张张介绍信就能到处通行无阻。

现在的贡山县城已经发生了天翻地覆的变化。我们到的时候正是前一天的大雨过后，依山傍河的小小县城显得特别干净和安静。作为全国第三批"绿水青山就是金山银山"的实践创新基地、2020 年中国最具绿意的百佳县市、2021 年"中国天然氧吧"称号的获得地区，贡山县城还真是名副其实。我们专程拜访了贡山县文旅局胡江琼副局长，跟她了解了相关情况，并让她帮我们联系了独龙江乡。简单吃过午饭，大约13:20 左右，我们从贡山县城驱车前往独龙江乡。

发源于西藏察隅县的独龙江逶迤奔流，在巍峨的高黎贡山和担当力卡山脉之间，冲出一条深谷。江边狭小的河滩台地和山腰上，居住着古老的独龙族人民。千百年来，这里的独龙族部落刀耕火种，结绳记事，住茅草房，女子纹面。新中国成立后的 1952 年，才有了正式的民族名称——独龙族。大山阻塞，寒冷多雨，作物种类少，能种植的粮食作物只有一种，那就是苞谷，而苞谷还非常低产。1988 年我们调查时，当地能种植的蔬菜也只有一种，就是黄瓜，是一种粗粗的黄颜色瓜，跟我们大家习惯的黄瓜样子不太一样，味道也有少许差别。没有公路交通，再加之每年长达半年的封山期，使得独龙人与外界非常隔绝，生活极为不便。1964 年，政府在高黎贡山上开出一条人马驿道，我们 1988 年进独龙江时走的就是这条人马驿道。直到 2001 年，政府才修起了连通外界的盘山公路。而直至 2014 年 4 月 10 日，全长 6.58 千米的高黎贡山独龙江公路隧道才全线贯通，也才大大缩短了从县城到独龙江的距离。这条贡独公路是全国最后建成的一条乡镇级公路，隧道全线贯通后，习总书记还专门致信祝贺过。

随着似曾相识的景色在面前掠过，1988年我和刘凤芹师姐跟随李仰松老师、吕文渊老师进独龙江时，在人马驿道上徒步走了几乎整整三天的记忆则被一点点激活。当年我们打着绑腿，背着行李，望着云雾缭绕中向山上逶迤盘旋的人马驿道，在山岚瘴气中踩着溪水、石子和枯叶，一步一步向前挪动的情形，特别是在路途中两个"驿站"休息和停留所经历的情形，一下子都变得鲜活了起来。

记得头天晚上的那个驿站，实际上就是一间搭在缓坡上的木楞房，木楞房的底下似乎还有潺潺水溪流过。木楞房不分间，也没有床铺和其他任何家具，也没有任何管理人员，过往的行人如果需要晚上在此休息，只需进去合衣躺在地板上即可。只是早到的人可以靠里躺一点，晚到的人只能躺在门口了。我记得那天晚上，我们专门请的、一路上帮我们背锅、米、肉、盐巴等物品的两个傈僳族女孩，到了驿站后，放下背篓，去外面的山野中很快砍来一堆柴火，便在驿站的火塘上帮我们做晚饭。她们用一个锅焖米饭，用另一个锅煮肉片汤，在肉片快熟时撒把盐，那就是我们的晚饭了。煮饭煮肉的水自然是山泉水，切肉的刀就是砍柴的大砍刀。因为走了一天，又饿又累，吃过饭后，合衣躺在用不到一尺宽的木板铺就的木地板上，听着下面的流水声，开始睡不着，但后来不知过了多久也就昏昏沉沉地睡去了。然而，因为身子底下实在太硌，所以一晚上睡得其实并不踏实。

而第二天晚上的驿站更为夸张。第二个驿站位于当地人所说的东哨房，应该是东哨房废弃后被用作驿站的。头天晚上的第一个驿站虽然门和窗都只是个孔洞，但好歹有屋顶和周围的四面墙，吊脚的地板是用木条拼装的。但东哨房的驿站则只有茅草覆盖的两面坡的顶，没有墙，自然更没有门和窗，而地面就是完全的原生状态，只是野草没有周边那么丰茂罢了。因为当天白天的路程更长、更难走，因此当我们到达东哨房驿站时天已经基本黑了，已经有三三两两的过路上坐在"驿站"里歇息了。为了赶紧砍点柴火架锅煮饭，我和师姐也急忙放下行李，和那两个雇来的傈僳族女孩出去砍柴。柴还没砍来多少，天色已经完全黑了起来，我们也才意识到已经没有可能砍来足够多的柴火去煮饭了，也没有可能吃上头一天的肉片汤浇白米饭了。看着四周聚涌而来的黑漆漆夜色和白茫茫水汽，我们决定放弃砍柴的想法，准备回去吃点出发前在贡山县城所备的饼干以充饥。谁料想我刚一迈脚，突然感觉脚底下好像是要往下沉陷的沼泽，顿时恐慌地叫了起来。不远处的刘凤芹师姐和傈僳族女孩赶紧朝我这边赶来。她们将手里的柴火点燃用作火把，但那点光亮在浩渺的野外如豆光一般，根本照亮不了什么，那一刻我真的害怕了。好在傈僳族女孩很有经验，左冲右突，选择着较为结实的落脚点，"终于"来到我身边，将我拉出了那个让我恐慌的"沼泽"。

还真是屋漏偏逢连阴雨，半夜里突然又下起了大雨。没有围墙的遮挡，雨丝不断地向我们身上飘洒而来。我记得很清楚，那天是9月30日，天已经有点凉了，再加上下雨和3000米左右的海拔，虽然已经穿上了随身所带的所有衣服也挡不住阵阵袭来的寒意。师姐说，纸能御寒，于是我们把准备做田野记录的稿纸揉成团塞进衣服里，希望能抵挡点寒意。不知道是师姐的说法欠缺科学道理，还是高山上的寒意太浓，我记得老师和我们都缩成一团，瑟瑟发抖。无奈之下，最后我和师姐就互相抱着取暖。那一夜，在寒冷中坐待天亮的感觉，我一辈子也忘不了。

第三天，当我们终于翻完最后一座山，从山上看见山下独龙江边的建筑时，我真有种重返人间的感觉。多年之后，看着当年徒步三天刚到独龙江所拍的照片，我真是不忍细看自己那个"惨样"！而更让我不忍细想的是，当年已 50 多岁的李仰松先生和吕文渊老师，他们又是靠着多大的毅力一步步走完全程的！

此次坐在车里，看着周围植被依然茂密的山林，我和师姐一起向同形的伙伴们互相补充描述着当时的情景，引得他们不断唏嘘。虽然现在有了公路，可以开着车进独龙江，但道路依然狭窄曲折，加上不断的拐弯，不仅车速不能太快，而且很容易让人晕车。80 多千米的贡独公路，我们走了大约 3 个小时，才终于到达独龙江乡政府的所在地孔当。比起高速公路上的疾驰，在乡镇级别的贡独公路上的行车速度依然慢了许多，但比起当年需翻越两座大山、徒步三天的人马驿道，那也是天翻地覆的巨变呀！

图 3　狭窄的贡独公路　　　　　　　　　　　图 4　湍急的独龙江峡谷

独龙江乡政府从巴坡搬到孔当后，孔当村就变成了"孔当街道"。周围的建筑都是近几年新盖的，而且都以钢筋混凝土建成，那种老式的吊脚木楞房只在山坡高处还有零零散散不多的几处。后来得知，独龙江现在不允许随便砍木伐树。作为乡政府的所在地，政府各个机构、各种社会服务设施，如医院、学校、供电、储蓄等一应俱全，街道风貌还颇有瑞士阿尔卑斯山下小城的味道。独龙江现在是 4A 级旅游景区，所以街道上有好几家旅馆和饭店。但据了解，现在每天独龙江旅游景区只能限进 200 人，主要原因还是接待能力不足。虽然山高路远，可孔当街道路边停的车却来自于全国各地，有北京、重庆、湖南以及云南省内其他地区的，除了因为这里也可以进藏外，还因为独龙江具有一定的知名度，许多人还是愿意来探探险的。

我因为晕车难受没有跟大家一同去乡政府对接工作，留在车里。直至下午 6 点左右，几位同伴才兴高采烈地从乡政府走了出来。对接工作很顺利，明天的行程和联系人员都落实得妥妥当当。之后，大家一起去旅馆办住宿、吃晚饭、休息。

图 5 颇具瑞士阿尔卑斯山下小城味道的孔当街道　　　图 6 孔当街道上抽水烟的店主

2022 年 7 月 21 日（周四）

上午先在独龙江乡孔当村村委会访谈，之后在普卡旺村民调查，下午在巴坡调查。原来计划巴坡调查完之后，还要去更下游的、位于中缅边界的马库，但因为下雨冲坏了道路，车根本过不去，所以就取消了马库的调查。晚上依旧宿于孔当。

独龙江东岸是高黎贡山，西面是担当力卡山，独龙族人世代就居住在独龙河谷。独龙乡共有 6 个村委会，孔当村即为其中之一。孔当村也是独龙江乡政府的所在地。孔当村过去叫孔目村，村委会办公室在乡政府的南边，距离很近，大约 1 千米，开车几分钟就到了。村委会副主任木文军接待我们。木文军就是独龙族，家在孔当村上面（即上游）的一个村子里，曾在昆明受过大专教育，因此沟通起来很顺畅。

木文军介绍说：孔当村共有 267 户，人口 1202 人，目前村民住的都是政府集中安置的房子。孔当村的 11 个村民小组，安置在 10 个安置点上。村委会设党总支 1 个，支部 6 个，共有党员 75 人，加上积极分子和预备党员大约有 80 多人。

村里的孩子 3 岁入幼儿园，享受 9 年制义务教育。不管是男孩、女孩，只要能考得上，家里都会支持，独龙人从来没有重男轻女的思想。因居住地相对比较分散，学生大部分住校，学校提供住校设施和服务。由于近些年 9 年制义务教育的普及，90 后大部分都能讲汉语，但 70 后、80 后基本上都不会讲。上完 9 年制义务教育，考上高中的学生则要到贡山县城去上。许多上完大学、大专的独龙族学生，很多都又回到独龙江，为家乡建设贡献自己的力量。

从孔当到下游的中缅边界开车 1 小时就可抵达，大约有 40 多千米路程。现在有村村通公路，村民 80% 都有机动车，如摩托、汽车等，交通条件比过去改善了很多。

独龙族过去种大麻，用大麻的纤维进行纺织，但现在的衣服主要靠买。从服装看，大家平时都穿汉服，结婚时会穿民族服装，但丧葬时一般还是汉服，但会穿深色的。

独龙江人生活比较明显的变化发生在退耕还林之后，这主要是因为有了政府补贴，补贴大概从 2011、2012 年开始，主要就是给村民发放大米。

孔当村这几年经济的发展主要靠种植草果。独龙江潮湿、阴凉的气候很适合草果的生长，所以乡政府前几年就开始积极推广，希望通过培育产业帮助老百姓脱贫、致富。开始时，政府免费给村民提供苗木、进行技术指导。但是有些老百姓对此新生事物并不积极，而有些人则抱着试一试的态度开始种植。草果三年之后才开始挂果，慢慢地，最早种植草果的人有了回报，尝到了甜头，从而带动了更多的人开始种植。目前，孔当村总共有 2 万亩的草果种植。木文军家在 2017 年后开始大量种植草果，目前家里种植的草果有七八十亩。

村民们也种一些苞谷，但数量不大。土豆也种一些。木文军小的时候还见过刀耕火种，他记得在他四五岁以后就没有再见过了。1999 年贡独公路开通，当时还是土路。估计也是公路开通之后，刀耕火种就没有了。2014 年，隧道开通后，大大缩短了从独龙江到县城的距离，独龙江与外边的联系方便了许多。

每年正月初三是独龙族的"卡雀哇"节，过节期间最重要的活动就是剽牛，所剽的牛就是赫赫有名的独龙牛。独龙牛是独龙人过去最主要的财富象征，也是他们最重要的肉食来源。独龙牛目前还是半野生半驯养状态，主人会定期去给牛喂盐巴、喂粮食，一般一个月去喂一次，顺便也查看一下牛的状况，看有没有丢失的或受伤的情况发生。每家的牛都有自己的领地，也就是牛场，牛场以村民小组来划分，因此牛也可算作村民小组的共同财富。木文军家所在的小组有 10 多头牛，整个独龙江的独龙牛也仅有 3000 多头。

独龙人过去也养羊，因为羊吃草果，所以现在就都不养了。一般人家里也会养猪，木文军家里目前养了 2 头猪。一般猪会养 1～2 年，过年前或家里有红白大事时会杀掉。猪肉主要用来自己吃，除了平时吃，也会做熏肉。家里也会养鸡，也主要是自己吃。如果有人来收鸡蛋，也会卖掉一些。人们也会捕鱼，6～8 月是捕鱼的最佳时节。

独龙族人一日三餐，早饭会喝点漆油茶，配点洋芋、面点等，然后会带点干粮到地里干活，干完活后再回到家里吃晚饭。晚饭现在吃米饭多点。家里一般会种点蔬菜，不够的话也会去市场买。市场里的蔬菜大多是从保山县运来的。老百姓做饭主要还是烧木头、柴火，也有用液化气罐的。

过去独龙族妇女有纹面的习俗，但现在已近快要绝迹了，村子里只有个别 60 岁以上的老人还保留有过去纹面的痕迹。

过去独龙族人没有姓，现在一般都有了。关于自己的"木"姓，木文军只知道父亲姓"木"，至于他们家从什么时候开始姓"木"，他也不知道。

对木文军的访谈结束之后，在他的陪同下，我们顺着独龙江向下游开车约 10 多分钟，来到孔当村普卡旺小组进行实地入户调查。

普卡旺小组是一个集中安置点，共有 13 户，每户都有 2 套房，一套自住，一套交给龙马旅游公司统一用作旅游接待用房，这也是从 2012 年政府开始推行的"整族帮扶"的一种举措。

我们入户调查的这家户籍上共有四口人，户主为妈妈普桂英，儿子普熊军 25 岁，女儿普秀清24岁（已出嫁，但户口依然在），孙女普艳霞9岁。儿媳虽已嫁过来多年，但户口并未迁过来。女儿普秀清虽已出嫁，户口也没迁走。

房子从外表看是木楞房，但其内部结构已完全是钢筋混凝土了。如果盖一幢两、三层的房子，也需花费一百万元左右。普熊军家的房子一进门是门厅，门厅的后檐是厨房。从门厅向右进入房子的主体部分，主体部分再分成外间的客厅和三间卧室和一间卫

图7　普卡旺村普熊军家的木楞房

生间。房间的所有陈设、用具都是现代生活用具，只是摆放凌乱，卫生条件较差。

我们只见到普熊军一人，说是妈妈不跟他们一起住，媳妇躲在里屋不出来，小孩去上学了。家里种了30亩地的草果，去年收入了1.5万元。交给龙马公司统一管理的旅游用房，虽然因为疫情还没有正式启用，但公司已开始给农户发放费用了，去年给每户发了500元。

织独龙毯是独龙族的传统工艺，一般以红、白、蓝、黄等颜色为主，被称为彩虹色，但现在已很少有人花功夫织这种毯子了。

独龙人因为天气潮湿，依然还是很嗜酒的。现在几乎年年还都能听到有人因为醉酒掉到江里的事情发生。

独龙人死后，一般埋在自家的地里。尸体最多放置三天就会埋掉，采用的是土葬，木棺装殓。因为独龙江缺少土地，所以墓上的坟堆一般不会起太高，一般是30～50厘米左右。

在普卡旺村调查完毕后，我们乘车再向下游走了约20多分钟之后，就到了巴坡村。2002年之前，独龙江的乡政府就在巴坡。1988年我们进到独龙江后的落脚地就是巴坡。当年巴坡驻扎着武警的一个边防中队，我们曾经在部队营房的客房里住过几日。因为当时独龙江乡没有旅馆和饭店，乡政府里面应该也提供不了住宿，所以估计这就是当时我们借住在营房里的原因。

我们开车到巴坡时已是下午13:30左右了。当地虽有几家类似农家乐的餐馆，但估计因为没什么游客，所以基本都处于半歇业状态，也没有提前备菜。只有一家在我们表示愿意等的前提下，开始洗菜做饭。一个多小时之后，米饭和四个简单的菜端了上来，而唯一的一个肉菜竟然是坏的没法吃。大家也都久经考验，也没有人说什么，凑合着吃了点米饭和蔬菜，明白在外只要不挨饿就行。吃完饭后，之前通过乡政府联系的王世荣也到了，随即我们就在饭桌人开始了访谈。

王世荣现任巴坡村监督委员会主任，曾经从1999年至2020年担任过村委会主任、党总支书记。巴坡村原来有8个村民小组，现在搬迁、集中安置之后变成了7个小组，其中有2个小组合成为1个小组。人口有930余人，224户。搬迁工作是2009～2013

年完成的。

　　1999 年贡独公路开通，但当时还是土路。当时的村民组织叫村公所，不像现在叫村委会。当时村民住的也很分散，有很多人都住在半山腰。衣服很少，湿了烤烤再穿。现在条件好多了，可以网购。

　　2003 年退耕还林之后才没有了刀耕火种。作为深度贫困地区，之前国家每年给每人 374 斤大米予以救济，解决了大家的温饱问题。到 2019～2021 年时已经不直接发放粮食了，而改成发放救济款，每人每年给 205 元。2021 年 2 月 25 日，王世荣本人作为全国脱贫攻坚先进个人，去北京参加过全国脱贫攻坚总结表彰大会。

　　2007 年，政府开始号召大家种草果，开始时大家不太信任，但政府下决心通过安居、温饱、产业、卫生、基础教育、素质提升等"六大工程"整乡推进、整组帮扶。2015、2016 年开始，有些人开始有草果的收益了，慢慢地更多的人就被带动了起来。目前，巴坡村种植草果的年收益多的可到七八万，个别的甚至能到 10 多万，一般性的也能有一两万，三四万的。去年全村草果的总收入达到了 600 万，应该算不错的年份。草果生长最害怕雨季太长，影响授粉和挂果。另外，就是害怕泥石流。平日草果的维护主要是除草，工作量比较大，除草一般是在 2 月、7 月和 9 月，4、5 月份是开花挂果的季节，是不能碰植物的。虽然有除草机，但因为草果多种植在山坡上，坡陡地峡，除草机并不是很方便使用。再加之，除草机要用汽油，这也会加大成本，所以，更多

图 8　独龙江的重要经济作物——草果

时候还是人工除草。收割草果时，村民们会用溜索将收割后的草果从山上溜下来，这样可以减少不少人力。目前草果还没有进一步的深加工，还处在只提供原料的粗放阶段。巴坡耕地很少，总共才有 600 亩，每人平均 6 分，所以耕地是不允许种草果的，有严格的红线规定，草果只能在林地种植。以前还种点水稻，但因为产量太低，现在也不种了，但苞谷一直还在种。

　　独龙牛不是每家都有，如果家里有 10 头，那就很了不起了。更多情况下，独龙牛都归集体所有，巴坡村共有约 400 头，这些牛一般以村民小组为单位统一管理。每个小组里的人家会轮流去给牛喂盐巴，多数情况下一个月轮一次，轮值期间会去喂两次。像王世荣所在的小组有 67 户，其实很久才会轮一次。喂牛时，有时会将盐巴洒在固定的石头上等牛来吃。对那些胆子比较大、敢跟人亲近的牛，喂养的人也会将盐巴放在手掌上喂给牛吃。独龙人对自己的每头牛都很熟悉，也会给每头牛起名字，而牛也很熟悉自己的主人。喂牛时其实也是对牛群的一次查看，看有没有牛被野兽吃掉了，有没有新出生的小牛，等等。逢重大节日会膘牛，膘牛时要念经的。因为不是所有人都会念经，所以也不是所有人都能膘牛。

　　大家也会养一些猪和鸡，主要都是自己吃。捕鱼过去也是很重要的一个肉食来源

补充，但现在不那么普遍了。因为，首先是鱼没有过去那么多了，再就是现在也有禁渔期，每年的 4～9 月是不能捕鱼的。9 月后捕鱼一般是夹鱼，冬天一般采用渔网捕鱼。自从退耕还林后打猎也不允许了，山上的药材也不能挖了。但国家会发放每人每年 2500 元的边民补助。另外，还有一些其他补助每人每年有 630 元。村民们也会打一些零工，也会带来一些收入。

图 9　正在为草果除草的独龙族妇女

男女结婚时，男方不需要给女方彩礼，女方也没有房子、车子之类的要求。婚礼和汉人一样，亲戚朋友也要送礼，现在一般是 100 元的标准。结婚时亲朋好友在一起唱唱歌、跳跳舞、喝喝酒就行了。

村民过红白大事或过春节时也会酿酒，苞谷、大米都可用来作为酿酒的材料。有时也从外边买酒来喝。用酒煮鸡是独龙族的传统做法，酒煮的鸡汤叫"夏拉"，是给生孩子的妇女喝的。

独龙人的葬礼一般只有两三天，全村里人都会来帮忙，也要送礼，一般 50～100 元不等，也有带东西的，如米、面、油等。葬礼后主人要招待帮忙的人在家里吃上一顿。因为土地有限，所以坟堆很小很低，这样能节省土地以种庄稼。葬式采取仰身直肢葬。男女都可以去送葬。

正月初三的卡雀哇节是每年最热闹的一天，大家聚在一起搞活动、庆丰收，主要也就是唱歌、跳舞、打篮球、射箭等。

老年人中有不少人信基督教，这些人大概都在 50 岁以上。年轻人也有信基督教的，但比较少。目前，巴坡有三个基督教堂。

访谈完毕，我们去了旁边由当时的军营改成的爱国主义教育基地。房子依然还是 34 年前的样子，但记忆却有点模糊，我已经不太能记得我们当时住在哪边的哪间屋子里了。但当时在这里跟着战士一起吃压缩饼干、喝啤酒煮的鸡汤的情形还依稀记得。虽然斯人已去，但房子没空，被用作展览展示的旧有陈设和一块块展板，使得那些曾经驻守在这里的年轻武警战士，为了修路架桥，为了保护群众的生命、生产、生活所付出的牺牲却历历在目、直击人心。我在心里深深感慨，独龙江能有今天的发展真是太不容易了！

虽然 1988 年在独龙江调查时的很多记忆都模糊了，但因交通不便这里与外界的那种隔绝状态，我却深刻铭记着。对于我们来说，我们只是到这里走上一遭、匆匆逗留几天而已，不便、困难、隔绝，我们忍一下就能过去。而那些曾经在这里驻守的战士、工作的乡镇干部，以及一辈子生活在这里的独龙族人民，为了改变这里的面貌，是在付出了多大的努力和牺牲之后，才有了今天这样虽然还不富裕、但已解决温饱，道路

虽然依然崎岖、但已基本通车，与外界的联系虽然艰难、但网络已经基本普及的新面
貌的。真的，我很为独龙江感到高兴，为独龙江人民感到高兴。希望随着地方经济的
发展，独龙江人民能拥有更加美好幸福的明天。

图 10　1988 年在独龙江乡巴坡村与接待我们的驻军合影

图 11　2020 年重访独龙江乡巴坡村合影

2022 年 7 月 22 日（周五）

今天调查的是贡山县捧当乡闪当村的怒族，以及福贡县鹿马登乡赤恒底村的傈僳
族。之后，趁着夜色加紧赶路，从福贡赶到泸水市的六库街道，夜宿六库。

早上约 8:00 从独龙江出发，沿着贡独公路朝着县城方向回返。翻过高黎贡山，再

沿着怒江继续向北大约半个小时就到了捧当乡。时间已经到了11:30左右，大家在车里随便吃了点提前准备的黄瓜和饼干，然后联系上乡里的宣传干事李文雄，由他带着我们于12:00左右来到了闪当村。

目前的闪当村也经过了集中安置，共有12个小组，有怒族、傈僳族、藏族、独龙族等，其中一、二组主要是怒族，我们调查的是一组的怒林华家。

据怒林华介绍，一组共有68户，197人，90%都是怒族，其中党员有10人。这些人中大多都是原住民，只有个别人是搬迁来的。至于怒林华家，他记得从爷爷辈开始就住在这里了。捧当乡有小学，更上游一些的丙中洛有初中，高中要去贡山县城上。

怒林华1970年出生，今年52岁。他9岁开始读书，读了一年书后因父母相继去世，就辍学了。怒林华虽然读书不多，但人很聪明，语言表达能力也很强。妻子是邻村的怒族，1984年出生，今年38岁。两人育有一男一女两个孩子，儿子21岁，初中毕业后就在贡山县城跑外卖；女儿19岁，高中毕业在贡山县城一个幼儿园里当老师。怒林华的妻子很能干，2年前学了个驾照，然后家里投资12万买了一辆车，她就开始经营客运生意，主要跑的路线是贡山县城和六库，去年一个月能挣4000元左右。

怒林华家里有耕地3.7亩，种植苞谷、豆类、蔬菜、土豆等。另外在房前屋后及林地里种植核桃、花椒、茶叶、草果、重楼、白芨等经济作物和药材。去年经济作物这块收入有1万多。另外，还跟其他村民一样享受着各种政府补助。第一种是生态补贴，可享受70年，每户每年1200多元，目前已享受了12年。第二种是退耕还林补贴，可享受8年，每亩地的补贴是1200元，怒林华家有15亩地，共可享受14.4万元，这些补贴也不是一次发放，而是分8年逐步发放的，目前已发放了2年。第三种是耕地补贴，采用发放种子进行补贴的方式。第四种是草原补贴，如果家里养牛、养羊就能享受。一头牛的补贴是每年750元，怒林华家养了2头牛，还可每年有1500元的养牛补贴收入。另外，怒林华家还养了1头猪，40多只鸡。猪和鸡都是圈养，这主要是出于卫生的需要。

目前2幢住人的房子分别是2010年和2014年翻新重盖的。2010年，政府有个"四万工程"，也即给每家投资4万，建了一幢建筑面积65平方米的房子。2014年时政府又有一个"十万工程"，也即给每家投资10万，又建了一幢建筑面积67平方米的房子。这些政府投资，都是统一招公司统一盖，自己需要出工出力，质量都很好。第一幢房子旁边的厨房是木楞房，是2010年从老地方搬过来的。第二幢房子旁边的卫生间是2019年盖的，总共花了5000余元，国家补助了3000元，分男厕和女厕，有上下水，很干净卫生。整个房子的占地面积总共有150平方米，这是每一户都不能超过的标准。如果家里只有一个儿子，就不能分户，也不能另建房子。有二个儿子以上才可以分户，也才可以另建房子。

现在一般也是一日三餐，早上简单一些，吃些苞谷、洋芋和糍粑等，中午和晚上以米饭为主。做饭是柴火、液化气、电并用，厨房用具都已经非常现代化了。家家几乎都有冰箱、冰柜、电视等各种家用电器。90%以上的人家里有摩托车，大约40%的人家里有汽车。

工具基本没有什么大的变化，也用一些机械化的生产工具，如割草机、核桃去皮机等。

平日里大家都穿汉服，但家里也都有民族服装，节日时会穿，婚礼时也会穿。婚礼时同组的人会自动赶来庆贺，远处的亲戚朋友要发请帖或打电话，来庆贺的人会送礼，一般不会超过 200 元。

老人死后埋在组里的集体土地上，过去老人死后要放三天，现在从简，很多第二天就埋了。下葬时，亲戚、组里的人、附近的人都会来帮忙，远的亲戚朋友需要通知。送葬的人一般不穿民族服装。主人家要在老人下葬后招待帮忙的人员吃上一顿。下葬时间一般在中午，大约就是 12:30～13:30 这段时间。给死人穿件底衫后要穿寿衣，现在一般寿衣也都是买来的。

这里四五十岁以上的人有信佛教的，也有信基督教的。整个闪当村有 3 个基督教堂，1 个天主教堂，在上游的丙中洛有 1 个寺庙。应该就是因为宗教的影响，所以这里既有土葬，也有火葬。土葬有棺材，过去可以用红豆杉、椔木、秃杉等珍贵木材，现在这些木材都不允许用了。火葬会捡骨，然后将之放进骨灰盒里，骨灰盒一般也用木头做。现在政府提倡火葬，但如果有人不愿意，也可以继续用土葬。

墓穴一般深 2 米，坟堆一般不能超过 50 厘米左右，坟周围会种树。葬式为仰身直肢葬，头向山，身体不能对着沟，一般也是由懂风水的人来定墓向。懂风水的人会按照他们的判断，如果死者是男性，就用锄头挖 9 下，定下墓穴的方向。如果死者是女性，就挖 7 下定个方向。

大约 14:00 左右结束了闪当村的调查后，我们又继续驱车沿着怒江向南，大约 16:30 左右到达福贡县鹿马登乡。福贡县文物保护管理所的范所长在路口等着我们，并将我们带到赤恒底村人此路恒在乡镇上开办的民族服饰公司。此路恒是一位身残志坚的傈僳族名人，是怒江州第十届、第十一届政协委员、怒江州民族团结个人模范、云南省残疾人自强模范。2020 年 2 月，入选 2020 年 1 月 "中国好人榜"。百度百科有他的专页介绍。

此路恒 1966 年出生，上学只上到五年级。因脚有残疾，父母对他的生活很是担心，但他自己却从小就有志气。赤恒底村过去就有纺织的传统，所以此路恒为了谋生也学着缝缝补补和刺绣等手艺，后来也做一些小商贸，再后来也搞过一些简单的建筑施工等。虽然都没有赚到太多钱，但在从事这些不同行业的过程中，他逐渐熟悉了社会，锻炼了胆量和能力。之后，意识到还是得回到自己熟悉的地方和领域，于是他就把弟兄姊妹组织起来进行科学种田、种蔬菜，养猪、养鸡，1999 年他家成为村里的第一个脱贫户。此路恒弟兄姊妹 7 人，他排行老六，在男孩中排老四。"此路恒"是傈僳语的音译，其中 "此" 就是 "老四" 的意思，"路" 是 "有了" 的意思，"恒" 是孩子的意思。本来父母想着此路恒有残疾，将来还需要哥哥姐姐照顾，没想到反而是他带着哥哥姐姐过上了好日子。

在科学种田获得回报的基础上，此路恒又将赤恒底村的纺织工艺和制作民族服饰的传统发扬光大。此路恒的父亲就会做衣服，也会刺绣。小时候为了谋生，此路恒跟着父亲就学习过。2000年以后，头脑灵活的此路恒结合边疆民族群众喜欢穿着民族服饰的特点，认准了商机和市场，购置了缝纫机、边缝机、熨斗机等机器设备，开始从事制作民族传统服饰产业。由于此路恒设计制作的民族服装款式新颖、手工精致、价格实惠，受到了广大消费者的热烈欢迎，家里的日子也一天比一天好了起来，慢慢地他就成了赤恒底村发家致富的带头人。

此路恒在从事制作民族服饰产业中发现，家庭作坊存在布料粗糙、产品单一、工艺落后等突出问题，服装规格不统一，已经不能适应新形势消费者的需求了。于是，他广泛发动周围群众，于2013年7月组建了福贡群发民族服饰加工专业合作社，目前共有会员40余户，从业人员90余人（其中残疾人15人）。群众自愿合资111万元，购置了各种加工生产设备。在此路恒的带头组织下，在州县文产部门的精心指导和支持下，群发民族服饰加工厂通过挖掘整理优秀民族传统文化，大力开展民族服饰研发工作，在传承优秀民族传统服饰文化的同时，融入现代流行文化元素，目前年生产能力可以达到4万套，产品除了销售怒江州本地外，还销售到缅甸、新加坡、泰国、日本等地，年销售收入达300万元以上，传承了民族服饰文化，提高了农民经济收入，促进了社会主义新农村建设。在此路恒的带领之下，不仅他家走在了赤恒底村的前头，而且也带动了赤恒底村走在了鹿马登乡，甚至整个福贡县的前头。

在经济发展起来后，此路恒又带领大家搞文化建设。赤恒底村素有"歌舞之乡"的美誉，此路恒为了丰富群众精神文化生活，巩固边疆民族地区文化阵地，结合农户普遍热衷民族文化、能歌善舞的特点，组建赤恒底农民合唱团，团长由此路恒自己担任，合唱团成员全部都是公司员工。邀请声乐教师在业余时间进行教学，利用节假日，在民族节庆文化活动中巡回展演，受到广大群众的喜爱和欢迎。

跟此路恒访谈结束后，我们去了此路恒在赤恒底村的家，此路恒的妻子接待了我们。赤恒底村共有6个小组，此路恒家属于第三组。赤恒底村目前的房子都是10年内重新翻盖的新房，都是用钢筋混凝土修建的。政府给各家4万～13万不等的建房补贴，而赤恒底村因为整体发展好，享受的是最低档4万的补贴。此路恒家的房子共有四层，一层是仓库，二层是合唱团的练歌房，三层是过去纺织缝纫的工作间，四层用来住人。房子里面的一应设施已经很现代化了。

下午18:00完成赤恒底村的调查之后，驱车约半小时到达福贡县城，简单地吃了个晚饭，稍作休息，晚上大约20:00启程前往六库，22:30左右到达六库，进宾馆休息。

独龙江、怒江流域的独龙族、怒族、傈僳族的调查就算结束了，明天将前往澜沧江，开始对摩梭、普米、纳西族的调查。

 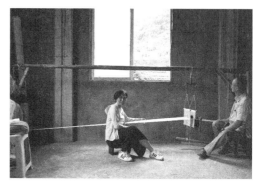

图 12　美丽的赤恒底村　　　　图 13　赤恒底村保留的傈僳族传统纺织机

2022 年 7 月 23 日（周六）

一大早启程前往宁蒗，傍晚到达，夜宿宁蒗县城。

早上约 8:00 从宾馆出发上高速，高速路上倒是一路顺畅，但转入丽宁公路后，虽然道路依旧宽阔平坦，但两边山石的结构却非常酥松。因最近处于雨季，随时可见旁边山体的滑坡和落石现象，因此一路上我们都不敢开车窗，害怕以免突然有落石下来伤着车里的人。但好在这些滑坡和落石没有堵塞道路交通，只是需要时时注意，小心通行。大约傍晚 19:30 左右，我们到达宁蒗县城。

办完旅馆入住手续后，宁蒗县博物馆的易向红馆长也来到我们住宿的旅馆。于是，我们就边吃晚饭，边和易馆长沟通了解情况。

宁蒗彝族自治县，隶属云南省丽江市，地处滇西北横断山脉中部、丽江市东北部的川滇交界处。截至 2021 年 10 月，宁蒗彝族自治县下辖 2 个街道（大兴街道和紫玛街道）、3 个镇（永宁镇、红桥镇、战河镇）、11 个乡，县人民政府驻大兴街道。截至 2021 年 9 月，宁蒗彝族自治县总人口 28 万人，境内有彝族、汉族、摩梭人、普米族、傈僳族等 12 个世居少数民族。少数民族人口 23.5 万人，占总人口数的 83.96%；其中彝族 186938 人，占总人口数的 66.82%。彝族基本上都是从四川大凉山地区迁来的，所以宁蒗也称小凉山。

易馆长刚满 60 岁，做了 10 多年的博物馆馆长，情况很熟悉。我们跟他落实了 1988 年我们曾经调查过的几个村子的名称和位置，大概规划了复查的路线和明天的行程，即先去县博物馆，然后再去村寨调查。易馆长答应将一路陪同我们，这令我们颇感安心和欣慰。

2022 年 7 月 24 日（周日）

上午参观宁蒗县博物馆，下午调查比七村的普米族，晚上访谈瓦拉别村的摩梭人。夜宿温泉乡瓦拉别村。

宁蒗县博物馆建于 1993 年，属综合性博物馆，1996 年正式开馆对外开放，2009

年实行免费开放服务。2016 年县委县政府开始筹建宁蒗县文体中心，并于 2018 年 4 月竣工。于是，博物馆就从老馆的位置搬到了目前这栋文体中心新大楼里。

新博物馆位于文体中心大楼的一层，展厅面积 1500 平方米，有两个常设展览。其中一个是历史文化展，主要展出宁蒗历史沿革、金沙江岩画、大兴古墓葬、干坝子墓群、近现代经济社会发展、自治县成立以来的发展成就等；另外一个是民族文化展，分设了彝族文化展示厅、毕摩文化展示厅、普米族文化展示厅、摩梭人文化展示厅、其他民族服饰展示厅等。对于一个县级博物馆来说，不管是藏品质量，还是展陈水平，都是相当不错的。展览是易馆长领着同事们好不容易做出来的，由此也可看出基层博物馆人在条件艰苦、人员力量薄弱情况下多年的坚守和付出。

参观完县博物馆，已经 10:00 左右了，我们即乘车前往永宁乡。路过泸沽湖，小停片刻，在湖边照了几张相，又继续前往目的地。12:30 左右，在路边一家农家乐餐厅简单吃了午饭，于下午 14、15 点左右到达永宁乡温泉村。

1988 年时我们曾经在温泉村住过。记得当时这里只有很少的几户人家，主要建筑和设施就是一家二层楼的客栈和一处远近闻名的温泉。农户和客栈的背后是苍翠的山坡，山坡上偶尔会看到放牧的少年和雪白的羊群。山坡不是很陡，我们曾经在清晨和傍晚爬上过山坡，在朝阳和晚霞的不同天色下，眺望整个坝子的平坦和辽阔，欣赏这里如世外桃源般的平静和安祥。温泉和客栈前面有一条土路，蜿蜒伸向远方。周围的田野种满了苞谷，当时的苞谷已经有一人多高了。客栈里也没太多其他客人，除了我们师徒四人之外，就是一男一女两位西南师范大学（现西南大学）美术系的学生，这两位美术系的学生是利用暑假来泸沽湖采风的。好像我们大家是在泸沽湖边遇到的，之后就相约着一起同行了几天。当年的温泉是露天的，只用矮矮的隔墙隔开男池和女池，进去泡澡是免费的，也没人管。当时在我们驻留的那一两天里，也没看到有什么人过来泡澡，只有两池清水兀自氤氲、飘荡。记得有天傍晚，一场大雨过后，天已经黑了，一匹高大、俊美的白马从门前的小路上不急不缓地哒哒哒经过，顺着青纱帐间的泥石小路，独自走向白雾笼罩的远方。刘凤芹师姐、我还有那两个美术学院的学生，那时正是伤春悲秋的年龄，当时我们还为白马来自哪里、去往哪里唏嘘、伤神了半天，各自说了一大堆"台词"，然后带着些许担心和忧伤回到各自的房间休息。我不知道那天晚上大家的梦中是否出现过这匹白马，但踽踽独行的这匹白马却一直留在了我的记忆深处。

现在温泉村的面貌已完全改变。客栈的旧楼还在，但门窗紧锁，看其破败的样子显然早已弃用了很长时间。温泉已经被围墙和房顶严严实实地围了起来，里面水声哗哗，似乎还有人在里面泡澡。温泉现在由温泉村的一户人家负责承包经营着，据女主人介绍，他们家已管理经营这个温泉二三十年了。目前对村里人门票是 5 元，对外边人则是 20 元。客栈和温泉周围盖了很多房子，看房子外观所贴的"厕所瓷"，推测这些房子都是 20 世纪 90 年代中后期以后盖的。房子前面的路已变成水泥路了，在下午 3 点左右阳光的照射下，灰尘四起，炙热烤人。路两旁的房子挡住了视线，既看不到周围的田野，也看不到房子背后的山坡。温泉村已变得面目全非，和很多内地，特别是北方的村镇别无两样了。

在温泉村大约逗留 40 分钟后，我们继续沿着公路往前走。经过瓦拉别村，大约再走 20 分钟左右，我们就到了 1988 年时曾经调查过的比七村。跟温泉村、瓦拉别村一样，比七村也是永宁乡温泉村委会下属的一个自然村。比七村属于半山区，适宜种植玉米、洋芋等农作物。该村现有农户 21 户，乡村人口 149 人。该村民族全部为普米族。小学生在温泉完小就读，中学生就读要到永宁中学。

跟随易馆长，我们走进了一家农户进行采访调查。这个家里只有一位老奶奶和她的两个外孙女在家。老奶奶名叫织玛茨里，今年 65 岁。老奶奶有两个孩子，一儿一女，女儿大一些。女儿和女婿现在在新疆打工，女婿是摩梭人，两个外孙女就是女儿的孩子。现在正值暑假，两个外孙女在家里陪奶奶。两个外孙女中姐姐叫旦史织玛，妹妹叫独玛布尺。独玛布尺小时候爱哭闹，家里人就给她改名叫次尔拉姆，但现在在学校用的名字还是独玛布尺。开学后姐姐将要读高二，妹妹就要读初三了。老奶奶的儿子在丽江开了家民宿，长相英俊，虽然没读多少书，但娶了个山东籍的儿媳妇，儿媳妇受过大学教育，是个心理咨询师。儿子除了开民宿，也兼做导游，这两天就带着客人去西藏那边了。

织玛茨里老奶奶是普米族，这里就是她从小出生、成长的家。根据她的记忆，至少妈妈、妈妈的妈妈过去都曾经住在这里，只是房子后来重新翻盖过。由此来看，这里的普米族依然是母系家庭。从老奶奶家的一张四世同堂的家庭合影上也可看出母系家庭制的端倪。合影中居中的人是老奶奶的小姨，小姨怀里抱着的就是刚出生不久的独玛布尺，前面站着当时三岁左右的旦史织玛。老奶奶小姨的右边依次是现在的老奶奶织玛茨里、老奶奶小姨的儿子、老奶奶自己的儿子，左边是老奶奶的女儿和女婿。

织玛茨里老奶奶家的房子是四合院式，由四幢单体的房子合围而成。入户的门口设在东南角，从南面和东面两幢房子中间建成入户的大门和门道。四幢房子除北面的房子为两层结构外，其他三幢均为一层。其中，北面、西面的两幢房子为传统的木结构，南面、东面的两幢房子为现代的砖混结构。每幢房子前面都有宽宽的前廊。坐西朝东的木楞房是主屋，也叫老祖母房。主屋的入户口依然设在东南角。虽然主屋是传统的木楞房，但不同的是开了 5 扇大大的窗户，而且窗户很现代。按过去的讲究，主屋火塘的火是不能熄灭的。虽然现在不这么讲究了，但主屋一定还会有火塘这种设置。老人老到一定年龄就要住到老祖母房里，因为老人不能离开火，死时要死到火塘边。过去家人的饭食主要就是在主屋的火塘上加工，但现在都从主屋挪了出去，一般都是在主屋旁边单独用一间房作为厨房，但厨房都会紧挨着主屋。主屋后檐的西北角有一后门，后门外有一个窄长的"后廊"，宽 1.5 米，长度和房子一样长，"后廊"有顶有墙，因此是一个密闭的空间。这种木楞房一般都是吊脚的结构，所以前廊一般与房间的地面一样，都会用木板搭起来，但"后廊"并没有用木板搭，而是直接建在原生的泥土地面上。这个密闭的黑黢黢空间对他们来说很重要，是老人死后用来停尸的地方。

图 14　比七村织玛茨里家的四合院式房子　　　图 15　比七村织玛茨里及她家四世同堂的
　　　　　　　　　　　　　　　　　　　　　　　　　　　家庭合影

　　比七村离西藏近，所以这里受藏族文化影响很大。老奶奶年轻时也去过西藏，买过藏传佛教的绘画和小塑像等。因此这里的丧葬习俗深受藏地风俗的影响，人死后，要让喇嘛算日子进行火化。火化后，要将骨灰和骨头装在罐子里，放到村子里的集体坟地里。这种集体坟地，一般选择都是比较高一点的地方，因此也称罐罐山。非正常死亡的人会直接火化，不能在家停尸。

　　织玛茨里老奶奶家里养了 1 匹马、20 多只鸡和 15 头猪。马主要作为畜力，鸡主要采用放养，鸡蛋和鸡肉主要供自己吃。喂猪的活儿比较重，除了喂苞谷、洋芋之外，就是要喂猪草，打猪草和晾晒猪草以备冬季所用的工作量比较大。猪肉也主要是供自己吃。老奶奶说，过去日子不好吃不饱，现在日子好了能吃得饱，现在日子好得很。

　　平日里老奶奶这种年纪的人还都是穿民族服饰的，而年轻人现在都不太穿了，但在主要节日、过年、结婚时还会穿着，所以家里还是会为年轻人准备民族服装的。随后老奶奶的两个外孙女和我们都穿了普米族的服饰照了相。另外，也对整个房屋进行了测量。

　　下午 18:30 左右，我们结束了在比七村的调查，返回到瓦拉别村。看着天色已晚，我们决定当晚就住在瓦拉别村的一家民宿了。

　　瓦拉别村的这家民宿是扎西娜姆家开的。整幢房子也是由东、西、南、北四排房子围成的四合院，大门开在北面的正中，朝向门前的公路。主屋坐西朝东，东面和南边的排房都已隔成一间间的旅馆客房了，或为单间或为标准间。四面的连廊上堆放着十几头猪膘肉，显示着这个大家庭的富足和兴旺。西南角有一后门通向后院，后院很大，有仓库、洗浴房、公共厕所、猪圈、鸡圈、牛圈等。

　　扎西娜姆是摩梭人，家里现在共有 16 口人，也是四世同堂。奶奶 78 岁了，奶奶有二个儿子四个女儿。扎西娜姆的妈妈排行老二，妈妈除了有她这个女儿外，还有一个儿子。儿子小一点，是扎西娜姆的弟弟。扎西娜姆有过四五年的走婚经历，生了个女儿。现在男方不来走了，据她讲"不知又去哪儿走了"。说这话时，在昏暗的灯光下，我看她眼里似乎有泪花泛起。她现在自己带孩子，好在有母系大家庭亲人之间的互相帮助，所以一切还能应付得了。走婚这种"暮合晨离"的方式，有摩梭人深厚的社会历史基础。但现在随着社会的发展，教育水平的提升，越来越多的年轻人已经不愿意承担母系大家庭的责任了，也不再选择走婚，而是选择结婚，特别是那些上过大学、在城里面工作的男孩、女孩，更愿意选择结婚的方式组建小家庭。

摩梭人至今依然会给男孩、女孩举行隆重的成丁礼。举行成丁礼的当天，摩梭家庭会请"达巴"来主持仪式。年满 13 岁的少男少女分别站在正房内火塘前男、女柱旁的猪膘和装满粮食的口袋上，由长者为其换上成人的服饰。换装的仪式尤其讲究，女孩先从右脚穿裙子，男孩先从左脚穿裤子；女孩穿裙边绣花的百褶裙，男孩穿宽脚的长裤。男女上身都穿红色金边大襟衣，扎花腰带；男子头戴毡礼帽，女子头戴缠着彩珠串的"达达线"绕成的假发辫。在经过除秽、敬水神、感恩、降神、请财神、敬山神、锁魂、换装、锁运、安基、谢礼、开坛仪式等一系列繁复而神秘的仪式后，就标志着这些孩子长大成人了，他们就要改变年少的生活方式，小伙子要与兄长一同住到"草楼"（男儿房）上；姑娘则要搬到"花楼"（女儿房）里，意味着他们可以开启神奇浪漫的新生活，同时也要开始承担家庭和社会的责任了。

在主屋的火塘边吃过丰盛的晚饭后，来扎西娜姆家帮忙的一个亲戚四格织玛过来和我们又聊了许多。因为扎西娜姆家最近在原来家里的老房子地基上又要再盖新房，明天是新房封顶的大喜日子，所以很多亲戚朋友都来帮忙，扎西娜姆家自然也得好好招待这些来帮忙的亲戚朋友，所以女人们都忙碌着在为明天的饭食做准备。

四格织玛有二个女儿、一个儿子。大女儿走婚，走婚的对象就是扎西娜姆的舅舅。二女儿云南民族大学毕业后，现在在昆明工作，选择的是结婚。儿子正在林孜学厨师手艺。四格织玛说温饱现在没问题，就是钱不很充裕。小时候也没怎么读过书，现在买东西也会网购，但经常要靠年轻人帮忙。对于网上买的东西，四格织玛则自嘲说自己买来的东西经常会发现与照片上的不一样。

图 16　扎西娜姆家的四合院　　　　　　　图 17　火塘边访谈四格织玛

四格织玛的妈妈有七个孩子，六个是女儿，一个是儿子，其中一个女孩生下来没多久就夭折了。摩梭人喜欢生女儿，这一点跟汉族不同。据四格织玛讲，因为自己妈妈是独生女儿，所以和爸爸是结了婚的。爸爸家很有钱，儿子也多，所以就把这个儿子"嫁"给了自己的妈妈。爸爸的舅舅解放前是做生意的，生意做得很大，跑马帮都跑到西藏、印度了。因此爸爸的舅舅就很帮爸爸和妈妈，当然也因此在解放初年定家庭成分时，她家里的成分被定得很高。也正因为此，她妈妈在"文革"期间还被批斗过，当时妈妈正怀着孕，所以这也是其中一个小妹妹夭折的缘故。

四格织玛讲，摩梭女人几乎包揽了所有家里和田里的活儿。田里苞谷、洋芋、蔬菜的收益，以及养的猪、养的鸡等，基本都用来自产自用、自给自足。男人负责一些重活，如建房修路、杀猪宰鸡以及山里的重活等。男人带来的收益不是很有保障，家里的吃穿用度安排主要是靠女人，所以摩梭女人很辛苦，经常是家里最早一个起床的，也是家里最后一个上床休息的。虽然维系一个大家庭的责任很辛苦，但大家庭里大家可以互相帮忙，这样的平衡和"消解"作用，使得摩梭人的母系大家庭就这样一直维系了下来。

聊到22:00左右，门外的雨突然大了起来，其间还夹杂着电闪雷鸣。大家也都累了，谢过四格织玛，各自回房休息。

2022年7月25日（周一）

上午继续调查瓦拉别村摩梭人的生产生活。下午原本计划调查丽江大东乡竹林村的纳西族，但因为道路不同，计划被迫取消。夜宿鹤庆县城。

吃过早饭后，对瓦拉别村扎西娜姆家的整幢房屋进行了测量。之后，去她家正在盖的新房工地进行实地调研。新盖的房子位于路北，紧挨着北边的山坡。新盖的房子完全是现代建筑，新建筑位于院落的东边和北边，共有三层，每间房子都是按旅馆的标准间设计的，每间房里都设置了卫生间。看来扎西娜姆家还要继续扩大农家乐旅馆的生意规模。院落里西边和南边原来的老房子还保留着，不难看出将来这里依然还是一幢四合院的建筑布局，主屋依然坐西面东，整幢房子的主入口设在东南角。之后，我们还顺路看了一家也正在盖房子的人家，布局也都差不多。据女主人讲，是去年地震以后，政府给每家都发放了改建危房的补助，所以现在大家都在盖新房子。

从工地回来后，拍摄了摩梭人的服装。之后大约10:00左右启程返回宁蒗县城。途中再次经过泸沽湖，在山顶的游客服务中心小憩片刻。之后，依依不舍告别泸沽湖，重新登车启程，大约于中午12:30左右到达宁蒗县城。吃完中午饭，送易向红馆长回到县博物馆。跟易馆长告别，再次启程，向丽江出发。

下午15:30左右到达去往丽江大东乡竹林村的路口，却发现路口告示上说前面正在修路过不去，经跟过往车辆求证，确认告示上所言不虚之后，我们只好取消了前往竹林村调查纳西族的计划。

因为我已经订了明天上午11:00左右从丽江回西安的机票，所以决定一起前往鹤庆，准备夜宿那里，明天从鹤庆直接去机场。下午17:00左右到达鹤庆，大家稍事休息后，于18:30左右冒着大雨前往别人推荐的网红餐厅"红秀园"用晚餐。"红秀园"果然红火，菜品经济实惠，美味可口。因为想着是此行的最后一餐，大家都多少有点不舍和伤感。

晚上 22:00 左右，在宾馆里接到航空公司通知，说因天气原因，我回西安、刘凤芹师姐回北京的航班都将由明天上午延迟到下午。虽然情况有变，但看时间已晚，就想等明天大家起床后再商量吧。

2022 年 7 月 26 日（周二）

计划上午参访玉龙县白沙壁画博物馆，访谈纳西族东巴师。下午刘凤芹师姐和我从丽江机场分头回北京和西安，赵春青、闵锐、王怡珩开车回昆明。

早上吃早饭时，大家就新出现的飞机延误问题商议了一下，最后决定大家一起先去玉龙县白沙壁画博物馆，之后送我们去机场，然后其他三人再开车回昆明。

大约 10:00 左右，一行人到达白沙壁画博物馆。白沙壁画博物馆位于丽江市玉龙县白沙镇三元村，于 2011 年 5 月对公众开放。白沙壁画主要分布在白沙镇明清古建筑群中的琉璃殿、大宝积宫、大定阁内。白沙壁画在继承纳西族传统艺术的基础上，不仅吸收了汉族绘画的笔法，还融汇了藏传佛教绘画的风格，从而成为壁画艺术中的珍品，是丽江世界文化遗产的重要组成部分。博物馆的杨志坚馆长接待了我们，并亲自给我们做导览。杨馆长是一个老文物了，对文物工作人熟事也熟。但可惜，因为我们时间有限，只能在他的带领下走马观花浏览了一下。

之后，杨馆长又帮我们联系到附近很有名的一名东巴师和国伟，请他给我们介绍了东巴文化目前的状况。和大师今年 59 岁，现在已经是才能全面、远近有名的东巴师了。像他这样级别的东巴师一般年纪都很大，他属于这类大东巴中比较年轻的。据和国伟大师介绍，东巴师需要具备祭祀、唱歌、跳舞、绘画等多项技能，而且在不同的场合，祭祀、唱歌、跳舞、绘画的内容还都不一样，所以掌握全部的技能是需要一定的时间积累的。东巴师一般不是专职的，既要从事劳动生产，还要学习东巴文化，所以没有兴趣、不坚持是学不下来的。和大师年轻时师从表舅，自己的两个儿子没有继承他的衣钵，但好在他带徒弟，他的技艺还有传承。

与杨馆长等人匆匆忙忙在博物馆职工灶上吃了个午饭，于中午 12 点左右出发直奔丽江机场。到达机场后，大家再次合影留念、深情告别，之后，闵锐、赵春青以及王怡珩三人乘车回昆明，我和师姐则分别乘飞机回西安、北京。

下午 16:30 左右，我平安降落西安咸阳机场，此次滇西北之旅由此画上了一个圆满的句号。

国内外民族考古学研究的知识图谱分析

魏 峻

（复旦大学文物与博物馆学系 / 科技考古研究院）

一般认为，民族考古学（Ethnoarchaeology）一词最早是在 1900 年由福克斯提出的，指的是将民族志与考古材料结合起来解释已经消失的历史[①]。20 世纪 60 年代之后，新考古学的"中程理论"给民族考古学赋予了新动能，考古学家试图在现存民族和古代族群之间的文化现象、行为模式间建立起"类比"关系，借以解读考古遗存中所包含的人类行为信息，从而更好地理解无文字记载的古代社会。在中国，利用民族学材料进行古代社会研究的尝试萌芽于新中国建立之初，但民族考古学概念的倡导及系统实践则始于改革开放之后，与当时西方学术思潮大量被引介到国内有关。1981 年，中山大学人类学复办，同时开始招收"民族考古学"方向研究生[②]；稍晚，中山大学的梁钊韬、张寿祺、容观瓊先后发表了《论民族考古学》[③]《值得提倡的民族志类比分析法——"民族考古学"介绍》[④] 等论文，初步阐明了民族考古学的概念与理论方法，也确立了当时中山大学在此领域的领先地位。20 世纪 90 年代之后，学者们就民族考古学的名称、定义、理论方法进行了热烈讨论，并将相关研究方法运用于考古学研究实践，形成了诸多重要成果。其中，为中国民族考古学本土化做出重要贡献的学者包括梁钊韬、容观瓊、林惠祥、宋兆麟、汪宁生、李仰松等。在考古学快速发展，理论方法和技术运用多样化、新成果不断涌现的当下，回顾并对比研究国内外民族考古学的研究现状和发展趋势，对于促进该领域研究的进一步发展具有重要意义。鉴于学术界还没有针对国内外民族考古学研究成果进行过文献计量学的专门研究，藉此纪念北京大学李仰松先生九十寿辰之际，本文尝试运用计算机软件对发表在中国知网（CNKI）和 Web of Science（WoS）的民族考古学成果进行归纳、梳理，从年度发文量、发文机构、作者，以及研究热点、学科前沿等方面进行定量分析，揭示国内外民族考古学的发展史、现状和趋势，为推动我国的民族考古学研究提供参考。

---

① 曹兵武：《谈 "ethnoarchaeology" 的译法及内涵》，《东南文化》1991 年第 5 期。
② 周大鸣：《中国民族考古学的形成与考古学的本土化》，《东南文化》2001 年第 3 期。
③ 梁钊韬、张寿祺：《论 "民族考古学"》，《社会科学战线》1983 年第 4 期。
④ 容观瓊：《值得提倡的民族志类比分析法——"民族考古学"介绍》，《中南民族学院学报（哲学社会科学版）》1984 年第 3 期。

一、资料与方法

1. 文献来源

　　本文的研究资料获取自网络文献检索平台，其中中文文献获取自"中国知网（CNKI）"，外文文献获取自"Web of Science"。中国知网文献的检索时间为 2022 年 11 月 3 日，检索范围为该文献检索平台的《中国学术期刊网络出版总库》《中国优秀博硕士学位论文全文数据库》《会议论文库》《中国学术辑刊数据库》中 1956 年 1 月 1 日至 2022 年 11 月 3 日的文献。检索条件为【主题】"民族考古"或【主题】"民族考古学"或【主题】"民族志考古"，共找到 399 篇文献（其中学术期刊 258 篇、学位论文 20 篇、会议论文 33 篇、辑刊等 88 篇），手动剔除征稿启事、内容简介，重复及不相关文献，最终获得 332 篇有效文献。Web of Science 文献的检索时间为 2022 年 11 月 3 日，检索范围为 Web of Science 核心合集的 1956 年 1 月 1 日至 2022 年 11 月 3 日的文献。检索条件为【主题】"Ethnoarchaeology" or "Living Archaeology" or "Ethnographic Archaeology"，共找到 2591 篇文献。手动选择文献类型为论文、会议录论文、综述论文、在线发表、书籍评论，经剔除重复与不相关文献后，共获得有效文献 2535 篇。

2. 参数设置

　　文献计量学是通过量化指标反映文献资源的数量特征、规律和内在关联，是科学评价量化分析的技术保障[①]。本文主要选用陈超美教授开发的文献可视化分析软件 CiteSpace6.1.R3 进行研究主题的定量与定性分析，相关参数设置为：时区范围（Time Slicing）为 1956 年 1 月~2022 年 11 月，时间切片（Year Per Slice）为 1 年；阈值（g-index）为 K=25；数据可视化方式采用了 Cluster View-Static、Show Merged Network。同时，本文还选用了两款知识图谱分析软件 Vosviewer 和 Pajek 进行了数据可视化结果的优化处理。

　　在上述设置基础上，通过以下步骤获取数据：1）运行 CiteSpace 软件分别生成中文和外文民族考古学研究文献的作者（Author）、机构（Institution）或国家（Country）的共现图谱；2）利用软件生成民族考古学研究文献的关键词，采用对数似然法（LLR）生成关键词聚类图谱、关键词频次统计数据，编制关键词聚类分析表；3）使用突现度（Burstness）功能分别提取前 20 位的国内外民族考古学文献的关键词突现数据，该项数据的附加搜索条件为 f(x)=2，y=0.3。

---

① 杨倩：《常见文献计量学工具的分析功能比较研究》，《情报探索》2021 年第 10 期。

二、国内外民族考古学研究文献的基础分析

1. 发文趋势

　　研究文献的年度发文数量能够反映某个领域研究的受重视程度及变化趋势。从国内外民族考古学研究的年度发文量统计数据来看（图1），国外研究虽然近三年来都有所降温，但总体上呈现较为明显的增长趋势，说明有数量上不断增加的学者持续关注此研究领域，其中1992、2000、2016和2019年增幅加大，峰值出现在2019年（有文献247篇）；国内研究成果的数量波动较大，1997、2003、2008、2018、2021的发文量较前一年有较多增加，峰值出现在2008年（计有22篇）。

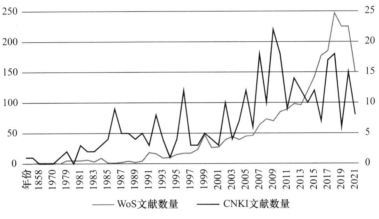

图1　国内外民族考古文献的发文数量对比

　　对比国内外研究成果的发表情况可知：1）民族考古研究的中文文献出现较早（1956年）[①]，而WoS核心数据库中收录的英文文献最早是在1968年发表[②]。出现这种情况，与建国初期中国考古学研究受到苏联学术界影响，较早关注民族志相关问题有关；2）中文文献中的早期民族考古研究关注民族调查材料在解读考古资料方面的借鉴和具体运用，对民族考古学相关概念和理论方法的讨论直到20世纪80年代才受到更多关注；国外学者对于民族考古的关注点随着时间变化存在明显转换，但与国内研究的研究主题明显不同，其中2016年的岩画艺术主题、2019年的岛屿考古主题的热烈讨论刺激了对民族考古学整体关注度的增加；3）国内外相关研究的演变模式有所差异，国内研究呈现出以3～4年为周期的波动特点，而国外相关研究则持续保持增长。

---

①　费孝通：《开展少数民族地区和与少数民族历史有关的地区的考古工作——在考古工作会议上的发言》，《考古通讯》1956年第3期。

②　Gould, R. A., Living Archaeology: The Ngatatjara of Western Australia, *Southwestern Journal of Anthropology*, 1968, 24(2), pp. 101-122.

2. 机构与作者

　　知网的 332 篇文献涉及 244 家机构，其中发文量 6 篇及以上共计 12 家（表 1），发文量最多的是四川大学（25 篇），其次为中山大学（19 篇）。在研究者方面，涉及论文作者 386 人，发文量 4 篇及以上的高产作者共 12 人，其中发文量最多的是吴春明，其次为宋兆麟（表 2）。发文 2～3 篇的作者 37 人，其余 337 名作者发文各 1 篇。WoS 上的 2535 篇文献涉及 454 家机构，其中发文量 6 篇及以上共计 15 家（表 3），发文量最多的是剑桥大学（Univ Cambridge，14 篇），其次为伦敦大学学院（UCL，11 篇）。论文作者共 688 人，发文量 3 篇及以上的高产作者共 11 人，其中发文量最多的 Kolb. C. C. 和 Gould R. A. 各有 5 篇文章。发文 2 篇的作者 43 人，其余 645 位作者发文各 1 篇。作者所在国家或地区有 66 个，最多的是美国（359 篇）、英国（137 篇），其他发文较多的国家还包括西班牙、澳大利亚、加拿大、法国、南非、阿根廷、德国等（表 4）。

表 1　国内民族考古文献的发文机构（知网发文量≥6）

序号	机构名称	发文量 / 篇	序号	机构名称	发文量 / 篇
1	四川大学	25	7	复旦大学	8
2	中山大学	19	8	重庆师范大学	8
3	中国社会科学院	18	9	吉林大学	7
4	厦门大学	17	10	辽宁省博物馆	7
5	中国人民大学	10	11	中国科学院	6
6	北京大学	10	12	成都文物考古研究所	6

表 2　国内民族考古文献的作者（知网发文量≥4）

序号	机构名称	发文量 / 篇	序号	机构名称	发文量 / 篇
1	吴春明	14	7	张寿祺	4
2	宋兆麟	7	8	郭梦	4
3	陈淳	6	9	孔令远	4
4	周大鸣	6	10	张勋燎	4
5	王绵厚	5	11	陈胜前	4
6	范勇	4	12	王子今	4

表 3　国外民族考古文献的发文机构（WoS 发文量≥6）

序号	机构	发文量 / 篇	起始发文年份
1	Univ Cambridge	14	1999
2	UCL	11	2016
3	Australian Natl Univ	10	2008
4	Arizona State Univ	10	2000

续表

序号	机构	发文量/篇	起始发文年份
5	Univ Leicester	8	1999
6	Univ Oxford	8	2000
7	Stanford Univ	8	1999
8	Northwestern Univ	7	2001
9	Flinders Univ S Australia	7	2008
10	Penn State Univ	6	2000
11	Consejo Nacl Invest Cient & Tecn	6	2003
12	Univ Witwatersrand	6	2002
13	CSIC	6	2011
14	Simon Fraser Univ	6	1998
15	Univ Florida	6	1998

表 4 民族考古文献的发文国家（WoS 发文量≥20）

序号	国家	发文量/篇	起始发文年份
1	美国	359	1968
2	英国	137	1999
3	西班牙	54	2004
4	澳大利亚	44	2000
5	加拿大	43	1998
6	法国	31	2004
7	南非	27	2002
8	阿根廷	27	1996
9	德国	23	1996

上述数据表明：1）美国是民族考古学领域研究成果最多的国家，西欧各国也对该领域保持了较大的关注；进入 21 世纪之后，开展相关研究的国家和地区增多，扩展到南美、非洲和大洋洲国家；2）国内研究机构与研究者对民族考古学研究同样保持一定的关注，但在国际上发声少、影响力小；3）无论是国际还是国内，民族考古学研究中，高校及高校研究者的成果均居主导地位。

3. 关键词共现度与聚类

关键词是指"由特定文本中抽取出来的能体现与反映其最主要、最核心信息内容的词语"[①]，恰当的关键词能够很好反映文献的研究主题。目前，文献计量学领域的研究者多使用关键词共现度来识别研究主题。关键词共现度分析是要构建关键词共现网络并对其进行聚类，通过观察关键词的使用频度与关联度，进而判断某一领域的主要知

---

① 宋姝锦：《文本关键词的语篇功能研究》，复旦大学博士学位论文，2013 年，第 9 页。

识结构和内容所在。本研究使用了 VoSviewer 软件形成关键词共现网络，图中每个圆圈代表一个关键词，圆圈大小反映了关键词共现频度的强弱（图 2）。

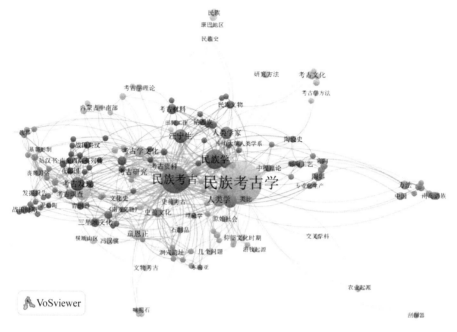

图 2　国内民族考古的关键词共现网络

关键词共现度分析结果显示，1956 至 2022 年间的国内民族考古学研究包含的关键词节点共有 610 个 [①]，连线 1398 条，网络密度为 0.0075。结合关键词共现频度排序结果，民族学、考古学、人类学、汪宁生、石棺葬等关键词出现次数多，显示出民族考古学的交叉学科特征和研究中最受关注的内容，而陶器研究、北方民族、石制品等关键词的首次出现时间晚，是近年来的新研究内容。在关键词聚类分析方面，共得到 14 个聚类，说明国内民族考古学的研究内容相对集中（图 3）。

对 WoS 文献的关键词共现度分析结果表明，1968 至 2022 年间的国外民族考古学包含的关键词节点共计 654 个，连线 2003 条，网络密度为 0.0094（图 4）。关键词按频次由高到低前排列，前 8 位分别为考古学（Archaeology）、历史学（History）、遗址（Site）、历史考古学（Historical Archaeology）、景观（Landscape）、岩画艺术（Rock Art）、物质文化（Material Culture）和组织（Organization），显示了民族考古学与其他学科的关联及研究关注的主要内容；与国内研究不同的是，国外学者近年来讨论的热点内容为丧葬活动（Mortuary practice）、岛屿（Island）、公众考古（Public Archaeology）、岩画艺术（Rock Art）等。将 654 个关键词进行聚类，可得 14 个主要研究主题（图 5）。

---

① 本文对关键词进行了人工甄别，剔除中文文献关键词中混入的英文词汇，以及"研究、中国、几个问题、初步认识、慎独"等无意义关键词。

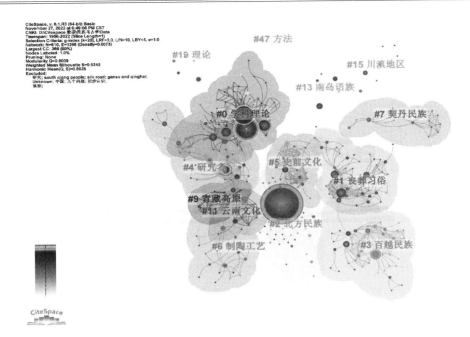

图 3　国内民族考古文献的关键词聚类

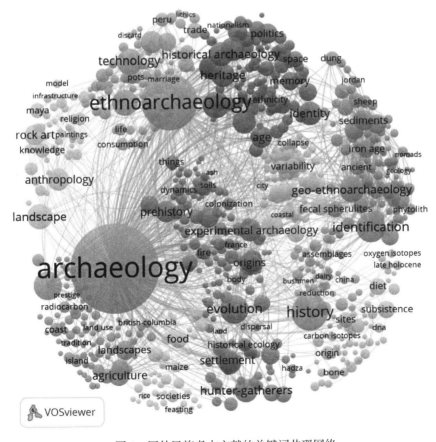

图 4　国外民族考古文献的关键词共现网络

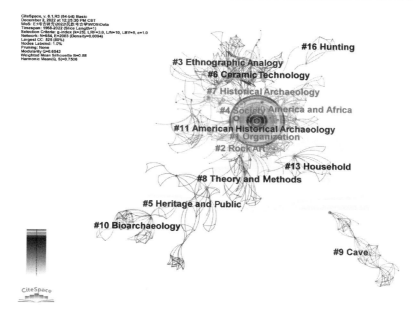

图 5　国外民族考古文献的关键词聚类

上述数据表明：1）从学科关联度看，相较于国内注重民族考古学与考古学、民族学、人类学的关系，国外则更重视民族考古学与考古学、历史学的联系；2）在研究的主要主题和近期研究方面，国内外同样差异明显，国内研究者更多关注了中国材料的解读以及研究方法的本土特色。

4. 突现词分析

突现词是指在某一时间段内在出现数量上骤增的关键词，它能够反映学术界对某方面研究的集中关注。陈超美教授在开发 CiteSpace 软件时，通过设置突现词检测分析，用以指示研究热点的爆发[①]。

对国内民族考古学研究文献进行突现词分析，观察其中前 20 位突现词的强度、起讫时间等信息可知，作为强突现词持续时间最长的词汇是"石棺葬"（持续研究 20 年），而强度最高的则是"童恩正"（强度为 3.41）。"石制品""人类学""北方民族"是近六七年间国内学术界最为关注的热点（表 5）。

表 5　国内外民族考古文献的关键词突现度比较（前 20 位）

知网文献				WoS 文献			
关键词 Keyword	强度 Strength	突显时间 Years		关键词 Keyword	强度 Strength	突显时间 Years	
		开始 Begin	结束 End			开始 Begin	结束 End
石棺葬	2.33	1980	2000	Perspective	2.12	2000	2003

① Chen, C. M., CiteSpace II: Detecting and Visualizing Emerging Trends and Transient Patterns in Scientific Literature, *Journal of the American Society for Information Science and Technology*, 2006, 57(03), pp. 359-377.

知网文献				WoS 文献			
关键词 Keyword	强度 Strength	突显时间 Years		关键词 Keyword	强度 Strength	突显时间 Years	
		开始 Begin	结束 End			开始 Begin	结束 End
考古材料	1.38	1984	1993	Cave	2.27	2007	2011
发展史	1.91	1985	1987	Landscape archaeology	2.27	2012	2013
发掘报告	1.65	1987	1993	Technology	2.05	2012	2013
考古文化	1.61	1988	1996	Landscape	2.86	2015	2022
考古遗存	2.52	1989	1997	Culture	2.74	2015	2016
童恩正	3.41	1997	2000	Knowledge	2.46	2015	2017
冯汉骥	1.69	1997	2000	Historic Archaeology	2.96	2016	2022
南岛语族	1.96	2002	2009	Activity Area	2.51	2016	2018
百越	1.50	2003	2009	Identification	3.66	2017	2018
史前文化	1.46	2006	2009	Tierra del Fuego	2.80	2017	2018
民族考古	2.11	2008	2011	Public Archaeology	2.44	2017	2019
考古学	2.64	2012	2015	Site	2.70	2018	2019
汪宁生	2.52	2014	2016	Rock Art	4.82	2019	2022
民族学	1.82	2015	2018	Island	2.93	2019	2022
考古	1.75	2015	2018	Identity	2.17	2019	2022
石制品	1.47	2015	2022	Archaeology	4.90	2020	2022
考古发现	1.96	2016	2022	Iron Age	3.64	2020	2022
人类学	1.61	2016	2022	Power	2.54	2020	2022
北方民族	1.81	2019	2022	Mortuary Practice	2.24	2020	2022

　　国外民族考古学研究文献的突现词分析结果同样保留前 20 位及其强度、起讫时间等信息。强度最高的 2 个突现词分别为"考古学（Archaeology）"（词频强度 4.9）和"岩画艺术（Rock Art）"（词频强度 4.82），而存在时间最长的强突现词是"景观（Landscape）"（2015-2022）。近三年来国外学术界集中关注的研究热点包括"岩画艺术（Rock Art）""岛屿（Island）""权力（Power）""身份（Identity）"和"丧葬活动（Mortuary Practice）"。

　　比较国内外研究的突现词数据可知：1）国内外研究的热点差异显著，中国特色的研究依然是国内研究的核心关注；2）相对国外突现词平均 1.95 年的生存时间，国内研究突现词的生存时间相对较长，平均达到了 4.3 年，研究热点的集中度较高但转换频度较低。

三、中外民族考古学研究的相关分析

1. 阶段性分析

　　运用时间线模式进行分析后发现，民族考古学研究成果中，无论中文文献还是外文文献都呈现出明显的阶段性特征。这既体现在整体研究的趋势方面，也体现在不同主题聚类的演变过程之中。

　　关于国内民族考古学的发展研究性阶段，此前已有相关成果，如陈虹利、张俭等都认为我国的民族考古学研究可以分为 20 世纪 80 年代、90 年代和 21 世纪以后三个阶段，分别以兴起、发展和走向成熟为特征[①]。综合发文数量变化、阶段性研究内容、不同聚类中的关键词时间线分布等特征（图 6）以及标志性成果的出现等因素，可以将 1956 年以来的国内研究成果分为三个阶段。

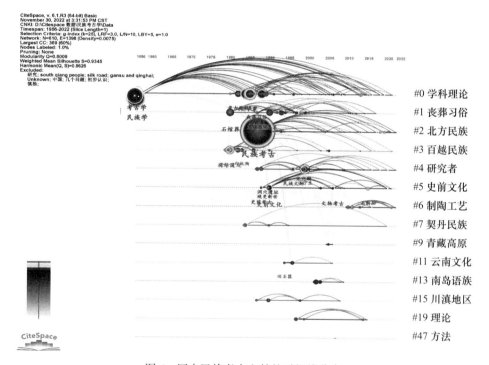

图 6　国内民族考古文献的时间线分布

　　第一阶段从 20 世纪 50 年代至 1982 年。有研究者认为中国民族考古的发端不晚于 20 世纪 30 年代，当时已经有把考古发现的遗迹遗物与民族志材料结合起来解读中国古代史的做法。例如，陈星灿就认为石璋如先生在 20 世纪 30 年代的多项研究都算是民

---

① 　陈虹利、韦丹芳：《中国民族考古学研究回顾与反思》，《广西民族大学学报（哲学社会科学版）》2018 年 40　卷第 2 期；张俭：《我国民族考古学理论与方法的研究述评》，《华夏考古》2019 年第 6 期。

族考古的研究案例①。新中国成立后，受 20 世纪 50 年代全国民族识别和高校院系调整的影响，一些具有人类学或者考古背景的前辈学者涉足民族学调查和研究领域②，如林惠祥、冯汉骥、梁钊韬等。这些学者都注重野外调查（中国东南和西南地区的民族学调查尤受重视），注重民族学材料在释读考古资料时的借鉴作用，取得了不少成果。可惜的是，民族考古研究后来受到"文革"的严重影响，研究成果大幅减少，且在研究方法上存在简单"类比"及马克思、恩格斯家庭和国家起源理论的教条化运用等问题。虽然，第一阶段研究见于中国知网收录的论文总体数量较少（年度发文量一般少于 3 篇），但是确立了我国历史唯物主义史观指导下的民族考古学研究范式，并为下一阶段的中国特色民族考古学探索奠定了坚实基础。

第二阶段从 1983 年至 2000 年。梁钊韬、张寿祺在《论民族考古学》一文中明确提出了"民族考古学"的概念，标志着本阶段的开始。此后，学者们主要围绕民族考古学的定义、起源与发展、理论基础和研究方法展开讨论③，在某些问题上甚至还产生了激烈的观点争鸣。虽然如前所述，有研究者认为 20 世纪 80 年代和 90 年代分别代表了我国民族考古学研究的不同发展阶段，不过就研究主题而言，这两个时段并无太大差别。作为中国民族考古学本土化及特色形成的时期，本阶段研究的特点还包括：民族考古学论著涌现（如汪宁生的《民族考古学论集》，童恩正的《中国西南民族考古学论文集》，容观琼、乔晓勤的《民族考古学初论》，王恒杰、张雪慧的《民族考古学基础》，李仰松的《民族考古学论文集》等）、外国民族考古学理论方法被大量介绍到国内（如对宾福德、特里格、伊恩·霍德、克莱默、史泰尔斯等学者民族考古学研究成果的译介）、对于早期民族考古学家的研究引起关注（如对容观琼、冯汉骥、童恩正、汪宁生等学者的研究）。同时，我们也注意到本阶段研究虽然整体呈现数量上的增长趋势，但是波动较大且增幅有限。相较于考古理论、聚落考古、农业起源、史前城市、环境考古等主题，考古学界对于民族考古学的关注明显不足。

第三阶段从 2001 年至今。有研究者认为此时的中国民族考古学已经完成转向，"真正成为一门适用于中国民族本土化的学科"，周大鸣的《中国民族考古学的形成与考古学的本土化》一文揭开了本阶段研究的序幕④。从成果发布上看，本阶段是民族考古学研究的加速发展时期，不仅成果数量较前两个阶段大幅增加，同时出现了一些与国际研究热点接轨的研究主题，如南岛语族研究、陶器研究、石器研究等。特别是近

① 陈星灿：《灰坑的民族考古学考察——石璋如〈晋绥纪行〉的再发现》，《中国文物报》2002 年 3 月 1 日第 3 版。
② 郭立新：《中外不同语境中的"民族考古学"认知》，《东南文化》2008 年第 6 期。
③ 王建华：《中国"民族考古学"理论研究述评》，《北方民族大学学报（哲学社会科学版）》2009 年第 3 期；鲁大立、闫佳楠、孙旭旺：《中国"民族考古学"理论研究综述》，《凯里学院学报》2015 年 33 卷第 1 期；郭立新：《中外不同语境中的"民族考古学"认知》，《东南文化》2008 年第 6 期；陈虹利、韦丹芳：《中国民族考古学研究回顾与反思》，《广西民族大学学报（哲学社会科学版）》2018 年 40 卷第 2 期；张俭：《我国民族考古学理论与方法的研究述评》，《华夏考古》2019 年第 6 期。
④ 陈虹利、韦丹芳：《中国民族考古学研究回顾与反思》，《广西民族大学学报（哲学社会科学版）》2018 年 40 卷第 2 期。

年来，学者们利用古 DNA 和古基因组分析技术在古代族群关系和社会变迁方面的研究成果，让中国学者部分具备了与国际民族考古学前沿的对话能力。

国外民族考古学研究主题也存在着逐渐发展的过程，同样依据发文数量、研究主题、关键词时间线分布（图 7）、标志性成果的出现等因素，可以观察出三个发展阶段。

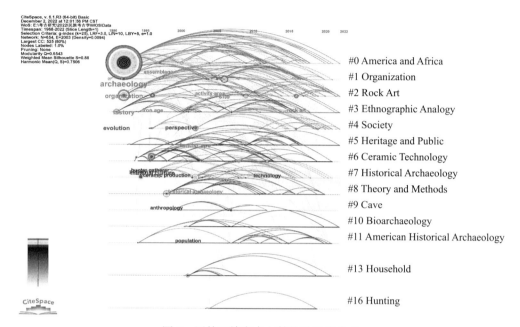

图 7　国外民族考古文献的时间线分布

第一阶段从 1968 年至 1989 年。一般认为，20 世纪 50 年代之前，虽然已有研究者利用原始民族的传统技艺和习俗来解释考古学资料，并出现了"民族考古学家"（福克斯在 1900 年已公开使用）这样的词汇，但是民族考古学并未建立起来。1968 年是 WoS 收录民族考古学主题论文的开始之年，巧合的是大卫和克莱默也将该年作为民族考古学进入新阶段的起始[①]。之所以 1968 年如此重要，是因为该年出版了数本新考古经典著作，如大卫·克拉克的《分析考古学》（*Analytical Archaeology*）、萨莉·宾福德和刘易斯·宾福德主编的《考古学新视角》（*New Perspectives in Archaeology*）等，这些著作也给民族考古学研究范式带来了革命性变化。民族考古学不再被视为能够映射性地直接提供对考古学资料的细节判断方法，而是在中程理论上提供模式验证机会的方法[②]。

第二阶段从 1990 年至 2014 年。从图 1 中可以观察到第二阶段研究成果持续增长。在本阶段，一方面是民族考古学家更加重视田野调查工作，他们将自己的研究视野投

①　David, N., Kramer, C., *Ethnoarchaeology in Action*, Cambridge University Press, 2001, p.18.
②　徐坚：《民族考古学：定义问题》，《江汉考古》2009 年第 4 期。

射到全球更广阔的范围，并运用后实证主义方法来理解考古资料；另一方面则是越来越多的研究者希望摆脱"西方中心"的学术研究范式，尝试藉由土著的观点和价值观来释读"边远地区"的艺术和社会。在物质遗存和技术（如原始艺术、制陶、农业、工具、建筑、生计方式等方面）仍然受到研究者普遍关注的同时，景观、社会组织、信仰、政治与权力等主题也得到越来越多的讨论。

第三阶段从 2015 年至今。第三阶段的民族考古学研究文献数量呈现爆发式增长，突现词分析也表现出与前两个阶段相异的研究热点。究其原因，既与考古在发展过程中不断拓展的新领域有关，也与科学进步带来的新方法、新技术在考古学中的广泛运用有关。

2. 研究主题与热点

据图 6 可知，Citespace 软件分析得到了国内民族考古学研究主题的 14 个聚类，如果进一步梳理，这些聚类可以归纳为学科建构、区域研究、物质文化、研究者等 4 个主要方向。

学科建构方向包括聚类 0、19 和 47 三组。其中聚类 0 主要研究民族考古学的概念、内涵与其他学科的关系等，频度前 10 位关键词为民族学、考古学、人类学、人类学家、宾福德、考古遗存、考古资料、发展史、中程理论、历史学。聚类 0 是中国民族考古学发展基础和早期最主要的研究话题，老一辈的学者如梁钊韬[①]、张寿祺[②]、容观瓊[③]、宋兆麟[④]，以及陈淳、周大鸣、许永杰、陈虹利、韩建业等都进行过讨论[⑤]；聚类 19（理论）的主要关键词包括方法、理论、发展、定义等、范式，是针对民族考古学理论、方法和定位的讨论[⑥]；聚类 47 讨论的是民族考古学方法运用，包括类比[⑦]、验证

① 梁钊韬、张寿祺：《论民族考古学》，《社会科学战线》1983 年第 4 期。
② 张寿祺：《关于"民族考古学"形成的时间与因素诸问题》，《社会科学战线》1988 年第 1 期；张寿祺：《论民族考古与"民族考古学"——兼及对西方哲学"整体论"的分析和批判》，《中山大学学报（哲学社会科学版）》1986 年第 1 期。
③ 容观瓊：《关于民族考古学发展史上的几个问题》，《中山大学学报（哲学社会科学版）》1985 年第 3 期。
④ 宋兆麟：《民族考古之路》，《考古学研究》（十），科学出版社，2013 年，第 3～5 页。
⑤ 陈淳：《关于遗址形成过程研究》，《南方文物》2015 年第 2 期；陈淳：《民族学对考古学阐释的贡献》，《考古学研究》（十），科学出版社，2013 年，第 6～17 页；许永杰：《民族考古学是什么》，《四川文物》2005 年第 2 期；韩建业：《什么是"民族考古学"》，《东南文化》1993 年第 2 期；徐坚：《民族考古学：定义问题》，《江汉考古》2009 年第 4 期。
⑥ 曹兵武：《谈"ethnoarchaeology"的译法及内涵》，《东南文化》1991 年第 5 期；李富强：《试论民族考古学的理论基础》，《广西民族研究》1993 年第 4 期；石岩、陈豆豆：《试论民族考古学研究方法及内容的定位》，《北方文物》2020 年第 6 期；鲁大立、闫佳楠、孙旭旺：《中国"民族考古学"理论研究综述》，《凯里学院学报》2015 年 33 卷第 1 期；郭立新：《民族考古学三题——关于名实问题、理论基础和研究方法的探讨》，《南方文物》1997 年第 4 期；郭立新：《中外不同语境中的"民族考古学"认知》，《东南文化》2008 年第 6 期。
⑦ 容观瓊：《值得提倡的民族志类比分析法——"民族考古学"介绍》，《中南民族学院学报（哲学社会科学版）》1984 年第 3 期。

和假设 ① 等关键词。

区域研究方向包括聚类 2、3、9、11、13 和 15 六组。聚类 2 研究北方地区的民族关系、物质遗存等内容，关键词有民族考古学、考古研究、北方民族、青铜器、北方地区等，如《南方文物》2021 年第 6 期发表的"北方与民族"考古系列论文、金秋月从个案出发对北方民族交流策略的讨论 ②、干志耿基于靺鞨遗存的研究 ③ 等；聚类 3（百越民族）的主要关键词为考古发现、百越民族、印纹陶、夜郎国、石寨山、夜郎考古、楚文化、滇池地区等，研究内容涉及从史前至秦汉时期的中国南方地区被称为"百越"的古代族群。童恩正 ④、何介钧 ⑤、宋世坤 ⑥、宋先世 ⑦、王子尧 ⑧、谢崇安 ⑨、辛土成 ⑩、邢敏建 ⑪、孙俊 ⑫ 等在此方面进行过研究；聚类 9（青藏高原）中出现频度高的关键词有嘛呢石、石渠县、格萨尔王、佛教题材、摩崖石刻、德格县、印经院、甘孜地区、宁玛派、四川省等，是以青藏高原的宗教遗存为主要研究对象，如罗文华 ⑬ 对川西高原古代民族的考察，冯林 ⑭、王媛 ⑮ 对藏传佛教遗迹的讨论等；聚类 11（云南文化）的研究主要围绕云南（特别是佤族地区）的文化遗存及风俗（如木鼓祭、猎头祭等）展开，其中对佤族 ⑯ 和岩画 ⑰ 讨论尤其受到关注；聚类 13（南岛语族）的主要关键词包括南岛语族、百越、起源、史前舟船、闽台、汉藏语

---

① 　汪宁生：《三谈民族考古学》，《考古》2007 年第 4 期；徐坚：《宾福德、过程主义和中国考古学》，《考古与文物》2011 年第 3 期。

② 　金秋月、Catrin Kost、高毓婷：《交流策略的演变：从莘庄头考古发现探讨中原与北方民族关系的变迁》，《青铜器与金文》（第三辑），上海古籍出版社，2019 年，第 383～403 页。

③ 　干志耿：《靺鞨族及黑龙江流域的靺鞨遗存》，《北方文物》1985 年第 1 期。

④ 　童恩正：《近年来中国西南民族地区战国秦汉时代的考古发现及其研究》，《考古学报》1980 年第 4 期。

⑤ 　何介钧：《从考古发现看先秦湖南境内的民族分布》，《求索》1983 年第 4 期。

⑥ 　宋世坤：《贵州赫章可乐"西南夷"墓族属试探》，《贵州民族研究》1979 年第 1 期。

⑦ 　宋先世：《夜郎文化与民族考古》，《贵州民族研究》2006 年第 5 期。

⑧ 　王子尧：《夜郎考古与古代民族葬俗区域文化研究》，《贵州民族学院学报（哲学社会科学版）》2005 年第 1 期。

⑨ 　谢崇安：《"蜑"民新探——兼论壮族先民海洋文化的考古发现》，《广西民族师范学院学报》2017 年 34 卷第 6 期。

⑩ 　辛土成：《百越民族稻作农业初探》，《中国社会经济史研究》1987 年第 2 期。

⑪ 　邢敏建：《从西水流域考古发掘看楚文化与诸民族的关系》，《民族研究》1997 年第 1 期。

⑫ 　孙俊：《战国秦汉西南族群演进的空间格局与地理观念》，云南师范大学博士学位论文，2016 年。

⑬ 　罗文华：《四川甘孜地区民族与考古综合考察综述》，《故宫学刊》2005 年第 1 期；罗文华、姚军：《四川石渠县松格嘛呢石经城调查简报》，《文物》2006 年第 2 期。

⑭ 　冯林、王小灵、贺晓东等：《德格印经院的建筑特色》，《四川文物》2003 年第 1 期。

⑮ 　王媛：《大型嘛呢石经堆与观音坛城部落化——以 18 世纪以来北部康区为中心》，《民族研究》2018 年第 5 期。

⑯ 　胡阳全：《近年国内佤族研究概述》，《云南民族学院学报（哲学社会科学版）》1996 年第 4 期；马廷森：《论佤族的宗教仪式行为》，《西南民族学院学报（哲学社会科学版）》1990 年第 5 期；钱耀鹏：《试论我国史前时代的猎头习俗》，《考古与文物》1994 年第 3 期。

⑰ 　邱钟仑：《夜谈沧源岩画的年代和族属》，《云南民族学院学报（哲学社会科学版）》1995 年第 1 期；陈杨、张虎才、刘峰文：《云南沧源岩画（第二地点）研究》，《云南地理环境研究》2020 年第 2 期；杨宝康：《论云南沧源崖画的年代》，《楚雄师范学院学报》2002 年第 5 期。

族、太平洋等，研究内容以南岛语族起源及其扩散为主[①]，兼及交通工具、社会结构等方面[②]；聚类15（川滇地区）的关键词战国时期、尖底杯、战国墓、南丹县、模型明器、小平底罐、云南广南等，主要针对川滇地区的战国前后的考古发现[③]及社会结构[④]进行讨论。

　　物质文化方向包括聚类1、5、6、7共四组。聚类1（丧葬习俗）主要研究的是以西南地区为中心的族属和丧葬习俗，涉及内容包括巴蜀文化、墓葬形制、石棺葬、悬棺葬、丧葬习俗、火葬墓、瓮棺葬、二次葬等[⑤]；聚类5（史前文化）的关键词有史前文化、史前考古、石制品、文化序列、洞穴遗址、晚更新世等，研究对象是史前时期的遗址类型、考古学文化、物质产品，主要研究者有童恩正[⑥]、佟珊[⑦]、崔哲懋[⑧]、陈淳[⑨]、杨宽[⑩]等。聚类6（制陶工艺）的关键词为制陶工艺、专业化、陶瓷史、陶器、实验考古、制陶技术、彩陶等，显示其研究主要针对古代制陶工艺和手工业生产专业化等内

① 张光直：《中国东南海岸考古与南岛语族起源问题》，《南方民族考古》（第一辑），1987年，第1～12页；吴春明、陈文：《"南岛语族"起源研究中"闽台说"商榷》，《民族研究》2003年第4期；郭志超、吴春明：《台湾原住民"南来论"辨析——兼论"南岛语族"起源》，《厦门大学学报（哲学社会科学版）》2002年第2期。

② 吴春明：《中国东南与太平洋的史前交通工具》，《南方文物》2008年第4期；吴春明：《史前航海舟船的民族考古学探索》，《海交史研究》2009年第2期；熊仲卿：《印尼马鲁古群岛二元社会结构与聚落模式研究》，《广西民族大学学报（哲学社会科学版）》2015年37卷第5期。

③ 罗二虎、徐鹏章：《成都指挥街周代遗址发掘报告》，《南方民族考古》（第一辑），1987年，第171～245页；黄伟、何元洪、周克林等：《重庆云阳李家坝巴文化墓地1999年度发掘简报》，《南方民族考古》（第七辑），科学出版社，2011年，第495～526页；宋治民：《蜀文化尖底陶器初论》，《考古与文物》1998年第2期。

④ 西村正雄、石应平：《华南战国时期两个墓地的分析：试论华南公元前一千纪时复杂社会的进化》，《南方民族考古》（第二辑），1990年，第69～108页。

⑤ 童恩正：《四川西北地区石棺葬族属试探——附谈有关古代氏族的几个问题》，《思想战线》1978年第1期；宋治民：《云南西部地区一些青铜文化墓葬的初步讨论》，《南方民族考古》（第一辑），1987年，第87～100页；朱泓：《"僰人悬棺"颅骨的人种学分析》，《南方民族考古》（第一辑），1987年，第133～141页；徐学书、王晓玲、李默等：《四川理县佳山石棺葬发掘清理报告》，《南方民族考古》（第一辑），1987年，第211～249页；罗二虎：《"西南丝绸之路"的考古调查》，《南方民族考古》（第五辑），1993年，第373～404页；罗二虎：《20世纪西南地区石棺葬发现研究的回顾与思考》，《中华文化论坛》2005年第4期；白云翔：《战国秦汉时期瓮棺葬研究》，《考古学报》2001年第3期；陈明芳：《我国南方地区悬棺葬与崖洞葬之比较研究》，《中央民族学院学报》1989年第5期；席克定：《贵州民族考古研究概况》，《贵州民族学院学报（社会科学版）》1987年第1期；李萍：《云南古代火葬墓研究》，云南大学硕士学位论文，2010年；罗开玉：《古代西南民族的火葬墓》，《四川文物》1991年第3期；郭继艳：《川滇地区石棺葬的区域类型》，四川大学硕士学位论文，2002年。

⑥ 童恩正、卡尔·L·赫特勒：《论南中国与东南亚的中石器时代》，《南方民族考古》（第二辑），1990年，第1～25页。

⑦ 佟珊：《华南"洞蛮"聚落人文的民族考古考察》，《南方文物》2010年第2期。

⑧ 崔哲懋、高星、夏文婷等：《晚更新世东北亚现代人迁移与交流范围的初步研究》，《人类学学报》2021年40卷第1期。

⑨ 迈克尔·希弗、陈淳：《关于遗址形成过程研究》，《南方文物》2015年第2期。

⑩ 杨宽：《内蒙古林西白音长汗遗址出土兴隆洼文化石铲的功能研究》，吉林大学硕士学位论文，2013年。

容①；聚类 7（契丹民族）的研究内容较简单，主要是围绕古代契丹遗存及其反映的习俗、文化展开，如壁画墓、仪仗图、帝王陵墓、头下州等内容。

研究者方向只有聚类 4（研究者）一组，相关研究指向民族考古学著名学者及其主要学术实践、治学之道等，包括梁钊韬②、容观琼③、林惠祥④、童恩正⑤、宋兆麟⑥、汪宁生⑦、李仰松⑧ 等。

据图 7 可知，国外民族考古学研究主题经过 Citespace 软件分析，同样形成 14 个聚类，进一步可以归纳为学科建构、区域研究、物质文化、社会组织和其他共 5 个主要方向。

① 汪宁生：《云南傣族制陶的民族考古学研究》，《考古学报》2003 年第 2 期；佟珊：《菲律宾卡林阿地区陶器制作传统中的社会因素》，《南方文物》2011 年第 3 期；付永旭：《广西靖西龙腾中屯壮族的原始制陶技术》《南方文物》2011 年第 3 期；付永旭：《陶器专业化大生产的民族考古学调查与研究》，《中原文物》2022 年第 3 期；李新伟：《中国史前陶器专业化生产的几点思考》，《中原文物》2022 年第 3 期；王福莲：《传统制陶业的民族考古学研究》，南京大学硕士学位论文，2016 年；洪玲玉、崔剑锋、王辉等：《川西马家窑类型彩陶产源分析与探讨》，《南方民族考古》（第七辑），科学出版社，2011 年，第 1～58 页；郭梦、张亚楠：《古陶新彩——彩陶作坊的民族考古学调查》，《西部考古》（第 13 辑），科学出版社，2017 年，第 36～47 页。

② 张寿祺、曾昭璇：《哲人已逝，业绩长留——记梁钊韬教授生前在学术上的贡献》，《广州研究》1998 年第 10 期；周大鸣：《怀念梁钊韬先生》，《广西民族大学学报（哲学社会科学版）》2016 年 38 卷第 6 期；徐杰舜：《梁钊韬与南岭走廊研究——纪念梁钊韬诞辰一百周年》，《广西民族大学学报（哲学社会科学版）》2016 年 38 卷第 6 期；梁艳：《梁钊韬在中国民族学人类学学科重建中的理念取向和实践——以梁钊韬先生写给格勒博士的 11 封信为中心》，《广西民族大学学报（哲学社会科学版）》2019 年 41 卷第 2 期。

③ 周大鸣：《容观琼先生与中国民族考古学》，《广西民族大学学报（哲学社会科学版）》2019 年 41 卷第 1 期；韦小鹏：《容观琼先生学术小史》，《广西民族大学学报（哲学社会科学版）》2019 年 41 卷第 2 期。

④ 厦门大学人类博物馆：《林惠祥同志对人类学、考古学的贡献》，《考古学报》1958 年第 3 期；杜辉、熊佩：《民族志物品收集到东南海洋系文化构建——林惠祥先生收藏与展示实践（1929-1958）》，《民族学刊》2016 年 7 卷第 6 期；吴春明：《林惠祥教授的考古学术遗产》，《南方文物》2018 年第 4 期；陈建樾：《林惠祥的中华民族观及其发展脉络》，《湖北民族学院学报（哲学社会科学版）》2019 年 37 卷第 3 期。

⑤ 李绍明：《童恩正对民族学的重大贡献》，《农业考古》1997 年第 3 期；范勇、罗二虎：《铁中铮铮 庸中佼佼——追思童恩正教授活动散记》，《农业考古》1997 年第 3 期；林向：《刻苦勤奋 勇于探索——记童恩正教授治学道路上的几个特点》，《农业考古》1997 年第 3 期；罗开玉：《童恩正导师与西南民族考古学》，《农业考古》1997 年第 3 期；范勇：《童恩正先生与西南考古》，《四川文物》2000 年第 5 期；罗开玉：《童恩正先生的学术贡献》，《南方民族考古》（第十辑），科学出版社，2014 年，第 1～20 页。

⑥ 宋林子：《民族考古学家宋兆麟的治学之道》，《美术观察》2009 年第 1 期；宋兆麟：《五十年前我的民族文物工作》，《中国文物科学研究》2016 年第 1 期；刘杰、宋兆麟：《宋兆麟与中国民族考古学——人类学学者访谈录之八十三》，《广西民族大学学报（哲学社会科学版）》2018 年 40 卷第 2 期。

⑦ 王永平：《一个勇于探索的学人——记民族考古学家汪宁生先生》，《社会科学战线》2010 年第 2 期；孔令远：《汪宁生与中国民族考古学》，《考古》2015 年第 2 期；孔令远：《纪念汪宁生先生》，《南方民族考古》（第十三辑），科学出版社，2016 年，第 279～289 页；赵满海：《论顾颉刚与汪宁生的治学特色与学术传承——以中国民族考古学为中心的考察》，《史学史研究》2022 年第 4 期。

⑧ 李仰松、梦古：《筚路蓝缕 开拓创新——李仰松先生访谈录》，《南方文物》2010 年第 2 期；刘凤芹、庞雅妮、赵春青等：《中国民族考古学的拓荒者——庆祝北京大学考古文博学院李仰松教授八十华诞》，《考古学研究》（十），科学出版社，2013 年，第 639～653 页；赵春青：《李仰松先生与民族考古学》，《文物世界》2001 年第 1 期。

学科建构方向聚类 8 和聚类 10 两组。聚类 8 的研究内容为民族考古学的定位[1]、研究对象[2]、方法运用及反思[3]等，涉及的主要关键词包括人类学（Anthropology）、景观（Landscape）、考古（Archaeology）、人工制品（Artifact）、科学（Science）等；聚类 10 涉及新技术方法，如人口学方法（Population）、古 DNA（Ancient DNA）、骨骼学等在民族考古学中的运用[4]。

区域研究的文献可分为聚类 0 和聚类 11 两组。前者集中反映了在美洲（重点是南美地区）和非洲（重点是东非）的研究成果，这两个区域也是国外民族考古学关注的传统地区，涉及行为（Behavior）、气候（Climate）、工具（Tool）等方面的主题，例如 Arthur[5]、Rivera[6]、Zurro[7]、Fredriksen[8]、Vega[9]、Ashmore[10] 等人的研究成果；聚类 11 以历史时期的美洲为研究对象，涉及政治（Politics）、社区（Community）[11]、妇女（Women）[12]、种族（Race）[13] 等话题。2013 年出版的 *Contesting Ethnoarchaeologies*:

[1] Deal, M., The Role of The Direct Historical Approach in North American Ethnoarchaeology: A Northern Perspective, *Ethnoarchaeology*, 2017, 9(1), pp. 30-52.

[2] Cronk, L., Ethnographic Text Formation Processes, *Social Science Information Sur Les Sciences Sociales*, 1998, 37(2), pp. 321-349; Lyons, D., Joanna, C., It's a Material World: the Critical and On-going Value of Ethnoarchaeology in Understanding Variation, Change and Materiality, *World Archaeology*, 2016, 48(5), pp. 609-627; Gosselain, O. P., To Hell with Ethnoarchaeology! *Archaeological Dialogues*, 2016, 23(2), pp. 215-228.

[3] Rivera, J. J., Recent Methodological Approaches in Ethnographies of Human and Non-human Amerindian Collectives, *Reviews in Anthropology*, 2019, 48(1), pp. 38-56; Gantley, M., Harvey, W., Amy, B., Material Correlates Analysis(MCA) An Innovative Way of Examining Questions in Archaeology Using Ethnographic Data, *Advances in Archaeological Practice*, 2018, 6(4), pp. 328-341.

[4] Bartram, L. E., Marean, C. W., Explaining the "Kalsies Pattern": Kua Ethnoarchaeology, the Die Kelders Middle Stone Age Archaeofauna, Long Bone Fragmentation and Carnivore Ravaging, *Journal of Archaeological Science*, 1999, 26(1), pp. 9-29; Runnels, C. N., Claire, P., Noam, R., et al., Warfare in Neolithic Thessaly a Case Study, *Hesperia*, 2009, 78(2), pp. 165-194; MacKinnon, M., Osteological Research in Classical Archaeology, *So American Journal of Archaeology*, 2007, 111(3), pp. 473-504.

[5] Arthur, J. W., Culinary Crafts and Foods in Southwestern Ethiopia: An Ethnoarchaeological Study of Gamo Groundstones and Pottery, *African Archaeological Review*, 2014, 31(2), pp. 131-168.

[6] Rivera, J. J., Recent Methodological Approaches in Ethnographies of Human and Non-human Amerindian Collectives, *Reviews in Anthropology*, 2019, 48(1), pp. 38-56.

[7] Zurro, D., Joan, N., Ruiz, perez_Javier, et al., An Ethnoarchaeological Study on Anthropic Markers from a Shell-midden in Tierra del Fuego(Southern Argentina): Lanashuaia II, *Environmental Archaeology*, 2017, 22(4), pp. 394-411.

[8] Fredriksen, P. D., When Knowledges Meet: Engagements with Clay and Soil in Southern Africa, *Journal of Social Archaeology*, 2011, 11(3), pp. 283-310.

[9] Vega, M. B., Ritual Practices and Wrapped Objects: Unpacking Prehispanic Andean Sacred Bundles, *Journal of Material Culture*, 2016, 21(2), pp. 223-251.

[10] Ashmore, W., What Were Ancient Maya Landscapes Really Like? *Journal of Anthropological Research*, 2015, 71(3), pp. 305-326.

[11] Ford, B., Worker Housing in the Vermont Copper Belt: Improving Life and Industry Through Paternalism and Resistance, *International Journal of Historical Archaeology*, 2011, 15(4), pp. 725-750.

[12] Dempsey, K., Tending the "Contested" Castle Garden: Sowing Seeds of Feminist Thought, *Cambridge Archaeological Journal*, 2021, 31(2), pp. 265-279.

[13] Wallma D., Sandrine, G., Enslaved Laborer and Sharecropper Fishing Practices in 18th-19th Century Martinique: a Zooarchaeological and Ethnozoohistorical Study, *Journal of Ethnobiology*, 2017, 37(3), pp. 398-420.

Traditions, *Theories*, *Forecasts* 一书，对法国、意大利、保加利亚、罗马尼亚、土耳其、俄罗斯、埃及等国家的民族考古学研究分别进行了总结[①]，是非英美民族考古学传统的学术成果汇总。

与国内研究相似，物质文化也是国外民族考古学研究者投入更多关注的方向，包含了编号为 2、6、7、9、16 的五组聚类。聚类 2 的主题是岩画艺术，虽然世界各地的岩画皆在研究范围之列[②]，但从文献数量来看学者们更加关心非洲[③]和澳大利亚[④]的古代岩画，除了 WoS 平台的论文外，有关非洲岩画主题的研究还有多本专著出版（如 Willcox, *The Rock Art of Africa*; Tim Forssman & Lee Gutteridge, *Bushman Rock Art: an Interpretive Guide*; Renaud, *Visionary Animal: Rock Art From Southern Africa*; Siyakha, *Archival Theory, Chronology and Interpretation of Rock Art in the Western Cape, South Africa* 等）。

聚类 6 围绕陶器生产和使用等方面展开，这也是国内外民族考古研究者长期关注的重点主题，涉及对制陶工艺、陶器的专业化生产体系与流通、社会组织和经济形态等多方面讨论，例如 Neupert[⑤]、Stark[⑥]、Singh[⑦]、Beck[⑧]、Costin[⑨]、Kobyliński[⑩] 等学者的

---

① Marciniak, A., Yalman, N., (eds.)., *Contesting Ethnoarchaeologies: Traditions, Theories, Prospects*, New York: Springer, 2013.

② Troncoso, A., Felipe, A., Making Rock Art: Correspondences, Rhythms, and Temporalities, *Journal of Archaeological Method and Theory*, 2022. https://doi.org/10.1007/s10816-022-09571-9; Brady, L. M., Amanda, K., Sitting in the Gap: Ethnoarchaeology, Rock Art and Methodological Openness, *World Archaeology*, 2016,48(5), pp. 642-655; Domingo, I., Smith, C., May, S. K., Ethnoarchaeology and Rock Art: Potential, Perspectives and Ethics, *Complutum*, 2017, 28(2), pp. 285-305; Skounti, A., Lemjidi, A., Oulmakki, N., et al., Cups and rituals: Rock Art and Ethnoarchaeology in the Tamanart Valley(Morocco), *Hesperis-Tamuda*, 2019, 54(3), pp. 183-204.

③ Smith, B. W., Ouzman, S., Taking Stock: Identifying Khoekhoen Herder Rock Art in Southern Africa, *Current Anthropology*, 2004, 45(4), pp. 499-526; Varadzinová, L., The Rock Art of Northeast Africa: Methodological Achievements and Perspectives of Further Research, *Journal of African Archaeology*, 2017, 15 (2), pp. 234-255; Witelson, D., The Many Meanings of "Integration": Some Thoughts on Relating Rock Art and Excavated Archaeology in South Africa, *The African Archaeological Review*, 2022, 39 (2), pp. 221-240.

④ Mulvaney, K., Iconic imagery: Pleistocene Rock Art Development Across Northern Australia, *Quaternary International*, 2013, (285), pp. 99-110; Green, H., Gleadow, A., Finch, D., et al., Mineral Deposition Systems at Rock Art Sites, Kimberley, Northern Australia-Field observations, *Journal of Archaeological Science Reports*, 2017, (14), pp. 340-352; Kelly, M. A., Resistance and Remembering Through Rock Art: Contact-period Rock Art in Wardaman Country, Northern Australia, *Archaeology in Oceania*, 2021, 56 (3), pp. 173-195.

⑤ Neupert, M. A., Strength Testing Archaeological Ceramics: A New Perspective, *American Antiquity*, 1994, 59(4), pp. 709-723.

⑥ Stark, M. T., Current Issues in Ceramic Ethnoarchaeology, *Journal of Archaeological Research*, 2003, 11(3), pp. 193-242.

⑦ Singh, M. K., Devi, N. A., Ethno-archaeology of the Meitei's of Thongjao Village: A Pottery Making Village of Manipur, North-East India, *Archaeologies-Journal of The World Archaeological Congress*, 2017, 13(2), pp. 207-249.

⑧ Beck, M. E., Hill, M., E., Khandelwal, M. R., How to Keep the Home Fires Burning: A Comparative Study of Cooking Hearths for Ceramic Vessels, *Ethnoarchaeology*, 2022, 14(1), pp. 1-29.

⑨ Costin, C. L., The Use of Ethnoarchaeology for the Archaeological Study of Ceramic Production, *Journal of Archaeological Method and Theory*, 2000, 7(4), pp. 377-403.

⑩ Kobyliński, Z., *Wlodzimierz Holubowicz: Pioneer, Contesting Ethnoarchaeologies: Traditions, Theories, Prospects*, New York: Springer, 2013.

研究。聚类 7 的关键词包括历史考古学（Historical Archaeology）、文化（Culture）、遗产（Heritage）等，主要是历史时期民族考古的相关研究，如 Sunseri 对加利福尼亚边境唐人街食品政治的研究[①]、Delle 对 19 世纪牙买加殖民主义和咖啡种植园生活的个案研究[②]、Delsol 讨论了 16 世纪牛和屠宰技术被殖民者带入危地马拉后带来的社会变化[③]等。聚类 9 围绕洞穴类型遗址展开，内容包括埋葬习俗、动植物遗存分析和人类行为模式等；聚类 16 内容单一，主要是弓箭类武器的主题研究[④]。

社会组织方向的研究涉及聚类 1、3、4 和 13 四组。聚类 1 的关键词可见遗址（Site）、组织（Organization）、身份（Identification）、农业（Agriculture）、聚落（Settlement）、古代玛雅（Ancient Maya）等，Souvatzi[⑤]、Lancelotti[⑥]、Simms[⑦]、Kahn[⑧]、Goudiaby[⑨]、Rodriguez[⑩]等人有此方面的研究。聚类 4 关注社会研究，内容多元涉及社会生活的方方面面，如景观、劳动者、丧葬习俗、人类迁徙与殖民等。聚类 13 则聚焦于家户研究，例如 Frankel[⑪]、Haines[⑫]、Prentiss[⑬]、Adams[⑭]等人的成果。

---

① Sunseri, C. K., Food Politics of Alliance in a California Frontier Chinatown, *International Journal of Historical Archaeology*, 2015, 19(2), pp. 416-431.

② Delle, J. A., The Governor and the Enslaved: An Archaeology of Colonial Modernity at Marshall's Pen, Jamaica, *International Journal of Historical Archaeology*, 2009, 13(4), pp. 488-512.

③ Delsol, N., Disassembling Cattle and Enskilling Subjectivities: Butchering Techniques and the Emergence of New Colonial Subjects in Santiago de Guatemala, *Journal of Social Archaeology*, 2020, 20(2), pp. 189-213.

④ Loendorf, C., Simon, L., et al., Warfare and Big Game Hunting: Flaked-stone Projectile Points along the Middle Gila River in Arizona, *Antiquity*, 2015, 89(346), pp. 940-953; Hitchcock, R. K., Crowell, A. L., et al., The Ethnoarchaeology of Ambush Hunting: A Case Study of double dagger Gi Pan, Western Ngamiland, Botswana, *African Archaeological Review*, 2019, 36(1), pp. 119-144; Hare, P. G., Greer, S., et al., Ethnographic and Archaeological Investigations of Alpine Ice Patches in Southwest Yukon, Canada, *Arctic*, 2004, 57(3), pp. 260-272.

⑤ Souvatzi, S., Kinship and Social Archaeology, *Cross-cultural Research*, 2017, 51(2), pp. 172-195.

⑥ Lancelotti, C., Negre, P. J., et al., Intra-site Spatial Analysis in Ethnoarchaeology, *Environmental Archaeology*, 2017, 22(4), pp. 354-364.

⑦ Simms, S. R., Heath, K. M., Site Structure of The Orbit Inn-an Application of Ethnoarchaeology, *American Antiquity*, 1990, 55(4), pp. 797-813.

⑧ Kahn, J. G., Identifying Residences of Ritual Practitioners in the Archaeological Record as A Proxy for Social Complexity, *Journal of Anthropological Archaeology*, 2015, 40, pp. 59-81.

⑨ Goudiaby, H., Nondedeo, P., The Funerary and Architectural History of An Ancient Maya Residential Group: Group 5N6, Naachtun, Guatemala, *Journal de la Societe des Americanistes*, 2020, 106(1), pp. 19-64.

⑩ Rodriguez, V. P., States and Households: The Social Organization of Terrace Agriculture in Postclassic Mixteca Alta, Oaxaca, Mexico, *Latin American Antiquity*, 2006, 17(1), pp. 3-22.

⑪ Frankel, D., Webb, J. M., Neighbours: Negotiating Space in a Prehistoric Village, *Antiquity*, 2006, 80(308), pp. 287-302.

⑫ Haines, J. J., Mauritian Indentured Labour and Plantation Household Archaeology, *Azania-archaeological Research in Africa*, 2020, 55(4), pp. 509-527.

⑬ Prentiss, A. M., Walsh, M. J., Foor, T. A., et al., Evolutionary Household Archaeology: Inter-generational Cultural Transmission at Housepit 54, Bridge River Site, British Columbia, *Journal of Archaeological Science*, 2020, 124, pp. 1-19.

⑭ Adams, R. L., Household Ethnoarchaeology and Social Action in a Megalith-Building Society in West Sumba, Indonesia, Asian Perspectives, *The Journal of Archaeology for Asia and the Pacific*, 2019, 58(2), pp. 331-365; Lane, P. J., Ethnoarchaeology: A Conceptual and Practical Bridging of the Intangible and Tangible Cultural Heritage Divide, *The Intangible Elements of Culture in Ethnoarchaeological Researcah*, Springer International Publishing, 2016, pp. 77-91.

国外民族考古学的其他研究还涉及民族文化遗产管理[①]、公共考古及社区考古[②]、考古评估[③]等内容。

四、结　　论

本文通过文献计量学方法对 CNKI 和 WoS 两个网络学术检索平台的国内外民族考古学领域的文献开展知识图谱研究，研究对象包含了自 20 世纪 50 年代以来的 2800 多篇学术成果。基于国内外相关研究在发展趋势、研究主题、阶段性研究热点等方面的信息对比分析，形成的主要结论包括：国内外民族考古学研究成果总体呈现上升趋势，但在对该领域的关注程度上，国内研究弱于国外且年度成果刊布数量的波动较大；无论国内还是国外，高校都是民族考古学研究的主力，跨机构合作研究虽然数量有限，但成果产出往往较有影响力；国内外民族考古学研究在早期阶段多讨论其与民族学、人类学、社会学、地理学等学科的关系及其他学科方法对民族考古的借鉴，而晚近研究中更加强调不同学科间技术、方法的交叉运用；国内外民族考古学的研究主题和热点有相同的关注，但是同时段的研究侧重存在明显差异，中国民族考古学的本土特色鲜明；国外的民族考古研究都存在发展阶段性，但导致这些阶段变化的主要因素和产生的阶段性特点并不完全相同。

① Hutchings, R. M., La, S. M., Archaeology as State Heritage Crime, *Archaeologies Journal of The World Archaeological Congress*, 2017, 13(1), pp. 66-87.

② Kyriakidis, E., Anagnostopoulos, A., Archaeological Ethnography, Heritage Management, and Community Archaeology: A Pragmatic Approach from Crete, *Public Archaeology*, 2015,14(4), pp. 240-262; Burtenshaw, P., Bill, F., El-abed, O., et al., The Deepsal Project: Using the Past for Local Community Futures in Jordan, *Conservation and Management of Archaeological Sites*, 2019, 21(2), pp. 69-91.

③ Zarger, R. K., Pluckhahn, T. J., Assessing Methodologies in Archaeological Ethnography: A Case for Incorporating Ethnographic Training in Graduate Archaeology Curricula, *Public Archaeology*, 2013, 12(1), pp. 48-63.

考古学研究中"古今同一性"和"世界统一性"机理探析

何 努

（中国社会科学院考古研究所）

考古研究中，考古学家总会遇到需要晚近甚至当代民族志资料的参考，不可避免地使用后世的文献资料解读前世的考古资料。于是考古学家常常被诘问，用当代民族志资料来解读史前或历史时期的考古资料，二者之间链接的理论依据或学理上的关联基础理论是什么？这一诘难便直击"古今同一性"之问：古今是否存在同一性规律？古今同一性的机理是什么？只有论证了"古今同一性"规律确实存在，民族志资料用于考古研究才能够有学理基础。

另一方面，考古学研究中，也不可避免地引用其他地区或国际的考古资料和研究成果来佐证或辅助本地的考古资料的解读。这里也存在着是否存在"世界统一性"规律的问题。只有论证了"世界统一性"规律的存在，才能域外的考古资料及其研究成果用于佐证或辅证本地考古资料的解读，才能具有学理基础。

对于古今同一性和世界统一性规律是否存在，学界存在截然相反的认识。

部分学者认为，历史不存在规律，古今当然不存在一致性规律，世界也不存在统一性规律。崔格尔将这种观念归之为"浪漫主义"，即文化相对主义，过分强调文化的多样性，甚至认为人的本质就是多种多样的，并不存在统一的特征。他们否认在行为和物质文化之间不存在任何直接的、普遍存在的跨文化关系，因而跨文化比较缺乏有效的形式[1]。

另一部分学者则认为历史是存在基本规律的，古今一致性和世界统一性规律都存在。崔格尔便认为："现实世界中存在着远远超出极端相对主义所允许的跨文化统一性,但这种统一性也远远达不到纯粹的理性主义期待的那样。"[2]崔格尔所谓的"理性主义"，强调所有人类作为一个独立的种属的成员所共享的特征。理性主义者采用多种形式阐释人类行为的统一性，比如生态因素、经济因素决定或者严重制约了社会组织和信仰系统的发展。人类相同的生物学基础，表现为类似的生理需求、知识形式和滋生类似的冲动和驱动力的心理状态，以致人们生活在类似环境下，将会对类似的问题作

---

[1] 〔加〕布鲁斯·G. 崔格尔著，徐坚译：《理解早期文明比较研究》，北京大学出版社，2014年，第6～9页。
[2] 〔加〕布鲁斯·G. 崔格尔著，徐坚译：《理解早期文明比较研究》，北京大学出版社，2014年，第9页。

出类似的反应①。崔格尔显然属于理性主义者，他身体力行，比较七种早期文明的异同，目的在于判断这些文化的形成怎样受到跨文化运作机制（比如基于人类本性的自我利益算计）的影响，而另一方面又怎样受到高度变化的、由文化构成的历史特定思维方式的影响。

　　美国杰出的比较神话学家约瑟夫·坎贝尔，通过大量研究，提出了"单一神话"理论，即超越大陆、种族、历史文化的"英雄历险神话"的世界统一性或称相似性的特征②，足见，古今同一性和世界统一性是客观存在的。

　　然而，关于古今一致性和世界统一性规律存在的学理解读和存在的机理，都缺乏理论和阐述，倒好像古今一致性和世界统一性规律是无须论证的公理。如此，并没有从根本上解答对于考古研究中古今一致性和世界统一性合理性的质疑。

　　宾福德的"中层理论"（也译为"中程理论"），虽然解决了考古遗存与人类行为之间诠释的桥梁理瓶颈问题，但是仍未能从根本上论证古今同一性和世界统一性规律的存在。说通俗一些，中层理论仍未能从学理上讲清楚，为何当代民族志资料中人类的行为，能够"比附"消失了的古人的行为的参考？纽南谬特爱斯基摩人的行为，如何能够比附或作为非洲、美洲古人的行为参考？

　　崔格尔就七种早期文明，从社会政治结构、经济、信仰、知识和价值观方面，进行了卓有成效的比较研究，总结出一些文化的统一性和多样性的现象，比如，每个早期文明的集体认知都是通过显著而繁缛的上层社会文化表达出来，但是不同的早期文明的艺术风格却差异显著。宗教信仰除了大量的特质性概念之外，表现出了显著的跨文化统一性。具体祭祀仪式各不相同，但是祭祀的基本概念却是相同的。宇宙观也呈现出众多的相似性③。崔格尔也给出了"跨文化规则"的一些具体内容。"在所有的早期文明中，农民生产有限的农业剩余产品，其中大部分被上层占有。所有的早期文明都有类似的社会等级结构，采用两种政治组织基本形式（城邦国家和广幅国家）之一，三种管理形式（等级制、委任制和官僚制）之一。他们的宗教信仰和小规模社会的一样，并不区分自然、超自然和社会。早期文明共同创造了宇宙运作和人类与超自然关系的单一模式，在每个早期文明中，上层阶级支持对自然世界的研习，并将超自然力量视为赋予自然生命的动力。"④我们认同崔格尔对于跨文化规则即古今同一性和世界统一性内容的总结与概括。然而，如何从学理上回应"相对主义"对于古今同一性和世界统一性的质疑，这个问题依然没有得到解决。

　　其实，相对主义质疑古今同一性和世界统一性是客观存在的观点，是缺乏辩证唯物主义的视角来看待人类历史的必然性和规律性，不理解历史发展的必然性是通过一

---

① 〔加〕布鲁斯·G. 崔格尔著，徐坚译：《理解早期文明比较研究》，北京大学出版社，2014年，第4～6页。

② 〔美〕约瑟夫·坎贝尔著，黄珏苹译：《千面英雄》，浙江人民出版社，2016年。

③ 〔加〕布鲁斯·G. 崔格尔著，徐坚译：《理解早期文明比较研究》，北京大学出版社，2014年，第451～459页。

④ 〔加〕布鲁斯·G. 崔格尔著，徐坚译：《理解早期文明比较研究》，北京大学出版社，2014年，第468页。

系列的偶然性来表现出来的。当然，唯物史观也承认，在一般或普遍规律之下，存在着特殊的、个体的即部分演进的层面。一般规律具有普遍适用性，是对所有个体现象所具有的共性的总括。而特殊规律是适用于特定时空范围的规律，是对特殊范围内所有个别现象的抽象和总结，这种特殊不是普遍之外的特殊，而是普遍规律在特定时空范围内的具体展现①。

古今同一性和世界统一性，在哲学层面上，同历史的必然性、普遍性、一般性具有相近的意义。因而，古今同一性和世界统一性一定存在着其对立面——偶然性、特殊性和个性，相对主义的质疑有其一定的合理性。

所以，我们有必要从学理上，分析哪些人类行为可以被视为具有普遍性、一般性和必然性，而能够被视为古今同一性和世界统一性占主导地位的行为；另外哪些则受到偶然性、特殊性和个性的主宰，而成为干扰古今同一性和世界统一性的行为。

一、神经心理学的层面的必然性

人从生物学的角度说，神经心理学层面导致人类的思维有超越种族、历史文化的思维共性，在相同或相似的生产力、科学技术水平、内外部环境等条件下，这种思维共性便引导具有必然性、普遍性、一般性的行为，构成人类行为的古今同一性和世界统一性。

坎贝尔发现了英雄历险"单一神话"的古今同一性和世界统一性现象，试图利用弗洛伊德的精神分析法，寻找"单一神话"产生的理论机制。弗洛伊德指出："精神分析经验的发展使我们注意到一些病人，他们能够直接理解这类梦境的象征意义，理解程度令人吃惊……这种象征性质不是梦境所特有的，它是人类潜意识思维过程的特点，我们可以在民间传说、受人欢迎的神话、传奇故事、成语、谚语式的名言和流传的笑话中发现它，而且比梦境中的更完备。"②

坎贝尔则进一步解释说："梦境是个人的神话，神话是去个人化的梦境。梦境和神话都以相同的精神动力学方式来体现象征意义。然而在梦境中，做梦者的独特困扰改变了象征符号的形式，而神话中的问题和解决方法直接适用于整个人类。"③

弗洛伊德在人类学领域里一部经典著作便是《图腾与禁忌》④，是一部用精神分析法解剖图腾之谜的杰作，杨庸先生的《译者序》则解读更加精准和通俗："人类在常久的岁月里产生了三种主要的思想体系——三种对自然的解释——精灵说的（或神话时代），宗教的和科学的宇宙观……伴随着精灵说的说法还产生二种控制人类、野兽和物

① 《史学概论》编写组：《史学概论》，高等教育出版社、人民出版社，2009 年，第 58～62 页。
② Freud, S., *The Interpretation of Dreams: The Complete and Definitive Text*, Basic Books, 2010, pp. 350-351.
③ 〔美〕约瑟夫·坎贝尔著，黄珏苹译：《千面英雄》，浙江人民出版社，2016 年，第 14 页。
④ 〔奥〕弗洛伊德著，杨庸译：《图腾与禁忌》，中国民间文艺出版，1986 年。

质或灵魂的理论——巫术和魔法……弗氏发现原始民族在施术的操作过程中，极明显地，暴露出一个意图：企图利用控制心理作用的定律来操纵真实事物。简单地说，即是原始民族将心里想得到而实际无法得到的事物利用心理机转来加以实现……弗氏相信人类对世界所构成的第一个图像——精灵说——是由心理作用所造成的。最后，他在孩童和强迫心理症的研究比较后，得到一个比较具体的结论：精灵说时期在次序和内涵上与自恋时期相似；宗教时期就像小孩崇敬他们的父母一样，相似于目标选择时期；至于科学时期，它正如同一个人达到了成熟的阶段，人们已放弃了纯粹的享乐主义而能就事实对自己做适当的协调，并且，将他的欲望目标转移到外界。"① 具体说，弗洛伊德对比了原始民族对于图腾的矛盾态度同小孩对于父亲的矛盾情感，提出图腾是父亲影像替代物的看法②。

基于这一精神分析原理，坎贝尔解读"单一神话"中"与天父重新和好"的环节，也就是儿子与父亲对抗，争夺宇宙的控制权；女儿对抗母亲，想成为被控制的世界。坎贝尔总结道："毫无疑问，无论在我们看来赤裸的澳洲野蛮人是多么不开化，他们象征性的仪式体现了古老的精神指导系统在现代的延续，我们不仅在印度洋沿岸的陆地和岛屿上发现了这类分布广泛的证据，而且它们也持续存在于我们认为的独特文明的遗迹中。那些老人们究竟知道多少，文明很难从西方观察者已出版的记述中做出判断。但是通过比较澳洲仪式的象征性与更高级文化中我们所熟悉的象征，文明能看到伟大的主题、永恒的原始意象以及它们对灵魂相同的作用。"③

有了神经心理学层面的人类生物性的同一性，基于精神分析法所证明的原理，我们至少能够肯定创世神话、英雄历险神话、祖先神话等"单一神话"的普遍性的学理机制，成为比较神话学研究使用古今同一性和世界统一性原理的基础。基于这样的原理，我们才能理直气壮地借用玛雅文明的图像资料为参考，解读良渚文化玉器上的图像象征含义；我们才有足够的理由分析楚帛书创世纪在良渚玉琮上的反映，从中破译良渚文化创世神话的大概梗概④。

二、符号学层面的普遍性

德国当代杰出的哲学家卡西尔，把人定义为符号的动物，认为"符号化的思维和符号化的行为是人类生活中最富于代表性的特征，并且人类文化的全部发展都依赖于这些条件"⑤。动物界存在信号，信号是"操作者"（Operators），人类则不仅拥有信号，而且还拥有符号，符号是"指称者"（Designators），符号仅具有功能性的价值。符号系

① 〔奥〕弗洛伊德著，杨庸译：《图腾与禁忌》，中国民间文艺出版，1986年，第4、5页。
② 〔奥〕弗洛伊德著，杨庸译：《图腾与禁忌》，中国民间文艺出版，1986年，第7页。
③ 〔美〕约瑟夫·坎贝尔著，黄珏苹译：《千面英雄》，浙江人民出版社，2016年，第108~122页。
④ 何驽：《楚帛书创世章与良渚玉琮创世神话比较研究》，《江汉考古》2021年第6期。
⑤ 〔德〕恩斯特·卡西尔著，甘阳译：《人论：人类文化哲学导引》，上海译文出版社，2013年，第46页。

统有着普遍性、有效性和全面适用性，成为打开人类文化世界大门的钥匙[①]。而人类符号化的空间观念，最具代表性的就是宇宙观。这种宇宙观是由人类各种感官的根本不同性质所造成的所有多样性和异质性当中抽象出来的几何空间，是一个具有统一性和合法性的符号化的空间观念。所以，人类文化历史上，存在一个普遍性，那就是用综合的观点来纵观整个宇宙[②]。

基于此，我们认为，宇宙观具有古今同一性和世界统一性。中国史前时期在陶寺文化之前（距今 4300～3900 年），与旧大陆和新大陆的各文明宇宙观相同，基本上都是"上、中、下三界宇宙模型"，也可肖形表达为"龟形宇宙模型"。而从陶寺文化开始，"天道阳曰圆，地道阴曰方"的宇宙模型[③]，才逐渐成为中国特色的宇宙模型。

三、原始思维的普遍逻辑

列维·布留尔提出，原始思维的普遍逻辑课称之为"互渗律"。他认为，"原始人的意识已经预先充满了大量的集体表象，靠了这些集体表象，一切客体、存在物或者人制作的物品总是被想象成拥有大量神秘属性的"。原始思维中，存在物和客体的神秘关系，以不同的形式或不同的程度包含着那个作为集体表象之一部分的人和物的"互渗"。支配这些表象的关联和前关联的原则叫"互渗律"。说通俗些，原始人的思维的集体表象中，客体、存在物、现象能够以我们不可思议的方式同时是它们自身，又是其他什么东西。它们也以差不多同样不可思议的方式发出和接受那些在它们之外被感觉的、继续留在它们里面的神秘的力量、能力、性质、作用。比如，巴西北部的波罗罗人声称自己就是红金钢鹦鹉，"文明人"认为匪夷所思，但是从"互渗律"的原则来说，"一切图腾形式的社会都容许这样一些包含着图腾集团的成员个体与其图腾之间的同一的集体表象"[④]。

原始思维的"互渗律"是萨满教和巫术、图腾信仰的基本思维原则，所以具有普遍性。与之相关的很多观念和行为，都具有古今同一性和世界统一性。比如说，萨满教中动物蹻的观念[⑤]，应当是具有古今同一性和世界统一性，具有普适意义。但是，具体每个文化的或者同一个文化不同时期，动物蹻的主角有具有特殊性与个性，可能是鹰、鹿、鹦鹉、虎等，甚至是人们虚构的动物龙，不一而足。

当然，互渗律思维原则，也可"渗透"到上古的科学领域。正如卡西尔指出的那样，毕达哥拉斯派把数说成是魔术般的和神秘的力量，以致在他们关于空间的理论中也运用了神话式的语言。这种表面上异质的各种成分的相互渗透在一切原始的宇宙学

① 〔德〕恩斯特·卡西尔著，甘阳译：《人论：人类文化哲学导引》，上海译文出版社，2013 年，第 46～60 页。
② 〔德〕恩斯特·卡西尔著，甘阳译：《人论：人类文化哲学导引》，上海译文出版社，2013 年，第 77～78 页。
③ 何努：《"天圆地方"起于何时辩》，《中原文化研究》2022 年第 4 期。
④ 〔法〕列维·布留尔著，丁由译：《原始思维》，商务印书馆，1981 年，第 69～70 页。
⑤ 张光直：《仰韶文化的巫觋资料》，《中国考古学论文集》，生活·读书·新知三联书店，1999 年，第 147～150 页。

体系中变得尤其显著。"人在天上所真正寻找的乃是他自己的倒影和他那人的世界的秩序。人感到了他自己的世界是被无数可见和不可见的纽带而与宇宙的普遍秩序紧密联系着的——他力图洞察这种神秘的联系。因此，天的现象不可能是以一种抽象沉思和纯粹科学的不偏不倚精神来研究的。它被看成是世界的主人和管理者，也是人类生活的统治者。为了组织人的政治的、社会的和道德的生活，转向天上被证明是必要的。似乎没有任何人类现象能解释自身。由此就不难理解，为什么最早的天文学体系的空间不可能是一个单纯的理论空间。它不是由抽象几何意义上的点、线和面组成的，而是充满着魔术般的、神圣的和恶魔般的力量。天文学的首要的和基本的目的在那时是要洞察这些力量的本性和活动，以便预见并避免它们的危险影响。"[1]

　　显然，上古时期至历史时期，各大文明和强大的王朝，都十分重视天文学和宇宙观的构建，这是具有必然性和普遍性。由于天文观测技术的限制，许多古文明都流行地平历观测天文技术体系，也就是观测太阳日出点视运动地标法，观测和掌握太阳回归年的视运动规律，并根据本地的需要制定太阳历法[2]。当然，即使太阳地平历在世界早期文明中普遍存在，但是各文明也就自己地平历的特殊性。比如中美洲玛雅文明的地平历历法除了冬至、夏至、春秋分等世界统一性的太阳回归年时间节点之外，由于所处地理位置在南北回归线之间，特别注重天顶线（Zenith passage）和天底线（Nadir passage）日出的节令，这两个重要的节令，不仅在玛雅宇宙观中具有重要的宗教象征意义，更与玉米农时周期密切相关，由此而产生了 260 天周期的玛雅"圣历"。这与中国史前时期流行的太阳地平历尤其是陶寺文明推行的 20 个节令的地平历，存在很大区别[3]。

　　此外，各地天文观测除了太阳地平历之外，还存在恒星观测方法，这同样具有古今同一性和世界统一性。然毋庸置疑，各地具体观测哪个恒星，则具有文化的特殊性，如古埃及重视尼罗河汛期与天狼星运行的关系的观测[4]，玛雅文明重视金星星历（Venus Almanac，8 年一周期）与战争崇拜[5]，中国先秦时期曾经存在过观测"心宿"大火星制定"大火历"[6]。

四、经济基础与上层建筑的普遍规律

　　诚然，并非所有人类行为的古今同一性和世界统一性，都能够从神经心理学和生

① 〔德〕恩斯特·卡西尔著，甘阳译：《人论：人类文化哲学导引》，上海译文出版社，2013 年，第 81、82 页。
② 何努：《中国史前与玛雅天象崇拜及历法对比研究》，《三代考古》（十），待刊。
③ 何努：《中国史前与玛雅天象崇拜及历法对比研究》，《三代考古》（十），待刊。
④ 〔英〕罗莎莉·戴维著，李晓东译：《古代埃及社会生活》，商务印书馆，2016 年，第 247 页。
⑤ Milbrath, S., The Many Faces of Venus in Mesoamerica, In: Villalobos, G. A. Y., Barnhart, E. L., (eds.), *Archaeoastronomy and the Maya*, Havertwon: Oxbow Books., 2014, pp. 111-134.
⑥ 王震中：《试论陶文"☒"、"☒"与"大火"星及火正》，《考古与文物》1997 年第 6 期；徐凤先：《天空之光如何照亮文明——中国早期天文学与文明若干专题研究》，南方出版传媒广东人民出版社，2019 年，第 81～97 页。

物学机制角度加以解释。人不仅是符号性动物，他还是社会性和经济性的动物。

辩证唯物主义认为，人类社会生产力决定生产关系，经济基础决定上层建筑[①]。这是人类社会政治经学的普遍规律。

人类社会存在几类经济基础，这些经济基础具有普遍性，由此而产生出人类行为古今同一性和世界统一性。

比如说，绝大多数采集狩猎经济基础，很难产生出足够的剩余产品，因此旧石器时代至新石器时代早期，人类社会以小游团或小氏族为社会单元谋求生存，利己主义必须与利他主义相互妥协形成集体主义，因此在平等社会中，集体主义行为占主导地位，公有制社会具有世界统一性。

随着生产力水平的不断提高，农业经济、商品经济、畜牧业经济等逐步繁荣发展，生产出足够多的剩余产品，私有观念日渐浓厚，个人主义和利己主义行为便具有普遍性和世界统一性。人类社会从平等社会发展进入到不平等社会，世界很多地区进入到"古国"阶段[②]，也就相当于近代人类学资料中的"酋邦"社会。私有制经济基础进一步发展，一部分统治阶层通过剥削被统治者，垄断了经济利益的绝大部分，从而形成统治阶级，被统治者由于被剥削了经济利益而成为被统治阶级，阶级由此产生，国家诞生。这一世界统一性，崔格尔已经注意到了。

我想补充的是，自然经济基础上建立的古国和邦国政体，很可能是君主集权政治体制；而商品经济基础上建立的古国和邦国政体，很可能是民主寡头政治体制[③]。奴隶制社会与商品经济基础密切相关[④]。这些经济基础与上层建筑的普遍规律，都造就了相关的古今同一性和世界统一性。当然，各地文明起源中心呈现出来的具体特征又具有特殊性与个性。比如黄河中游地区以及后来所谓的中原地区，始终以自然农业经济为经济基础，所以君主集权政治体制占主导地位。长江流域史前文明以商品经济为基础，民主寡头政治占主导地位。地中海地区的希腊和罗马商品经济基础占主导地位，所以奴隶制社会成为社会的主要形态。而中国史前及夏商周三代，商品经济基础未能占主导地位，因此奴隶制社会没能成为中国上古时期的主要社会形态，只不过有迹象表明，在良渚邦国或石峁邦国这样的商品经济邦国中，或许存在着奴隶制。

五、结　　语

我们必须明白，要用辩证思维来看待考古研究中的古今同一性和世界统一性。不

①　《马克思主义政治经济学概论》编写组：《马克思主义政治经济学概论》，人民出版社，2011年，第1、2页。
②　何努：《关于"古国"定义的理论思考》，《文物春秋》2021年第3期。
③　何驽：《黄河流域史前商品经济及其考古指标和相关问题试析》，《李下蹊华——庆祝李伯谦先生八十华诞论文集》，科学出版社，2017年，第157～177页；何驽：《良渚文化的社会政治特征探析》，《东南文化》2016年第4期。
④　何驽：《中国史前奴隶社会考古标识的认识》，《南方文物》2017年第2期。

论是人的生物性还是社会性，人类的行为与思维都存在着必然性、普遍性和一般性规律，因此人类行为的古今同一性和世界统一性必然存在。

而另一方面，正如历史的必然性、普遍性和一般性规律是通过一系列历史的偶然性、特殊性与个性表现出来的，古今同一性和世界统一性也是由文化的特殊性与个性表现出来。因此在考古实践中，我们一方面要充分认识到跨文化的普遍性，大胆地进行文明与文化比较研究，大胆参考世界各地相关的考古案例，大胆参考世界各地相关的民族志资料，但同时我们也要重视不同文化之间的差异与个性和特殊性，辩证地用好"他山之石"。

附记：尊敬的李仰松先生，是我"民族志考古"（Ethnoarchaeology）理念与实践的入门老师，当年是他教授我们"民族考古学"课程，使我深深着迷。然而，多年来，我也困惑于民族志考古古今一致性和世界统一性的质疑。

2020 年，我在给研究生黄磊和武钰娟上"考古学理论与方法讨论课"第 11 节时，我们曾经讨论"古今同一性与世界统一性"问题。武钰娟对古今同一性和世界统一性问题做了比较全面和系统的认识梳理，认为用哲学"联系"的视角来分析，具有自然规律性的联系，应该具有古今同一性和世界统一性。人文科学里这样的联系规律会受到许多因素的干扰而发生变异，以致缺乏或影响古今同一性和世界统一性。需要做具体分析。黄磊认为，古今同一性的考量要限定在一定的时空条件和传承的有序范围内，才具有有效性。教学相长，令我受益匪浅。经过多年的思索，如今我至少给自己提出了一个理直气壮的明确答案，也算是恭贺李仰松先生九秩的菲薄献礼。

石器·陶器·农业·村落

——从上山文化新发现管窥新石器革命的中国模式

曹兵武

（中国文化遗产研究院）

　　柴尔德（V. G. Childe，1892~1957）首倡的"新石器时代革命"[1]概念影响深远，而新石器革命过程中孕育的诸多文化变迁则彻底改变了人类后续的生活方式并影响到地球的面貌。

　　就全球来说，以磨制为特征的新石器作为持续了 330 万年的石器时代的最后阶段，在各地的始止时间并不一致，以西亚新月沃地和东亚中国的亚洲两端为早，可以早达距今 1 万~2 万年之前。而就柴尔德来说，"革命"一词也并非要强调石器本身的变化有多么快、多么重要，而是要表达由工具先导、进而引发人类适应方式变化和以动植物驯化的生产性经济对采猎这样的寄生性经济的替代，是一系列因素构成的划时代变革。因为在新的经济基础之上，才有了复杂社会的产生和文化上一系列重大变化，人类从此搭上了快速发展的快车，村落、城市和国家等新型群体载体应运而生，文明之光真正照亮了人类生活的诸多领域。因此，柴尔德的"新石器时代革命"也常被视为是"食物生产革命"（又称"农业革命"[2]），实则是对其"城市革命"理论的铺垫[3]。

　　新石器时代的到来尽管在各地的表现不尽相同，但新石器革命是由技术、经济、社会、观念等一系列变化共同构成的人类历史的重大飞跃，而且只有少数几个人类文化的先锋地区才原创性发生了这些变革，并最终成为复杂社会与文明时代的摇篮地区，率先走出了新石器时代。柴尔德将新石器革命视为是和近世的工业革命一样重要的重大历史事件。然而，在已经发现的诸新石器革命的先进地区，比如西亚[4]和东

---

①　〔英〕戈登·柴尔德著，安家瑗、余敬东译：《人类创造了自身》，上海三联书店，2012 年，第 63 页。

②　〔美〕罗伯特·J. 布雷伍德、陈星灿：《农业革命》，《农业考古》1993 年第 1 期。

③　李宏伟：《柴尔德"两次革命论"的哲学基础与理论得失》，《石家庄师范专科学校学报》2004 年第 2 期。

④　肖华、朱宏斌：《浅谈西亚地区早期农业起源问题——以羊与麦为例》，《农业考古》2020 年第 4 期。

亚①两个主要的革新源头，具体的情形就不完全一样，不仅石器工具类型功能与形态演变有所差异，驯化的动植物种类也各不相同，并且陶器等其他相关的不同伴生性文化因素、适应模式和进程表现也不尽相同，导致最终形成的早期文明和国家也具有不完全相同的性格特点。可以说，新石器革命的不同模式以及新石器时代文化的演化，在非常大的程度上塑造了今天人类文化与文明的重要方面。今天考古学家已经越来越清晰地意识到，农业、蓄养、制陶、冶金、攻玉以及交通方式等新发明都是对启动区域性复杂社会有着远比磨制石器更为重要作用的技术与产品。但是，即便是这几个关键性文化因素在各地发生的时间和具体表现也各有特点。

<h1 style="text-align:center">一</h1>

　　中国一直是研究新石器革命和过渡阶段人类适应与进化问题的重点地区之一，走出非洲的现代人已经抵达东亚②，从考古遗存来看，无论南北中国，距今 5 万～3 万年这段时期不仅一直有较多的各类古人类（包括尼安德特人和丹尼索瓦人）活动着，而且石器制作技术等已经开始发生明显的文化转型，在长期持续的第 1 技术模式（奥杜威技术）和若明若暗的第 2 模式（阿舍利技术）之外，华北地区次第出现了第 3 模式（莫斯特技术）、第 4 模式（石叶技术），长江地区在末次冰期盛冰期也有时期存在普遍小型化的趋势③。距今万年之前在很多地方都已经出现了磨制石器、原发性制陶和农业遗存，狗和猪等驯化也非常早，甚至在很长时间，中国的广阔范围——包括日本和今天俄罗斯远东近海地区一直是世界上最早的陶器分布区④。但是，作为最受关注的文化因素的陶器在各地出现的年代早晚不一，最早阶段的陶器和农业似乎也无必然的共生关系，农业起源又至少存在分居南北的稻作和旱作两大中心，它们相互之间以及它们和后续中国各地域性文化传统包括中原为中心的王朝文明的内在关系等仍有不少缺环。因此，关于中国的新石器革命仍有很多问题需要深究，南北之间以及与世界其他地区的比较性特色和过程机制尚有待深入观察和分析。近年来距今万年左右的浙江上山文化遗址群的一系列考古新发现大大刷新了我们对新石器时代早期人类生存状况的认识⑤，为探讨若干相关问题提供了新的支点。

　　集中分布但不限于浙江钱塘江流域金衢盆地的二十余个上山时代的遗址，基本上

---

① 赵春青：《试论中国新石器时代早期文化的区域特征与发展阶段》，《考古学研究》（九），文物出版社，2012 年，第 11～23 页。

② 高星：《中国地区现代人起源研究的考古学进展》，《早期中国研究》（第 4 辑），上海古籍出版社，2020 年，第 1～11 页。

③ 王幼平：《石器技术与早期人类的迁徙扩散》，《考古学研究》（十一），科学出版社，2020 年，第 11～23 页。

④ 陈宥成、曲彤丽：《中国早期陶器的起源及相关问题》，《考古》2017 年第 6 期。

⑤ 蒋乐平、仲召兵、孙瀚龙：《上山文化——稻作、定居与新时期时代革命》，《稻·源·启明：浙江上山文化考古特展》，山东美术出版社，2021 年，第 10～17 页；徐怡婷、林舟、蒋乐平：《上山文化遗址分布与地理环境的关系》，《南方文物》2016 年第 3 期。

都已经是相对稳定的旷野型聚落，多发现有长条形房址、器物坑等遗迹，有零星的磨制石器（以磨盘和磨石为主），质地、类型与纹饰多样的陶器，确凿无疑的稻作遗存行为链，目前已发现三处遗址被人工环壕所围护，一些遗址中也已发现带随葬品的墓葬以及酿酒遗存，等等，代表了距今约 11000～8500 年间一种全新的生活方式。这些新发现不仅对于认识新旧石器过渡问题，同时也对如何认识早期陶器、农业、村落生活以及区域文化传统的发生和演进等重大问题，提供了新的视野。

上山文化仍然主要使用打制石器，已经出现的磨制石器以磨盘、磨石为主，还有一种功能不明的穿孔饼形石器，都并非之前已有的工具类型，而可能是加工利用新型食物资源的新发明。当然，其中晚期也出现了个别对传统已有石器刃部加以磨光以提高效率的工具，并向功能和器形更为定型的斧、锛、刀等方向演进。

上山文化中水稻的利用已经经常化，不仅发现大量稻粒和掺杂在陶胎中的稻壳等，对于石磨盘与磨石、镰刀或者刮削类石器以及陶大口盘等的微痕与残留物分析，也发现有水稻淀粉或植硅石等残存，推测可能与水稻的收割、加工、利用等行为有关。尽管植硅体和小穗轴分析结果表明水稻的人工驯化已经起步，但上述石器、陶器残存物分析中也发现有多种其他植物的植硅石和淀粉粒共存，如稗子、薏米、芦苇、莎草、橡、姜、葛根、莲藕、山药、百合、栝楼根等。推测上山文化仍属于旧石器晚期以来延续的广谱采猎经济，水稻在食物和经济生活中比重及其驯化程度还有待于更深入的研究。

就陶器的起源与早期发展这一较之稻作农业时空范围更广的课题来说，上山文化的陶器则让人大开眼界。之前在广西、湖南交界一带的若干洞穴遗址以及和上山文化分布范围较近的江西万年仙人洞、吊桶环等都已经发现可以早到距今 1.8 万年[1]甚至将近 2 万年但尚有争议的早期陶器，更远处还有中国东北、日本和俄罗斯远东近海地区也发现过可以早到距今 1.6 万年左右的陶器[2]，距今万年左右的陶器在中国北方自东北到西南的二三级阶地交汇地带以及南方沿南岭—武夷山的大南岭及其延伸线两侧的若干遗址中更是普遍发现，似乎已经形成了两个早期陶器遗存的集中分布带，但相对而言各发现地点仍相当较分散，器形与制作工艺也较简陋。

上山文化遗址群可以视为是南中国南岭及其延长线两侧陶器分布带的东北边缘，在其过万年的早期阶段就有了以大口盆、平底盘、双耳罐为主的陶器类型，陶质、器形、工艺等相对复杂的陶器组合，中期时陶器类型更加丰富多样，尤其是同类器之间口耳足等变化多端，如平底器已成为主流，不仅有小底、大底与圈足之分，而且尖底、圜底也有发现，器腹有斜壁、直壁与弧壁等不同变化，口沿也变化多端，器耳应用比较普遍，盘、罐、壶、杯等成套器物组合业已成熟。在制作工艺方面，除了各地早期

---

[1] 吴小红：《中国南方早期陶器的年代以及新石器时代标志的问题》，《考古学研究》（九），文物出版社，2012，第 49～68 页。

[2] 王涛：《国外早期陶器的发现与研究》，《中原文物》2007 年第 2 期。

陶器可以观察到的直接塑制、泥片贴制等工艺之外，上山文化已有泥条套制和盘制，从掺和稻草与加沙，到泥质并打磨光滑甚至施加红色陶衣，甚至绘以彩陶纹样，等等。这些不仅在同时期文化中具有高度的先进性，也已经远远脱离原始制陶阶段。从考古发现观察，东亚早期陶器大致有南方以尖圜底弧壁的釜、钵为主和北方以平底直壁的罐、盘为主两大区域分异，而上山文化这批器形较为复杂、工艺较为先进的陶器群，显然已经达到新石器时代中期普遍以较为复杂的陶器群为主要表征的一些考古学文化系统的水准了[①]。

二

中国新旧石器过渡阶段的诸多重要发现中，在距今两万年到一万年的这段时间里，陶器如何产生和演变是个特别需要予以阐释的重要问题。各地不断零星发现的早期陶器和对于它们的确切年代的争论，使得问题越来越复杂了。在原先可以粗略观察到的两大系统中，上山文化如何定位？对我们更好地认识新石器时代革命或可提供一些启示。

尽管目前世界上年代最早的陶器以湘桂交界的甑皮岩、庙岩、大岩、玉蟾岩等若干洞穴遗址和江西万年的仙人洞和吊桶环为代表并相对集中分布，但是相距遥远的东北亚包括黑龙江流域和日本的环日本海地区的若干发现年代也非常早。因此，上山文化尤其是陶器的多样性，以及介于这两个最早中心之间，如 1977 年在江苏溧水神仙洞发现的年代超过距今一万年前陶片[②]，稍后在山东等地发现的距今万年左右的一批含陶器类遗存如扁扁洞、赵家徐姚遗址乃至陶器和稻米均有的距今八千年左右的后李文化等，这些中国东部距海较近并介于西南与东北之间的早期陶器的分布与内涵特点，就可能为我们重新思考这些早期陶器的分布格局提供了重要的参照点。

山东地区早期陶器大致上属于南方中国的圜底器系统，日本早期陶器是圜底平底兼有，我国东北亚以黑龙江领域为中心的早期陶器虽然以平底直壁器为主，但王立新先生指出，其器物口沿多见的珍珠纹在江西仙人洞更早的陶器上也有发现，并有自东向西的传播趋势[③]，近年地质工作者曾经在黄海远处海岸海底大陆架上钻探发现的深约 60 米、距今约 1.5 万年的早期陶片等迹象[④]，在东海大陆架远端发现年代较早的具有人工驯化迹象的距今 1.4 万年左右的稻作遗存[⑤] 等，都不能不让我们推想在过渡阶段的低

① 孙瀚龙、蒋乐平：《浙江浦江上山遗址上山文化陶器类型学研究及相关问题》，《南方文物》2016 年第 3 期。

② 葛治功：《溧水神仙洞一万年前陶片的发现及其意义》，《东南文化》1990 年第 5 期。

③ 参见王立新 2017 年 12 月 4 日晚 "欧亚大陆北部地区的珍珠纹陶器" 讲座报道（四川大学冯汉骥学术讲座第 46 讲），https://www.sohu.com/a/210084530_100029711?qq-pf-to=pcqq.c2c.

④ 吕厚远先生见告。

⑤ Lu, H. Y., Liu, Z. X., Wu, N. Q., Berne, S., Saito, Y., Liu, B. Z., Wang, L., Rice Domestication and Climatic Change: Phytolith Evidence from East China, *Boreas*, 2002, 31, pp. 378-385.

海平面时期，东部沿海近水地区同样是早期陶器和水稻传播利用甚至是发源的重要潜在区域，东亚地区分布如此广泛的早期陶器非常有可能具有共同的源头。

尽管东亚地区陶器普遍年代较早，目前材料所见却未必是农业的伴生性发明，而可能和环境多样性以及水生资源开发利用等造就的相对较高的定居性生活中的发明创造有关，比农业的出现要早很多。

目前，比上山早的稻作遗存如江西万年吊桶环洞穴，据赵志军先生的植硅石研究结果，在距今约 12000~11000 年的晚更新世时出现了野生稻的采集，随后在距今 10000~8000 年间是早期水稻种植与野生稻采集共存的混合生业模式[①]。据研究，湖南道县玉蟾岩的几粒残存水稻稻壳和植硅石分析表明其有栽培可能性，年代约为距今约 12000 年[②]。两地的稻作遗存都大大晚于同遗址中的陶器遗存。严文明先生推测南岭北侧和长江以南地区作为当时的亚热带与北温带过渡地带，明显的季节性和漫长寒冷的冬季为古人类对水稻采集利用提供了生态需求，因而是稻作文化发育的合理生态位，提出稻作农业的边缘地带起源理论[③]。上山文化也正位于这一地带东北向的延长线上。

需要指出的是，即便是陶器已经出现，农业之前的人类的流动性总起来说还是很强的，尤其是在过渡阶段之初的盛冰期的寒冷气候条件下，南北中国普遍出现的石器小型化趋势，一方面说明广谱性适应模式中动植物资源种类的广泛性和小型化，另一方面也暗示着必要时更强的流动性[④]。特别是华北地区细石器和细石叶技术的出现，被一些考古学家视为更大范围更强烈流动性的表现。华北细石器流行地区尽管是中国北方新旧石器过渡的重要策源地之一，但此一地区却是早期陶器传入相对较晚的地区，比如黄土高原东缘的弧形环境过渡地带作为过渡阶段人类活动强度较大的地区，仅在距离东北亚较近的京津冀交接的桑干河—永定河流域的一些早期遗址中发现过可以早到距今万年左右的陶片，而深入到其西南方的陕西龙王辿和山西柿子滩、下川乃至宁夏的水洞沟等遗址，尽管从其石器制作与资源获取、生活方式以及年代等方面来看，较早就已经启动了新旧石器的过渡，却无同时期的陶器遗存发现[⑤]。在西亚的新石器革命中心新月沃地存在着一个长达两千余年的前陶新石器或者农耕阶段。因此，作为一项重大发明，尽管陶器和农业社会更容易形成共生关系，但中国早期陶器更可能是在一种相对丰裕、定居性较强的采集渔猎生活方式下摸索和实验的结果，更可能和水产品的大量利用有关。开发水生资源是现代人走出非洲之前就已开始的尝试，从东非出发沿海迁徙到东南亚和东南中国乃至东北亚的古现代人显然继承了这一文化传统。水产品能够提供相对多样、稳定的食物来源，而且其加工对容器类器用需求更多更高。

① 赵志军：《吊桶环遗址稻属植硅石研究》，《农业考古》2000 年第 3 期。
② 袁家荣：《湖南道县玉蟾岩 1 万年以前的稻谷和陶器》，《稻作陶器和都市的起源》，文物出版社，2000 年，第 31~41 页。
③ 严文明：《农业起源与文明发生》，科学出版社，2000 年。
④ 王幼平：《砾石工业传统与华南旧石器晚期文化》，《南方文物》2021 年第 1 期。
⑤ 陈胜前：《史前的现代化——中国农业起源过程的文化生态考察》，科学出版社，2014 年。

陶器出现之前古现代人也使用过多种有机质容器，甚至石制的容器，而陶器作为一种高度复合的材料、复杂工艺形成的耐用生活器用，综合了当时多方面的物理乃至化学知识，不是很容易就能够发明创造的，是对水、土、火等要素的长期观察与实验的结果。上山文化发达的陶器制作与使用，及其与农业、定居等生计方式的关系，让我们对早期陶器的重要性及其演进这个关键问题的认识有了一个新的支点。

相对而言，农业是冰后期人类在食物资源需求驱动下具有普遍性的发明创造。除了孤悬海外、环境贫瘠的澳洲土著，几乎所有具备候选资源的现代人分布的新旧大陆都根据各自情况或迟或早摸索出了自己的农业经济，在我国就存在南稻北谷与华南热带地区的块茎类作物三大植物栽培中心。上山文化的稻作经济也大大细化了我们对水生资源、稻作、制陶和定居等相互关系的新认识。上山文化已经超越了野生稻利用而达到初步驯化阶段，开启了一种真正的稻作文化，并体现于生产生活的很多方面。除了植硅体、小穗轴等水稻遗存形态分析判断之外，上山文化有大量类似镰刀那样的打制带刃石器，刃口微痕与残留物分析表明都曾经收割过水稻，而对加碳陶中植硅石的分析表明当时是连同茎叶一并收割的，石磨盘和石磨棒等也发现加工水稻的残留物，还有陶敞口盘等也可能和水稻加工利用有关，小口壶可能与用水稻酿酒有关。此外，水稻不仅已成为重要的食物来源，也是当时陶器制作过程掺合物的重要来源[①]。

稻作在南方中国不仅有漫长而复杂的孕育、发展过程，而且涉及范围极其广泛。除了上山文化所在地区，湖南包括临近的长江中游地区自玉蟾岩以降经彭头山、城背溪、大溪和屈家岭文化，水稻的利用和稻作的发生也不比上山文化晚，而且存在着诸多文化因素长时段的区域连续性，因此可以确定以洞庭湖西北部的澧县平原为中心也存在着一个早期稻作农业中心。尽管有专家认为两个中心之间可能很早就存在诸多文化因素的交流[②]，陶器等文化面貌一直具有相当的相似性和同步性，但两地的稻作农业是否共享同一个起源，目前尚难以确定。因为除了早于上山的零星且空间距离遥远的稻作遗存之外，在距今 9000 年到 8000 年间，稻作似乎已经广布在南岭以北的长江中下游乃至淮河、济水流域等非常广阔的范围了。近来东海大陆架远端早期水稻遗存的发现，表明上山附近可能也是稻作起源的重要中心之一，而且上山系统性的稻作文化起步相对更早、发展更快，经跨湖桥在河姆渡文化时已经达到相当高的水平。但是后续长江下游包括钱塘江地区的马家浜、崧泽乃至良渚文化，尽管仍然属于稻作文化圈并自成系列，但和上山的稻作文化具体的传承关系仍待深究。

不过，上山文化自身稻作文化发生较早，而且因为滨海和环境变迁等因素，传播影响也可能更为广泛，有专家根据文化面貌推测淮河流域稻作较早的贾湖和顺山集甚

---

① 蒋乐平、仲召兵、孙瀚龙：《上山文化——稻作、定居与新时期时代革命》，《稻·源·启明：浙江上山文化考古特展》，山东美术出版社，2021 年，第 10～17 页。

② 韩建业：《试论跨湖桥文化的来源和对外影响——兼论新石器时代中期长江中下游地区间的文化交流》，《东南文化》2010 年第 6 期。

至山东后李文化的月庄等稻作遗存都可能和上山文化、跨湖桥文化具有一定的关联[①]。上山、贾湖、跨湖桥陶器图案中的数卦符号也具有惊人的相似性。贾湖早期的年代和彭头山文化大致同时，已经可以早到距今9000年。推测由于全新世初期海平面和气温的快速上升，沿海这个中心内传的动力更为强劲，淮河河谷可能正是传播的理想通道之一。不过，后来马家浜—崧泽—良渚这一系统南向扩张到钱塘江流域之后，应该也较多地吸收当地的稻作农业文化传统。尤其是长江下游地区在崧泽文化阶段稻作农业可能才真正成熟，并确定了其人类生计中的主体经济地位，因此而实现人口、聚落的快速增长，并迈上社会复杂化的加速发展进程，最终一统以环太湖为中心的长江下游地区，并孕育了良渚这个辉煌的城市文明。

因此，上山文化这个稻作文化中心很可能是后来若干地区性文化传统农业经济的重要源头。

三

水稻从采集野生到人工栽培，有个不断改进的漫长过程，其在经济生活中的地位也是逐步提升的。对于上山文化稻米的比重仍然不能高估。上山文化时期采集渔猎经济当然对于人类的生存更为重要，而上山文化的聚落可能也难以以永久性定居的村落目之，在上山、小黄山等遗址中发现的那种柱洞不太密集的排房更像是棚子，灰坑中的不少堆积状况也更像是器物坑，推测可能为了获取足够的生存资源，人们仍有在一定空间范围内不断迁移周转的压力[②]。

然而，初始的旷野性村落其实才是上山文化最重要的发明。支撑上山人走到河湖密布的旷野小丘中较长时间生存下来，形成最初的旷野性村落，需要包括制陶、稻作与建房等一系列的新兴技术和文化支撑。旧石器时代一直有不少洞穴之外的人类活动遗存，但还没有发现灶坑＋房子＋器物坑＋墓葬＋环壕这样的集成性聚落。加上稻作文化与复杂的陶器、装饰艺术等丰富的活动遗存，可以说上山文化开启了东亚地区最早的村落生活，严文明先生曾为上山遗址和文化题词"远古中华第一村"，抓住了上山文化的精髓。

在东亚地区残酷的末次冰期期间，除了山区尤其是石灰岩地区的洞穴，以及重要的气候和环境多样性的生态过渡地带是人类较为理性的集中和存身之处外，东南方向的近水尤其是滨海地带可能是另一个值得高度注意的人类宜居地带和因为环境和生存资源多样而具有较强定居倾向的地带[③]，因此是早期陶器与稻作的一个重要的孕育源头

① 张弛：《论贾湖一期文化遗存》，《文物》2011年第3期。
② 徐紫瑾、陈胜前：《上山文化居址流动性分析：早期农业形态研究》，《南方文物》2019年第4期。
③ 郭静云、郭立新：《"蓝色革命"：新石器生活方式的发生机制及指标问题》（上），《中国农史》2019年38卷第4期。

或者扩散方向。上山文化遗址的分布多在金衢盆地中的小丘之上，当时遗址周边应该河湖纵横。而长江中游中心的澧阳平原也大致是同样的状况。两者位于大致相似的纬度带上，也面临这相似的生存压力与生态选择。

新石器革命应该说是现代人适应末次冰期这个特殊环境的文化策略。冰期最盛期在距今约 2 万～1.5 万年间，这也是当时南北中国石器小型化和最早的石磨盘、磨棒、磨石等开始出现的时期，是石器角度的新石器革命曙光初现的时期。当时东亚沿海地区不仅裸露出大片大陆架，诸多东南亚岛屿乃至日本列岛都与大陆也连成一体，可以推想，当时的近水宜居环境很多应该已经淹没于今天的海平面之下了[①]。末次冰期期间东亚地区冰盖总起来说不太发育[②]，走出非洲的先锋现代人可能在东亚尤其是东南亚近海一带发现并拥有了一个既近似非洲老家又更为多样、优裕的生存环境，依靠一种相对丰裕的采猎经济，包括对较多森林和水生资源的开发利用，生活相对稳定，甚至个别地区在农业兴起之前已能实现相对性的定居。在这种新颖、丰裕环境中，他们在动植物资源开发利用与制陶尝试等方面捷足先登。寒冷的冰期气候加速了人类的技术改进和流动能力等适应策略的演进，在考古发现中表现为动植物资源多样而趋小的广谱适应采猎经济策略[③]，而过了寒冷极限期之后的气候快速升温，加速了动植物等人类生存资源的繁盛，海平面上升对沿海生存环境的压缩和新的生存环境的探索，也大大提升了人类的适应能力和对动植物资源的认知、利用，以及早期陶器的传播扩散，但是这一趋势旋即又被距今 1.25 万年左右短暂的新仙女木大降温事件打断，迫使一些地方的人们启动了对野生水稻、狗尾草等小粒植物籽实的深度开发甚至是人为照料、干预。这些现象在近年开展的多处过渡阶段遗址和洞穴的动植物考古成果中均有体现。在全新世到来、气候适宜稳定之后，生物尤其是植物欣欣向荣，已经掌握了初步农作知识的人类可以拓展并定居到一些易于开发的旷野地带，湘西北的澧阳平原和浙东南的金衢盆地得天独厚的条件，成为早期水稻栽培的理想环境，而北方燕山、太行山交汇的永定河流域一带，也成为旱作小米（黍与粟）的早期驯化中心[④]。这使得养育较多的人口，发展出稳定性更高的人工聚落群成为可能，从而成为孕育新石器文化的摇篮。因此，从农业起源这个新石器革命的核心要素来说，中国至少存在稻作与旱作两个或两个以上的中心。

末次冰期尤其是其后段的快速升温过程中，气候波动常常如冰火两重天，各地的古现代人均经历了严峻考验和历练，而东亚大陆东南隅尤其是近海地带，水热条件较好，气候、环境一直相对较为优裕，资源较为丰富，因此早期人类生存状况相对稳定，

---

① 李浩：《末次冰期海平面下降最大值》，《海洋地质动态》1987 年第 6 期。
② 张威、闫玲、崔之久等：《东亚沿海山地末次冰期冰川与环境》，《地理学报》2009 年 64 卷第 1 期。
③ 〔美〕路易斯·宾福德著，曹兵武译：《后更新世的适应》，《农业考古》1993 年第 3 期。
④ 赵志军、赵朝洪、郁金城等：《北京东胡林遗址植物遗存浮选结果及分析》，《考古》2020 年第 7 期。

率先发明了陶器，在新仙女木阶段进一步深化广谱适应的过程中强化了对水稻等植物资源的利用，进入初步稻作驯化阶段。需要指出的是，即便是我国南方地区作为丰裕渔猎采集生活的主要分布区，对动植物的探索与认知系统丰富，影响深远，也逐渐分化出南岭及其延长线以北的早期稻作以及岭南地区的块茎类两大早期农作驯化文化，水稻越过南岭南传是距今 6000 年之后才有的现象①。就水稻而言，也可能不止一个驯化中心，而可能是广阔的温带与亚热带交汇地带的人们普遍性探索、选择的结果，但澧阳平原和金衢盆地是两个率先成功并得以推广的优选之地。从前曾有学者根据野生稻分布推测处于青藏高原边缘的云南等地可能是稻作起源地之一，以及本文前边提到的玉蟾岩、仙人洞、吊桶环等万年之前的含稻、含陶洞穴遗址和上山、彭头山、贾湖这三个能够早到九千年之前的较为成熟的早期稻作文化分布中心，不仅其相互间关系仍待深入研究，各自对当地后续的区域性传统形成与发展的影响也不尽相同。这几个较早布局的稻作农业中心，一方面所处环境不同，一方面还有接受全新世早期仍在波动的气候影响，所以直到大约距今 8200 年左右短期的突然降温事件后（持续约 200 年，降幅达 4～5℃）②，大暖期正式启动与海陆状况渐渐趋于平稳，掌握早期农作文化的人们才大致上开始在一些区域内稳定下来，并在逐渐发育的区域性文化传统的演进中重新定位自己的发展空间。不同的居地环境和文化格局让早期不同地点的星星之火农作文化有了不同的结局命运。长江中游地区彭头山以后的文化基本上延续并不断发展壮大，成为早期中国新石器文化相互作用圈中重要的序列完整、谱系清晰的一支——长江中游区系传统。贾湖文化经过将部分因素融入裴李岗文化，为大暖期前半段仰韶文化的形成和向西北方向的大规模扩张做出了贡献，并在海平面稳定之后的东向扩张，影响到淮上与海岱地区的后续文化特征③。但是，山东尤其是鲁南地区长期存在的稻作文化因素是上山北上、还是贾湖东传，抑或是另有渊源，仍然需要进一步研究。而上山文化所在地区在经历跨湖桥、河姆渡阶段之后，则被自西北向东南扩张的马家浜、崧泽一系排挤和取代，部分地统一于良渚文化为代表的区域性文化传统之内，也有部分可能衰败甚至陆续南迁，成为稻作文化南向传播的重要驱力。

总之，这几支发展较早的稻作文化对新石器时代中期中国相互作用圈几大区域性文化传统乃至现代不同族群、语系的形成与相互作用，都具有奠基性影响。

① 向安强、张文绪、何安益等：《广西资源县晓锦遗址第二期出土古稻研究》，《科学与管理》2014 年 34 卷第 5 期；杨晓燕、李昭、王维维等：《稻作南传：岭南稻作农业肇始的年代及人类社会的生计模式背景》，《文博学刊》2018 年第 1 期。
② 覃嘉铭、袁道先、程海等：《新仙女木及全新世早中期气候突变事件：贵州茂兰石笋氧同位素记录》，《中国科学（D 辑：地球科学）》2004 年第 1 期。
③ 张弛：《论贾湖一期文化遗存》，《文物》2011 年第 3 期。

四

就中国的新旧石器过渡阶段来说，上述几个早期的稻作文化中心尽管相距遥远，各有特点，却可能拥有着一个共同的文化基底，那就是沿海东向而来的南系古现代人的族群基础，以及近海和相对暖湿、优裕环境下的适应模式，这些因素在过渡阶段的早期包括大暖期前半段对陶器、稻作和其他具有南方中国特色的文化因素的形成与扩散发挥了非常重要的作用。这些不同的文化因素不仅在族群与生态适应知识等方面可能具有共同基础，甚至可能将制陶技术沿着东南湿润带的北缘一直辐射到东北亚的近海地区，这一地区在进入历史时期之后的相当长时间里都延续着丰裕渔猎采集经济的适应模式。

中国的新石器革命中除了东亚环境多样性与现代人到来之前已有古人类基因多样性等优势之外，南北不同批次现代人的到来是最重要的前提性基底，南线和北线两大东迁路线，甚至可能包括不同批次迁徙而来的古现代人群，在旧石器时代晚期已经形成苏秉琦先生所说的面向海洋与面向内陆的南北两大文化板块——这是认识中国史前乃至更晚时期人与文化格局的最初基底。早期南方系因为优裕的环境资源和丰裕性采集渔猎经济，以及时间上的优先优势和全新世时期升温为主的历史性机遇，不仅在距今 5500 年大暖期气候反转之前一直保有较强的扩张势头，也在局地表现出更强的定居性和更多的资源开发尝试，可能是陶器、显然也是稻作农业的主要发明者和诸多技术创新的源源不断的供应者。尽管最早的磨制石器与陶器和稍晚才出现的农业并无必然的联系，而更可能与丰富多样的木制品、水产品等开发利用相关，但农业的出现显然加速了陶器的传播与改进，并在缔结新型定居生活方式方面形成最佳的互补关系。早期陶器多与炊煮器有关，但上山文化中的水稻脱粒加工用到其特有的大口盘等，以及可能与酿酒有关的小口壶等，正是其陶器类型丰富多样的重要原因。尽管旱作农业起源研究中缺环更多，但华北地区早期陶器的出现与推广可能有同样的文化因素关联、传播的机制。东北亚最早一批陶器在距今 1.6 万～1.5 万年左右海平面开始上升时在环日本海周边出现，然后不断向西和南传播，最终通过文化交流在华北太行山、燕山一带以京津冀交汇的永定河流域另一个新旧石器过渡中心率先实现制陶与旱作农业的合流，形成泥河湾、东胡林、转年、南庄头等距今万年左右陶器与驯化动植物迹象共存的旷野性遗址，从而成为北方中国新石器革命与扩散的摇篮之一。

因此，就早期中国新石器革命及其关联的陶器、农业、社会、文化乃至后续的城市革命、文明形成的进程来说，既有一元性又有多元性。一元性是说他们都是人类进化及其文明的成就之一，是现代人到来后，占据了人群的基因优势并结合东亚更早的人类历史与环境开辟了新的文化进程，并未超越当今世界四海一家的人类与文化的一元性基础；多元性是指人类在不同地域不同环境不同的适应模式下摸索、演化，形成了不同的文化乃至文明。由于东亚独特的环境与历史，分批到来的古现代人不仅较多吸收了这一地区先前旧石器时代人群、文化的多样性，并在多样性气候环境条件下展开探索交流，很早就开始发生族群、文化的碰撞、交流与融合。在旧石器时代晚期新旧石器过渡启动之初主要表现为石器的小型化，在华北地区甚至形成了典型的细石器文化，长江流域也普遍出现石器小型化趋势，以更强的流动性和更多的发明创造来应对食物等资源与人口压力。在南岭南北气候相对暖湿且资源丰富的地区，相对的定居性使得这里的古人类率先发明并使用陶器，进一步提升了对广谱资源的利用能力，这一新发明沿南岭及其延长线广为传播，滨海地区也是主要的传播方向，并在东北亚环日本海的水生资源富集地区发扬光大。陈胜前先生正确地指出，农业可能是1.24万年新仙女木降温对广谱适应能力进一步提升的产物[1]。

目前看来早期中国至少有着两个以上的原始农业起源中心，农业文化扩散之后大大促进了定居村落的发展，很快在极其广阔范围内形成了若干区域性文化传统充分发育之格局，并在此基础上展开了不同于以往的区域间交流互动，尤其是以中原为中心的仰韶系统因为天时地利之便，较早掌握了旱作与稻作两大农作文化的知识，并抓住了大暖期的环境机遇期，在较易开垦的黄土地带以农业—人口耦合增长、拓殖的方式，形成了早期中国的优势人群并与其他族群展开交流互动，最后在黄河中下游的中原地区经过多次碰撞融合，形成了引领东亚人类文明演进的华夏文明这个文明高地和辐辏中心[2]。这是中华文明由多元互动竞逐而最终形成以华夏为核心的一体化文明统续并不断吸纳融汇周边文化因素发展壮大的早期过程。

在完成了南北中国均完成了新石器革命之后，由多元文化走向一体化的过程中，还发生过几波关键性的文化碰撞融合，最终将中国的新石器时代推至高潮并引向文明化进程：

第一波是八千年前的裴李岗时代，水稻与旱作农业就在沿淮河一线尤其是其上游的嵩山南麓地区发生广泛接触和碰撞融合，为水旱兼作的仰韶文化的登场铺平道路。这一地区在新旧石器过渡阶段就有非常雄厚的文化基础，裴李岗等遗址甚至发现过过渡阶段的李家沟等有陶遗存与裴李岗文化地层相互叠压的情况，粟、黍等旱作农业发生也相当早，在大暖期初期恰恰成为两大农业板块扩张的南北界限并显然发生了融合，为仰韶混合型农业奠定了基础[3]。

第二波是仰韶文化携混合型农作文化优势，并借助大暖期的历史性机遇沿黄河及其支流河谷、山麓不断向西北方向掀起拓殖扩张浪潮，形成当时东亚地区最为幅员广阔、人口众多的一支史前文化，促使汉藏语系形成与扩散，为早期华夏文明奠定了人

---

[1] 陈胜前：《史前的现代化——中国农业起源过程的文化生态考察》，科学出版社，2014年。

[2] 曹兵武：《辐与辏：史前中原文化优势的确立——兼论早期中国与华夏文明观的形成》，《中原文化研究》2015年3卷第6期。

[3] 韩建业：《裴李岗文化的迁徙影响与早期中国文化圈的雏形》，《中原文物》2009年第2期。

口与族群基础①。

第三波是由于气候波动与区域性文化系统的人口高潮重合导致生存环境紧张，造成仰韶文化在扩张范围过大、地方性增强之后的分化解体，其他各农业渐渐发达的区域性文化传统也逐渐开发、兴盛并展开交流竞逐，形成几乎整个早期中国相互作用圈中的龙山化转型和逐鹿中原的态势，进入考古学上的龙山时代，各区域次第出现社会复杂分层、大型中心性聚落形成，开始向城市革命和初级国家文明迈进②。

最后，不同族群在中原地区经过更激烈的互动融合，形成了超然于各地域性文化传统之上的二里头文化这个集成者、引领者或者说文明的中心③，以王朝国家的诞生标志中国结束了新石器时代，进入了青铜时代或者成熟的国家文明。

如果套用汤因比的文明观④，将具有整体性的中国文化和中国文明当作一个逐渐孕育而成的生命体，那么裴李岗文化就是那个稻作与旱作两大文化体系碰撞融合的受精时刻，仰韶文化尤其是期间轰轰烈烈的庙底沟化则是核心族群以及语言等文化内核的降生，仰韶时期之后各地普遍的龙山化转向无疑是走向华夏进程中的青少叛逆与兄弟相争期，而二里头文化的登场与二里头化的推广是华夏作为早期东亚文化高峰与核心的正式加冕，从此，华夏文明在东亚相互作用圈中获得了身份上认同，血统、文脉与政统初步合一，经三代传承与秦汉统一而步入壮岁。裴李岗—仰韶—龙山这几个走向华夏化的关键阶段实际上也是中国文化在传统所说夏商周三代和春秋战国的轴心时代之前几个前文字阶段的小轴心期，为后来长期延续的农业中国文明奠定了族群、语言、生业、社会、观念和治理等方面的文化传统。

就考古发现来说，如果说陶器、农作是新石器革命在磨制石器之外最为重要的因素的话，那么中国新石器革命的特点可以概括为：二元一轴，两农一芯。"二元"体现于多个不同层面，既指人与环境的多样性，包括新来现代人与原有直立人和早期智人后裔的二元性，还包括南北不同路线不同批次而来的现代人共同面对东亚复杂的地理环境基础，早早就在东亚的过渡时期布局了面向海洋与面向内陆的两大文化板块的文化二元性；"一轴"是指陶器的发明与传播是中国新石器革命前半段最重要的驱动力量，其传播与扩散初步将过渡阶段广大范围内的两大板块和各个地区联系起来。"两农"是指两种农业文化起源之后，以相对定居性的生活方式将东亚相互作用圈分割为若干既独立发展又相互作用的区域性文化传统，它们分别发展为中国文明一体化之前的多元和一体化之后的多支；"一芯"指在文明化过程中通过中原这个地理和文化漩涡，又逐步形成严文明先生所说的重瓣花朵结构及其花心⑤，成为东亚文化圈中各种文

①　王传超：《跨学科推进人类史前历史研究》，《中国社会科学报》2022 年 08 月 16 日第 001 版。
②　曹兵武：《大仰韶与龙山化——管窥史前中国文化格局的关键性演变》，《中原文化研究》2022 年 10 卷第 1 期。
③　曹兵武：《二里头文化：华夏正统的缔造者》，《中原文化研究》2021 年 9 卷第 3 期。
④　杨鸿：《汤因比和亨廷顿的文明观》，《贵州师范大学学报（社会科学版）》2003 年第 4 期。
⑤　严文明：《中国史前文化的统一性与多样性》，《文物》1987 年第 3 期。

化因素交汇辐辏的中心。

在这个过程中，又大致可以观察到以下几个重要表现：一是东南一系的水生资源丰裕环境下的制陶与驯化水稻等探索持续时间长，波及范围广，可能从中国西南向东北沿南岭—武夷山延长线一直延伸到滨海大陆架地区，甚至可能经过东北亚间接影响到西北黄土高原地带旱作农业形成与发展的陶器与作物驯化技术或观念；二是几个重要的环境过渡地带比如大南岭及其延长线，以及黄土高原东缘尤其东南缘，不仅是地理上的褶皱地带，在末次冰期和新旧石器过渡阶段可能也是温带与亚热带、温带与寒带以及季风前沿波动带这样的重要气候交汇地带，其所带来的资源多样性和脆弱性，为人类及其文化的多样性选择、交流、传播和融合创新提供了有力支持；三是整个中国新石器革命所波及的范围极其广阔，而且通过上述的交汇地带长期保持有力的一体化联系，而两带之间最重要的接触地带长期是稻作与旱作农业两大板块的接触和融合带，直到牧业在西北地区的兴起。尽管农业普及之后在如此广阔范围内的多个地区都因为定居而逐步发展出区域特色明显的地方性文化传统，但从西南到东北的三级阶地和源自太平洋的东亚季风与源自印度洋的南亚季风的复杂的交互模式，使得位于黄土高原东南缘的黄河中游的中原地区逐步成为一个五谷六畜各种生业都相对适宜以及各区域性文化交互的漩涡地带，为华夏传统和早期文明登场奠定了独特的地理环境与文化互动框架。

特别值得一提的是与中国新石器时代伴随但持续更为久远的玉文化。玉器应该是广义的石器的构成部分。超过 300 万年的石器时代中，磨制石器为标志的新石器时代在东亚、西亚两大革命中心也是末次冰期期间才开始出现的，但是以美石和其他材质制作装饰品则被视为是与现代人相伴随的认知革命的重要构成要素。在中俄交界处不远的中亚阿尔泰地区丹尼索瓦洞穴距今约 5 万～4.1 万年的地层中就已经发现了极其精美的深绿色绿泥石手镯等玉石装饰品，被认为可能是世界上最古老的"玉"制品。南西伯利亚贝加尔湖一带的马耳他等遗址不仅有不少距今 3 万～2 万年左右的玉器饰品出土，还发现有萨尔德克软玉玉料产地[1]。这一地区在末次冰期期间一直与东北亚地区保持着密切的联系，也是北系现代人抵达东亚的必经之地。但是，将美石饰物发展为意蕴丰富的玉文化，则是在中俄日交界的东北亚环日本海地区，这一带曾在多处发现距今万年左右的玉器，在辽宁海城小孤山遗址旧石器时代晚期地层中，精致的玉斧和骨针、骨鱼镖头共出[2]。近年在黑龙江小南山遗址出土了上百件距今 9000 年左右的真玉制作的玉斧、玉锛以及玉玦、玉管、玉璧、玉环、玉珠、匕形玉佩、觿形玉佩（弯条形器）等，是目前该地区发现最早的系统性用玉遗址[3]，可以视为是玉文化正式滥觞的代表。俄罗斯与日本的一些遗址也发现过同时期的相近的玉器组合。到距今 8000～7000

① 邓聪：《邓聪考古论文选集（Ⅰ）·代序》，香港中文大学中国考古艺术研究中心，2021 年，第 xviii～xix、xxxvi 页。
② 刘俊勇：《大连出土的岫玉器及有关问题》，《故宫博物院院刊》1989 年第 2 期。
③ 李有骞：《中华玉文化的摇篮 黑龙江考古新突破》，《奋斗》2020 年第 20 期。

年的兴隆洼文化时玉器已基本普及，东方特色的玉文化体系初步形成，并启动了北玉南传的进程，山东、江苏包括长江中游地区在距今 7000～6000 年开始出现形态相近的玉玦等器物。距今 6000～5000 年的红山文化中晚期，玉文化发生了一次重要的突变，器形空前丰富，大量像生性、几何形玉器或功能与意义不明但显然与祭祀、信仰密切相关的玉器登场，体现出浓烈的巫术色彩并主要为权贵所垄断，饰玉让位于巫玉，同时期或稍晚东部中国的凌家滩、良渚等文化中，也发现大量巫术性玉器，除了部分与红山相近的器形之外，体现地方性意识形态的玉器和琮、璧等经典器形开始出场，李新伟等据此认为可能存在一个史前不同文化区系之间的上层交流网络[①]，显然，这一时期，玉器已然成为沟通神人、象征权力观念的高度意识形态化的物品。

　　统而言之，玉文化基本上是滨海或者东部中国独有的文化特色，自北而南、自沿海向内陆不断扩大影响的范围。在东北地区自小孤山、小南山、兴隆洼文化以来，就一直有玉斧、玉锛等仿磨制石器的玉器出现，而在距今 5500 年左右，玉钺从玉斧中脱胎而出并在崧泽、屈家岭、大汶口、仰韶晚期以及红山等多个区域性文化圈中普遍发现，原仰韶文化分布区的华西系玉文化也渐渐形成并表现出自己的特色[②]。国家文明出现之后，在继承早期饰玉、巫玉、玉兵等文化因素的基础上，玉文化进一步发展，质地、颜色、功能也更为复杂，一些特定器物比如《周礼》所言的六瑞等成为三代礼器系统的重要内涵。玉器的出现与流行总体上早于新石器，在已经进入青铜时代的夏商周三代的礼器中仍然占据重要地位，此后长期是中国文化中的重要一脉，长期沉淀在后世中国人的审美观念和儒家以玉比德等文化传统之中。有人提出早期中国巫玉空前流行的距今 6000～4000 年这一早期文明形成的关键时期可以称为"玉器时代"[③]，可以视为是中国文明在青铜时代之前的独有标志。

　　如果上述玉器时代说可以能够成立，则可以视为是石器时代的最高阶段，也可以视为是中国新石器时代革命伴随的特殊现象之一。郭大顺先生认为中国玉文化的形成与东北亚丰裕采猎经济的适应方式有关[④]，邓聪先生更推测以东北亚为源头的早期玉器普遍以黄绿为基色，乃是植物宇宙观的变相体现[⑤]。可见北方草原上经久流传的美石传统，在东北亚滨海地区的丰裕采猎环境下与新石器革命的先锋族群接触之后，在工艺和内涵上发生质变，从单纯的审美对象经过切磋琢磨之后，被赋予了浓厚的生命意识与宗教意义，成为世界观、宇宙观的重要表征性器物，玉器变相地深化并延续了中国的石器时代，替补了东亚地区在社会复杂化和文明形成进程中金属器物出现较晚的一些功能位寯。玉与帛，即便在历史文献中也被认为是早期中国礼仪文明中最重要的物

① 李新伟：《中国史前社会上层远距离交流网的形成》，《文物》2015 年第 4 期。
② 邓淑苹：《史前至夏时期"华西系玉器"研究（上）》，《中原文物》2021 年第 6 期。
③ 曲石：《中国玉器时代及社会性质的考古学观察》，《江汉考古》1992 年第 1 期；谷飞：《评〈中国玉器时代〉》，《考古》1993 年第 6 期。
④ 郭大顺：《玉器的起源与渔猎文化》，《北方文物》1996 年第 4 期。
⑤ 邓聪：《兴隆洼文化玉器与植物宇宙观》，《赤峰学院学报（汉文哲学社会科学版）》2008 年第 S1 期。

化标志。

　　总之，在环境较为优裕的南方和东方中国，也即传统考古所说的面向海洋的一系中，制陶攻玉，饭稻羹鱼，以及丰富的竹木器、漆器、丝织品等的开发利用，使得在新石器革命的较早阶段，一种内涵非常丰富且具有东方特色的文明形态就慢慢出现并定型了。在距今5500年之前的全新世前半期，它们一直源源不断地向北方和西北中国输送自身的影响，直到龙山化时期才发生翻转。其中上山文化所在的浙江近海地区一直是一个非常重要的发明创造中心。在这里除了上山文化所表现出的较早高超的制陶和稻作文化，后续在原始瓷器、玉器、漆器、丝绸、舟船等方面均有非常突出的表现和深远的影响，是中国文明极其重要的一源。

简论上山文化与上山文化遗址群

蒋乐平

（浙江省文物考古院）

上山文化是中国南方地区最早的新石器时代考古学文化，以钱塘江流域为中心分布，截至 2022 年，共发现遗址 21 处，包括浦江上山、嵊州小黄山、永康湖西、义乌桥头、龙游荷花山等遗址，这是迄今发现的数量最多、分布最密集的早期新石器时代遗址群。^{14}C 测定年代约距今 11000 年至 8500 年，初分早、中、晚三期，早期约距今 10000 年，中期约距今 9000 年，晚期约距今 8500 年。

上山文化是中国万年文化史的重要开端，以稻作农业为核心的遗存内涵和聚落定居特征，对探索农业社会的形成与初步发展具有很高的研究价值，上山文化遗址群因此具有重要的文化遗产价值。本文试图提炼上山文化的核心内涵和遗产特征，对上山文化遗址群的遗产价值进行初步的总结。

一、文化内涵和聚落特征

上山文化的内涵和聚落特征主要表现为如下几个方面。

（一）独树一帜的制陶工艺

上山文化陶器以夹炭红衣陶为基本特征，烧制工艺领先于同时期其他古文化，并向精致化方向发展，中期烧成温度达到 900～960℃[1]，诞生出世界上最早的彩陶。

早期陶器以夹炭陶红衣陶为最为典型，这是中国境内出现的年代最早的夹炭陶，有别于南方洞穴遗址的夹砂陶传统。

夹炭陶，又称植物质陶，即在陶胎中掺入植物纤维，以减少在陶器制作成型晾干时出现缩水开裂、增加陶胎的可塑性。民族学资料中，植物质陶的制作技术强调其生产的简易性和陶器的可携带性，认为与游动性族群（采集狩猎者）有更密切关系。但中国的情况是，更早期的南方洞穴时代已经诞生夹砂陶，而更晚的河姆渡文化阶段，夹炭陶依然是最重要的陶器品种之一。诞生于上山文化的以掺和稻纤维为特征的夹炭陶技术传统具有区域文化的独特性。

---

[1] 崔剑锋等：《桥头遗址出土上山文化陶器的科技研究》，待刊。

从上山遗址群诸遗址的发现看，夹炭陶技术在早期已基本成熟，成型及制作技术包括捏塑法、泥片贴筑法和泥条盘筑法等。其中最典型的是泥片贴筑法和泥条套接法，这种技术特征都可以从典型标本上观察到（图1）。

图1　制陶工艺标本

1. 贴筑标本（T0511⑤∶15）　2. 盘筑套接凹凸面标本（H23∶9、H23∶10）

分析表明，陶器表面涂饰的红衣亦为黏土，与胎体相比，缺少包含五氧化二磷的草木灰成分，这与泥料的提炼及烧造过程中的氧化反应有关[1]。另有研究认为，红陶衣主要依靠其中的添加的赤铁矿颗粒来呈现鲜红色，中期开始出现的白陶衣原料则来自经沉淀处理的风化程度较高的绢云母质黏土[2]。以红衣和白衣工艺为基础，上山文化诞生出中国、东亚乃至世界最早的彩陶。

上山文化陶器已经十分丰富，器型组合以平底器为主，圜底器、圈足器为辅，不见三足器，偶见乳丁足器。器类见有平底敞口盆（俗称大口盆）、乳丁足盆、双耳罐、双耳壶、平底盘、圜底罐和钵、杯等（图2），其中又以平底敞口盆最具特色。大口盆直径大多40余厘米，高约13~15厘米，底径约15厘米，口沿或平或呈多角，单侧把手或无把手，早期比例较高，中晚期数量变少[3]。

（二）过渡时期的石器特征

上山文化石器兼有打制石器、磨制石器，具有新旧石器过渡的文化特征。

1. 打制石器

从数量来看，石器以打制石器为主，原料主要采自遗址附近河滩中的鹅卵石。石制品的原料共涉及11个类别：斑岩、玢岩、凝灰岩、砂岩、霏细岩、硅质岩、燧石、

① Daniel Kwan（关子平）、David Smith、蒋乐平等：《浙江上山文化早期至晚期陶器切片的岩相学研究》，《上山文化论集》（上），中国文史出版社，2018年，第193~226页。

② Daniel Kwan（关子平）、David Smith、蒋乐平等：《浙江上山文化早期至晚期陶器切片的岩相学研究》，《上山文化论集》（上），中国文史出版社，2018年，第193~226页。

③ 浙江省文物考古研究所、浦江县博物馆：《浦江上山》，文物出版社，2016年。

图 2　陶器
1. 平底敞口盆　2. 圈足盘　3. 壶形罐　4. 圜底罐　5. 平底盘　6. 盆　7. 壶

花岗岩、辉绿岩、流纹岩和石英岩。可分为石片石器和砾石石器两个类别。

上山打制石器技术属于南方石器工业传统。石制品通常包括石片、石核、石片石器（石片经二次修理之后的石器）以及石核石器等。其制作方法主要是用直接打击法打出石片，然后对石片或石核进行二次加工修理成器。

石核数量不多。用石核制成的石器数量也不多，包括少量的盘状器和砍砸器等，主要是用直接打击法修理而成。

石器种类包括刮削器、尖状器、刀类器和镰形器。其中刮削器分单刃和盘状两大类，单刃刮削器又可分直刃、凹刃、凸刃、锯齿刃几类（图3）。

图3　打制石器

砾石石器工业传统的石器直接由砾石加工而成，从制作工艺角度而言，此类工具的加工流程主要为打制和琢制。主要器型有穿孔石器、砍砸器、磨石、石锤、石砧等（图4）。

磨盘、磨棒数量丰富，两者的配合使用，成为上山文化有特色的石器品种。"磨棒"并不呈长棒状，长方块状或龟背状；"磨盘"大且厚实，底部经过修整以便摆放平整，磨面呈凹弧面，整体形态不规则。磨棒与磨盘配合使用，磨棒可称为上磨石，磨盘可称为下磨石（图5）。

2. 磨制石器

通体磨光的石器，在上山文化早期就开始出现，是中国境内迄今发现的最早的磨制石器之一。与打制石器相比，磨制石器数量少，但从早期到晚期数量逐渐增加。新石器时代几种主要的磨制石器石锛、石斧、石凿、石刀已经出现（图6）。另外还发现若干砺石，这是制造磨制石器的磨砺工具。

1

2

3

图 4　石器
1. 带凹槽石球　2. 穿孔石器　3. 石镰

图 5　磨盘与磨棒　　　　　　　　图 6　磨制石器

　　磨制石器技术在新石器时代被迅速而广泛的采用，是由功能上的特殊需求所决定的。定居建房所需要的木材深加工，对砍、削、凿等力量使用的精确度上有了更高的要求，这是磨制石器流行的重要基础。因此，上山文化磨制石器的出现，与木构建筑所代表的定居行为互为因果，与稻作文化相呼应，是农业社会到来的标志之一。

（三）生业经济和稻作证据

上山文化遗址群内有机质文物保存状况稍差，动植物遗存信息有所不足，这不利于对上山文化的生态环境的复原。从出土的淀粉粒、植硅体以及石器微痕鉴定，上山遗址发现有菱角、橡子、水稻的淀粉粒或植硅体和黍族、小麦族的植硅体、虎尾草、莎草、芦苇[①]，湖西遗址有水稻、狗尾草、马唐、野黍、夏枯草、莎草科、芡实、蓼科等[②]。动物遗存在上山遗址有少量发现，计有猪、鹿、啮齿类及鸟、鱼（均无法鉴定种属）等。据勘探，永康湖西等遗址有机质遗存保存较好，有望在这方面有突破。

石磨盘、石磨棒上橡子、菱角和薯蓣类块茎植物淀粉粒的发现，证明这些石器用于淀粉的加工，这是生计的重要方面。橡子淀粉的食用可能更具普遍性[③]。

总体来说，上山文化所在的历史时期为全新世大暖期，气候温暖，推测当时的气候水热组合条件至少与现今相当。古人类通过渔猎、采集手段获取食物资源，同时，出现了农业的萌芽。

上山文化遗址的稻作农业证据主要表现在几个方面。

1. 栽培稻遗存的普遍发现

上山文化稻遗存的最直观证据发现于陶器的掺和料中，据统计，早期80%以上陶片均掺杂有稻壳、稻叶，中晚期可直接观察的比例下降。这些稻遗存均有明显的驯化迹象。颖壳中也发现了具有野生稻特点的小穗轴和具有栽培稻（粳稻）小穗轴特征的颖壳。陶片中找到了可用于测量的颖壳。测量参数比接近栽培稻特征。由此可见，上山古稻不仅有近似野生稻类型，也有近似现代栽培粳稻的类型[④]。到了上山文化中晚期，小穗轴所体现的栽培特征更为成熟[⑤]（图7）。

水稻植物硅酸体分析也证明上山文化稻谷经过了驯化。实验室分析表明，上山文化时期双峰型植硅体已有27%被判断驯化稻，与此同时这一时期龟裂纹纹饰大于9的水稻扇形植硅体数量达到15%，由此可见，已有驯化特征水稻植硅体在上山文化阶段出现[⑥]。

① 杨晓燕、傅稻镰、郇秀佳等：《一万年前稗草和水稻一起被加工》，*Scientific Reports*, 2015, (5), p. 16251；吕烈丹、蒋乐平：《浙江浦江上山遗址部分打制石器的微痕分析》，《浦江上山》，文物出版社，2016年，第291～299页；王佳静、蒋乐平：《浙江浦江上山遗址打制石器微痕与残留物初步分析》，《南方文物》2016年第3期。

② 郑云飞、蒋乐平、Gary W. Crawford：《稻谷遗存落粒性变化与长江下游水稻起源和驯化》，《南方文物》2016年第3期。

③ 刘莉、玖迪斯·菲尔德、爱丽森·韦斯克珀夫等：《全新世早期中国长江下游地区橡子和水稻的开发利用》，《人类学学报》2010年29卷第3期；Wang, J. J., Jiang, L. P., Intensive Acorn Processing in the Early Holocene of Southern China, *Theholocene*, 2021, 31.

④ 郑云飞、蒋乐平：《上山遗址出土的古稻遗存及其意义》，《考古》2007年第9期。

⑤ 郑云飞、蒋乐平、Gary W. Crawford：《稻谷遗存落粒性变化与长江下游水稻起源和驯化》，《南方文物》2016年第3期；北京大学考古与文博学院对桥头遗址稻遗存的研究成果（待刊）。

⑥ 郇秀佳、李泉、马志坤、蒋乐平等：《浙江浦江上山遗址水稻扇形植硅体所反映的水稻驯化过程》，《第四纪研究》2014年34卷第1期；Wu, Y., Jiang, L. P., Zheng, Y. F., Wang, C. S., Zhao, Z. J., Morphological Trend Analysis of Rice Phytolith During the Early Neolithic in the Lower Yangtze, *Journal of Archaeological Science*, 2014, (49), pp. 326-331.

图 7　上山文化出土遗物

1. 圈足盘（桥头遗址）　2. 浮选稻米

2. 水稻的收割和脱粒工具的出现

陶片中发现的稻叶片运动细胞硅酸体还表明，先民在制作陶器时掺入颖壳的同时，也带入少量的稻叶。从民族学的资料看，在采集野生稻阶段，采用的是敲打的方式收获籽粒；稻子被人类栽培驯化后，收获则采用摘穗的方法。由于在摘（割）穗收获栽培稻时，稻穗和叶子一同收获，在脱粒和加工过程中难免会混入稻叶的残片。这说明上山文化水稻存在收割而非摇穗的现象。

对石片石器的植硅石和微痕分析证明了上述判断。在抽样选取的上山遗址石器中，部分石器的刃部发现水稻植物硅酸体。高倍显微镜发现的微痕显示，上山遗址出土的镰形器、石片石器等器物上，发现禾本科植物的痕迹。有理由认为这些石器是水稻收割工具（图 8）。

图 8　收割类石器分析

水稻植硅体和微量的稻米淀粉粒也出现在遗址出土的大量石磨盘和石磨棒上[1]。实

---

[1]　王佳静、蒋乐平：《浙江浦江上山遗址打制石器微痕与残留物初步分析》，《南方文物》2016 年第 3 期。

验考古表明，使用石磨盘和石磨棒的脱粒效果非常明显，这证明这两种石器是当时的碾磨脱粒工具。

3. 稻米的食用

上山文化夹炭陶的稻壳掺和料，大多都是脱粒取米后的碎壳。没有一定的稻谷积聚，在陶器制作中就不可能采用稻谷颖壳作为主要的掺和料。实际上，这些掺和的稻壳是一种砻糠（图9）。这说明，稻米的食用，在上山文化早期开始，已经成为普遍现象。

图9　陶胎中掺和稻碎壳遗存

到了上山文化中期，稻米的食用方式更具备多样化倾向。义乌桥头遗址多件陶器中发现米酒残迹。在对10件陶器标本进行了淀粉粒、植硅体、霉菌、酵母细胞的残留物分析，结果显示，有9件器物标本曾用于储存酒（或发酵饮料），其中包括6件陶壶、2件陶罐和1件陶盆。酿酒的原料包括水稻、薏米和块根植物。综合多种残留物的分析结果，桥头遗址陶器内所储存的可能是一种原始的曲酒。上山人利用发霉的谷物与草本植物的茎叶谷壳，培养出有益的发酵菌群，再加之水稻、薏米和块根作物进行发酵酿造[①]。

（四）定居村落的出现

上山文化遗址群分布于河谷盆地边缘的山前台地，并深入盆地的中央。值得注意的是，在金衢盆地周围的山脉中，发育有石灰岩溶洞，但尚没有发现同时期的洞穴遗址，没有发现拟想中的季节性迁居的遗存现象。这说明上山文化已经告别了山林洞穴的生计模式。

遗址群普遍出现了初具规模的定居聚落。环壕在上山中晚期的发现，证明上山人已经具备对土地拥有意识，这是长期定居的重要特征。

上山遗址早期出现了数量较多柱洞遗迹和带沟槽基础的房址（图10），中期更见有长14米、间距3米、总宽度6米的排列整齐的柱洞遗迹（图11）[②]。荷花山遗址也发现有规律的柱洞分布[③]。柱洞所指示的建筑往往是地面式的或干栏式的，在江南地区中、晚期新石器时代遗址中十分普遍。这种居住模式在上山文化时期已经基本确立。

① Wang, J. J., Jiang, L. P., Sun, H. L., Early Evidence for Beer Drinking in a 9000-year-old Platform Mound in Southern China Plosone, htpps//doi.org/10.1371/gournal.pone.0255833 August12（2021）1-20.
② 浙江省文物考古研究所、浦江县博物馆：《浦江上山》，文物出版社，2016年。
③ 蒋乐平、雷栋荣：《万年龙游》，中国文史出版社，2016年。

图 10　房址沟槽基础局部

图 11　排柱式房址

遗址还出现了大量的灰坑等遗迹。小黄山遗址中，发现一些长方形土坑，有成组器物埋藏，推测是墓葬①（图 12）。上山遗址中，也出现埋藏完整陶器的土坑遗迹，但土坑的形状不规则，难以判定为墓葬，或许属于祭祀类的遗迹（图 13）。

图 12　墓葬

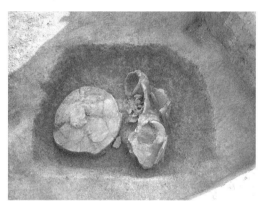
图 13　器物坑

上山文化的遗址面积，往往达数万平方米。上山遗址的早期，埋藏完整陶器的"器物坑"均发现于南区，北区所发现的灰坑，均为垃圾填埋坑。这反映不同区域已经出现了生活功能的差别，形成了一定的村落布局。

到了上山文化的中晚期，则较出现环壕聚落。经过发掘和调查，发现环壕迹象的有小黄山、下汤和桥头等遗址（图 14）。

桥头遗址的环壕遗迹比较特殊，发现环壕—中心台地结构的大型遗迹（图 15）。环壕所包围的中心台地发现墓葬、红烧土堆和"器物坑"。"器物坑"中陶器复原率高，部分呈较完整状或原地破碎状，陶器精美，彩陶比例高。总体特征判断，环壕—中心台地遗迹的性质为举行仪式性活动的专门区域。据调查，生活遗址区位于环壕东、南侧的一片面积数万平方米的区域，这种生活区和仪式活动区域分开的村落布局，证明一种初步复杂化的聚落存在。

---

① 浙江省文物考古研究所：《浙江考古新纪元》，科学出版社，2009 年。

图 14　小黄山遗址的环壕遗迹

桥头遗址墓葬发现 3 座，保存较好的 M44 为长方形土坑竖穴墓，侧身屈肢一次葬，腰部随葬红衣陶罐一件（图 16）。墓主人卵圆形颅，中长颅、高颅、颅宽中等，高面、面宽中等，中低眶，斜额、平颌，面部扁平度中等，鼻型不明，体质特征上属于蒙古人种[1]。

（五）信仰符号

上山文化的信仰体系，反映在图符纹饰和祭祀性遗迹的出现两个方面。

1. 图符纹饰

上山文化陶器上的装饰性图案，见证了古上山人的艺术诉求，部分图符具有较为明确的观念表达意愿，可能与上山文化的信仰体系有关。

上山陶器以素面为主，刻划和彩绘是主要的装饰手段，其中尤以中期出现的彩陶最具特点。彩陶主要有盆、罐、壶、圈足盘、碗这几类器物。主要见于桥头、湖西、下汤这三个遗址。

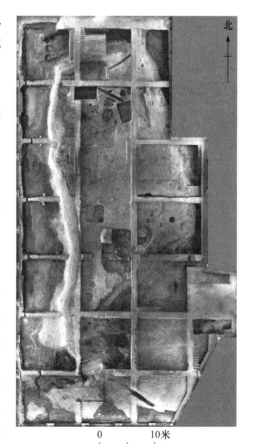

北

0　　　10米

图 15　桥头遗址环壕—台地遗迹

① 王明辉等：《义乌桥头遗址人骨资料初步研究》，待刊。

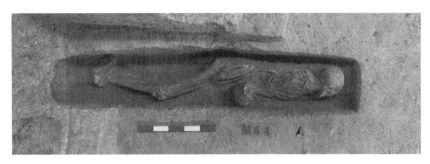

图 16　桥头墓葬 M44

陶盆彩纹主要为红色条带纹，饰于口唇一圈。罐、壶类彩纹除了在口颈位置出现红彩条带纹，肩颈位置也出现红地白彩，四分或两分对称，一般为短线组合和点彩组合两种形式。圈足盘有两种彩纹形式，一种是饰于盘腹外壁的红地白彩，常见的连线点彩和细碎波浪纹图案，一件残器上发现的太阳纹和双三角纹、方块纹的组合图案。另一种是"留白"的彩纹形式，通体红衣中在圈足部位留出白底，形成一圈白彩带纹，这也反映了上山陶器在色彩运用上的独到之处（图 17）。

太阳纹组合图案，除了带放射线的明确的光芒状太阳，边上还有对顶三角和方块一角，由于是残器，组合图案的完整形态并不清楚。与太阳并列的三角、方形图符很可能放映了对天象的原始释读体系。其中太阳纹为图案主体，这一带在跨湖桥文化时期依然发现该图符的延续，是否存在太阳崇拜，值得关注。

短线组合纹中有一组近似"豫卦"的图符（图 18），同器还有其他形式的组合，包括点彩的点数及组合形态，可能都表达了某种观念。对此类卦符现象，研究者关注颇多，跨湖桥文化也存在类似的"数卦"图符，这与后来的阴阳八卦是否存在联系，暂时难做定论，但留有思考的余地。除了彩纹图符，荷花山遗址还发现了"田"字符号（图 19）。这一"田"字符同样在跨湖桥文化的一件彩陶上有发现。

这种符号的区域性重复延续，是上山文化研究让人期待的一个方向。

2. 祭祀性遗迹：从"器物坑"到"中心土台"

"器物坑"是上山文化一种特殊的遗存现象。从早期开始，"器物坑"就出现于上山遗址，修复的大口盆等器物大都发现于"器物坑"，并有集中性分布现象，比如仅见于遗址南区，北区就没有出现。到了中期，小黄山、荷花山、桥头、下汤等遗址又有大量发现。有研究者试图从季节性迁居的"埋藏"行为进行解释，但这一解释不符合上山文化的实际情况①。

从早期上山遗址的"器物坑"，到中期桥头遗址在特别营建的"中心台地"中集中出现"器物坑"的现象，具有上山文化内在的发展逻辑。桥头遗址"器物坑"出土大量精美的陶器。上山文化最重要的彩陶均发现于桥头遗址的"器物坑"中，这些精美

_____

① 蒋乐平：《"器物坑"与上山文化——兼谈考古学的非对称性解释》，《中国文物报》2020 年 1 月 17 日第 8 版。

图 17　出土彩陶

图 18　短线组合纹

图 19　"田"刻符

的陶器中又较普遍发现酒器，以及墓葬、彩陶纹饰中"太阳纹"和其他神秘图符的发现，反映了这些遗存之间存在相关性，喻示着某种仪式和信仰体系的存在。从"器物坑"到"中心台地"，反映了仪式活动固定化、程式化的变化过程，均属于祭祀性遗迹。

二、地理特征和环境选择

（一）上山文化的地理环境

　　钱塘江发源于浙皖边界、从杭州湾独流入东海，是长江下游地区主要河流之一。在其上游至中腹处，以金华—衢州盆地为主体，和同周边错落的一系列小盆地，包括浦江盆地、永康盆地、武义盆地、东阳盆地等，形成花边状相间的盆地群。上山文化遗址群主要分布于这些盆地群内。盆地沿北东向延展，呈狭长带状，东西长约 170、南北宽 10～20 千米不等，海拔大多在 50～350 米。整个盆地由西南向东北倾斜，为中生代燕山期构造运动形成的断陷盆地。盆地内沉积了一整套晚白垩世到古近纪的红色碎屑岩建造，在流水作用下，致使盆地的丘陵、山麓、平原均在湿热的氧化环境中形成深厚的风化壳，故称为红层盆地[①]。

　　盆地的南北盆缘为北东向展布的中低山，其间沟谷发育，侵蚀剥蚀情况较严重。盆地内水系发达，较大水系有兰江、衢江、金华江、武义江和东阳江等，均属钱塘江水系的中上游段二、三、四级支流，呈树枝状展布，溪流数量众多。河流冲积作用明显，河谷开阔，广泛发育有两级阶地，一级阶地对应区域地层鄞江桥组，主要为全新世冲洪积相沉积，在主干河道两侧常构成冲积平原；二级阶地多对应中更新世的之江组地层，也有一部分支流流域如武义江流域的二级阶地，对应的是晚更新世的莲花组地层。上山文化遗址多发现于二级阶地之上（图 20）。上山文化时期的全新世初，区域大的地貌格局可认为与现代差异不大。

　　金衢盆地属于亚热带季风气候，夏热冬温，降水丰富，植被繁茂。上山文化诞生在晚更新世晚期新仙女木事件之后，气候迅速转暖的早全新世阶段。区域的孢粉数据定量重建，以及地球化学元素、粒度等古环境代用指标分析结果都显示，全新世早期还存在从暖湿到相对干凉再回到暖湿的次一级气候波动，植被以常绿—落叶阔叶混交林为主，也反映了当时温暖湿润的气候条[②]。

---

① 刘文庆、胡忠行：《金衢盆地自然环境演化基本特点与趋势》，《浙江师范大学学报（自然科学版）》1994 年第 3 期。

② 李黎霞：《浙江省全新世早期环境变化与文化响应》，浙江师范大学硕士学位论文，2011 年；Lu, F. Z., Ma, C. M., Zhu, C., et al., Variability of East Asian Summer Monsoon Precipitation During the Holocene and Possible Forcing Mechanisms, *Climate Dynamics*, 2019, 52, pp. 969-989; Zuo, X. X., Lu, H. Y., Li, Z., et al., Phytolith and Diatom Evidence for Rice Exploitation and Environmental Changes During the Early Mid-Holocene in the Yangtze Delta, *Quaternary Research*, 2016, 86, pp. 304-315.

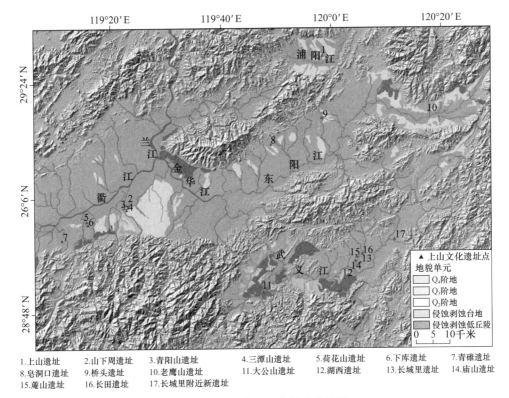

图 20　上山文化遗址点的地貌单元

（Q4 全新世阶地为一级阶地，Q2 中更新世阶地，Q3 晚更新世阶地为二级阶地）

1.上山遗址　　2.山下周遗址　　3.青阳山遗址　　4.三潭山遗址　　5.荷花山遗址　　6.下库遗址　　7.青碓遗址
8.皂洞口遗址　　9.桥头遗址　　10.老鹰山遗址　　11.大公山遗址　　12.湖西遗址　　13.长城里遗址　　14.庙山遗址
15.麓山遗址　　16.长田遗址　　17.长城里附近新遗址

（二）遗址分布特征

上山文化遗址主要分布于衢江、武义江和东阳江等主要水系周边以及金衢盆地周边的小盆地内。遗址的分布特征随局域地貌格局而变化，但同时又有鲜明的共性。

总体来说，遗址的分布可分为两大类型，第一类是衢江流域内的遗址分布。衢江河宽 150～300 米，干流长约 80 千米，流域面积约 11000 平方千米。衢江流域的上山文化遗址迄今发现有 6 个，包括荷花山、下库、山下周、青阳山、三谭山和青碓等遗址，均为中期遗址，集中分布于衢江的南岸，除青碓遗址之外，呈现出沿着主河道二级阶地边缘线状分布并靠近支流的特征。二级阶地平坦宽阔，遗址距后方山地的距离因此比较遥远，多为 6～8 千米；遗址所在处海拔范围 60～110 米，与一级阶地高差10～15 米。冲积平原一级阶地在遗址下方宽广展布，至主河道宽 3～5 千米。

衢江北岸一带未发现有遗址分布。因整个盆地重心北倾，北岸受河流侵蚀作用的影响显著，只残留零星沿支流的二级阶地，阶地面也多被侵蚀破坏，不再平坦。沿着主河道，基岩台地并列，下方的一级阶地和南岸相比较，多显狭窄紧促。

遗址分布的第二类型，包括了武义江和东阳江流域以及周边小盆地如浦江盆地内的遗址。沿这些河流主干道两侧分布的一级阶地，与衢江相较，也显得狭窄了不少。遗址大多远离这些主干河道，位于一些主要支流周边的二级阶地或山麓小台地上，遗址下方可见相对宽敞的一级阶地延展发育。

如武义江流域的庙山、庵山、湖西，长田和长城里等遗址，涵括了早中晚各期，集中分布于较为宽阔的河谷中腹，主要位于支流两侧的二级阶地或基岩小台地之上，与一级阶地或河漫滩高差 2～6 米，距后方山地约 4～5.5 千米。其中有两处在地形上似乎显示分布于一级阶地之上，但近期考古发掘出的地层以及周边地形特征均显示，遗址处曾有二级阶地，只是因现代城市的建设而渐趋消失。

武义江流域还另有早期的大公山遗址和太婆山遗址，则处于末级小流域中，位于山脚小高地上，周边为溪流和较为狭小的一级阶地所围绕。

上山文化最早的发源地之一，出土最早的驯化稻作遗存的浦江上山遗址，则显示了开阔和优越的分布特征。遗址位于浦江盆地的腹心，在浦阳江北岸被自北向南流过的支流切割成长垅状的二级阶地之上，东西两侧一级阶地开阔延展。离主河道和后方山地约为 2.5 千米和 5 千米，均为比较适中的距离。

（三）上山人选址的理由——稻作和安全

从上述两大类遗址的分布特征可以看出，上山文化遗址分布有几个比较突出的共同点：遗址基本都位于二级阶地上，靠近支流。这样的选择，便于古人类在地势较高又平坦的位置建筑定居，可以从支流便捷地获取生活水源以及鱼虾资源[①]。但是，为什么衢江流域的遗址要选择沿主河道南岸的二级阶地的边缘位置，而不是宽阔的二级阶地或台地的其他的位置？而在其他主要支流流域，如武义江流域、东阳江流域以及浦江流域，遗址的选择为何都不是沿着主干道的两侧，而是顺着支流离开主干道？

回答这个问题，首先需要注意到遗址分布特征中的另一点：紧临着遗址坐落的二级阶地的下方，还都分布着较为开阔的冲积平原。全新世早期，气候转暖，降水增强，来自后方山地的河溪带来了大量的松散冲洪积物，覆盖在这些低地上。我们在桥头遗址以及湖西遗址附近发现了全新世早期的夹杂青灰色淤泥的砂砾石层，以及牛轭湖的沉积层，这些都体现了当时冲积平原的地貌景观，流水蜿蜒，水土肥美，虽然同时也伴有洪水的泛滥。这里很有可能是当时上山人稻作的场所，因为这样的自然环境，提供了满足水稻生长的水分、热量、土壤肥力等条件，上山最早期的野生稻的生长，到中晚期的水稻驯化，应该都是在这里发生。

反观二级阶地，除了武义江流域，基本上都为中更新世的 Q2 阶地，和河床的高差高达 10～15 米，造成地下水位离地表过低，水稻在生长季节需要一直浸泡在水中，所以这里难以满足相应的水分条件。此外，Q2 阶地上半部常见中更新世均质红土层和网纹红土层，因经过湿热环境的强风化过程，多为粉砂和黏土，有机质含量低下，土壤贫瘠，也不利农作物生长。即使在现在，在一些残留下来未经人工改造的 Q2 阶地上，如桥头遗址周围的 Q2 阶地，也只见杂草生长于干燥粉土之上，不见有喜湿的农作物，

① 徐怡婷、林舟、蒋乐平：《上山文化遗址分布与地理环境的关系》，《南方文物》2016 年第 3 期。

而在附近的全新世冲积平原上，则一派江南水乡景象，农作物种类繁多，茂密生长。所以在一二级阶地这样迥异的环境条件之下，上山人选择在地势高爽的二级阶地的边缘居住，利用二级阶地的高度防止洪水的危害，又便利前往边上宽阔的平原低地，开展稻作活动。

不过，这些沿着各级水系两侧的田畈低地，虽然十分适宜水稻生长，但同时也容易发生水患。特别是在全新世早期温暖湿润的环境中，主干河道所经过的宽阔平坦的河谷常常处于加积的状态，河道容易游移不定，洪水也多发生，这时的平原或河漫滩如果不是宽阔到足以摆脱游移的河道以及洪水的威胁，实际难以利用。所以在东阳江、武义江和浦阳江等主干河道两侧，由于低地的分布相对局促，均少见有遗址出现，反而是顺着支流往上游走，河水流量变小，且河床开始出现一定的坡度，河道相对比较稳定，这时如果有相对开阔的一级阶地，周边并伴有二级阶地，就是比较理想的选址位置。而衢江主河道，由于南岸冲积平原宽阔至3～5千米，主河道游移和洪水的威胁在一些时期有可能相对较远，而且除了青雅遗址所邻的支流边上有比较开阔的低地，其他几个支流两侧的低地分布都很狭窄，所以南岸更多只有选择二级阶地边缘定居，利用北向开阔的冲积平原开展稻作生业。与之对照，北岸平原低地狭窄，上方二级阶地也少有残留，所以迄今还未见遗址分布。

三、历史脚印和文明开端

长江中下游地区是稻作农业的发祥地。上山文化所在的钱塘江是长江南侧的独立流域，但气候带及地理环境基本一致，将其纳入长江中下游地区，也是思考问题的合适角度。

中国的早期新石器时代文化，大体可分为三个类型，即华南洞穴类型、长江中下游旷野类型和华北类型[①]。其中华南洞穴类型和长江中下游旷野类型具有一定的区域重叠性，代表两个具有历史发展关系的两个阶段。

尽管玉蟾岩、仙人洞也发现了稻作遗存，学术界也曾试图从栽培稻起源的意义上去进行认识。但除了稻作遗存单薄、容易引起具体学术证据的争议这一点之外，最大不足是"华南洞穴类型"并没有因为"稻"的出现改变它穴居形态。也就是说，农业起源这一革命性事件对人类生活所产生的影响，没有发生在洞穴阶段。长江流域走向农业文明的重要一步，发生在上山文化代表的旷野阶段，这是考古遗存所揭示的客观事实。在稍后的时间里，长江中下游的诸多区域，包括稍微靠北的江淮地区的一批遗址中开始出现同样的迹象，这些遗址包括以彭头山遗址为代表的洞庭湖西北区遗址群、以城背溪遗址为代表的长江中游干流沿岸区遗址群和以贾湖遗址为代表的淮河流域遗

① 蒋乐平：《中国早期新石器时代的三类型与两阶段——兼论上山文化在稻作农业起源中的位置》，《南方文物》2016年第3期。

址群。因此，稍早走出这一步的钱塘江流域的上山文化遗址群，是东亚大陆开启农耕文明标志。

不仅如此，上山文化遗址群也是农业遗址规模最大，分布最密集的区域。这里集中了中国迄今发现（公布）的距今 10000～9000 年早期新石器时代遗址总数的 40%[①]，是中国乃至东亚地区最大的早期新石器时代遗址群。这证明在稻作农业诞生的背景底下，这一区域以不但出现了最早的定居群落，而且获得了持续的壮大和发展，这正与农业革命的结果相吻合。

遗址群的规模是上山文化最重要的要素，它表明了一种新颖经济关系对聚落社会的一种稳定的支撑。同时，高起点的文化基础，也会对区域内文化的延续繁盛的程度产生影响，浙江境内的跨湖桥文化、河姆渡文化、良渚文化，正是从上山文化起步，而稳步迅速地发展起来的。世界教科文组织对良渚作为世界文化遗产的定义，就是稻作文化孕育的区域性文明。

学术界对农业起源有三大中心之说[②]。这三大中心是：

西亚中心：大小麦的起源地。起源时间约距今 10000 年前，位置在今天的伊朗、土耳其、约旦等地区，被称为"新月沃地"。这一地区后来诞生了两河流域文明，并衍生出埃及文明。某种意义上，这里是欧洲文明的发源地。这一带考古工作起步早，是农业起源 10000 年时间观念的主要根据。

中美中心：玉米等的起源地。起源时间约距今 7000 年左右，位置在今天的墨西哥等地，是印第安人的发明。哥伦布发现新大陆后玉米传播到旧大陆。

中国中心：水稻、粟、黍的起源地，前者在长江流域、后者在黄河流域。我们知道，现在北方的主要粮食作物是外来的麦子，具有本地基因的最重要的粮食作物是水稻。可以认为，水稻是东亚文明的基础。

"西亚中心"历史最久，影响力大。"中美洲中心"年代晚些，又处在新大陆，扩散传播更晚，对世界文明史的影响相对较弱。"中国中心"中的稻作起源区可界定为"长江中下游中心"，这个提法首先归功于余姚河姆渡遗址的发现[③]，20 世纪 80 年代开始，更早的遗址被发现，如湖南彭头山遗址[④]、河南贾湖遗址[⑤]、湖南玉蟾岩遗址[⑥]、江西仙人洞遗址[⑦]。在相当长的时间里，学术界根据遗存分布的总体特征，将整个长江中下

———————————

① 蒋乐平：《钱塘江流域早期新石器时代遗址群保护现状及建议》，《浙江蓝皮书・2015 年浙江发展报告（文化卷）》，浙江人民出版社，2014 年，第 234～251 页。

② 严文明：《农业起源与中华文明》，《光明日报》2009 年 1 月 8 日。

③ 浙江省文物考古研究所：《河姆渡》，文物出版社，2003 年。

④ 湖南省文物考古研究所：《彭头山与八十垱》，科学出版社，2006 年。

⑤ 河南省文物考古研究所：《舞阳贾湖》，科学出版社，1999 年。

⑥ 袁家荣：《湖南道县玉蟾岩 1 万年以前的稻谷和陶器》，《稻作、陶器和都市的起源》，文物出版社，2000 年，第 31～42 页。

⑦ 江西省文物管理委员会：《江西万年大源仙人洞洞穴遗址试掘》，《考古学报》1963 年第 1 期；严文明等：《仙人洞与吊桶环——华南史前考古的重大突破》，《中国文物报》2000 年 7 月 5 日；张弛、刘诗中：《江西万年仙人洞与吊桶环遗址》，（台北）《历史学刊》1996 年 6 月号。

游地区作为稻作起源地区。但从逻辑的角度，稻作的早期实践在一个广大地区均衡发展的可能性较小，而最先形成一个"进步"而"稳定"的地区，进而影响、带动生态环境相似的附近区域的可能性较大。

钱塘江流域及附近区域最早形成定居性稻作遗址的分布群落，可见上山文化是长江中下游地区稻作文明的先进区域，是农业起源"中国中心"或"长江中下游中心"的典型代表。上山文化早期农业遗址与西亚早期农业遗址的年代相近。稻、麦两种分别哺育了东、西方文明的粮食作物在距今 10000 年之际同时诞生、并峙发展[1]。

为什么稻作农业在 10000 年前的钱塘江流域诞生？

总体的背景是，距今 16000～10000 年前是北半球夏季太阳辐射渐次增加的时段，大陆冰层迅速消融，世界洋面急速上升，进入末次冰消期，但末次冰消期又发生了以快速降温为特征的新仙女木事件。新仙女木事件发生的时间各地存在差异，被普遍接受的年代为距今 13000～11400 年。在距今 13000 年时气温降到最低点，至距今 12000 年时气温开始急剧升高，标志着新仙女木事件结束[2]，这也标志着更新世的结束。

上山遗址早期正好对应于新仙女木寒冷期结束后的气温上升期和全新世早期的气候波动期[3]。因气候的变化，人类从利用大型食草动物转向小型动物和其他资源，从而实现了从简单狩猎向复杂渔猎采集经济的转变，这是对不稳定生态的一种适应方式。在这样的生存形势下，钱塘江上游开始聚集了第一批从洞穴走向旷原的人类。这证明这一地区渔猎资源的独特优势。从地理的角度，钱塘江上游遗址大多处在海拔50～100 米的河谷二级台地（洞庭湖地区的彭头山文化遗址也处在相当的地理环境），这一区域具有一定历史条件下的生存性优势。当人类逐渐向河谷盆地聚集的时候，人口压力的增大迫使人们开始学会管理一些动植物资源。可以想见，上山文化遗址周围的狩猎、采集资源是十分丰富。动物如野生的牛、猪和鹿等；在钱塘江及其大小支流里还有各种各样的鱼类。植物资源方面，则有多种坚果和块茎类食物可供采集，野生稻也是重要的一种。人们用木棍、石球进行狩猎和采集活动，并用石磨盘加工坚果和其他淀粉类块茎食物。狗、猪等动物可能被驯养。当然，最为重要的经济活动当是稻作农业。

在上山文化时期，稻作农业在当时经济中的比重，不易判断，但作为新兴的经济模式，代表了历史的发展方向。对东亚地区的文明史进程，产生了奠基性的影响。

① 蒋乐平：《钱塘江流域早期新石器时代遗址群保护现状及建议》，《浙江蓝皮书·2015 年浙江发展报告（文化卷）》，浙江人民出版社，2014 年，第 234～251 页。
② 杨志红、姚檀栋、皇翠兰等：《古里雅冰芯中的新仙女木期事件记录》，《科学通报》1997 年 42 卷第 18 期。
③ 叶玮、蒋乐平、王俊荆等：《浦阳江流域全新世早期环境演变和农业的发展》，《环境考古研究》（第 4 辑），北京大学出版社，2007 年，第 71～79 页。

郑州地区裴李岗时期遗址考古调查与收获

袁广阔　王　涛　朱光华

（首都师范大学）

一、引　言

郑州地区裴李岗文化的发现要追溯到 20 世纪 50 年代末及 60 年代初。1964 年河南省文物工作队在密县东北角、东关、青石河等地发现了较多的石磨盘、石磨棒。由于没有见到其他共存物，上述发现均未引起重视，曾一度将其划入仰韶文化范畴而未能辨认[①]。1975 年夏，河南省博物馆文物工作队在登封县告成镇双庙沟一带发现比仰韶文化稍早的新石器时代陶片、兽骨和木炭等遗物，其木炭碎块经中国社会科学院考古研究所碳十四测定，为公元前 5071±170 年，即距今 7000 年左右，从而表明这是一处早于仰韶文化的新石器时代遗址[②]。1977 年春，裴李岗村的村民在平整土地时发现了人骨、石磨盘、石磨棒和陶器等文化遗物，这一发现立即引起相关部门的重视。同年 4 月，开封地区文管会、新郑县文管会联合组建考古队，开始对裴李岗遗址进行发掘，揭示墓葬、灰坑等遗迹多处和小口双耳壶、三足钵、侈沿深腹罐、石磨盘、石磨棒、石铲等遗物数十件，通过研究认识到这是一种新的文化遗存，暂称为"裴李岗文化"[③]。

1977 年 11～12 月、1978 年 3～5 月河南省博物馆、密县文化馆对新密莪沟北岗遗址进行发掘[④]，1978 年 4 月、1979 年 4、9、10 月开封地区文管会、新郑县文管会、郑州大学历史系考古专业和中国社会科学院考古研究所河南一队分别对裴李岗遗址进行第二次和第三次发掘[⑤]。这几次工作极大地丰富了郑州地区裴李岗文化的内容，结合 ^{14}C 测定的年代，证明了这是一种新的考古学文化，根据考古学文化定名的惯例，将其正式命名为裴李岗文化[⑥]。目前郑州市见于调查的裴李岗文化遗址有近 50 处，主要分布在

① 赵世纲：《裴李岗文化的几个问题》，《史前研究》1985 年第 2 期。
② 安金槐：《河南省文物考古研究所四十年来发展历程的回顾》，《华夏考古》1992 年第 3 期；夏鼐：《碳-14 测定年代和中国史前考古学》，《考古》1977 年第 4 期。
③ 开封地区文管会、新郑县文管会：《河南新郑裴李岗新石器时代遗址》，《考古》1978 年第 2 期。
④ 河南省博物馆、密县文化馆：《河南密县莪沟北岗新石器时代遗址发掘报告》，《河南文博通讯》1979 年第 3 期。
⑤ 开封地区文管会、新郑县文管会、郑州大学历史系考古专业：《裴李岗遗址一九七八年发掘简报》，《考古》1979 年第 3 期；中国社会科学院考古研究所河南一队：《1979 年裴李岗遗址发掘报告》，《考古学报》1984 年第 1 期。
⑥ 李友谋：《略论裴李岗文化》，《郑州大学学报（哲学社会科学版）》1978 年第 4 期；赵世纲：《裴李岗文化的几个问题》，《史前研究》1985 年第 2 期。

嵩山周围的浅山丘陵地区，如新密、新郑、登封等。考古发掘的典型遗址有新郑裴李岗 [①]、唐户、沙窝李 [②]，巩义瓦窑嘴、水地河，密县马良沟、莪沟北岗等 [③]。

2019 年 3 月至 12 月，首都师范大学历史学院与郑州市文物考古研究院联合组成考古调查小组，先后四次在郑州地区开展考古调查，重点考察裴李岗文化时期的考古遗址的保存状况，以便为后续开展考古研究和文物利用工作打好基础。

二、考 古 调 查

2019 年考古调查小组对巩义、新密、新郑和中牟进行了重点调查，对郑州市区、登封、荥阳的裴李岗文化遗址进行了复查。现将调查、复查情况报告如下。

（一）巩义市

2019 年 6 月，先后实地踏查或复查了水地河、滩小关、坞罗西坡、铁生沟、韩沟村、赵成村、瓦窑嘴等遗址。主要堆积自裴李岗时期至龙山时期。多处以往调查的遗址因现代建设已不复存在。

2019 年 8 月，实地踏查或复查了李家沟、罗口北、三官庙东、天坡东、喂庄、小南沟、邢村、半个寨、费窑南等遗址。

经调查，巩义地区铁生沟和坞罗西坡两处文化堆积保存较好，分述如下：

1. 铁生沟新石器时代遗址

位于巩义市夹津口镇，地处嵩岳北麓，群山环抱的红土台地，坞罗河从南侧流过，北部为铁石河社区。地理坐标：113.034309°E，34.616614°N。

该遗址 1978 年发现，1979 年试掘，1980 年郑州大学历史系考古专业、开封地区文管会、巩县文管会发表《河南巩县铁生沟新石器早期遗址试掘简报》；傅永魁于 1980 年发表《巩县铁生沟发现裴李岗文化遗址》。现为郑州市文物保护单位，距国家重点文物保护单位铁生沟汉代遗址 300 米。

据遗址剖面可知，现存文化层距地表深 0.3～1 米，厚约 0.4 米，可见 3 层堆积：表层为耕土层，现代耕土，含玻璃、塑料袋等杂物，发现有石器、陶片等；第 2 层为黄土层，浅黄色土，较耕土层土色浅，土质较硬；第 3 层为裴李岗文化层，黄褐色土，北部土质较南部疏松，发现裴李岗文化陶片、石器，可辨器型有三足钵；第 3 层下为生土，浅黄色土，包含大块砾石。文化遗物包括泥质红陶、夹砂红陶、夹砂红褐陶；石器碎片、石铲残片（征集到一枚残石铲、夹砂灰陶口沿）。

———————————

① 开封地区文物管理委员会：《裴李岗遗址一九七八年发掘简报》，《考古》1982 年第 4 期。

② 中国社会科学院考古研究所河南一队：《新郑沙窝李新石器时代遗址》，《考古》1983 年第 12 期。

③ 河南省博物馆：《河南密县莪沟新石器时代遗址发掘简报》，《文物》1979 年第 5 期。

据初步考察，遗址现存面积约 6000 平方米。经与当地文化干部询问，与 30 年前调查情况相比，因农田耕种和小区建房，破坏严重，建议尽快发掘。

2. 坞罗西坡遗址

位于巩义市西村镇坞罗村西南，地理坐标 34°38′N，113°E，海拔约 287 米。遗址位于坞罗河西岸，被山麓环抱，向南与北营遗址隔河相望，西北是坞罗村，再向西为山坡，附近是层层梯田，东北是坞罗水库。

巩义市文管所赵玉安等人在 1991 年对坞罗河两岸进行过新石器遗址考古调查；巩义市文管所王保仁等人在 1991 年对坞罗河流域的仰韶遗址进行考古调查。

剖面遗迹应为房址。发现遗物有红陶缸、红陶钵等，也有零星灰陶片。剖面厚约 1 米，共分 3 层：第 1 层为现代耕土层，有现代生活垃圾如玻璃、塑料等；第 2 层为黄土层，土质较致密，有砖块、石块、瓷片等；第 3 层为红烧土层，推测为仰韶时期文化层，内含有红烧土块、红陶片、零星灰陶等，遗迹剖面为长条带状，推测为仰韶房址，文化层约 1 米，文化层中有裴李岗时期红陶和较晚期的灰陶；3 层下为生土。

遗址现存面积约 3000 平方米，因耕种农田和道路占压，破坏严重，急需抢救发掘。

（二）新密市

2019 年 10～11 月，在新密地区展开实地调查，踏查或复查了莪沟北岗、老城东关、马沟、平陌、青石河、沙石嘴、禹楼、高沟、洪山庙、惠沟、尖城岗、马家村、二郎庙、马良沟、杨家门、张湾、补子庙、程庄、马家湾、杨庄、五虎庙等 20 余处遗址，年代自裴李岗时期、仰韶文化到龙山时期均有，裴李岗时期遗址保存均不好。

1. 老城东北角遗址

位于新密市城关镇东街村老城东北的岗地上，面积约 3.5 万平方米。1964 年秋，东街村平整土地时，在深约 1 米的地下发现了石磨盘、石磨棒各两件，土堆中还夹杂着泥质红陶和夹砂红褐陶片，陶质松软。1975 年，村民在平整土地时，在上述地点东南方向约 800 米处发现带肩、双刃石铲各 1 件，现场散存的红色泥质陶片与 1964 年发现的相同。本次调查对上述两地点进行了复查，发现遗址周围已被工厂覆盖，但遗址部分仍被保留。由于两处地点距离较近，本次调查将其共同记录为老城东北角遗址。

2. 青石河遗址

位于新密市城关镇青石河村南约 1 千米，郑登快速路与未来大道交汇处东北侧，绥水与青石河交汇处的高台地上，总面积约 2 万平方米。1965 年，当地群众在生产取土时，采集到石磨盘一件。本次调查对青石河遗址进行了复查，发现遗址所在台地正在被开发建设，遗址破坏严重。

3. 禹楼遗址

位于新密市城关镇禹楼村南约 500 米的马鞍河西岸，总面积约 5000 平方米。1992 年，新密市化工厂在建厂平整土地时，于院内东北角发现石磨盘、石磨棒各 1 件。如今，上述地点已被化工厂覆盖。本次调查在禹楼村北侧空地、马鞍河西岸台地进行了调查，未发现裴李岗文化遗迹。

4. 高沟遗址

位于新密市城关镇高沟村市化肥厂北院内，面积约 3000 平方米。1995 年 12 月，化肥厂在院内建蓄水池时，在 1.5 米深处出土石磨盘、石磨棒各 3 件，石铲 1 件，泥质夹砂灰陶双耳壶 1 件，现场残留有泥质红色、灰色陶片。此次调查在已废弃的化工厂东侧空地、高沟东约 1 千米的冲沟附近进行调查，未发现裴李岗文化遗迹。

5. 平陌遗址

位于新密市平陌镇平陌村平陌街西端，面积约 5000 平方米。2002 年，附近村民在挖蓄水池时发现了双刃石铲 1 件、石镰 1 件、石斧 3 件。本次调查对平陌遗址进行了复查，在平陌街西端发现一块面积约 7500 平方米的空地，采集到陶片 20 余片，但缺少裴李岗文化的遗物。

6. 莪沟北岗遗址

位于新密市超化镇莪沟村北岗的旱龙岗上。1977 年，附近村民在平整土地时发现了石磨盘、石磨棒等裴李岗文化遗物，河南省文物工作队随即对遗址进行了抢救性发掘，清理了 8 座墓葬和 3 个灰坑，出土了一些器物。1978 年春，河南省文物工作队对遗址进行了继续发掘，共发现裴李岗文化的房基 6 座、窖穴 44 个、墓葬 68 座，出土文物 370 多件。本次调查对该遗址进行了复查，遗址范围内已被种树保护。

7. 马良沟遗址

位于新密市来集镇桧树亭村马良沟的西岗，面积约 1 万平方米。1977 年 1 月，马良沟村群众在西岗平整土地时挖出了一件石磨盘和石磨棒。1979 年 5 月，开封地区文管会对遗址进行了试掘，出土遗物有石斧 2 件、石铲 2 件、石磨盘 1 件、石磨棒 1 件、陶三足器 4 件等。本次调查对马良沟遗址进行了复查，遗址南北长约 230、东西宽约 50 米，被一条南北向水泥路从中穿过，其余部分被绿化带覆盖。

8. 马家湾遗址

位于新密市大隗镇双楼村马家湾组西南部，洧水河南岸一条支沟的西岸台地上，面积约 1 万平方米。2004 年郑州市溱洧流域旧石器遗址专项调查时，在地层内发现有石制品及泥质素面红陶片分布，其中一片陶片为一件器物的足，可能属三足钵之类的器物。本次调查对该遗址进行复核时，未发现上述地层。在遗址范围内采集到少量陶片，但缺乏裴李岗文化的遗物。

9. 王嘴遗址

位于新密市刘寨镇王嘴村东，圣寿寺西溪河和洧水交汇的台地上，遗址面积 2 万平方米。1971 年，开封地区文管会在王嘴遗址采集到双刃石铲 1 件，发现有红色泥质陶片。此次调查未寻找到上述地点。调查人员于王嘴村以北，郑尧高速以东进行调查，于郑尧高速东侧台地底部发现泥质灰陶口沿，于周甘路以北田地采集到数件陶片，但未发现裴李岗文化遗存。

10. 杨家门遗址

位于新密市刘寨镇崔岗村杨家门组，北武定河和泉源河交汇的三角地带的高岗上，面积约 5000 平方米。1985 年，当地群众在村北取土时，挖出石磨盘、石磨棒各 1 件，遗址上还散存有泥质红色陶片。本次调查对遗址进行了复查，为发现裴李岗文化遗存。遗址以北、以东为开发区，在遗址北部堆放了大量渣土，保护情况堪忧。

11. 李家沟遗址

位于新密市岳村镇岗坡村李家沟组西侧二级台地的土嘴上。2004 年，郑州市在溱洧流域旧石器遗址专项调查时发现。2009 年，北京大学考古文博学院与郑州市文物考古研究院对遗址进行了合作发掘。本次调查对遗址进行了复查，遗址保存较好，除了发掘剖面外，没有外露遗迹。调查人员在李家沟西侧台地、岗坡村北侧断崖进行了调查，没有发现裴李岗文化遗迹。

12. 张湾遗址

位于新密市曲梁镇张湾村西溱水河上游张湾水库提灌站西南的台地上，面积约 1 万平方米。1971 年，附近村民在深翻土地时，采集到双刃石铲 1 件。由于年代久远，本次调查未找到上述提灌站。在水库周围进行了调查，没有发现裴李岗文化遗存。

本次在新密市的调查共涉及 25 处遗址，其中 12 处含裴李岗文化遗存。这 12 处遗址，除李家沟、马家湾遗址为郑州市溱洧流域旧石器遗址专项调查时发现外，其余 10 处均为群众取土、翻地或挖蓄水池时发现，年代较早，遗址信息不明确，为此次调查带来了较大困难。栽沟北岗、马良沟、李家沟遗址经过不同程度的发掘，现在的保存状况较为完好。老城东北角、平陌、马家湾遗址地理位置较明确，保护情况较好；青石河、杨家门遗址正在被破坏，建议尽快发掘；禹楼、高沟、王嘴、张湾遗址保存现状不明。

（三）中牟县

2019 年 11 月，实地踏查或复查了业王、冯庄等裴李岗文化遗址，具体情况如下。

1. 业王遗址

位于中牟县黄店镇业王村东北的一处沙丘岗地，面积 30 万平方米。1978 年发现，1984 年对遗址进行了详细的调查，延续时代从史前直到商周。曾出土有石磨盘、石磨棒、石铲、石锛、石凿、石镞等石器。经地表踏查和钻探，遗址现存面积较大，距地表 0.4 米以下发现一层厚约 0.4～0.6 米的灰黑色文化堆积，有烧土颗粒、灰陶片等，推测为龙山时期堆积；其下有深约 2～3 米的黄沙堆积，鲜见文化遗物。

2. 冯庄遗址

遗址位于中牟县八岗镇冯庄村西，面积约 4000 平方米，文化层厚 0.5 米。1978 年发现，曾采集到裴李岗文化时期的双刃舌形石铲和少量红陶钵、壶的残片。

（四）新郑市

2019 年 11 月，实地踏查或复查了裴李岗、西土桥、邓湾、唐户、沙窝李等裴李岗文化遗址，具体情况如下。

1. 裴李岗遗址

位于新郑市西北 7.5 千米裴李岗村西的高岗上，面积约 2 万平方米。1977 年 4 月、1978 年 4 月、1979 年在这里进行过三次发掘。共发掘灰坑 22 个、陶窑 1 座、墓葬 114 座，分布比较密集，排列基本有序，除 1 座为双人合葬墓外，其余均为仰身直肢单人葬。随葬品 1～10 件不等，皆为石器和陶器。出土石器较多，包括有两端有刃的铲、锯齿石镰、磨光石斧、鞋底状四柱足石磨盘和圆柱形石磨棒，还有石弹丸及打制细石器。出土陶器中绝大多数为泥质红陶和夹砂红陶，以三足钵、小口双耳壶为主。目前中国社会科学院考古研究所正在进行新的发掘研究工作。

2. 西土桥遗址

位于新郑市辛店镇西土桥村西南 100 米高台地上，北距双洎河南 2 千米，地势平坦。遗址南部有东西向干沟，西部有水渠，折而西北有沟，南有界牌村，西有铁炉村，西北有马鞍村。1978 年 6～7 月，开封地区文管会对西土桥遗址进行调查时在遗址断崖处发现有文化层，内包含有碎小陶片，从群众手中征集到 1 件石磨盘。经实地考察，现因平整土地和后期耕种，地表几乎不见文化遗物，经新郑市文管所勘探，发现部分灰土，不太好分辨年代。文化层几乎已破坏殆尽，建议尽快发掘。

3. 邓湾遗址

位于新郑市新村镇邓湾村西，遗址东部偏南及西、南、北均临干沟，中部较高，四周略低，其中南端为阶地，地表耕种农作物，南北最长 320、东西最长 195 米，遗址面积 2 万平方米。据报道，曾在遗址断崖处发现有文化层，但不太丰富，采集陶片为细小泥质红陶，火候较低，橙黄色，另有少量夹砂陶片，可辨器形有钵、深腹罐等，属裴李岗文化遗物。本次调查未发现裴李岗文化遗迹、遗物信息。

4. 唐户遗址

位于新郑市观音寺镇唐户村，地处溱水河与九龙河交汇处北侧的夹角台地上，三面环水，地势北高南低，高出河床大约7～12米，海拔123～126米。遗址曾进行过几次较大规模的调查和发掘。20世纪70年代，原开封地区文物管理委员会、郑州大学、中国社会科学院考古研究所等单位联合对该遗址进行调查和发掘，认为唐户遗址的性质是一处跨时代的聚落遗址群，文化层从新石器裴李岗文化时期延续到周文化时期。为配合南水北调工程开展，郑州市文物考古研究院于2006年、2007年相继对遗址进行了大规模的发掘，发现了一大批重要的文化遗存。

5. 沙窝李遗址

位于新郑市北约35千米的沙窝李村西北十八里河转弯处的最高台地上，高出河床20米左右，估计总面积近1万平方米。1972年，社员修渠时发现了石磨盘和陶壶。1981年5月，中国社会科学院考古研究所等单位对该遗址调查，先后共采集石磨盘13件、石磨棒4件、石铲9件、石镰2件、双耳壶2件、磨石1件。本次实地考察，未见明显有文化堆积的剖面，仅有零星红陶片。该遗址紧邻裴李岗遗址，据当地干部介绍，已将该遗址和裴李岗遗址一起，一并由中国社会科学院考古研究所开展发掘研究工作。

（五）复查的遗址

郑州市区主要复查的遗址有宋庄、岳寨、南阳寨、朱寨等裴李岗文化遗址；荥阳市主要复查的遗址有织机洞、牛口峪等裴李岗文化遗址；登封市主要分布有双庙沟、向阳、王城岗、朝阳沟、鹿沟口等裴李岗文化遗址。

三、郑州地区裴李岗文化遗址调查的收获

（一）嵩山东南部丘陵与平原地区是聚落群分布的众多

调查发现嵩山东南麓的新郑为裴李岗文化遗址密集分布区域。

郑州地区裴李岗文化遗址主要分布于嵩山东麓，集中于双洎河沿岸。目前研究倾向于将郑州地区的裴李岗文化分为以裴李岗、莪沟北岗等为代表的裴李岗类型。首先遗址最密集的地方为嵩山及其周围地区，这里是嵩山向的平原的过渡地区，也是裴李岗文化分布的核心地带。发现新郑唐户为裴李岗时期的聚落中心性遗址。

唐户为聚落中心的代表。唐户遗址位于河南郑新市观音寺唐户村，发现于20世

纪 70 年代，后经过多次调查，发现有裴李岗文化、仰韶文化、龙山文化等丰富的文化遗存，裴李岗文化时期遗址面积 10 万平方米。2006 年和 2007 年连续对该遗址进行大规模地发掘，发现了丰富的裴李岗文化遗存。共发现裴李岗文化房址 65 座、灰坑 198 座。唐户遗址中房基门道的朝向来看，当时的聚落已出现向心凝聚式的布局。唐户遗址房址多为半地穴式，形状有椭圆形、圆形、方形、不规则形等。

唐户周边遗址有新郑裴李岗遗址，新密莪沟北岗遗址，长葛石固遗址，郑州宋庄、岳寨、南阳寨、朱寨等遗址，中牟业王、冯庄等遗址。

（二）中牟县及其东部也是裴李岗文化的重要分布区

裴李岗时期，嵩山及其周围地区和嵩山东南部、西北部广大丘陵、平原地区是裴李岗聚落分布的主要分布区域，郑州东部中牟、开封以前几乎未发现遗址分布。但 2019 年 11 月考古调查的业王、冯庄等裴李岗文化遗址说明该区域也是裴李岗文化分布的核心区。黄店镇业王出土的石器有石磨盘、石磨棒、石铲、石铲、石凿、石镞等，陶器有红陶钵、陶壶，其特征与典型裴李岗文化遗存一致。该区域为黄河泛滥淤积地带，裴李岗文化遗址多埋在古黄河淤沙下，其东部开封、商丘今后都应当关注黄河淤沙层下的早期遗存。

（三）裴李岗文化遗址亟待进一步保护

郑州地区裴李岗文化遗址主要分布于嵩山东麓，集中于双洎河沿岸。目前研究倾向于将郑州地区的裴李岗文化分为两个类型，其一是分布于郑州西北部，以瓦窑嘴等为代表的瓦窑嘴类型，其二是分布于郑州东南部，以裴李岗、莪沟北岗等为代表的裴李岗类型。通过此次深入调查，裴李岗文化这两个类型的遗址保存状况和环境值得关注。

（1）不少遗址已经破坏殆尽。以新郑市为例，郑州地区的裴李岗文化遗址，近些年破坏严重，1970 年代调查的遗址不少已经破坏殆尽，如巩义市瓦窑嘴、坞罗西坡等遗址。瓦窑嘴位于巩义市杜甫西路西侧，1995 年发现，共进行 3 次发掘，发现裴李岗文化时期灰坑 31 座、窑址 1 座。出土的裴李岗文化遗物以陶器为主，质地有泥质和夹砂两种，以泥质为主。陶色以红陶为主，黑陶、褐陶次之，还有少量灰陶，除个别磨光黑陶外，烧制火候大多较高。陶器纹饰以素面为主，有少量的放射状刻划纹、锥刺篦点纹、之字纹、乳钉纹、拍印不规则方格纹等，器型主要有大口尖唇浅腹钵、曲腹钵、深腹圜底钵、深腹矮足三足钵、镂孔三足钵、折腹钵、圈足碗、侈口深腹罐、折沿深腹罐、折沿深腹盆、卷沿深腹盆、深腹圈足碗、侈口束颈壶、双耳罐、勺、罐型鼎等。

（2）局部遭到破坏的遗址。铁生沟等遗址所在区域因农田耕种、小区建房和道路建设等基本生产活动，已将遗址大幅破坏。从已有资料来看，巩义地区裴李岗时期文化面貌较之新郑地区裴李岗遗址有自身特色，不过此前没有较大规模发掘。从现有保存状况来看，随着农田耕种和建房修路，包括铁生沟遗址在内的裴李岗文化遗址保存状况堪忧，如不尽早发掘，恐难以保存。

（3）地下埋藏没有发现的遗址亟待调查和保护。中牟裴李岗文化遗址因多埋在古黄河淤沙下，保持较好。

四、结　　语

裴李岗文化的代表性遗址裴李岗遗址对于研究以郑州为中心的中华文明腹心地带的考古学文化有重要意义。该文化在强盛时期对外扩张影响，将渭河流域、汉水流域和黄河中游地区紧密联系起来，并对长江中游地区的考古学文化产生影响。

裴李岗文化是新石器时代早期中原地区的核心文化，并具备农耕、文字、历法、祭祀等早期文明的重要因素。其分布广泛，影响广阔。同时期相毗邻的其他重要考古学文化，都不同程度受到了它的影响。从这个层面观察，裴李岗文化可视为中原文明产生的基础，也是中华文明产生的基础。

在裴李岗文化的研究中要充分发挥多学科优势，对裴李岗文化的人群构成、族属流动、生业形态等学界关注的问题展开系统研究，探讨以裴李岗文化为代表的中原地区早期文明的内在独立性与统一性问题。要充分调动研究不同地域、不同专长成员间的有效协作，以考古学材料为基础，探讨葬制葬式、手工业传统、文字体系及其背后的社会结构、信仰文化等，尽可能全面勾勒出裴李岗文化的整体面貌。

论贾湖文化的制陶业

张居中

（首都师范大学）

陶器是人类利用物理和化学反应制备出的第一种自然界不存在的新物质，在很大程度上改变了人类的生活方式，因而被誉为人类发展史上的里程碑。

陶器的研究，归纳起来，可从功能、材料、技术、传统、审美等方面开展研究，此外，制陶过程及制陶工艺也是陶器研究的重要内容之一。

贾湖遗址在 20 世纪 80 年代前经过六次发掘，共收集陶片数千千克，其中复原和大部分复原的陶器约千余件。我在整理过程中，首先按陶制品制作工艺的流程分为材料制备工艺、成型工艺、施纹和装饰工艺、烧制和后处理工艺几个步骤进行了分析，发现贾湖人的制陶技术在当时较有其先进性和代表性[1]。

一、材料制备工艺

陶制品制作的四个阶段中，成型阶段和修饰阶段是关键阶段。大凡人们在制作某一件器物时，决定器物的外部形态的往往有以下几种因素：人们对器物的功能的要求、审美习惯、技术工艺传统和环境资源四个主要前提条件，而陶系的形成则主要反映人们的设计思想，是在陶制品制作的第一个阶段即材料的选择与制备阶段完成的。贾湖陶制品主要有泥质、夹砂、夹碳、夹骨蚌碎屑、夹云母片和滑石粉五大陶系。其中以夹砂陶和泥质陶数量较多，其他三项相对较少。

由于贾湖聚落存在了 1500 年之久，从各期变化中可以清晰发现其发展变化的轨迹。

贾湖一期的前段，我们只看到夹砂陶，没见到其他陶系；中段出现了少量泥质陶，但仍以夹砂陶为主；晚段虽仍以大量夹砂陶和少量泥质陶为主，但部分夹砂陶中出现同时夹炭和夹蚌片的现象。中晚期夹砂陶仍然存在，但已不是主流陶系，一般在 20% 上下。夹砂陶以石英砂粒为主要掺和料，大多粒度一般，直径约 0.5 毫米左右，个别粒度较粗 1～3 毫米不等，夹细砂陶器一般不见，系在陶泥制备阶段即有意识地将砂粒敲碎后作为掺料掺入的。这些作掺和料的砂粒可能主要来自附近的河床。早期夹砂陶用作所有器型，中晚期仅用作炊器。

---

① 河南省文物考古研究所：《舞阳贾湖》，科学出版社，1999 年，第 904～941 页。

　　泥质陶也是这里的主要陶系，早期中段已开始出现，但此时所占比例很小，至中期成为主体陶系。泥质陶是有意选择遗址周围地区的黏土制备而成的，大多未经人工淘洗，陶胎可见少量的自然砂粒，但晚期个别陶胎较薄的细泥陶的原料有可能经过人工淘洗。泥质陶主要用于制作盆、钵、碗、壶等盛食器和汲水器。

　　夹炭陶是在中期开始出现的一种陶系，晚期继续延用，系用炭化的水稻等植物茎叶、皮壳作掺和料的陶土成型的，这种做法虽在早期后段已出现，但成为一种独立陶系则是在中期前段。据模拟实验，把稻壳烧成半炭化状态，再研碎才能成为理想的掺和料，贾湖夹炭陶符合这种特征，贾湖人食余的稻壳为理想的原材料。经显微观察发现陶胎内有夹植物叶片、水稻壳的炭化物。贾湖夹炭陶主要用来制作炊器，也用来制作盛食器，器型有鼎、罐、盆、钵、碗及个别壶类器物。

　　夹骨屑、夹蚌片陶是一个较复杂的陶系，在早期后段虽然也有个别夹砂陶中夹蚌现象，但也是在中期形成独立陶系的，晚期继续延用，陶片表面和陶胎内多被氧化、腐蚀形成麻面状或蜂窝状，证明其确为有机质。从表面特征观察，有些灰白色的片状物可能为蚌片，但有些为青灰或灰黄色的块状物，其中个别还呈中空状，应为砸碎的兽骨屑。经中国科技大学结构中心化验分析，有些夹蚌陶中含有一种白色片状物叫纤磷钙铝石的矿物，但查遍河南省矿产志，未见此矿物，怀疑系蚌片或碎骨屑被烧后所形成[1]。在有的陶窑旁边，我们见到一大堆经过火烧的碎兽骨，还未经研碎，可能即用作掺和料的原材料。据李文杰先生作模拟实验，蚌壳只有经火烧才能去除黏性被研碎[2]。贾湖渔猎经济较为发达，食余的兽骨、蚌壳应是理想的原材料。夹碎骨、蚌壳陶系主要用来制造鼎、罐类炊具。

　　夹云母片和滑石粉陶也是中、晚期出现的，主要特征是陶胎中有意掺入直径约1～2毫米的云母片与滑石粉或两者之一作为掺和料，有的直径达3～4毫米，主要用来制作鼎、罐类炊器，以增加陶器的张力。在灰坑中曾发现这种云母块，甚至还有个别墓葬用云母块作随葬品[3]，可见这种原料也是来之不易的。虽然也有单用云母片或滑石粉末做掺和料，但大多两者并用，是否有两者的共生矿，还是有意将两者原料掺在一起，还是其他原因，尚需进一步探讨。这种夹云母现象在北方裴李岗时代遗址中经常见到，可能与材料和理念都有相关性。

　　上述五大陶系只是按其主要成分来划分的，实际上有些并非区分那么严格和单纯，有些陶胎内兼有二至三类。例如上述泥质陶中含少量细砂粒，因系自然包含物，归入了泥质陶。有些夹砂陶内含少量炭屑和蚌片，有些系夹碳与夹蚌并用，只有夹云母片和滑石粉陶系较纯净，看来人们制作这种陶器时最为认真。

---

①　河南省文物考古研究所：《舞阳贾湖》，科学出版社，1999 年，第 909 页。
②　李文杰：《陶制品制造工艺》，《舞阳贾湖》，科学出版社，1999 年，第 911～941 页。
③　河南省文物考古研究所：《舞阳贾湖》，科学出版社，1999 年，第 345 页，图版一二一，1。

二、坯体成型工艺

陶器的形状决定于其功能以及文化传统、制作技术与工艺、生活习惯、审美习惯等各个方面的因素，这些因素通过设计和制作集中体现在器形上。这里的容器包括炊器、储器、水器、盛器、食器、杂器等，陶容器从器体上讲主要分深腹和浅腹两大类，深腹主要见于炊器、水器和储器，如鼎、罐、壶、瓮、缸等，浅腹的主要见于食器，如盆、钵、三足钵、碗和个别炊器如釜等。浅腹的均为大口器，深腹的有大口、小口之分，如鼎、罐、甑、缸等口较大，而壶、双耳罐等口较小。

如果尝试按功能来分类，炊器大体可包括角把罐、侈口罐、折沿罐、卷沿罐、筒形篦纹罐、敛口罐、圈足罐、扁腹罐、小罐、鼎、釜、甑等，储器包括双耳罐、瓮、缸等，盛器包括所有盆类等，水器包括所有壶类；食器包括所有钵类、三足钵、碗、盂、杯和勺等。器底以平底类居多，圜底类、三足类次之，圈足类较少，还有少量尖底类，但接地处往往踮出一个小平面，并非为真正意义上的尖底。

陶容器的附件主要为錾、把、耳、足四大类，均为在器体成型后另附加而成，器錾主要见于深腹盆，器把主要见于角把罐，耳主要见于双耳罐和壶类，三足主要见于鼎和三足钵，圈足主要见于碗和圈足罐。

非容器包括支足、网坠、弹丸、陶锉、纺轮、陶塑品等。可分为杂器类、工具类和其他类。杂器类包括支脚和器盖，工具类包括网坠、弹丸、锉、纺轮等，其他类指的是陶塑品。非容器类的制作，则是将泥料直接捏塑成型的，值得注意的是支脚，A型较复杂，是经过多道工序后才形成兽头状的，而B、C型均为一次捏塑成型。

按器物功能所分的炊、食、盛、储、水等器类，其实并不严格，因为有些器物存在一器多用的可能，如深腹盆、方口盆、A型敞口钵等，可能既当炊器，也可当盛食器使用。因之，只能按形体特征来分类记述。

正因为坯体成型工艺是制作工艺的核心，因此要详细研究成型方法。考虑到成型、修整和装饰是一个完整的连续进行的工艺流程，对一批典型器物应当报导整个工艺流程。在此基础上，再概括地研究修整方法和装饰方法。

贾湖遗址的陶器全部属于手制范畴，尚未发现慢轮上的构件（如陶转盘）及慢轮修整痕迹，推测器身的成型和修整都是在没有轴的垫板上进行。大多数陶器由器身和附件两部分构成，少数陶器没有附件。器身的成型方法有泥片筑成和泥条筑成两种。初步成型的毛坯经过修整和装饰成为成坯。

为了深入探讨贾湖遗址陶器成型工艺的特征以及形成这一特征的各种原因和背景，应当首先将泥片筑成和泥条筑成两种制作工艺分别进行研究[①]，然后比较二者的共同点

---

① 以下观察记述都引自李文杰：《陶制品制造工艺》，《舞阳贾湖》，科学出版社，1999年，第911～941页。下同，相同来源不再加注。

和差异点。

（一）泥片筑成法

所谓泥片筑成法系指先将泥料按压成适当形状和大小的泥片，再用泥片筑成坯体的成型方法。有些泥片筑成之前为圆形或椭圆形，筑成之后暴露在外部分呈现为鱼鳞状，有些泥片筑成之后呈现为菱形或不规则形。泥片筑成法有倒筑、正筑之分，盘筑、圈筑之别。此外，还有一些器物难以判断盘筑还是圈筑。具体操作方法也有差异：捏泥片时有的用右手，有的用左手，即"左撇子"操作方法；加泥片时有的从器壁内侧加上，有的从器壁外侧加上。根据现象观察可将泥片筑成法细分为正筑法、正筑圈筑法、倒筑盘筑法、倒筑圈筑法 4 种。

1. 倒筑法

倒筑盘筑法是从口部开始筑成，当时坯体呈倒立状，泥片排列呈盘旋上升状。器形仅有早期的双耳罐形壶一种，例如一期的 M110∶1 罐形壶（图 1），用 17 块泥片筑成，都已从泥片缝隙处开裂，多数泥片呈菱形。倒筑时采用"左撇子"操作方法，坯体随同垫板按逆时针方向转动，用右手持泥片，左手捏泥片，泥片按顺时针方向排列。泥片从距制陶者自己较远一边的器壁内侧加上。筑至第 10 块后暂停，在第 4 块右侧筑第 11~13 块。然后在第 11、12 块上侧筑第 14 块，在第 13 块右侧筑第 15、16 块。剖面显示上述 16 块泥片都从器壁内侧加上，因此当时泥片都向器内倾斜。最后用第 17 块小泥片从器壁外侧加上，将底部的孔洞封死，这是倒筑的一种现象。经过拍打整形，呈现为小平底。但是底部的平面与口部的平面明显不平行，经测量，器底的垂直线与器身的中轴线（即器口中心与器底中心的连线）之间形成的夹角为 4.5°，因此器身明显歪斜。内壁经过横向刮削，留有刮痕。肩部两侧先刻划竖向沟槽，再安装器耳，耳上滚压细绳纹，湿手抹平后细绳纹仍隐约可见。

倒筑圈筑法是从口部或肩部开始筑成，当时坯体呈倒立状，泥片排列成一圆圈，全叠而上，每圈首尾衔接。器形有双耳罐、双耳罐形壶 2 种，例如一期的 H383∶9 双耳罐形壶和三期 M28∶1 双耳罐（图 2）。这两种倒筑法大多只在早期出现。中晚期只见于双耳罐。最为典型的如三期 M28∶1，口欠圆，器身歪斜。从肩部至底部用 13 块泥片筑成，都已从泥片缝隙处开裂，泥片有弧边，略呈鱼鳞状。倒筑时坯体随同垫板按顺时针方向转动，用左手持泥片，右手捏泥片，泥片按逆时针方向转动，用左手持泥片，右手捏泥片，泥片按逆时针方向排列，大致呈水平状。泥片从器壁内侧加上。第 1~5 块筑或第 1 圈第 6 块较小，填补第 2、3 块上方的缺口；第 7~11 块筑成第 2 圈。第 12、13 块很小，从器壁外侧加上，将底部的孔洞封死，这是倒筑的一种现象。经过拍打整形，呈现为圆底。将坯体翻转正放，置于草圈之类的器座上，用泥条圈筑成口沿（连续编号为第 14），泥条从器壁内侧加上，向器内倾斜，内壁有泥条缝隙一周。这件双耳罐的成型方法以泥片筑成为主，泥条筑成为辅，两种工艺做法出自一人之手，

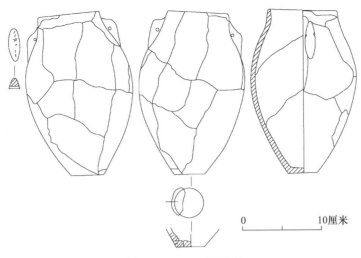

图 1　M110：1 罐形壶

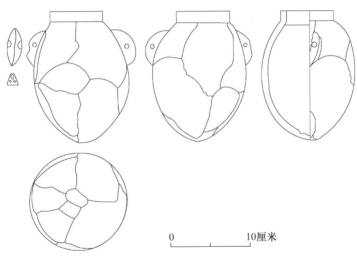

图 2　M28：1 双耳罐

由此可以设想，有一些泥片筑成的陶器与泥条筑成的陶器可能是由同一制陶者制作的。外表用湿手抹平，内壁没有任何修整痕迹，泥片缝隙处呈现沟槽状。

2. 正筑法

正筑圈筑法是从底部开始筑成，泥片排列成一圈圈，垒叠而上，每圈首尾衔接。这种技法在早期已经流行，主要见于双耳罐，例如 H383：8（图 3），腹下部、肩部以上从泥片缝隙处开裂泥片呈鱼鳞状。底部为一块大泥片，从外表测量直径达 10.5 厘米，这是正筑的一种现象。口部有两处由于涂在表面的泥浆层脱落，暴露出泥片痕迹：唇部的泥片之间有小缺口，因此唇面略呈波浪状起伏，这是成型之初，唇部未曾挨过垫板的证据；表明是正筑；从剖面上看，三层泥片互相叠压，下层在内侧，上层在外侧，显示出泥片是从器壁外侧加上的；俯视唇部泥片之间的叠压关系，在内侧的先加上去，在外侧的后加上去。由此得知，圈筑时坯体随同垫板按逆时针方向转动，用右手持泥片，左手捏泥片，泥片按顺时针方向排列。口部的泥片较小，其中最小的一块从内壁测量宽 3.8、高 2.3 厘米，与底部的大泥片相比，大小相差悬殊，这也是正筑成型的证据。经过拍打整形，器底变小，呈现为小平底微外凸，底与壁之间呈圆角。双耳已脱落，留有疤痕，疤痕上有两处露出竖向沟槽，是在安装器耳之前用篦状工具刮削肩部所遗留的痕迹。耳孔用圆棍从两面捅成。外表先涂一层浅红色泥浆，厚的 0.5 毫米，再用绕绳圆棍滚压较粗的竖绳纹、横绳纹，绳股印痕向右斜。泥浆层大部分已脱落，一部分绳纹也随之消失。外底因使用时被火烧，红颜色变为橙红色，腹部的泥浆层上存有烟炱，表明这件双耳罐是炊器。制作时拍打成小平底微外凸就是为了使用时加大下部与火的接触面，改善使用功能。这种工艺在中晚期一直存在，较多见于双耳罐，例如 H28：36，也见于侈口罐和双耳罐形壶，例如 M22：3 和 M487：2。

还有一些器物虽有正筑的痕迹，但难以判断盘筑还是圈筑，例如一期的 H409：1 双耳罐、H37：4 方口盆，二期的 M88：1 盆形鼎、H331：1 罐形鼎、T113③C：11 五角口盆、H208：2 深腹盆，三期的 H102：11 双耳罐、H105：7 四錾釜等。如三期四錾釜 H105：7（图 4），夹炭红褐陶，胎心黑色。器底残缺，腹部有许多纵向裂缝，推测用泥片筑成。腹上部安装 4 个大致对称的扁柱形板耳（其中 3 个已脱落），便于手持；板耳之间的附加 25 个扁锥状乳钉纹（8 个已脱落），起装饰作用。

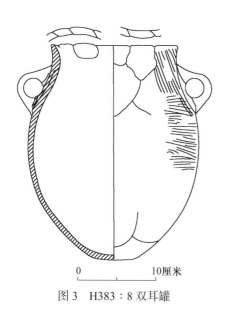

图 3   H383：8 双耳罐

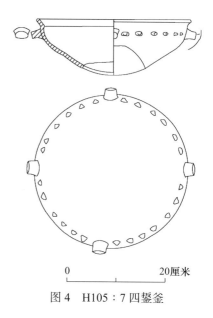

图 4   H105：7 四錾釜

（二）泥条筑成法

所谓泥条筑成法是先将泥料搓成适当粗细和长度的泥条，再用泥条筑成坯体的成型方法，可见泥条筑成法是与泥片筑成法相对而言。泥条筑成法有倒筑、正筑、倒筑与正筑兼用之分，盘筑、圈筑之别。此外，还有一些器物难以判断盘筑还是圈筑。具体操作方法也有差异：捏泥条时有的用右手，有的用左手；加泥条时，有的从器壁内侧加上，有的从器壁外侧加上。现将泥条筑成法细分为倒筑盘筑法、倒筑圈筑法、正筑盘筑法、正筑圈筑法、正筑法、倒筑与正筑兼用盘筑法6种。

1. 倒筑法

倒筑盘筑法是从口部开始筑成，当时坯体呈倒立状，泥条盘旋上升。器形主要见于早期的罐形壶，如H234：1（图5），外表有泥条缝隙，倒筑时，坯体随同垫板按顺时针方向转动，用左手持泥条，右手捏泥条，泥条按逆时针方向盘旋上升。然而，至近底部，坯体改为按逆时针方向转动，拍打近底部封死成为尖底，再拍成小平底，俯视内底有小凹坑和放射状褶皱。坯体转动方向的改变，表明具体操作方法可以灵活掌握尚未达到规范化程度。M303：1（图6）外表有泥条缝隙，倒筑时用右手捏泥条，泥条按逆时针方向盘旋上升，拍打封底后再拍成小平底，内底有小凹坑。器耳上滚压细绳纹。中期的三足钵也见有这种技术，如H322：7，内壁有泥条缝隙，倒筑时用右手捏泥条，泥条按逆时针方向盘旋上升，剖面显示泥条从器壁内侧加上。外底有凹坑状卯眼，足上端作为榫头插入卯眼内。

倒筑圈筑法的特点是：从口部开始筑成，泥条一圈圈垒叠而上，每圈首尾衔接。流行于中晚期，器形有双耳罐、侈口罐2种。如二期侈口罐T101M282：2腹部内壁、外表有泥条缝隙4周，已开裂，剖面显示倒筑时泥条从器壁内侧加上。肩部有横錾4个，上有用圆棍捅成的竖孔，内壁、外表都用湿手抹平。又如三期双耳罐M208：1（图7），内壁、外表都有泥条缝隙，内壁还有右手大拇指捏痕2周。倒筑时，坯体按顺时针方向转动，用右手捏泥条，泥条按逆时针方向延伸。剖面显示泥条从器壁内侧加上，倒筑时各圈泥条的泥首与泥尾衔接状况为泥首（虚弧线）在外侧，泥尾（实弧线）在内侧互相叠压，各周衔接处形成错缝现象，错缝是防止坯体纵向开裂的措施。

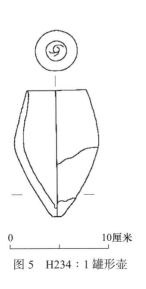

图5 H234：1 罐形壶

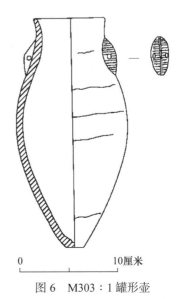

图6 M303：1 罐形壶

内壁未经修整，致密度较低，外表涂红陶衣后经过磨光，致密度较高，由于应力上的差异，每圈都从泥尾（实弧线）处开裂，外表显示错缝现象呈阶梯状。圈筑至近底部，坯体改为按逆时针方向转动，先拍打封死成为圜底，再拍成小平底微凸，内底呈现小凹坑和放射状褶皱，坯体转动方向的改变是操作方法尚未规范化的表现。

2. 正筑法

　　正筑盘筑法的特点是从底部开始筑成，泥条盘旋上升。早期未见，流行于中晚期，器形例如二期的有 H229：19 双耳罐（图 8），内壁有泥条缝隙。用右手捏泥条，泥条按逆时针方向盘旋上升。泥条从器壁内侧加上。M411：1 敛口罐（图 9），内壁、外表都有泥条缝隙，用右手捏泥条，泥条按逆时针方向盘旋上升。泥条从器壁内侧加上。H16：5 缸（图 10），仅存腹部，内壁有泥条缝隙。用左手捏泥条，泥条按顺时针方向盘旋上升。剖面显示泥条从器壁内侧加上。内壁先用篦状工具刮削，留有向右斜的篦划纹，再用窄条片状工具刮削，留有向左斜的刮痕，切断篦划纹理。腹部安装横向錾，特殊之处是上下两个錾并列，錾面都略下坠。两錾之间也有向右斜的刮削纹理，表明刮削在先，安装器錾在后。三期 M350：1 敛口罐，外表有器壁与器底之间的接缝和泥条缝隙。在圆饼底上侧筑器壁，用右手捏泥条，泥条按逆时针方向盘旋上升。泥条从器壁内侧加上。三期 T34 ③：8 圈足碗，器身外表有泥条缝隙。用左手捏泥条，泥条按顺时针方向盘旋上升。部面显示泥条从器壁内侧加上。圈足另外制作后与器身接合。三期 T12 ③：2 敞口钵，内壁、外表都有泥条缝隙。用右手捏泥条，泥条按逆时针方向盘旋上升。剖面显示泥条从器壁内侧加上。

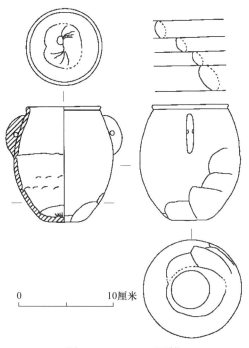

图 7　M208：1 双耳罐

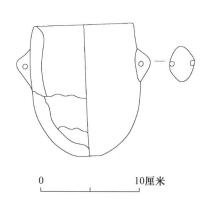

图 8　H229：19 双耳罐

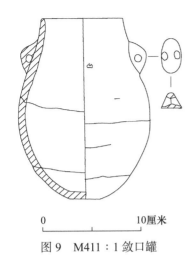 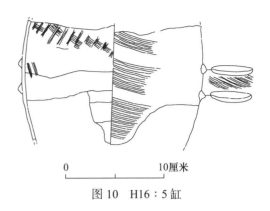

图 9　M411：1 敛口罐　　　　　　　　　　　图 10　H16：5 缸

　　正筑圈筑法的特点是从底部开始筑成，泥条一圈圈垒叠而上，每圈首尾衔接。早期仅见个别罐形壶，例如 H42：4，内壁有泥条缝隙，泥条从器壁内侧加上。主要流行于中晚期，器形有圆腹壶、折肩壶、敞口钵、敛口钵、平底甑等。二期 M325：4（图 11），在圆饼底外侧筑器壁，底已脱落丢失，仰视腹下部有一周及半周泥条缝隙。剖面显示泥条从器壁内侧加上。近底部经过拍打整形，因器壁收缩，内壁下端变成鼓棱状。M323：1 圆腹壶（图 12），在圆饼底上侧筑器壁，用左手捏泥条，泥条按顺时针方向延伸，内壁留有左手大拇指窝 14 个，每个都向右斜，指窝长 0.9~1.7、宽 0.7~0.1 厘米，间距约 1.2 厘米。近底部经过拍打整形，因器壁收缩，壁与底交接处变成圆角，内壁下端变成鼓棱状，并且出现褶皱。颈部用圆棍进行滚压整形，因器壁收缩，颈部变细，内壁出现竖向褶皱。H291：21 折肩壶，仅存肩部，下半身已脱落。内壁有泥条缝隙，泥条从器壁内侧加上。肩下端呈现光面，痕迹显示，肩在内侧，腹在外侧套接。M22：1 折肩壶，肩内壁有泥条缝隙一周，泥条从器壁内侧加上。肩内壁有横向刮削痕迹。腹部内侧，肩在外侧套接，外表有接缝。三期 H60：13 平底罐，内壁有泥条缝隙，泥条向器外倾斜，表明从器壁外侧加上。内壁、外表都有横向刮削痕迹。H60：10 圆腹壶（图 13），器身刚成型时，肩部开口转大，用湿手伸入器内抹去泥条缝隙，以便加固，内壁留有一道道向右斜的手指抹痕，剖面呈现波状。然后拍打肩部，因器壁收缩，开口变小，内壁出现纵向褶皱。另外圈筑颈部，内壁有泥条缝隙，泥条从器壁内侧加上。颈在内侧，肩在外侧套接，内壁有接缝，外表颈与肩有明显分界。这是个别与裴李岗同类器成型工艺相同的器物之一。H19：14 平底甑，在圆饼底上侧筑器壁，用右手捏第一圈泥条，泥条已脱落，内底留有通过泥条间接形成的凹槽 1 周，槽内有右手大拇指窝 8 个。另外，还有敞口钵等也使用正筑法成型。

3. 正筑法（盘圈不明）

　　一些器物上的泥条痕迹已被抹平，许多完整的或已修复的器物口部很小，不便观察内壁的泥条痕迹，但根据同类器的可断定为正筑。早期器形基本不见，主要流行于中

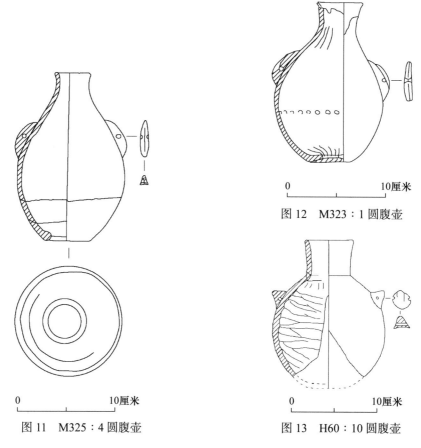

图 11　M325 : 4 圆腹壶

图 12　M323 : 1 圆腹壶

图 13　H60 : 10 圆腹壶

期，主要见于折肩壶和个别平底甑。例如二期 M319 : 1 折肩壶，上半身、下半身分别制作，肩内壁用弧刃工具进行刮削，有向左斜刮痕。颈外表用圆棍进行滚压整形，因器壁收缩，颈变细，内壁呈现竖向褶皱。腹在内侧，肩在外侧套接，有接缝。二期折肩壶 M313 : 1 在圆饼底外侧筑器壁，仰视外底有接缝，底径大于圆饼直径，腹在内侧，肩在外侧套接，有接缝。晚期仍然可见，如 M251 : 1 折肩壶在圆饼底上侧筑器壁，经拍打整形，壁与底交界处变成圆角，内壁下端变成鼓棱状，腹在内侧，肩在外侧套接，有接缝。

4. 倒筑与正筑兼用盘筑法

主要发现有两种具体操作模式，第一种在早期仅可见个别于罐形壶，如 H383 : 13（图 14），下半身倒筑盘筑，上半身正筑盘筑，下半身与上半身套接。中期也较少，如二期 M57 : 1 折肩壶，下半身倒筑，内壁有泥条缝隙，用右手捏泥条，泥条按逆时针方向盘旋上升。剖面显示泥条从器壁外侧加上。最后将泥塞入圆洞内拍打封死，将圜底拍成小平底。内底有螺旋式泥条痕迹和泥尾，肩在内侧，腹在外侧套接，有接缝。晚期大量流行，主要见于双耳罐、圆腹壶、折肩壶。如三期 M46 : 1 折肩壶，下半身倒筑，内壁有泥条缝隙，用左手捏泥条，泥条按顺时针方向盘旋上升。剖面显示泥条从器壁外侧加上。至近底部将泥尾塞入圆洞内，拍打封死成为圜底，再拍成小平底，底与壁交接处呈圆角。俯视内底有螺旋式泥条痕迹和泥尾。肩在内侧，腹在外侧套接，有接缝。又如三期 H309：2 圆腹壶（图 15），下半身已从接缝处脱落。上半身正筑，颈下部内壁有泥条缝隙，用左手捏泥条，泥条按顺时针方向盘旋上升。剖面显示泥条从器壁内侧加上。肩内壁有一道道横向手指抹痕，剖面呈现波状。上半身在内侧，下半身在外侧套接。三期 T4H14：1 双耳罐（图 16）较为典型，下半身和上半身在腹上部分界。下半身内壁、外表都有泥条缝隙，倒筑时，坯体随同垫板按逆时针方向转

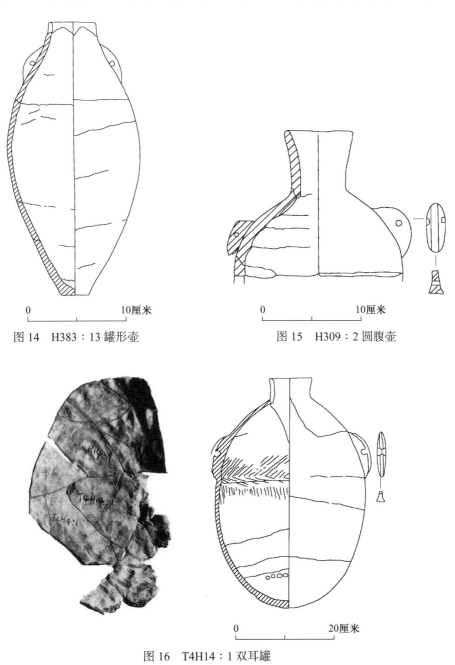

图 14　H383：13 罐形壶　　　　　　　　图 15　H309：2 圆腹壶

图 16　T4H14：1 双耳罐

动，用右手持泥条，左手捏泥条，泥条按顺时针方向盘旋上升。剖面显示泥条从器壁内侧加上。至近底部，坯体改为按顺时针方向转动，左手垫在内壁作依托，右手持陶拍拍打外表，以便加固器壁，内壁留有指窝若干组，其中1组4个相依，是左手食指、中指、无名指和小拇指的印痕，印痕共长4.2厘米，指窝很小，据此推测制陶者是女子。抽出左手后，继续按顺时针方向边转动坯体，边拍打近底部，使其直径逐渐缩小，最后封死成为圜底，内底出现小凹坑和放射状褶皱。拍打底部时改变坯体转动的方向，是操作方法具有灵活性的表现，对于这件器物的制作者来说，筑器壁时，用左手捏泥条比较方便，拍打整形时，用右手持陶拍比较方便。翻转正放后（推测置于草圈之类的器座上），用湿手将内壁抹平，留有竖向的手指抹痕。另外正筑上半身，用左手捏泥条，泥条按顺时针方向盘旋上升。剖面显示泥条按顺时针方向盘旋上升，剖面显示泥条从器壁内侧加上。内壁用湿手抹平，留有向左斜的手指抹痕。上半身在内侧，下半身在外侧套接。相接处胎转厚，达0.7厘米，内壁呈现鼓棱状。为使两部分接合牢固，用湿手伸入器内抹平，鼓棱上留有向右斜的手指抹痕。

　　第二种仅见于中期的圆腹壶1种，下半身倒筑盘筑，翻转正放后，在下半身的基础上继续盘筑上半身，下半身与上半身之间没有套接现象。例如M358：1（图17），内壁有泥条缝隙。下半身和上半身在腹部分界。下半身倒筑，用左手捏泥条，泥条按顺时针方向盘旋上升。剖面显示泥条，泥条按时针方向盘旋上升。剖面显示泥条从器壁内侧加上。至近底部，将泥尾塞入圆周内，拍打封死成为圜底，再拍成小平底。俯视内底有螺旋式泥条痕迹和凸起的泥尾。翻转正放后将边缘捏薄，继续盘筑上半身，剖面显示泥条从器壁内侧加上。在上半身与下半身交界处内壁有凹槽一段，长1.8厘米，另外有指窝一周，是继续捏泥条时遗留的痕迹，但没有下半身与上半身两部分套接的现象，这是在下半身基础上继续盘筑上半身的证据。H366：1（图18）内壁、外

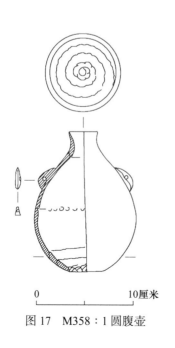

0　　　　　　10厘米

图17　M358：1圆腹壶

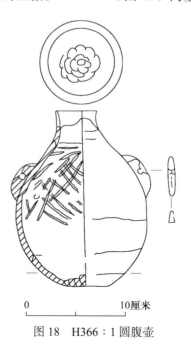

0　　　　　　10厘米

图18　H366：1圆腹壶

表都有泥条缝隙。下半身倒筑翻转正放后，继续盘筑上半身至肩部。上半身与下半身交界处内壁呈现凹槽一周，是手捏所致，凹槽内存有右手大拇指窝1个，向左斜，却没有下半身与上半身两部分套接的现象。用弧刃工具伸入器内进行刮削，内壁留有交错状刮痕。然后在肩部基础上继续盘筑颈部。

通过以上比较可以看出，贾湖遗址陶制品成型工艺的显著特征是早晚各期都采用泥片筑成法和泥条筑成法，两种成型方法长期共存，并行发展。有些大型厚胎的器形只采用泥片筑成法，而有些厚胎的器形只采用泥条筑成法，二者泾渭分明，界限清楚。可见采用哪一种成型方法与器形的不同关系较大。而且发现有同一遗迹单位中出土的陶器分别用不同的成型方法制成的现象，如一期的双耳罐 H383：8 采用泥片正筑圈筑法成型，双耳罐形壶 H383：9 采用泥片倒筑圈筑法成型，然而罐形壶 H383：13 则采用泥条倒筑与正筑兼用盘筑法成型。第二期的 M22：3 侈口罐采用泥片正筑圈筑法成型，然而折肩壶 M22：1 又采用泥条正筑圈筑法成型。共存于同一单位的器物有可能是同一制陶者制作的，或同一人使用过的，却采用两种不同的成型方法，其原因就在于制陶者根据器形的不同，选择比较适宜的成型方法。

但是，总体来讲，时代愈晚，泥条筑成法所占比重愈大，泥片筑成法所占比重愈小。反之亦然。比如角把罐、双耳罐、罐形壶、方口盆、深腹盆、敞口钵几个器类中，只有罐形壶是泥条筑成法与泥片筑成法共存，其他几个器类则均为泥片筑成法成型。中期的各器类都是两种方法共用，到了晚期，除了器形较厚大的双耳罐以外，几乎全为泥条筑成法成型。由此可见，泥条筑成法这种较为进步的成型方法是逐步取代泥片筑成法这种较为原始的成型工艺的。这一现象说明，贾湖人的制陶成型工艺正处在由泥片成型向泥条成型的过渡之中，早期以泥片成型为主，泥条成型者很少，泥条成型这一成型工艺似乎刚刚出现。而晚期则相反，泥条成型成为主流，泥片成型则成为少数。共同点是都属于手制范畴，尚未发现慢轮上的构件（陶转盘）及慢轮修整痕迹，推测器身的成型和修整都是在没有轴的垫板上进行。

如果把贾湖文化的陶器成型工艺与大体同时的裴李岗文化诸遗址相比，虽然器物组合大同小异，但其成型工艺还是各有特色的。我们知道，裴李岗文化没有贾湖文化早，从文化面貌、器物组合与 ^{14}C 测年数据都可证明，裴李岗文化的早中期相当于贾湖文化的中晚期。抛开贾湖早期的制陶工艺不谈，裴李岗文化的陶器成型工艺主要是泥片筑成法，泥条筑成法较少见到[①]，这一特点与同时期的贾湖文化不同，两者各有特色，即使是相同的器型，例如小口双耳红陶壶，裴李岗的大多为小口直颈圆腹，颈肩转折明显，颈腹易分离，显系两段分作后对接成型；而贾湖同类器大多呈喇叭口，折肩壶常在肩部分离脱落，显系颈肩和腹底分段制作然后在肩部对接成型，圆腹和扁腹壶则是从腹到口一直盘筑而成，所以都成喇叭口，颈肩之间没有明显转折，很少见到在此处脱落现象；类似裴李岗直口直颈的圆腹壶，贾湖仅出土有几件，而裴李岗类似贾湖的喇叭口壶好像也不多。类似这些现象表明，二者的陶器成型工艺还是各有特色的。

---

① 据李永强先生电话相告，特此致谢！

（三）坯体修整

从工艺流程上来看，通常是器身的修整在前，安装附件在后，但也有在安装附件之后继续拍打、滚压、修整的。无论是泥片筑成还是泥条筑成法成型的坯体，其修整方法是一致的，大体有拍打、滚压、刮削、湿手抹平、涂泥浆、打磨抛光几种方法。

1. 拍打

一般在成型过程中或整形时采用拍打方法，常用素面陶拍，因在发掘中未发现陶拍子，故推测当时人们制陶时使用的陶拍子可能是木质的。目前在陶器内壁未见陶垫窝，却有手指窝，如 H14：1 双耳罐，可能拍打外表时，往往内壁不使用陶垫作依托，有时用手作依托，这是修整工艺比较原始的一种表现。有的将圜底拍成小平底微凸，内底有小凹坑和放射状褶皱。有的圆腹壶和折肩壶将泥尾塞入圆洞内，拍打封死后再拍成小平底，俯视内底有螺旋式泥条痕迹和泥尾。

2. 滚压

利用素面圆棍进行滚压，是对细颈器物进行整形的特殊方法。如 M323：1 双耳圆腹壶、M319：1 双耳折肩壶的颈部经过滚压整形，变得更细，内壁呈现竖向褶皱。

3. 刮削

刮削是常用的一种修整方法，目前在陶器上未见利用慢轮边旋转边对坯体进行刮削修整的痕迹。推测至贾湖晚期亦未出现慢轮技术。刮削坯体内壁和外表，可使胎壁厚薄均匀，也有消除泥片和泥条缝隙，增加平整度，提高致密度的作用。刮削所用的工具有 3 种：第一种用弧刃工具刮削内壁，如 H366：1 圆腹壶和 M319：1 折肩壶。第二种是用竹、木、石、骨、陶片所制的薄片状工具刮削内壁和外表，如 H16：5 缸内壁，用篦状工具刮削后，再用窄条片状工具刮削，外表似用宽条木片刮削。第三种是用篦状工具刮削内壁及外表，篦状工具由片状工具加工而成，压刮后器表留有篦划纹，如 H28：36 双耳罐、H19：14 平底甑内外底均有用篦状工具刮削形成的篦划纹。

4. 湿手抹平

湿手抹平是在刮削之后进行或直接在刚成型坯体上进行的一种修整方法，目前在陶器上未见利用慢轮边旋转边对坯体进行抹平所产生的细密轮旋纹。湿手抹平的基本方法是用沾水的手将坯体表面抹一遍，由于吸水，泥料中析出细泥浆，遮盖在小凹坑或麻点及粗颗粒之上，从而使表面显得平整，这道工序称为湿手抹平，简称抹平。模拟实验表明，湿手抹平不可一遍又一遍进行，因为表面吸水过多，会使胎变软变形，并且将析出来的细泥浆洗掉，反而显得粗糙。湿手抹平不会使表面产生光泽，因此不宜称为"抹光"，应将抹平与抹光区别对待。从坯体本身析出来的泥浆，与坯体之间没有层的界线，不可分离，不同于另外涂在坯表面的泥浆层或红陶衣层。

抹平的状况有 2 种：第一种，器表比较平整，如 T34M350：1 双耳敛口罐和 T101M282：2 四耳侈口罐内壁和外表都抹得较平整。T32H241：1 双耳罐内壁刮削之后略加抹平，使一部分刮削痕迹消失。第二种，器表产生一道道呈现凹槽状的手指抹痕，实际上并不平整，如 T4H14：1 双耳罐，下半身内壁有竖向手指抹痕，上半身内壁有向左斜手指抹痕，套接处内壁有向右斜手指抹痕。双耳手指抹痕，套接处内壁有向右斜手指抹痕。双耳圆腹壶 T66H309：2 内壁有横向手指抹痕；T18H60：10 内壁有斜向手指抹痕。

5. 涂泥浆（施陶衣）

就贾湖遗址来说，陶器表面的泥浆与红陶衣是两种不同的物质，但是彼此有关。泥浆是用含铁量较低的浅灰色黏土淘洗而成的，质地细腻，焙烤之后变为浅红色，比陶胎颜色浅一些。红陶衣的原料是用铁矿石或红色含铁粉砂岩加水研磨而成的，质地更加细腻，附着力更强，焙烧之后呈现深红色而且鲜艳美观，比陶胎颜色深一些。陶衣与泥浆往往先后施于同一件坯体上。涂泥浆、涂陶衣的情况有 5 种：

第一种，数量最多，先涂一层泥浆打底子，再涂一层红陶衣作为装饰。如双耳罐 H310：6、T34H252：4、H102：11，四錾耳釜 H105：7 等，外表先涂泥浆，后涂红陶衣。深腹盆 H208：2 内壁、外表都是先涂泥浆，后涂红陶衣。泥浆的浓度较大，因而该层较厚，可将坯体表面的麻点、粗糙不平等缺陷都覆盖起来，红陶衣浓度较小，因而该层很薄，经测量，双耳罐 T34H252：4 的泥浆层与红陶衣层共厚 0.5 毫米。M325：4 圆腹壶外表和内壁近口部泥浆层和陶衣层共厚 0.8 毫米，H14：1 双耳罐泥浆层厚 0.2 毫米，之外再涂陶衣层。上述先打底子后装饰效果良好。

第二种，没有涂泥浆，直接涂红陶衣作为装饰，如 M110：1 和 H229：19 双耳罐形壶。

第三种，只涂泥浆，用泥浆取代红陶衣作为装饰，如双耳罐 H105：3 泥质红陶，外表涂抹一层相当厚的泥浆，厚约 2 毫米，局部泥浆脱落。由于没有红陶衣，颜色不鲜艳，装饰效果较差。

第四种，先涂一层泥浆，再滚压绳纹，如角把罐 H330：19、双耳罐 T31H383：8，泥浆层起打底子作用。

第五种，先涂一层泥浆，再刮成篦划纹，如双耳罐 T17 ③ B：9 的外表，泥浆层起打底子作用。可见泥浆适宜打底子，红陶衣适宜装饰。

6. 打磨抛光

磨光是制作工艺中的最后一道工序，是最后一次利用泥料的可塑性，在坯体将干未干时，用坚硬而光滑的工具（如河卵石等）将器表打磨光亮，产生光泽，既可提高器表的致密度，又可提高装饰效果。这种技术较为盛行，早期常见于双耳罐、罐形壶、方口盆、深腹盆等器型，这些器型均为夹砂红陶的盛器和水器，可能为便于使用而采取的美化措施，一般通体施鲜红色陶衣，器表通体打磨，少数深腹盆类内外壁皆通体打磨。中晚期常见于泥质陶的壶、盆、三足钵、钵、碗类，少量双耳罐和鼎类也可见到。统计高达三分之一甚至一半以上，一般不低于五分之一。打磨工具很可能为河卵石或兽骨，发现在墓葬中有随葬河卵石现象，推测可能为制陶时的打磨用具。推测打磨方法是，在坯体施过红色陶衣并晾至大半干后，用光滑的河卵石或兽骨压抹器表，直至光滑平整。双耳罐 H13：10，通体红衣磨光；方口盆 H156：5，器表打磨抛光，红陶衣鲜艳；H147：10，器表红衣磨光，内壁素面。深腹盆应该归入釜类，因为大多器底都可见到长期烧烤痕迹，如 H84：4，器表壁底因长期烧烤大片脱落，但口部和内壁仍可见鲜艳红色陶衣并通体磨光。凡是涂红陶衣的器表都经过磨光，但磨光的程度和保存状况有所不同，有些经过认真磨光而且保存较好的陶器至今还能辨认磨光纹理的方向。敞口钵 H19：21，泥质黑陶，火候较高，标本器内外表均有大块黄褐斑，陶土较细，可能经过淘洗，器体制作精细规整，器壁内外通体磨光。敞口钵 T12 ③：2，泥质黑陶，没有陶衣，但内壁、外表皆磨光。

（四）附件制作法

附件主要有把、錾、耳、足四大类，另外，还有个别的纽、鼻等。共同之处在于，大多为贴附式，即在陶坯成型之后，陶坯半干或大半干之时，在所附着之处，用尖状工具刻划成沟槽状，以加强附件在器体上附着的牢固程度；足类也有嵌入式的。因附件的用途不同部位各异，制作方法也有程序不同的差别。有的将附件按压在器壁上后还要在附件表面用缠绳的棍子滚压或按压，以增加附着的牢固程度。按压后有的附件上还要钻或捅出一圆孔。最后才在整个器体表现涂泥浆、施陶衣，并打磨抛光。

1. 器把

器把主要见于角把罐，均置于筒形罐的上腹部，呈对称状，数量很多，且富于变化，是这里的典型器物之一，主要见于一期和二期前段（图 19）。其制作方法是，待陶器坯体成型之后，干燥到一定程度（经观察，大多为半干时），将需装附件的部位用尖状工具刻划成多条竖向沟槽状，个别用端刃状工具戳刺使之形成粗糙不平的接触面，同时将泥料捸成需要的形状，将一端用力捺在器壁上，有些因把体和器壁较干，为便于加固，在把体根部周围压一周软泥。然后用卷绳的小棍在器把表面滚压，以增加其牢固程序，有的则是用绳棍按压，使绳纹印痕不相连接呈排状。个别用指甲掐戳使之加固的。唯 H60：10 圆腹壶（图 13）的器把较特殊，呈圆锥形上翘状，还用圆棍捅出一耳孔来，形成嵌入式把状器耳。

需要指出的是，与贾湖遗址大体同期的还有渑池班村遗址也出土有同类角把罐，只是贾湖的角把大多呈锛状，且都在器外壁呈斜上置于口沿下，而班村角把罐的角把皆为圆柄状横置于深腹筒形罐腹中部最大腹径处。从最佳使用效果来看，班村角把可能更实用一些，但班村遗址的 ^{14}C 测年数据要晚于贾湖，二者是否有联系暂时无从得知。

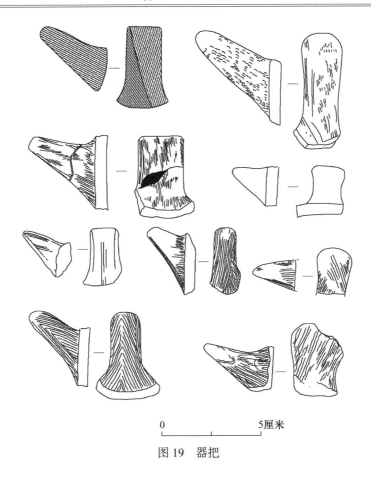

图 19　器把

2. 鋬

鋬均呈长条状，多呈对称状横置于深腹盆的上腹部；仅侈口罐呈对称状四鋬，有些缸为上下重叠状鋬。制法与器把大同小异，系在坯体器壁半干时，用篦状工具竖划成一排短沟槽，或用尖状工具横划几道较长沟槽，以增加附着面的粗糙度，同时将泥料捏成长条状，将其一边用力按压在器壁上，再用卷绳的小棍在鋬体表面和根部滚压，使之附着牢固。也有个别用尖刀工具戳刺成密集而有规律的纹饰，除加固外，还兼有一定的装饰效果。B 型侈口罐上腹多饰有舌形横鋬，对称二鋬或四鋬，大多趁鋬体尚软时在中间部位上下捅出一耳孔，如 M282：2 侈口罐（图 20），颈部有对称四横鋬，鋬中间用圆棍上下捅出一孔。上下重叠的横板鋬仅见于 H16：5 缸（图 10）腹中部，上下对称重叠双舌形横鋬，鋬上无孔。

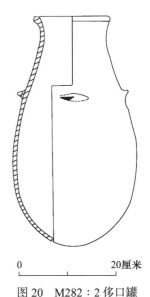

图 20　M282：2 侈口罐

3. 器耳

贾湖器耳数量很多，形状以半月形居多，也有带形、桥形者，均呈对称状置于双耳罐和壶两种器形的颈部。以竖置为主，也有少量为横置。器耳的安装方法与把、鋬一样，都是在器物坯体成型半干后，在安装部位用篦状或齿状工具竖划或横划出沟槽，如双耳罐 H383：8 用篦状工具划成竖向沟槽，H28：36 用弧形工具刮出横向凹槽，使之形成粗糙不平的附着面，然后将泥料制成所需形状，用力按压在附着面上，坯体较干，附着不甚牢的，耳根周围再加软泥按压平滑以增加耳体的牢固程度。属于早期的 A 型双耳罐和罐形壶的双耳多为桥形、圆拱形，个别呈带形，属于中晚期的其余双耳罐和壶类均为半月形耳。早期耳体按压牢固后大多还要用绳棍滚压或按压耳体表面，如 H409：1 双耳罐、H383：9 罐形壶耳面均有滚压绳纹印痕。少量为素面，H387：1（图 21）双耳罐耳面上则有篦状工具刮平，留有篦划纹。因坯体按压在器体上后还要滚压，所以坯体均为一次按压。

中晚期半月形耳大多为一次按压成型，但因坯体太薄，不能用绕绳圆棍滚压，所以有的就采用二次附着法，如 H387：1，器耳为双层胎，先将内层按实粘牢，两侧留有指窝，再附加外层，但因两张皮很难附着牢固，导致外层局部脱落。

器耳均有穿孔，穿孔方法大致有两种，第一种是趁坯体含水量尚高，胎尚软时，用圆棍从一面捅成，如罐形壶 M110：1、圆腹壶 H60：10；或两面捅成，如双耳罐 H28：1 和圆腹壶 H374：3。第二种是在耳体含水量略降低，胎较硬时用钝尖工具从两面钻成，孔壁有旋转痕。如 T6 ③：14 双耳罐系先从右侧向左侧钻，后从左侧向右侧钻，孔壁旋转纹理明显，是钻孔的证据。有的则用管状工具从两面钻成，比较罕见，仅见于 H29：20 双耳罐（图 22）。

甑的穿孔方法与器耳类同。

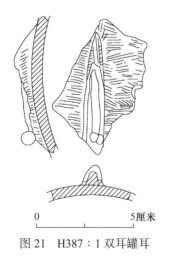

图 21　H387：1 双耳罐耳

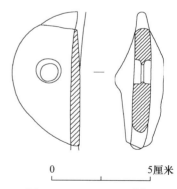

图 22　H29：20 双耳罐耳

4. 器足

因中期才出现三足器和圈足器，所以这种工艺只流行于中晚期。

（1）三足器足

三足器有鼎和三足钵两种，数量相当丰富，足的装法也有两种。

1）榫卯法

常见于罐形鼎和个别三足钵，有两种具体做法：

第一种是在器身底周计划装足处穿孔作为卯眼。鼎足上端捏成柱状榫头，榫头插入卯眼内。如 H331：1 内底露出榫头。H32：10 榫头平面呈椭圆形，剖面呈梯形。H54：8 鼎足（图 23）榫头捏成长条状，两侧有手捏痕。

第二种是器物底部有凹坑状卯眼，鼎足上端从卯眼翻印成榫头。如 T119③：17 鼎足（图 24）器底用弧刃工具刮成凹槽状卯眼，鼎足上端自然地翻印成凸棱状榫头，其横断面呈半圆形，足内侧还附泥加固；T14③B：3 鼎足（图 25）器身底部用手指按压成凹坑状卯眼，鼎足已脱落。

2）贴附法

常见于盆形鼎和大量三足钵，方法与錾、把、耳相同，即在器体成型半干后，在计划装足的部位用尖状工具划成沟槽状

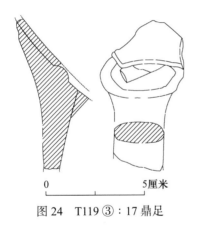

使贴附面粗糙不平，然后将做成的足坯上端贴附在器体上，用力按压牢固，如 M65：1 盆形鼎、T103③：31 三足钵均是如此。

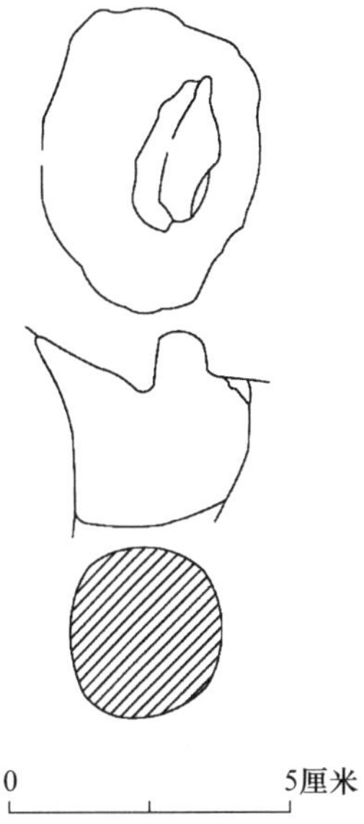

图 23　H54：8 鼎足

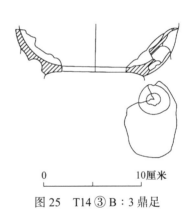

图 24　T119③：17 鼎足

图 25　T14③B：3 鼎足

（2）圈足器足

见于圈足碗、圈足罐两种器型，做法有圈足和假圈足两种。

1）圈足

在圜底器的外底一周附一圈泥条，干后正置即成为圈足，安装方法也是贴附法，在器体半干时，在装足部位用篦状工具划出一周粗糙不平的面，再将泥圈贴附在一周粗糙的面上。

2）假圈足

在圜底器的外底先加一周泥条使器底外部平整，再加一圆泥饼，形成假圈足，器外壁和底周面往往一并施篦划纹或磨光，也是一种加固措施，同时也表明坯体和假圈足的干燥速率应大体一致。

5. 鼻

数量不多，仅见于中晚期少量敛口钵、敛口罐，共同特征是用贴附法贴在器体上，对称两个或等分三个圆形大乳钉，再在其根部穿孔而成，敛口钵一般在口沿外侧，敛口罐一般在器腹中部偏上处。推测这种工艺的来源，当是贾湖早期的方口盆。这种盆大多在圆形器口的等分四角部位口沿外附加一块泥条，经修整后使器口形成内圆外方形，在四角部位上下各穿一小圆孔，开始时可能用于系绳，但后来可能仅具装饰意义。

6. 纽

纽的数量更少，仅见于晚期少量卷沿罐和罐形鼎，且多为夹云母红褐陶，形状多为鸟喙状，系由角把退化而来。类似工艺曾见于汝州中山寨遗址[1]，有人也把它称作角把罐，实与此相同。

三、器表装饰工艺

陶坯成型之后，一般要在器表进行装饰，其目的主要有三点：一是进一步增加其强度，使其更加坚固耐用，这也应是对器表进行装饰的原初目的；二是进一步增加其致密度，提高防渗漏能力；三是使之具有装饰性，以满足人们审美的需要。为达到上述三个目的，人们创造出种种装饰方法。就贾湖的装饰工艺流程来讲，主要有施加纹饰、涂泥浆和陶衣、磨光三个步骤，也是三种主要的装饰方法，此外又从施陶衣工艺衍生出早期彩陶工艺。需要指出的是，有许多器类只具有其中的二或三种，四种方法同用于一件器物上的现象并不多见。如器表饰拍印或滚印纹饰者一般不再磨光，只有少数在口沿部位仍经打磨。而磨光者一般多无纹饰，仅有少量附加堆纹、乳钉纹、花边纹等局部性纹饰。下面分三步进行介绍。

1. 施加纹饰

贾湖有纹饰的陶器不多，主要有绳纹、网绳纹、篦点纹、篦划纹、刻划纹、拍印纹、戳印纹、乳钉纹、花边纹、圆饼纹等。

（1）绳纹

贾湖陶器绳纹较为常见，尤其以一期为最多。从施纹工艺上来讲，绳纹又可分为滚印、拍印两大类。其中拍印绳纹多呈网状，又可称之为网绳纹。

① 滚印绳纹大多流行于早期，是用细绳缠绕在圆棍上，待器物坯体未干时，一手在内壁承托，一手在器表按压滚动绳棍。常见通体饰绳纹者只有角把罐以及个别 A 型双耳罐，施纹方式是腹部竖滚或斜滚，近口部和近底部横滚，底部平滚；绳股印痕向

---

① 中国社会科学院考古研究所河南一队：《河南汝州中山寨遗址》，《考古学报》1991 年第 1 期。

左斜的较多，向右斜的较少（图 26）。附件上滚印绳纹者较为常见，主要见于角把、双耳罐和罐形壶的双耳和深腹盆的两横板上（图 27）。

图 26　器表上的滚印绳纹

1. 细绳纹（H262：5）　2. 细绳纹（H13：18）　3. 绳纹（H115：19）　4. 绳纹（H112：59）　5. 绳纹（H112：18）
6. 绳纹（H39：10）　7. 绳纹（H156：2）　8. 粗绳纹（H42：9）　9. 粗绳纹（H112：58）

② 网绳纹出现于中期，数量不多，仅见于罐形鼎或罐上，是一种特殊的纹饰。如罐 H34：5（图 28），夹骨屑红陶，骨屑呈白色块状，腹部有裹网陶拍拍打所致的小平面和菱形网绳纹，为阴纹，有的部位互相叠压，绳粗 1 毫米，绳股印痕向左斜，在菱形的对角线位置上有短条状的绳结印痕，一律向左斜。经过模拟实验，利用裹渔网的陶拍在泥饼上拍印的网绳纹与出土陶罐上的网绳纹十分相似（图 29），据此推测，先民是用捕鱼捉鸟的网绳裹在陶拍上，在陶器上拍印成网绳纹的。

（2）篦点纹

篦点纹是用篦状工具在坯体上按压而成的，数量很少，仅见于筒形篦纹罐，如

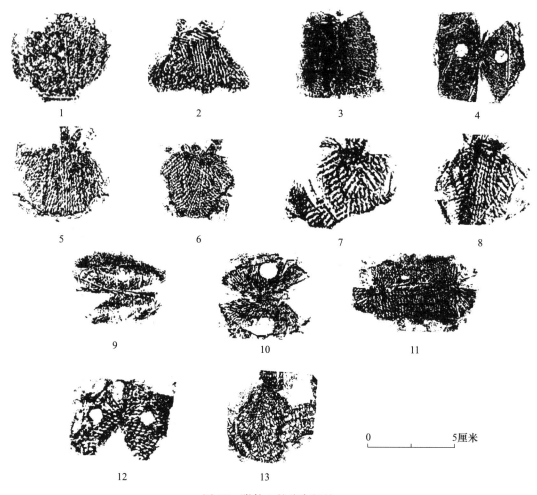

图 27　附件上的滚印绳纹

1. 细绳纹（H290：11）　2. 细绳纹（H236：4）　3. 细绳纹（H112：25）　4. 细绳纹（H132：1）

5. 绳纹（H37：15）　6. 绳纹（H303：4）　7. 绳纹（H187：34）　8. 绳纹（H82：7）　9. 绳纹（H115：23）

10. 绳纹（H250：5）　11. 绳纹（H278：8）　12. 粗绳纹（T695：4）　13. 粗绳纹（H111：2）

H35：6（图 30）为横向按压与之字形按压并用，特征与裴李岗 [1]、磁山 [2] 同类施纹工艺大体相同。

（3）篦划纹

篦划纹是用篦状工具在加固器壁时由篦齿划成的，见于划纹盆、T 型碗、筒形罐、双耳罐等。如双耳罐 H28：15（图 31），外表的篦划纹兼有装饰作用，内壁的篦划纹属于修整痕迹，修整作用与装饰作用的界限还不太清楚，这是装饰工艺原始性的表现。筒形罐口沿一周篦点纹，以下通体竖饰篦划纹，应主要起装饰作用。划纹盆 H60：11（图 32）上的篦划纹也主要起装饰作用，大多为放射状竖划纹。

---

[1]　开封地区文管会、新郑县文管会：《河南新郑裴李岗新石器时代遗址》，《考古》1978 年第 2 期，图七。

[2]　河北省考古学会、河北省文物考古研究所、邯郸市文物管理处：《磁山文化论集》，河北人民出版社，1989 年。

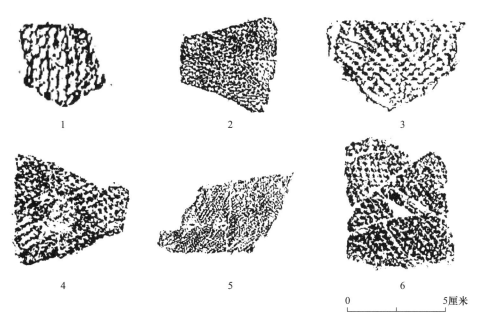

图 28 拍印绳纹和网绳纹

1. 拍印绳纹（T1093B∶77） 2. 网绳纹（H36∶8） 3. 网绳纹（H174∶4）
4. 网绳纹（H298∶1） 5. 网绳纹（H60∶16） 6. 网绳纹（H34∶5）

图 29 模拟拍印的网绳纹

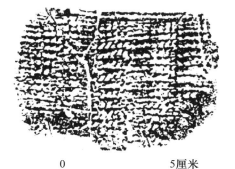

图 30 H35∶6 篦点纹

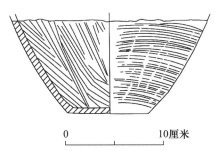

图 31 H28∶15 双耳罐

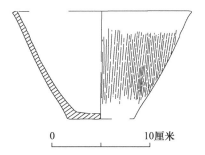

图 32 H60∶11 划纹盆

（4）刻划纹

用尖状工具在器表刻划而成，很少见，主要见于 A 型支足。有的呈平行线状，有的呈叶脉状（图 33）。

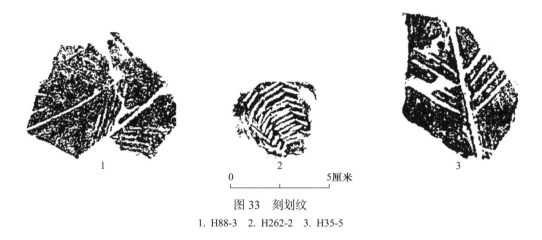

图 33　刻划纹

1. H88-3　2. H262-2　3. H35-5

（5）乳钉纹

呈圆锥或扁锥状，附加而成，纯属装饰。如罐 M22：3，腹上部附加圆锥状乳钉纹 1 周 8 个。双耳罐 H319：6 两器耳之间附加圆锥状乳钉纹 4 个。四鋬釜 H105：7（图 4）板耳之间附加扁锥状乳钉纹 1 周 25 个。M395：1 盆形鼎口沿下有 1 周 11 个扁乳钉纹。

（6）圆饼纹

罕见，仅在深腹盆 T102③：20 腹上部见到附加的圆饼纹。

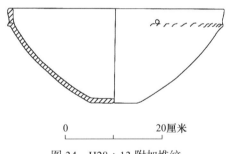

图 34　H28：13 附加堆纹

（7）附加堆纹

发现很少，仅见于晚期的附加堆纹盆，在器表上腹部或口沿外附加一周细泥条，再用细棍斜压成纽索状，如 H28：13（图 34），与蚌埠双墩 A 型钵形釜相似。

（8）花边纹

仅见于中晚期，大多见于盆形鼎口沿外缘一周，或个别划纹盆和侈口罐口沿。圈足罐和假圈足碗底周也见有同类装饰，盆形鼎和侈口罐均是用薄刃工具或细棍在方唇外缘一周斜压或竖压，使之形成纽索状花边饰，如盆形鼎 M35：18 和 M22：2 等（图 35）。

（9）戳印纹

仅偶见于早中期。早期角把罐 H231：3 外表有竖条状戳印纹 1 个，也许是作为记号。中期戳印纹虽然排列有序，但它是用小戳子一个个戳印而成的，如筒形罐 H290：2 外表用数个不同形状的小戳子戳印成纹饰，先在口外戳印一周，再于腹部自上而下戳印成行，工艺与篦点纹相似。近口部有一处由于没有注意间距，戳印纹有叠压现象，这是逐个戳印，而且是自上而下戳印的证据（图 36）。

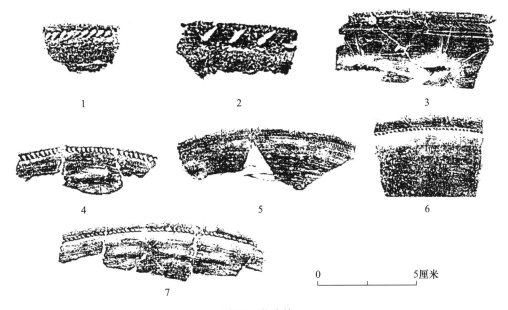

图 35　花边纹
1. M88：3　2. T13③：5　3. H124：9　4. H308：19　5. H35：18　6. H35：21　7. H291：9

（10）戳刺纹

较为常见，均见于 A、C 型支足上，有的用尖状工具，有的用中空的管状工具在器表刺出纹饰来，有圆形和弧形两种，有的刺成菱形图案来。这些器物或胎壁较厚，或为实心，戳刺的目的主要也是加固，同时兼具装饰作用（图 37）。

（11）方格纹

很少，仅见一片，标本 H60：12（图 38），系一夹骨屑褐罐的腹片，陶质很差，但拍印方格纹清晰规整。在稍晚的大岗遗址，方格纹比例大增。

（12）篮纹

很少，仅见二片。标本 H134：3（图 39），系一夹砂褐陶片，拍印痕较清晰。

从陶片统计表中可以看出，在各期的典型单位中，各种纹饰所占比例有所变化，但有些罕见的纹饰几乎不占比例，如方格纹、篮纹等。

2. 彩陶

是一种原始的彩陶工艺，如敛口钵 T101M387：3（图 40），夹炭红陶，内壁涂红陶衣，横向磨光，外表口部至腹上部（以平行线为界）涂宽带状红陶衣，也是横向磨光，磨光纹理清晰可见，具有彩陶的效果；腹中部以下原地裸露，分界处还被横向修刮整齐。2013M64：14 侈口罐（图 41），器表先涂一层泥浆，再在腹中部以上施红色陶衣；2013M50：40 盆形鼎（图 42），器腹中部一周扁乳钉之上器表内外均施红色陶衣，以下原胎壁裸露，都具有红彩装饰效果。这应该是中原地区大岗类型和仰韶时代早期后岗类型红彩宽带和窄带纹彩陶的前身（图 43）。

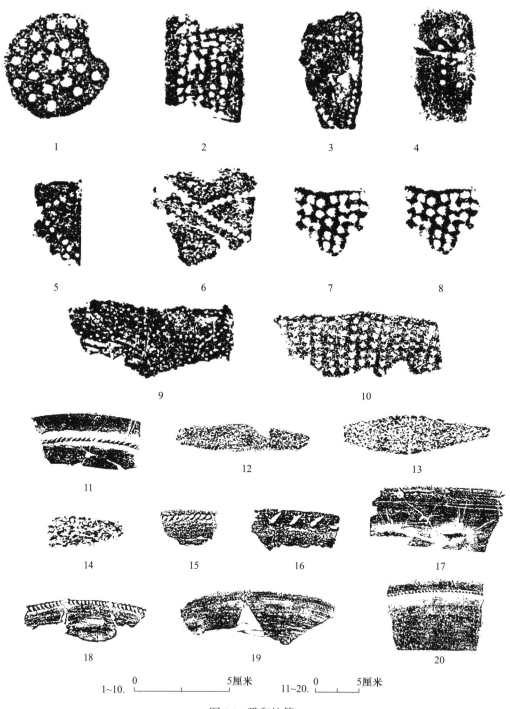

图 36　戳印纹等

1. 圆点戳刺纹（M235：1）　2. 圆点戳刺纹（T102B：10）　3. 圆点戳刺纹（H383：10）　4. 圆点戳刺纹（H198：6）　5. 圆点戳刺纹（H351：2）　6. 圆点戳刺纹（T313C：4）　7. 圆点戳刺纹（H155：7）　8. 圆点戳刺纹（H113B：20）　9. 圆点戳刺纹（T20③：6）　10. 圆点戳刺纹（T684：9）　11. 附加堆纹（T17③：12）　12. 锉印纹（T32③：1）　13. 锉印纹（H28：29）　14. 锉印纹（T1033B：21）　15. 花边纹（M88：3）　16. 花边纹（T13③：5）　17. 花边纹（H124：9）　18. 花边纹（H308：19）　19. 花边纹（H35：18）　20. 花边纹（H35：21）

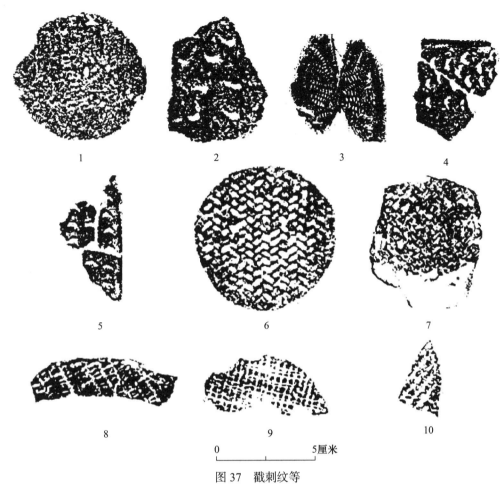

图 37 戳刺纹等

1. 弧形戳刺纹（H1083B：42） 2. 弧形戳刺纹（H320：7） 3. 弧形戳刺纹（H112：42）
4. 弧形戳刺纹（H320：5） 5. 弧形戳刺纹（H320：6） 6. 席纹（H36：4） 7. 席纹（H28：38）
8. 网纹（T105③：2） 9. 网纹（T223B：4） 10. 网纹（H232：6）

从陶器统计表中可以看出，在各期的典型单位中，各种纹饰所占比例有所变化，但有些罕见的纹饰几乎不占比例，如方格纹、兰纹等。

从各期纹饰特征来看，早期主要流行绳纹，包括滚印和按压绳纹，还有少量刻划纹、戳刺纹等，中期滚印绳纹逐渐消失，新出现少量拍印网绳纹、乳钉纹、花边

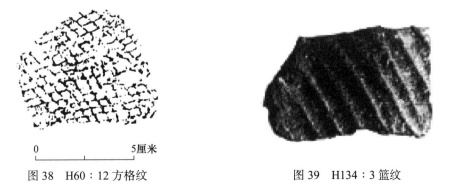

图 38　H60：12 方格纹　　　　　　图 39　H134：3 篮纹

图 40　T101M387∶3 敛口钵

图 41　2013M64∶14 侈口罐

图 42　2013M50∶40 盆形鼎

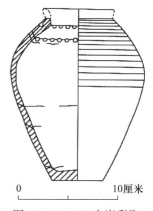

图 43　H4∶10 大岗彩陶

饰等，还有北方大体同时的裴李岗、磁山、兴隆洼文化流行的之字形篦点纹，晚期绳纹基本消失，新出现裴李岗文化流行的篦划纹和更晚出现于大岗遗址的个别拍印方格纹。

四、烧造工艺

制作的坯体阴干后经过窑烧变为陶器，烧成工艺包括烧成温度、烧成气氛和渗碳三个方面的问题。

贾湖文化陶制品陶色以红为主，但若仔细观察，则可发现大多不甚纯正，一器多色且无规律的现象十分普遍，大多陶制品表面，内里皆有大块黑、褐色斑，外红内黑（灰），下红上黑（灰）的黑里、黑顶现象也相当常见。红皮黑心、红皮灰心的现象亦很常见。陶色是在烧制及其后处理过程中形成的，因此主要反映烧制技术的水平，反映陶窑的形制、窑温和气氛以及后处理工艺等。

（一）陶窑及附属遗迹

1. 陶窑

贾湖遗址发现了大体可确认的 12 座陶窑。这些陶窑刚发现时均作灰坑处理，只是在逐渐认识其特征后，才确认为陶窑，但因普遍保存较差，仍不排除可能有些残陶窑被归入灰坑统计的可能性。这些陶窑平面多呈圆形或椭圆形，大体可分为两类，第一类是特意修建的横穴式陶窑，残存有窑室、火门、烟道和烟孔，有的还保存有窑壁和火道，如 Y5、Y8、Y9。第二类可分为二型，A 型也是特意修建，但相当简陋，仅挖一圆形或椭圆形的圜底浅坑，应是平地露天封烧式陶窑的改进型，但仍然相当原始。B型是 A 型的变体形式，即不是特意挖窑坑，而是利用废弃的灰坑平整铺垫后，形成一平底浅坑。从第二类窑底部的原生红烧土层和坑内大量破碎的红烧土块堆积层看，均应是就地封烧的原始陶窑，反复利用率不高，与云南西盟佤族的陶窑有相似之处。这些陶窑的分布大体相对集中。第一类分布在东中部，第二类东、中西部均可见到。另外，我们在文化层中和各类遗迹中发现有大量的红烧土块、粒存在，尤其是遗址西部的③B层，因包含大量红烧土颗粒使该层堆积呈黑红色，其形成原因很可能就是露天烧陶导致的。这种露天烧陶的场所很可能不太固定，烧出的陶器火候又不会太高，极易破碎，所以，烧陶器应是人们的经常性的活动。这些大量的平地露天烧的场所除了散落大量的红烧土块外，就很难留下遗迹了。像这样的简陋陶窑，只是保存下来的很少一部分而已。因于上述原因，陶窑的面积也很不一致，大的如 Y1 直径有 2.4 米之多，小的如 Y3，平均直径只有 1.1 米。

（1）第一类，横穴式陶窑

此类仅见有二例，包括 Y8、Y9，其总体特征是：都有一圆形或近圆形的窑室，在一侧有火门，另一侧有一至二个出烟口。保存好的还有烟道、火道和窑壁。推测其建筑程序，第一步首先根据需要挖一坑穴，修成平底作火台，在窑室中间或周围挖一火道，一端通到窑室以外为火门，另一端修出一孔眼为烟道和出烟孔。将坑壁上涂一层厚约 0.1 米左右的泥为窑壁，使用时应是在火台上架陶坯，上面为封顶式。

Y8 位于遗址东部，主要部分保存较好，尚可看出形状与结构。整体为南北向，平面略呈椭圆形，南北长 2.1、东西宽 1.8 米。中间为长椭圆形火膛，形状不太规则，周围可能有坍塌，但仍较硬，呈红褐色，现有南北长 1.5、东西宽 0.5～0.8 米，两壁陡直，深 0.48 米，其内满填草木灰、木炭块、红烧土碎块和碎陶片等。火膛周围有火台，应为架陶坯的地方，宽 0.4～0.5 米，保存较好的西、南火台均被烧成砖红色，厚约 0.2 米渐变为浅红色。火台周围为窑壁，保存较好的西、南两侧红烧土窑壁之高仍为 0.05～0.2 米，厚 0.1～0.2 米；火膛的东南、西北两面各有一斜坡伸出窑室之外，西北斜坡宽 0.35、凸出壁外约 0.3 米，东南侧斜坡宽 0.35、向外凸出 0.2 米，出口地势高于

西北斜坡 0.3～0.4 米，推测东南侧斜坡可能具有窑门性质。西北
火门之外有一灰坑 H336，从包含物看晚于 Y8，但从形状来分析，可能具有工作间的
性质，其内的陶片可能为废弃后填入，不一定代表该坑使用期的年代。在火膛之斜坡，
向上渐窄形成烟道，然后变成一圆洞向南通过窑壁伸出地面，出口处直径为 0.12 米。
烟道和出烟口的周壁因经长期烟火烧烤而呈黑褐或红褐色，相当坚硬，用手铲叩之有
声。烟道底中沉积有厚厚一层烟灰，约 0.05～0.15 米。以有固定火门和烟道、出烟口
的情况来看，该窑在装上陶坯后，应为封顶式（图 44）。

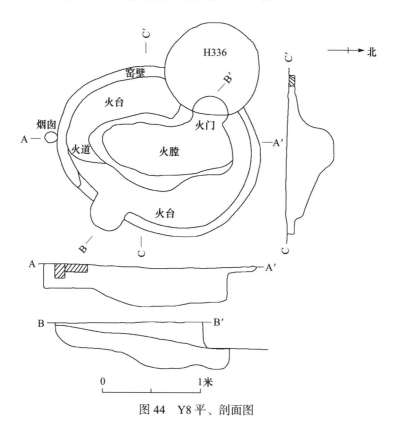

图 44　Y8 平、剖面图

（2）第二类，坑穴式陶窑

以其特征大体可分为二型：

A 型　总体特征是，均为一圆形或椭圆形坑穴，圜底或平底，底部有一层厚约
0.1～0.2 米的原生红烧土，有的较厚，有的较薄，可能因重复利用次数多少不同所致。
烧烤程度从内向外由深渐浅，周边厚于底部，坑内填大量大小不等的红烧土碎块并夹
大量草木灰。推测其修建和使用程度，应是先挖一圜底坑穴，铺一层柴草后，在上面
架一层陶坯，然后柴草陶坯层层相隔，最后上面铺一层柴草用泥封抹，捅出若干出烟
孔，在一侧点火。此类陶窑可能被重复利用，应是竖穴式陶窑的原始形态。

例如 Y1，平面呈圆形，斜壁圜底，呈锅底状，壁底为层厚约 0.1～0.3 米的原生红
烧土，由上而下由红褐色渐变为浅色，较坚硬。坑内填土分三层，第一层灰黄色，厚

约 0.3 米，质松，内含红烧土块、兽骨、兽牙等。第二层黄灰色，厚 0.3 米，含红烧土块、兽骨、鳖甲、鱼骨、粗沙子等。第三层厚 0.1 米，为黑灰色草木灰层，含木炭块等。第一、二层为窑废弃后的堆积，三层为陶窑使用期的堆积（图 45）。

又如 Y5，保存极差，整体为一圆形，直壁平底，直径约 1.7、深 0.65 米，周壁的红烧土窑壁已坍塌不存，仅在东北部中间部位保留一条宽约 0.1~0.25、厚约 0.06~0.08 米的原生红烧土，其下 0.15 米厚至底被烧成红褐色，极坚硬，对应高度在西壁也残留有宽约 0.08、厚 0.06 米的红烧土带。西南壁外缘有一红烧土洞，直径 0.12 米，应为出烟口。红烧土面上东北扣置一侈口罐。窑室内填土分三层，第一层为含大量红烧土块的黄色土，厚 0.2 米，为窑壁塌时的堆积。第二层为黑灰色草木灰层，含大量鱼骨及兽骨、陶片等。应为陶窑使用时期和刚刚废弃时的堆积。第三层即窑底的红褐色原生烧土层，厚红 0.05 米，无包含物（图 46）。

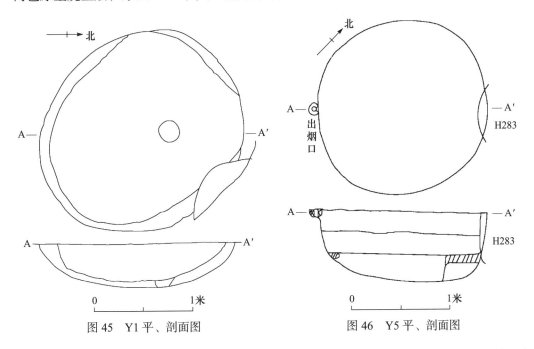

图 45　Y1 平、剖面图　　　　　图 46　Y5 平、剖面图

B 型　形状、结构、使用方式特征与 A 型相同，只是不是特意挖坑，而是利用废弃的窑穴，将其平整砸实，所以在烧面之下往往有原来灰坑内的厚薄不等的填土，烧面上大量破碎的草木灰和红烧土块应为烧窑后的堆积。

例如 Y4，平面呈椭圆形，东北西南向，长径 2.1、短径 1.45 米。此窑原为一底呈台阶状的窑穴，其南侧有一直径约 0.85、深约 0.25 米的小圆坑，窑穴总深约 1.02 米，中部为一平面，西南有一层台阶。窑穴废弃后对整个坑底进行了平整铺垫，成为一简陋的陶窑。清理出时陶窑周壁除北侧外均保留有厚约 0.04~0.05 米的红烧土窑壁，底有 0.05~0.1 米厚的原生红烧土窑底，之上有倒塌的大块红烧土块，堆积厚达 0.1~0.15 米。窑深约 0.6 米。窑内堆积为松软的草木灰层，含有陶片、鱼骨等。窑底下窑穴内填土为松软的灰土，含大量灰烬、炭粒、陶片、兽骨等（图 47）。

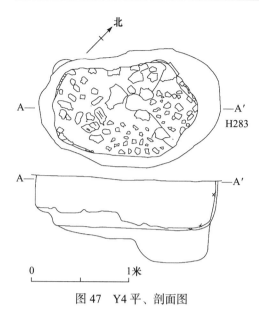

图 47 Y4 平、剖面图

又如 Y6，平面呈近圆形，直径南北 1.35、东西 1.56 米，此窑原为一窖穴，底略大于口，呈袋状，底径 1.45～1.65 米，总深 0.88 米。废弃后在其坑内平整后铺垫厚约 0.3 米的黄土，以做陶窑使用。因这里文化层已遭到破坏，原有窑壁多已破坏，仅北壁尚保留高、厚约 0.1 米的红烧土壁，窑底的红烧土硬面以中间部位最为明显，表层厚约 0.02 米，呈灰白色，陶化程度很高，相当坚硬。向下陶化程度渐浅，由砖红色渐变为黄红色，共厚约 0.2 米，之下为未陶化的铺垫黄土层，内夹少量红烧土粒。在北壁外 0.16 米处有一出烟口，南北呈椭圆形，长径 0.4、短径 0.28 米，并有一烟道与窑室相连，烟道内沉积有黑色灰烬。烟道内口烧成红褐色，烟道内壁和出烟口均为砖红色。在铺垫的黄土层下，原来的窑穴堆积有 8 层，最下一层为黄沙土，含少量红烧土粒，厚 0.06 米，为窑穴底部的铺垫土，代表着窑穴的始建年代。黄沙土层之上有一层纯草木灰层，厚约 0.06 米，应为窑穴使用时期的堆积。再上也是草木灰层，呈黑色，只是夹大量木炭块，厚约 0.06 米。草木灰层之上是颗粒状的黄土层，厚 0.06 米，含少量红烧土和灰白色砂粒，也应是有意铺垫层，是窑穴使用时期的堆积。再之上又为一纯草木灰层，上面也是一层夹大量木炭块的黑色草木灰层，两层共厚 0.14 米，在其上又为一较纯的黄土层，厚 0.1 米。黄土层之上为一层含少量大块红烧土的黑灰土层。这两层可能是窑穴废弃后的堆积。此窑可复原为一带出烟口的就地封顶窑。从窑底较厚红烧土，以及边上有淘洗池和晾坯棚等现象看，此窑曾经反复使用过（图 48）。

2. 淘洗池

其他与制陶相关的遗迹，可辨认的主要见有淘洗池和晾坯棚遗迹两种。

（1）淘洗池

在 Y6 西南侧约 3 米处，H288 底部，我们发现有一层厚约 0.10～0.2 米的纯净、细腻的青泥层，显系经过淘洗，联系到大部分陶器表面均涂有一层厚厚的泥浆层，我们推测这个灰坑原来可能是一个泥浆淘洗池（图 49）。

（2）晾坯棚

在 Y6 之南，Y5 之西，见有大大小小近 20 个的烧土洞或黑土洞，圆形或椭圆形，大的直径约 0.6 米，小的只有 0.1 余米，看不出有什么规律且无别的遗迹存在，我们推测这一片数十平方米的空地应是晾晒陶坯的场所，这些烧土洞或黑土洞底应是反复多次撑简易晾坯棚的柱子洞。

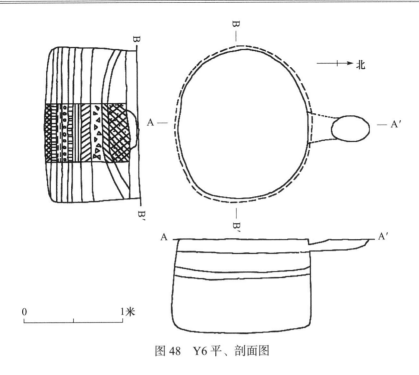

图48　Y6平、剖面图

（二）烧成温度和烧成气氛

1. 烧成温度

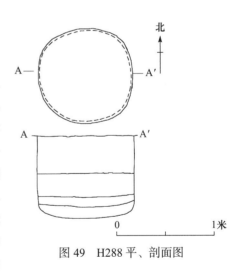

图49　H288平、剖面图

　　贾湖遗址发现的陶窑，大多为升烟窑，但也不排除个别为原始倒烟窑的可能。虽然陶窑的规模不大，但是陶器大多是在陶窑内焙烧的，虽然技术上已经越过了平地堆烧的阶段，但从地层内见有大量红烧土颗粒等现象分析，平地堆烧的方式可能继续存在。根据陶器的硬度、吸水率和表层的保存状况（如陶衣层是否脱落、表层是否剥落），可以推测多数陶器的烧成温度约$700\sim800℃$。如双耳罐H14：1的烧成温度约$700℃$，圆腹壶M385：1的烧成温度约$750℃$，圆腹壶M385：1的烧成温度约$750℃$，敛口钵M387：3的烧成温度约$800℃$。但利用热膨胀仪测定陶片的高温膨胀收缩率，绘制出相应的曲线，利用曲线的斜率改变和试样熔体含量增加大致成正比的原理，在曲线上找出斜率变化最大的一点作为它原来所达到的烧成温度，从实验结果看，H39和H174出土的两块泥质陶片分别是$960℃$和$920℃$，H174出土的两块夹炭陶片均为$900℃$。因所选的陶片质量均较好，这些测定数据应该是可信的。有个别器物烧流变形，成为次品，如罐形壶M110：1，推测烧成温度高于$1000℃$。但是，有一部分陶器的烧成温度低于$700℃$。如双耳罐M28：1，质地松软，经渗水试验，陶胎吸水后会

立即疏散，推测烧成温度约 600℃。圆腹壶 M325：4、H366：1、M323：1 和平底甑
W1：1 质地较软，用指甲刻划陶胎就会掉粉末，推测烧成温度约 650℃。上述低温陶
器除 H366：1 之外都出自墓葬，据此推测当时可能已经出现明器，作为随葬用的明器，
虽然在制作工艺上与实用器同样认真，但是在烧成工艺上比较马虎。

2. 烧成气氛

全部陶器在氧化气氛中烧成，大多数为颜色较纯的红陶，少数为颜色不纯的红褐
陶，这是氧化不充分，陶胎内的碳素未烧尽所致。陶器中所带的 Fe^{2+}/Fe^{3+} 的比值称为
还原比值，从 Fe^{2+}/Fe^{3+} 的比值可以分析烧制的气氛。当 Fe^{2+}/Fe^{3+} 大于 1 时，为还原气
氛；当 Fe^{2+}/Fe^{3+} 小于 1 时，为氧化气氛。利用穆斯堡尔谱测定了部分陶器的 Fe^{2+}/Fe^{3+}
的比值，实验结果表明，这些陶片的烧成气氛为氧化气氛。这与观察的结果是一致的。
目前未见真正意义的灰陶，推测当时尚未出现还原气氛的烧成技术。

（三）渗碳工艺

从制陶流程来讲，这是最后一步，属于后处理工艺。渗碳工艺已出现，但是不发
达，经过渗碳的器物不多，个别属二期，大多属三期。渗碳的方法有几种：第一种是
窑内渗碳，有少量泥质黑陶，如敞口钵 T12③：2，内壁、外表都经过磨光，又渗入大
量碳颗粒，显得黑亮，胎心渗入碳粒较少，呈黑灰色。第二种是窑外渗碳，将刚出窑
的陶器趁热迅速进行渗碳。如敞口钵 T34③B：9，泥质红陶，内壁全部呈黑色，外表
腹中部以上为黑色，以下为红色，黑色与红色之间呈现为渐变。推测是将刚出窑的敞
口钵迅速扣放在渗碳材料（如干燥的生稻壳）之上，腹中部以上插入渗碳材料内，渗
碳材料被红热的陶胎烧焦产生大量黑烟，钵内部充满黑烟，内壁全部变成黑色，外表
插入渗碳材料内的部分由于渗碳变成黑色，暴露在空气中的部分没有渗碳保持红色。
罐形鼎 T109③B：63，夹砂红陶，器耳以上部分扣放时插入渗碳材料内，内壁和外表
由于渗碳都变成黑色；器耳以下部分内壁呈黑灰色，这是鼎内空间很大，黑烟浓度较
小，内壁渗入碳粒较少所致，外表保持红色是暴露在空气中没有渗碳的缘故。H135：3
三足钵，内壁和外壁口沿部分呈灰色，腹底外壁和三足呈红色（图 50）。

三足钵 T103③：31，泥质红陶，口部内壁和外表涂深红色陶衣，内壁和外表都磨
光。刚出窑时趁热迅速往钵内置入渗碳材
料，口上歪扣一件器物作为"器盖"，结果
内壁平行线以下部分由于渗碳变成黑色，平
行线与斜线之间的红陶衣变成褐色，这是红
色与黑色的混合色，斜线以上部分的红陶衣
以及外表的红陶衣暴露在空气中没有渗碳都
保持深红色。如上所述，窑外渗碳有扣放渗
碳、扣"器盖"渗碳两种具体方法。三足钵

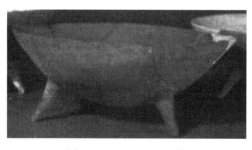

图 50　H135：3 三足钵

T109 ③ B：17，外壁和内壁口沿部分呈红色，内壁口沿以下呈黑色（图51）。

（四）器表陶色

器表陶色是在烧制及其后处理过程中形成的，因此主要反映烧制技术的水平，反映陶窑的形制、窑温和气氛以及后处理工艺等，这里只介绍其表面形态。因此可以说，陶色是陶器烧造技术的表象，也就是说，通过陶色可以窥知特定时期的陶器烧制水平。贾湖陶制品陶色以红为主，但若仔细观察，则可发现大多不甚纯正，一器多色且无规律的现象十分普遍，大多陶制品表面，内里皆

图 51　T109 ③ B：17 三足钵

有大块黑、褐色斑，外红内黑（灰），下红上黑（灰）的黑里、黑顶现象也相当常见。红皮黑心、红皮灰心的现象亦很常见。陶器器表的颜色说明如下：

1. 红色

红色是贾湖陶制品的主体陶色，但若认真观察，红色陶也并不尽一致。主要有以下几种情况：

①制作工艺的不同反映。器物坯体的陶土均未经陶洗，因此陶衣脱落后陶胎的原色裸露，呈土黄红色；坯体外涂的泥浆均经淘洗，质地细腻，色多呈浅黄红色；陶衣层为特殊材料所制，多呈鲜红色。

②烧成温度的不同反映。火候较高时器壁陶化程度较高，器表多呈深红色或红褐色，火候较低时器表多呈鲜红色、土红色或黄红色。陶胎在火候高时有机质充分氧化，多呈砖红色，但火候低氧气不充分时陶胎内有机质氧化不充分，多呈黑色或灰色。

③烧成气氛的不同反映。由于陶窑的原始性，窑内器物摆放和火焰气氛的不同，使器物表面产生大块黑色、灰褐色斑点，有些为大块色斑。但其主体仍属于红色。

2. 褐色

这是一种比较复杂的色调，往往把稍带红头，色又较深的标本归类于此。细分可分为红褐、黄褐、灰褐、黑褐等，红褐是指以红为主。红中带黑的颜色，其他各色划分原则均如此。但因陶色多不纯正，同一器物不同部位陶色各不相同，所以统计时无法细分，只能统统归入褐色之中，但仍不可避免地与红色相交叉。

3. 灰黑色

因为贾湖少见纯正的灰陶或黑陶，过渡色较多，只能把灰、黑色放在一起来记述。

这种陶色的形成，可能为在还原焰的气氛下形成，但可能由于这种工艺刚刚出现，技术不太稳定，所以形成色泽不稳定的现象。但联系到巩义瓦窑嘴遗址有大量此类标本的发现 [1]，可以认为贾湖已经出现这种技术。

4. 外红内黑（灰）、下红上黑（灰）

这种现象也较常见，经李文杰先生模拟实验，是烧后的窑外渗碳工艺形成的，主要作用是增加器物的防渗水能力。细分则有内红顶和外黑（灰）顶两种，前者是在器物刚出窑很热时抓一把谷糠类易燃料置入其中，然后迅速将一小于该器物口径的器物扣盖其上，达到内壁渗碳的效果，从而形成内红顶现象。后者是将刚出窑的器物扣置在谷糠类易燃物堆上，使器物内壁和外壁口沿部位均经渗碳处理形成黑（灰）色。一般器物出窑渗碳时温度越高，渗碳效果越好，色就越深，呈黑色；温度越低，渗碳效果越差，色就越浅，呈灰色。

以上四种基本上代表了贾湖遗址所有陶色，有许多细微变化，皆从这四种陶色过渡而来。

从大量陶片统计结果可以看出，按传统的数片统计法与称重统计法的结果不尽一致。其主要原因是陶制品火候太低，陶片过于破碎，有些几乎成粉末状，无法数片统计，而称重法则将所有陶片进行称重统计，因之称重法的统计结果可能更接近于真实比例。

五、结　　论

通过研究和比较，可以得出以下几点认识：

贾湖遗址制陶工艺的显著特征是：泥片筑成法与泥条筑成法长期共存、并行发展的同时，泥片筑成法由一期占主导地位到三期只占次要地位，泥条筑成法由一期只有个别器物到三期变为占有主导地位。因此可以认为，贾湖文化的制陶工艺恰好处于由泥片筑成法向泥条筑成法过渡的历史阶段，贾湖遗址制陶工艺史上的重要性就在于此。

贾湖遗址有若干共存于同一期甚至同一单位（灰坑或墓葬）的器物采用泥片筑成法、泥条筑成法这两种不同的成型方法，制陶者针对不同的器形选择适宜的成型方法，换句话说，成型方法的选择与器型直接相关。由于不同的器型具有不同的用途，成型方法的不同与用途的不同有间接关系。

相对而言，泥片筑成法比较原始，缺点较明显；泥条筑成法比较先进，优点较明显。在贾湖文化中，由泥片筑成法向泥条筑成法过渡经历了一个漫长的量变的过程，达千多年之久。到了晚于贾湖文化的大岗遗址，泥条筑成法完全取代了泥片筑成法，并且出现了慢轮和彩陶，开始进入慢轮制陶的新阶段，虽然其成型方法仍属于手制范

---

① 巩义市文物保护管理所：《瓦窑嘴巩义市瓦窑嘴遗址第三次发掘报告》，《中原文物》1997年第1期；吴茂林、张保平、刘洪淼：《河南巩义市瓦窑嘴新石器时代遗址试掘简报》，《考古》1996年第7期。

畴，但是慢轮的使用，提高了成型、修整和装饰的效率及效果，可见这是制陶工艺发展史上的一个进步。

贾湖遗址的陶器，拍打外表时，未见内壁使用陶垫作依托的痕迹，有的用裹网陶拍进行拍打，形成网绳纹；有些用篦状工具刮削内壁和外表，形成篦划纹；有些器耳用尖状圆棍从单面或管状工具从两面钻成圆孔；有些三足采用榫卯结构安装在器身底部；许多器物先涂泥浆打底子，再涂红陶衣作装饰，最后磨光。这些做法具有鲜明特色。

贾湖遗址出土陶器的烧成气氛主要为氧化气氛，并出现了窑外渗碳工艺。大多陶器在650～850℃，少数火候较低，仅600℃左右，部分陶片火候较高，个别可达到上千度。

贾湖遗址已出现原始彩陶。这是一种原始的彩陶工艺，外表先涂一层泥浆，口部至腹上部涂宽带状红陶衣，以下原胎壁裸露，有的分界处还修刮整齐，具有彩陶的效果。这应该是中原地区大岗类型和仰韶时代早期后岗类型红彩宽带和窄带纹彩陶的前身。

贾湖文化的陶器成型工艺与裴李岗文化相比，器物组合不同，其成型工艺各具特色。裴李岗文化的早中期相当于贾湖文化的中晚期。裴李岗文化的陶器成型工艺主要是泥片筑成法，泥条筑成法较少见到。即使相同的器型，但成型手法各异，例如小口双耳壶，裴李岗的大多为小口直径圆腹，颈肩转折明显，显系两段分作后对接成型；而贾湖同类器大多呈喇叭口，折肩壶颈肩和腹底分段制作然后在肩部对接成型，圆腹和扁腹壶则是从腹到口一直盘筑而成，所以都成喇叭口。类似这些现象反映二者的陶器成型工艺还是各有特色的。

从贾湖遗址和大岗遗址的制陶工艺上可以看出，贾湖文化是这一地区仰韶时代文化的源头之一，但是与仰韶时代文化之间尚有缺环。中原地区在贾湖文化之前是否有存在只采用泥片筑成法的文化阶段，有待于今后去探索。

附记：李仰松先生是我最尊敬的前辈学者之一，虽无缘成为他的门生，而且谋面的机会也很少，但他的学术思想曾引导我解决过一个个谜团！今有幸承蒙赵春青先生邀请，为李仰松先生90寿辰助兴，虽本人才疏学浅，但怀着对李先生的仰慕之情，也不揣冒昧，将在研究贾湖文化的制陶工艺的过程中，受李先生的启发产生的一些体会奉献给大家，望各位方家不吝赐教。另外，本文插图由方方博士编绘，谨致谢忱！

傩舞与器物组合堆（坑）
——磁山文化特色的精神文化现象

朱乃诚

（中国社会科学院考古研究所）

磁山文化是以 1976 年发掘河北省武安磁山遗址而命名[①]，年代约为距今 8100 年以前至距今 7000 年前。经过四十多年的探索，现在基本可以明确磁山文化的分布区域，大致是在太行山东麓的冀南与冀中地区，北起永定河，南至河北河南交界处与裴李岗文化分布区接壤。

目前发现的磁山文化遗址有 10 多处。经发掘的重要遗址主要有武安磁山、易县北福地、容城上坡遗址，在武安牛洼堡与西万年、安新梁庄与留村[②] 等遗址也发现了少量遗存。在这些遗址中发现了一批与当时精神文化生活活动有关的遗存，而且很有特色，如磁山遗址的器物组合堆（坑）和"人祭遗存"、北福地遗址第一期的陶面具和"祭祀场"等，引起了学术界的关注，曾展开了讨论。本文拟进一步分析这些文化遗存，探讨具有磁山文化特色的精神文化现象。

一、磁山遗址器物组合堆（坑）的性质

1. 磁山遗址器物组合堆（坑）的发现情况

磁山遗址位于河北省南部武安市西南 20 千米处的磁山镇磁山村东南约 1 千米的黄土台地上，面积约 80000 平方米。地处太行山脉的鼓山山麓，北靠磁山铁矿，南临滏阳河支流的南洺河，村西是丘陵，东为鼓山，遗址区域群山起伏，河流环绕。遗址于 1972 年发现，1973 年夏调查，1976 年至 1988 年进行了 6 次的发掘，后于 1994 年至 1998 年又进行了 5 次发掘。磁山遗址 11 次发掘，共清理器物组合堆（坑）约 100 多处，加上 1972 年发现的约 30 处，共发现器物组合堆（坑）在 140 处以上。

其中，磁山遗址第一、二次发掘，揭露面积 2579 平方米，发现 476 座房址、灰坑

---

① 邯郸市文物保管所、邢台地区磁山考古队短训班：《河北磁山新石器遗址试掘》，《考古》1977 年第 6 期。
② 保定地区文物管理所、安新县文化局、河北大学历史系：《河北安新县梁庄、留村新石器时代》，《考古》1990 年第 6 期。

等遗迹，出土陶器、石器、骨角器等遗物近 2000 件，分为第一、第二两个文化层①。第一文化层发现的遗迹主要有灰坑 186 个，其中有的是房址，有的是窖穴，有 62 座窖穴内发现有粮食等食物遗存，还有沟 3 条。第二文化层发现的遗迹有房址 2 座、灰坑 282 座、器物组合堆（坑）45 处，与第一文化层一样，灰坑中有的是房址、有的是窖穴。

磁山遗址第一、二次发掘发现的 45 处器物组合堆（坑），有 10 处 11 组是器物组合坑，如 H15、H58、H453 号坑等。30 多处为器物组合堆，是成组放置器物，没有发现坑，发现于第二文化层中，距离发掘时地表的深度不一，但基本在一个平面上。器物组合堆（坑）的器物数量、位置和组合情况不完全一致，主要由石磨盘、磨棒、斧、铲和陶盂、支架、三足器等组成。在器物组合中，有陶圈足罐的不见陶盂和支架。有的器物组合中有小口长颈陶罐、深腹罐等。石磨盘大部分是平放，磨棒多置于磨盘的附近或磨盘上，有的磨盘和磨棒竖立，一头插入土中。陶盂、支架多分散放置，有的陶盂置于支架上，有的将支架放入陶盂内，显示这两种器物通常是组配使用的。其他石器、陶器均在石磨盘附近。在有的器物组合堆附近有陶片、兽骨和烧土等。器物组合堆（坑）的分布比较集中，多者十几组集中分布，少者三、五组集中分布，很少有单组的。在这些器物组合堆（坑）出土点没有发现人骨与牙齿。根据 H15、H58、H453 等 10 个器物组合坑的现象推测，30 多处器物组合堆或许原本可能都有坑。

2. 磁山遗址器物组合堆（坑）的性质

磁山遗址发现的器物组合堆（坑）有 140 多处。最初有发掘者认为这种器物组合堆（坑）是与粮食加工有关的遗迹②，也有发掘者提出是墓葬的随葬品或是就地掩埋的丧葬遗存③。后有研究者提出这是祭祀遗存，认为磁山遗址第一、二次发掘清理的 45 处器物组合堆（坑）反映的应当是一种祭祀活动，组合陶器、生产工具和粮食加工工具结合起来应是一种祭祀语言，并进一步认为磁山遗址发现的其他遗迹如房址、80 座粮食窖穴、包含炭粒与草木灰和红烧土块的坑、一具人骨、卵石面等整个遗址发掘区的遗迹构成和分布特征应当是一种祭祀活动的遗留，是祭地祈年的遗存④。对此，有研究者提出了不同意见与反驳意见⑤。之后又有研究者认为这种器物组合堆（坑）应是当时先民生活遗留，是专门存放日常用器的场所，并认为每一"组合物"是一个对偶家庭存在的象征，并据此进一步探讨磁山聚落晚期氏族社会的结构问题⑥。2003、2004 年在

①　河北省文物管理处、邯郸市文物保管所：《河北武安磁山遗址》，《考古学报》1981 年第 3 期。
②　河北省文物管理处、邯郸市文物保管所：《河北武安磁山遗址》，《考古学报》1981 年第 3 期。
③　佟伟华：《磁山遗址的原始农业遗存及其相关问题》，《农业考古》1984 年第 1 期；佟伟华：《磁山、裴李岗两种遗存的比较和探讨》，《史前研究》1987 年第 3 期；乔登云、刘勇：《磁山文化丧葬遗迹初探》，《磁山文化论集》，河北人民出版社，1989 年，第 136～145 页。
④　卜工：《磁山祭祀遗址及相关问题》，《文物》1987 年第 11 期。
⑤　乐庆生：《磁山遗址灰坑性质辨析》，《古今农业》1992 年第 2 期；乔登云：《关于磁山文化研究中的几个问题》，《邯郸职业技术学院学报》2015 年 18 卷第 1 期。
⑥　金家广：《磁山晚期"组合物"遗迹初探》，《考古》1995 年第 3 期。

易县北福地遗址也发现了约 11 组的器物组合堆，共有中小型陶盂（直腹盆）、各种石器、玉器、水晶等 91 件器物，并且位于面积约 90 余平方米的"祭祀场"内的堆土中、生土面上、浅坑内和浅坑上，发掘者确认北福地遗址这类器物组合堆为祭祀遗存[①]。

　　磁山遗址与北福地遗址发现的器物组合堆（坑）应都是与当时的精神文化生活活动有关的遗存。但是，这种精神文化生活活动遗存所反映的当时何种具体的行为现象，尚需进行细微、具体的分析。但受发掘面积、公布资料等因素的限制，分析较难深入。

　　目前公布的磁山遗址发掘资料十分有限，而且后 9 次发掘资料没有作详细的公布。磁山遗址第一、二次发掘揭露的房址、粮食窖穴、器物组合堆（坑）、卵石面等遗迹，发掘者将它们分属两个时期，即第一文化层、第二文化层。实际上这些遗存至少分属三个时期。其中，粮食窖穴分属第一文化层与第二文化层，器物组合堆（坑）分属第二文化层，卵石面在揭开表土后就暴露了，应晚于第二文化层的 45 处器物组合堆（坑）。至于与卵石面同时期的石器、陶器等遗物是哪些，或许没有分辨出来，或许没有发现。这些不同时期的遗存，前后跨越的时间在数百年之多，将这些不同时期的遗存作为互相之间有联系的祭祀遗存，显然是不恰当的。所以，将磁山遗址发现的器物组合堆（坑）作为祭祀遗存缺乏证据。至于北福地遗址第一期的 11 组器物组合堆也不宜认作为祭祀遗存（见后述）。

　　目前发现的磁山文化器物组合堆，有的是发现于坑内，属于"器物组合坑"，那些没有发现坑的器物组合堆原本是否有坑，目前尚不得而知。那种"器物组合坑"似与墓葬有联系。然而，目前发现的 150 多处器物组合堆与器物组合坑，都没有发现人骨的埋葬现象。在磁山遗址发现有一具人骨，发现的各种骨器的数量也比较多。如果器物组合堆与器物组合坑内伴有人骨的话，不可能不留一点遗存。在目前所掌握的距今七八千年前社会发展状态的各种知识中，还没有类似于磁山文化器物组合堆（坑）这样的墓葬遗存。

　　需要指出，目前在磁山文化中发现了房址、大量的灰坑、粮食等食物窖穴，却尚未发现形制与遗存特点明确的墓葬。这是耐人寻味的。如果发现的器物组合堆（坑）是一种没有人骨的葬俗遗存，将弥补这方面的缺憾。

　　综合以上的分析，磁山遗址与北福地遗址第一期发现的 150 多处器物组合堆（坑）不应是祭祀遗存，也不能确定为埋人的墓葬，可能是我们尚未了解的距今 7000 年前的某种没有人骨的葬俗遗存。

二、磁山遗址"人祭遗存"的性质

　　磁山遗址发现的一具人骨，位于 T21 号探方内。头西南向，仰身直肢，面向右侧，

① 河北省文物研究所：《河北易县北福地史前遗址的发掘》，《考古》2005 年第 7 期；河北省文物考古研究所、保定市文物管理处、易县文物保管所：《河北易县北福地新石器时代遗址发掘简报》，《文物》2006 年第 9 期。

腐朽严重，属磁山遗址第二文化层。没有发现与这具人骨有关的坑类遗迹和随葬品遗物。有研究者提出这是"人祭遗存"[①]。

磁山遗址 T21 探方内发现的这具人骨，由于缺乏与其有关的其他遗迹与遗物，尚不能确定其是墓葬遗存还是乱葬坑遗存抑或是其他性质的遗存。如果这具人骨确实是磁山文化的遗存，无疑是与当时社会的精神文化生活活动有关。但是可以明确不可能是祭祀的牺牲，因为目前还没有发现距今 7000 年前的社会存在等级分化现象，在距今 7000 年以前的平等社会中不可能出现人祭现象。所以，尽管目前不能明确这具人骨是墓葬遗存或是乱葬坑遗存抑或是其他性质的遗存，但可以明确不可能是祭祀遗存。

三、北福地遗址陶面具的性质

1. 北福地遗址陶面具的发现情况

北福地遗址位于河北省易县西南约 12.5 千米处的北福地村南台地上。这一带地处太行山脉东麓的低山丘陵与河北平原的接壤地带。遗址位于中易水北岸的二级阶地上，南距河床 800～1000 米，面积约 30000 平方米。1985 年发现并试掘了 100 平方米，发现被称为北福地一期甲类与乙类两种文化遗存[②]。1997 年发掘面积 750 平方米，发现房址 3 座、灰坑 30 个，出土一批石器、陶器等遗物[③]。2003 年对遗址进行全面的勘察，并分东、西两个发掘区进行发掘，共发掘面积 400 余平方米；2004 年又发掘 800 余平方米，明确遗址文化层堆积厚 0.5～1 米，分为两期。第一期早于第二期，第一期属于磁山文化[④]。

北福地遗址第一期出土陶面具 144 片残件，石面具 1 片，其中完整和可以复原的 12 件。主要出自房址内和灰坑中，如 F1、F2、F5、F11、F12 房址内和 H52、H76、H78 灰坑中。据 F1 房址出土陶片的统计，陶面具残片约占陶片总数的 10%。

陶面具利用直腹盆（盂）的腹部、底部残片制作，以腹部片为主，边缘有切割修整痕迹。面具的大小一般与真人面部相同，小型作品一般高 10 厘米左右。为单面浅浮雕，使用阴刻、阳刻、镂空等雕刻技法，雕刻出由阴刻线条与阳刻线条、凹面与凸面、镂孔等体现的五官特征，产生了各种形象的人面与兽面，兽面包括猪、猴、猫科动物等，以人面为主。艺术风格兼具写实性、象征性和装饰性。

如 F2：1 陶面具（图 1）[⑤]，发现于室内地面东北角，为直腹盆（盂）口沿及腹片，宽 6.6～13.2、高 20.2 厘米，左侧有整齐的切割痕迹，人面雕刻在陶盂口沿下腹面，方向与口沿倒向垂直。雕刻的人面特征为：椭圆形大眼眶与弧形凸眉，眼睛为镂空微弧

① 卜工：《磁山祭祀遗址及相关问题》，《文物》1987 年第 11 期。
② 拒马河考古队：《河北易县涞水古遗址试掘报告》，《考古学报》1988 年第 4 期。
③ 樊书海：《河北发掘易县北福地前仰韶文化遗址》，《中国文物报》1998 年 8 月 2 日。
④ 河北省文物考古研究所、保定市文物管理处、易县文物保管所：《河北易县北福地新石器时代遗址发掘简报》，《文物》2006 年第 9 期；河北省文物研究所：《北福地——易水流域史前遗址》，文物出版社，2007 年。
⑤ 河北省文物研究所：《北福地——易水流域史前遗址》，文物出版社，2007 年，彩版五。

形，形成斜立双眼，右眼长 2.9、宽 0.4 厘米，左眼长 2.3、宽 0.4 厘米；鼻为弧边三角形，下端刻两个小圆坑点为鼻孔，径 0.4 厘米；嘴部为圆角近长方形，其内雕刻出上下口唇，上唇向下弧凸，下唇向上弧凸，上口唇上有阴刻交叉线条，似表现为唇须。在面具的上端边缘穿三个系孔，位于额部正中及两侧；脸颊两侧近嘴部两角各穿一系孔，孔径 0.4～0.5 厘米。又如 H76：3 陶面具（图 2）[①]，利用陶器的口沿与腹部残片施刻，面具方向与陶器口沿方向一致。陶面具整体近方形，高 13.1、宽 12.3 厘米，用浅凹块面表现眼眶，浅凸条块表现鼻部，小圆坑点为鼻孔；弧形凹条与凸条为嘴部，口长 5.2、高 1.9 厘米；镂空双眼，长 1.8、宽 0.5 厘米。四角各穿一孔，孔径 0.5～0.7 厘米。面目呈庄重平静状。还有其他各种形态的陶面具。如 F12：7 陶面具（图 3）[②]、H78：1 陶面具（图 4）[③]、F11：3 陶面具（图 5）[④]、H76：14 陶面具（图 6）[⑤]、F1：32 陶面具（图 7）[⑥]、F1：54 陶面具（图 8）[⑦] 等。雕刻的人面具作品，大同小异，细部有区别，但基本掌握了面部五官特征予以雕刻表现。这类陶面具是目前发现的年代最早的一批陶刻面具，是磁山文化的艺术创造。

图 1　北福地 F2：1 陶面具

图 2　北福地 H76：3 陶面具

2. 北福地遗址陶面具的性质

北福地遗址第一期发现的雕刻陶面具，大小一般与真人面部相同，而且有系孔便于绑缚，显然是绑缚戴在成年人或儿童脸上的。《北福地》作者段宏振已经推定："是

① 河北省文物研究所：《北福地——易水流域史前遗址》，文物出版社，2007 年，彩版八。
② 河北省文物研究所：《北福地——易水流域史前遗址》，文物出版社，2007 年，彩版六。
③ 河北省文物研究所：《北福地——易水流域史前遗址》，文物出版社，2007 年，彩版七。
④ 河北省文物研究所：《北福地——易水流域史前遗址》，文物出版社，2007 年，彩版九，4。
⑤ 河北省文物研究所：《北福地——易水流域史前遗址》，文物出版社，2007 年，彩版九，1。
⑥ 河北省文物研究所：《北福地——易水流域史前遗址》，文物出版社，2007 年，彩版九，3。
⑦ 河北省文物研究所：《北福地——易水流域史前遗址》，文物出版社，2007 年，彩版九，2。

图 3　北福地 F12：7 陶面具

图 4　北福地 H78：1 陶面具

图 5　北福地 F11：3 陶面具

图 6　北福地 H76：14 陶面具

图 7　北福地 F1：32 陶面具

图 8　北福地 F1：54 陶面具

佩戴在人面部的假面具。其功能有可能是一种原始宗教或巫术用品，用于崇拜祭祀实现或巫师实施巫术时的辅助用具。"并引民族学资料和古代文献予以说明。如《周礼·夏官·方相氏》记载："掌蒙熊皮，黄金四目，玄衣朱裳，执戈扬盾，帅百隶而时难（傩），以索室驱疫。"还进一步推测假面面具可能是用于祭祀崇拜或巫师驱疫时的辅助神器，用来装扮神氏或祖先。并且很有可能，当时的人们戴着假面面具到祭祀场进行祭祀活动[①]。

笔者赞同这种陶面具是进行某种具有原始宗教活动特点的仪式中戴在人脸部的假面具。至于佩戴这种假面具进行原始宗教活动的具体内容与形式是什么？笔者认为这是当时人们举行"傩舞"时佩戴的一种假面具。依据在北福地遗址第一期发现的这种假面具数量比较多，而且主要见于房址与灰坑中，却不见于"祭祀场"现象，表明当时佩戴假面具进行傩舞是一种较为常见的娱乐活动。这种傩舞娱乐活动具有原始宗教活动的特点，但是不属于神秘的原始宗教活动，更与祭祀活动无关。而那些兽面陶面具则表明当时举行傩舞时，还有人假扮有关的动物一起进行。当时举行傩舞的目的是什么，尚不能确定。或是与《周礼·夏官·方相氏》所记的"索室驱疫"有关。由于在傩舞中有人假扮某种动物，如果是野生动物，那么这种傩舞娱乐活动还与狩猎活动有关，如果是饲养的动物，则这种傩舞娱乐活动可能还与家畜饲养有关。据此推测，磁山文化晚期后段（北福地遗址第一期）的傩舞娱乐活动可能与驱疫逐鬼、预设狩猎收获或是家畜兴旺有关，是一种炫示安庆的娱乐仪式，显示了"巫傩文化"的兴起。那些高10厘米左右的小型陶面具，应是儿童佩戴的。所以，小型陶面具应是进一步反映了当时的傩舞娱乐活动是一种较为常见的而不是神秘的原始宗教活动，一些儿童也参与其中，将此作为游戏渲染作乐。

北福地遗址第一期陶面具所显示的当时存在着的傩舞仪式，不可能像《周礼·夏官·方相氏》中记载的那样复杂，应是一种十分简单的傩舞与简洁的仪式，但这却是华北平原地区及黄河流域发现的年代最早的傩舞面具及"巫傩文化"现象。

四、北福地遗址"祭祀场"的性质

1. 北福地遗址"祭祀场"的发现情况

北福地遗址第一期发现的"祭祀场"位于发掘区的西区T205、T211发掘探方第3层下，被第二期的H93、H108灰坑等打破。平面近长方形，东西长10.8、南北宽8.4米，总面积约90余平方米（图9）[②]。平面略呈长方形的空场，空场中部覆盖一层深褐色堆土，其他部位则是生土面，上面有一些小型浅坑和一个深坑，以及散布的器物组

---

① 河北省文物研究所：《北福地——易水流域史前遗址》，文物出版社，2007年，第134页。
② 河北省文物研究所：《北福地——易水流域史前遗址》，文物出版社，2007年，彩版一〇，1。

合堆。保存较好的西北部显示，其构造应是直接挖建于生土之上，残深 20 余厘米，地面较平整。其上置放陶器与石器。器物堆放的方式以平地铺排为主，辅以斜坡高低错落，但叠压现象少见。在中央部位深褐色土堆积表面上的器物则放置在顶部或缓坡上，与周围的器物群形成约 10～40 厘米的落差。器物主要是中小型陶直腹盆（盂）（图 10）[①]、各种磨制石器（图 11）[②]、玉器、水晶等 90 多件器物，其中以中小型陶直

图 9　北福地遗址第一期"祭祀场"

图 10　北福地"祭祀场"中小型陶直腹盆（盂）

---

① 河北省文物研究所：《河北易县北福地史前遗址的发掘》，《考古》2005 年第 7 期，图版贰，2。
② 河北省文物考古研究所、保定市文物管理处、易县文物保管所：《河北易县北福地新石器时代遗址发掘简报》，《文物》2006 年第 9 期，第 11 页，图一二。

腹盆（盂）和各种精制石器为主。陶直腹盆（盂），形制以小型器居多。磨制石器有斧、铲、耜等，其中1件通体磨光的大型石铲（耜），长达46厘米，是迄今为止发现的磁山文化形体最大的石铲，而且制作精致，依据其形制特征，可称为石耜。玉器数量少，仅发现玦、匕（图12）①及坠饰件等器形。器物成群分布，似乎分为若干个组合，发掘者分为11组。器物个体基本完整、无缺损，尤其石器工具完整、精致、光滑，使用痕迹细微，与房址、灰坑中出土的石器大多为使用程度很高的残缺品、废品、使用痕迹明显等现象不同。这些器物组合堆群集中出现于一个小区域，应是人们有意识地反复在这里埋藏这些器物群。器物之间的填土及"祭祀场"覆土为深褐色土夹杂灰白色土，从剖面观察其有层理，质硬，较纯净，极少含有陶器残片等其他遗物。

 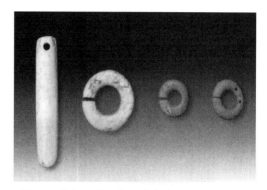

图11　北福地第一期"祭祀场"部分磨制石器　　　图12　北福地第一期"祭祀场"玉玦和玉匕

2. 北福地遗址"祭祀场"的性质

北福地遗址主持发掘者与报告编写者段宏振认为北福地遗址第一期"祭祀场"是祭祀遗迹②。而评论者张弛则意识到北福地遗址"祭祀场"出土的器物很像是墓葬的随葬品，不排除这些器物是随葬品的可能，也不排除"祭祀场"中的那些小坑可能与墓地的祭祀活动有关③。

北福地遗址发掘的面积有限，而揭露的第一期"祭祀场"基本完整。北福地遗址第一期"祭祀场"是否具有祭祀的特征？"祭祀场"内11组器物组合堆是否为祭祀遗存。目前没有证据给予肯定。然而，以下三方面的现象对于认识"祭祀场"的功能与性质有一定的帮助。

第一，北福地遗址第一期发现了数量较多的雕刻陶面具，这种陶面具显然是原始宗教活动的遗存，而且当时使用陶面具进行原始宗教活动是一种较为常见的而不是神秘的原始宗教活动。段振宏在将"祭祀场"定为祭祀遗迹时提出："很有可能，当时的

① 河北省文物考古研究所、保定市文物管理处、易县文物保管所：《河北易县北福地新石器时代遗址发掘简报》，《文物》2006年第9期，第10页，图九。

② 河北省文物研究所：《北福地——易水流域史前遗址》，文物出版社，2007年，第134页。

③ 张弛：《〈北福地——易水流域史前遗址〉评介》，《文物》2008年第6期。

人们戴着假面面具，到祭祀场进行祭祀活动。"[1] 如果当时的人们戴着陶面具在"祭祀场"举行祭祀等原始宗教活动，"祭祀场"应有这类陶面具的遗存。然而在"祭祀场"中却没有发现一件陶面具，甚至是陶面具残片。这现象显示"祭祀场"与佩戴陶面具进行原始宗教活动没有任何关系。

第二，佩戴陶面具进行"傩舞"这类原始宗教活动的目的可能是与驱疫逐鬼、预设狩猎收获或是家畜兴旺有关，这是当时人们为了生存而举行的一种原始宗教活动仪式。这种为了生存而举行的原始宗教活动仪式不在"祭祀场"进行，说明"祭祀场"的功能与当时为了生存而举行的有关活动没有直接的联系。

第三，"祭祀场"中11组器物组合堆的那些器物，绝大部分是人们生产、生活用品与装饰品，都是人们生时的必用品，小部分是以小型模型器物代替。在距今七八千年间，这类生产、生活用品通常发现于房址内、灰坑中、墓葬中，而以墓葬中发现的最为集中，而且器形完整，又最为多见。房址内、灰坑中发现的这类生产、生活用具是当时人们生时活动的遗留，以残件为主。而墓葬中的这类生产、生活用具则是当时人们为了埋葬死者而供死者在另外一个世界使用的随葬品，以完整器为主。由于"祭祀场"的功能与当时为了生存而举行的有关活动没有直接的联系，那么"祭祀场"内的这些物品不是当时生存活动的遗留。

以上三个方面的现象说明："祭祀场"与佩戴陶面具进行原始宗教活动没有任何关系，"祭祀场"的功能与当时为了生存而举行的有关活动没有直接的联系，"祭祀场"内的这些物品不是当时生存活动的遗留。这些现象实际上排除了"祭祀场"的祭祀功能与性质。

排除了"祭祀场"的祭祀功能与性质，那么可以明确"祭祀场"内11组器物组合堆不是祭祀遗存。依据目前对中国距今七八千年前社会发展状态的认识，北福地遗址第一期"祭祀场"中的11组器物组合堆应与处理死者的葬俗有关。至于"祭祀场"中的小坑，诚如张弛所认识的可能与墓地的祭祀活动有关。河南郏县水泉裴李岗文化120座墓葬组成的大型墓地内发现两座祭祀坑现象[2]，说明距今七八千年的墓地中存在着在墓地上为亡者进行祭祀活动而专门设置的小坑。北福地遗址第一期"祭祀场"内的小坑或许与此类现象有关。

北福地遗址第一期"祭祀场"内11组器物组合堆是当时处理死者的一种葬俗遗存。这也为说明磁山遗址中140多处器物组合堆（坑）是当时处理死者的某种葬俗遗存提供了佐证。

----

① 河北省文物研究所：《北福地——易水流域史前遗址》，文物出版社，2007年，第134页。
② 郏县文化馆：《河南郏县水泉发现的新石器时代遗址》，《考古》1976年第6期；中国社会科学院考古研究所河南一队：《河南郏县水泉新石器时代遗址发掘简报》，《考古》1992年第10期；中国社会科学院考古研究所河南一队：《河南郏县水泉裴李岗文化遗址》，《考古学报》1995年第1期。

五、关于磁山遗址粮食窖藏坑问题的讨论

　　磁山遗址发现的粮食窖藏坑，最初认为有80座，一般堆积厚度0.3~2米，有10座窖穴堆积在2米以上。出土时部分颗粒清晰可见，不久即风化成灰，取H65号窖穴的标本作灰象分析，发现有粟的痕迹[①]。后经参加磁山遗址第一、二次发掘的佟伟华分析，磁山遗址前两次发掘发现的粮食窖穴有88座，其中长方形窖穴有86座，属第一文化层的有67座，属第二文化的有19座，椭圆形窖穴仅两座，两个文化层各有1座。并经计算88个窖穴的堆积体积约为109立方米，粟米的储存量可能在10万斤以上[②]。后有研究者分析磁山遗址发现的粮食窖藏坑，认为是与祭祀有关的遗存，是祭地祀年场所的组成部分[③]。

　　储藏10万斤以上的粟粒粮食，对于距今7000年以前生产力水平十分低下的一个聚落而言，数量是巨大的。这数量巨大的粮食没有食用，聚落就废弃了，确实是难以理解接受的。而将数量如此巨大的粮食作为祭祀的献祭物品，则是更加难以接受。后来有研究者分析，其中的许多窖穴除了储藏粟粒粮食外，可能还储藏鱼等动物类食品。如乔登云指出磁山遗址"窖穴中的灰绿色堆积多数并不单纯，其间除含有大量泥土外，还夹杂有很多碎小的鱼刺、杂物等，并可划分出不同的层次……而较纯净的纯粮食堆积只是少数"[④]。

　　值得注意的是，在武安牛洼堡遗址也发现了粮食窖藏坑。牛洼堡遗址位于武安市南洺河中上游南岸的台地上，面积约5万平方米。1977年试掘面积20平方米，发现磁山文化上下两个文化层，清理灰坑7个，出土石器31件、陶器5件、骨器5件。其中圆形坑2个，长方形坑5个。长方形坑形制基本一样，大小相差不远，上下垂直，四壁规整，在H4、H6两个长方形坑的下半部发现有粮食堆积，初步观察认为是粟。如H4号长方形坑，长1.4、宽0.6米，口距地表2.95、坑深2.92米，坑内上部1.5米左右为灰土，陶片较多，下有1.4米为粮食堆积，陶片极少，其内出土1件完整的陶碗[⑤]。

　　牛洼堡遗址发掘面积只有20平方米，却发现了5座粮食窖藏坑，其中两座保留有粮食遗存。这证明磁山遗址中发现的数量众多的粮食窖藏坑，在磁山文化中不是一种例外的现象，而是说明粟作农业在当时得到发展的重要证据，反映了存在于磁山文化中的一种生活活动习俗。至于为什么有如此多的粮食窖藏没有开启食用而遭废弃呢？这可能与当时发生的某种特殊社会现象有关。

[①]　河北省文物管理处、邯郸市文物保管所：《河北武安磁山遗址》，《考古学报》1981年第3期。
[②]　佟伟华：《磁山遗址的原始农业遗存及其相关的问题》，《农业考古》1984年第1期。
[③]　卜工：《磁山祭祀遗址及相关问题》，《文物》1987年第11期。
[④]　乔登云：《关于磁山文化研究中的几个问题》，《邯郸职业技术学院学报》2005年18卷第1期。
[⑤]　河北省文物管理处、邯郸地区文物保管所、邯郸市文物保管所：《河北武安洺河流域几处遗址的试掘》，《考古》1984年第1期。

依据这些粮食窖穴中有的同时存在猪、狗等动物骨架以及粟粒现象分析，推测这些储藏粮食等食物的窖穴可能都是季节性储藏窖穴，并且大都是在秋收之后的冬季，因为华北地区冬季寒冷，冰封大地，储藏在地窖中的粟粒及猪、狗等肉类食物不会腐烂，以便在食物短缺的寒冷冬季及冬季之后的初春季节食用。或许是在储藏了大量粮食之后，可能因某种原因社会发生了重要事件人们被迫离开了原居住地。而后来出现在磁山遗址上的人们，或许是这些粮食已经腐烂而不能食用而弃之，或许是后来的这批人不是原居住者，他们根本就不知道这里原来储藏有大量的粮食。

磁山遗址发现了数量惊人的农作物粟粒遗存，而发现的农业工具数量及制作精细程度却都不如裴李岗文化。从农业工具角度分析，裴李岗文化的粟（黍）作农业的发展程度应高于磁山文化，但是，裴李岗文化却没有发现储藏大量粮食的遗存。从这一角度思考，磁山文化储藏大量粮食却没有食用并遭腐烂而保留了7000多年，可能反映了磁山文化的一种生活习性，以及发生的一个社会悲剧。当然这是一种无法证实的假说。尽管现今不能确知磁山文化人们储藏了大量粮食而没有食用的原因到底是什么，这种储藏大量粮食而没有食用的现象，对于农业尚未充分发展、食物尚未充足的磁山文化居民而言，无疑是一个社会的悲剧。

六、结　语

磁山文化的发现与确认，标志着太行山东麓山前地带与华北平原地区一个具有地域特色的农业文化传统在距今七八千年间已经形成。磁山文化出现了近万平方米至8万平方米的大小不同的聚落，聚落数量不多，分布松散。聚落内分布着成片、成群的小型半地穴式房屋建筑，成片、成群的窖穴与灰坑，以及成片、成群的器物组合堆（坑）为特征的葬俗。形成了一套以磨制石工具与生活用陶器为主的农业生产生活用具，并且以石铲（耜）、四足石磨盘、陶盂、陶支架为其主要特色。经济形态为粟作农业与狩猎采集兼家猪、狗的饲养，出现了储备粮食的地窖式粮仓，产生了产品交换。

伴随着农业经济的发展，磁山文化的精神文化生活内容逐步丰富。北福地遗址第一期的几件玉器，如玉玦、玉匕及玉坠饰件、水晶等，磁山遗址骨梭上饰刻划的网格纹饰和雕刻的兽头，都是体现当时精神文化生活活动的重要遗存。其中玉玦、玉匕是通过与兴隆洼文化的物品交换等途径所得。这些是距今七八千年的与精神文化生活活动有关的一般遗存。而以成片、成群的器物组合堆（坑）为特征的葬俗以及在磁山文化晚期盛行的佩戴假面具的傩舞仪式，则是磁山文化所见的两种特殊的精神文化现象。

磁山文化中以器物组合堆（坑）为主要特征的葬俗遗存，虽然目前尚不能明确这类葬俗的具体行为以及体现的何种意识，但是这确实是磁山文化所具有的一种特殊的精神文化生活的内容。如果今后能够明确这类葬俗的具体行为以及体现的何种意识，这将极大地丰富对距今七八千年前磁山文化社会精神文化生活内容的认识，同时也可据此探索当时社会形态方面的有关问题。

佩戴假面具的傩舞仪式，在兴隆洼文化中可能也有体现。但是，磁山文化发现的陶面具数量很多，而且主要见于房址与灰坑中，显示这种佩戴假面具的傩舞仪式，在磁山文化中并不神秘，是当时一种喜闻乐见的原始宗教活动形式，成为磁山文化所具有的又一种特殊的精神文化生活的内容。这种傩舞仪式及"巫傩文化"现象在距今7000年之后的社会发展中，以不同的形式得到了延续与发展，成为中华传统文化中一项影响深远的重要内容。

论仰韶时代

赵春青

（中国社会科学院考古研究所）

自从 1921 年第一次发掘河南渑池县仰韶村遗址、1923 年安特生第一次提出"仰韶文化"的名称，确认在我国新石器时代存在一个以彩陶为特征的考古学文化以来，已经过去了 100 年的时间。在这期间，对仰韶文化及相关考古学文化的研究大大深入。1980 年，严文明先生率先提出"龙山时代"一词，这本来只是考古学专业术语，后来常常用于指示中国史前发展史的一个特定的历史阶段。随着比龙山时代更早的仰韶文化时期的遗存越来越多地出现，有人于 1985 年提出"仰韶时代文化"的命名，张忠培先生 1996 年正式提出"仰韶时代"的概念并广为流传。如今，"仰韶时代"像"龙山时代"一样，已被学术界广为接受。

"仰韶时代"一词被正式提出以来，有关仰韶时代的考古重大发现接连不断，仰韶时代的各方面的研究不断深入，仰韶时代因处于中国从氏族社会到文明社会转折的关键时期，而被考古学界和历史学界日益重视。本文择其要者，对仰韶时代研究进行简短的百年回眸，以就教于大方。

一、仰韶时代的提出

1921 年在中国政府批准下瑞典学者安特生偕同中国学者袁复礼对河南渑池仰韶村遗址进行了一个多月的田野考古发掘。

1923 年安特生根据他调查和发掘所得资料发表了《中华远古之文化》一书，在该书中他首次提出了"仰韶文化"的名称，初步探讨了仰韶文化的性质，认为仰韶文化是新石器时代晚期文化，并对仰韶文化和中亚安诺文化的彩陶纹饰进行了对比研究[①]。

1931 年梁思永在河南安阳高楼庄后岗遗址发掘中发现了殷墟文化、龙山时代文化和仰韶时代文化相继叠压的三个文化层，即著名的后岗三叠层[②]。

1937 年刘燿著文《龙山文化与仰韶文化之分析》，指出在河南北部确知龙山文化晚

---

① 安特生：《中华远古之文化》，文物出版社，2011 年。
② 梁思永：《小屯龙山与仰韶》，《庆祝蔡元培先生六十五岁论文集（下册）》，中央研究院历史语言研究所，1935 年，第 555～568 页。

于仰韶文化①。

在中国考古学上具有重大意义的一项工作是 1954 年对西安半坡遗址的发掘②。1956 年至 1957 年发掘的河南陕县庙底沟遗址③，大大丰富了我们对仰韶文化的了解。

从 20 世纪 50 年代末开始，一些学者根据这些差别对仰韶文化进行了分期和划分类型的工作，如安志敏在《庙底沟与三里桥》一书中根据三里桥与庙底沟遗址的仰韶文化面貌不同，把仰韶文化划分为庙底沟类型和三里桥类型。1960 年，他将三里桥类型改称半坡类型④。后来，学术界又相继提出了后岗类型、大司空类型、泉护类型、秦王寨类型等仰韶文化的地区类型。

1965 年苏秉琦发表了著名的《关于仰韶文化的若干问题》一文⑤，提出仰韶文化"半坡类型和庙底沟类型是仰韶文化在其长期发展过程中形成的诸变体中的两种主要的变体，而不是仰韶文化先后发展的两个阶段"。

20 世纪 70 年代中国科学院考古研究所实验室首次公布了一批 ¹⁴C 测定的仰韶文化的绝对年代数据，夏鼐先生据此写成了《碳 -14 测定年代和中国史前考古学》⑥一文，为建立黄河流域有关新石器时代文化的正确年代序列打下了基础，从前关于仰韶文化绝对年代的说法都只是一种推测，并无科学的依据。运用 ¹⁴C 测定年代法就把史前考古年代学开始建立在现代科学的基础上，从而为研究我国史前物质文化史的编年提供了科学依据，为仰韶文化与周围其他文化的年代对应及比较研究提供了可靠的依据。

1980 年严文明著文总结了半坡类型和庙底沟类型的文化特征，从地层关系、绝对年代、分布地域、经济生活及文化内涵等方面论述了半坡期和庙底沟期是仰韶文化先后相继的两个发展阶段的观点，对以往的半坡和庙底沟两类型的关系作了总结，代表了这一阶段的认识，提出了半坡期与庙底沟期的看法，明确将仰韶文化类型的划分与分期区别开来⑦。

1983 年巩启明发表了《试论仰韶文化》一文，把仰韶文化划分为半坡类型、史家类型、后冈类型、庙底沟类型、西王村类型、秦王寨类型、大司空类型和马家窑类型等⑧。

1986 年张居中发表《仰韶时代文化刍议》一文，认为仰韶时代的陕晋豫交界地区和渭泾区从早到晚文化面貌都有一定地域性，整个地区应作为一地区类型，从而把分布于陕晋豫交界地区的仰韶文化称为庙底沟类型，分布于渭水流域的仰韶文化称为半坡类型⑨。

① 刘燿：《龙山文化与仰韶文化之分析》，《中国考古学报》（第二册），商务印书馆，1947 年，第 251～335 页。
② 中国科学院考古研究所：《西安半坡》，文物出版社，1963 年。
③ 中国科学院考古研究所：《庙底沟与三里桥》，科学出版社，1959 年。
④ 安志敏：《我国新石器时代的仰韶文化和龙山文化》，《历史教学》1960 年第 8 期。
⑤ 苏秉琦：《关于仰韶文化的若干问题》，《考古学报》，1965 年第 1 期。
⑥ 夏鼐：《碳 -14 测定年代和中国史前考古学》，《考古》1977 年第 4 期。
⑦ 严文明：《论半坡类型和庙底沟类型》，《考古与文物》1980 年第 1 期。
⑧ 巩启明：《试论仰韶文化》，《史前研究》1983 年第 1 期。
⑨ 张居中：《仰韶时代文化刍议》，《中原文物》1986 年特刊。

仰韶文化进入 20 世纪 90 年代以后，几乎很少围绕社会性质究竟是母系还是父系开展讨论了。不过，究竟怎么来指称仰韶文化？有人主张用文化取代类型，如半坡类型改叫半坡文化，庙底沟类型改叫庙底沟文化，甚至改称"西阴文化"；海生不浪类型改称海生不浪文化等等。

1996 年张忠培发表《仰韶时代——史前社会的繁荣与向文明时代的转变》①一文，正式提出了仰韶时代的名称。

同时还有人主张一方面使用半坡文化等新名词，也使用仰韶文化这一旧名称，只不过要赋予它们新内容。有人主张把原来的仰韶文化改称仰韶文化系统，一时间，人们对同一群考古学遗存，有人叫类型，有人叫文化，有人叫文化系统。实际上，考古学的文化命名有以首次发现的小名称来作为文化的名称的传统，避免因某种文化总有一个不断充实的过程就不断改变名称的做法。因此，仰韶文化不易取消，而半坡类型、庙底沟类型不宜改变为文化。

仰韶时代究竟是处于新石器时代的中期还是晚期？目前至少有两派意见。有人主张划归新石器时代的中期，也有人主张划归新石器时代的晚期。我们认为，中国的新石器时代应划为四个阶段，分别是初期、早期、中期和晚期。早于仰韶时代的裴李岗时代是中国新石器时代早期，裴李岗时代之前是新石器时代初期，而仰韶时代可以划归中国新石器时代中期。

关于仰韶文化的分布范围，大家并无太大的分歧，东迄豫中，南过长江，北抵河套，西到甘青地区。只不过究竟划分出几个阶段几个类型，目前仍有不同看法。具体说来，仰韶文化的四至当中的具体划分界线，还不甚统一。另外，对于郑洛地区的仰韶时代遗存，有人叫秦王寨文化，也有人叫阎村类型，也有人叫大河村文化，虽名称并非统一，但文化内涵基本一致。

二、仰韶时代的文化分期与分区

现在看来，所谓的"仰韶时代"大致是指公元前 5000 年至公元前 3000 年的历史时期。由仰韶文化及其同时代的若干考古学文化构成。其中，仰韶文化位于黄河中游及其附近地区，大致可分为初期、早期、中期与晚期。

关于庙底沟二期遗存文化归属仍存在较大争议。多数学者认为庙底沟二期文化陶器多灰色、外壁饰篮纹，且斝、釜灶等器物的出现，鼎、豆等器形在数量上的激增等现象与仰韶文化有质的区别，因此将庙底沟二期文化归为龙山时期文化似乎更加合理②。

① 张忠培：《仰韶时代——史前社会的繁荣与向文明时代的转变》，《文物季刊》1997 年第 1 期。
② 卜工：《庙底沟二期文化的几个问题》，《文物》1990 年第 2 期；罗新：《庙底沟二期文化研究》，《文物季刊》1994 年第 2 期；河南省文物考古研究院、郑州博物馆：《追迹文明：新中国河南考古七十年》，科学出版社，2021 年。

　　关于仰韶时代的分布范围，我们认为包括仰韶文化及环绕在仰韶文化周边的第一圈考古学文化分布带和第二圈考古学文化分布圈。

　　首先说仰韶文化，分仰韶文化核心区和主体区两层结构，其中核心区是逐渐形成的。我们认为，仰韶文化可分为初、早、中、晚四期。初期主要在晋南、豫西和陇东及其周边，王炜林、孙祖初曾经称北首岭文化[①]或初期仰韶文化[②]。早期扩大为半坡类型、东庄类期型、下王岗类型和大地湾类型；大概从中期即庙底沟期才开始出现了核心区和主体区，核心区的周临为主体区，如东边的阎村类型、南部的八里岗类型、西边的大地湾三期类型，北边的白泥窑子类型等。仰韶文化晚期，分裂成秦王寨类型、西王村类型、海生不浪类型等。

　　在仰韶文化之外，至少分布着两圈考古学文化分布带。其中，第一圈分布带紧挨着仰韶文化主体区，包括东北地区的红山文化、哈民忙哈文化、小河沿文化，小珠山中层文化等；海岱地区的大汶口文化和淮河流域的青莲岗文化（或称黄岗文化）；长江中游地区的大溪文化，长江下游地区的马家浜文化、河姆渡文化；黄河上游地区的马家窑文化和宗日文化等。这些文化大都存在明显的仰韶文化因素，如庙底沟类型中的花瓣纹和回旋勾连纹图案等因素，表明与仰韶文化的关系相当密切。

　　第二圈分布带包括东北北部嫩江流域的后套木嘎三期文化（或称双塔二期文化）和南方地区仰韶时代的各支文化。其中，后套木嘎三期文化的年代大致与西流松花江的左家山下层文化的晚期、辽西地区的红山文化早、中期相当，其早期年代约为公元前4500～前4000年，晚期年代约为公元前4000～前3500年。西流松花江流域新石器文化遗存区分出两个考古学文化，即左家山下层文化（5500B.C.～4000B.C.）和左家山上层文化（4000B.C.～3000B.C.），年代分别相当于辽东南部地区的后洼上层文化、小珠山中层文化。牡丹江流域有三种文化即振兴文化的中期（5000B.C.～4500B.C.）和晚期（4500B.C.～4000B.C.）、亚布力文化（4000B.C.～3500B.C.）和莺歌岭下层文化（3500B.C.～3000B.C.）文化[③]。东南地区有闽台地区的壳丘头文化（约4000B.C.～3500B.C.）、大垒坑文化（约4000B.C.～3500B.C.）和香港的大湾文化。岭南地区有广东的石峡文化一期、咸头岭文化（约4000B.C.～3000B.C.），广西的顶蛳山四期文化遗存，西藏地区有卡若文化（约3500B.C.～2300B.C.）等，虽然很少见到典型的仰韶文化因素，但因绝对年代与仰韶时代相同，因此，也可以归入仰韶时代。

---

① 王炜林：《试论泉护二期文化》，《考古与文物》2011年第6期；孙祖初：《秦王寨文化研究》，《华夏考古》1991年第3期。

② 韩建业：《初期仰韶文化研究》，《古代文明》（第8卷），文物出版社，2010年，第16～35页。

③ 赵宾福：《东北新石器时代的时空框架及文化系统》，《庆祝宿白先生九十华诞文集》，科学出版社，2012年，第12～19页。

三、仰韶时代的聚落形态与社会发展阶段

仰韶时代的聚落形态，在仰韶文化、红山文化、大汶口文化、大溪文化和马家窑文化的聚落当中都有明确例证。

我们先以仰韶文化为例。仰韶文化半坡类型发现有宝鸡北首岭、西安半坡、临潼姜寨等布局较清楚的聚落。每个聚落面积数万平方米，聚落之间没有显著分化。以最具代表性的姜寨一期聚落来说，早期（含初期）的聚落，以临潼姜寨一期村落为代表，居住区基本位于环壕以内，同时期房屋围成一圈，房门一概朝向中央广场，体现出凝聚、向心的集体主义观念；所有房屋以具有公共活动功能的大房子为中心组成 5 群，可能代表彼此平等的 5 个大家族，全聚落共同构成一个氏族；环壕外面有几片成人墓地，每座墓葬基本都有少数几件随葬品，没有明显的贫富分化；还有较多婴孩瓮棺葬安排在每组房屋附近；村西的窑场则可能属于全村的产业[1]。

仰韶文化中期（庙底沟期），出现了杨官寨[2]、西坡[3]、灵宝北阳平[4] 等数十万平方米的中心聚落。杨官寨聚落遗址位于西安市高陵区姬家乡杨官寨东侧泾河左岸的二级阶地上，聚落的平面大致呈梯形，其环壕南北平行，东西基本对称。环壕的平均宽度约 6～9、最宽处达 13 米，深 2～4 米，在西壕中部发现一门（即西门址），聚落中部还发现了一处大型储水设施。整个环壕总长达 1945 米，环卫的面积达 24.5 万平方米。杨官寨墓地位于聚落环壕外东北部，墓地东西长约 530、南北宽约 170 米，总面积达 9 万余平方米，在已发掘的 3800 平方米范围内，发现墓葬 343 座，从墓葬的分布规律看，墓葬总数至少在千座以上。已发掘的 213 座墓似乎都经过了严格的规划，墓葬之间互不打破叠压，墓圹的方向基本为东西向，在部分墓葬口部还发现了疑似柱洞的圆形遗迹，说明当时地面可能有标识墓葬位置的地面设施，已知墓葬人骨的碳十四测年数据基本集中在公元前 3637～前 2920 年间。据此，基本可以确定该墓地就是杨官寨庙底沟期环

[1] 西安半坡博物馆、陕西省考古研究所、临潼县博物馆：《姜寨——新石器时代遗址发掘报告》，文物出版社，1988 年。

[2] 陕西省文物考古研究院：《陕西高陵杨官寨遗址发掘简报》，《考古与文物》2011 年第 6 期；陕西省文物考古研究院、高陵区文体广电旅游局：《陕西高陵杨官寨遗址庙底沟文化墓地发掘简报》，《考古与文物》2018 年第 4 期；杨利平：《试论杨官寨遗址墓地的年代》，《考古与文物》2018 年第 4 期；陕西省文物考古研究院、中美国际田野考古学校、西北大学文化遗产学院：《陕西高陵杨官寨遗址 H85 发掘报告》，《考古与文物》2018 年第 6 期。

[3] 河南省文物考古研究所、中国社会科学院考古研究所河南一队、三门峡市文物考古研究所等：《河南灵宝市西坡遗址 2001 年春发掘简报》，《华夏考古》2002 年第 2 期；河南省文物考古研究所、中国社会科学院考古研究所河南一队、三门峡市文物考古研究所等：《河南灵宝西坡遗址 105 号仰韶文化房址》，《文物》2003 年第 8 期；中国社会科学院考古研究所河南一队、河南省文物考古研究所、三门峡市文物考古研究所等：《河南灵宝市西坡遗址发现一座仰韶文化中期特大房址》，《考古》2005 年第 3 期。

[4] 中国社会科学院考古研究所河南第一工作队、河南省文物考古研究所、三门峡市文物考古研究所等：《河南灵宝市北阳平遗址试掘简报》，《考古》2001 年第 7 期。

壕聚落的公共墓地。聚落中部由蓄水池和给（排）水渠构成的大型水利设施引人注目。这个蓄水池的面积达 292 平方米，估计能储 1000 多立方米的存水，从杨官寨庙底沟期墓地的情况看，墓地当中，不见规模宏大、随葬品丰富的大墓，而绝大多数是仅存人骨的空墓，这或许是尚为发掘到"大墓"，更可能是庙底沟期的公共墓地凸显氏族内部成员之间仍处于人人平等的原始公社制度的反映。

灵宝西坡遗址位于灵宝市阳平镇西坡村西北，除了墓地位于南壕沟以南，其他遗迹都比较密集地分布在南、北两道壕沟和东、西两条河流围成的区域内，面积约 40 万平方米。2000 年至 2013 年，河南省文物考古研究所与中国社会科学院考古研究所组成联合考古队对西坡遗址进行了八次发掘和一次系统的考古勘探，发掘面积近 8000 平方米。发掘揭露了 7 座大型和中型房屋基址，清理百余座灰坑和 34 座墓葬，解剖了遗址南侧和北侧两段壕沟，出土大量陶器、石器、玉器、骨器等文化遗物。发掘结果表明，西坡是一处以仰韶文化中期遗存为主的新石器时代遗址。考古勘探显示，遗址中心部位遗迹稀少，很可能是聚落的中心广场，广场四角分别发现了四座大型房址，其中包括已经发掘揭露的位于广场西北角的房址 F105、西南角的 F106 和东南角的 F108。这三座大型半地穴式建筑基址的门道方向均朝向中心广场。由此推断，西坡中部的一个中心广场和四座门道朝向中心广场的大型房屋，共同构成了聚落最为重要的空间格局和建筑景观。F105、F106 很可能作为举行礼仪性或宗教性活动的特殊场所，只允许少数人进入。就目前的发掘结果来看，西坡墓地略晚于居住区已揭露的中型房屋，我们看到墓主人之间的身份差别已经在墓葬规模以及大口缸、玉钺等特殊随葬品上表现出来[①]。

仰韶文化晚期（西王村期），出现有双槐树、大地湾第四期聚落等面积在 100 万平方米以上的大型聚落遗址。

双槐树遗址位于河南省巩义市河洛镇双槐树村南的高台地上，北依黄河，西濒伊洛河，南邻嵩山。这座距今五千余年的仰韶中晚期巨型远古都邑，恰好位于伊河、洛河汇流入黄河的高台地上，即文献记载"居天下之中"的河洛地区。

双槐树聚落最引人关注的有三重大型环壕、夯土院落式基址、墓地、祭坛等。遗址平面呈不规则椭圆形，有三重环壕，分内壕、中壕和外壕，将遗址分隔为三部分。内壕、中壕与外壕南半部大致平行，外壕北半部依地势开挖。壕沟宽且深，如中壕上口宽 23～32、深 9.5～10 米。环壕分别通过吊桥和实土门道与外界相连。内壕内是聚落核心区域，北端有围墙与内壕形成闭合结构，内有大型中心居址。围墙以南有大型夯土院落式基址、贵族墓地、夯土祭坛等。中壕与外壕之间有三处经过严格规划的大型公共墓地和夯土祭坛。内壕与中壕距离不远，实用性不大，但曲度高度一致，应为

---

① 中国社会科学院考古研究所、河南省文物考古研究所：《灵宝西坡墓地》，文物出版社，2010 年；张雪莲、李新伟：《西坡墓地再讨论》，《中原文物》2014 年第 4 期；马萧林：《灵宝西坡墓地再分析》，《考古与文物》2019 年第 5 期；马萧林：《仰韶文化中期的聚落与社会——灵宝西坡遗址微观分析》，《中原文物》2020 年第 6 期。

有意规划，具有礼制象征。这种布局开创了夏商周时期宫城、内城、郭城制度的先河，为早期都邑城郭制度的源头和肇端。

双槐树聚落内壕中部发现了大型夯土院落式基址。基址采用版筑法夯筑而成，面积超过 5300 平方米。目前暴露有三处大型院落，其中一、二号院落布局比较清晰。一号院落位于夯土基址区西部，平面呈长方形，面积达 1300 余平方米。南墙偏东发现主门道，内有对称柱子和台阶痕迹。主门道东侧有门塾一座。院落内发现多座房屋，大致呈东西向。F76 是一组面阔 13 间、面积达 308 平方米的大型房屋。院落南墙外侧发现与院墙同时期的大型活动面，应是广场。从残存门道及建筑相对高度来看，该院落可能为高台式建筑。一号院落的发现，反映出双槐树社会礼仪制度的萌芽，进一步证明了该聚落行政权、军权合二为一，同时兼有精神文化中心的功能，可能为当时的政治中心。二号院落位于夯土基址东半部，平面呈长方形，面积达 1500 余平方米。院墙基槽夯筑而成，北墙基槽内有密集的扶壁柱和扶壁墙，院墙转角均经过加宽处理。南墙偏东、东墙北端和北墙中部各发现一处门道，南门道内被门柱分为三道，形成"一门三道"结构。北墙东端外侧有门塾一座。院落内未见较为完整的遗迹，但发现密集柱网，反映出较为复杂的布局与结构。发掘者认为，"一门三道"遗迹与二里头一号宫殿建筑，偃师商城三、五号宫殿建筑以及更晚的高等级建筑门道基本一致，凸显了双槐树大型建筑基址的高等级性和源头性。

双槐树遗址勘探发现 1700 余座仰韶文化中晚期墓葬，分为四个区域。所有墓葬均呈排状分布，经过部分考古发掘的墓葬一区布局非常规整，墓排与墓排之间间距 15～18 米，墓葬均为东西向，墓主仰身直肢，头向西，基本不见随葬品。高等级贵族墓葬分布于内壕内，其中一座较大型墓葬发现象牙随葬品。

祭坛发现 3 处，其中墓葬一区 1 处，墓葬二区 2 处。目前发掘的一处祭坛平面呈长方形，面积近 260 平方米。祭坛用土纯净，其上发现柱洞 4 个，表明祭坛上曾埋有 4 个高大木柱。祭坛附近分布有较大型墓葬，墓葬并未在祭坛附近直线分布，而是有意拐折避让，应与墓地祭祀相关。李伯谦认为："双槐树遗址一系列重要考古发现，尤其是其社会发展模式和承载的思想观念，给我们呈现出古国时代的王都气象。"为探讨华夏文明起源的"中原模式"提供了可能[1]。

大地湾遗址位于甘肃省秦安县东北的五营乡邵店村，分布在葫芦河支流清水河南岸的二、三级阶地相接的缓山坡上，距天水市 102 千米[2]。为新石器早期及仰韶文化早、中、晚各期文化遗址，遗址面积约 275 万平方米。大地湾遗址大致可分为五期文化：前仰韶文化、仰韶文化早、中、晚期和常山下层文化，其中第四期（仰韶文化晚期）出现有 F901 那样的原始宫殿，表明仰韶文化晚期聚落已分化成拥有"原始宫殿"的中心聚落及一般聚落。

---

① 袁广阔：《定鼎河洛：郑州双槐树考古新发现》，《中国社会科学报》2022 年 8 月 4 日。

② 甘肃省文物考古研究所：《秦安大地湾——新石器时代遗址发掘报告》，文物出版社，1991 年。

除仰韶文化之外，早在 1972 年，在大汶口文化墓地发现了高等级的墓葬，说明大汶口文化中晚期已经出现文明化现象 [①]。1983 年，牛河梁红山文化遗址的女神庙、数处积石大冢群，还有数万平方米的广场的石砌围墙遗址，出土的文物有女神头像、玉佩饰、石饰和大量供祭祀使用的具有红山文化特征的陶器。这些都说明，牛河梁已经存在着一个具有国家雏形的文明社会 [②]。另外，江苏连云港东山村遗址崧泽文化大型墓葬面积不低于 4 平方米，随葬品一般在 30 件以上，其中，随葬 5~9 件玉器的墓葬一般有大型玉器，玉器种类有璜、镯、管、玦、璧等。可见当时已经出现阶层分化，战争日益频繁，玉、石钺应当已经具有军权象征意义 [③]。同样出现了文明化进程。

四、仰韶时代的城址

《墨子·七患》云"城者，所以自守也"，一语道出城的最初功能。目前，中国仰韶时代的城址出现于长江中下游和黄河中下游地区。其中，长江中游地区仰韶时代中期的代表性城址有澧县城头山古城址、鸡叫城城址和天门龙嘴古城址等。黄河中下游地区的城址属仰韶时代晚期，其中有代表性城址有郑州西山城址、山东滕州岗上遗址等。

1. 长江中游地区

澧县城头山古城址：该城址外形保存较好，由护城河、夯土城墙、城门、夯土台基和道路组成，在数里之外即可见到屈家岭文化时期的夯土城墙。城墙呈相当规整的圆形，外圆直径 325、内径 314~324 米，环绕面积约 8 万平方米。城墙外紧贴护城河，外墙坡度大，内墙坡度较小。

据试掘，墙外坡为 50°，墙内坡为 15°。城外护城河目前三分之二的段落已被平整。城头山城址保存有东—西、南—北相对的四个缺口，当是城门。东门底部高出测量时的护城河水面约 3 米，城门残宽约 19、进深约 11 米，一条宽 5 米的卵石路由城外向城内斜坡而上，正对西门方向，可能兼有排水的功能。南门现存宽约 20、进深约 15 米；西门地势较高，门底略低于中心点。目前无法判断西门的宽度。北门地势最低，现宽 32 米。北门内有一个东西 37、南北 32 米略呈圆形的大堰，大堰水面通过北门水道与护城河相通。护城河的内岸直接在城墙脚下，城墙根的坡度很陡，保存较好的北墙，其外墙的坡度呈 85°。城墙外似乎无沿墙根的道路可通。

城头山古城址始建于 6000 年前大溪文化早期，至屈家岭文化中期又经历三次修筑，城内堆积包括大溪、屈家岭及石家河文化时期的遗存，是目前我国已知年代最早的夯筑城址 [④]。

① 山东省文物管理处、济南市博物馆：《大汶口——新石器时代墓葬发掘报告》，文物出版社，1974 年。
② 辽宁省文物考古研究所：《牛河梁——红山文化遗址发掘报告（1983—2003 年度）》，文物出版社，2012 年。
③ 上海市文物保管委员会：《崧泽——新石器时代遗址发掘报告》，文物出版社，1987 年。
④ 湖南省文物考古研究所：《澧县城头山——新石器时代遗址发掘报告》，文物出版社，2007 年。

澧县鸡叫城古城址：位于湖南省澧县涔南镇鸡叫城村，是一座屈家岭文化时期古城。遗址坐落在一处高出周围 2 至 4 米的山岗上，城内面积约 15 万平方米。城址呈圆形，东西长约 480、南北宽约 460 米，总面积约 22 万平方米。城四周筑有土城墙，城墙上部用黄色黏土夯筑而成，有明显的夯筑层，现残高 2~3 米，城墙四面各存一豁口，外有壕环绕。2019~2021 年发现一处主体部分为大型木质结构建筑，这是目前发现中国最早最完整的木结构建筑基础，总面积超过 350 平方米 [①]。

在已发现的长江中游地区的史前城址中，在大溪文化至屈家岭文化早期之间筑造的城址一般面积不超过 10 万平方米，而在屈家岭文化中晚期筑造的城，城址面积较大，大的如天门石家河总面积约 120 万平方米，荆门城河城址包括城壕在内，总面积约为 70 万平方米，大部分城址面积约 10 万~30 万平方米。

这些史前城址拥有城垣、护城壕之类的设施，鉴于长江中下游地区河泽密布，降水充沛，虽然不排除有防洪排水之功能，但在冲突、战争与杀戮频繁的史前时期，它们的军事防御作用显而易见。

2. 黄河中下游地区

郑州西山古城：位于郑州市古荥镇孙庄村西枯河北岸高出河床约 15 米的二级台地上，年代在仰韶文化晚期，距今 5300~4800 年，是目前河南地区年代最早的城址。平面呈不规则圆形，直径约 180 米，现存城内面积 19000 余平方米，复原面积 25000 余平方米 [②]。

黄河下游地区，根据已有的考古资料和报道，始建于大汶口文化时期的城址主要有王家庄、丹土、垓下等城址。其中，山东滕州岗上遗址发现了大汶口文化晚期夯土城墙和壕沟遗存，城址平面近长方形，壕沟紧挨城墙外侧环绕一圈，含壕沟在内东西长约 800、南北宽约 550 米，面积达 40 万平方米，形制规整，功能结构齐全，是海岱地区目前发现的面积最大的大汶口文化城址，也是漷河、薛河流域已知的 60 余处大汶口文化遗址中最大的一处。

仰韶时代城址目前见于长江中游和黄河中下游地区，为龙山时代城邦林立的出现打下基础。

五、仰韶时代的彩陶

仰韶时代的制陶业中已经普遍地使用彩陶，现在看来，仰韶文化彩陶至少可分为三个阶段，初期及早期是为起源与初步发展期（半坡期），繁荣期即庙底沟期进入大发展时期，仰韶文化晚期的彩陶即秦王寨期的彩陶，已转入衰落阶段。仰韶文化彩陶的

① 湖南省文物考古研究所：《澧县鸡叫城古城试掘简报》，《文物》2002 年第 5 期。
② 国家文物局考古领队培训班：《郑州西山仰韶时代城址的发掘》，《文物》1999 年第 7 期。

巅峰已从中原地区转移至西北地区的马家窑文化。

仰韶文化半坡期的彩陶是以直线纹构成的几何纹、写实性鱼纹等动物图案为主。以半坡类型最为显著，其次还有东庄类型。在半坡期的晚段即史家类型阶段，开始出现弧线、圆点、勾叶之类后来常见于庙底沟类型的彩陶主体纹饰，反映出半坡类型后段与庙底沟类型早期有可能大体同时。这在彩陶图案上也得到反映。半坡类型是鱼强鸟弱，庙底沟类型是鸟强鱼弱，而史家类型则描绘鱼鸟和谐共融的主题。韩建业也认为"半坡类型彩陶直笔、简单、平行、拘谨，聚落近于同质、布局凝聚向心，体现出平等友爱、崇尚集体主义的氏族社会面貌"[①]。

庙底沟类型（约公元前 4000～前 3100 年）彩陶主体花纹是花，或许是华；其次是鸟纹。几何纹彩陶图案最主要的"圆点、勾叶、弧边三角"元素均为弧笔，直线等直笔元素已很少见，"除轴对称外，还采用中心对称的方式"互相勾连、彼此旋绕形成类似花朵等的单元母题，仍以二方连续为主，显得流畅活泼，旋转灵动[②]，张朋川描述庙底沟类型的彩陶，"以旋风般的律动，舒展出变幻多端的长卷式图案"[③]。王仁湘说，"正是旋纹图案的传播，我们看到了中国史前时代在距今 6000 年前后拥有了一个共同的认知体系"[④]。变幻多端，却又浑然天成。庙底沟类型的弧笔彩陶，在更早的东庄类型已开始多见。随着东庄—庙底沟类型的扩张影响，这类弧笔花瓣纹或者旋纹彩陶流播到中国黄河流域、长江流域和西辽河流域广大地区[⑤]。

仰韶文化半坡晚期或秦王寨期的彩陶艺术，整体处于衰落阶段，可是，以郑洛地区仰韶文化晚期为代表的彩陶仍处于相对发达的阶段，如荥阳青台遗址发现的一件彩陶壶，颈部装饰竖行的黑白锯齿纹，腹部画有三组图案，每组图案看起来简直像一枚放大的铜钱，只不过中央的"钱孔"不大，是一个圆点，钱面由四组平行线所构成。这种四分的画面是秦王寨类型的彩陶新的装饰风格，或许暗示天下四分、我居中央的意味。

仰韶文化主体区外围的第一圈考古学文化分布带当中的诸多考古学文化都存在明显的仰韶文化彩陶因素，王仁湘认为仰韶文化庙底沟期的彩陶构成了中国史前的第一次艺术浪潮。我认为其中的背景是庙底沟期的先民对花的信仰，苏秉琦曾经把庙底沟类型的花卉纹，分成菊科和玫瑰两类，实际上，还有更为直白的花瓣纹，这三种纹样，加上鸟纹，构成庙底沟文化的花纹和鸟纹两种典型彩陶，不仅盛行于庙底沟文化的核心区和仰韶文化的主体区，还渗透至周临的第一圈考古学文化分布带中，如在东边的大汶口文化、西边的马家窑文化、北边的红山文化、南边的大溪文化和东南的崧

① 韩建业：《彩陶风格与聚落形态——以黄河流域和西亚史前几何纹彩陶为中心》，《江汉考古》2022 年第 5 期。
② 严文明：《论半坡类型和庙底沟类型》，《考古与文物》1980 年第 1 期。
③ 张朋川：《中国彩陶图谱》，文物出版社，1990 年，第 90 页。
④ 王仁湘：《关于史前中国一个认知体系的猜想——彩陶解读之一》，《华夏考古》1999 年第 4 期。
⑤ 王仁湘：《史前中国的艺术浪潮——庙底沟文化彩陶研究》，文物出版社，2011 年；韩建业：《庙底沟时代与"早期中国"》，《考古》2012 年第 3 期。

泽文化。我们认为，庙底沟期盛行的艺术浪潮只是表象，实际上这一浪潮形成的原因是文化认同。与此相同，第二圈考古学文化分布带也可以见到一些仰韶时代彩陶的踪迹。

六、仰韶时代的玉器

裴李岗时代已出现了玉器，至仰韶时代，玉器已广泛出现在中国东北、华北和长江中下游地区。到了仰韶时代晚期，更形成了东北的红山文化玉器和长江下游的凌家滩文化玉器两大制玉中心。介于二者之间的海岱地区的玉器，或许可单独命名为海岱系玉器。

东北系（辽河流域）——红山文化出土了大量的玉器，共分十大类，其中最为典型的器类有动物形玉器、筒形玉器、勾云形玉器和玉璧等。动物形玉器以玉龙为代表，可分为脊饰卷体龙和玦形龙两类，还有玉鸮、玉龟、玉蚕和玉蝉等。其次，还有工具玉（玉斧、玉钺、玉锛、玉凿、玉棒形器、玉钩形器等）和装饰类玉（玉环、玉镯）以及珠形玉、特形玉、棒锥形玉、玉人等。其中，筒形玉箍，是红山文化的独有器型。玉璧大致可分成单孔玉璧、双联璧和三联璧。玉钺是红山先民在祭祀祖先、天地、神灵，行血祭大礼时的礼器。玉人的数量非常稀少，有明确出土地点的仅有2件，一件在牛河梁遗址第十六地点M4出土，另一件出土于巴林右旗查干诺尔苏木洪格力图遗址。

红山文化玉器上不但包含了红山先民的图腾崇拜、宗教信仰、生活习惯、审美取向等信息，重要的是与中华文明起源有着不可分割的联系，这些玉礼器的出现，对实证中华文明五千年与中华文明多元一体有不可忽视的作用。

江淮系（安徽南部）的史前玉器以凌家滩文化玉器为代表。明显的可以分为两类，一类是比较普通常见的器物，如玉璜、玉璧、玉镯、玉环、玉玦、玉璧等，与玉玦、玉管、玉钺、玉斧或玉璧中的一种或两种成组配套使用。特别是玉璜在凌家滩时期应该已经初步形成了某种礼仪制度。第二类就是凌家滩特有的玉器，如玉龙、玉鹰、玉人头像、玉龟、玉版、玉人等等，是凌家滩玉器区别于同期其他文化玉器的一大特色。

凌家滩文化玉器比良渚文化玉器的早，比红山文化玉器工艺水平高，开始了中国玉器的先河。凌家滩墓地出土的玉器有玉人、玉龙、玉虎、玉龟、玉猪、玉勺、玉璧、玉璜、玉玦、玉扣形饰、长方形玉片、三角形玉片、半球形饰、圭形饰、鸟形饰、玉管、半球状凹凸形带槽水晶等。

薛家岗遗址共进行过3次发掘，151座墓葬共出土玉器件，种类较多，玉璜、玉镯、玉环、玉锁、玉管、玉琮、玉饰件等都有发现，其中玉管和玉饰件数量较多，玉璜数量不多，且保存不是很好，与凌家滩玉璜形制相似，玉钺类型也与凌家滩基本相同。

北阴阳营文化的玉器种类有玉璜、玉玦、玉管、玉璧、玉锁、玉珠等玉饰品，这些形制的玉器在凌家滩墓地中都基本得到了继承，且更为进步。

凌家滩出土玉器当中，玉璜、玉镯和玉环这种组合较为常见，玉璜是凌家滩墓地的主要随葬品，且形成了以玉璜为代表的礼仪制度。除了这种普通类的玉器，凌家滩还出土了一批特殊造型的玉器，如玉龙、玉鹰、玉龟、玉人等等，这些玉器可能是在重大场合部落或者氏族的首领、巫师用来祭祀神灵、祖先以及对战争、联盟、婚丧等活动进行占卜的礼仪用器，这些可能带有某种宗教性质的玉器是凌家滩文化自身发展的一大特色。

凌家滩的先民们喜爱佩戴手镯的习俗可能与大汶口文化有关。李修松认为凌家滩玉鹰是创造大汶口文化的少昊氏部落集团首领少昊挚（鸷）的神形象[1]。凌家滩文化"龟灵"观念和神秘的"八角星形纹"在大汶口文化中乎更有渊源。

海岱系（黄河下游）玉器以北辛文化—大汶口文化出土玉器为代表。北辛文化的玉器仅见泰安大汶口遗址出土 2 件北辛文化晚期的玉锛和玉镞，显然是工具。

大汶口文化遗址大体分布于山东省中西部。其玉器种类有① 工具类：玉锛、玉斧、玉凿、玉钺、玉刀、玉锥形器。② 装饰类：玉镯、小玉璧、牙璧、玉珠、玉环、玉璜、玉管、玉人面饰、玉指环、玉坠饰、玉串饰、玉颈饰、双连玉璧（环）、四连玉璧环等。③ 武器和工具类玉器大都从石质工具演化而来，也是山东地区最早出现的玉器种类。

大汶口文化彩陶中的八角星纹，与凌家滩长方形玉片和玉鹰的中心部位都出现的八角星纹有几分相像，说明凌家滩文化一定程度受到了海岱地区影响。

七、仰韶时代：古国时代的来临

苏秉琦先生创造性地提出了文明演进的三部曲"古国—方国—帝国"，古国是文明和国家起源的第一阶段。赵辉先生认为约公元前 3800～前 3300 年已进入古国时代的初期，公元前 3300 年以来则进入古国时代的早期[2]。可见在仰韶时代晚期，文明的曙光已经开始照亮中国大地。

（一）仰韶时代的文明要素

1. 城址

仰韶时代已经开始出现城址。如黄河中游地区的郑州西山遗址、大河村遗址等都发现了城址。黄河下游地区的焦家遗址，从年代上来看，打破焦家遗址夯土城墙的墓葬最早的在约公元前 3000 年前，表明在仰韶时代年代范畴内，焦家遗址已然建城。

长江中游地区的史前城址中，在大溪文化至屈家岭文化早期之间筑造的城址面积

---

① 李修松：《试论凌家滩玉龙、玉鹰、玉龟、玉版的文化内涵》，《安徽大学学报（哲学社会科学版）》2001 年 25 卷第 6 期。

② 赵辉：《谈谈"古国时代"》，《文物天地》2021 年第 9 期。

一般较小，而在屈家岭文化中晚期筑造的城，城址面积较大。

早期城址如城头山古城址始建于 6000 年前大溪文化早期，至屈家岭文化中期又经历三次修筑，城内堆积包括大溪、屈家岭及石家河文化时期的遗存，是目前我国已知年代最早的夯筑城址。

2. 马家窑文化的青铜刀

金属铜的出现在人类社会发展历史上具有划时代意义，意味着工具、武器的制作出现了比石器更优良的新材料新工艺；铜器的生产一般由专门的工匠完成，只有专门的冶金工匠才懂得铜器的铸造方法和合金的配比知识，所以铜器的产生促进了社会的分工与社会关系的变革。我国发现的铜器在年代上可早到仰韶文化时期，与商代发达的青铜文明相比，仰韶时代发现的铜器无论是从冶铸技术上还是从器物造型上都有较大差距，但却是我国金属铸造业的开端。

青铜一般是铜与锡、铅等金属的合金，具有质地坚硬、熔点较低、容易铸造等特性。在我国，发现最早的青铜器是 1978 年出土于甘肃省临夏州东乡县林家遗址的 1 件青铜刀。据发掘报告所述，马家窑类型青铜刀出土于第 20 号房址（F20），这座房址出土有彩陶盆和素面盆各 1 件，为马家窑文化的典型器物。铜刀所在的文化层经 ^{14}C 年代测定约在公元前 3280 年至公元前 2740 年之间，距今约 5000 年。这件青铜刀长 12.5、宽 2.4 厘米。由两块范浇铸而成，形制规整，刀身薄厚均匀，表面很平整，有较厚的深灰绿色锈，短柄，微弧长刃，刃部经轻微冷锻或锉磨，以增加其锋利度。刀尖比较圆钝，微微上翘，弓背，刃部前端因使用磨损而凹入，柄端上下内收而较窄，并有明显的镶嵌木把的痕迹，保存完整。这件铜刀于 1981 年经北京钢铁学院冶金研究所检验，确认为含锡的青铜，其含锡量高于 6%，有可能是用木炭直接还原锡石和氧化铜矿的混合物得到的。林家遗址 54 号灰坑里出土的铜渣经北京钢铁学院冶金研究所和中国社会科学院考古研究所实验室，分别用岩相鉴定和中子活化法分析，证明铜渣不是天然矿石，也非炼铜残渣，而是一块经冶炼但已风化成碎块的含铜铁金属长期锈蚀的遗物。铜渣用中子活化法分析的结果是含铜 36.5%、锡 6.47%、铅 3.49%、铁 0.41%，酸不溶物占一半以上。这种铜渣在同一遗址的 57 号探方第四层中也发现了两块，都因风化而成为碎块，铜、铁虽大部分氧化，但大块的心部仍残留有金属铜，可能是由于选用冶炼的矿石不适当，不能铸成器物而被遗弃的遗物。但青铜刀和铜渣的出现可以认为当地已能进行冶铸铜器的生产，标志着当时社会生产力的巨大变革和高度发展。

青铜刀出土于甘肃境内，而甘肃地区是亚洲东部与亚洲中部的分野地带，大致以乌鞘岭为界，以西地区河流皆为内流水系，属中亚地区；以东地区河流统属太平洋流域，属东亚地区。甘肃省成为东亚与中亚、西亚和欧洲之间的陆上交通孔道。也是中华文明与两河流域、古印度、地中海等古老文明融合汇流之地。

中国境内的铜器是本土发明的，还是由西方传入的？倘若是由西方传入的，那么地处中西交通要道的甘肃临夏地区的发现就是至关重要的材料。

3. 玉器

玉器，滥觞于裴李岗时代，至仰韶时代中晚期已经形成东北的红山文化玉器、海岱地区的玉器系统，江淮地区的凌家滩玉器系统，有人称之为"玉器时代"，以凸显玉器在中国文明形成和早期发展的地位。玉器时代突变的标志是出现大量龙、凤、龟等动物神化形象，甚至还有过去被认为是商周时期才出现的"超前"的人兽合体、龙凤合体的平雕甚至圆雕玉件，玉器发展从此进入新阶段。与玉器同时伴出的有，凌家滩遗址祭坛上分别随葬巨型玉猪、刻图玉版与玉龟组合、玉石斧钺的大型墓葬。红山文化玉器精选河磨玉为主料，以减地阳纹为主纹饰，以动物神化为主造型。在没有金属工具和机械辅助的情况下，红山文化的玉器制作工艺精湛，使玉器在光线变化下充分发挥其立体感、层次感、神秘感，最大程度发挥玉质地的通神效果。红山文化祭天的圜丘，祭祖的女神庙和具有王者身份中心大墓的积石冢群，简称"坛庙冢"，是有规律布局、完整的祭祀建筑组合。南北区域在距今五千年前都有中心或超中心聚落和高等级玉器出现，表明这些地区都已进入"古国"阶段。

玉器发展的第一个高峰期，正是中国文明起源时期，《越绝书》记："黄帝之时，以玉为兵"，"玉亦神物也"。为此，有学者提倡重提"玉器时代"，即将距今五千年前后的中国文明起源时期称为"玉器时代"。世界史研究者流行将跨进文明的距今五六千年即介于石器时代和青铜时代之间的这一阶段，通称为"铜石并用时代"。中国的这一阶段恰为玉器发展的高峰阶段，在石器时代和青铜时代之间单独划分出一个"玉器时代"，与世界史的"铜石并用时代"并列，可进一步突出在世界文明史上的中国特色，故可以考虑在中国史的分期上，在石器时代和青铜时代之间划出一个玉器时代。

4. 原始文字

从现有的考古资料来看，仰韶时代是中国文字的萌芽阶段。20世纪中叶以来，考古工作者先后在山东、陕西、河南等地区的仰韶时代遗址中发现有大量的陶器刻符。

郭沫若先生在《古代文字之辩证的发展》中所说"彩陶上的那些刻划记号，可以肯定地说就是中国文字的起源，或者是中国原始文字的孑遗"。郭先生还提出："文字的发生和发展，在结构上有两个系统，一个是刻划系统，另一个是图形系统。"虽然郭先生对此没有展开论述，但是从目前出土的属于仰韶文化和大汶口文化的陶器刻符来看，两者有很大的不同，仰韶文化的陶器刻符比较抽象，而大汶口文化的陶器刻符则比较形象。显然，两者一个属于刻划系统，另一个属于图形系统。

仰韶文化遗址出土的陶器刻符主要集中在西安半坡、临潼姜寨、零口、垣头、长安五楼、郃阳莘野、铜川李家沟、宝鸡北首岭等渭河流域及其附近地区的遗址中。这些符号一般刻在陶钵上，但多为碎片，只有少数出土于墓中的殉葬品或瓮棺的陶钵盖上的符号才比较完整。西安半坡遗址共发现刻划的陶器符号27种，刻在113件陶器或陶片上；在临潼姜寨遗址也发现陶器或陶片129件，陶器符号有38种。此外，在宝鸡北首岭、长安五楼、邰阳莘野、铜川李家沟、临潼垣头等遗址也有出土的陶器符号，这些陶器符号重复出现的频率较高，相同或相似的符号归并起来有 59 种[①]。

从这些陶器刻符来看，它们有着以下的共同点，这些符号都是刻划而来，从刻划痕迹判断大多数刻于陶器烧成之前，而且刻划匀挺酣畅，有一定深度，有些刻划边缘有剥裂，应该是烧成以后再刻。符号有固定的位置，规律性强，绝大部分都刻在同一种陶器的同一个部位上，一般是刻在陶钵外口缘的黑宽带纹或黑色倒三角纹上，只有极少数刻在陶盆外壁和陶钵底部。有个别是盆或者不能鉴别的器种。

大汶口文化的陶器刻符经在山东莒县陵阳河等大汶口文化的遗址中出土了 19 个刻划在陶尊上的符号。大汶口文化的刻划符号可以分为两种形式。第一种是复合的形象体刻划，这种符号由两件或三件图形构成一幅图案，分为上下结构，而且这些形状象"日""月""云""山"形。所以有人称之为"日""月""山"或"日""云""山"形陶器符号。第二种是单一的形象体刻划，而且这些出现于相同器物上的相同的刻划符号也表明，在大汶口文化遗址范围内，这批刻划符号已经为这个地区的先民通用[②]。

5. 原始礼制

原始礼制可反映在遗迹、遗物两方面。在遗迹方面，是与祭祀、宗教、仪式相关的建筑、设施等。与遗物相关的则是如玉器、高规格的陶器等礼制用品。

仰韶时代，祭祀遗迹的数量整体上是一种递增的趋势，这反映了祭祀活动的日益频繁，与聚落人群规模的扩大、社会生产力水平的整体性进步密切相关，精神领域的活动是随着物质生产的进步而日益丰富的。不仅数量增多，祭祀场所的规模也越趋宏大，在不同的地区先后出现了阶段式的高潮，相继在我国东北地区和黄河上游等地出现了以红山文化"坛、庙、冢"为代表的祭祀中心、原始殿堂建筑大地湾 F901，显示了在史前社会复杂化进程中原始宗教曾起到过巨大的凝聚和向心的统领作用。这种情况表明，原始宗教与祭祀在此期间得到了很大的发展，原始宗教在人们生活中占有越来越重要的地位，由此导致了祭祀活动的经常化、仪式化及祭祀用具的礼器化[③]。

（二）古国林立

"古国"一词来源甚早，在先秦文献、汉代典籍里，谈到史前的时候常不约而同地说天下"万国"、天下"万邦"，可见三代之前的中国社会处于天下万国的形势。

从考古学上探讨古国时代，始于红山文化的研究。

1979 年，辽宁省开展全省文物普查试点，在大凌河流域的东山嘴发现了一处原始

---

① 赵枫、刘民刚：《史前陶文异同浅析——以仰韶文化和大汶口文化为例》，《现代语文》2007 年第 10 期。
② 赵枫、刘民刚：《史前陶文异同浅析——以仰韶文化和大汶口文化为例》，《现代语文》2007 年第 10 期。
③ 贺辉：《新石器时代祭祀类遗迹研究》，南京大学博士学位论文，2013 年。

社会末期的大型石砌祭坛遗址[①]。几年之后，又在牛河梁发现了多处积石冢遗迹和一座"女神庙"[②]。

基于这些考古新发现，苏秉琦先生当时就敏锐地察觉到："我国早在 5000 年前，已经产生了植基于公社、又凌驾于公社之上的高一级的社会组织形式。"[③] 苏秉琦假借中国古典文献中的"古国"[④] 一词作为早期国家起源第一个阶段的指称[⑤]。

《孟子·万章》："天子之制地方千里公侯皆方百里，伯七十里，子男五十里凡四等。"方百里，换算成今天的度量大约是 40 千米方圆大小和今天中原地区的一个县的规模相仿。而像曾国这样的小国，据考古发现，可能只有现在两三个乡镇大小。上古的古国是小国寡民状态。大体上一个中心聚落群就是文献上说的古国。从考古学上看，仰韶时代的中晚期已出现古国的踪迹，现举例如下。

1. 红山文化古国

红山文化主要分布在西辽河地区，还包括大凌河再往东，最东边甚至在山海关以内也有零星发现。但主要区域还是在西辽河流域。在这一流域中心偏南的辽宁建平凌源、喀左三县交界的牛河梁地点，在文物红线保护范围之内大概五十多平方千米，已经发现了 17 个地点，除著名的女神庙外，还有积石冢祭坛或者祭坛埋墓的现象。在这个范围里几乎找不到日常生活的聚落，最新的考古调查发现这个范围可能还超出了重点保护区划出来的红线范围。牛河梁第二地点的石坛，在中心建有大墓，外围有中小型墓，是红山文化或者红山社会的丧葬宗教行为的中心。红山文化肯定有古国出现，只是到目前为止，有关红山文化究竟能划分出多少个古国还不清楚[⑥]。

2. 河洛古国

因为河南荥阳双槐树遗址的发现，学术界提出了"河洛古国"这样一个命名，是指以双槐树遗址为中心的仰韶文化中晚期遗址群。此外，在郑州地区还有大河村、西山、关庄、汪沟等遗址；在洛阳地区也有另外一群聚落。淮河上游、沙颍河流域和南阳盆地均各自有一群聚落。据推测，河洛古国实际的范围大概也就是当今一个县的范围大小。

3. 西坡古国

河南灵宝西坡遗址发现了面积三四百平方米的大房子，可能是原始宫殿式的大房

① 郭大顺、张克举：《辽宁省喀左县东山嘴红山文化建筑群址发掘简报》，《文物》1984 年第 11 期。
② 辽宁省文物考古研究所：《牛河梁——红山文化遗址发掘报告（1983—2003 年度）》，文物出版社，2012 年。
③ 苏秉琦：《中华文明的新曙光》，《东南文化》1988 年第 5 期。
④ 赵辉：《"古国"时代》，《华夏考古》2020 年第 6 期。
⑤ 苏秉琦：《中国文明起源新探》，商务印书馆，1997 年。
⑥ 赵辉：《谈谈"古国时代"》，《文物天地》2021 年第 9 期。

子。大房子集中到了聚落中心的广场位置，附近没有别的房子，它的地位在整个村子里边突出地表现出来。遗址上还有规模很大的墓葬，随葬品虽然不是很精彩、很丰富，但大墓有 2 米多长、3 米多宽，三四米深度，还不一定是原始墓口。以西坡为代表的聚落群或可称之为"西坡古国"。

4. 大地湾古国

大地湾遗址第四期即仰韶文化晚期，山坡中轴线分布着数座大型殿堂式建筑，周围为密集的部落或氏族。其中以 F901 为代表的大型建筑占地 420 平方米，居住面为料姜石和沙石混凝而成的类似现代水泥的地面，既有主室和侧室，又有后室和门前附属建筑，其规模之大、保存之好、结构之复杂、工艺之精湛令人拍案叫绝，以 F901 为代表的多间复合式建筑，布局规整、中轴对称、前后呼应、主次分明，开创了后世宫殿建筑的先河。以大地湾四期为代表的聚落群可称为"大地湾古国"。

5. 南佐古国

南佐遗址位于甘肃省庆阳市西峰区南佐村，遗址面积约 600 万平方米，年代距今 5200～4600 年。南佐遗址是陇东地区仰韶文化晚期的大型中心聚落。遗址分布于董志塬西北部两条沟壑之间的塬面上，南佐遗址现存 9 处大型夯土台基，北部 1 处大型建筑一号基址已发掘。一号基址为地面建筑基址，长方形，长 33.5、宽 18.8 米。三面有夯筑木骨墙。房址中央有东西向隔墙，将房址分为两部分，墙体开三个宽 1.6 米的门道，通连前后，形成前堂后室结构。后室近隔墙有大灶，墙上抹草拌泥，并经烧烤。房址地面为白灰面。房外有散水台，台外还有排水沟，台、沟均经烧烤。在一号房基周围分布着若干小型房址。紧邻夯土台外侧发现 2 道环壕，核心区东、南、北三面约 1000 米处还发现外环壕遗迹。

南佐遗址仰韶晚期聚落是距今 5000 年左右最大的聚落遗址之一，其总体规模、核心面积、房子体量之大均"前所未有"，体现出强大的社会公共权力，显示陇东地区可能已进入早期国家或者文明社会，可称之为"南佐古国"。

6. 焦家古国

焦家遗址位于山东省济南市章丘区和历城区的交界地带，20 世纪 80 年代发现该遗址，90 年代进行了一些调查和试掘工作，2016 年至 2017 年夏季，山东大学考古学与博物馆学系与济南市章丘区城子崖遗址博物馆联合对焦家遗址进行了大规模的考古调查、勘探和发掘，发现了大汶口文化中晚期阶段的夯土城墙、壕沟、房址和墓葬等遗存[①]。从年代上来看，打破焦家遗址夯土城墙的墓葬最早的在约公元前 3000 年前，表

① 山东大学考古学与博物馆学系、济南市章丘区城子崖遗址博物馆：《济南市章丘区焦家遗址 2016～2017 年大型墓葬发掘简报》，《考古》2019 年第 12 期；山东大学考古学与博物馆学系、济南市章丘区城子崖遗址博物馆：《济南市章丘区焦家遗址 2016～2017 年聚落调查与发掘简报》，《考古》2019 年第 12 期。

明在仰韶时代年代范畴内，焦家遗址已然建城。焦家遗址是鲁北古济水流域具有政治、经济和文化意义的大型中心聚落，是目前海岱地区发现的年代最早的城址，而其所在的区域还可称为"焦家古国"。

7. 凌家滩古国

安徽含山凌家滩遗址有两重环壕，遗址中心正在发掘的是一大片红烧土台基，现在只好说是台基。

在遗址比较低平的地方也有大片的一小堆一小堆的红烧土，紧贴着环壕有墓地，墓地中间有一个方形的祭坛，坛上坛下都埋有墓葬，祭坛的南边有一排大门，随葬品的数量、质量令人瞠目结舌。随葬品有玉器、石器和陶器，还应有麻、丝绸甚至是象牙这类的遗物。墓地还有一片墓葬随葬制作玉斧、玉钺留下的孔芯，一座墓里出十几个，好像是专业工匠的墓地。墓地上更多的是几乎没有随葬品的普通人墓葬。在一个墓地里边，社会成员的分化已经表现得非常清楚了。

以凌家滩遗址为中心的区域，或可称为"凌家滩古国"。

8. 城头山古国

洞庭湖西部、澧水北边的澧阳平原，在大溪文化—屈家岭文化阶段，当地的聚落不但已经分群，还出现了号称天下第一城的城头山城址，产生了中心聚落，聚落里有居住区、仓储区、墓地、水田、祭祀区等等，聚落里的内容复杂起来。以城头山为中心的聚落群，或可称之为"城头山古国"。

以上只是对仰韶时代的古国有选择地介绍，更多的仰韶时代古国的发现有待田野考古和研究工作的进一步展开。

继苏秉琦之后，严文明、张忠培、李伯谦、王巍、赵辉、陈星灿等中国考古学家，不断对古国理论进行调整和阐释，相继提出"古国—王国—帝国"[1]，"神王之国—王国—帝国—党国"等发展模式[2]。赵辉认为："古国时代是公元前 3800 年到前 3300 年的仰韶文化中期，也应在古国时代大时代的范畴里。"[3]陈星灿认为，庙底沟时代，透露出中华文明的第一缕曙光[4]。

总之，我们认为仰韶时代中晚期开始步入中国古国时代，为龙山时代的邦国时代和夏王朝时期王国时代的来临奠定了雄厚的史前基础。

---

① 严文明：《黄河流域文明的发祥与发展》，《华夏考古》1997 年第 1 期；李伯谦：《中国古代文明化历程的启示》，《决策探索》2015 年第 3 期。

② 张忠培：《中国古代的文化与文明》，《考古与文物》2001 年第 1 期；张忠培：《文化·人物·考古——贺宿白先生九十华诞》，《中国历史博物馆馆刊》2012 年第 3 期。

③ 赵辉：《谈谈"古国时代"》，《文物天地》2021 年第 9 期。

④ 陈星灿：《庙底沟时代——中华文明的第一缕曙光》，《中国文物报》2013 年 6 月 21 日第 5 版。

211

八、仰韶时代的中外文化交流

仰韶时代的中外文化交流至少反映在以下几个方面。

（一）边疆地区的考古学文化

中国东北地区北部的考古学文化主要有金谷文化、兴城文化、振兴文化、亚布力文化、莺歌岭文化、新开流文化等。朝鲜境内相继发现了罗津遗存和西浦项文化，俄罗斯境内主要集中在兴凯湖平原和日本海沿岸，目前已发现有切尔尼戈夫卡文化、鲁德纳亚文化、维特卡文化、博伊斯曼文化、扎伊桑诺夫卡文化等。

不难发现兴凯湖平原及邻近地区的新石器时代考古研究存在着同一考古学文化的不同命名。此区域分属中、朝、俄三国，考古工作各自独立开展，致使文化面貌相同、存在时间一致的考古学文化出现了多种称谓。有学者开始尝试将中、朝、俄邻境地区不同名称的同一考古学文化统一起来，着手构建这一地区的时空框架。如刘伟就提出"金谷—西浦项—扎伊桑诺夫卡文化"[①] 命名。我们认为，如果遇到类似情况，不妨查明这一考古学文化的发现过程，最终以最初发现地的小地名加以确认。

（二）彩陶

伊朗高原和印度河平原分布着梅尔伽赫（Mehrgarh）遗址而命名的梅尔伽赫文化，其位于巴基斯坦俾路支斯坦喀奇平原（KachiPlain）的博兰河河畔（BolanRiver），文化延续时间从距今 9000 年至距今 4000 年[②]。梅尔伽赫文化出土的彩陶与仰韶时代马家窑文化彩陶有相近之处。在半山和马厂时期，梅尔伽赫文化彩陶纹饰图案复杂多样，除有鸟纹、漩涡纹、波纹之外，另有出现回纹、垂帐纹、希腊十字纹、锯齿纹、填色网格菱纹、万字纹、间条纹、垂鳞纹、菱格点纹、米字纹、带锯齿状的平行纹等。

马家窑文化与梅尔伽赫文化之间隔着遥远的空间距离，加上青藏高原的阻隔，文化交流只能绕道南北。北道从河西走廊进入塔里木盆地，翻越红其拉甫山口进入克什米尔，沿印度河抵达俾路支斯坦。南道从甘肃南部向南经川西至藏东河谷，西下从雅鲁藏布江逆江而上，由狮泉河南下进入克什米尔地区。

卡若文化稍晚于马家窑文化，与马家窑文化有诸多相似文化因素，例如陶器组合中的平底罐、盆、碗，部分彩陶纹饰与梅尔伽赫文化也有相似之处[③]。

---

① 刘伟：《黑龙江流域新石器时代考古学文化研究》，吉林大学博士学位论文，2021 年，第 216～230 页。

② Jarrige, C. et al., (eds.) *Mehrgarh: Field Reports 1974-1985, from Neolithic Times to the Indus-Civilization*, Karachi: The Department of Culture and Tourism, Government of Sindh, 1995.

③ 俞洁、李勉：《新石器时代甘青地区中外文化交流研究——以马家窑与梅尔伽赫文化关系为例》，《中华文化论坛》2018 年第 4 期。

两河流域属于彩陶时代偏晚的萨马拉文化典型彩陶图案复杂而充满韵律。至彩陶时代后期早段的哈拉夫文化阶段[①]，彩陶中弧线纹、弧边三角、圆圈、圆点等元素增多，并出现了中心对称的母题构图方式。

西亚的伊朗西南苏萨地区进入彩陶时代后期或者苏西亚那期以后，弧线、圆点增多，出现弧边三角、勾叶、圆圈等新元素，构图仍主要为轴对称，但大小相间、疏密不等，颇多变化，此外也出现了少量中心对称的构图方式，这些和庙底沟类型都有一定的相似之处，总体也是更显生动活泼。

在中亚南部，约公元前4200～前3500年的安诺—纳马兹加一期文化（Anau-NamzgaI），彩陶风格则骤变为粗犷的弧边三角、勾叶纹、折线纹[②]。

韩建业认为，锯齿纹彩陶在公元前四至三千纪盛行于中亚地区的纳马兹加二至四期文化，也是公元前三千纪后期马家窑文化半山期彩陶的标志性特征。半山期锯齿纹彩陶的突然流行，主要应是受到中亚纳马兹加二至四期文化间接影响的结果[③]。

李新伟认为，库库特尼—特里波利文化是分布在黑海西部和北部的重要史前文化，时代与中国仰韶文化庙底沟类型和马家窑文化马家窑期大体相当，而且在彩陶纹饰和器型上都与其有很高度的相似性[④]。

（三）树皮布

在人类衣服历史上，用树皮制作的衣服曾是具有世界性影响的重大发明。邓聪认为，树皮布技术自南中国南向经中南半岛，席卷东南亚岛屿后，从海路上跨过太平洋岛屿进入中美洲。东亚树皮布文化传统，是南部蒙古人种海洋扩散最重要的特征性代表之一[⑤]。

他还认为，现今香港地区以至环珠江口的树皮布之文化，早于距今6000年前，很可能就是东南亚树皮布文化之源头[⑥]。此后，南印支半岛、越南北部，再后来如泰国及马来半岛和菲律宾、台湾等地都有别具特征性的树皮布文化，年代迄今所知不超过距今3500年，中美洲树皮布文化上限不超过距今2500年，且来源于东南亚地区。需要说明的是，新中国成立之前，在中国海南岛黎族居住区也有树皮布，我在海南岛黎族自治区进行民族考古调查时，也曾见到过树皮布实物标本[⑦]。

① Hijjara, H., *The Halaf Period in Northern Mesopotamia*, London: NABU Publications, 1997; Gómez. Bach, A., Cruells, W., Molist, M., Sharing Spheres of Interaction in the 6th Millennium cal. BC: Halaf Communities and Beyond, *Paléorient*, 2016, 42 (2), pp.117-133.
② Müller-Karpe, H., *Neolithisch-kupferzeitliche Sied-lungeninderGeoksjur-Oase, Süd-Turkenistan*, Nach den Arbeiten von I. N. Chlopin und V. I. Sarianidi. Verlag C. H. Beck: Munich, 1984, pp. 34-35.
③ 韩建业：《马家窑文化半山期锯齿纹彩陶溯源》，《考古与文物》2018年第2期。
④ 李新伟：《库库特尼——特里波利文化彩陶与中国史前彩陶的相似性》，《中原文物》2019年第5期。
⑤ 邓聪：《史前蒙古人种海洋扩散研究——岭南树皮布文化发现及其意义》，《东南文化》2000年第11期。
⑥ 邓聪：《古代香港树皮布文化发现及其意义浅释》，《东南文化》1999年第1期。
⑦ 赵春青2022年7～8月在海南岛开展的民族考古调查资料（待刊）。

九、结　　语

　　100 年过去了，从河南渑池县仰韶村的首次发掘到整个仰韶时代的研究，已经走过百年历程。现已查明，仰韶文化是中国第一次被命名的考古学文化，仰韶时代是多元一体有核心的文化格局，它拥有高度发达的彩陶艺术，琳琅满目的玉器艺术，整个社会从氏族公社走向古国时代。仰韶时代则是包含了与仰韶文化关系密切、时间大体相同的中国境内的诸考古学文化群。这一考古学文化群分核心区、主体区和外围两圈考古学文化分布带。从仰韶时代的仰韶文化庙底沟期开始，开始步入古国时代，再经过龙山时代这一邦国时代的接续奋斗，最终产生了中国的第一个奴隶制王朝——夏王朝。

　　当今仰韶时代的研究虽已取得了丰硕成果，但至少还有下列工作急需开展：① 各地区仰韶时代的考古学文化具体划分有待更全面更深入更细致地进行；② 仰韶时代生产力发展水平和社会性质的研究也有待深入。由于 DNA 研究不足，我们至今对当时氏族制度的演变、贫富分化究竟从何时发生乃至阶级、文明、早期国家的发生和演变等一系列问题有待进一步探讨；③ 探索仰韶时代城市的起源和初步发展的课题势在必行；④ 仰韶时代的宗教信仰演变的具体过程，还需要下大功夫加以研讨；⑤ 仰韶时代的文化艺术有哪些重要成就，至今也还是所知不多；⑥ 仰韶文化和大汶口文化都已有了许多记事的符号或原始文字，但究竟哪些是文字，哪些是符号，如果是文字，那么，它又是哪一个国家或族团的文字，未能详论；⑦ 对外交流方面，由于仰韶时代中外文化交流的广泛开展，如彩陶交流、冶金术交流等都需要研究者掌握中外学术研究的新动向，不断开拓研究视野；⑧ 多学科合作研究，也有待深入开展。

区域比较视角下的史前房屋建筑[*]

戴向明

（首都师范大学历史学院）

　　我国的新石器时代，在长江、黄河和辽河流域等史前农业经济发达的地区，形成了多个各有谱系的文化区系。各地考古学文化及其谱系的建立首先依凭的是陶器特征，但其实我们还可以从建筑、墓葬、其他类别的器物等多方面进行观察比较，从中可以窥见不同方面的交集与分异，并有助于对史前区域文化与社会等多方面取得更深入、立体的认识。本文拟从区域比较的角度，对我国新石器时代的房屋建筑进行简要的概括、分析。

一、各文化区史前房屋建筑样式概览

1. 燕辽及东北地区

　　在各文化区中，燕辽及东北地区的史前房屋建筑相对单纯且变化较小。从本地区开始较大规模定居的兴隆洼文化到后来的赵宝沟文化、红山文化、小河沿文化及其他一些地域性文化，主要的房屋类型一直是近方形或长方形半地穴式单间建筑，面积多在十几到三十几平方米之间。兴隆洼[①]、赵宝沟[②]文化的房子皆成排分布，大小差别不大，都是普通民居，显示出布局有序且尚无等级分化的氏族村落的形态。红山文化时期的房址如魏家窝铺[③]、哈民忙哈[④]等遗址所见，仍保留着此前的一些特征，近方形半地穴房址成排或成组分布，只是整个聚落布局不再像以前那样整齐划一，反映了较晚时期聚落结构、社群单位和社会关系等方面的变化。到红山晚期，因社会分化和社会结构的变化，出现了"坛、庙、冢"一类的祭祀遗迹和大型墓葬，尤其是在辽西牛河梁

* 本文为国家社科基金重大项目"山西绛县周家庄遗址发掘资料的整理与研究"（项目批准号：19ZDA232）阶段性成果。

① 内蒙古自治区文物考古研究所：《白音长汗》，科学出版社，2004年；辽宁省文物考古研究所：《查海——新石器时代聚落遗址发掘报告》，文物出版社，2012年。

② 中国社会科学院考古研究所：《敖汉赵宝沟》，中国大百科全书出版社，1997年。

③ 成璟瑭、塔拉、曹建恩、熊增珑：《内蒙古赤峰魏家窝铺新石器时代遗址的发现与认识》，《文物》2014年第11期；彭晓静：《魏家窝铺红山文化聚落遗址房址分析》，《赤峰学院学报（汉文哲学社会科学版）》2022年第3期。

④ 内蒙古文物考古研究所、科左中旗文物管理所：《内蒙古科左中旗哈民忙哈新石器时代遗址2010年发掘简报》，《考古》2012年第3期；内蒙古文物考古研究所、吉林大学边疆考古研究中心：《内蒙古科左中旗哈民忙哈新石器时代遗址2011年的发掘》，《考古》2012年第7期。

集中分布着大型积石冢、"女神庙"和可能与祭祀相关的大型建筑基址[1]。与此同时，大型聚落的布局也当发生了相应变化，应该存在规模较大的居住或礼仪性的高等级建筑，只是受限于考古发现，尚不了解具体情况。红山之后或与红山晚期部分共存的小河沿文化显得不发达，遗址发现不多，聚落内部结构还不太清楚，目前发现的房址也很少，零星所见有椭圆形半地穴式[2]，小而简单，不知是否为一种特例还是普遍现象。东北其他各时期以筒形罐为特征的新石器时代文化，如新乐文化、小珠山下层文化和中层文化、后洼上层文化等，所见房址大多也是长方形或近方形半地穴式单间建筑，应该都是在特定环境和文化传统中形成的相似的房屋形态[3]。

2. 长江下游地区

长江下游地区目前所知最早的新石器遗存为钱塘江以南的上山文化。在浦江上山[4]、嵊州小黄山[5]等地都发现有二、三排柱洞组成的长排房屋基址，长度在十几到三十几米之间，很可能是最早的干栏式建筑；同时还见地面式小型房址。随后的跨湖桥文化所见零星房址，主要是长方形和不规则形地面单体建筑（有的内部或许能分间），房子四周或中间有柱洞，在地面之上铺垫居住面，并往往留有烧烤面[6]。此后宁绍平原的河姆渡文化，因环境卑湿，主要流行长排干栏式木构建筑，如余姚河姆渡[7]、田螺山遗址[8]所见。与早期相比，此时的聚落规模更大，干栏式建筑结构更加复杂和成熟，较晚一点的房屋在木桩底部往往还有垫板。钱塘江以北的马家浜文化，发现有干栏式和地面式两种房屋，地面式以长方形为主，有的似可分间，地面常有多种材料加工的硬土面和烧烤面[9]。

崧泽文化的房子所见不多，但包括了几种类型。吴江龙南集中发现几座属崧泽晚期或良渚早期的长方形半地穴和浅穴式房址，有的有分间，另外还有近圆形的半地穴[10]；嘉兴南河浜发现多座长方形地面式房址[11]；在张家港东山村，揭露出2座较大的长方形地面建筑基址，附近还有几座可能为干栏式的小型房址，或许为附属的非居住

---

① 辽宁省文物考古研究所：《牛河梁——红山文化遗址发掘报告（1983—2003年度）》，文物出版社，2012年。

② 辽宁省博物馆、昭乌达盟文物工作站、敖汉旗文化馆：《辽宁敖汉旗小河沿三种原始文化的发现》，《文物》1977年第12期。

③ 相关介绍可参考中国社会科学院考古研究所：《中国考古学·新石器时代卷》，中国社会科学出版社，2010年。

④ 浙江省文物考古研究所、浦江博物馆：《浦江上山》，文物出版社，2016年。

⑤ 王海明：《九千年前的远古文化——浙江嵊州小黄山遗址》，《浙江省文物考古研究所学刊》（第八辑），科学出版社，2006年，第401～412页。

⑥ 浙江省文物考古研究所、萧山博物馆：《跨湖桥》，文物出版社，2004年。

⑦ 浙江省文物考古研究所：《河姆渡》，文物出版社，2003年。

⑧ 浙江省文物考古研究所、余姚市文物保护管理所、河姆渡遗址博物馆：《浙江余姚田螺山新石器时代遗址2004年发掘简报》，《文物》2007年第11期。

⑨ 浙江省文物管理委员会：《浙江嘉兴马家浜新石器时代遗址的发掘》，《考古》1961年第7期。

⑩ 苏州博物馆、吴江县文物管理委员会：《江苏吴江龙南新石器时代村落遗址第一、二次发掘简报》，《文物》1990年第7期。

⑪ 浙江省文物考古研究所：《南河浜》，文物出版社，2005年。

功能的建筑，两种房址四周都有较密集的柱洞[1]。

良渚文化虽然资料丰富，但发现的房屋数量仍不算很多。吴江龙南有干栏式建筑残存的成排木桩[2]。在良渚遗址群的庙前，发现有不同时期由柱网构成的长方形或近方形房址，个别的似有居住硬面，无居住面的很可能也是干栏式建筑；另外还有带墙基槽的方形或长方形地面建筑[3]。地面起建的房子在昆山绰墩[4]、余杭茅山等许多坡地上的遗址都可见到，较大的往往为双间，个别还有多间的[5]。此外，良渚文化区内还流行台墩型建筑，其中最著名的就是良渚古城中心莫角山高台建筑基址（详后），这被认为是统辖良渚古城及其社会集团的"宫殿区"。很多普通聚落也常见人工堆筑土台、然后在其上营建房屋的形式，土台周围可见生活垃圾和灰坑、窖穴、水井等设施，土台两侧或四周往往还分布有与房屋对应的墓葬；每个小土台一般就是 1 座房址的台基，其上为方形或长方形地面式建筑，较大的房子大多有分间，保存较好的房址可见沟槽埋柱的木骨泥墙；像这样相连或相邻的几个土台形成某种组合，有些较大的土台上面会分布几座房子，从中分别可看出核心家庭、扩大家庭甚至家族等层级的社群单位。在海盐仙坛庙、桐乡新地里、海宁小兜里等遗址都发现有一系列这样的土台，有学者进一步认为原来被看作是专门墓地或祭坛的很多台墩型遗址的首要功能可能都与营建居址相关；这种台形居址还包括等级较高的良渚遗址群内的姚家墩（由 7 个台墩组成，有较高等级的建筑和大墓）和其东部的玉架山（由 6 个环壕方台组成，台上有房址和等级较高的墓葬）[6]。在桐乡普安桥遗址，细致的发掘还揭示出了从崧泽末期到良渚早期土台逐渐加高、不断复建房子和埋葬死者的过程[7]。

良渚之后的钱山漾文化和广富林文化时期，仍可见到干栏式柱洞和方形地面房址等不同的建筑形式[8]，但总体情况尚不完整、清晰。

3. 长江中游地区

长江中游地区最早的新石器时代房址见于彭头山文化，在澧县彭头山和八十垱发现有长方形或方形地面单间建筑，以及近圆形的干栏式建筑，有些干栏式房子还建于

[1] 南京博物院、张家港市文管办、张家港博物馆：《东山村——新石器时代遗址发掘报告》，文物出版社，2016 年。

[2] 苏州博物馆、吴江市文物管理委员会：《吴江梅堰龙南新石器时代村落遗址第三、四次发掘简报》，《东南文化》1999 年第 3 期。

[3] 浙江省文物考古研究所：《庙前》，文物出版社，2005 年。

[4] 苏州市考古研究所：《昆山绰墩遗址》，文物出版社，2011 年。

[5] 王宁远：《遥远的村居——良渚文化的聚落和居住形态》，西泠印社出版社，2010 年。

[6] 王宁远：《从村居到王城》，杭州出版社，2013 年。

[7] 北京大学考古系、浙江省文物考古研究所、日本上智大学联合考古队：《浙江桐乡普安桥遗址发掘简报》，《文物》1998 年第 4 期。

[8] 浙江省文物管理委员会：《吴兴钱山漾遗址第一、二次发掘报告》，《考古学报》1960 年第 2 期；浙江省文物考古研究所、湖州市博物馆：《钱山漾第三、四次发掘报告》，文物出版社，2014 年；黄翔：《松江区广富林新石器时代遗址东南边缘区域》，《中国考古学年鉴（2013 年）》，文物出版社，2014 年，第 192、193 页。

台基之上，与长江下游早期长排干栏式房屋有明显区别，另外还有少量半地穴式房址，总体看都比较简陋①。到汤家岗—大溪—油子岭文化时期，从安乡汤家岗②、划城岗③，澧县城头山④，枝江关庙山⑤，江陵朱家台⑥等遗址看，有近圆形或不规则形浅穴式（或半地穴式）和地面式房址，长方形或近方形地面式房址，也有方形和近圆形台基式房址（台基为人工堆土垫高，高度一般不超过1米）；较大的地面建筑许多都有隔间，个别的还是多间长排房屋。

屈家岭—石家河文化时期，如天门石家河遗址群中的肖家屋脊、罗家柏岭，以及应城门板湾、京山屈家岭、石首走马岭、荆州阴湘城、澧县城头山等遗址，所见多为长方形、方形地面式建筑，除单间外，较大者一般有分间或套间，还有多间长排房屋，较规整的多见墙基槽；这些房址多集中成组分布，还常见围起来的"凹"字形院落⑦。此时半地穴式房址已很少见，而在澧县鸡叫城最近发现有大型干栏式多开间木构建筑（详后）。

到后石家河文化或肖家屋脊文化时期，即相当于中原的龙山时期，长江中游的聚落大幅减少，发现的房址也不多，整体情况不太清楚，但从肖家屋脊等少数发掘过的遗址看，仍有此前占主导地位的长方形多开间房子。

同属长江流域、位于汉水中游的南阳盆地及周边地区，不同时期分别受中原和两湖文化区的影响。这里在仰韶早期可见一些圆形半地穴式和地面式建筑。到仰韶中晚期则开始流行长方形或方形多间套地面式房子，如枣阳雕龙碑⑧、邓州八里岗⑨、南阳黄山⑩等遗址；在八里岗等遗址还可见由这样的多座房址组成的排房，而最极端的形式是淅川下王岗所见由17个套房（总共29个开间）组成的长达85米的连间长排房屋⑪。随着屈家岭—石家河文化向本地区的扩散，这里的房屋建筑也与江汉平原趋同，如淅川黄楝树⑫、邓州八里岗等所见，多为地面式单间和多间房子，并有院落式建筑⑬。

① 湖南省文物考古研究所：《彭头山与八十垱》，科学出版社，2006年。
② 湖南省文物考古研究所：《安乡汤家岗》，科学出版社，2013年。
③ 湖南省博物馆：《安乡划城岗新石器时代遗址》，《考古学报》1983年第4期。
④ 湖南省文物考古研究所：《澧县城头山——新石器时代遗址发掘报告》，文物出版社，2007年。
⑤ 中国社会科学院考古研究所湖北工作队：《湖北枝江县关庙山新石器时代遗址发掘简报》，《考古》1981年第4期；中国社会科学院考古研究所湖北工作队：《湖北枝江关庙山遗址第二次发掘》，《考古》1983年第1期。
⑥ 湖北省文物考古研究所：《湖北江陵朱家台遗址发掘简报》，《江汉考古》1991年第3期；湖北省文物考古研究所：《湖北江陵朱家台遗址1991年的发掘》，《考古学报》1996年第4期。
⑦ 上述各遗址的房址资料和分析及相关引文可参见张弛：《长江中下游地区史前聚落研究》，文物出版社，2003年；郭伟民：《新石器时代澧阳平原与汉东地区的文化和社会》，文物出版社，2010年。
⑧ 中国社会科学院考古研究所：《枣阳雕龙碑》，科学出版社，2006年。
⑨ 北京大学考古实习队：《河南邓州八里岗遗址发掘简报》，《文物》1998年第9期。
⑩ 河南省文物考古研究院、南阳市文物考古研究所：《河南南阳市黄山新石器时代遗址》，《考古》2022年第10期。
⑪ 河南省文物研究所、长江流域规划办公室考古队河南分队：《淅川下王岗》，文物出版社，1989年。
⑫ 长江流域规划办公室考古队河南分队：《河南淅川黄楝树遗址发掘报告》，《华夏考古》1990年第3期。
⑬ 参见张弛：《长江中下游地区史前聚落研究》，文物出版社，2003年。

4. 长江上游地区

　　受区域特点、考古发现制约，目前整个长江上游地区的考古学文化序列还不是太完整，许多时段、许多区域的文化面貌也不是很清楚，对房屋建筑的认识自然也就很有限。粗略看，长江上游的史前房屋可分为四川盆地平原丘陵区、川藏云贵高原山地区两部分来考察。

　　目前所知四川地区较早的新石器时代文化实际上是分布在川西北高原上的马家窑文化，在茂县营盘山等遗址揭露出许多大小不同的方形和长方形地面式房址，少数为圆形，一般有柱网结构或墙基槽[①]，可见其建筑承袭的并非是西北甘青地区的传统，而很可能受到东部长江中游的影响。尽管至少从仰韶晚期开始，四川盆地内西北和东部边缘地带的新石器文化已有迹可循，但直到龙山时期的宝墩文化才兴旺发展起来，一些遗址所见房屋建筑也与长江中游的近似，主要是长方形地面单间或多间房址，其中很多都有挖槽埋柱的木骨泥墙[②]。

　　紧邻四川盆地的青藏高原东部到云贵高原一带，新石器时代遗址发现较少，命名的考古学文化也有限，已知者包括西藏的卡若文化、曲贡文化等。在有限的房屋遗存里，既有半地穴式、也有地面建筑[③]，另外还有一些从旧石器时代延续至新石器时代的天然洞穴居址，如近年发掘的贵安牛坡洞遗址[④]，体现出高原山地的一些建筑或居住特点，而与四川盆地及更东部的长江中游有明显区别。

5. 黄淮地区

　　黄淮地区主要指黄河下游到淮河干流之间的广阔区域，包括以山东半岛为主体的海岱地区和黄淮平原两大部分。新石器时代中期（裴李岗时期到仰韶早期），淮河中下游曾发展出自己的一些土著文化，如顺山集文化、双墩文化等，与海岱的后李文化、北辛文化共存；到新石器时代晚期，随着大汶口—龙山文化的持续扩张，几乎整个黄淮地区都被纳入进了海岱文化系统之中。

　　先看海岱地区。后李文化时期出现的早期房屋建筑，有圆角方形或长方形半地穴式，房子的面积普遍较大。北辛文化时期则发现有近圆形和椭圆形半地穴式房址，房址面积明显变小。大汶口文化早期仍以半地穴式为主，另出现少量地面式建筑，房址形状有近圆形、近方形和长方形几种。到大汶口文化中晚期，圆形半地穴式房址逐渐减少，方形和长方形地面式建筑逐步发展成为主要形式；地面建筑中，中期以带墙基

---

① 成都文物考古研究院、阿坝藏族羌族自治州文物管理所、茂县羌族博物馆：《茂县营盘山新石器时代遗址》，文物出版社，2018 年。

② 相关资料和分析可参见江章华、王毅、张擎：《成都平原早期城址及其考古学文化初论》，《苏秉琦与当代中国考古学》，科学出版社，2001 年，第 699~720 页。

③ 相关资料可参考中国社会科学院考古研究所：《中国考古学·新石器时代卷》，中国社会科学出版社，2010 年。

④ 中国社会科学院考古研究所华南一队、贵州省文物考古研究所、平坝县文物管理所：《贵州平坝县牛坡洞遗址2012~2013 年发掘简报》，《考古》2015 年第 8 期；中国社会科学院考古研究所华南一队、贵州省文物考古研究所、贵安新区社会事务管理局：《贵州贵安新区牛坡洞遗址》，《考古》2017 年第 7 期。

槽的单间为主，到晚期出现二、三间的多开间房子，除了基槽埋柱的方式，还有柱网式地面房址。大汶口中晚期房屋样式的变化轨迹在近年发掘的章丘焦家遗址表现得最为清楚 [①]。到龙山时期，各种类型的建筑依然都存在，以方形和长方形地面式单间房址为主，也有一部分多间的，房基形状还有少量圆形和椭圆形的，另外还新出现了少数台基式建筑；墙体结构则有挖槽立柱的木骨泥墙、夯土墙和土坯墙几种 [②]。

再看黄淮平原。早期淮河下游的顺山集文化有椭圆形半地穴和地面式建筑 [③]，稍后淮河中游的双墩文化有零星方形地面式房址发现（如淮南小孙岗 [④]）。大汶口文化时期，从早期到中晚期半地穴式房屋减少，地面式建筑增多。其中，以大汶口晚期阶段发现的房址比较丰富，如淮河中游的蒙城尉迟寺 [⑤]、固镇垓下 [⑥] 等遗址，所见主要是长方形地面式建筑，既有单间，也有多间的长排房子，垓下还发现有台基式建筑，尉迟寺则存在多个由不同方向的排房形成的院落式组合。到龙山时期，本地区延续了大汶口中晚期的传统，如淮河中游的永城王油坊 [⑦]、淮阳平粮台 [⑧]、宿州芦城孜 [⑨]、蚌埠禹会村 [⑩]，下游的连云港藤花落 [⑪] 等遗址，除了方形或长方形地面式单间房址（也有少量圆形的），整个淮河流域最主要的建筑形式就是连间长排房屋，其中在淮阳平粮台等遗址还有建于夯土台基之上的排房。

由上可见，黄淮平原与海岱地区的房屋建筑既有大体同步演变的共性，也有自己的特色，如地面式房址出现相对较早，且从大汶口晚期以后开始逐渐流行多连间长排房子。

另需指出的是，与海岱地区相临、分布在太行山东南侧的后岗二期文化，在安阳后岗 [⑫]、汤阴白营 [⑬]、淇县王庄 [⑭] 等遗址都有成片密集分布的圆形地面房基，安阳大寒南

① 山东大学考古学与博物馆学系、济南市章丘区城子崖遗址博物馆：《济南市章丘区焦家遗址 2016～2017 年聚落调查与发掘简报》，《考古》2019 年第 12 期。

② 海岱地区相关资料和分析可参见栾丰实：《海岱地区的史前聚落演变与早期文明》，《聚落演变与早期文明》，文物出版社，2015 年，第 107～203 页。

③ 南京博物院、泗洪县博物馆：《顺山集——泗洪县新石器时代遗址考古发掘报告》，科学出版社，2016 年。

④ 安徽省文物考古研究所、武汉大学历史学院考古系：《皖北小孙岗、南城孜、杨堡史前遗址试掘简报》，《考古》2015 年第 2 期。

⑤ 中国社会科学院考古研究所：《蒙城尉迟寺——皖北新石器时代聚落遗存的发现与研究》，科学出版社，2001 年；中国社会科学院考古研究所、安徽省蒙城县文化局：《蒙城尉迟寺》（第二部），科学出版社，2007 年。

⑥ 安徽省文物考古研究所、固镇县文物管理所：《安徽固镇县垓下遗址发掘的新进展》，《东方考古》（第 7 集），科学出版社，2010 年，第 412～424 页。

⑦ 中国社会科学院考古研究所河南二队、河南商丘地区文物管理委员会：《河南永城王油坊遗址发掘报告》，《考古学集刊》（第 5 集），中国社会科学出版社，1987 年，第 79～119 页。

⑧ 河南省文物考古研究所、周口地区文化局文物科：《河南淮阳平粮台龙山文化城址试掘简报》，《文物》1983 年第 3 期；河南省文物考古研究院、北京大学考古文博学院、周口市文物管理所等：《河南周口市淮阳平粮台遗址龙山文化遗存的发掘》，《考古》2022 年第 1 期。

⑨ 安徽省文物考古研究所、宿州市文物管理局、宿州市博物馆：《宿州芦城孜》，文物出版社，2016 年。

⑩ 中国社会科学院考古研究所、安徽省蚌埠市博物馆：《蚌埠禹会村》，科学出版社，2013 年。

⑪ 南京博物院、连云港市博物馆：《藤花落——连云港市新石器时代遗址考古发掘报告》，科学出版社，2014 年。

⑫ 中国社会科学院考古研究所安阳工作队：《1979 年安阳后岗遗址发掘报告》，《考古学报》1985 年第 1 期。

⑬ 河南省安阳地区文物管理委员会：《汤阴白营河南龙山文化村落遗址发掘报告》，《考古学集刊》（第 3 集），中国社会科学出版社，1983 年，第 1～19 页。

⑭ 河南省文物考古研究所：《河南淇县王庄龙山文化遗址发掘简报》，《考古》1999 年第 9 期。

岗^①则见圆形和长方形地面式房子的组合，皆为单间。该地区的这些房屋类别与海岱龙山文化的单间房子比较接近，而与南边中原腹地的差别较大。

6. 黄土地区

黄土地区即广义的黄土高原，地域广阔，文化多样，可以分成晋陕汾渭盆地及豫西黄河谷地、晋陕蒙冀北方高原、甘青宁西北高地等几个地理和文化单元。但由于相似的黄土地貌和环境，以及大仰韶文化所奠定的共性很强的文化传统，整个新石器时代该地区的房屋建筑都有相似的特征和变化过程。

黄土地区最早的定居村落也是见于新石器时代中期的老官台文化和裴李岗文化，主要分布在渭河流域及豫西地区，目前只发现有很少的近圆形半地穴式房址。到仰韶时代，仰韶文化从晋南豫西到陕甘渭河流域的中心地带，逐渐扩散到了几乎整个黄土地区。仰韶早期，以西安半坡、临潼姜寨、宝鸡北首岭等为代表的一系列遗址，都是以方形和圆形浅穴式（或半地穴式）单间建筑为主，另外也有少数为地面式；房屋可分大、中、小，大、中型房子主要是方形，它们之间的组合代表着不同的血缘社会组织^②。据民族志资料推测，大型房址多数应是氏族酋长的住所，个别特殊的则可能是举行公共集会、典礼仪式的场所^③。其他区域所见房址与上述情况基本类似，其中晋陕蒙高原地区主要流行近方形半地穴建筑^④。

仰韶中期，在庙底沟文化分布范围内，房子无论大小，近方形的半地穴式单间房址成为最主要的房屋类型，整个黄土地区的建筑样式达到了空前的趋同。这种房子一般有向外突出的窄长门道，靠近门道内口处为一圆形或圆角方形灶坑（火塘），有的甚至与门道相通；其中有些房址前宽后窄，前面门道两侧的墙壁向外斜伸，使得整个房址的形状近似五边形，成为庙底沟文化特有的一种建筑形式^⑤。

到仰韶晚期，各地发现的房子多寡不一，但已可窥见区域间的分化与差异。关中西部到陇东的渭河上游，此时成为仰韶晚期最发达的区域，出现了像庆阳南佐、秦安大地湾等大规模的中心聚落，其内有超乎寻常的高等级大型建筑（详后）。大地湾揭露出50余座仰韶晚期房址，可分大、中、小三种，基本都是方形或长方形地面建筑，且绝大部分都是单间，只个别大型房址为多间^⑥。此时的房址已少见前期那种窄长的门道，有的门道略向外凸或有门斗，而灶坑（火塘）大多已向里挪至房子的中部。与这

① 中国社会科学院考古研究所安阳队：《安阳大寒村南岗遗址》，《考古学报》1990年第1期。
② 有关资料和分析参见严文明：《仰韶房屋和聚落形态研究》，《仰韶文化研究》（增订本），文物出版社，2009年，第194～256页。
③ 李仰松：《西盟马散佤族村落对研究姜寨遗址村落的启示》，《纪念北京大学考古专业三十周年论文集（1952～1982）》，文物出版社，1990年，第95～107页。
④ 参见韩建业：《中国北方地区新石器时代文化研究》，文物出版社，2003年。
⑤ 参见严文明：《仰韶房屋和聚落形态研究》，《仰韶文化研究》（增订本），文物出版社，2009年，第194～256页。
⑥ 甘肃省文物考古研究所：《秦安大地湾——新石器时代遗址发掘报告》，文物出版社，2006年。

种大型聚落相反，在天水师赵村[①]等一些普通聚落里发现的主要是圆形和方形半地穴式房址。关中东部到晋南豫西，即通常说的陕晋豫邻境地区，发现的房子数量不多，其中在临潼姜寨[②]、孟津妯娌[③]等遗址有一些圆形地面和半地穴式建筑。而在北方晋陕蒙高原地区，很多遗址都有大量房址发现，绝大部分为近方形半地穴式建筑[④]。可见仰韶晚期伴随着文化统一性的分解，各地的房屋建筑也呈现出多样性的特点。特别需要指出的是，此期在晋中南到陕甘渭河流域，以及陕北高原等地，出现了一种新的房屋类型，即窑洞式建筑，比如山西五台阳白、太谷白燕、襄汾陶寺（发掘报告中的"庙底沟二期"房址），甘肃宁县阳坬以及陕北的多处遗址都有发现，另外陕西高陵杨官寨、宝鸡福临堡、甘肃天水师赵村等有些缺乏柱洞的圆形或近方形半地穴房址，可能也是窑洞。窑洞是仰韶晚期在核心区的衰落阶段，因应环境变化、适应黄土地貌特点的产物，以后又凭此向黄土高原进一步拓展生存空间[⑤]。

　　实际上窑洞可分几种。所谓"靠崖式"（从自然或人工修整的陡崖向内掏挖）和"下沉式"（利用沟槽或人工挖掘的地坑院壁面横向掏挖）窑洞在修建方式和房屋形制上类似，都需要一个自然或人工的陡坡或竖直的壁面横向掏洞，洞内地面与房前地面基本持平或略低，房前地面与房顶高差显著，此种可称为"横穴式窑洞"（或"横穿式窑洞"）。另外还有一种"地穴式窑洞"，陶寺发掘报告称为"斜穿式窑洞"[⑥]，是从土丘缓坡甚至平地上朝斜下方掏挖，形成陡坡或阶梯形门道（有些没有门道的则可能通过梯子上下），洞室顶部为全封闭或半封闭，门道口甚至洞顶的一半露天而需要遮盖，门外地面略低于洞顶或与洞顶持平；这样的窑洞大部分甚至全部都在地下，遭破坏后考古所见一般为弧壁上收的地穴式房址。上述仰韶晚期窑洞，可辨识者多为横穴式，只有白燕等少数遗址见有地穴式窑洞（F504）[⑦]。

　　接下来的庙底沟二期文化阶段，晋中南到豫西、陕甘渭河流域所见房址多为窑洞，既有横穴式，也有地穴式。如太谷白燕[⑧]、夏县西阴村[⑨]、扶风案板[⑩]、镇原常山[⑪]等所见

①　中国社会科学院考古研究所：《师赵村与西山坪》，中国大百科全书出版社，1999年。

②　西安半坡博物馆、陕西省考古研究所、临潼县博物馆：《姜寨——新石器时代遗址发掘报告》，文物出版社，1988年。

③　河南省文物管理局、水利部小浪底水利枢纽建设管理移民局：《黄河小浪底水库文物考古报告集》，黄河水利出版社，1998年。

④　参见韩建业：《中国北方地区新石器时代文化研究》，文物出版社，2003年。

⑤　上述遗址资料及有关史前窑洞的综合分析可参见张弛：《窑洞征服史前黄土高原》，《考古与文物》2022年第2期。

⑥　中国社会科学院考古研究所、山西省临汾市文物局：《襄汾陶寺——1978~1985年考古发掘报告》，文物出版社，2015年。

⑦　晋中考古队：《山西太古白燕遗址第二、三、四地点发掘简报》，《文物》1989年第3期。

⑧　晋中考古队：《山西太古白燕遗址第一地点发掘简报》，《文物》1989年第3期。

⑨　山西省考古研究所：《西阴村史前遗存第二次发掘》，《三晋考古》（第二辑），山西人民出版社，1996年，第1~62页。

⑩　西北大学文博学院考古专业：《扶风案板遗址发掘报告》，科学出版社，2000年。

⑪　中国社会科学院考古研究所泾渭工作队：《陇东镇原常山遗址发掘简报》，《考古》1981年第3期。

零星房址多为地穴式窑洞，襄汾陶寺龙山早期则两者皆有①。陕北到鄂尔多斯一带的高原地区，窑洞式房屋也得以继续传承并扩大了分布范围，且应主要是横穴式窑洞②。此外，在渭河上游的武功浒西庄③、扶风案板，以及甘青地区的一些遗址，还发现有许多方形和圆形半地穴式房屋。河套地区大青山南麓一带的阿善文化，偏早阶段常见半地穴式，偏晚阶段大多是有石墙的方形或长方形地面式房子，许多遗址还有规模较大、形态多样的石构建筑，多被认为是"祭坛"一类遗存④。

　　龙山时期，从窑洞出现较早的晋中南、陕甘渭河流域及陕北地区，到整个北方晋陕蒙冀及西北甘青宁的黄土高原分布区，窑洞都已成为主要的房屋类型。其中在晋陕蒙冀高原山地，沿山脊修石头围墙、山顶修平地起建的院落式建筑群、山坡分布靠崖式窑洞，成为大遗址一种常见的聚落形态模式；而在晋南等河谷阶地则多见地坑院下沉式窑洞，原来一些被认为是半地穴式甚至地面式的近方形和"凸字形"房址，既无柱洞也无墙体，现在也被认为是窑洞，陶寺等大遗址在平地上还应该有夯土等形式的大建筑⑤。黄土地区因数千年修整梯田、各种需要性取土等原因，地表往往变化很大，上述推断是有道理的。

　　此外，根据我们在山西绛县周家庄遗址发掘所见，龙山时期有很多圆角方形或长方形的"地穴式"房址，其中有不少带台阶型门道的应该是平地斜穿的地穴式窑洞，但有些门外连坑的可能属于地坑院内的横穴式窑洞，此外也不排除有的就是敞口的地穴式房址（有保存较完整的袋状地穴式房子发现）。这几种房址如果遭破坏严重或没有揭露充分，仅凭残迹有时是很难区分开的。另外在地势平缓之处的居址，可能仍然存在一些近方形或长方形的半地穴和地面式建筑，因为有的房址附近还分布着一些保存较深的灰坑（包括袋形坑）、陶窑、墓葬等遗迹，还有半地穴或地面式与地穴式房址临近分布的情况，说明这些地方遭破坏程度有限；而且我们还曾揭露出一处带院墙的地面式房址⑥。

　　龙山时期，无论是在高原还是河谷阶地，二、三座以上房子组成的院落或房屋组，以及更多房子形成的房屋群或成排房子，都成为一种常见现象，各自反映的应该是以大家庭和较大家族等血缘社群为单元的居住方式。

---

① 中国社会科学院考古研究所、山西省临汾市文物局：《襄汾陶寺——1978～1985 年考古发掘报告》，文物出版社，2015 年。

② 参见张弛：《窑洞征服史前黄土高原》，《考古与文物》2022 年第 2 期。

③ 中国社会科学院考古研究所：《武功发掘报告——浒西庄与赵家来》，文物出版社，1988 年。

④ 参见韩建业：《中国北方地区新石器时代文化研究》，文物出版社，2003 年。

⑤ 张弛：《窑洞征服史前黄土高原》，《考古与文物》2022 年第 2 期。

⑥ 周家庄情况介绍来自中国国家博物馆考古院发掘资料，待刊。已发表的可参见中国国家博物馆田野考古研究中心、山西省考古研究所、运城市文物保护研究所：《山西绛县周家庄遗址 2007～2012 年勘查与发掘简报》，《考古》2015 年第 5 期；中国国家博物馆田野考古研究中心、山西省考古研究所、运城市文物保护研究所：《山西绛县周家庄遗址居址与墓地 2007～2012 年的发掘》，《考古》2015 年第 5 期；中国国家博物馆田野考古研究中心、山西省考古研究所、运城市文物保护研究所：《山西绛县周家庄遗址 2013 年发掘简报》，《考古》2018 年第 1 期。

7. 中原腹地

　　史前广义中原文化区包括两大部分，一是晋南豫西到陕甘渭河流域，二是以洛阳—郑州即环嵩山地区为核心的河南大部分地区。而狭义中原则指后者，也常称为"中原腹地"。洛阳以西的丘陵山地特别是黄河谷地，与晋西南和关中的汾渭盆地连成一片，属于广义黄土高原的一部分，在史前陶器、房屋建筑等方面一直具有高度相似性或密切关系，前面有关黄土地区的介绍已包含这部分。因此，本小节集中在环嵩山地区即中原腹地的史前建筑。中原腹地介于从西部高原山地向东部平原低地过渡的地带，文化面貌复杂多变，在史前文化与社会格局的演变中占有特殊地位，故此在这里进行单独的讨论。

　　在定居村落形成的早期，中原腹地分布着裴李岗文化，新郑唐户[①]、密县莪沟北岗[②]、舞阳贾湖[③]等遗址有较多集中分布的房址发现，主要是近圆形、椭圆形或不规则形的半地穴式单间建筑；在贾湖还有少数分间的半地穴房址、个别的干栏式和地面建筑。仰韶早期所见房址很少，有圆形半地穴和方形地面式的单间。仰韶中期发现的房子仍不多，主要是平地起建的方形或长方形单间房址，也有套间式的双间，另外还有少许半地穴式房子[④]。

　　中原腹地从仰韶晚期到庙底沟二期属于秦王寨文化（或称"大河村类型"），很多聚落保持了连续发展的稳定性。已揭露出的众多房址，主要是地面起建的方形或长方形基址，以郑州大河村[⑤]、西山[⑥]、巩义双槐树[⑦]等发现的数量最多。这些房子有单间的，也有双间和三间以上的多间排房，其中还有里外套间式的；墙壁以基槽埋柱的木骨泥墙最常见，也有其他种类的土墙。值得注意的是，在双槐树发现有建于大型夯土基址之上的连间排房，西山城址内也有一处略呈扇面形的夯土基址，这些都应是较高等级的建筑。

　　龙山时期，分布在中原腹地的主要是王湾三期文化，受资料所限，目前对其房屋建筑的了解还不是很充分，但已可看出一些区域性差异与共性。嵩山周边的一些遗址有些共性。西面的临汝煤山有近方形地面或浅穴式房址，有单间也有双间的；另外还有一处面积约 90 平方米、功能尚不明确的土台，有可能是高级建筑的台基[⑧]。东面的郑

①　郑州市文物考古研究院、河南省文物管理局南水北调文物保护办公室：《河南新郑市唐户遗址裴李岗文化遗存2007 年发掘简报》，《考古》2010 年第 5 期。

②　河南省博物馆、密县文化馆：《河南密县莪沟北岗新石器时代遗址》，《考古学集刊》（第 1 集），中国社会科学出版社，1981 年，第 1～16 页。

③　河南省文物考古研究所：《舞阳贾湖》，科学出版社，1999 年。

④　赵春青：《郑洛地区新石器时代聚落的演变》，北京大学出版社，2001 年。

⑤　郑州市文物考古研究所：《郑州大河村》，科学出版社，2001 年。

⑥　国家文物局考古领队培训班：《郑州西山仰韶时代城址的发掘》，《文物》1999 年第 7 期；张玉石：《郑州西山遗址发掘的主要收获》，《河南文物考古论集》，河南人民出版社，1996 年，第 24～27 页。

⑦　郑州市文物考古研究院：《河南巩义市双槐树新石器时代遗址》，《考古》2021 年第 7 期。

⑧　中国社会科学院考古研究所河南二队：《河南临汝煤山遗址发掘报告》，《考古学报》1982 年第 4 期。

州站马屯遗址也有长方形地面单间和双间房址，个别的还有圆形半地穴小房子[①]；新密古城寨揭露出一处建于夯土台基之上的大型多开间排房，旁侧还有廊庑等附属建筑，应共同构成一组高级建筑的局部[②]。南面的登封王城岗发现多处夯土基址残迹，只是破坏较甚而难以复原整体面貌了，其中有的面积可达 100 余平方米[③]。更往南的郾城郝家台，城内发现多处地面起建的多连间长排房屋基址，一般是地面垫土夯实、其上为版筑夯土墙[④]。此外，黄河以北、太行山南侧，即兼具王湾三期文化和后岗二期文化特征的"孟庄类型"[⑤]分布范围内，在辉县孟庄[⑥]、新乡李大召[⑦]等遗址，发现一些圆形地面和半地穴式单间房址，个别也有分间的，似更多受到紧邻的后岗二期文化建筑的影响。

总的看，龙山时期中原腹地的房屋建筑，按不同方位分别受到相邻的后岗二期、海岱龙山文化和豫东、豫南等淮河流域文化的影响，黄河以北多圆形地面房址，嵩山周边多为方形或长方形地面式单间和双间房址，偏南部则主要是多连间长排房子。这些以地面式房屋为主的建筑样式无疑属于我国东南部平原低地鼎文化系统的范畴，而与西北部黄土地区的窑洞和半地穴式房子判然有别。但需指出的是，中原腹地也受到黄土地区建筑的一些影响，最明显的是这里的房屋也流行用白灰抹平地面的装饰方式。与陶器等反映的文化相似，中原在受到周边地区影响的同时，也发展出了自己的一些建筑特色，其中最显著的是多见夯土建筑，特别是大型高等级建筑，多建在夯土台基之上，这是对本地区仰韶晚期以来夯土台基建筑形式的延续和发展。

二、史前建筑的区域差异与文化系统

如果将上述各地的情况做一概括总结，就会发现不同区域的建筑样式可以分成几个大的系统，而这些系统实则与按陶器划分的文化系统又有大致的对应关系。

在我国史前农业发达的"核心文化区"内，按陶器特征可以区分出三大文化系统[⑧]。大略来说，分别是燕辽及东北地区的筒形罐文化系统，黄河下游及淮河流域、长江中下游及东南沿海地区的釜—鼎文化系统，黄河中上游黄土地区的罐—斝—鬲文化系统。

三大文化系统中，以燕辽及东北地区的房屋建筑相对单纯，在新石器时代大部分时间里都保持了较单一的样式，即以近方形或长方形半地穴式单间房子为主。到新石

① 河南省文物研究所、文化部文物局郑州培训中心：《郑州市站马屯遗址发掘报告》，《华夏考古》1987 年第 2 期。

② 河南省文物考古研究所、新密市炎黄历史文化研究会：《河南新密市古城寨龙山文化城址发掘简报》，《华夏考古》2002 年第 2 期。

③ 河南省文物研究所、中国历史博物馆考古部：《登封王城岗与阳城》，文物出版社，1992 年；北京大学考古文博学院、河南省文物考古研究所：《登封王城岗考古发现与研究（2002～2005）》，大象出版社，2007 年。

④ 河南省文物考古研究所：《郾城郝家台》，大象出版社，2012 年。

⑤ 袁广阔：《孟庄龙山文化遗存研究》，《考古》2000 年第 3 期。

⑥ 河南省文物考古研究所：《辉县孟庄》，中州古籍出版社，2003 年。

⑦ 郑州大学历史学院考古系：《新乡李大召——仰韶文化至汉代遗址发掘报告》，科学出版社，2006 年。

⑧ 严文明：《中国古代文化三系统说》，《丹霞集——考古学拾零》，文物出版社，2019 年，第 55～71 页。

器时代末期或许出现了一些变化，但因资料尚不充分，现在还不能说得很清楚。

我国东南部以平原为主的地区，虽地跨南北、幅员辽阔，但史前的陶炊器都经历了早期以釜为主到后来以鼎为主的转变过程，各地陶器种类组合也有相当大的共性。在房屋建筑方面，这一广阔区域既有各自的一些地方性特点，同时也有许多相同或相似之处。总的看可以分为两大阶段、三大区域进行比较、总结。两大阶段大致以公元前3300年左右为界，三大区域从南至北分别是长江中下游、淮河流域至汉水中游一带、海岱地区。在公元前3300年左右以前，各地的房址形式比较多样化。长江下游地区因降水丰富、水网密集、地势低洼，从上山文化到河姆渡、马家浜文化时期，首先出现并流行的就是干栏式建筑，同时地势相对较高的地方也有地面式房址；崧泽文化以后开始以地面式为主，半地穴式始终很少。长江中游地区从彭头山文化直到油子岭文化时期，地面式、半地穴和干栏式都有一定存在，不过似乎始终以多种样式的地面单间建筑为主，较晚时开始常见多间的。地处中间的淮河流域到汉水中游一带，兼有南北方特点，直到大汶口中期以前，既有半地穴，也有地面式的房子，淮河下游还有少量干栏式的。再往北的海岱地区则主要是圆形、方形或长方形的半地穴式建筑，到大汶口早期始见地面式房子。南、北间这些逐渐的变化，充分反映了人类早期居住房屋主要是适应不同气候、环境，因地制宜而产生的。

到公元前3300年以后的晚期阶段，各地房屋开始出现较多相似特征和趋同的倾向。除了各地气候、地貌环境等自然元素的制约，生产力的发展、工艺技术的进步、文化传统的传播扩散、社会组织结构的变化和社会等级的强化等方面，都会对建筑形式发生越来越多的影响。长江下游的良渚文化以方形或长方形地面式房址为主，其中又可分为高亢之处平地起建的和建于人工土台（台墩）之上两种方式，且开始常见分间建筑，不过似乎并不流行多连间长排房子；少数几座房子形成的某种组合（有时单独占据一个台墩），应代表了当时一种基本的生产与生活单元，大概就相当于一个大家庭或小家族。长江中游的屈家岭—石家河文化，方形、长方形地面式房址也成为最主要的建筑形式，除了单间的，还常见分间或套间的，也有多开间的长排房，这些大小不同的房屋构成的房屋组或院落成为一种常见的居住单元，一般也不超过一个家族的规模。汉水中游到淮河流域共性增强，都以长方形地面式建筑为主，除单间外，还特别流行多开间的长排房屋；其中汉水中游仰韶中晚期阶段以多个套间式房子组成的排房最富特色，黄淮平原在大汶口晚期聚落中则可见由不同方向的排房组成的院落，这样一些比较大的居住单元显然要超出一般大家庭或小家族的规模，很可能代表的是较大的家族甚至氏族组织。最北的海岱地区，从大汶口中晚期到龙山时期，方形和长方形地面式房址也逐步发展成为主要的建筑类型（半地穴式房子则是逐渐减少），除了仍以单间为主，自大汶口晚期以后多开间的房子开始占有一定比例；从个别有较完整居住单元揭露的遗址观察，大汶口中晚期到龙山时期也当存在类似良渚、屈家岭—石家河文化那种由几座房子构成的房屋组，代表的也是扩大家庭或家族组织。

总之，概括起来，在晚期阶段我国东南部整个鼎文化区内的建筑都开始出现一些共性的特征，其中最突出的就是从大江南北到黄河两岸，都开始流行地面式建筑，包括一些堆土垫高的台基式建筑。其中长方形或方形、以木骨泥墙支撑的房子成为最主要的形式，并且在各地区都程度不同地流行起多开间的房屋。数量多寡、大小不同的房子构成的某种居住单元，代表了各地区规模不等的基本社会单位。一般来看，在等级分化明显、社会复杂化程度较高的地区，如长江中、下游和海岱文化区各自的核心区域，这样的单元趋于小型化；而在社会分化不显著、复杂化程度偏低的地区，如黄淮平原、汉水中游等地，这样的单元则比较大，说明较大的血缘社会组织仍旧扮演着较重要的社会功能。

我国西北以黄土高原为主的地区，新石器时代先后经历了以夹砂罐、斝—鼎、鬲—斝—甗等为主要炊器的演变过程，各时期的陶器组合也有自己的特点和演变序列，而与东南釜—鼎系统有明显区别。这一广阔地域尽管可以分为几个不同的地理和文化单元，但史前建筑却彼此存在较强的共性。从前仰韶的老官台文化直到仰韶晚期，黄土地区始终以近方形和圆形半地穴式（或浅穴式）房址为主，仰韶晚期开始有较多地面式房址和窑洞式建筑。到庙底沟二期，在大部分黄土地区，窑洞式房屋似乎开始占据多数，但在渭河上游及甘青地区、内蒙古河套北部等"边远地带"，仍旧常见半地穴式房子，还有少数地面式建筑（包括河套北部的石构建筑）。到龙山时代，窑洞成为遍布整个黄土地区的主要建筑类型，不过在河谷阶地上的一些遗址，可能仍存在不少地面式或半地穴式房址；另外无论是河谷阶地还是高原山地，高等级大建筑基本都是长方形多开间房屋，且多建于夯土台基之上，形成一种独特的建筑类型（详后）；这个时期，使用白灰抹平地面和墙壁成为非常流行的方式。

总之，黄土地区史前民居始终以半地穴和窑洞式单间建筑为主，这显然与黄土垂直节理发育、直立性强、气候、环境较干燥等特点有关，方便建造经济实用的穴居和半穴居式房屋，这也是与东南平原区显著不同之处。此外，自仰韶中晚期以后，特别是到龙山时代，各地逐渐较多出现三四座左右相邻房屋构成一组、一排或一个院落等形式的居住单元，代表的应该也是大家庭或小家族那样的社会细胞。只是在有的地方这种基层社会单位独立性相对较强，但在有些地区，这样的居住单元似乎并不太凸显，而是隐含在有较多房子集中分布的较大社区或村落里。

接下来还要专门提一下介于东西两大系统之间的中原腹地。裴李岗文化到仰韶早期，这里主要是半地穴式单间房址，属于黄河中下游共有的特点。仰韶中期开始以方形或长方形的地面式房子为主。到仰韶晚期和庙底沟二期阶段，除地面起建的单间建筑，还常见多间、包括套间式的房址，并开始流行多开间长排房屋，这些特征不似陶器那样主要受海岱大汶口文化的影响，而是更多与汉水中游的长排房子近似，其次与淮河流域的也有共性；另外本地还发展起了夯土台基式的建筑，应该与本地区社会分化加剧、对高级建筑的需求有关。到龙山时期，除了本地区夯土建筑特色有进一步发展，受周边影响，中原腹地不同区域又出现了多种风格的建筑类型，如嵩山周边与海岱地区接近，多方形或长方形地面式单间和双间房址；南部与豫东等淮系文化接近，仍流行多连间长排房子；北部的圆形地面或半地穴房址似与后岗二期文化的更接近。总的看，中原腹地新石器时代晚期的各种建筑样式，基本都与东南平原区相关联，而明显有别于西北高原区。这样，中原腹地的房屋建筑与陶器相统一，都为东南部平原系统的一部分。太行山东侧到嵩山西侧一线也就成了东南—西北两大系统的分割带。

除了上述三大系统，还存在一些次一级的亚文化系统，如西北甘青地区、四川盆地、川藏及云贵高原，以及包括东南沿海和岭南的华南地区等。这些亚文化系统的房屋建筑，大多受附近大文化系统的影响，同时也是各自环境的产物。

西北甘青文化区，先是从仰韶晚期文化中分离出以平底罐、瓮、壶、盆、钵等为特征的马家窑文化，龙山时代又发展出仍以各类平底罐为主、但吸收了较多鬲和斝等客省庄文化因素的齐家文化。马家窑—齐家文化分布区的大部分仍属于黄土覆盖区，这里的房屋建筑具有与东临黄土高原相似的特征，先是以半地穴式为主，到龙山时期可能也逐渐变为以窑洞式为主。

长江上游四川盆地内的新石器时代文化，最早可能源自川西北高原上有强烈仰韶晚期风格的马家窑文化，并在盆地西北部出现具有本土特色的桂园桥一期遗存、盆地东部有哨棚嘴文化（这些文化或许还有未知的本地源头），陶器基本都是平底器，包括罐、壶、盆、钵等；西部的成都平原后来又演变出宝墩文化，并影响至盆地东部，陶器仍以上述那几类平底器为主，还有部分圈足器（尊、豆等），而基本不见三足器。甚至整个西南高原地区，包括云贵高原和相连的青藏高原东南部，新石器时代的文化也都以这些平底器为主，到较晚时期还出现一些釜、钵等圜底器，而圈足器和三足器始终很罕见。因此我国整个西南地区可以算作是一个以平底器为特征的亚文化系统，该系统的形成应当与西北甘青地区新石器时代晚期的文化扩散、人群迁徙关系密切。但在这一大片区域里，四川盆地及川西北高原的房址主要是方形或长方形地面式建筑，宝墩文化还常见多间的，似乎更多受到长江中游的影响；青藏高原东南部和云贵高原的史前房屋则与之有所区别，既有地面式、也有半地穴式建筑，另外还有一些洞穴居址，体现的是高原山地的一些特点。

包括两广和福建的华南地区，新石器时代文化不太发达，迄今发现的遗存也不算丰富，陶器的基本组合主要有釜、鼎和豆、壶、罐、盆、钵、杯等，与长江中下游比较接近，可归入一个大的系统。所不同的是，除了一般常规的聚落，上述两个地区的沿海地带还有许多贝丘、沙丘遗址，多山的地方还有一些洞穴居址。该地区的建筑遗存发现很少，整体面貌不太清楚。广东深圳咸头岭沙丘遗址发现有一些零散的柱洞和红烧土[①]，推测应该有简单的窝棚式房子；曲江石峡有新石器时代晚期零星房址发现，主要是带基槽、地面起建的多间长排房子[②]。总体上看，华南地区的史前房屋与长江中

---

① 深圳博物馆、中山大学人类学系：《深圳市大鹏咸头岭沙丘遗址发掘简报》，《文物》1990年第11期。
② 广东省文物考古研究所、广东省博物馆、广东省韶关市曲江区博物馆：《石峡遗址——1973～1978年考古发掘报告》，文物出版社，2014年。

下游的应该比较近似，但趋于简陋。

三、高等级大型建筑

自新石器时代晚期以来，随着社会复杂化的发展，社会分化趋于加剧、社会权力越来越集中，许多核心文化区的大型中心聚落内都相继发现了一些与普通民居有很大区别的大型高等级建筑。这些建筑大多与权贵阶层的居住、使用等功能直接相关，其中可能还有些属于礼仪性或宗教性的建筑。因各文化区发现的此类建筑多寡不同，现在能够取得的认识还很有限。

燕辽及东北地区，目前几乎还没有发现聚落中居住性的大建筑，只在辽西牛河梁等地揭示出一些集中分布的"坛、庙、冢"一类特殊的石构遗迹。黄河下游海岱地区、黄河上游河湟地区，迄今也都没有这样的大建筑发现。长江中游，在澧县鸡叫城揭露出一批屈家岭文化时期的大型木构建筑，最大一座 F63 占地约 600 平方米，长方形、多开间，建于台基之上，基槽内铺垫长木板，板上立木柱，复原起来可能为地面架空的干栏式，这也是目前所发现的屈家岭时期规模最大、工艺最考究的大型房屋基址[①]；这些建筑基址位于西南城墙内侧，或许有特殊功能，但遗址中部地势高亢之处还没有大规模发掘，不知是否存在其他规模更大、等级更高的中心性建筑。在天门石家河古城内，谭家岭地点发现有大建筑的线索（如 F10），可以看出是地面式分间房子，有粗大柱洞的木骨泥墙，墙厚近 1 米，但整体面貌尚未揭示出来[②]。长江上游，龙山时期宝墩文化诸多城址内的大建筑也还不太清楚，但已知房址中有面积达二三百平方米的长方形多开间地面建筑；另外，个别遗址发现有功能特殊的大建筑，例如郫县古城内发现一座面积达 550 平方米的大型房址，其内排列着 5 个卵石垒砌的台子，推测可能是一处礼仪性建筑[③]。

在各核心文化区中，长江下游、黄河中游的中原和北方文化区，目前发现有相对较多、样式和格局相对较清楚的高等级建筑遗迹。

长江下游地区在崧泽文化时期，含山凌家滩遗址发现有大面积红烧土堆积，似乎是大建筑的基址，但具体建筑方式、功能、用途都还不太清楚[④]。比较清楚的是稍晚良渚古城内莫角山上的多组大型建筑基址，这是利用自然山体加人工堆筑形成的面积近 30 万平方米、高 10 余米的巨型土台，其上还有大莫角山、小莫角山和乌龟山三个土墩，土墩顶部及四周都有成排分布的带沟槽（槽内埋柱）的长方形地面式房屋基址

---

① 李政：《湖南鸡叫城遗址考古发现距今 4700 年保存最完整的大型木结构建筑基础》，《中国文物报》2021 年 10 月 26 日第 002 版。

② 湖北省荆州博物馆、北京大学考古学系、湖北省文物考古研究所石家河考古队：《谭家岭》，文物出版社，2011 年。

③ 成都市文物考古研究所、郫县博物馆：《四川省郫县古城遗址 1997 年发掘简报》，《文物》2001 年第 3 期。

④ 吴卫红、刘越：《凌家滩——中华文明的先锋》，上海古籍出版社，2022 年，第 89～91 页。

（乌龟山顶部因破坏较严重而未发现），较大的房址都有分间[1]；这些房屋可分成数组，或许代表着居住、使用者身份的差异，也许还有功能上的区别。总之，这是在人工堆筑的巨型高台之上，有规划营建的"宫殿"建筑群。

中原文化区早期高等级大建筑始见于陕晋豫邻境地区仰韶中期的大遗址，其中揭示较充分、建筑结构较清楚的是河南灵宝西坡的几座大房子[2]。其中4座大房子环绕一个广场分布，皆面朝广场中心，虽然与普通房址一样，为近方形（或五边形）半地穴单间建筑，但规模非常大，建筑面积多在二三百平方米以上，个别的四周还有回廊，且普遍使用了夯筑技术，四周墙体和墙基槽都经过夯打，有的居住面以下深达2米的房基坑也是层层夯筑起来的，这也是目前所知夯筑技术在房屋建筑中应用的最早例子。这些大房子显然是与权贵阶层或礼仪性用途相关联的高等级建筑[3]。

地面起建的夯土建筑最早则见于仰韶晚期，包括中原腹地的巩义双槐树和陇东的庆阳南佐等遗址。双槐树遗址中部有一处面积达五千多平方米的大型夯土台基，其上已揭示出两处院落，皆有连间排房，已知最长的面阔十数间[4]；这种建于夯土台基之上的大型多开间排房建筑，是中原腹地受东、南方传统影响，加上借鉴黄土地区发明的夯筑技术而发展起来的。南佐则揭示出一座以夯土筑造、前厅后堂结构的纵长方形巨型建筑，占地面积近800平方米，其周围有同样用夯土建造的厢房、院墙，形成一处面积达数千平方米的大型高等级院落式建筑群[5]。比之逊色一筹的是秦安大地湾F901，这是一处有前堂后室和左右厢房结构的木骨泥墙建筑，建筑面积约290平方米，算房前广场在内占地达420平方米，地基采用了夯筑技术，房前两侧似也有附属建筑（F902、F904和F906、F907等）而形成庭院[6]。像南佐、大地湾这种黄土地区自身发展出来的地面分间式大型高等级建筑，与同时期的半地穴、窑洞式和地面式普通民居形成鲜明对照，也与中原腹地及东南部平原地区高级建筑的风格明显不同。

到龙山时期，大型夯土基址及成组建筑构成的高等级院落更为常见。如在王城岗有大型夯土建筑基址，因破坏较甚而难以复原全貌；新密新砦龙山末期聚落发现一处长达百米、宽10余米的大型浅穴式建筑基址，有夯筑墙体、柱洞、活动地面，但建筑

① 浙江省文物考古研究所：《良渚古城综合研究报告》，文物出版社，2019年。

② 河南省文物考古研究所、中国社会科学院考古研究所河南一队、三门峡市文物考古研究所等：《河南灵宝西坡遗址105号仰韶文化房址》，《文物》2003年第8期；中国社会科学院考古研究所河南一队、河南省文物考古研究所、三门峡市文物考古研究所等：《河南灵宝西坡遗址发现一座仰韶文化中期特大房址》，《考古》2005年第3期；中国社会科学院考古研究所河南一队、河南省文物考古研究院、三门峡市文物考古研究所等：《河南灵宝市西坡遗址庙底沟类型两座大型房址的发掘》，《考古》2015年第5期。

③ 戴向明：《中原地区早期复杂社会的形成与初步发展》，《黄河流域史前时代》，科学出版社，2021年，第209~258页。

④ 郑州市文物考古研究院：《河南巩义市双槐树新石器时代遗址》，《考古》2021年第7期。

⑤ 韩建业：《位于黄土高原的南佐都邑性遗址》，《人民日报》2022年12月24日。

⑥ 甘肃省文物考古研究所：《秦安大地湾——新石器时代遗址发掘报告》，文物出版社，2006年。

格局、用途不明^①。新密古城寨揭示出一座面积达 383 平方米的夯土台基，其上有柱网分隔成 7 开间、带回廊的长排房址（F1），旁边有院墙和廊庑，北侧廊庑长达 60 米，这些应该是一处封闭式院落的局部^②。而在当时特大型聚落襄汾陶寺的"宫殿区"内（面积约 13 万平方米），经勘探存在多处大小不一的夯土基址，其中最大一处 IFJT3 面积约 6500 平方米，整体经垫土、夯打形成大台基，其上似多次营建多组房屋，已揭示出的最大一座房址 D1 约 540 平方米，是有柱网结构的长方形分间建筑，附近还有数座其他中小型单间房址，似共同构成庭院式组合^③；该大型基址东侧边缘有疑似"廊庑"的痕迹，或者是院墙残迹，其他几面很可能也都有，若此则该基址上存在的应该也是院落式建筑群。只是因遗址遭破坏较严重，又加上下叠压的反复重建，现在已很难看出一组建筑的完整样式与布局了。

北方地区的大建筑始见于社会分化发生较晚的龙山时代，集中发现于晋陕蒙冀高原上的一些石城址或大遗址内，而且都有相当一致的建筑格局。陕西延安芦山峁，在山梁顶部的大营盘梁利用自然坡地加人工垫土、夯筑，构筑了一个面积达 16000 平方米的特大型台基，其上营建了呈"品"字形分布的三处院落^④。北部主体院落中间是 3 座有很厚夯土墙的并排而列的近方形地面式大房子，每座房址面积都有 100 多平方米，两侧及后面有排房式的厢房、前面有围墙，皆为夯土建筑，形成有前、后院的封闭式院落，其主体建筑的倒塌堆积中出土不少板瓦、筒瓦等早期罕见的高级建筑构件；大院落的南部是两座并排分布的独立小院落，每座院落内也都有成组的夯土房址。山西兴县碧村遗址小玉梁地点也有这样一座院落，同样坐落在山梁顶部修整出的大台基上；与芦山峁不同之处，这里的主体建筑是一座地面砌石墙的分间连体排房（共分 5 间），与其外围的附属建筑形成一个庭院式建筑群^⑤。

陕北神木石峁皇城台地点是一处规模更大的高等级建筑群^⑥，这里利用孤立的小山丘加阶梯状石砌护坡，并有宏大而复杂的"瓮城"入口，形成一处独立的、以石构建筑为主的"城中城"。作为石峁古城的统辖中心（同时可能也是礼仪中心），皇城台顶部面积达 8 万平方米，并揭示出一处边长约 130 米的建筑台基，外包石墙、内筑夯土，

---

① 中国社会科学院考古研究所河南新砦队、郑州市考古研究院：《河南新密市新砦遗址浅穴式大型建筑基址的发掘》，《考古》2009 年第 2 期。

② 河南省文物考古研究所、新密市炎黄历史文化研究会：《河南新密市古城寨龙山文化城址发掘简报》，《华夏考古》2002 年第 2 期。

③ 高江涛：《临汾襄汾陶寺新石器时代遗址》，"第二届山西考古新发现论坛"介绍，引自：http://www.360doc.com/content/21/1218/20/52744479_1009304093.shtml.

④ 陕西省考古研究院、西北大学文化遗产学院、延安市文物研究所等：《陕西延安市芦山峁新石器时代遗址》，《考古》2019 年第 7 期。

⑤ 山西省考古研究所、山西大学历史文化学院考古系、兴县文物旅游局等：《2016 年山西兴县碧村遗址发掘简报》，《中原文物》2017 年第 6 期。

⑥ 陕西省考古研究院、榆林市文物考古勘探工作队、神木县文体广电局等：《发现石峁古城》，文物出版社，2016 年；《陕西神木县石峁城址皇城台地点》，《考古》2017 年第 7 期；孙周勇、邵晶、邸楠等：《陕西神木石峁遗址皇城台发掘取得重要收获》，《中国文物报》2020 年 2 月 7 日。

石墙及倒塌堆积中出土了很多精美的石雕，附近还发现有大量陶瓦、陶鹰等其他高级建筑和装饰构件，台基顶部应有大型夯土和石构建筑，只是目前还没有完全揭示清楚。

上述北方黄土高原地区的这些高等级大建筑都位于聚落内的梁峁顶部，借助自然地势加人工构筑形成一个高大的台基，然后在这个独立甚至封闭的空间内营建有主、从关系的成组的房屋。而其他普通房子，主要是窑洞，则分片、成组或成排地分布在坡地或较低洼的地方。此种建筑格局基本是龙山时代北方高原大型石城址或中心聚落中的一个普遍现象，似乎形成了一种"标准样式"。

综上，大约自公元前3300年以后，各文化区的高等级大建筑虽各有特色，但也形成了一些相似的特征：① 主体建筑多为地面式多开间排房或多座单体建筑形成的排房，甚至以窑洞为主要民居形式的北方高原地区，其大建筑也是如此；仰韶晚期渭河上游的大地湾、南佐等大型聚落的多间套或前厅后堂结构的单体建筑别具特色，但也都是地面起建的分间式房屋；② 基本都有人工铺垫、堆筑或夯筑的平整、坚固的基址，只是高矮不同，许多为高台基，以增加雄伟感；③ 规模宏大，多为主从结构的建筑群；④ 或者为封闭式院落，或者通过像良渚莫角山、石峁皇城台等那样高耸的"台城"形成单独的（也相当于封闭式）的空间。

各地高等级大建筑的这些共同或相似的特点，除了追求奢华、舒适的享受，主要目的都在于营造一个与普通民众相隔离的具有神秘、崇高感的独立空间，以凸显权贵者的富贵和威仪。这与史前各地大墓通过相对独立的茔域、阔大深邃的墓室、复杂的棺椁或墓室结构、奢华的随葬品和葬仪所渲染的权贵阶层的财富与权力，阴、阳呼应，异曲同工，反映的都是相同的社会内容。

四、结 语

本文从区域比较的视角对我国史前房屋建筑进行了概括的梳理、分析。受篇幅所限，文中没有对各地建筑技术的细节进行详论，而是集中在建筑的样式即房屋的形制方面。从中可以看出，区域间建筑的差异与共性，同陶器反映的文化区系和文化系统的划分是大体对应的；建筑首先是适应环境的产物，其次还受到文化传统和社会复杂化发展的影响。

我国幅员辽阔，南北、东西间环境差异很大，不同区域的气温、降水、土壤、地貌等多方面的环境特征，都会对各地的房屋建筑样式产生影响。比如，人类定居伊始，在仍以狩猎采集为主、农业为辅的早期阶段，聚落多位于山地、丘陵等高阜之处，所以无论南北，最初的房址都常见半地穴式，应该是一种较简陋的窝棚式建筑。其中气候比较干燥的黄河流域等北方地区，早期房屋以半地穴式为主；在燕辽等东北地区，这种便于防寒的单间半地穴式建筑甚至始终是史前房屋的主要形式。而在长江流域等南方地区，半地穴式只是诸多早期房址中的一种，主要出现在地势相对较高的地方，同时存在的还有地面式和干栏式建筑；在低洼、多雨、潮湿的江南水乡，早期干栏式房屋甚至一度是主要的建筑类型。到新石器时代晚期，随着农业成为主要的生业经济形态，人类居所逐渐向河谷阶地和平原地区迁移，我国东、南部平原低地的广大地区，都以平地起建的房子为主要样式，包括黄河下游的海岱地区也在大汶口中晚期逐步发生了这种转变。在长江下游的环太湖地区，为了克服水患的侵扰、营造安全舒适的居住环境，良渚文化时期还特别流行台墩式的建筑基址。但在西北黄土地区，随着环境变化、林木的减少，适应黄土深厚、直立性强、便于掏挖的特点，加上比较干燥的气候，到新石器时代晚期，窑洞逐渐发展成为主要的建筑类型，而且人类藉此又反而向黄土高原的纵深地带进一步拓展居住、生存空间。为了防潮、坚固和整洁，各地区地面式房址的居住面大多用纯净的黄土、三合土、草泥、红烧土等铺垫，到龙山时代黄河流域的房屋还常用白灰抹平居住面和墙裙。

在相似的环境条件下，很多地方房屋样式的流行还受到文化传统的影响。例如仰韶中期流行的近方形或五边形、有窄长门道和顶门灶坑的半地穴式房址，就随着庙底沟文化的扩散而几乎遍布整个黄土地区；到龙山时代黄土地区随着窑洞的流行，在汾渭盆地一些地势较平坦的遗址，也刻意利用沟壁，甚至人为开掘地坑院而建造下沉式窑洞，或者干脆就掏挖地穴式窑洞，除了适应环境、节约建材等方面的考虑，文化传统与习俗恐怕也是导致这种选择的重要因素之一。再如，海岱地区大汶口到龙山时期，逐渐减少半地穴而改用地面式房址为主，甚至出现多开间建筑，肯定受到通过黄淮平原传递过来的江淮地区建筑传统由南往北的影响，而这种建筑文化恰与陶器反映的文化呈现出相反的传播方向。

社会复杂化的发展、社会组织结构的变化，是影响建筑样式的另一个重要因素。新石器时代偏早阶段，在氏族社会发达的时期，很多地方都以成片密集分布的单间房屋为主（也包括江南的干栏式长排房子），是较大的血缘公社组织在居住形态上的反映。到新石器时代晚期，随着核心文化区社会分化的加剧，少数房屋成组、成排或呈院落式分布的组合成了常态，体现的是以小型血缘组织为基本社会单元的居住形态。同时，在诸如北方河套地区、黄淮平原这些核心文化区的边缘地带、交汇地区，仍可见到较多房子成片或成排分布、构成较大社群单元的情况，显示较大的血缘组织仍旧发挥着重要社会功能，而这些地区社会的等级分化往往相对较弱，社会复杂化的发展相对滞后。

在社会等级分化明显、社会权力集中程度较高的核心地带，特别是在大型中心聚落内，权贵者的居住区（有时还兼做礼仪中心）往往呈现为与普通民居显著不同的高等级建筑群。这些建筑往往表现出规模宏大、结构复杂、主从结合、环境封闭等特征；主体建筑不仅阔大（复原起来一般还很高大），而且往往居于高台或高地之上，充分凸显出权贵者的富贵和威仪。

最后需要说明的是，我国新石器时代晚期还有一类建筑，即城墙建筑，也同样受不同自然环境、社会发展状况、文化和技术传统的影响，而表现出不同的区域特征。这方面内容已超出本文范畴，在此就不赘述了。

"束缊请火"典故的考古学意义
——火种坑·火种罐与束缊蓄火技术

钱耀鹏

（西北大学文化遗产学院）

在人类早期的技术体系中，不曾经历断崖式衰落的技术系统当属用火技术。自人类掌握用火技术以来，始终都在不断地改进和完善用火技术，直至今日。以往有关用火技术的研究，主要集中在旧石器时代用火的物质证据和人工取火方式的演进两大方面[①]，甚少关注火种保存技术。我们曾试图以取火技术进步来解析仰韶文化之后火种坑（罐）骤减的原因，却始终不得要领。偶获"束缊请火"历史典故之启发，骤然唤醒了尘封于脑海深处的童年记忆，20 世纪 60 年代中后期束蒿为绳并于灶前蓄火的生活画面变得清晰起来。返乡省亲时（陕西大荔）问及此事，兄长还补充说当年抽烟的人也常携带这种"火约子"下地干活[②]。许多怀旧性乡土散文作品也从不同角度揭示出这种生活方式的时代性及普遍性[③]。显然，前工业化时期的用火技术始终都应包括火种保存技术。本文拟从人工取火技术入手，以期客观认识火种保存技术的必要性和多样性。

一、中国古代的人工取火技术

《左传·宣公十六年》有载："凡火，人火曰火，天火曰灾。"[④] 的确，对于地球生物

---

① 主要有：贾兰坡、王建：《人类用火的历史和火在社会发展中的作用》，《历史教学》1956 年第 12 期；武仙竹、李禹阶、刘武：《旧石器时代人类用火遗迹的发现与研究》，《考古》2010 年第 6 期；高星、张双权、张乐等：《关于北京猿人用火的证据研究历史、争议与新进展》，《人类学学报》2016 年 35 卷第 4 期；胡圆峰、周斌、庞洋等：《古人类用火研究及其进展》，《第四纪研究》2019 年 39 卷第 1 期；高星：《史前人类的生存之火》，《人类学学报》2020 年 39 卷第 3 期；季鸿崑：《中国引火技术的演变》，《中国科技史料》1991 年 12 卷第 3 期，等。

② 旧称"火约子"，约音［yāo］，《说文》释之为"缠束也"，不宜写作"火蔓子"，参阅谢正荣：《方言与古俗——以甘肃省古浪县路家台村为例》，《宝鸡文理学院学报（社会科学版）》2010 年 30 卷第 3 期，等。今多称"火绳""引火绳"等。惟因蓄火而能引火，称之为"蓄火绳"似乎更加贴近其本义。

③ 主要有：老幺：《火绳》，《骏马》2003 年第 2 期；魏泽先：《使火绳拴住一脉风》，《满族文学》2008 年第 3 期；曲近：《火绳》，《乡镇论坛》2010 年第 6 期；刘春清：《拧根火绳熏蚊子》，《人生与伴侣》（月末版）2015 年第 11 期。另外，网络文学作品中也不乏图文并茂者。

④ （晋）杜预注，（唐）孔颖达疏：《春秋左传正义》卷二十四《宣公十六年》，《十三经注疏》（四），中华书局，2009 年，第 4099 页。

来说，天火即自然火往往都是一种灾难。即便人类用火可能源于自然火，也不可能寄望于自然火随时随地产生。这样一来，人工取火或保存火种势必成为人类用火技术的根本所在。其中见于史籍记载的人工取火技术，主要为钻木、击石、阳燧三种取火技术，还有较为特殊的冰镜（或冰透镜）取火技术。

1. 钻木取火技术

钻木取火的基本原理就是动能转化为热能，也就是摩擦生热，即古人所谓"两木摩火生"[1]；"木与木相摩则然（燃），金与火相守则流。"[2] 据此推断，钻木取火技术的发明理应源于某种持续摩擦如钻孔等木加工活动。从木加工活动的深度和广度来看，钻木取火至迟可能发明于新石器时代以来，先秦史籍普遍归之于传说人物当非空穴来风。钻木取火既需要钻杆（乃至绳索或弓木）、钻火板，也需要易于蔓延燃烧并产生火焰的芯绒或芭蕉根纤维、木棉絮、干苔藓等引燃物。原因在于机械摩擦所产生的热能比较有限，加之木材还具有一定的导热性能，摩擦生热往往难以分解出密度较大的可燃气体而直接引发有焰燃烧，一般只能产生极为微弱的阴燃现象。因此，引燃物常常是影响钻木取火成败的关键。

至迟在两周时期，古人已经总结出"钻燧改火"的实践经验，即根据季节变化而更换钻木取火材料。《论语·阳货》有载："旧谷既没，新谷既升，钻燧改火，期可已矣。"何晏集解引马融曰："周书月令有更火之文：春取榆柳之火，夏取枣杏之火，季夏取桑柘之火，秋取柞楢之火，冬取槐檀之火。一年之中，钻火各异木，故曰改火也。"[3]《周礼·夏官》亦载："司爟掌行火之政令，四时变国火，以救时疾。"郑玄注："郑司农说以邹子曰：'春取榆柳之火，夏取枣杏之火，季夏取桑柘之火，秋取柞楢之火，冬取槐檀之火。'"[4] 据此可知，两周时期十分重视钻木取火技术。

这种"钻燧改火"的技术传统似乎一直延续到汉唐时期，只是取火材料有所不同。据《淮南子·时则训》所载：春月"爨其燧火"或"暴其燧火"，夏秋之月"爨柘燧火"，冬月则"爨松燧火"[5]。而《隋书》记载显示，魏晋南北朝时期，从宫廷到民间似乎普遍放弃了钻燧改火传统。即如隋代王劭以古有钻燧改火之义，近代废绝，于是上表奏请变火，曰："臣谨案《周官》，四时变火，以救时疾。明火不数变，时疾必兴。圣人作法，岂徒然也……伏愿远遵先圣，于五时取五木以变火……纵使百姓习久，未能顿同，尚食内厨及东宫诸主食厨，不可不依古法。"上从之[6]。朱湾《平陵寓居再逢寒

---

① 朱海雷：《关伊子·慎子今译》，浙江大学出版社，2021 年，第 62 页。

② （晋）郭象注，（唐）成玄英疏，曹础基、黄兰发点校：《庄子注疏》卷九，中华书局，2011 年，第 482 页。

③ （魏）何晏注，（宋）邢昺疏，《十三经注疏》整理委员：《论语注疏》卷十七，北京大学出版社，2000 年，第 275 页。

④ （汉）郑玄注，（唐）贾公彦疏，《十三经注疏》整理委员会：《周礼注疏》卷三十，北京大学出版社，2000 年，第 935、936 页。

⑤ 刘文典撰，冯逸、乔华校点：《淮南鸿烈集解》卷五，中华书局，2017 年，第 192、201、216 页等。

⑥ 《隋书》卷六十九《王劭传》，中华书局，1973 年，第 1601、1602 页。

食》诗中的"火燧知从新节变，灰心还与故人同"①，也可一定程度地说明唐代依然延续着"钻燧改火"的技术传统。

另据《辇下岁时记》记载："至清明，尚食内园官小儿会于殿前钻火，先得火者，进，上赐绢三疋（匹）、金椀一口。"②其中"尚食内"当指尚食局之内，园官就是负责管理园囿的园吏，杜甫《园官送菜》尤可说明尚食局园囿当在中园而非内园。诗序曰："园官送菜把……比而作诗"，诗文又云"……青青嘉蔬色，埋没在中园。园吏未足怪，世事固堪论……"③据此可知，唐代宫廷还于清明节举行尚食局所辖园吏的钻火竞赛，优胜者得以擢升，并可获得皇帝的赏赐。

至于民间钻木取火所用材料，似乎较为随意。诸如《淮南子·说林训》所云："槁竹有火，弗钻不燃"④；以及杜甫《清明二首》诗句："旅雁上云归此塞，家人钻火用青枫"⑤，宋代曾巩《喜晴》诗句"操舟众工立噤瘁，湿橹钻火磨星红"等，明显有别于《周礼》郑玄注及《淮南子·时则训》。

2. 击石取火技术

击石取火技术是指利用黄铁矿石或铁制品击打"火石"所产生的火花，通过引燃物生火的人工取火技术。"火石"一般选用燧石，是较为常见的硅质岩石，质密而坚硬，硬度在7度左右，以铁撞击极易产生火花。后世的铁质"火镰"毋需赘言，自然生成的黄铁矿也可击打燧石而产生火花。黄铁矿的英文名称"pyrite"源于希腊文字"pry"，原意为"火"，因为用锤子敲击黄铁矿会产生火星⑥。尤其考古发现及研究结果显示，欧洲旧石器时代晚期可能已经发明了用黄铁矿击打燧石的取火技术⑦。我国史前乃至夏商周时期，包括发现早期冶铁制品的甘肃临潭磨沟墓地⑧，普遍不见伴出"火石"即燧石的击石取火线索。

"石火"见于史籍记载已是春秋晚期，诸如《关尹子·五鉴》所谓"情生于心，心生于性。情，波也；心，流也；性，水也。来于我者，如石火顷，以性受之，则心不生物，浮浮然"⑨。但"石火"一词自出现伊始，便是用来形容顷刻即逝的短暂瞬间，说明"石火"可能已是司空见惯的日常现象。何况商周时期陨铁、尤其人工冶铁制品的日渐增加，难免在应用实践中时常产生撞击出火的现象，因而击石取火技术理应出现于春秋乃至更早阶段。

---

① （唐）朱湾：《平陵寓居再逢寒食》，《全唐诗》卷三〇六，中华书局，1960年，第3477页。
② （明）陶宗仪等：《说郛三种》，上海古籍出版社，1988年，第3218页。
③ （唐）杜甫：《园官送菜》，《全唐诗》卷二二一，中华书局，1960年，第2343页。
④ 刘文典撰，冯逸、乔华校点：《淮南鸿烈集解》卷五，中华书局，2017年，第693页。
⑤ （唐）杜甫：《清明二首》，《全唐诗》卷二三三，中华书局，1960年，第2577、2578页。
⑥ 〔英〕卡利·霍尔著、（中国台湾）猫头鹰出版社译：《宝石》，中国友谊出版公司，2005年，第63页。
⑦ 参见高星：《史前人类的生存之火》，《人类学学报》2020年39卷第3期。
⑧ 陈建立、毛瑞林、王辉等：《甘肃临潭磨沟寺洼文化墓葬出土铁器与中国冶铁技术起源》，《文物》2012年第8期。
⑨ 朱海雷：《关伊子·慎子今译》，浙江大学出版社，2021年，第66页。

汉唐诗词歌赋中频见"石火"之谓，多如《关伊子》形容光阴似箭，转瞬即逝。除了汉赋所见"命如凿石见火，居世竟能几时"①，魏晋所见"人生天地间，百年孰能要。颍如槁石火，瞥若截道飙"（颍同炯；槁通考，意即敲击，如《庄子·天地》"金石有声，不考不鸣"）②，唐宋以来多见"敲石""敲火"等说辞。如唐代韦应物《送孙徽赴云中》诗云："敲石军中传夜火，斧冰河畔汲朝浆"③；李贺《南园十三首·其十三》诗云："沙头敲石火，烧竹照渔船"④；白居易《北亭招客》诗云："小酲吹醅尝冷酒，深炉敲火炙新茶"⑤等。显然，汉唐以来的诸多说辞，进一步证实了"石火"当指击石取火。

宋代以来，击石取火的铁器始称"火镰""火刀"，其中以"火镰"最为流行。《宋史》有载："皇祐元年，御崇正殿，阅知澧州、供备库使宋守信所献冲阵无敌流星弩、拒马皮竹牌、火镰石火纲三刃……大风翎弩箭八种。"⑥苏籀《旧游一绝》诗云："慨怅秦关旧俦侣，绫袍鞯鞊火镰囊。"⑦火镰及其称谓一直流行至20世纪六七十年代，随着火柴的普及才逐渐演化为传统记忆。

3. 阳燧取火技术

阳燧又称"燧"或"金燧"，实际就是凹面镜，有聚光生热之功效。诸如沈括所云："阳燧面洼，向日照之，光皆聚向内。离镜一二寸，光聚为一点，大如麻菽，著物则火发。"⑧除了形如铜镜，阳燧也是以铜制作而成。据《周礼·考工记》记载："金有六齐……金锡半，谓之鉴燧之齐。"郑玄注曰："鉴燧，取水火于日月之器也。"⑨王充所谓"阳燧取火于天，五月丙午日中之时，消炼五石，铸以为器，乃能取火"⑩，其中"消炼五石"当指矿冶为金以铸"阳燧"之器，与击石取火无关。《古今注》亦载："阳燧，以铜为之，形如镜。向日则火生，以艾承之则得火也。"⑪显然，阳燧取火不可能超越冶金技术的发明。亦即青铜时代以来，除了铜鉴、铜镜，古人还在生活实践中发明了阳燧取火技术。

据《周礼·春官》记载："菙氏掌共燋契，以待卜事。凡卜，以明火爇燋（灼）。"郑玄注："杜子春云：明火，以阳燧取火于日。"⑫《周礼·秋官》又载：司烜氏"掌以夫

---

① （宋）郭茂倩：《乐府诗集》卷四十三，中华书局，1988年，636页。

② （梁）萧统编，（唐）李善注：《文选》，上海古籍出版社，1986年，第1222页。

③ （唐）韦应物：《送孙徽赴云中》，《全唐诗》卷一八九，中华书局，1960年，第1941页。

④ （唐）李贺：《南园十三首》，《全唐诗》卷三九〇，中华书局，1960年，第4401、4402页。

⑤ （唐）白居易：《北亭招客》，《全唐诗》卷四三九，中华书局，1960年，第4881页。

⑥ 《宋史》卷一百九十七《兵志十一》，中华书局，1985年，第4912页。

⑦ （宋）苏籀：《双溪集》，中华书局，1985年，第66页。

⑧ （宋）沈括著，施适校点：《梦溪笔谈》，上海古籍出版社，2015年，第12、13页。

⑨ （汉）郑玄注，（唐）贾公彦疏，《十三经注疏》整理委员会：《周礼注疏》卷四十，北京大学出版社，2000年，第1285页。

⑩ （汉）王充著，张宗祥校注、郑绍昌标点：《论衡校注》卷十六《乱龙篇》，上海古籍出版社，2010年，第324页。

⑪ （晋）崔豹撰，牟华林校笺：《〈古今注〉校笺》，线装书局，2014年，第194页。

⑫ （汉）郑玄注，（唐）贾公彦疏，《十三经注疏》整理委员会：《周礼注疏》卷二十四，北京大学出版社，2000年，第761、762页。

遂取明火于日，以鉴取明水于月，以共祭祀之明斋、明烛，共明水"。郑玄注："夫遂，阳遂也。鉴，镜属，取水者，世谓之方诸。取日之火，月之水，欲得阴阳之洁气也。"唐贾公彦疏："以其日者，太阳之精，取火于日，故名阳遂。"[①]《旧唐书·礼仪志三》："今司宰有阳燧，形如圆镜，以取明火；阴鉴形如方镜，以取明水。但比年祠祭皆用阳燧，取火应时得，以阴鉴取水未有得者。"《礼仪志四》又云："旧仪，光禄欲为祭馔，将阳燧望日取火，谓之明火。"[②] 由此可知，占卜、祭祀所用明火，皆以阳燧取火于日，以示圣洁，犹如奥运圣火。

不过，阳燧取火的应用范围并不限于占卜和祭祀活动，也是先秦贵族日常生活必备之物。《礼记·内则》有载："子事父母……左右佩用，左佩纷帨、刀、砺、小觿、金燧，右佩玦、捍、管、遰（刀鞞）、大觿、木燧。偪，屦著綦。妇事舅姑（公婆），如事父母……左佩纷帨、刀砺、小觿、金燧，右佩箴、管、线、纩、施縏袠、大觿、木燧，衿缨，綦屦。"郑玄注："金燧，可取火于日。"[③] 左金燧、右木燧，都应为取火之器。金燧若非阳燧，当有火石相随。而左佩之物不见火石，唯有阳燧方可如此。显然，郑玄所释甚是。

4. 冰镜取火技术

中国古代还曾出现过冰镜取火技术，就是利用凸透镜原理取火的技术，犹如放大镜取火，惟以冰为镜而已。这一取火技术最早见于《淮南万毕术》所载："削冰令圆，举以向日，以艾承其影，则火生。"[④] 西晋张华的《博物志》亦云："削冰令圆，举以向日，以艾于后成其影，则得火。取火法如用珠取火，多有说者，此未试。"[⑤] 明末学者方以智则将其概括为"空中取火法"，并指出：《尔雅》艾冰台，郭（璞）注邢（昺）疏未尝言取火之事。陆农师（陆佃，字农师，号陶山，陆游祖父）乃引《博物志》云：削冰令圆，举以向日，以艾承其影，则得火，故名冰台。敝座师杨用宾曰：'凹者光交在前，凸者光交在后。'然则琉璃有火齐之名，亦以其光取火也。若以烧料作火圆珠，以纸艾等承其后，即可得火。"同时列举西齐里亚（西西里岛）的几墨得（阿基米德）铸巨镜取火燃艘事例以为辅证[⑥]。尤其清代学者郑复光还曾"亲试而验"，在制作冰境过程中通过对焦距（谓顺收限）的关注和控制，确保实验得以成功，从而证实了冰镜取火的可行性[⑦]。

① （汉）郑玄注，（唐）贾公彦疏，《十三经注疏》整理委员会：《周礼注疏》卷三十六，北京大学出版社，2000年，第1144页。
② 《旧唐书》卷二十三、二十四《礼仪志》，中华书局，1975年，第887、935页。
③ （汉）郑玄注，（唐）贾公彦疏，《十三经注疏》整理委员会：《周礼注疏》卷二十七，北京大学出版社，2000年，第966~969页。
④ （宋）李昉等撰：《太平御览》卷七三六《方术部》，中华书高，1960年，第3265、3266页。
⑤ （晋）张华撰，范宁校正：《博物志校证》，中华书局，1980年，第50页。
⑥ （明）方以智：《物理小识》，商务印书馆，1937年，第42页。
⑦ （清）郑复光撰，李磊笺注：《〈镜镜詅痴〉笺注》，上海古籍出版社，2014年，第171~176页。

二、人工取火技术的应用局限

无论如何，基于取火技术的发明，人类用火不再依赖灾难相随的天然火种。不过，由于世界各地自然资源及其分布特征的差异性，诸如黄铁矿及其可获性的特征差异等，人工取火技术的演进历程不尽相同。

就中国古代的人工取火技术而言，最先发明并得到推广普及的应是钻木取火技术。除了木质材料的可获性，也有人类生存活动中木加工技术的广泛性支持。尤其先秦史籍中反差最为明显的现象之一，就是常见钻木取火而罕见击石取火的记载，甚至钻木取火的发明者常常被归结于传说中的"圣人"。无论是燧人氏（《古三坟·太古河图代姓记》《韩非子·五蠹》等）还是炎帝（《淮南子·氾论训》《论衡·祭意篇》）、黄帝（《管子·轻重戊》）或者伏羲（《太平御览·皇王部三》引《河图》），都充分显示出古人对钻木取火意义的充分肯定。诸如"燧人始钻木取火，炮生为熟，令人无复腹疾，有异于禽兽，遂天之意，故曰遂人也"[1]。

就钻木取火技术本身而言，材料的选择也十分重要，否则便会影响钻木取火的成功率。原因在于：木质密度越大，其导热性能就越好，表面温度上升就越慢，越不容易达到燃烧所需要的温度。因此，钻杆可以选择木质致密的硬木，但钻板则要选择密度较小的疏松木材。不仅如此，引燃物的易燃性能也会直接影响钻木取火的成功率，无论采取手搓还是弓钻方式。即便是黎族钻木取火的国家级非遗传承人，有时也会因引燃物的影响而取火失败[2]。据此来看，钻木取火并非唾手可得的易事，日常用火仍需火种保存技术的支持。

由此来看，钻木取火的意义固然重要，但应用和推广的技术难度较大，以致唐代尚食局的内园官小儿还要举行殿前钻火竞赛。正因为如此，古人又在钻木取火的基础上发明了击石取火、阳燧取火和冰镜取火技术。其中，在缺乏玻璃制作技术支持的历史背景下，冰镜取火技术则因制作条件、形态防融、焦距控制、表里纯洁和使用不便等因素的影响，明显不具推广意义，毋需赘言。阳燧取火固然便捷可行，但也存在明显的应用局限。无论庶民百姓可否使用阳燧，夜间及阴雨天都不可能使用阳燧取火。正因为如此，先秦贵族子嗣侍奉父母（姑舅）仍需左佩金燧、右佩木燧。虽然辽陈国公主墓等历史时期的考古发现偶见阳燧[3]，但"明火"在史籍记载中的出现频率远不及"石火"。得益于冶铁术的发展和铁器的普及，击石取火技术的应用和推广价值日渐突出，但也需要借助火绒等引燃物完成取火过程。尤其击石取火的关键并不在于能否产

---

① （汉）应劭撰，王利器校注：《风俗通义校注》，中华书局，2010 年，第 3 页。
② 于伟慧（记者）：《史前文明活化石：非物质文化遗产钻木取火》，中华文明网 http://www.godpp.gov.cn/wmzh/2007-11/19/content_12846488_1.htm［2021-06-04］.
③ 内蒙古自治区文物考古研究所、哲里木盟博物馆：《辽陈国公主墓》，文物出版社，1993 年，第 49、50 页。

生火星，而是火星能否落入火绒并引燃之。一旦火绒受潮，取火过程也很难完成。因此，击石取火技术的使用效果也没有达到随心所欲的便捷程度。

比较而言，阳燧尤其冰镜取火的技术改进空间不大，而钻木和击石取火技术则可通过引燃物进一步提升应用效果。相对而言，较之钻木取火技术，以铁击石可在瞬间产生火星。如果能够使引燃物具备遇火即燃的属性，便会极大提升击石取火技术的应用效果。而炼丹术的不断发展，特别是火药的发明及其材料制备，势必将易燃物或助燃剂纳入人们的认知范畴。一旦易燃物或助燃剂与引燃物结合，击石取火技术的便捷性就会得到很大提升。

事实也是如此。北宋初年陶穀《清异录》有载："夜中有急，苦于作灯之缓，有智者批杉条染硫黄，置之待用。一与火遇，得焰穗然（燃）。既神之，呼引光奴。今遂有货者，易名火寸。"① 又南宋马永卿《嬾真子》记载："温公夏县私第在县宇之西北数十里……正对巫咸山……温公尝宿于阁下东畔小阁……看书至夜分，乃自掩火灭烛而睡。至五更初，公即自起，发烛点灯著述，夜夜如此，天明，即入宅起居。"② 温公即温国公司马光，北宋陕州夏县（今山西夏县）人。基于巫咸山地处夏县境内③，故司马温公发烛点灯著述之事发生于夏县祖宅。

从明代记载来看，火寸与发烛当为同一事物的不同称谓。诸如陶宗仪所谓："杭人削松木为小片，其薄如纸，镕硫黄涂木片顶分许，名曰'发烛'，又曰'焠儿'。盖以发火及代灯烛用也，史载周建德六年，齐后妃贫者以发烛为业，岂即杭人之所制与。宋翰林学士陶公谷《清异录》云……按此，焠寸声相近，字之伪也。"④ 比较而言，火寸与发烛的制作原料和特点基本一致，均是以木条或木片涂染硫磺，焠与寸声近而字伪的说法甚为可信。再依明代小说《平妖传》所云："那妇人去篮儿内取出一片硫磺发烛，就在火上焠着，去泥蜡烛上从头点着。"⑤ 清代高士奇《天禄识余》所云："杭人削松木为小片，其薄如纸，镕硫黄涂木片顶分许，名曰'发烛'，又曰'焠儿'，用以发火。"⑥ 可知发烛的使用特点也如同火寸，遇火则燃。

明清以来，又有"取灯儿"之名。如冯梦龙《蒋兴哥重会珍珠衫》所云："婆子道：'忘带个取灯儿去了'，又走转来。"⑦ 民国时期，除了"洋火"，还以"洋取灯儿"作为火柴的代名词。如邓友梅《寻访"画儿韩"》所言："北平临解放时百业萧条，他败落到打小鼓换洋取灯儿的份上了。"⑧ 比较而言，"取灯儿"和火柴都是为了点灯等生活需要而生火用的，但使用方式和特点仍有区别。《儿女英雄传》有云："姑娘一看，

① （宋）陶穀、吴淑撰，孔一校点：《清异录·江淮异人录》，上海古籍出版社，2012年，第90页。
② （宋）马永卿撰，崔文印校释：《嬾真子录校释》卷五《温公私第》，中华书局，2017年，第232页。
③ （宋）乐史撰，王文楚等点校：《太平寰宇记》卷六《陕州·夏县》，中华书局，2007年，第105页。
④ （明）陶宗仪：《南村辍耕录》卷五《发烛》，中华书局，1959年，第61页。
⑤ （明）罗贯中、冯梦龙：《平妖传》第三十一回，豫章书社，1981年，第277页。
⑥ 故宫博物院：《天禄识余·学仕遗规等三种》（故宫珍本丛刊第483册），海南出版社，2001年，第21页。
⑦ （明）冯梦龙：《喻世明言》卷一，陕西人民出版社，1985年，第20、21页。
⑧ 邓友梅：《寻访"画儿韩"》，《新中国六十年文学大系·短篇小说精选》，长江文艺出版社，2009年，第195页。

只见方盘里摆的是一条堂布手巾，一条粗布手巾，一把大锥子，一把小锥子，一分火石火链片儿，一把子取灯儿，一块磨刀石……那火链片儿代'金燧'用，取灯儿代'木燧'用，为生火用的 ①。据考证，"火链片"也可谓"火镰片" ②。由此来看，"取灯儿"如同火寸、发烛，生火时离不开火镰、火石的支持，依然具有遇火则燃的使用特点。

不过，明清时期普遍把发烛的制作与使用笼统地归之于杭（州）人，似与事实不符。即便"齐后妃贫者以发烛为业"不够确切（《资治通鉴》为"以卖烛为业"）③，司马光在陕州夏县祖宅发烛点灯著述一事，也说明发烛在北宋时期的北方地区业已使用。再说，陶谷虽然没有明确记载"火寸"的产地及流通范围，但其祖籍为邠州新平（今陕西彬县），早年又历仕后晋、后汉、后周等北方政权，北宋时期所任礼部尚书、刑部尚书、户部尚书的供职场所当在京城开封，因而陶谷笔下的"火寸"很可能也出自北方。

无论如何，火寸、发烛、取灯儿的名称差异并不影响其客观存在的同质性。亦即三者所指均系经化学处理后拥有遇火即燃属性的特殊引燃物，从而提升了击石取火的便捷性，但便利程度尚不及火柴。较之工业化生产，小农经济模式下手工作坊的生产成本相对较高，硫磺发烛作为引燃物的普及推广意义相对有限。甚至火柴生产技术传入我国以后，也经历了一个较为漫长的普及推广过程，逐步弱化了火种保存技术的必要性。换言之，工业化之前的人工取火技术，皆因应用局限的存在而未达到彻底取代火种保存技术的程度。唯有火柴的发明并经工业化、商品化模式的推广普及，才宣告了火种保存技术的时代性终结。

三、束缊请火与灶前蓄火技术

"束缊请火"通常用以比喻求助于人或为人排难解纷。这一历史典故源出《韩诗外传》和《汉书》，其中当以《汉书》所载较为详尽而准确。

《汉书·蒯通传》如是记载："初，齐王田荣怨项羽，谋举兵畔之，劫齐士，不与者死。齐处士东郭先生、梁石君在劫中，强从。及田荣败，二人丑之，相与入深山隐居。客谓通曰：'先生之于曹相国，拾遗举过，显贤进能，齐功莫若先生者。先生知梁石君、东郭先生世俗所不及，何不进之于相国乎？'通曰：'诺。臣之里妇，与里之诸母相善也。里妇夜亡肉，姑以为盗，怒而逐之。妇晨去，过所善诸母，语以事而谢之。里母曰：'女安行，我今令而家追女矣。'即束缊请火于亡肉家，曰：'昨暮夜，犬得肉，争斗相杀，请火治之。'亡肉家遽追呼其妇。故里母非谈说之士也，束缊乞火非还

---

① （清）文康：《儿女英雄传》第二十八回，人民文学出版社，1983 年，第 535、536 页。

② 郭福祥：《乾隆宫廷制玉新工具"秦中钢片"考——兼论凿錾技术与清宫大型玉器制作的关系》，《故宫博物院院刊》2017 年第 1 期。

③ 参阅季鸿崑：《中国引火技术的演变》，《中国科技史料》1991 年 12 卷第 3 期；季鸿崑：《再谈发烛》，《中国科技史料》1992 年 13 卷第 4 期。

妇之道也,然物有相感,事有适可。臣请乞火于曹相国。'乃见相国……"①

　　文中所谓齐国,前后有别,前者为秦末田荣等恢复的齐国,后者为西汉时期分封的诸侯国。曹相国即"萧规曹随"的曹参,曾任齐国丞相。里母是指邻里女性长辈,而姑与妇则是指婆媳即"妇称夫之母曰姑"②,亦即"束缊请火"故事缘起于邻里的婆媳纠纷。表面上,里母"束缊请火"是求助于人的行为,实际却是借以掩饰其劝解纠纷的真实目的,最终以隐喻方式化解了邻里的家庭矛盾。后文"臣请(束缊)乞火于曹相国",意即愿将东郭先生、梁石君推介给曹相国。于是,"束缊请火"既可比喻有求于人,也可比喻为人排难解忧。

　　西汉前期成书的《韩诗外传》为"束蕴请火",缊与蕴相通,毋庸赘言。仅据其中"齐有隐士东郭先生、梁石君,当曹相国为齐相也",即可判定故事人物和内容同于《汉书》所载。区别在于《韩诗外传》称蒯通为"匮生",且"束蕴请火"故事出自说客而非"匮生"之口。所谓"客谓匮生曰:'……臣里妇与里母相善。妇见疑盗肉,其姑去之,恨而告于里母,里母……即束蕴请火去妇之家……'匮生曰:'愚恐不及,然请(甘愿)尽力为东郭先生、梁石君束蕴请火。'于是乃见曹相国……"③由此看来,匮[kuì]与蒯[kuǎi]音相近,当系谐音而字伪所致,而且匮生的称谓应有闻姓而不知名之嫌。何况《蒯通传》所载内容远不止于"束缊请火"之事,故其史料价值和故事的准确性理应较高。即便如此,《韩诗外传》的记载也说明"束蕴请火"故事的流传始于西汉前期。

　　显而易见,造就"束缊请火"典故的主要因素并非其本义,而是借以暗喻的引申意义,犹如"明修栈道"的典故意义有赖于"暗度陈仓"的成功。不过,请火或乞火实乃借火之意,"束缊请火"之所以能够掩饰劝解邻里家庭纠纷的真实目的,说明借火行为是极为普通的日常生活现象,不易引起对方的猜疑。但问题在于:清晨里母即束缊请火于里妇之家,里母之家何以无火而里妇之家又何以有火?束缊又当如何理解,是否类似于近世的"火约子"(约音[yāo])呢?

　　据史籍记载来看,"束"可以通"约"。如《诗经·小雅·斯干》"约之阁阁",毛传释曰:"约,束也。"④《说文》释"束"为"缚",同时又释"约"为"缠束也",说明束、缚形式多样,不宜一概而论。缠束为"约",犹交织为索。缊,《说文》释为"绋也",同时又释绋为"乱枲也"⑤。段玉裁注:"枲,各本作系,不可通。今正:乱枲者,乱麻也。可以装衣,可以然(燃)火,可以绩之为索。"⑥但无论乱麻的具体用途如何,

① 《汉书》卷四十五《蒯通传》,中华书局,1962年,第2166页。
② (晋)郭璞注:《尔雅》卷上《释亲》,中华书局,2016年,第30页。
③ (汉)韩婴撰,许维通校释:《韩诗外传集释》卷七,中华书局,2020年,第239、240页。
④ (汉)毛亨撰,郑玄注,(唐)孔颖达疏,《十三经注疏》整理委员会:《毛诗正义》卷十一《斯干》,北京大学出版社,2000年,第801页。
⑤ (汉)许慎撰,(清)段玉裁注:《说文解字注》,上海古籍出版社,1988年,第662页。
⑥ (汉)许慎撰,(清)段玉裁注:《说文解字注》,上海古籍出版社,1988年,第662页。

往往还需要进一步加工处理。又因"绋"可指绳索，如"助葬必执绋"，郑玄注曰："绋，引车索。"① 因此，释绋为"乱枲"或有不确。若释之为"乱枲缠束也"，即以乱麻缠束而为绋，似乎较为确切。

另，蕴与缊虽可相通，但具体含义或有区别。蕴，《说文》作薀，释为"积也"②，有别于"缊，绋也"。《玉篇》亦释蕴为"积也，聚也，蓄也。聚草以蒸火也"③。尤其《汉书·召信臣传》中直言"蕴火"，所谓"太官园种冬生葱韭菜茹，覆以屋庑，昼夜燃蕴火，待温气乃生。"颜师古又释"蕴火"为"蓄火"④。由此来看，"缊"或在强调制作材料，而"蕴"或在强调使用方式。无论如何，"束缊"与"束蕴"均属雅言或书面语，且都类似于近世俗语"火约子"。而蓄火绳（麻、蒿等）编织的松紧度往往直接影响蓄火效果，过松或过紧都比较容易导致中途熄灭，尤其是在无人照看且间隔时间较长的夜晚。换言之，普遍存在于各家各户的"束缊蓄火"现象，应是"束缊请火"缘起的生活基础。

事实上，"束缊蓄火"并不限于汉代，后世史籍不乏"束缊（蕴）""缊火"等"束缊蓄火"的缩略语。如宋代姚镛的诗句"谁将束缊求山火，自立寒溪问板桥"⑤，苏轼的诗句"何当从山火，束缊分寸烛"⑥，即束缊蓄火也可以山火为引燃火种。"束缊分寸烛"的烛应为明亮、照亮之意，犹如"夫日兼烛天下，一物不能当（挡）也"⑦，即"分寸烛"就是蓄火之光仅能照亮近前寸许。苏轼另有诗句"束缊方熠耀，敲石俄氤氲"⑧，熠耀即萤火之意（《诗经·豳风·东山》"町畽鹿场，熠耀宵行"，《毛传》曰："熠耀，燐也。燐，萤火也"⑨），诗意当是束缊正如萤火，敲石随起烟雾。换言之，此句当为倒装句，阴燃似萤火且烟雾缭绕的束缊，应是以敲石取火的方式引燃的。而"缊火"既可等同于"蓄火"，有时也可理解为"束缊蓄火"的略语。据王玉"说与香篝缊火，酒痕梅却衣罗"⑩的词句，其中香篝当指香笼（《说文》释篝为"笭也，可熏衣"⑪；晋郭璞《方言注》则直言"今熏笼也"⑫），此处缊火即指阴燃的熏香，意同蓄火。又，苏洵在

---

① （汉）郑玄注，（唐）孔颖达疏，《十三经注疏》整理委员会：《礼记正义》卷三《曲礼上》，北京大学出版社，2000年，第91页。
② （汉）许慎撰，（清）段玉裁注：《说文解字注》，上海古籍出版社，1988年，第662页。
③ （南朝梁）顾野王撰，吕浩校点：《大广益会玉篇》卷十三，中华书局，2019年，第463页。
④ 《汉书》卷八十九《循吏传》，中华书局，1962年，第3642、3643页。
⑤ （宋）姚镛：《雪篷稿·出山》，文渊阁《四库全书》第1357册，第385页。
⑥ （宋）苏轼著，傅成、穆俦标点：《苏轼全集》，上海古籍出版社，2000年，第485页。
⑦ 高华平、王伏玲评注：《韩非子·内储说上》，商务印书馆，2016年，第342页。
⑧ （宋）苏轼著，傅成、穆俦标点：《苏轼全集》，上海古籍出版社，2000年，第209页。
⑨ （汉）毛亨撰，郑玄注，（唐）孔颖达疏，《十三经注疏》整理委员会：《毛诗正义》卷八《豳风·东山》，北京大学出版社，2000年，第611页。
⑩ （宋）王玉：《朝中措》，《全宋词》第四册，中华书局，1965年，第3029页。
⑪ （汉）许慎撰，（清）段玉裁注：《说文解字注》，上海古籍出版社，1988年，第193页。
⑫ （汉）扬雄撰，（晋）郭璞注：《方言》卷五，中华书局，2016年，第63页。

京城开封待考时，适逢举荐之人即户部侍郎、知益州（成都）的张方平返京述职[①]，一时按捺不住感恩之情，西出百余里迎见："雪后苦风，晨至郑州，唇黑面烈，僮仆无人色。从逆旅主人得束薪緼火，良久，乃能以见。"[②]逆旅主人即旅馆主人，束薪緼火有别于"束緼蓄火"，束薪应指生火用的燃料，而緼火当指引燃用的火种。亦即阴燃的緼火前置束薪，当是以"蓄火"引燃束薪之意。

"束緼请火"故事中没有言明何以"请火治犬"，而"束緼"本身所强调的又是请火材料，无法说明"束緼蓄火"的主要目的。所幸汉代史籍中还有强调蓄火位置的相关记载，即所谓"灶前蓄火"。据应劭《风俗通义》所载："世间多有狗作变怪，扑杀之，以血涂门户，然众得咎殃（灾祸）。谨按：桂阳太守汝南李叔坚，少时为州从事，在家，狗人立行，家言当杀之，叔坚云：'犬马谕君子，狗见人行，效之，何伤'……狗于灶前蓄火，家益怔忪，复云：'儿婢皆在田中，狗助蓄火，幸可不烦邻里，此有何恶。'"[③]这段记载虽属志异故事，但志异故事中的种种事象往往都是现实存在的异化反映。尤其"幸可不烦邻里"也可谓"幸可不用束緼请火"，而"狗于灶前蓄火"则说明"束緼蓄火"的主要目的应在于炊事活动。亦即"束緼请火"与"灶前蓄火"相互衬托，则可揭示出汉代束緼蓄火于灶前的民间生活景象。

事实上，束緼蓄火与炊事活动的联系并不限于汉代，也偶见于宋明诗词作品之中。如宋代张耒的诗句"厨人已束蕴，汲井鸣盎缶"[④]，应是炊事活动结束时的写照。其中束蕴当是指束緼蓄火，即炊事结束时需要蓄火以待再次生火之用，最佳位置或在灶前；而"汲井鸣盎缶"则应是汲井蓄满水缸待用及清洗炊具和餐具的具体景象。明代杨廉的诗句"梨择数颗呼爨仆，緼火爇薪为蒸熟"[⑤]，其中爨仆是指厨师或灶工，爇即燃烧之意，緼火爇薪说明緼火应是之引燃薪柴的火种，即緼火应是束緼蓄火的略语，而蒸梨则类似于炊事活动。至于宋代刘克庄《一翦梅》所谓"束緼宵行十里强，挑得诗囊，抛了衣囊。天寒路滑马蹄僵，元是王郎，来送刘郎"[⑥]，明显是指火把，毋需赘言。

除了"束緼（蕴）""束薪"，史籍中还有"束蒿""束茅""束刍"等记载。如苏轼《中山松醪赋》有言："效区区之寸明，曾何异于束蒿"[⑦]；范成大《公辨再赠复次韵》亦云："书生活计极萧骚，爝火微明似束蒿"[⑧]。又苏辙《和子瞻司竹监烧苇园因猎园下》云："荻园斫尽有枯柿，束茅吹火初如灯。"[⑨]束蒿之所以成为寸明或微明的比拟对象，

---

①　参阅喻世华：《"早以一日之知，遂托忘年之契"——论苏轼父子与张方平的交谊》，《西安石油大学学报（社会科学版）》2012年14卷第4期。

②　（宋）苏洵著，曾枣庄、金成礼笺注：《嘉祐集笺注》，上海古籍出版社，1993年，第348页。

③　（汉）应劭撰，王利器校注：《风俗通义校注》，中华书局，2010年，第418～421页。

④　（宋）张耒：《即事二首·其一》，《全宋词》第二十册，北京大学出版社，1998年，第13311页。

⑤　（明）杨廉：《食梨戏作》，文渊阁《四库全书》第1392册，第743页。

⑥　（宋）刘克庄著，辛更儒笺校：《刘克庄集笺校》卷一九一，中华书局，2011年，第7463页。

⑦　（宋）苏轼著，傅成、穆俦标点：《苏轼全集》，上海古籍出版社，2000年，第651、652页。

⑧　（宋）范成大著，辛更儒点校：《范成大集》卷九，中华书局，2020年，第138页。

⑨　（宋）苏辙著，曾枣庄、马德富校点：《栾城集》，中华书局，2020年，第138页。

理应源于"束蒿蓄火"，束茅吹火更当如此。

另据东晋葛洪《抱朴子》所载："不得其术者，古人方之于冰盃之盛汤，羽苞之蓄火也"[①]。其中"方"当为木牍之板，如郑玄注《礼记·中庸》"文武之政，布在方策。"曰："方，版也。策，简也。"[②] 又因策通册，也可谓"通版为方，联简为册"[③]，故方策犹如典籍。"羽苞"即羽苞藁本，多年生伞形科藁本属草本植物，株高可达 1 米，但其茎单生而具分枝，叶柄长 8～18 厘米，复伞形花序集于顶端等性状特征，使之不宜用于缠束蓄火。因此，古人早已把冰杯盛汤、羽苞蓄火列为用法不当致使事与愿违的典型事例。

在草本植物中，一年生菊科蒿属植物与羽苞藁本的株高等甚为相近，但臭蒿等蒿属植物的性状特征与羽苞藁本存在较大差异。诸如细茎，不分枝或具着生头状花序的分枝（柄长仅 4～8 厘米），茎、枝无毛或疏被短腺毛状短柔毛，叶背微被腺毛状短柔毛；直径仅 3～5 毫米的半球形或近球形头状花序，呈密穗状分布于茎端及短的花序分枝上，花序外层总苞片背面无毛或微有腺毛状短柔毛等，这些性状特征使之缠束为绳后可以拥有良好的阴燃效果。由此来看，羽苞蓄火的失当之处在于材料选择，而选材之误很可能就在于藁、蒿相混，从而反衬出"束蒿蓄火"并非始于宋代。而葛洪笔下的古人，其时代所指可能也不会太晚。

值得注意的是，苏轼还在《王中甫哀词》中把束蒿与生刍（束刍）联系在一起，所谓"生刍不独比前人，束蒿端能废谢鲲。"[④] 端能意即应能，废即放置之意（《尔雅·释诂》：废，舍也。郭璞注：舍，放置[⑤]），就是说不惟生刍可比前人，束蒿也能置于谢鲲庐前。生刍致祭典出《后汉书·徐稚传》："（郭）林宗有母忧，稚往吊之，置生刍一束于庐前而去。众怪，不知其故。林宗曰：'此必南州高士徐孺子也。诗不云乎：生刍一束，其人如玉。'"[⑥] 惟《诗经·小雅·白驹》中的"生刍一束"，其意当如韩愈《驽骥》所云："渴饮一斗水，饥食一束刍。"即指牲畜饲草。但生刍致祭又可代之以束蒿，抑或另有其他含义。事实上，束刍也可指燃料。如《新唐书·张巡传》："明日贼攻城，设百楼，巡栅城上，束刍灌膏以焚焉"[⑦]《宋史·荆罕儒传》亦载："（周世宗）会征太原……罕儒令人负束刍径趋太原城，焚其东门。"[⑧] 据此来看，《诗经·唐风·绸缪》中的"绸缪束刍"便值得关注。诗云"绸缪束薪，三星在天……绸缪束刍，三星在隅……绸缪束楚，三星在户……"毛传曰："绸缪，犹缠绵也"，意指缠绵为束。又毛传诗序

① 王明：《抱朴子内篇校释》卷十三《极言》，中华书局，1980 年，第 245 页。

② （汉）郑玄注，（唐）孔颖达疏，《十三经注疏》整理委员会：《礼记正义》卷五十二《中庸》，北京大学出版社，2000 年，第 1682 页。

③ 周翠英：《〈演繁露〉注》卷七《方册》，中国社会科学出版社，2018 年，第 130 页。

④ （宋）苏轼著，傅成、穆俦标点：《苏轼全集》，上海古籍出版社，2000 年，第 300 页。

⑤ （晋）郭璞注：《尔雅》卷上《释诂》，中华书局，2016 年，第 10 页。

⑥ 《后汉书》卷五十三《徐稚传》，中华书局，1965 年，第 1747、1748 页。

⑦ 《新唐书》卷一百九十二《张巡传》，中华书局，1975 年，第 5535 页。

⑧ 《宋史》卷二百七十二《荆罕儒传》，中华书局，1985 年，第 9309 页。

云："绸缪，刺（讽刺）晋乱也。国乱则婚姻不得其时焉"[1]，故"三星"位置或与束薪、束刍、束楚的时节有关，毋需赘言。其中，束薪与束楚（荆条）明显不是饲草，顺序居中且相互并列的束刍则可能有别于"生刍一束"。换言之，束刍或束缊、束蒿蓄火的事象抑或早已有之。

另外，近世还以火纸卷成的"纸媒子"（或火煤子、火捻子等）、苘麻沤制去皮而成的"闷苘杆子"等用作蓄火材料。至于坊间流传的"火折子"，史籍中难觅踪迹。但从制作材料及使用方式来看，应是由"火烛"类引燃物转化而来的便携式蓄火方式。具体就是"火烛"引燃后装入子母口结构的竹筒（或铜或铁）中，然后套合封盖。竹筒一端或两端留有小孔，通过控制进气量以保持并延缓阴燃速度，使用时开盖晃动或吹气即可复燃。

四、火种坑（罐）的技术启示

前文有述，中国新石器时代的人工取火技术可能仅限于钻木取火，方法单一且局限性突出，保存火种的必要性无疑应高于夏商周及其以后各个时期。基于木质燃料所存在的有焰（分解或气相）、无焰（表面或固相）和阴燃（熏烟）等燃烧现象[2]，其燃烧过程的持续时间不尽一致。而且，燃烧现象的发生还必须获得助燃气即氧气（空气）的支持，亦即助燃气的比例也会直接影响燃烧现象及其持续时间。因此，除了直接加薪以维持既有燃烧状态以外，人们还可通过选择燃烧现象或控制燃助比的方式，以实现保存火种的目的。

客观而言，火种保存的燃烧现象选择较难获得实物遗存的直接验证。但燃助比的控制往往需要借助半封闭的固定设施或器具，尤其固定设施相对比较容易获得确认。年代相对较早的此类遗存或为北京平谷区北埝头遗址[3]，树轮校正年代约为公元前5200～前4802年（F2木炭标本）[4]。该遗址所见10座房址的室内中部及附近普遍埋有1～2个大口深腹陶罐，有的罐口高出地面6厘米左右，罐内留有灰烬、木炭等。基于未见其他形式的室内灶址，陶罐周围地面又存在较多的红烧土碎块和木炭渣，因而被视为保存火种的灶膛。显然，即便这类地下陶罐可以保存火种，其主要功能仍当为灶膛，有别于功能单一的火种坑（罐）。

专门性火种坑（罐）在仰韶文化的部分区域较为常见，一般设于灶址后部，在西

---

① （汉）毛亨撰，郑玄注，（唐）孔颖达疏，《十三经注疏》整理委员会：《毛诗正义》卷六《绸缪》，北京大学出版社，2000年，第454、455页。

② 刘燕吉：《木质材料的燃烧——木质材料的燃烧与阻燃系列讲座之一》，《木材工业》1996年10卷第6期。

③ 北京市文物考古研究所、北京市平谷县文物管理所北埝头考古队：《北京平谷北埝头新石器时代遗址调查与发掘》，《文物》1989年第8期。

④ 中国社会科学院考古研究所：《中国考古学中碳十四年代数据集（1965—1991）》，文物出版社，1992年，第17页。

安半坡①、宝鸡北首岭②、临潼姜寨③、秦安大地湾④等遗址中屡有发现。总的来看，这种火种坑（罐）遗存大致可分三类，即火种坑、嵌埋式火种罐和灶内一侧放置火种罐。其中，又以前两者较为常见，后者甚为罕见且不确定性较强。

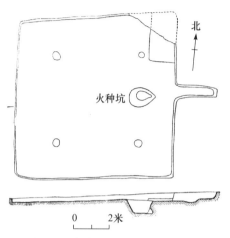

图 1　北首岭遗址 77F3 平、剖面图

火种坑：一般是在灶址后部斜向下掏挖出一小坑，进深一般不超过 30 厘米，多在 20~26 厘米。如半坡遗址圆形竖穴灶坑 K8 的南端有一向外凸出的洼窝，北首岭遗址 F14、77F3 等桃形灶坑的灶底尖端向外掏出一高 15、进深 20 厘米的小洞（图 1），均被视作可能是为保存火种而设；姜寨遗址 F41 圆形浅穴灶坑西沿处有一直径 26、深 26 厘米的小洞，不规则形灶坑 K233 西部也有一口径 24、深 26 厘米的小洞，被直接视为火种坑。类似的遗迹现象在秦安大地湾、宝鸡福临堡⑤等仰韶文化遗址中都有发现。

嵌埋式火种罐：一般是在灶址后部倾斜嵌埋一夹砂陶罐，罐口上部通常略低于居住面，也有少数略高于居住面者。如半坡遗址 F25 瓢形灶坑后壁倾斜嵌埋一粗砂陶罐，北首岭遗址 F11、F23、F33 等房址的瓢形灶坑后部均倾斜嵌埋一粗砂陶罐。另外，虽然半坡报告中未加详述，但图版照片显示部分灶址的火种罐似为垂直嵌埋。如半坡遗址 K57、K87 等。前述北首岭遗址的嵌埋式火种罐内多有木炭灰烬或炭渣，可以视为保存火种的直接证据。

灶内一侧放置火种罐：即发现于灶坑内一侧的夹砂小陶罐似呈放置状态，有别于火种坑和嵌埋式火种罐。如姜寨遗址 F63 圆形浅穴灶坑（K149），靠近灶坑南壁有 1 件陶罐（图 2）；姜寨遗址 K4（或为室外灶址）圆角长方形浅穴灶坑的西南角斜置一陶罐（图 3）。从图示情况来看，两处灶址内的陶罐似为放置而非嵌埋。陶罐形体较小，置于灶内一侧而非中央，用作

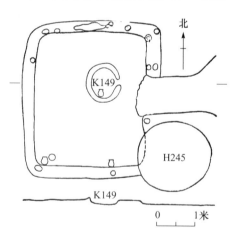

图 2　姜寨遗址 F63 平、剖面图

①　中国科学院考古研究所、西安半坡博物馆：《西安半坡》，文物出版社，1963 年。

②　中国社会科学院考古研究所：《宝鸡北首岭》，文物出版社，1983 年。

③　西安半坡博物馆、陕西省考古研究所、临潼县博物馆：《姜寨——新石器时代遗址发掘报告》，文物出版社，1988 年。

④　甘肃省文物考古研究所：《秦安大地湾——新石器时代遗址发掘报告》，文物出版社，2006 年。

⑤　宝鸡市考古工作队、陕西省考古研究所宝鸡工作站：《宝鸡福临堡》，文物出版社，1993 年。

炊器的可能性较小。根据西安鱼化寨遗址的相关发现，这种发现于灶坑内一侧的小型陶罐，似应为保存火种之用。如鱼化寨遗址 F98 瓢形（桃形）灶坑后壁略呈袋状且底部最深处置有微向内倾斜的火种罐（图 4），又如 F11 椭圆形灶坑后沿处所置陶罐内还有灰烬残留[1]，两个火种罐均介于嵌埋和放置之间，移动使用并无不可。

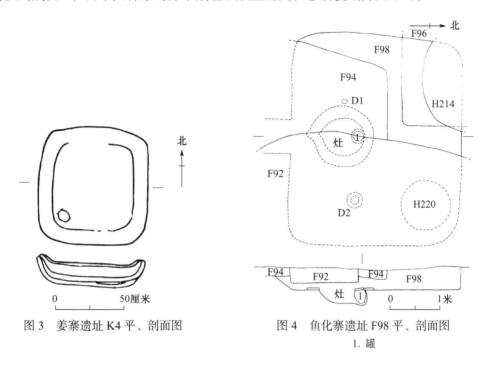

图 3　姜寨遗址 K4 平、剖面图

图 4　鱼化寨遗址 F98 平、剖面图
1. 罐

　　另外，江苏常州象墩遗址所见良渚文化的红烧土灶台遗迹，系由东西两个近圆形的灶塘组成，灶塘中心有灶坑。东侧灶坑以一夹砂红陶罐为壁，西侧灶坑底部及坑壁均为坚硬的烧结面[2]。从照片来看，陶罐应为倾斜放置，而斜口灶坑似乎不利于炊具的放置和使用，抑或应为火种坑（罐）类遗存。

　　至于如何利用火种坑（罐）保存火种，则鲜有论述，诸如火种保存过程中的燃烧现象及燃料选择等问题。简单来说，火种保存的实质就是延长燃烧过程，即在不终止燃烧过程的前提下，通过适当方式减缓燃烧速度以延长燃烧时间。显而易见，有焰燃烧因传热速率高，极易加剧热分解进程并导致蔓延燃烧现象，不利于燃烧时间的延长。即便如此，依然存在无焰燃烧和阴燃两种燃烧现象，究竟哪种燃烧方式更适于火种坑（罐）呢？毋庸置疑，木材不适合阴燃；缠束为绳的麻或蒿草等适于阴燃，但草绳本身却不宜纠缠在一起，否则便容易发生无序或混燃现象，不利于实现保存火种之目的。由此来看，火种坑（罐）似乎不适合采取阴燃方式保存火种，抑或只有表面燃烧现象可以选择。而北首岭等遗址部分火种坑（罐）内的木炭灰烬或炭渣，当可直接验证这

① 西安市文物保护考古研究院：《西安鱼化寨》，科学出版社，2017 年。
② 郑铎：《江苏常州象墩遗址的考古调查与发现》，《中国文物报》2013 年 5 月 10 日第 8 版。

一分析结果。

具体来说，表面燃烧就是木炭等可燃固体与氧气直接反应而发生的燃烧现象，而且反应始终限于材料表面。亦即木炭等固体燃料总是由表及里进行燃烧，燃烧过程相对较长。与此同时，火种坑（罐）只有一个出入口，无疑可以有效限制冷热空气对流现象，通过降低空气流量增大燃助比，营造出富燃氛围，进一步减缓燃烧速度而延长燃烧过程。口部倾斜的火种坑（罐）无须赘言，即便呈垂直结构或垂直放置，也会有微量空气进入，不致终止燃烧过程。类似的生活实例如同垂直放置的蜂窝煤炉子，在不使用烟囱的情况下，只要封住下端进气口而敞开上端炉口，就会减缓蜂窝煤的燃烧速度而延长燃烧时间。

但问题在于，表面燃烧必须选择木材或木炭作为燃料。即便是在炊事活动末段添加木材或引燃木炭（木炭的开发利用时间理应较早，本文暂不讨论），对燃料的要求依然较高。也就是说，利用火种坑（罐）保存火种，一定程度地制约了燃料和燃烧方式的选择。事实上，考古发现的火种坑（罐）也存在明显的时空局限。一则主要见于仰韶文化时期，龙山时代则甚为少见；二则在仰韶文化遗存中，也存在西多东少甚或不见的区域特征。如西安半坡和鱼化寨、临潼姜寨遗址附有火种坑（罐）的灶址比例甚低，鱼化寨遗址仅见于前述两处室内灶址（不计破坏程度共 107 座房址，F1 的火种洞应为烟道）；但宝鸡北首岭和福临堡、秦安大地湾等遗址的比例却很高，北首岭几乎每座房屋室内灶址都附有火种坑或火种罐。亦即火种坑（罐）的时空分布特征，明显不符合保存火种的实际需求。

就使用特点而言，火种坑和嵌埋式火种罐基本一致，即不可移动。而灶内放置的火种罐却有所不同，难以排除移动使用的可能性。如此一来，一旦火种罐的移动范围超出了灶址，便会因不确定性增强而难以判断。一则火种罐的存储对象并非灰烬，而移动使用方式又便于及时清理灰烬；二则火种罐若为氧化烧制的红陶，表面燃烧又不易形成烟炱，难免就会降低通过使用痕迹判断的有效性。换言之，火种罐也有可能独立存在，但却容易被忽略或者不易确认，尤其是在罐内没有灰烬残留的情况下。而且，移动式火种罐的形态结构未必皆如嵌埋式，也许还有其他形式的火种罐。尤其还原或渗碳烧制的灰黑陶，作为火种罐使用时便有可能因高温氧化再次转化为红陶。若采取表面燃烧的方式保存火种，基于木炭燃烧的热传播范围较小，难免会造成局部高温氧化的变色现象。因而，上黑下红、界限分明的马家浜文化"垂囊形盉"[①]，尚需进一步关注。

无论如何，仰韶文化以外的诸多考古学文化罕见火种坑（罐），也不能说明这些文化的创造者就不需要保存火种。事实上，除了移动式火种罐不易确认外，使用场所不固定且使用痕迹不明显的火种保存方式，也很难获得较为确切的实物遗存证据。若火种坑（罐）确是以减缓炭质表面燃烧速度的方式保存火种，则燃料和技术选择的要

---

① 浙江省博物馆展品。

求相对较高。换言之，从技术演进的逻辑序列来说，火种坑（罐）出现的时间理应稍晚一些。从实践认知的层面来说，木质或纤维质燃料阴燃时间较长的特点并不难发现，而老官台文化陶器上的绳纹足以说明原始编织乃至纺织技术已渐趋成熟，缠蒿或束缊为绳自不待言。由此来看，尚未发现固定式火种坑（罐）的新石器时代文化，即便没有可以确认的移动式火种罐，也应存在类似于"束缊蓄火"的火种保存方式。亦即在火种坑（罐）出现前后，史前人类可能已经采用了多种火种保存方式，只是火种坑（罐）较易确认而已。而且，固定式火种坑（罐）消亡的原因，除了材料要求过于单一，也不能排除不便移动使用的应用缺陷，似与人工取火技术的演进无关。

概括而言，中国古代虽然存在钻木、击石、阳燧及冰镜取火等多样性技术，却因应用局限的存在而无法完全取代火种保存技术。"束缊请火"之所以能够成为历史典故，关键在于社会生活中极为平常的互助现象可以有效掩饰隐性行为目的。"束缊请火"的考古学意义就在于隐晦地揭示出"束缊蓄火"这一社会生活现象极为普遍，而蓄火的主要场所当在"灶前"。基于仰韶文化固定使用的火种坑（罐）对燃料和助燃气限量的技术要求相对较高，可能还不是最原始的火种保存技术。尤其火种坑（罐）西多东少乃至全然不见的分布特点，说明仰韶文化可能也因地域差异而存在多样性火种保存技术。一方面无法完全排除火种罐移动使用的可能性，另一方面材料和技术要求相对简单的"束缊蓄火"方式抑或早已出现。仰韶文化以外的诸多考古学文化不见火种坑（罐），其主要原因当在于此，但也不能忽略实物遗存局限性的影响作用。

考古层位学发微三则

——为李仰松先生祝寿

许永杰

（中山大学历史文化学院）

张忠培先生在《客省庄文化及其相关诸问题》[①]一文的开篇讲："五十年代初期，苏秉琦先生在西安附近的开瑞庄（又名客省庄）发现的三叠层，是继安阳后岗、宁定阳洼湾之后的又一次重要的考古发现。"张先生在这里讲的是中国考古层位学成长过程的三块里程碑，第一块里程碑是 1931 年梁思永先生主持安阳后岗遗址发掘，采用按土质土色划分地层的发掘方法；第二块里程碑是 1937 年夏鼐先生甘肃宁定阳洼湾齐家文化墓葬的清理，将墓葬本身与墓葬填土视作两个堆积单位；第三块里程碑是 1954 年苏秉琦先生西安开瑞庄清理的"三叠层"，给出了考古堆积的第三种层位关系。关于这三块里程碑的意义，我在《考古层位学札记三则》[②]和《中国考古层位学的里程碑之作——〈西安附近古文化遗存的类型和分布〉导读》[③]两篇文章中都有所论述或涉及，近来读书写作又有新的发现和领悟，记录于兹。

一、关于梁思永按土质土色划分堆积单位

1931 年，梁思永先生主持了安阳后冈遗址的发掘，本次发掘的重大学术成果是发现了小屯商文化、龙山文化和仰韶文化依次叠压的地层关系，从地层堆积上实证了三种文化的年代早晚关系。之所以取得这一成果，是因为梁先生摒弃了殷墟前三次及 1926 年李济发掘山西夏县西阴村遗址和 1921 年安特生发掘河南渑池仰韶村遗址采用的以深度计分地层的发掘方法，采用了以土质土色划分地层的发掘方法。从而，于冈中北部的第 241、243、244 三坑识别出小屯商文化层叠压龙山文化层的层位关系，于冈西部第 283、284 二坑识别出龙山文化层叠压仰韶文化层的层位关系。

当年后冈遗址的发掘共进行过两次，分别被列入殷墟发掘的第四次、第五次。属

① 张忠培：《客省庄文化及其相关诸问题》，《考古与文物》1980 年第 4 期。
② 许永杰：《考古层位学札记三则》，《江汉考古》2009 年第 2 期。
③ 许永杰：《中国考古层位学的里程碑之作——〈西安附近古文化遗存的类型和分布〉导读》，《南方文物》2012年第 1 期。

于殷墟第四次发掘的后冈遗址第一次发掘情况的报道是《小屯、龙山与仰韶》[①]；属于殷墟第五次发掘的后冈遗址第二次发掘情况的报道是《后冈发掘小记》[②]。其实，在这两篇报告中梁思永先生都没有讲自己两次发掘划分地层堆积的方法。在史语所同事们的相关文章中，也只是讲梁先生是一位以田野方法见长的考古学家，也没有具体介绍他发掘后冈遗址时采用的划分地层堆积的方法。如：

> 李济先生讲"梁君是一位有田野工作训练的考古家，并且对于东亚的考古问题做过特别的研究。两年来他对于考古组的组织上及方法上均有极重要的贡献"[③]。尹达先生讲"思永先生对科学事业是热情的，工作精细、忠实，且富于创造性。因之，当时在考古发掘的方法上，思永先生起了积极的推动作用，使中国的青年考古工作者逐渐积累了比较丰富的中国田野考古工作的经验"[④]。夏鼐先生讲"先生在学术研究上的贡献，野外考古工作方面，自加入殷墟发掘团后，对于组织上和方法上都有重要的改进，提高了我国田野考古的科学水平"[⑤]。

最早见诸文字明言梁思永先生1931年发掘后冈遗址采用的划分地层堆积方法的是20世纪80年代初黄景略、张忠培两位先生的文章，他们讲"思永先生比他的先行者和同代人的科学水平高出一着。从《小屯、龙山与仰韶》一文可以清楚地看到，他发掘后冈遗址不是像当时许多人那样按深度计分地层，而是以土色区分地层的。同时，在整理材料时又能结合地层正确地进行类型学研究"[⑥]。那么，二位先生又是如何从《小屯、龙山与仰韶》一文中读出梁先生地层堆积的划分方法的呢？

首先，梁先生在报告中给出了两份探方剖面表格，其中第241、243、244探方表格是这样的：

第241、243、244坑土层	深度	出土遗物	文化期
耕土	0～0.2公尺	磁片、厚重灰陶片	近代
浅灰色（土色与小屯灰土同）	0.2～1.0公尺	厚重灰陶片，带彩陶片1块，大块兽骨，骨锥、卜骨，石斧，炭渣，铜锈	小屯
灰褐土	1.0～2.0公尺	厚重灰陶片，白陶片1块，带彩陶片1块，大块兽骨，骨锥，卜骨，蚌刀，石斧，月牙形石刀	小屯

① 梁思永：《后冈发掘小记》，《安阳发掘报告》（第四期），1933年，第609～626页；收入《梁思永考古论文集》，科学出版社，1959年，第99～106页。
② 梁思永：《小屯龙山与仰韶》，《庆祝蔡元培先生六十五岁论文集》，中央研究院历史语言研究所，1935年，第555～568页；收入《梁思永考古论文集》，科学出版社，1959年，第91～98页。
③ 李济：《安阳最近发掘报告及六次工作之总估计》，《安阳发掘报告》（第四期），1933年，第559～578页。
④ 尹达：《悼念梁思永先生》，《文物参考资料》1954年第4期；后作为序言收入《梁思永考古论文集》，科学出版社，1959年。
⑤ 夏鼐：《梁思永先生传略》，《考古学报》（第七册），中国科学院，1954年，第1～4页；后作为序言收入《梁思永考古论文集》，科学出版社，1959年。
⑥ 黄景略、张忠培：《梁思永先生与中国现代考古学》，《考古与文物》1981年第3期。

续表

第 241、243、244 坑土层	深度	出土遗物	文化期
深灰土，中有烧炭土一块	2.0～3.0 公尺	厚重灰陶片，黑陶片，带彩陶片 1 块，兽骨，骨锥，蚌刀，石斧	小屯与龙山
绿土（绿土坑深至 7 公尺）	3.0～4.0 公尺	黑陶片，薄灰陶片，篮纹，方格纹陶片	龙山
黄土	4.0～　公尺	不出文化遗物	

表中，依次列有土层、深度、出土遗物和文化期四栏，土层栏自上至下按着土的颜色列出，有耕土、浅灰土、灰褐土、深灰土、绿土、黄土等，计 6 层，与 6 层对应的深度分别为 0～0.2、0.2～1.0、1.0～2.0、2.0～3.0、3.0～4.0、4.0～，如此整齐的数字，看上去是很像平均深度，对此梁先生是这样解释的："这两个表完全是撮要的性质，所以和实际的土层不免有出入之处。但是图版壹的两幅地层图可以校正这过于整齐的现象，并且表现出详细的情形。从两图我们看出土层的深度不是全层一律的，有厚处薄处，是高低不平的；又可以看出 241、244 坑的小绿土坑和坑里分层的绿土，和283 坑包含仰韶遗物的深灰土层向下倾斜的情形。"

再看此处文中提到的 241、243、244 探方剖面图（图 1）：

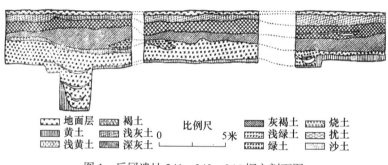

地面层	褐土	灰褐土	烧土
黄土	浅灰土	浅绿土	扰土
浅黄土	深灰土	绿土	沙土

比例尺　0　　　5米

图 1　后冈遗址 241、243、244 探方剖面图

在这一图中，地层是使用不同图例表现的高低起伏的非水平的堆积，似乎可以理解为发掘不是按深度计分地层，而是以土色区分地层的。但是在后冈两次发掘之前和之间的山东城子崖的两次发掘，地层堆积剖面图也是使用不同图例表现的高低起伏的非水平的堆积（图 2）。如果说，城子崖的第二次发掘梁思永是参与者，其地层可能是按土色区分的话，可是由董作宾主持的殷墟第一次发掘，也使用不同图例绘出凸凹起伏的地层堆积图（图 3）；甚至 1926 年李济主持的山西西阴村遗址的发掘（图 4），给出的地层剖面图也是不同图例表现的凸凹起伏的地层堆积；更甚至 1921 年安特生主持发掘的河南仰韶村遗址和属于旧石器时代的北京周口店遗址的发掘，所给出的地层剖面也都是凸凹起伏的地层堆积。看来，不能简单从地层剖面图上判定发掘采用的方法是按水平计分地层，还是按土色划分地层。这是因为，发掘时虽然是按平均深度下挖的，但是下挖后再于探方壁上按土色补划地层堆积，如同今日发掘从地表下挖一锹深后，再于探方壁上划出表土层一样。

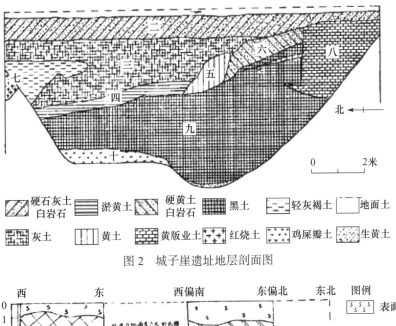

硬石灰土白岩石　　淤黄土　　硬黄土白岩石　　黑土　　轻灰褐土　　地面土
灰土　　黄土　　黄版业土　　红烧土　　鸡屎瓣土　　生黄土

图 2　城子崖遗址地层剖面图

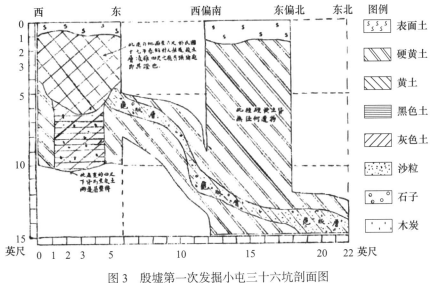

图 3　殷墟第一次发掘小屯三十六坑剖面图

理解后冈发掘是按土色区分地层的关键是要看梁思永按着地层堆积合并的文化层。在第 241、243、244 探方剖面中，自上而下浅灰、灰褐、深灰三层为上层，包含殷商时期的遗物；最下的绿色层以及第 283、284 探方中的绿土为中层，包含龙山时期的遗物；第 283、284 探方中的褐色"鸡屎瓣土"和深灰土为下层，包含仰韶时期的遗物。这就是由两处发掘剖面合并而成的著名的"后冈三叠层"。将不同颜色质地的自然堆积地层，依据包含物的不同，合并为殷商文化层、龙山文化层和仰韶

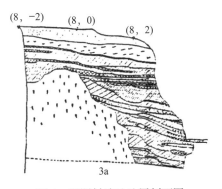

图 4　西阴村遗址地层剖面图

文化层。自此中国考古地层学中有了两种地层堆积概念，即按土质土色认定的自然堆积和按包含物认定的文化堆积。

遗憾的是，梁思永文章后附的图版中的三期器物没有器物编号，使得读者无法进一步从器物的记录中看出遗址发掘的方法。

另外，20 世纪末陈星灿在 20 世纪 50 年代前的中国考古学史的研究中对梁思永的后冈发掘方法做了比较详细的分析，他推测梁氏的按土色区分地层的方法，应当来自其美国导师祁德[①]。

孙祖初在《考古地层学的中国化历程》一文中认为："在城子崖遗址的发掘中，人们首次完全按土质土色划分地层，进而把整个遗址划分为三大层。每个探沟都绘有详细明了的地层剖面图。""人们习惯于把这一发现与梁思永的留学经历联系在一起，但却忘记或忽略了梁思永曾主持编写《城子崖》一书的重要事实。"[②]

在考古发掘报告中，明确言明地层堆积的划分方法的是 1942 年出版的《马龙遗址发掘报告》[③]，遗址发掘和报告执笔者吴金鼎讲："文化层分层方法，大致言之，乃视其土色之差异，硬度之不同及其所处地位之高下而定。"依此，马龙遗址地层计分六层，即草根土：草根密集，土色黑或深灰，遍布遗址，厚约 1.5 公寸。黄灰土：此层下或为深灰土或为红灰土或为生土，厚 3—7 公寸。深灰土：土色深灰或黑，厚处 1 公尺。浅灰土：为水流或人类傍水居住区域，厚处 1 公尺 2 寸。红灰土：为杂木炭点之红土，各处散布，厚处 1 公尺 1 寸。沙土：一为纯沙积，细沙在下，粗沙在上；一为沙淤，沙粒与淤土在一起。厚 2—7 公寸。

何以中国考古学界认定安土质土色划分地层堆积始于 1931 年安阳后冈遗址的发掘，是梁思永先生在中国的垂范，窃以为或是 20 世纪 50 年代北京大学考古教学时前来授课的史语所先生们讲到的，属于口碑文献，此说可信。

二、关于夏鼐填土陶片早于墓葬随葬器物

1945 年，夏鼐先生作为中央研究院与中央博物院合组的西北科学考察团的一员，在甘肃省宁定县（现为广河县）阳洼湾墓地清理了两座齐家文化墓葬，于二号墓接近墓主骨架的填土中，发现两片"仰韶文化"彩陶片（图 5），从而断定甘肃仰韶文化早于齐家文化。夏先生这一发现及认识，在考古层位学和考古年代学方法论上，是将墓葬本身和墓葬填土视作两个堆积单位，两者的年代应分别认识。

夏鼐先生是中国考古学界的顶级田野高手，他早年亲手剔出琉璃阁战国十九辆大

①　陈星灿：《中国史前考古学史研究》，生活·读书·新知三联书店，1997 年。
②　孙祖初：《考古地层学的中国化历程》，《文物季刊》1998 年第 4 期。
③　吴金鼎：《马龙遗址发掘报告》，《云南苍耳境发掘报告》，1942 年；收入《大理丛书·考古文物篇》卷一，云南民族出版社，2009 年，第 308～322 页。

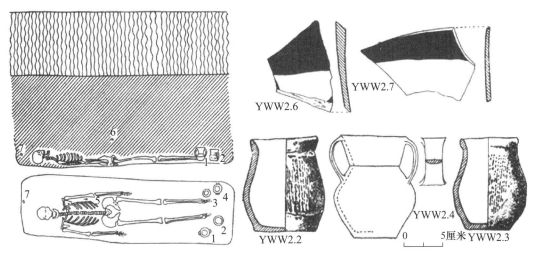

图5　阳洼湾M2齐家文化墓葬平剖面图及随葬器物、填土陶片图

型木车遗存以及在青台遗址识别出红烧土、白灰面和地臼遗迹为后学津津乐道。夏先生1945年前学习田野考古的经历主要有两个，一个是"1935年春以实习生的身份在河南省安阳参加由梁思永先生主持的殷墟西北冈墓群的发掘，与梁思永、石璋如、尹达、胡厚宣等相过从，在实际工作中学得许多考古学的知识和技术"。一个是1935年夏以留学生身份在英国伦敦大学留学期间，"参加了由惠勒领导的梅登堡（Maiden Castle）山城遗址的发掘，颇受教益"①。

　　窃以为，夏鼐先生对于阳洼湾齐家文化墓葬及填土陶片的认识或与其史语所实习和工作经历有关。

　　1929年春的殷墟第二次发掘，发现清理5座南北朝隋唐时期的墓葬。1929年秋的殷墟第三次发掘，发现清理1座隋代墓葬，墓主为卜仁，下葬年代为仁寿三年。

　　李济先生《小屯地面下情形分析初步》②一文，举例西斜南东支与小连沟剖面（图6），说明第二次发掘隋代墓葬的堆积情况。

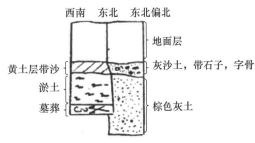

图6　小屯西斜南东支与小连沟纵剖面图

　　如图所示，该剖面分为左、右两部分，剖面左侧最下部为一隋代墓葬，墓上有1米厚的淤土，再上为黄沙土，再上为地面层。右侧地面层下为含石子的灰沙土层，出字骨，再下为棕色灰土层。图中将图分为左、右两部分的竖线，应是墓葬的墓边线。李济先生推测，隋墓葬入之前，左侧地层应与右侧相同。在小屯遗址，隋唐时期的墓葬之上，往往叠压有殷商时期的字骨和实物，对此"反叠压"现象，李先生给出的解

①　王仲殊：《夏鼐先生传略》，《考古学报》1985年第4期。

②　李济：《小屯地面下情形分析初步》，《安阳发掘报告》（第一期），1929年，第37~48页。

释是：“上述小联沟的唐墓（按：报告在推断墓葬年代时，是将此墓断为隋代的），就是一个很好的例；那个接触很显然的表示在那墓葬以前，原来的地层是同右部一样的。在这种情形之下，有时挖出来的土又被填进去；所以好几次我们发现过字骨与商朝的实物压在唐朝的墓葬以上。填一口废井也有同样的现象；不过更复杂一点。凡掘一井，掘出来的土总移到别处去了。井枯了，再填的时候，所用的土也许是从挖的新井得来的，也许是从地面上铲来的。”

李济先生《民国十八年秋季发掘殷墟之经过及其重要发现》一文①，讲述小屯村北地层被扰动的情况时，举例位于纵二甲乙西支的隋代卜仁墓的堆积情况予以说明。

该墓墓口距地表 4.2 米，墓上堆积有 11 层，并详举董作宾先生的发掘记录——说明这 11 层堆积。在董先生的记录中看到：其第（3）层为“1—1.45 米，深 1.15 米时褐色土与黄土相间，北半褐色土中无碳及陶片，间有炼渣，南半黄土中间有陶片及红烧土”。第（4）层为“1.45—1.8 米，南半黄黑土，北半褐黑土；南壁由东至西约 2 米

图 7　卜仁墓出土情况

为扰动之黄土；黑土中有大陶器残片、石刀片、白陶片、花骨、箭镞、绿松石；间有红烧土块”。从第 3 层和 4 层南北土质土色不同上判断，可以肯定发掘是按着平均深度操作的。这样的揭露方法最大问题是不能及时发现遗迹的开口层位，不能准确认识遗迹形制。结合卜仁墓的照片（图 7）看，墓葬是在人骨和随葬器物露出后才发现的。那么，报告所讲的“墓上堆积”是人骨和随葬器物之上的填土堆积，还是墓坑之上的地层堆积，因其语焉不详，不得而知。

继之，又举例李济先生本人记录的横十三丙北支二北支探坑堆积作为对比。在将纵二甲乙西支和横十三丙北支二北支两处探坑的地层比较后，发现卜仁墓上缺少横十三丙北支二北支探坑中的不出陶片的黑色硬土和褐色硬土堆积，其原因李先生是这样认为的：“这种褐色及黑色的硬土为破土葬卜处士（墓志如此称谓）的时候破去了，并且直破到黄沙土底，将这块文化层的土都起来后才安葬卜君。在这种情形之下，那上下的土层当然就混合夹杂起来。”

李济先生关于小屯南北朝隋唐时期的墓葬之上往往发现有殷商时期的字骨和实物的原因的推测，应对夏鼐先生对齐家文化墓葬填土中出有“仰韶文化”彩陶片现象的认识有所启发或影响。夏鼐先生对齐家文化墓葬填土中出有“仰韶文化”彩陶片的现象是这样推测的：“当齐家期的人民埋葬死人的时候，这些彩陶是已被使用过打破了，碎片被抛弃在地上；因之便被混入填土中”；“他们混入齐家期的遗物中，若不是较古的仰韶文化遗物，便是临近残存的仰韶文化区的输入品”。审此，我们不难发现夏先生的认识与李济先生的认识是一脉相承的。

---

① 李济：《民国十八年秋季发掘殷墟之经过及其重要发现》，《安阳发掘报告》（第二期），1930 年，第 219～252 页。

三、关于苏秉琦的"另一个三叠层"

1951 年和 1953 年，苏秉琦、吴汝祚在西安附近调查时，于开瑞庄北（又名客省庄）清理一处断崖（图 8）[①]。

该断崖上除表土层外，计有 4 个堆积单位，从上至下分别为第 2 层、墓葬 2、灰坑 8、灰坑 7，报告认为这四个堆积单位分属 3 个时期，第 2 层和墓葬 2 为西周时期，灰坑 8 为龙山时期，灰坑 7 为仰韶时期。拙文《中国考古层位学的里程碑之作——〈西安附近古文化遗存的类型和分布〉导读》认为，这一断面的清理及四个堆积单位的关系认识，在中国考古的层位学史上，至少有以下意义：

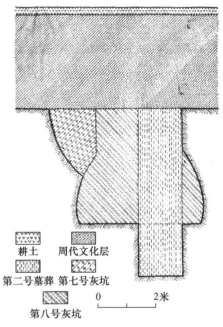

耕土　周代文化层

第二号墓葬　第七号灰坑

第八号灰坑　　0　　　2米

图 8　开端庄北断崖剖面图

（1）继梁思永发掘河南安阳后岗遗址之后，再次发现仰韶、龙山、历史时期（殷代、周代）的"三叠层"。

（2）揭示出遗迹堆积与地层堆积在考古层位学上具有相同的意义，两者在遗址的有序堆积中，均属独立的堆积单位，具有相同的分期意义，即无论是地层堆积还是遗迹堆积均可代表一个时代。

（3）给出在层位堆积中，除叠压、打破两种地层关系外，还存在第三种地层关系——"平列"的启示。所谓"平列"即叠压在同一地层之下而又同时打破同一地层的堆积单位，年代不一定是同时的，其年代关系存在多种可能。

苏秉琦先生的 1951 年陕西西安考古调查成果，由刘绪先生整理，2018 年以考古专题报告的形式，在上海古籍出版社出版，名之为《另一个三叠层——1951 年西安考古调查报告》。之所以称之为"另一个三叠层"是因为："苏先生晚年回忆这次调查收获时提到，他向病中的梁思永先生做了汇报后，得到了梁先生的首肯，梁先生尤其对开瑞庄（客省庄）北仰韶、龙山、与周三种文化遗迹的叠压打破关系表示认可，并笑称这是陕西的'三叠层'。"[②]关于梁思永先生称道西安调查一事，张忠培先生也有一段讲述："大约在 20 世纪 70 年代后期，即'文化大革命'结束前后，秉琦师在考古所他

① 苏秉琦、吴汝祚：《西安附近古文化遗存的类型和分布》，《考古通讯》1956 年第 2 期。
② 苏秉琦：《另一个三叠层——1951 年西安考古调查报告》，上海古籍出版社，2018 年，第 27、28 页。

的办公室内，拿出他们当时采集的陶片让我看，并谈及这次调查的收获，和《西安附近古文化遗存的类型与分布》一文的主要论点，说他在这次调查之后，向病中的梁先生做了汇报，文中的论点得到梁先生的首肯。说到此，他很兴奋，喜形于色。"[1] 在中国考古学文献中，较早将"三叠层"作为学术术语使用的是杨建芳先生，他在《略论仰韶文化和马家窑文化的分期》一文中讲："早在一九三一年，梁思永先生在后冈发现了'三叠层'之后，根据其本人的研究结果，提出后冈仰韶遗存早于仰韶村的仰韶遗存的见解。"[2]

陕西的"三叠层"自然是指张忠培先生在《客省庄文化及其相关诸问题》一文中诠释的"庙底沟类型""客省庄二期文化"和"西周文化"三种考古学文化遗存相互叠压和打破的层位关系。1984 年，俞伟超和张忠培两位先生在为《苏秉琦考古学论述选集》撰写的《编后记》中，有一段评述："在五十年代前半期写作的《西安附近古文化遗存的类型和分布》中，当黄河中游地区的仰韶、龙山文化同时并存还是前后相继的问题尚未解决，陕晋豫邻近地区仍被很多人视作是这两种文化形成的'混合文化区'，半坡、沣西遗址刚刚发掘，庙底沟遗址尚未发掘时，又远远早于他人而概括出关中地区仰韶文化的庙底沟类型、客省庄二期文化和西周及东周文化这几种遗存的早、晚关系及其重要特征（下划线是本文所加）。"[3]

我们注意到，在这里除了《客省庄文化及其相关诸问题》一文提到的庙底沟类型、客省庄文化和西周文化之外，还多出了第四种文化遗存，即东周文化。检对《西安附近古文化遗存的类型和分布》一文，M2 的出土器物包括插图四，1～5，分别为陶鬲、蚌泡、蚌鱼鸟形器、玉圭形器、玉兽形器，其陶鬲时代特征明显，作侈口、束颈、鼓肩、联弧瘪裆较高状，器表饰竖向绳纹，与 1955 年客省庄遗址发掘的 T52：2 西周陶鬲、1956～1957 年发掘的张家坡西周早期居址 T309：2A 陶鬲[4] 形态相同，属于西周早期的典型器物，M2 的年代当属西周时期无疑。第 2 层的出土器物包括插图四，6、7、9，分别为残陶鬲、陶鬲、陶盆，其陶鬲时代特征明显，作低领、小口、窄平沿、鼓肩、足距较近，实足尖较低状，器表饰交错绳纹，器底饰麻窝纹，与 1955 年客省庄遗址发掘的 T19：2、K211：3、K208：4 等战国陶鬲属于同型器物，而整体器形和鬲裆较其略高，年代也当略早于这几件陶鬲；陶盆时代特征也比较明显，大口微敞，浅腹下部内收，器表饰弦纹，与客省庄 H92、K211：5 等陶盆形态相同，年代接近，因此第 2 层的年代可以修订为东周时期。俞、张两先生的认识是正确的。

倘若将开瑞庄村北的断崖剖面第 2 层的年代修订为东周时期，而 M2 的年代为西

---

① 张忠培：《再谈梁思永先生与中国考古学——"纪念梁思永先生发掘昂昂溪遗址 80 周年暨昂昂溪文化学术研讨会"上的发言》，《文物》2013 年第 7 期。

② 杨建芳：《略论仰韶文化和马家窑文化的分期》，《考古学报》1962 年第 1 期。

③ 俞伟超、张忠培：《探索与追求》，《文物》1984 年第 1 期；收入《苏秉琦考古学论述选集》，文物出版社，1984 年，第 306～319 页。。

④ 中国科学院考古研究所：《沣西发掘报告》，文物出版社，1962 年。

周时期，那么就遇到两个问题。第一个问题：是否有必要将"三叠层"修订为"四叠层"呢，我以为没有必要，因为没有必要修改约定俗成的学术术语，况且周代本就包括西周与东周两个时期。第二个问题：断面给出的地层与地层下开口的堆积单位年代可以同时的层位学及年代学原理是否还成立？我以为还是成立的。因为人们可以在自己活动的地面上挖筑中空体的使用空间——灰坑、半地穴房屋、墓葬等，所以遗迹堆积可以与叠压其上的地层堆积年代相同。有实例为证：

1958 年 12 月，黄河水库考古工作队陕西分队华县队试掘的华县虫陈村遗址，T3 西壁剖面（图 9）第 1 层为耕土层，第 2 层为西周文化层，出卷沿绳纹鬲、盆，第 3 层为庙底沟二期文化层，出夹砂粗灰陶指压纹鼎足，第 3 层下开口的 H5 为庙底沟二期文化灰坑，出夹砂粗灰陶附加堆纹鼎足。

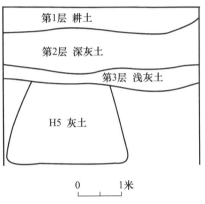

行文至此，还需要讲一个考古年代学的问题。堆积单位的年代的判定，主要有两种方法，首先是类型学的方法，以堆积单位内包含的出土物的年代特征来认定；倘无出土物或出土物的年代特征不明显，则考虑使用第二种方法，即层位学方法，即一堆积单位叠压打破哪一堆积单位，为哪一堆积单位

图 9 虫陈村遗址 T3 西壁剖面图

叠压打破。具体到开瑞庄北断崖剖面，以出土器物判定，第 2 层为东周时期，M2 为西周时期；以堆积单位的层位序列判定，第 2 层晚于 M2，M2 晚于 H8。虫陈村 T3 西壁剖面，以出土器物判定，第 3 层与 H5 同时；以堆积单位的层位序列判定，第 3 层晚于 H5。

附记：2020 年，国家文物局在牡丹江镜泊湖组织文物系统老干部老专家疗养，我从宁安渤海工作站去看望李仰松先生。由于是第一次见面，我自报姓名，李先生说：许永杰你的文章我读过，你文章写得挺好。李仰松先生的肯定，让我铭记终身，鞭策我写好文章。

庙底沟文化彩陶"圆点勾叶弧线三角曲线纹"的象征及神寓

刘学堂

（新疆师范大学历史与社会学院）

庙底沟文化彩陶，掀起了史前中国艺术的浪潮[①]。庙底沟文化彩陶纹样丰富，特征突出，除了以鸟纹为代表的像生纹样外还有大量流行的"圆点勾叶弧线三角曲线纹"。围绕这类"圆点勾叶弧线三角曲线纹"，已有不少的学者从不同角度进行过研究，有过精辟的分析。其中，最有影响的观点，是将这类"圆点勾叶弧线三角曲线纹"称为"花瓣·花卉纹"。这里笔者就"花瓣·花卉纹"说进行辨析，再结合原始思维的特征，对它的原初神寓再做些思考。

一、是"花瓣·花卉"还是"三角母体"？

（一）"花瓣·花卉"说

庙底沟文化的彩陶，在显花技术上，被认为存在"阳纹"与"地纹"两种表现方式。所谓的"阳纹"，是用黑彩，极个别用其他的色彩，在红色或淡黄色的陶衣，或陶胎的原色上直接描绘出来的纹样；所谓的"地纹"，是以"阳纹"为底衬，陶衣或陶胎底色所呈现出来的花纹。"阳纹"和"地纹"，是从正、反的视角，审视纹样构图的结果。这种显花技术，好比剪纸艺术，剪纸留下的部分所表现的一种纹样，为"阳纹"；被剪掉的纸的"留空"位置，构成了与"阳纹"对应相称的纹样，是为"地纹"。考古学家在解读彩陶纹样时，基本依据"阳纹"进行释读；也有部分彩陶的"地纹"的画面突出明显，被认为是原始人类所要表现的真正的艺术主题。庙底沟文化中很早就命名的一类"西阴纹"，指的就是由连续弧纹和弧边三角围成连续的"角状"地纹。作为庙底沟文化的主体花纹之一的各类被称为"花瓣·花卉"的纹样，就是用"地纹"释读的方式判识的结果。这里的花瓣是由弧边三角围成的扁豆荚或圆豆荚状的封闭"地纹"，因直观外形略似花瓣，因而名之。花瓣纹又有双瓣、三瓣、四瓣、多瓣、杂瓣之分。这里的花卉纹，是由一些呈长豆荚状的"地纹"，豆荚的狭长的边角并不封闭，而

---

① 王仁湘：《史前中国的艺术浪潮——庙底沟文化彩陶研究》，文物出版社，2011 年。

是以各种弯曲变化的形态相互交错勾连,连续成"圆点勾叶弧线三角曲线纹"[①],也有其他一些类似的描述。被译读成花卉纹。苏秉琦先生认为,这类纹样绘的是植物的"花卉",又细分为菊科和蔷薇科两种,且花瓣、花叶齐全[②]。

(二)"花瓣·花卉"说辨

采用"地纹"的读法,归纳庙底沟文化的彩陶,除"圆点勾叶弧线三角曲线纹"及类似的描述式称谓外,大体上还有"西阴纹""花瓣·花卉纹""旋纹"等几类归纳、概念式的叫法,其中以"花瓣·花卉纹"说影响最大。如果像"西阴纹"那样,"花瓣·花卉纹"只是对一类风格纹样的形象比喻与命名,并不是问题。"花瓣·花卉纹"说,直截了当地认为庙底沟人原本所绘的就是花瓣和花卉,这值得辨析。

第一,黄河流域,生态良好,树木森森,草茂花胜,随季节变化,各类花开花谢,缤纷万千。庙底沟人经年历月,与植被相伴,朝夕相处,身在其境,满树的花叶、花瓣就像自己身体之物那样的熟悉。用"地纹"读法,释读为花瓣的纹样,多呈椭圆形的尖角状,比起同一文化中的鱼鸟等象生纹样,它构图简练,并不复杂。如果庙底沟文化的人群,对花瓣、花卉如此倾心、专注与喜欢,他们为什么不直截了当地,将烂熟于心的花叶,具体形象地描绘出来?庙底沟彩陶资料无限地丰富,庙底沟人的艺术表现能力,已经达到了前所未有高度,但目前尚没有发现一例,用"阳纹"表现的明确直观、呼之欲出的花叶,就像他们描绘鱼、鸟等象生动物那样,形象生动鲜活。这是很让人费解的事情!

第二,不可否认,长久以来,出于特殊的艺术追求,出现过用"地纹"手法表现图案的特殊的艺术形式,但是"地纹"艺术,是非常独特的艺术形式,是艺术发展到一定的阶段后出现的,是一种特殊的艺术形式,绝非是大众的、普及的艺术,更算不上是艺术的主流。仰韶时代是中国彩陶艺术初始、发展和繁荣时期。半坡—庙底沟文化时期,是中国北方黄河流域彩陶艺术风格的形成时期,彩陶艺术发展到了繁荣阶段。从前仰韶文化到仰韶文化阶段,彩陶图案结构,整体呈现出由简单到复杂的发展趋势,但其表现手法、艺术风格,承前继后、一脉相承,构成了旧大陆东方彩陶体系的基本特征、表现艺术、结构风格。难以想象,在仰韶文化时期,"地纹"艺术伴始终随彩陶艺术在黄河中上游地区的出现、发展与成熟,形成了一以贯之的、特殊的、甚至成为仰韶时代的主流艺术体系。这也是一件让人十分费解的事情!仰韶文化彩陶是大众的艺术,彩陶的艺术品的作者,基本上都是当时社会中普通的氏族成员,并非是"为艺术而艺术"的艺术家。很难说那些"制陶女"们在面对最常见的陶器器表,将其精神诉求,深藏在"阳纹"直观表达的背后,追求只有通过视角的转换,才能领悟到的"底纹"所示的比较虚幻的艺术效果。这也是让人难以心悦口服、轻易接受的结论。

---

① 石兴邦:《有关马家窑文化的一些问题》,《考古》1962年第6期。
② 苏秉琦:《关于仰韶文化的若干问题》,《考古学报》1965年第1期。

第三，“地纹”的艺术表现手法，从前仰韶时代到仰韶时代，也没见到有明显经历过萌芽、发展的任何的迹象。如果在庙底沟文化时期，当时的彩陶工匠，突然普遍、娴熟地采用成熟的“地纹”手法，创造彩陶艺术，这又有点像是传说的老子，一生下来就是白胡子老头了。设身处地思考一下，原始社会中广大的、普通的氏族成员，他们在着笔构图描绘彩陶纹样时，一下笔，大脑思维中专注的不是笔墨直观显现的图案，而是向着隐在这些阳纹“留空”处的“地纹”，表述精神的诉求。果真如此的话，原始人在着墨前，不仅要对“阳纹”所要表达的图案熟悉，要紧的是对“阳纹”留白而衬托出来的“地纹”稔熟于胸，对“地纹”与“阳纹”图案结构上的对应关系胸有成竹，以及对“阳”“阴”纹样的结构关系的理解、处理和控制能力达到出神入化的地步。这多少是一件不可思议的事情。

第四，毫无疑问的是，半坡—庙底沟人创作每一幅彩陶时，受着神秘力量的支配，终究要表达的是隐含彩陶纹样之中的神寓。“阳纹”和“地纹”，画面独立，结构截然不同或者恰好相反，同一画工在描述同一幅彩陶纹样时，心里也装着“阳、阴”的双重性的隐秘神寓？这样的释读，也难以让人完全折服！

所以，“地纹”的读法，很可能是我们对庙底沟彩陶的一种过度的解读而已，多数情况下是一种误读。在“地纹”读法确定之后，继而又将彩陶中的花瓣与花卉，与华夏民族的“华”联系起来，与“华山”的“华”联系起来；还有，将“旋纹”与“某天体的运行方式”联系起来，认为它“可能表达的就是太阳运行方式，或者还有它运行的轨迹，甚至还表达某些特别的天象”，“可以假设或猜想为原始宇宙观”。这些推测，目前还只能说一种假说，或者猜想而已[①]；可能性更大的是，所谓的花瓣和花卉、旋纹，只是我们眯着眼睛，凝心专注于“阳纹”空白处的“地纹”时，映进眼帘的一种图像印象而已，就像我们眯着眼睛，看一些简单的图案，常常会从“地纹”中映现出一些幻像玄妙的图形那样，并不一定就是图案绘者原初立意，不是他们要表述的初衷。

（三）“得意忘形”与“意存形失”

庙底沟文化彩陶中鸟纹等像生纹样，多具体写实，一眼便知。大量的、无所不在的、独立或断续构图的“圆点勾叶弧线三角曲线纹”的象征寓义，则见仁见智，众说不一。

首先，据研究，半坡—庙底沟文化彩陶中，相当一部分几何纹样，是由鱼纹和鸟纹抽象演绎的结果。鱼、鸟的形体被肢解，演变为不同的几何纹样元素，再重新排列组合[②]。这一研究成果，无疑是半坡—庙底沟文化几何纹起源问题研究上的重大突破。鱼和鸟的原形，在渐次的重组过程中，一点点地远去。重新组合成的画面，失去的是鱼、鸟的外形，保存的是它们的神寓。这是一个“得意忘形”和“形离神存”的过程，是一个无象而意存、意存而忘象的过程。王仁湘先生说：“得其意而忘其象，这是早在

① 王仁湘：《关于史前中国一个认知体系的猜想——彩陶解读之一》，《华夏考古》1999 年第 4 期。

② 张朋川：《中国彩陶图谱》，文物出版社，1990 年；王仁湘：《庙底沟文化鱼纹彩陶论》（上、下），《四川文物》2009 年第 2、3 期。

彩陶时代创立的艺术哲学，不用说这个'象'是有意忘却的，是为着隐喻而忘却的。无象而意存，这是彩陶远在艺术之上的追求。"①

其次，由原形到是"得意忘形"与"得意变形"，是脱胎于原形的新的艺术形式的诞生、形成过程。"阳纹"和"地纹"虽然客观上存在着相互映衬、相互对应的关系。但是，原始艺术家着墨之始，主导构图的只能是"阳纹"而不是"地纹"。细细地品味庙底沟文化"圆点勾叶弧线三角曲线纹"，从"阳纹"来看，三角纹样在其中起着决定性的作用，三角纹对整个画面定位、画面控制和联系作用自始而终（图1）。三角纹中，标准的正三角纹很少，直边三角纹也很少，多是三边内弧的弧边三角纹。半坡时期的鱼纹，基本是用长体直线的锐三角纹拼合而成，鱼的腹部和尾部，用对顶三角纹表示。半坡—庙底沟文化的彩陶纹样中，最为常见是"弧边三角钩叶圆点纹"。从图案结构上分析看，这类纹样的母体要素依旧是三角纹，基本为凹弧边三角纹，其中的勾叶是三角纹对称的两个角向外的延伸和变形弯曲所致。由直边三角到连续凹弧边三角，是一个"形离神存"的过程（图2）。另外还有一些为凸弧边三角纹，连缀起来的凸弧边三角纹称为连弧纹。弧边三角纹的角，向外多呈弧曲或弯曲状延伸，形状富于变化，三角的尾部呈现为细叶状、月牙状或半涡形了。根据图案的要求，不同形态的弧边三角纹组合排列方式各有不同。最常见的排列方式有上下对顶和上下交错排列两种，然后二方连续成带状图案。三角纹的角边伸成的细叶状、月牙状或半圆涡形，左右排列，上下勾连。如果实体三角纹的弧边相互勾连、封闭，留白处便呈现出圆形、椭圆形和豆荚状的"地纹"，它们或一字排列二方连续，或上下重叠二方连续，此类纹样被译读成了花瓣和叶片，如上所述，又细分为单瓣、双瓣、多瓣和杂瓣等（图3）。弧边三角纹的边如果相互之间并未勾连起来，弧线、曲线交错对应、勾连，地纹便多呈卷曲的豆芽状、逗号状和卷涡状。庙底沟人又在留白处再填以圆点、圆圈、平行线、直线、简体鸟纹等，纹样显得更为复杂多变。这类纹样被译读成了是菊科或蔷薇科的花卉（图4）。值得注意的是，作为补白的纹样，即存在鱼纹系统的直线三角和弧线三角纹中，也存在所谓"花瓣·花卉纹"的彩陶系统②。赵宾福在讲到东北红山多文化双勾连涡纹与庙底沟文化中的旋纹关系时说，"二者的构图方式似无多大区别；从上下三角纹的顶端伸出一角并加以延长，形成多种形态的勾边纹"③。王仁湘先生通过对鱼纹的研究，发现了庙底沟文化中广泛流行的叶片纹、花瓣纹、菱形纹、圆盘形纹、带点圆圈纹等，大都是鱼纹拆解后重组而成，多与三角纹的组合有关④，也注意到了弧边三角纹在复杂的几何纹样构图中所起的作用，但同时，他又将视线锁定于"地纹"，认为庙底沟人所绘的是"旋纹"，不断地探索彩陶纹样译读的新途径⑤。

① 王仁湘：《史前中国的艺术浪潮——庙底沟文化彩陶研究》，文物出版社，2011年，第473页。
② 王仁湘：《史前中国的艺术浪潮——庙底沟文化彩陶研究》，文物出版社，2011年，第473页。
③ 赵宾福、任瑞波：《中国东北地区新石器时代彩陶研究》，《考古与文物》2016年第1期。
④ 王仁湘：《庙底沟文化鱼纹彩陶论》（上、下），《四川文物》2009年第2、3期。
⑤ 王仁湘：《史前中国的艺术浪潮——庙底沟文化彩陶研究》，文物出版社，2011年，第181页。

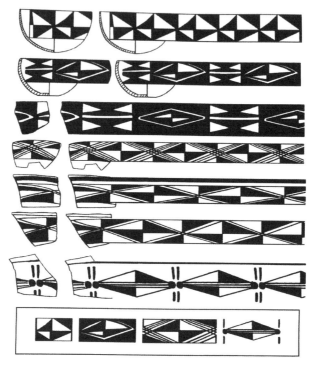

图 1　半坡—庙底沟文化由鱼纹演变出来的直角三角构图图案

（引自《史前中国的艺术浪潮——庙底沟文化彩陶研究》，第 286 页，图 3-3-2-5）

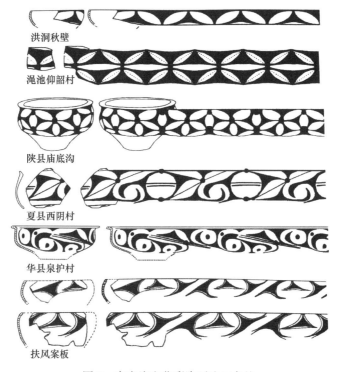

洪洞秋壁

渑池仰韶村

陕县庙底沟

夏县西阴村

华县泉护村

扶风案板

图 2　庙底沟文化彩陶弧边三角纹

（引自《史前中国的艺术浪潮——庙底沟文化彩陶研究》，第 216 页，图 2-2-3-8；第 181 页，图 2-3-15 组拼）

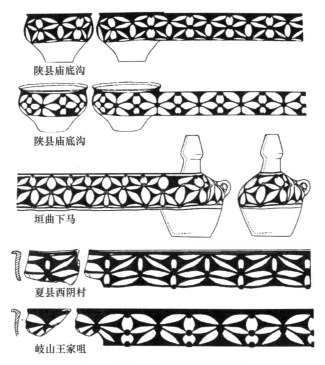

陕县庙底沟

陕县庙底沟

垣曲下马

夏县西阴村

岐山王家咀

图 3　庙底沟文化彩陶多瓣式花纹

（引自《史前中国的艺术浪潮——庙底沟文化彩陶研究》，第 330 页，图 3-4-5-13）

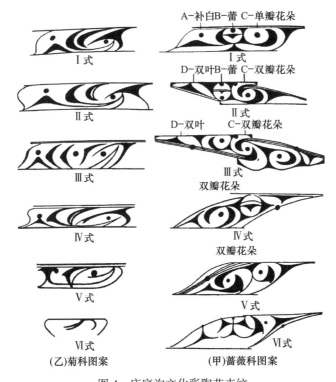

A-补白 B-蕾 C-单瓣花朵

I 式

I 式

D-双叶 B-蕾 C-双瓣花朵

II 式

II 式

D-双叶　C-双瓣花朵

III 式

III 式

双瓣花朵

IV 式

IV 式

双瓣花朵

V 式

V 式

VI 式

VI 式

（乙）菊科图案

（甲）蔷薇科图案

图 4　庙底沟文化彩陶花卉纹

（引自苏秉琦：《关于仰韶文化的若干问题》，《考古学报》1965 年第 1 期，图七）

最后，从"阳纹"的视角，庙底沟文化，包括半坡文化流行的几何纹彩样构图的基础单元或者说母体，是直线三角纹及弧边三角纹，尤其是凹弧边三角纹角边不同形态的延伸变形，然后再进行多种形式的排列组合，又常在留底处补绘以其他小纹样，画面因此有了无穷的变化。如立足"阳纹"视角，原来被彩陶研究者们辨识出来的"花瓣·花卉""旋纹"等等，都不见了。弧边三角纹在复杂变幻的图案结构中扮演的是母体纹样的角色便突显出来，它在整个图案定位中始终处于核心位置（图5、图6）。

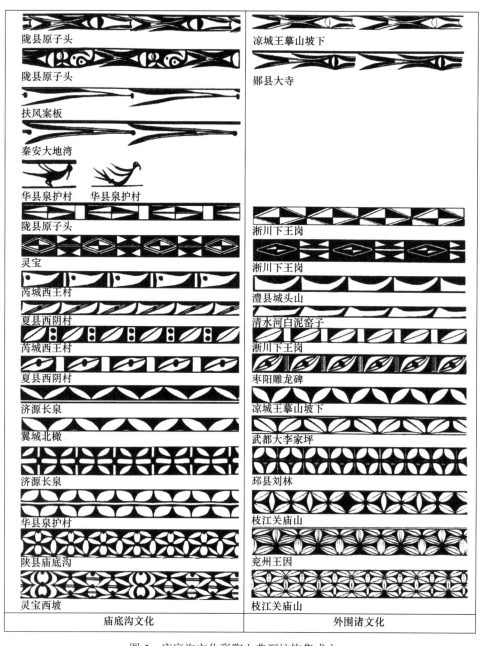

图5 庙底沟文化彩陶上典型纹饰集成之一
（引自《史前中国的艺术浪潮——庙底沟文化彩陶研究》，第549页，图6-3-1）

图6　庙底沟文化彩陶上典型纹饰集成之一
（引自《史前中国的艺术浪潮——庙底沟文化彩陶研究》，第550页，图6-3-2）

为什么会是三角纹，半坡—庙底沟人为什么对三角纹样用情如此专一，弧边三角纹与拼合成半坡鱼纹的直线三角纹是什么关系？毫无疑问，弧边三角纹是半坡人绘鱼纹时采用的直角三角纹不断艺术变形的结果：特别是鱼头的部分，演变出来弧三角纹，其尾部卷曲成旋转的涡纹，鱼的头部画面里还融入鸟纹的因素[①]。同样正视的鸟纹，它在简化的过程中，失去了用点状表示的鸟眼，也保留了弧边三角纹样。

按照原始思维的原逻辑观点，事物局部可以象征事物的整体，局部的神性等同于事物整体神性。归根结底，庙底沟文化中的弧边三角纹具有与彩陶中形象的鱼、鸟同样的神性寓意，是以更符号化的、抽象的艺术表现，表述和继承了其原初的信仰传统。

二、鱼、鸟象征纹样彩陶系统

半坡—庙底沟文化象形的鱼、鸟纹样，被译读成花瓣·花卉的"圆点勾叶弧线三角

---

① 王仁湘：《庙底沟文化鱼纹彩陶论》（上、下），《四川文物》2009年第2、3期。

曲线纹"，前后一脉相承，是不同阶段、以不同的艺术手法，从具象到抽象、从整体到局部，对鱼、鸟形象和意象表述，可以统称为鱼、鸟象征纹样彩陶系统。整个鱼、鸟象征纹样系统，是一个由原型到"得意忘形"，再到"意存形失"（或形变）的过程。这里的"意"，指的是它的原初神寓。

怎样揭开史前原始彩陶艺术的象征之谜？

首先，要知道原始人的思维和现代人不一样。史前时期是没有成文的历史阶段，研究史前史最重要的原则是要尽可能地设身处地，即努力地用原始人的眼光、思维审视遗存，因时因地，从具体的情景出发，进行解释①。但要真正做到设身处地并非易事，情景式地进入古代，是由此岸到彼岸的文化换位。完全地进入原始状态，换上原始的大脑，戴上原始人的眼镜，去观察和理解原始人类的行为，是无法体验和难以企及的事情，因此，我们只能作远视式的模糊理解。设身处地、换位思考理解原始人类的所思所做的过程中，学术界关于原始思维（原逻辑）的研究，给我们以重要的启示。

人类学家发现，原始思维或者说原逻辑有别于现代思维和现代逻辑。原始思维、原逻辑具有八个基本特征，即社会整合性、非理性、超稳定性、原逻辑性、神秘性、拒拆分析的综合性、具体形象性和跳跃性②。我们只知道现代思维和现代逻辑，对原始人的原始思维和原逻辑无法经验和体验，这也是当代的人们，面对原始文化现象，产生神秘感的原由。

原始思维是一种感性的形象思维，其中的核心概念是灵魂。原始人创造的一切，都与灵魂观念这一总的文化背景有关。史前人类在"还没有获得自身"的情况下，认为现实的世界与灵魂（神灵、精灵）的世界浑然一体。史前人类创造物和历史时期的创造物一样，常常具有多重意义，具有多侧面和多层次的属性，一方面它在客观上能满足现实物质的生存需要，另外他们在创造物品，特别是进行装饰时，更多是还在于满足其社会的、心灵的需求。在史前思维支配下，所有这一切的过程，都带有宗教色彩，是神圣和神秘的。史前考古发展到今天，我们对史前人类现实生活的理解有了越来越多的场景式的、形象的、具象的认识。但是，审视半坡—庙底沟文化的彩陶，难以见到直观表现当时人们生产、生活和社会活动的画面，彩陶艺术与直接生活的吃、穿、住、行、生产无关，它所描绘的是原始思维下的神秘的、抽象的世界。原始艺术不是关于现实的艺术，而是关于神灵、神性的艺术。只有从这个角度认识史前彩陶，才能找到正确的认识途径。

其次，是灵魂观念。灵魂观念是人类最早抽象出来的一个概念，灵魂观念的形成与发展，构成了史前和历史时期几乎是一切信仰和宗教的基础。泰勒讲万物有灵论，说的就是在原始人的意识里面，宇宙充满了飘忽不定的灵魂，人类社会、自然世界的一切物体、现象都有属于它们自己的魂灵，或者称为精灵。原始人并不解释什么是灵

---

① 许永杰：《中国考古学研究中的情境分析》，《考古与文物》2011 年第 1 期。
② 龚奎洪、沙江：《原始思维基本特征考论——布留尔〈原始思维〉读后》，《浙江社会科学》1998 年第 2 期。

魂，不给灵魂下定义，对灵魂的理解更是千奇百样：它是意念中的存在，就像是空气一样弥漫在天宇之间；同时，灵魂又有各种想象或实在的载体，漂游在他们见到的客观世界和思维意识里。灵魂观念是史前文化的根本所系。历史时期的人们，在对灵魂观念无休止地叩问中，形成了不同哲学的基础。

最后，鱼鸟都是灵魂的象征和载体。原始人身处一个充满着灵魂（精灵）、人与神灵没有边界或者边界模糊的，或者说浑然一体状态的社会里。原始人类对这个世界的理解和想象，要比生活在"物质的、实在世界的"当代的我们，更加丰富，更加充满了幻想，神秘而深邃。原始人类相信，这些漫无边际的幻象，既是精神的存在，又是"实在"的存在。正是这种"实在"的幻象，支配着他们的思维和行动。在这个人神不分的世界里，一切客观的物体，都是有灵的。特别是活动着的动物，它们神秘地出现、神秘地消失，不知它们原居何地，从何而来；不知它们所往何处，所终何处。大地上万物丛生，野兽出没，植被万千，各有其神灵，原始人类对其无不崇拜和敬畏。

冥冥世界中，原始人类对水和天穹的崇拜，最为普遍和突出。人类生存在天穹之下，行走在河畔水域，与水相依。水有时静如处子，深不可测，原始人相信水域本就无底，水面映出的日月星辰，地上万物的影子，随水波动；一遇狂风席卷，波浪滔天，便不知所去。原始人经历过多少次：现实中的一切，经洪水劫掠，消失得无影无踪。不知有多少人和动物溺水而亡，尸体在水中沉降漂浮。人类一刻也离不开水，所以，对水的敬畏和禁忌，几乎存在于历史以来所有的族群社会。天穹无际，静时空旷寂寥，白天黑夜交替轮回：天穹在白天为太阳所居，夜晚为月亮繁星所住；风雪雷电，变幻莫测，莫不出此无际境域。人们对上天苍穹的敬畏和禁忌，也几乎存在于历史以来所有的族群社会。作为"还没有获得自身"，与万物灵魂浑然相处的人，只能站在陆地上活动，面对着给他们带来生活希望、同时带来无穷灾难的河湖水泊和无际的天宇，一切现实的喜怒哀乐都源于它们，自然会产生无穷无尽的想象。水域和天穹是极度神秘的境域，是灵魂和精灵的住所，是由它们主导的世界。原始人群现实的感受则是：唯有鱼、鸟才能在其中自由自在地遨游，鱼在水中，影子一样地不知其所来，不知其所往；鸟在天穹，精灵一样地飞翔，不知所来，不知所往。如此，鱼和鸟便被赋予了特殊的神力，赋予它们以神秘的属性。鱼、鸟在原始的原逻辑思维里，与幽灵、灵魂同质同体。鱼和鸟不是别的，正是以灵魂的物象出现，是灵魂所寓之体。

半坡文化彩陶中所绘的鱼，不是什么具体鱼的特指，并不在于它果腹充饥的实用，是鱼类的抽象代表，鱼非鱼，为灵魂之所系，许多民族中都有鱼生人、鱼是人类的灵魂的传说。鸟亦如此，半坡—庙底沟文化彩陶中的鸟，不是什么具体鸟的特指，是鸟类的抽象代表，更不在于它果腹充饥的实用，鸟非鸟，是灵魂所系，以至于现当代的人还常常说：你的灵魂让鸟叼走了。原始人类在对其敬畏与崇拜的过程中，一定包含了更多不为现当代人所知的、更为神秘深邃的内容，鱼纹、鸟纹以及各种变体的几何纹样因具有特殊的神性，才能被当时的人们共同认知。冥冥中的灵魂或居于苍穹，或深藏水下，寓于无穷的鱼、鸟族类之体。受原始思维互渗律的支使，寓于灵魂的鱼和鸟，也没有泾渭分明的边界，常常互渗互融，所以半坡—庙底沟文化常见有鸟鱼合体的神秘画面。人类的灵魂也寓于鱼、鸟之体，半坡—庙底沟人还绘出了人面鱼纹和人面鸟纹的画面。鱼、鸟的合体是半坡—庙底沟神寓彩陶艺术的最经典的表达。

三、余　论

原始思维中的宇宙是混沌一体的，如同婴儿眼里的世界。但是在混沌的世界里，出现了简单朴素的二元思维。二元思维的出现，源于人类对大自然和自身的最初直观感觉。原始人眼里的外在世界，有天有地、有太阳有月亮、有白天有黑夜、有光明有黑暗、有男有女、有睡有醒、有死有生、有热有冷……统一混沌的世界里，包含二元对立观念，也成为人类最初认识世界的思维模式。灵魂所在的世界与现实世界一样，亦为混沌的二元结构。汤惠生先生曾从二元思维的视觉，分析岩画艺术[①]，实际上二元思维观也可用于彩陶纹饰象征意义的研究。神寓背景下的彩陶，其水中游弋的鱼、天穹中飞翔的鸟，象征着混沌中的宇宙是二元结构体。另外，从生殖崇拜论来解读鱼、鸟纹图案，也是一个重要的视点。生殖崇拜是一个被泛化了的概念，学术界更多的是在意于其"种的繁衍、人丁兴旺"的社会意义。实际上很多情况下，特别是原始人群并不把性与生育直接联系起来，生育并不是性活动的初始和其根本的目的任务。正如季羡林先生所指出的那样，生殖崇拜"在最初的阶段上，恐怕主要是出于本能。至于对社会生产力、社会意志、人口问题等等的考虑，则恐怕是逐渐兴起来的……人高于动物，但仍是动物，受本能支配，是天经地义的。恐怕人类越原始，则本能对他们的支配力量就越大"[②]。这其实就是弗洛伊德的本能、泛性、原欲理论的通俗解读。鱼是女性生殖的象征，属阴性，鸟是男性生殖的象征，属阳性，对此论者很多，证据也充分[③]。可见鱼纹和鸟纹彩陶系统的广泛流行，也同饮食男女中的性崇拜文化有关，属阴阳本源、本性，亦是二元结构。

半坡—庙底沟文化鱼、鸟象征纹样彩陶系统，从鱼、鸟原型的具象描绘开始，经历了"得意忘形""意存形失"的拆解、抽象过程，最后定形为"圆点勾叶弧线三角曲线纹"的抽象表达，"圆点勾叶弧线三角曲线纹"又可分为变化万千的不同的组合形式。从半坡到庙底沟，从原型到意象，构成完整的鱼、鸟象征纹样彩陶系统，同时它掀起了中国史前艺术和第一次浪潮，开启了神寓艺术传统的先河。鱼、鸟纹象征的彩陶系统，其结构是阴阳二元的对立统一，原型的分解、重组，最终两者互融，化为无象，进入了史前哲学的境地，从而奠定了中国传统哲学思想的史前基础。

---

① 汤惠生、张文华：《青海岩画：史前艺术中二元对立思维及其观念的研究》，科学出版社，2001年。
② 参见赵国华：《生殖崇拜文化论·序》，中国社会科学出版社，1990年，第1页。
③ 赵国华：《生殖崇拜文化论》，中国社会科学出版社，1990年，第167～179、255～281页。

从东山嘴遗址看中轴线布局的起源

郭大顺

（辽宁省文物考古研究院）

1982 年春，李仰松先生受苏秉琦先生委托，在参加沈阳市召开的新乐遗址学术讨论会之后，转道辽西，到正在发掘的喀左东山嘴遗址考察。回京向苏先生介绍情况，苏先生在当年河北省蔚县三关遗址考古现场会上议定，1983 年的考古现场会在辽宁省朝阳市召开，考察东山嘴遗址。李先生还将东山嘴遗址采集的碳-14 标本带回北大，东山嘴现场会前写信告知年代测定结果，为距今 4895±90 年，树轮校正的年代为 5485±110 年（图 1）。

1983 年 7 月 28 日苏秉琦先生与来自北京、河北、内蒙古等省市区从事相关课题的 19 位专家考察东山嘴遗址，接着在朝阳市召开"燕山南北考古"座谈会。李仰松先生

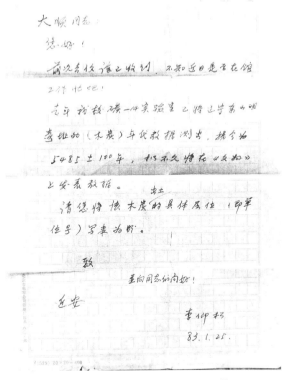

图 1　李仰松先生给本文作者的信

由于是两次到东山嘴遗址，印象较为深刻，他在朝阳会上的发言中除了将东山嘴遗址与民族学资料进行比较之外，特别提到中轴线布局："东山嘴遗址建筑布局规整，如南面的石砌圆台址和北面的石砌方形基址，都建筑在一条中轴线上，在它的两侧，还砌有 10 余米长的基石带，形成一个完整的建筑群。"①

此前，苏先生在参加于河南郑州举办的中国考古学会第四次年会返京后所给我的一封信（1983 年 5 月 29 日）中，除了对即将召开的朝阳会的筹备工作提出建议以外，谈到学会组织参观嵩山中岳庙时他的感受，也主要是从南北中轴线布局分析他尚未到过的东山嘴遗址的："游览中岳庙给我启发很大。真佩服当年人们选择这一地点，确非偶然。总的环境风貌是四周环山，北面嵩山高耸，中间有颍水从西向东。庙位置坐北向南，庙后是高高在上的一座方亭式建筑，庙前是长甬道通双阙。你想，这多么和'东山嘴'位置、地形、地貌相似！虽然我还没亲眼看到'东山嘴'，它的南方不正是燕山高峰，北面是大凌河吗，只是同'中岳庙'方向相反而已。"② 可见，对东山嘴遗址苏秉琦先生最为看重的，是与嵩山中岳庙相近的选址与气势、特别是"坐北向南""庙前庙后"的建筑组合与布局。

我们在编写东山嘴遗址发掘简报时，对东山嘴遗址按中轴线的建筑布局也特别加以强调："基址部分作为一个有机整体，较为完整地得以保存，是很难能可贵的。其结构、布局尚待作进一步详细分析。这组石建筑基址，在建筑石材加工、砌筑技术上相当讲究，尤其是在总体布局上，按南北轴线分布，注重对称，有中心和两翼的主次之分，南北方圆对应，表现出引人注意的特点。"③

东山嘴遗址于 1979 年辽宁省第二次文物普查试点时发现，1979 年秋、1982 年作了两个年度的发掘。遗址坐落于喀左县城东南郊、大凌河西岸一由北向南走向的高岗上，南隔河川为一大山山口。北距牛河梁遗址 50 千米。保存有包括祭坛在内的地上石砌建筑群址。可分上、下层，下层遗迹残缺。上层遗迹可分为位于中部的主体和两侧的附属部分。祭坛在中部主体的南部，为正圆形，直径约 2.5 米，坛面满铺较小的河卵石，坛的边缘以石片镶砌，石片不规则，但靠外侧的一边有细加工，使坛的圆形外边缘甚为齐整。祭坛以北即建筑群中部主体的北部，为一近于正方形的石砌建筑址，方形建筑址南北宽 9.5、东西长 11.8 米，南距祭坛约 15 米。方形建筑址边框尚断续保留有 1~4 层砌石、最高约 50 厘米的石界墙残迹，方形建筑址内的中部有烧土面，南侧正中为一处以长条立石相依形成的石堆。遗址中部主体的两侧各有东西对称、仅保留 1~2 层砌石的外界墙和堆石等附属建筑遗迹（图 2）。出土物及位置：中部北侧出土小型陶塑人像、草拌泥红烧土建筑物残件，双龙首玉璜和绿松石鸮形饰等玉器，中部南侧出中小型陶塑人像残件、三足小杯、黑陶圈足器，外界墙附近出泥质红陶筒形器。

① 辽宁省博物馆、辽宁省文物考古研究：《燕山南北长城地带考古专题座谈会文集》，1983 年，第 23~26 页。
② 刘瑞：《苏秉琦往来通信集》（上册），中国社会科学出版社，2022 年，第 432、433 页。
③ 郭大顺、张克举：《辽宁省喀左县东山嘴红山文化建筑群址发掘简报》，《文物》1984 年第 11 期。

图 2 东山嘴遗址北方南圆的布局

建筑址内未发现墓葬，但在祭坛东北侧出一具完整人骨，仰身直肢，头向东，无随葬品，周边有零散砌石，应为一座砌石墓葬。

东山嘴遗址以南北中轴线布置的建筑群在红山文化遗址中并非孤例，在内蒙古赤峰市敖汉旗草帽山积石冢、辽宁朝阳市龙城区半拉山积石冢特别是牛河梁遗址第一、二地点，都发现相同情况。

草帽山积石冢遗址位于敖汉旗四家子镇草帽山后一南北向的山冈上，西距牛河梁遗址约 50 千米。山岗北依大王山，南临大凌河支流——老虎山河，隔河可遥望辽西主要山脉努鲁尔虎山主峰。为长方形单冢，以红砂岩砌出单层冢界，南北长约 18、东西宽约 10 米。冢界内外分布有散落的石块和红陶筒形器残片，其中冢内南半部分的正中又以石块砌出的一个长宽各约 8 米的方形石框。发掘清理砌石墓葬 7 座，多无随葬品，只一座随葬玉环和方形玉璧各 1 件，另一座墓随葬玉环 1 件。此积石冢也出有人体雕像，为砂岩石雕，且不止 1 尊，以北界外所出的一尊圆雕人像残件个体较大，约当真人 2/5，雕塑精致，五官及冠饰都交代甚为清晰[①]。最值得注意的是，在长方形建筑址南

① 《敖汉旗发现红山时代石雕神像》，《中国文物报》（收藏鉴赏周刊 33 期）2001 年 8 月 29 日；邵国田：《敖汉文物精华》，内蒙古文化出版社，2004 年，第 27 页。

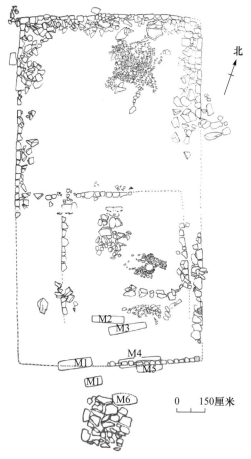

图 3　敖汉旗草帽山北部积石冢与南部祭坛

界外约 1.5 米处也发现一座坛形建筑，为由不规则的较大石板铺砌、近方形的祭坛，坛体每边长约 2.3 米（图 3）。依南北中轴线的建筑布局，在东山嘴遗址之后，于草帽山积石冢遗址再次发现，显示这种建筑布局在红山文化已有规律性可寻。

接着是半拉山积石冢遗址。半拉山遗址位于朝阳市龙城区北部，为努鲁尔虎山南的一座小山岗，南临大凌河开阔的河谷盆地。西距牛河梁遗址约 200 千米，北距草帽山约 30 千米。整体为南北向的长方形，遗迹范围南北长约 50、东西宽约 25 米。南部为墓葬区，共发现墓葬 78 座。北部正中置一建筑遗迹，内分布有七个柱洞，由北到南共三排，排间等距，最北三个，其余各两个，中部二柱洞底部各置一未经加工的石柱础。从柱洞标识看此木构建筑址，为长方形，范围南北长 6.6、东西宽 4.6 米。内堆有大量红烧土块，出土石雕、陶塑人像头部残件各一，应为一庙址。庙址的北、东、西三面砌筑石界墙，形成一个近于方形、有内外石墙的外框界。外石框界内外还散布有多座祭祀坑，祭祀坑形状、结构与牛河梁第五地点相近，也多为圆形土坑，有的坑底平铺碎石，一座坑底正置一件斜口筒形玉器①。半拉山积石冢遗址未在南部发现祭坛，但积石冢南北向、庙址在北部的布局是清晰的（图 4）。

牛河梁第一、二地点。牛河梁遗址是一个遗址群，范围为东西约 10000、南北约 5000 米，面积达 56 平方千米，20 世纪 80 年代开始发掘时编号有 16 个地点，第三次文物普查又在遗址区发现 23 个地点，现登录遗址点 47 处②。第一地点和第二地点北南相邻，是遗址群中最为重要的两处遗址。

第一地点位于主梁顶，由庙宇和山台组成。庙为半地穴式土木建筑，有主体和南单室两部分。主体可分出相连相通的七个单元，可分辨出为主室、东西侧室、北室和南三室。庙南北长约 25、东西宽 2 米，主室加东西侧室部位长 9 米，面积约 75 平方千米，平面呈长方"亚"字形。试掘出土有人体塑像群，泥塑熊（爪和下颚）和鹰（爪

① 辽宁省文物考古研究所、朝阳市龙城区博物馆：《辽宁朝阳市半拉山红山文化墓地》，《考古》2017 年第 7 期。
② 辽宁省文物考古研究所：《牛河梁——红山文化遗址发掘报告（1983—2003 年度）》，文物出版社，2012 年。

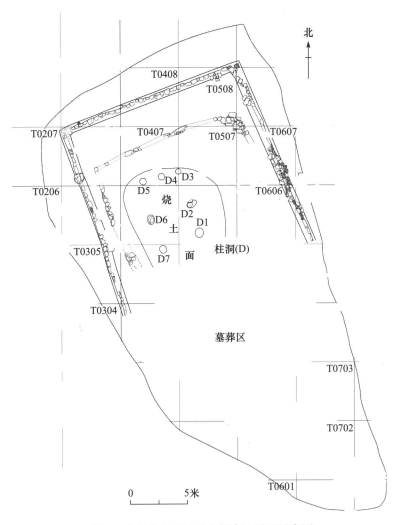

北

T0408
T0508
T0207　　T0407　　T0507　　T0607
T0206　　　　　D4 ○D3　　　　T0606
　　　　　D5　烧
　　　　　　　　土
　　　　　D6 ○D2 ○D1
　　　　　　　面
T0305　　　○　　柱洞(D)
　　　　　　D7
T0304

墓葬区

T0703

T0702

T0601

0　　　　5米

图 4　半拉山积石冢及北部庙址平面示意图

和翅），盖壁有多组镂孔的熏炉器盖、器壁厚 1.5～2 厘米、复原通高约 1.5 米的巨型彩陶 "塔" 形器等陶祭器以及仿木建筑塑件和绘朱、白色几何花纹的壁画。庙址虽规模不大，但祭祀内含丰富，特别是作为祭祀对象的人体雕塑，已可分出位于主室、相当真人 3 倍的主神和围绕四周、相当真人 2 倍和原大的群神，应为祭祀先祖的宗庙（图 5）。山台在庙北约 20 米，方向与庙相同，台近于方形，每边长约 200 米，台周边砌护坡墙（图 6），这类护坡石墙，与内蒙古河套和陕北、晋北黄河沿岸发现的龙山文化早期到夏时期的石城址护坡城墙结构相同，故牛河梁第一地点山台也可视为城址。近又发现，庙址可能包括在山台范围内，城内设庙，已具都邑级规格。

第二地点在第一地点南部约 1050 米的山岗上，高度低于第一地点。为 1 座祭坛及东西各两座积石冢（图 7）。祭坛位于山岗正中，紧邻祭坛的西侧冢 2 设有该冢群的中心大墓。祭坛为圆形，石筑坛界依同心圆起三层，外、中、内圈直径分别为：22、15.5、13 米，坛界为立置的石桩，石桩为玄武岩质、长宽近等的五棱形柱状体；坛体

图 5　女神庙遗址鸟瞰

图 6　牛河梁第一地点山台护坡墙

由外向内层层高起，所用石桩的规格，外圈最大，中圈次之，内圈最小；内圈以内的坛面满铺石块，内坛石桩外侧紧贴石桩置一圈陶筒形器。坛下垫土出较多下层积石冢筒形器残片。内坛面出土玉芯两件。此祭坛（N2Z3）规模大：外圈直径 22 米，为东山嘴祭坛的近 10 倍；用料讲究：选用不同于诸多积石冢就近采用的灰岩和砂岩，而为远地运输而来的玄武岩石质，且都为五棱体石柱型，质地甚坚硬，色泽为统一的淡红色；构筑独特：坛界的砌筑方式为将石料立置而非通常积石冢冢界等石构建筑的平砌，形成如石栅的效果；结构严谨：坛体所起三层，层层有高起，略成台状，内外圈所选用石桩的规格也各有不同，外圈石桩规格较大，向内的两层石桩规格依次渐小，为在北略高的地面上保持坛界和坛面的水平，每圈石坛界的北界所用石桩较矮，个别横置，向南渐高；特别是三层坛界非等距，而是外圈距中圈大于中圈距内圈的距离（图 8），据冯时研究，圈与圈之间的距离非随意，应与天文观察的二分（春分、秋分）二至（冬至、夏至）有关[1]。陈镱文和曲安京二位进一步从北大藏秦简《鲁久次问数于陈起》所记三方三圆中换算出不等间距的同心圆结构的宇宙模式[2]，与牛河梁第二地点祭坛起三层圆及三层圆不等距的结构有惊人的对应，是红山人掌握天文知识的进一步证据。也表明此祭坛为祭天的圜丘建筑。

---

① 冯时：《红山文化三环石坛天文学研究——兼谈中国最早的圜丘与方丘》，《北方文物》1993 年第 1 期。
② 陈镱文、曲安京：《北大秦简〈鲁久次问数于陈起〉中的宇宙模式》，《文物》2017 年第 3 期。

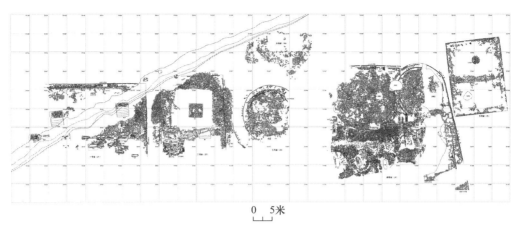

0 5米

图 7　牛河梁遗址第二地点祭坛及两侧积石冢平面实测图

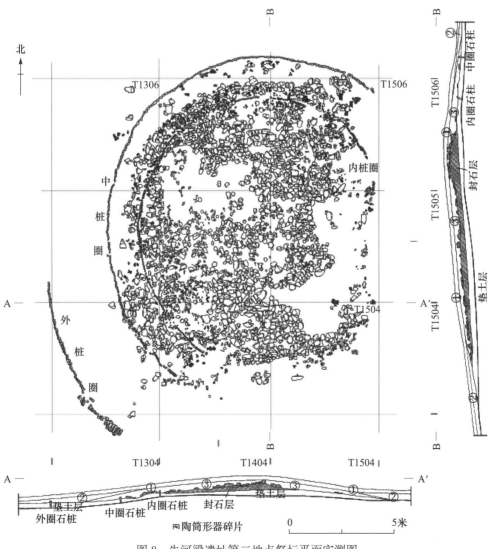

陶筒形器碎片　　0 5米

图 8　牛河梁遗址第二地点祭坛平面实测图

　　与东山嘴等遗址建筑群的布局相比较，牛河梁遗址第二地点的祭坛也在南部，与第一地点女神庙和山台在相对位置上也为一南一北，且为北（庙宇）高南（祭坛）低的态势。不过第一、二地点之间相距较远，又各有组合。对这两个地点的关系是否也如东山嘴等遗址那样是以南北中轴线布置的建筑群，需作进一步分析。

　　我们较早注意到的是第二地点诸遗迹的方向。第二地点所在的山岗与其他地点一样，也为东北到西南走向，但从祭坛西侧的两个分别为长方形（一号冢）和方形（二号冢）的积石冢和东侧四号冢上层积石冢的直线冢界看，都为正南北方向，几无偏差；各冢内的墓葬的方向，或近于南北向（四号冢内的下层积石冢墓葬）或东西向（各冢的上层积石冢墓葬），这同其他地点的积石冢墓葬和冢界都是顺东北到西南的山势走势定方向、从而有较大偏角的情况有所不同，显然是刻意而为的作法。其次，第二地点从一、二号冢、祭坛到四、五号冢，这五个单元是由西到东大致呈一线铺开的，各积石冢的北部都有明确的冢界，冢界以北都再无其他遗迹，唯祭坛的北部外圈以外尚有积石建筑遗迹向北延展，即发掘报告所称的第六单元积石冢。这些都在指示，祭坛不仅与同地点紧邻的诸积石冢有关，而且有北向延伸的趋势。而由此向北，就是去第一地点的方向。从第二地点到其以北的第一地点，虽然距离较长，其间仍不断有遗迹露头，而且这些遗迹大致呈南北直线分布，现知即位于第二地点以北约 200、500 米和近千米已接近女神庙的三座窖穴（由南到北分别为 N1H3、N1H2 和 N1H1）。这三座窖坑不同于牛河梁遗址第五地点和半拉山遗址发现的规模较小、铺有沙石的祭祀坑，但出土物较丰富，分别出有与祭祀有关的小型人体陶塑像（N1H3）、近于方器的彩陶器残片（N1H2）、人体陶塑件和包括方"鼎"形器底部在内的方器（N1H1）等器物。这样，从整个遗址群的视角观察此祭坛的位置和与相邻遗迹的布局关系：第一地点女神庙和山台在北，坐落在位置较高的主梁顶部西南坡，第二地点的祭坛在南，位置低于第一地点，他们之间以近于正南北略偏向西的轴线布置。这同前述东山嘴、草帽山以及半拉山等遗址的祭坛在北、北冢（庙）南坛的方位布置是完全一致的。所以，牛河梁遗址第一地点与第二地点可视为一个大的祭祀建筑遗址组合。第二地点祭坛下垫土中出较多早期（下层积石冢阶段）筒形器片，是第二地点诸单元中除四号冢以外所见早期遗存最多的一个单元，说明其延续时间可能较长，在年代上与时间在上层积石冢之前就已建造的第一地点女神庙可相互对应。由此可以确认，牛河梁遗址群也具有北庙南坛以南北中轴线布局的特点（图 9）。

　　由于牛河梁遗址为红山文化最高层次的中心遗址，牛河梁女神庙和祭坛遗址作为牛河梁遗址群的主要建筑，规模、结构远远超过其他红山文化遗址的同类遗存，其南北中轴线布局构成牛河梁祭祀遗址群的主干，所以，牛河梁遗址南坛北庙有中轴线的布局在红山文化更具代表性。

　　红山文化祭祀建筑普遍存在的这种南北中轴线布局的祭祀建筑群及其理念，是很值得注意的历史文化现象。因为这涉及中国古代建筑南北中轴线布局的起源。对此，试从两个方面再加论述。

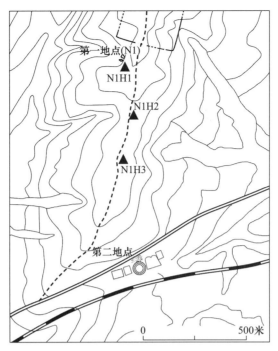

图 9　牛河梁遗址第一、二地点北庙南坛布局关系及其间遗迹分布图

　　一是中轴线布局的构成要素。从红山文化诸遗址看南北中轴线布局的构成要素，主要不在于具体的"路"或"线"，而在于有序布置且规格较高的建筑群，这尤其表现于牛河梁遗址不同类型具祭祀礼仪性质的建筑及组合：庙、坛结构完全不同，庙为土木建筑，有屋顶遮盖，祭坛则为石筑且露天，庙与坛的结构迥异，说明它们的功能不同。如前述，圜丘式甚至起三层圆、露天的祭坛可确认为祭天场地，有众多人体雕像、以屋顶遮盖的女神庙则应为祭祖处所。说明祭祖与祭天，是红山文化最主要的两种祭祀形式。

　　庙与坛虽然结构从而功能不同，但它们又非各自孤立，而是成组合配套存在的，表明祭祖与祭天是红山人主要也是相互有所关联的祭祀活动。体现出红山文化的宗教信仰活动已非孤立零散，而是趋向成系统。

　　北庙南坛以南北中轴线布局，不仅见于如牛河梁那样的中心遗址，也见于东山嘴、草帽山这样的一般遗址，说明红山文化祭祀建筑从类型、结构到组合与布局，已具有规范化特点，这是祭祀礼仪活动制度化的体现。古史传说有从"民神杂糅"到"绝地天通"变革的记载，被徐旭生先生视为以黄帝、颛顼为代表的五帝时代前期的一次"宗教革命"[1]。红山文化祭祀建筑的规范化和祭祀礼仪的制度化，是对这一史前重大事迹的重要补充。

　　红山文化南北中轴线布局在聚落址也有所显示。如内蒙古敖汉旗西台环壕聚落遗址（图 10）。该遗址以环壕为界分南北两部分，南部面积较大，南北整体略呈凸字

―――――――――――

① 　徐旭生：《中国古史的传说时代》（增订本），科学出版社，1960 年。

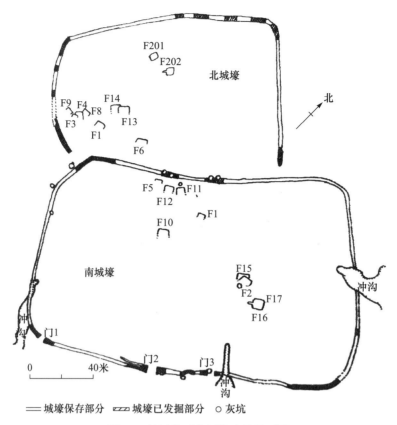

图 10　敖汉旗西台环壕遗址平面图

形。门开在南环壕，为三门，从西到东为门 1，宽 4.5 米，门 2，宽 6.5 米，门 3，宽 5.5 米。南环壕所开三门，虽不完全等距，门 1 与门 2 的距离大于门 2 到门 3 的距离，但位于中部的门 2 宽度大于西侧的门 1 和东侧的门 3，门 2 当为中门，这同后世的"三门制"有符合之处，而三门制是后世都城中轴线布局的必备条件[①]。联系红山文化多处有南北中轴线布局的积石冢和祭坛，西台遗址南界壕开三门且设中门当非偶然，对此，发掘主持人杨虎先生也予强调[②]。此聚落房址内出有多件铸铜陶范，也在表明这是红山文化规格较高的一处聚落。

　　二是后世传承。如前述，早在东山嘴遗址发现之初，苏秉琦先生就是从与后世传统建筑如嵩山中岳庙的布局的比较中意识到东山嘴遗址的重要性的。牛河梁遗址女神庙、积石冢发现后，苏先生在将其归纳为"坛庙冢"的配套组合时，进一步与古代帝王"禘、郊、燎"相联系："这是活动于大凌河流域的红山人举行类似古人传说的'郊''燎''禘'等重大祭祀仪式活动留下的遗迹。"[③]并与北京天坛的布局进行比较，再次强调了中轴线布局和圜丘在南的方位："坛的平面图前部像北京天坛的圜丘，后部

---

① 徐龙国：《中国古代都城门道研究》，《考古学报》2015 年第 4 期。
② 杨虎、林秀贞：《内蒙古敖汉旗红山文化西台类型遗址简述》，《北方文物》2010 年第 3 期。
③ 苏秉琦：《座谈东山嘴遗址》，《文物》1984 年第 11 期。

像北京天坛的祈年殿方基。"

　　将偏远的辽西山区的考古新发现，跨越近五千年，直接与明清时期皇家级祭祀礼仪建筑相联系，是看到了红山文化"坛庙冢"及其布局对后世祭祀礼仪建筑布局发展演变的强大传承力："发生在距今五千年前或五、六千年间的历史转折，它的光芒所披之广，延续时间之长是个奇迹。"①

　　有关新石器时代晚期遗址的建筑群组合和布局，在东山嘴遗址发掘的 20 世纪 80 年代初，所知有仰韶文化的实例，如姜寨遗址的房址群，为围绕中心广场的向心式布局②。不过，依中轴线布局已陆续露头，如甘肃秦安大地湾 F901③ 和河南巩县双槐树遗址④，而最为明确也最为重要的是以良渚古城⑤。良渚古城不仅形状近于方形，方向也近于正南北，这一点要高于陶寺和石峁古城址。良渚古城内的主体建筑莫角山台基在城内中部偏北，四面城墙各开两道水门，唯南城墙中部开一陆门，陆门的东西总宽度超过 150 米，有三墩分四门道，最西门道即第一门道甚窄（8 米），第二、三、四门道较宽且宽度相近，其中第二、四门道等距（宽都为 18 米），第三门道稍宽（20 米），这三个门道应为一组，居中且稍宽于两侧门道的第三门道即南中门应为主门道，是为突出中门道的三门道，这同后世都城城门突出城内外中轴线布局的"三门道"制度更为接近。陆门以南与莫角山—陆门南北一线的下家山遗址从北到南分布有墓葬、土台、灰沟和码头，其中最北部即靠近古城南陆门的墓葬群多为女性，头向北，土台与灰沟间出大量饰精细刻划纹的黑陶器和瓠盘等个体较大的漆木器，祭祀性质浓厚⑥。与红山文化比较，良渚古城因有城墙、三门制和南郊祭祀遗迹群，其按南北中轴线布置各类建筑似更为成熟。良渚遗址的研究者从莫角山在内城的居中位置也已意识到当时已有中轴线的建城理念⑦。由此也可理解，当时将古城及莫角山台基这一超大建筑选择在两山之间开阔但低洼的地带，并为此而不惜动员庞大的人力、组织浩大的水利工程，都是以实现这一理念为目的的，从而继红山文化北庙南坛之后，开中国古代都城南北中轴线布局之先河，这也是良渚古城最为重要的价值所在。

　　此后，虽然经夏商周三代到两汉，经历了如在秦至汉初"崇东理念"的变异到汉末至王莽时期的反复与回归⑧，祭祀建筑从类型、组合到北庙南坛以中轴线的布局，一

①　苏秉琦：《象征中华的辽宁重大文化史迹》，《辽宁画报》1987 年第 1 期。

②　西安半坡博物馆、陕西省考古研究所、临潼县博物馆：《姜寨——新石器时代遗址发掘报告》，文物出版社，1988 年。

③　甘肃省文物工作队：《甘肃秦安大地湾 901 号房址发掘简报》，《文物》1986 年第 2 期。

④　袁广阔：《定鼎河洛：郑州双槐树考古新发现》，《中国社会科学报》2022 年 8 月 4 日。

⑤　刘斌：《寻找消失的王国——良渚遗址的考古历程（良渚古城发现记）》，《庆祝张忠培先生八十岁论文集》，科学出版社，2010 年，第 158～170 页。

⑥　郭大顺：《良渚文化的几点思考——良渚遗址申遗有感》，《中国文物报》2022 年 6 月 20 日。

⑦　朱雪菲：《神王之国——良渚古城遗址》，浙江大学出版社，2019 年，第 35 页。

⑧　《汉书·郊祀志》记西汉中期以前祭天不在京城，是"多不应古礼"，从汉元帝始，经反复后终复古制。又可参见中国社会科学院考古研究所：《西汉礼制建筑遗址》，文物出版社，2003 年；段清波《汉长安城轴线变化与南向理念的确立——考古学上所见汉文化之一》，《中原文化研究》2017 年第 2 期；梁云、王璐：《论东汉帝陵形制的渊源》，《考古》2019 年第 1 期。

直延续下来，即使是动荡的南北朝和五代十国诸多民族建立的政权也大都严格予以遵守[①]，直至明清时期。

文明在于传递。如苏秉琦先生所言："围绕中国文明起源，对中国文化传统（长期起积极作用的因素）如何从星星之火成为燎原之势，从涓涓细流汇成长江大河这个千古之谜，从考古学寻找'破密'的钥匙。"[②]祭祀礼仪性建筑群按南北中轴线布局是最为重要的积极因素之一，这也使我们对红山文化"坛庙冢"作为中华 5000 年文明的象征，有了更深一步的理解。

2022 年 11 月写成于深圳市乾帝文化有限公司

---

① 王美华：《皇帝祭天礼与五代十国的正统意识》，《陕西师范大学学报（哲学社会科学版）》2018 年第 4 期。

② 苏秉琦：《向建立中国学派的目标攀登》，《庆祝中国社会科学院建院十周年院内通讯特刊》1989 年 5 月 12 日。

屈家岭文化的葬地差异

彭小军

（中国社会科学院考古研究所）

　　墓葬是人类个体的最终归宿。在事死如生的史前社会，埋葬地点的选择是相关仪式性活动的首要步骤，也是当时社会传统与社群行为的集中反映。通过对墓葬在聚落的空间位置的观察，能够帮助我们更好地理解古代人类的葬仪观念和社会结构。

　　屈家岭文化主体分布于江汉平原、洞庭湖平原和南阳盆地，范围较广。已有的研究显示，不同地域的屈家岭文化在陶器组合方面存在着一定的区别[1]，但是其葬仪理念的区域特征尚不明确。本文通过梳理屈家岭文化墓葬的考古资料，试图观察该文化墓葬埋葬地点与聚落的空间关系，在此基础上归纳不同地域屈家岭文化的葬地选址特征，并对相关民族学资料进行介绍。

一、屈家岭文化墓葬的考古发现

　　迄今的资料表明，屈家岭文化墓葬见于近四十处遗址之中。根据河湖山丘的空间特征以及资料的丰富程度，本文将其划分为汉水中游、汉水东部、汉水西部、鄂东北、鄂东南、三峡、洞庭湖西岸等七个区域。

（一）汉水中游

　　汉水中游出土屈家岭文化墓葬的遗址有淅川黄楝树[2]、下王岗[3]、单岗[4]、全岗[5]、沟湾[6]，邓州八里岗[7]，镇平安国城[8]，南阳黄山[9]，郧县青龙泉[10]、大寺、中台

① 张绪球：《屈家岭文化》，文物出版社，2004 年。
② 长江流域规划办公室考古队河南分队：《河南淅川黄楝树遗址发掘报告》，《华夏考古》1990 年第 3 期。
③ 河南省文物研究所、长江流域办公室考古队河南分队：《淅川下王岗》，文物出版社，1989 年。
④ 郑州大学历史学院、河南省文物局南水北调文物保护管理办公室：《河南淅川单岗遗址屈家岭文化遗存发掘简报》，《中原文物》2016 年第 4 期。
⑤ 武汉大学历史学院考古系、河南省文物局：《河南淅川县全岗遗址战国晚期至秦代墓葬的发掘》，《考古》2019 年第 11 期。
⑥ 郑州大学历史学院考古系、河南省文物局南水北调文物保护管理办公室：《河南淅川县沟湾遗址屈家岭文化遗存发掘简报》，《考古》2018 年第 10 期。
⑦ 北京大学考古文博院、南阳地区文物研究所：《河南邓州八里岗遗址 1998 年度发掘简报》，《文物》2000 年第 11 期。
⑧ 北京大学考古文博学院、南阳市文物考古研究所：《白河流域史前遗址调查报告》，文物出版社，2013 年。
⑨ 河南省文物考古研究院、南阳市文物考古研究所：《河南南阳市黄山新石器时代遗址》，《考古》2022 年第 10 期。
⑩ 中国社会科学院考古研究所：《青龙泉与大寺》，科学出版社，1991 年。

子^①，丹江口观音坪^②，宜城老鸹仓^③、曹家楼^④等遗址。

20 世纪 60 年代，黄楝树遗址出土的院落建筑引人关注。学术界普遍认为该建筑及周边的灰坑、仓储等设施，构成了完整的社群生活单元^⑤。在建筑附近，出土 20 座瓮棺葬和 18 座土坑墓。其中 3 座瓮棺和 6 座土坑墓集中分布在院落建筑的东北方位，其余墓葬零星分布于房屋附近，有的甚至被建筑打破或叠压。

墓葬位于生活遗迹附近的现象还见于沟湾、青龙泉等遗址。沟湾遗址出土的 18 座瓮棺、15 座土坑墓散布于中、南两处发掘区，且与房址、灰坑等遗迹共存。在青龙泉遗址，历年出土的墓葬有十余座，分散于梅子园、王家堡等地点，而且墓葬周边普遍存在灰坑、房址等生活设施，与沟湾的情景十分类似。同样，观音坪遗址出土的 6 座瓮棺见于发掘区的不同位置，且附近遍布灰坑、房址等遗迹；老鸹仓遗址发现的 4 座瓮棺，也位于灰坑周边。曹家楼遗址出土瓮棺 12 座，分布于 T9、TG1、TG11 等不同的发掘单元。

此外，下王岗、单岗、八里岗、大寺、中台子的墓葬数量较少，但从周边共存的遗迹来看，有房屋、灰坑等设施，说明也可能是一种散布的状况。而安国城出土的墓葬为调查所得，周边共存的遗迹不明，所以无法明判。

值得注意的是，南阳黄山遗址发现的屈家岭文化墓葬虽然也位于房址、灰坑等遗迹附近，但这些墓葬集中分布、排列有序、方向一致，应该是大型公共墓地的埋葬形式。

（二）汉水东部

汉东地区包括汉水以东、涢水以西的广大区域。这里分布有大量的屈家岭文化聚落，石家河^⑥、屈家岭^⑦、六合^⑧等遗址都出土有当时的墓葬。

屈家岭遗址是由屈家岭、殷家岭、钟家岭、冢子坝等十余处遗址点共同组成的遗址群。2018 年，在屈家岭遗址点的中部台地发现 3 座土坑墓和 1 座瓮棺。除这几座墓葬之外，发掘区内还发现有大量的灰坑，墓葬与个别灰坑之间存在打破关系。

---

① 湖北省文物考古研究所：《湖北郧县中台子遗址发掘报告》，《江汉考古》2011 年第 1 期。
② 湖北省文物考古研究所、十堰市博物馆：《2008 年湖北省丹江口市观音坪遗址发掘报告》，《江汉考古》2010 年第 2 期。
③ 湖北省文物考古研究所、宜城市博物馆：《湖北宜城老鸹仓遗址试掘报告》，《江汉考古》2003 年第 1 期。
④ 武汉大学历史系考古教研室、襄樊市博物馆、宜城县博物馆：《湖北宜城曹家楼新石器时代遗址》，《考古学报》1988 年第 1 期。
⑤ 郭立新：《屈家岭文化的聚落形态与社会结构分析——以淅川黄楝树遗址为例》，《中原文物》2004 年第 6 期。
⑥ 石家河考古队：《邓家湾》，文物出版社，2003 年；石家河考古队：《肖家屋脊》，文物出版社，1999 年；湖北省文物考古研究所、北京大学考古文博学院、湖北大学历史文化学院：《湖北天门市石家河古城朱家坟头遗址墓葬发掘简报》，《考古》2020 年第 6 期。
⑦ 湖北省文物考古研究所、荆门市博物馆、屈家岭遗址保护中心：《湖北荆门屈家岭遗址 2018 年发掘简报》，《江汉考古》2021 年第 1 期。
⑧ 荆州地区博物馆、钟祥县博物馆：《钟祥六合遗址》，《江汉考古》1987 年第 2 期。

石家河遗址是长江中游地区的核心聚落，由邓家湾、谭家岭、三房湾等近二十处遗址组成。多个遗址发现有屈家岭文化墓葬，邓家湾、肖家屋脊、朱家坟头等三个遗址更是出土了成片的屈家岭文化墓地。其中，在石家河大城内的邓家湾遗址，屈家岭文化时期的墓葬主要分布在发掘区的西北部，另外在发掘区西南部有零星分布。西北部的墓葬由北向南可分为三个小区，各小区墓葬之间也发现有灰坑。墓地主体的东缘，紧邻房址、灰坑、祭坛等遗迹。与此同时，南城墙外的肖家屋脊遗址，共发现土坑墓37座、瓮棺葬5座。其中，33座土坑墓位于发掘区的南部、东南部、西北部，其余4座零星分布。在墓葬小区的周边，还发现有房屋、灰坑等生活遗迹。新近发掘的朱家坟头遗址位于石家河大城外的西北方位，是屈家岭文化时期的公共墓地。该遗址出土屈家岭文化墓葬31座，按照头向可分为东北—西南向、西北—东南向、北向等三类。

六合遗址出土屈家岭文化瓮棺葬、土坑墓各6座。这些墓葬集中分布于遗址西部的发掘区内，见于T34、T36、T40三个探方。在紧邻的其他探方，还发现房屋遗迹。

（三）鄂东北

鄂东北发现的屈家岭文化墓葬主要见于随州金鸡岭[①]，广水四顾台[②]，孝感叶家庙[③]、吴家坟[④]，麻城吊尖[⑤]等遗址。金鸡岭遗址发现土坑墓5座、瓮棺葬16座。其中土坑墓主要分布于第二象限发掘区的西南部，瓮棺葬主要分布于第二象限的西北部、第一象限的西北部。从遗迹分布来看，土坑墓和瓮棺的范围内有房屋、灰坑、陶窑等各类生产生活设施。

叶家庙遗址为屈家岭文化的城址，墓葬主要分布于遗址西北部的家山遗址（图1）。考古发掘显示，该遗址形成和使用的时间比较长，可分为前后两大阶段，很可能是公共墓地。墓地由土坑墓和瓮棺葬组成，而且内部似乎呈单元状分布。在发掘区北部，土坑墓与瓮棺葬各自聚集分布；发掘区中部则以土坑墓为主。

四顾台遗址发现瓮棺、土坑墓各1座。它们与多座灰坑共存于50平方米的发掘区内。吊尖遗址发现1座屈家岭文化的土坑墓和数量较少的瓮棺。据简报介绍，发掘区"另有少量灰坑、红烧土遗迹"，但由于没有公布详细的资料，其是否与墓葬共存尚不可知。

（四）鄂东南

鄂东南地区包括武汉、黄冈一带。该地区出土屈家岭文化墓葬的遗址有大冶蟹子地[⑥]、

① 湖北省文物考古研究所、随州市博物馆：《随州金鸡岭》，科学出版社，2011年。
② 湖北省文物考古研究所：《湖北广水四顾台遗址发掘简报》，《江汉考古》2021年第3期。
③ 湖北省文物考古研究所、孝感市博物馆、孝感市孝南区博物馆：《孝感叶家庙》，科学出版社，2016年。
④ 孝感市博物馆：《湖北孝感吴家坟遗址发掘》，《考古学报》1998年第3期。
⑤ 湖北省文物考古研究所、麻城市博物馆：《湖北麻城吊尖遗址发掘简报》，《江汉考古》2008年第1期。
⑥ 湖北省文物考古研究所、黄石市博物馆：《湖北大冶蟹子地遗址2009年发掘报告》，《江汉考古》2010年第4期。

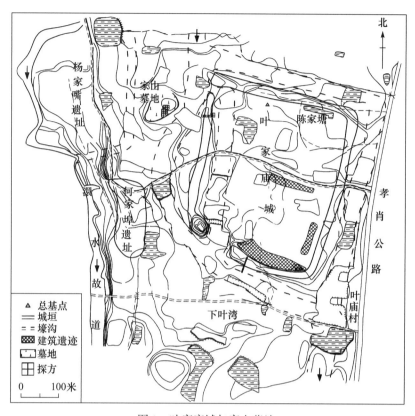

图 1　叶家庙城与家山墓地

武昌放鹰台[①]等。

　　蟹子地遗址曾调查发现 1 座墓葬，但资料较少，无法进行全面分析。与之不同，武昌放鹰台先后经过两次发掘。第一次发掘为 20 世纪 60 年代，当时发现的墓葬分布在遗址中南部偏东一带，相对集中在发掘区的中部。据墓葬分布的密集程度和位置看，发掘区中部的墓葬可分为东南、西北、东北三个小区。发掘者判断，东南区和西北区之外还有墓葬存在。20 世纪 90 年代末期，放鹰台遗址的第二次发掘，在之前发掘区的西北方位再次发现了不少墓葬。有意思的是，在已经公布的资料中，第一次发掘的墓葬墓向较为一致，大多为西北—东南向；但第二次发掘出土墓葬的墓向却不尽相同。无论如何，两次考古资料都表明，放鹰台遗址设置有大型的公共墓地，而且墓地内部存在的不同墓向，意味着墓地可能有"单元"状分布的现象。

（五）汉水西部

　　汉西包括汉水以西、沮漳河以东的区域。城河[②]、关庙山[③]等遗址都发现有屈家岭文

① 湖北省文物考古研究所：《武昌放鹰台》，文物出版社，2003 年。
② 中国社会科学院考古研究所、湖北省文物考古研究所、荆门市博物馆等：《湖北沙洋县城河遗址王家塝墓地 2017～2018 年发掘简报》，《考古》2020 年第 6 期。
③ 中国社会科学院考古研究所：《枝江关庙山》，文物出版社，2017 年。

化墓葬。

城河遗址是屈家岭文化的重要城址。其中，瓮棺葬零星分布于城内不同地点的房屋附近，土坑墓则位于北城墙之外的王家塝地点。该地点是遗址的海拔最高处，迄今已发现屈家岭文化土坑墓 300 余座，应该是城河遗址屈家岭文化时期的公共墓地。王家塝墓地内，面积在 10 平方米以上或接近 10 平方米的大型墓葬有 7 座。整个墓地的墓向并不统一，但可以看出，有的中小型墓葬明显是围绕大型墓葬分布。

关庙山遗址发现有 1 座土坑墓和 18 座瓮棺葬。其中土坑墓位于Ⅴ区，周边还分布有灰坑、房址等遗迹；瓮棺葬位于Ⅰ区、T201 和 T211 附近。其中，Ⅰ区的瓮棺葬有 10 座，T201 有 7 座，T211 北 10 米有 1 座。可以看出，关庙山的瓮棺葬有独立的墓地，而且并非一处。

值得注意的是，保康穆林头地处鄂西山地，却属于沮漳河流域，其发现有屈家岭文化的公共墓地[①]。

（六）三峡

三峡地区出土屈家岭文化墓葬的遗址有宜昌杨家湾[②]、中堡岛[③]，巴东李家湾[④]，秭归官庄坪[⑤] 等遗址。

杨家湾遗址出土屈家岭文化土坑墓 17 座、瓮棺葬 1 座。这些墓葬主要分布于 T36、T37、T41、T42、T40 等几个紧邻的探方内，而且墓向大多一致。从其他遗迹少见的情况推测，该区域可能一处小型的公共墓地。

中堡岛遗址出土的墓葬均为土坑墓，共 7 座。2 座分布于 T3，5 座分布于 T103、T104、T105 等相邻探方。除了墓葬之外，这些探方没看到同时期的遗存，所以它们可能是当时的小型墓地。

李家湾遗址发现屈家岭文化墓葬 22 座，头向均为西北向。从空间上看，这些墓葬可划分为两个小区，分别以 T202、T404 为中心。两小区相距大约 7 米左右，空白地带没有发现任何遗迹。墓地及周边也仅有极少量的灰坑（图 2）。但是，与李家湾不同，官庄坪遗址发现 2 座土坑墓，周边存在多座灰坑、房址，明显是在生活区。

① 湖北省文物考古研究院、保康县博物馆：《湖北保康穆林头遗址新石器时代遗存 2017 年发掘简报》，《江汉考古》2022 年第 2 期。
② 湖北省文物考古研究所：《宜昌杨家湾》，科学出版社，2013 年。
③ 国家文物局三峡考古队：《朝天嘴与中堡岛》，文物出版社，2010 年。
④ 国务院三峡工程建设委员会办公室：《巴东李家湾》，科学出版社，2009 年。
⑤ 国务院三峡工程建设委员会办公室、国家文物局：《秭归官庄坪》，科学出版社，2005 年。

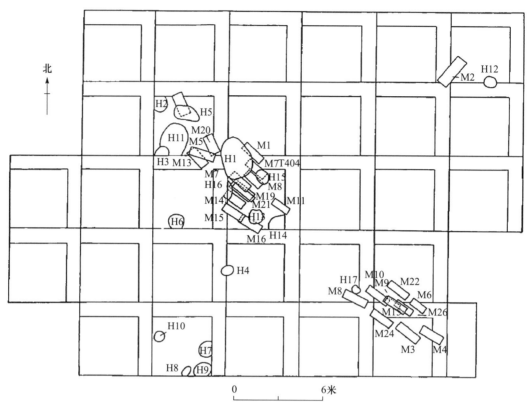

图 2　李家湾遗址墓葬分布图

（七）洞庭湖西岸

在洞庭湖西岸，石首走马岭①，澧县城头山②、三元宫③、宋家台④，华容划城岗⑤、车辖山⑥，怀化高坎垅⑦等遗址。

划城岗遗址经过两次发掘，第一次发掘出土的屈家岭文化墓葬包括 3 座土坑墓和 2 座瓮棺葬，第二次发掘出土 4 座土坑墓，但都是零散分布，没有形成明确的墓地。

车辖山第一次发掘出土墓葬 129 座，除 2 座瓮棺葬之外，其余全部集中在 T3、T4

① 武汉大学历史学院考古系、石首市走马岭考古遗址公园管理所：《湖北石首市走马岭新石器时代城址的发掘》，《考古》2018 年第 9 期；荆州市博物馆、石首市博物馆、武汉大学历史系考古专业：《湖北石首市走马岭新石器时代遗址发掘简报》，《考古》1998 年第 4 期。

② 湖南省文物考古研究所：《澧县城头山——新石器时代遗址发掘报告》，文物出版社，2007 年。

③ 湖南省博物馆：《澧县梦溪三元宫遗址》，《考古学报》1979 年第 4 期。

④ 湖南省文物考古研究所：《湖南澧县宋家台新石器时代遗址》，《湖南考古辑刊》（七），求索杂志社，1999 年，第 51～106 页。

⑤ 湖南省文物考古研究所、常德市文物处、安乡县文物管理所：《华南安乡划城岗遗址第二次发掘报告》，《考古学报》2005 年第 1 期。

⑥ 湖南省岳阳地区文物工作队：《华容车辖山新石器时代遗址第一次发掘简报》，《湖南考古辑刊》（三），岳麓书社，1986 年，第 1～18 页。

⑦ 湖南省文物考古研究所、怀化地区文物工作队：《怀化高坎垅新石器时代遗址》，《考古学报》1992 年第 3 期。

等 50 平方米范围之内。发掘者将墓地分为四期，从公布的陶器组合来看，第三期部分、第四期墓葬属于屈家岭文化。尽管简报没有公布墓葬的分布图，但大量墓葬密集分布在 50 平方米的范围之内，足以说明该地点是一处墓地。

走马岭遗址经过多次发掘，第一次发掘简报公布了 19 座墓葬，均位于遗址西部。根据发表的器物组合，这些墓葬的大多数属于屈家岭文化时期。从墓葬的分布情况来看，多数墓葬分布在两处较为集中的墓葬区内。其中一处墓葬区除了墓葬之外没有其他遗迹，另一处墓葬区的分布有少量的灰坑。显然，走马岭遗址设置有专门的墓地，而且不止一处。

三元宫遗址发现土坑墓 23 座，分布于遗址西部 18 平方米的发掘区范围内。这批墓葬的部分属于屈家岭文化时期。从密集程度来看，应是当时的专属墓地。宋家台遗址被划分为东、西两区，东区为墓葬区。45 平方米的发掘区内出土瓮棺葬 11 座、土坑墓 34 座。简报将其划分为三组，根据公布的器物组合，第二、三组属于典型的屈家岭文化遗存。

城头山发现了规模庞大的屈家岭文化墓地。整个墓地集中在城头山四区，即城内的北部。墓地并非井然有序，有的墓葬之间存在复杂的叠压、打破关系，墓葬方向也不尽相同，但整体来看，墓地范围控制在城址的北部区域，所以应该是经过规划的公共墓地。

此外，在沅水流域的高坎垅遗址发现 46 座土坑墓和 2 座瓮棺葬，大多数墓葬的方向为西北—东南向或近东西向。公布的器物组合表明，这批墓葬包含油子岭、屈家岭文化遗存，很可能是具有延续性的公共墓地。

上述资料可归纳为表 1，如下：

表 1　屈家岭文化墓地的区域特征

区域	遗址	面积（万平方米）	土坑墓			瓮棺葬		
			独立墓地	靠近生活遗迹	分区	独立墓地	靠近生活遗迹	分区
汉水中游	黄楝树	14	×	√	√	×	√	√
	沟湾	6	×	√	×	×	√	×
	青龙泉	6	×	√	×			
	观音坪	0.2				×	√	×
	老鸹仓	6				×	√	×
	曹家楼	2				×	√	×
	下王岗	0.6	×	√	×			
	单岗	2	×	√	×			
	八里岗	6	×	√	×			
	大寺	0.5	×	√	×			
	中台子	4.5	×	√	×			
	黄山	30	√	√	×			

续表

区域	遗址	面积（万平方米）	土坑墓			瓮棺葬		
			独立墓地	靠近生活遗迹	分区	独立墓地	靠近生活遗迹	分区
汉水东部	屈家岭	≥30	×	√	×			
	邓家湾	6	√	√	√	√	√	√
	肖家屋脊	15	√	√	√	√	√	×
	朱家坟头	1	√	×	√			
	六合	6	√	√	×	√	√	×
鄂东北	金鸡岭	10	√	√	×	√	√	×
	叶家庙	56	√	×	×	√	×	√
	四顾台	?	×	√	×	×	√	×
	吊尖	0.45	×	√	×	×	√	×
鄂东南	放鹰台	1	√	×	×			
汉水西部	城河	70	√	×	√	×	√	×
	关庙山	8.4	×	√	×	√	×	×
三峡	杨家湾	4	√	×	×	√	×	×
	中堡岛	5.7	√	×	×			
	李家湾	?	√	×	√			
	官庄坪	1.8	×	√	×			
洞庭湖西岸	划城岗	4	×	√	×	×	√	×
	车轱山	3	√	×	×	×	?	×
	走马岭	50	√	?	√			
	三元宫	2	√	×	×			
	宋家台	1.5	√	×	×	√	×	×
	城头山	8	√	×	×	√	×	×
	高坎垅	1	√	×	×	?	?	×

注："√"为"是"，"×"为"否"，"？"为"情况不明"。

二、屈家岭文化的葬地差异

屈家岭文化墓葬在聚落中的空间位置存在三种类型。第一类，墓葬零散地分布于生活遗迹附近，没有形成固定的墓地；第二类，墓葬集中分布于生产生活遗迹附近，但已经形成了墓地；第三类，有独立的墓地，且距离居址区较远。需要说明的是，由于居葬之间的距离判断是存在主观性的，严格来说第二类与第三类的判断是相对的，所以我们仅从考古材料层面，在同一发掘区内是观察居葬是否邻近。

具体来看，在汉水东部的石家河古城，近二十处聚落点共同组成了石家河聚落群。在考古工作较多的邓家湾、肖家屋脊、朱家坟头等地点都发现有屈家岭文化时期的墓地。除朱家坟头之外，邓家湾、肖家屋脊墓地与房址、窖穴等设施遗存共同构成了一个聚落社群的生死场所。而且，肖家屋脊的田野和综合研究清楚地表明，其墓葬选址以房屋位置为参考核心，似乎存在就近埋葬的原则 [①]（图 3）。然而，与城垣相距较远的朱家坟头遗址，似乎为独立公共墓地，这与肖家屋脊、邓家湾遗址葬地形式有所不同。

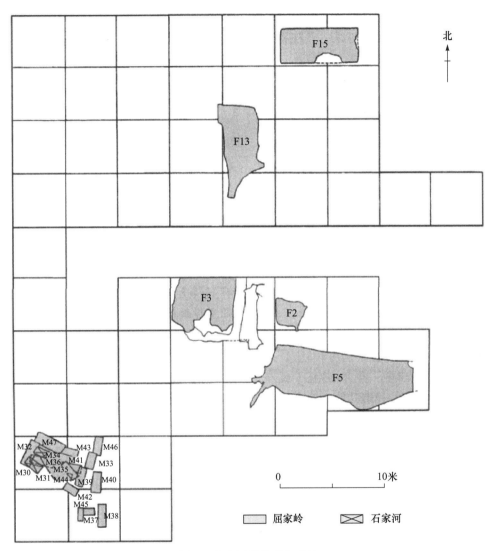

图 3　肖家屋脊院落与墓地

（引自张弛：《石家河聚落兴盛时期葬仪中的新观念》，《考古》2014 年第 8 期）

与石家河类似，屈家岭遗址拥有多个聚落点，已发现的为数不多的墓葬也是零散分布于房屋或其他生活遗迹旁边 [②]。同在汉东地区的六合 [③]，也是墓葬位于居住区附近。

① 张弛：《屈家岭——石家河文化的聚落与社会》，《考古学研究》（十），科学出版社，2012 年，第 324～351 页。

② 中国科学院考古研究所：《京山屈家岭》，科学出版社，1965 年。

③ 荆州地区博物馆、钟祥县博物馆：《钟祥六合遗址》，《江汉考古》1987 年第 2 期。

　　汉水中游的黄楝树①、黄山②等遗址与汉东的墓葬选址理念类似,墓葬大多位于房屋建筑附近,只有少量墓葬远离居住区。黄楝树的墓葬营建于东北高、西南低的斜坡上,但是头向却在低的一侧,有可能是为了头向指示房屋而故意为之。在沟湾、下王岗、单岗、八里岗、中台子、大寺、青龙泉等聚落,墓葬也是零星分布于房屋、灰坑等生活遗迹周边。不过,值得注意的是,尽管汉水中游的墓葬主要分布在生活、生产遗迹附近,但大多数墓葬都是零散分布,唯有黄山遗址为集中的公共墓地。

　　此现象可能于聚落规模的差异有关。汉水中游出土屈家岭文化墓葬的诸多遗址,聚落面积多维持在 5 万平方米左右,较大的黄楝树遗址也不过 14 万平方米面积;而黄山遗址的面积在 30 万平方米以上,是该区域规模最大的史前聚落,墓地规模和复杂程度可能要大于普通聚落。

　　在鄂东北地区,四顾台、吊尖、金鸡岭等遗址发现的墓葬距离居址较近,但与前二者散布的情形有所不同,金鸡岭的墓葬分布相对集中,可能为专属的墓地。叶家庙遗址作为鄂东北地区的重要城址,聚落面积达 56 万平方米,在其城外西北部的家山遗址设置有集中墓地,有可能是城址及其附属聚落的公共墓地。尽管该地点也发现了一座房屋建筑,大致呈半圆形,但占地面积不足 4 平方米,显然非居住所用,发掘者推测应为墓地的祭祀场所③,而且家山墓地内部也存在分区现象。同样,在鄂东南地区,距离汉水和长江交汇不远的武昌放鹰台④等遗址,推行大型集中埋葬的墓地,也可看作是公共墓地。

　　可见,在汉水中游、鄂东北、汉东地区,墓地大多位于房屋或其他生活遗迹附近。尤其在汉水中游,即使面积较大的黄山遗址,成片的墓地也是位于山顶居址附近。同时,在汉水中游、鄂东北两区域,中小型聚落的墓葬大多分布较分散,相当于"大分散";规模较大的中心聚落则常常营建有集中的公共墓地,可称为"大聚集"。

　　迄今的资料显示,在鄂东南地区,面积仅有 1 万平方米的放鹰台遗址,规划有规模不小的公共墓地,为"大聚集"形式。

　　从遗址整体性的角度看,石家河遗址的墓地分布于聚落群的多个地点,其实相当于"大分散、小聚集"。相反,如果将每一个遗址点看作一个个独立的聚落,对于每个聚落而言,出土墓地的特征其实是"大聚集",那么石家河遗址出土的墓地形式可称为"大聚集、小分散"。

　　叶家庙城和放鹰台的公共墓地理念在汉水西部、三峡和长江以南地区普遍存在,而且这些区域的墓葬大多与生产生活区维持一定空间距离。

　　城头山发现屈家岭文化墓葬461座,多半是瓮棺葬,其中除27座分布在其他发

① 长江流域规划办公室考古队河南分队:《河南淅川黄楝树遗址发掘报告》,《华夏考古》1990 年第 3 期。
② 河南省文物考古研究院、南阳市文物考古研究所:《河南南阳市黄山新石器时代遗址》,《考古》2022 年第 10 期。
③ 湖北省文物考古研究所、孝感市博物馆、孝感市孝南区博物馆:《孝感叶家庙》,科学出版社,2016 年。
④ 湖北省文物考古研究所:《武昌放鹰台》,文物出版社,2003 年。

掘区之外，其余 434 座都分布在城内的北部区域。显然，这个区域应该是古城的公共墓地所在。最新的发掘显示，走马岭城内广泛分布着屈家岭文化遗存，尤其以西北至北部最为丰厚，发现大量房址、灰坑、灰沟等居址遗迹现象，东部存在一定数量的墓葬[①]。

类似的大型公共墓地在汉水西部的城河城有着清晰的展示。最新发掘的王家塝地点已发掘墓葬近 300 座，是城河先民的大型公共墓地所在。该地点位于城外的自然岗地上，是遗址所在范围的海拔最高点。然而，与城头山和走马岭不同，城河城的公共墓地位于城外，而且全部都是土坑墓，瓮棺葬在城内的房屋建筑旁有零星分布，同时一些土坑墓随葬的大型陶罐也有可能是瓮棺。

除了城址之外，杨家湾、中堡岛、关庙山、李家湾、三元宫、宋家台、车辂山、高坎垄等非城址聚落都拥有集中埋葬的公共墓地。其中宋家台遗址位于一座东西长150、南北宽 100 米左右的台地上，面积不是很大。即使这样的普通聚落内部，却有着清晰的功能区规划。考古发现，遗址的西区与北区的地层堆积比较相似，文化堆积均属于居住遗迹，而东区则是聚落的公共墓地，且墓葬十分密集，仅 45 平方米的发掘面积就出土各类墓葬四十余座[②]，足见墓葬之密集程度。同时，尽管关庙山遗址发现的土坑墓数量极少，但瓮棺葬表现出了"独立墓地、内部分区"的特征。

总之，从遗址整体性的角度看，汉水西部、三峡、鄂东南及长江以南诸遗址的墓地选址相当于"大聚集"形式，有些墓地内部似乎存在"小分散"的现象。这与汉水中游、鄂东北地区中小型聚落以及汉东地区的"大分散"特征形成了明显对比。

三、聚集与分散——民族学的启示

前文的分析表明，一方面，屈家岭文化聚落的居葬关系在不同区域存在差异，可用居葬混杂、居葬邻近、居葬独立三者概括；另一方面，屈家岭文化的葬地类型存在"大聚集"式的集中墓地和"大分散"式的多处墓地，他们在地域方面也存在差异。

那么，造成"集中"或"分散"的原因是什么呢？民族学的资料或许能够为我们提供一些启示。

2009 年 3 月，为学习制陶技术，我们曾前往广西靖西中屯进行调查。靖西地处桂西南边陲，南与越南接壤，居住着壮、汉、苗、瑶等 11 个民族。中屯位于靖西市地州镇龙腾村。整个中屯有大约三十余户居民，均为壮族。在这些居民之中，以刘姓居多，此外还有覃、李、黎等姓氏。据村民讲，他们的祖先是明代晚期从广东省的南海县迁

---

① 武汉大学历史学院考古系、石首市走马岭考古遗址公园管理所：《湖北石首市走马岭新石器时代城址的发掘》，《考古》2018 年第 9 期。
② 湖南省文物考古研究所：《湖南澧县宋家台新石器时代遗址》，《湖南考古辑刊》（七），求索杂志社，1999 年，第 51~106 页。

徙至此，距今已有四百年左右的时间。

在学习制陶的间隙，我们对中屯的聚落空间分布状况进行了宏观考察，并重点观察了住居地、墓地的分布特征。

观察发现，中屯村位于一处台地上，四周山峦环绕，仅有几条小豁口可通往外界。因受地貌限制，中屯的住居地位于山坳偏西的一处稍高台地上，四周即为大面积的耕地。在这些耕地中，零星分布着墓地、土地庙、陶器烧制地等，其间错综交叉着数条道路，宽度不一。其中，墓地和土地庙均在住居地的东侧，以住居地为起点，由近及远依次为土地庙、陶器烧制地和墓地，陶器烧制地位于多块墓地之间（图 4）。

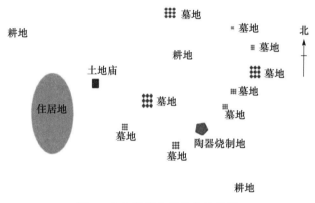

图 4　中屯聚落空间分布示意图

其中，墓地并非集中于一地，而是成块散布于耕地或荒地之间。每块墓地中的坟墓数量为 1～13 座不等，规模都不是很大。从墓碑的铭文来看，年代较早的墓地距住居地较近，年代越晚的墓地依次较远。而且，同一墓地均为同姓，但同一姓氏却存在好几处墓地。同姓墓地之间没有明显的分布规律，与其他姓氏的墓地之间也没有明确的联系可言。可观察到的墓葬基本上都呈西或西北方向，但也有个别墓葬为其他方向。不同墓地、不同姓氏之间的墓向似乎没有明确的区别，不同墓向的墓葬之间也不是姓氏的差异所致。

据村民介绍，他们的住居地一直在现在的位置，只是建筑形式随着时代的变迁有所变化；晚期墓地距住居地远的原因，是因为住居地附近已经没有地方可供选择；同一姓氏存在数块墓地的原因，则是不同时代的风水观念不同，对于墓地的选择也就存在差异。

非社群结构因素引起的墓葬选址也见于黎族。一项调查显示，万宁南桥黎族没有公共墓地，墓葬的位置自由选择。有的死者家属为了扫墓方便，往往会把家族的死者埋葬一个地方，形成家族墓群[①]。

---

① 黄圣诚：《海南岛太阳河流域黎族丧葬习俗调查分析——以万宁市南桥黎族苗族乡为例》（上），《广东技术师范学院学报》2010 年第 1 期。

可见，葬地的形成原因较为复杂。根据中屯的观察，不同的墓地属于同一家族。造成同一家族葬地分散的原因，有可能是时代变迁引起的丧葬理念的变化，不一定反映社群结构的变化。因此，要分析屈家岭文化葬地差异的原因，可能需要考虑多方面的因素。除了涉及社群结构之外，还要考虑地貌空间、丧葬理念变迁等原因。

四、余　论

综上，屈家岭文化时期，大型聚落之间，大型聚落与中小型聚落之间，葬地的选址理念存在重大区别。石家河古城与以家族为单位，在各自的聚落点分区集中埋葬，可称之为"大分散、小聚集"形式；城头山、城河、叶家庙等城址则流行大型公共墓地的埋葬形式，相当于"大聚集"形式，一些墓地内部则呈现"小分散"式的单元分布。

其实，墓地选址的地域差异可追溯至更久远的前屈家岭时代。汉水东部地区的屈家岭、谭家岭等遗址在油子岭文化时期，是以家族为单位实行小型分区埋葬；汉水西部的龙王山，洞庭湖西岸的城头山、三元宫以及鄂东南地区的放鹰台、香炉山等聚落则普遍流行大型公共墓地。到屈家岭文化时期，这些地域传统继续延续。

然而，汉水中游的葬地形式却发生了跨时代的转变。众所周知，汉水中游在仰韶文化时期普遍流行大型集体埋葬坑的形式，有的坑放置百具人骨[1]，实行集中埋葬，聚集分布。但在屈家岭文化时期，汉水中游演变为"大分散、小聚集"形式。不过，类似的文化跨越却没有影响到汉西的峡江地区。曾在大溪文化时期集中埋葬瓮棺的关庙山遗址，屈家岭文化时期依然设置有聚集的瓮棺葬具。

这些现象或许说明，屈家岭文化葬地差异的形成路径有所不同。

---

[1]　张弛、何嘉宁、吴小红等：《邓州八里岗遗址仰韶文化多人二次合葬墓 M13 葬仪研究》，《考古》2018 年第 2 期。

叁 夏商周考古学研究

寻 找 夏 朝

李维明

（中国国家博物馆）

中国古代文献记载商朝之前有一个夏朝。由于历时久远，至今仍被视为学术之谜。

一、夏是中国古称

《秦公簋》铭文中的秦篆"𡴋"字，汉代小篆"𡴋"、隶书"𡴋"，现代书体"夏"字，上部从百（页、首），下部从夊（止之倒形），字形象人首、两手、两足形，显示"夏"字的本意是人。

东周文献以"诸夏"区别于周边的蛮夷戎狄。夏人有相对固定的活动地域，有自己的生活习性、文化特征和礼仪制度，这样的人群构成中国历史上的夏族。由夏族建立的王朝就是中国历史上的夏王朝。

汉代有"夏，中国之人"的说法（《说文解字》）。所以，夏又是中国的古称。

二、探寻夏的历程

任何一个民族的人们都习惯于本民族的习俗、生活方式，热爱本民族的历史和优良的文化传统并关切它们的存在和发展。这种表现是由民族共同心理素质所决定，通常称为民族感情。因此，中国学者多相信文献记载商朝之前存有一个夏朝并不懈地探索。

1. 古代学者记夏史

周代学者根据当时所能见到的材料（如"夏商之嗣典"《国语·晋语四》），追记包括夏王世系、地域范围、夏年、社会生活等内涵的夏史体系。

汉代司马迁综合所见材料，用纪传体的形式写成《史记·夏本纪》。以夏王世系十四世十七王（禹、启、太康、中康、相、少康、予、槐、芒、泄、不降、扃、廑、孔甲、皋、发、桀）为发展线索，较为系统的记录夏朝事迹。

直至清代，古代学者在探索夏史过程中所使用的文献整理、材料辨疑、文献等次、文献与实物（地）考察相结合、文化比较等方法，对近现代学者探索夏史与夏文化有所启示。

2. 民国学者辨夏事

1911 年，辛亥革命推翻了清王朝。不久又发生了提倡民主，反对君主专制，反对军阀独裁，反对封建的伦理道德，提倡科学，反对迷信的新文化运动。

1931 年，日本侵占中国东北。1937 年日本全面发动对华战争，抗日战争爆发。中华民族到了最危急的时刻。

在这样的历史背景下，中国古代文献记载中的夏朝因与华夏、中华、中国相等同，就特别显示民族情结意义。

总体说来，这一时期有关夏研究所取得的成就主要表现在三个方面：

（1）以顾颉刚为代表的一批学者，在继承古代学者对文献考辨传统的基础上，兴起了对古代文献及其所记古史予以考辨的学术风气，其中涉及对夏史的考辨。

（2）郭沫若《中国古代社会研究》最早尝试把马克思主义的社会经济形态理论和中国历史实际相结合，将马克思主义唯物史观和社会经济形态理论与中国历史发展阶段相结合，提出中国历史分为原始公社制、奴隶制、封建制、资本制的分期主张。提出"实事求是""知其然""知其所以然"的治学主张。1930 年，他还在书中补证夏禹的问题，肯定夏的存在，在宋代宣和年间（公元 1123 年）齐故城出土齐侯钟（镈）铭文中释出"夏"字。

抗日战争期间，汇聚在延安的中国历史学者，通过学习马克思主义史学理论。提出中国的氏族制度在夏初逐渐崩溃，夏代属于奴隶社会，夏代经济是家族制奴隶经济等学术认识。

（3）寻找夏代（族）文化

20 世纪初期，国外的人类学、考古学、民族学、博物馆学等学科知识传入中国。一些外国学者也分别进入中国新疆、甘肃、青海、康藏、内蒙古、辽宁、河南进行考古调查和发掘。中国学者除部分参与合作外，也开始独立进行考古调查与发掘。中国考古学作为一门专门的学问从此产生。

这一时期，考古学者在文献记载夏人聚居或迁徙区域内进行的考古活动：

1921 年，瑞典学者安特生在河南渑池县仰韶村发掘，获得以彩陶为特征的文化遗存，称名彩陶文化（仰韶文化）。安特生推断仰韶的彩陶文化年代约在公元前三千年，与中亚彩陶相似，最初认为由中亚传播而来[1]。

安特生对仰韶遗址的发掘与认识，促使中国学者开始考虑中国历史文化的来源以及它与历史期中国文化的关系。

---

[1] 安特生：《中华远古文化》，农商部地质调查所，1923 年。

1926 年，李济在山西南部调查，发掘夏县西阴村遗址并考察了位于西阴村西南 35 千米处的禹王城[1]。

1928 年，吴金鼎在山东历城县龙山镇城子崖发现以磨光黑陶为特征的遗存。1930 年至 1931 年，李济、梁思永相继主持发掘城子崖遗址，因陶器以磨光黑陶为特征称为"黑陶文化"[2]。

中国考古学者在中国东部寻找与发掘新石器时代遗址的目的，就是为了在东方寻找中国文明的源头，以批驳外国学者提出的中国文化西来说[3]。

1928 年至 1937 年，中央研究院历史语言研究所考古组发掘安阳殷墟，将甲骨文与殷墟考古发掘出土实物遗存相结合，证明中国古代文献有关殷墟的记载具有可信性。

1931 年梁思永等发掘安阳后岗遗址，从地层上揭示小屯（殷墟）文化晚于黑陶（龙山）文化，黑陶（龙山）文化晚于彩陶（仰韶）文化的相对年代关系。从而初步建立了中国新石器时代至晚商的考古学文化编年。

1944 年至 1945 年，西北科学考察团在甘肃进行科学考察时，夏鼐在甘肃宁定县阳洼湾发掘齐家文化墓葬，第一次从地层上找到甘肃仰韶文化早于齐家文化的地层证据，纠正了以往安特生关于齐家早于仰韶的分期认识[4]。

地下出土的甲骨文证实文献记载商史具有可信性，使历史学界研究古史的学者深受鼓舞，对运用考古学材料在古史研究中发挥的作用寄予很大的期望。

顾颉刚："要建设真实的古史，只有从实物上着手的一条路是大路。"李玄伯："要想解决古史，唯一的方法就是考古学。"[5]

限于当时考古发掘所获材料，历史学者只能在早于殷墟商文化的新石器时代文化中去寻找夏的遗存。

1931 年，徐中舒推论仰韶文化为夏代文化[6]。

这一推论是基于当时发现考古学文化编年小屯文化——仰韶文化所做出的判断。其学术意义在于首次尝试在考古学文化中探寻夏朝的遗存，初次使用文化特征（因素）比较法，提出"夏代文化"（徐中舒，1931 年）、"夏族文化"（吕振羽，1934 年）、"夏后氏文化"（丁山，1935 年）等称名。这是将考古学文化与古代文献相结合，在中国考古学文化研究中以族属命名考古学文化的初步尝试。

1944 年，李济提出早于小屯商文化的黑陶文化代表一种先殷文化[7]。

20 世纪 40 年代，范文澜提出龙山文化为夏朝文化的假设[8]。

---

① 李济：《西阴村史前的遗存》，清华学校研究院，1927 年。

② 傅斯年、李济、董作宾等：《城子崖》，中央研究院历史语言研究所，1934 年。

③ 1930 年李济对新闻记者的谈话。

④ 夏鼐：《齐家期墓葬的新发现及其年代的改订》，《中国考古学报》（第三册），1948 年。

⑤ 顾颉刚：《古史辨》第一册，朴社，1926 年。

⑥ 徐中舒：《再论小屯与仰韶》，《安阳发掘报告》（第三期），1931 年，第 523～558 页。

⑦ 李济：《小屯地面下的先殷文化层》，《学术汇刊》第一卷第二期，国立中央研究院，1944 年，第 1～14 页。

⑧ 范文澜：《中国通史简编》，新知书店，1947 年，第 13 页。

3. 当代学者探索夏

中华人民共和国成立以来，历史学、考古学、文字学者为探索夏付出了巨大的学术劳动，在夏史研究方面（涉及夏族起源、夏朝建立、夏王世系、都邑、重要事件、方国、夏年、社会性质等）取得了丰硕的学术成果。在寻找夏遗存方面，考古学发挥了主要作用，推动夏文化探索取得实质性的进展。

20 世纪 50 年代初，郑州发现二里冈文化和早于二里冈文化的洛达庙类型遗存。邹衡论证二里冈文化为早于殷墟商代晚期文化的商代早期文化[①]。有学者推断洛达庙类型遗存可能为夏代遗存（韩维周）。

1959 年，徐旭生豫西调查夏墟[②]。中国科学院考古研究所发掘偃师二里头遗址，证实二里头遗址具有王都的地位。

1977 年，夏鼐命名"二里头文化"。国家文物局组织召开"河南登封告成遗址发掘现场会"，讨论夏文化成为学术热点。邹衡综合考古、文献、出土文字材料，提出二里头文化是夏文化，郑州商城即汤都亳的学术观点。

80 年代初，邹衡进一步对二里头文化是夏文化做出体系性论证[③]。这一学术见解后来得到河南密县黄寨遗址出土二里头文化牛骨刻辞"夏"和郑州出土早商牛骨刻辞"乇"再发现的进一步证明。

至今，学界仍存有多种探寻夏文化的方案，其中二里头文化是夏文化，二里头遗址是夏都成为学界主流认识。

三、否夏理由辨析

20 世纪 40 年代以来，认为中国历史不存在夏朝的认识持续至今。概括其理由主要有三点：

1）夏史大部分为周人依据东西神话辗转演述而成者。或认为是商人构想了一个关于夏人的神话，这个神话被征服商朝的周人重释为一个历史的朝代。

在没有举证商周文献中存有商人、周人自述创造夏史这样文献文字证据之前，此类认识属于推测。

2）商代甲骨文中没有夏的信息，也没有发现能确认是夏人的"夏"字。

这一认识应以甲骨文材料收集齐全并释读无误为前提，否则不能轻易出此结论。至于商代甲骨文中有没有夏代事迹，近现代学者一直进行探讨。比如考证甲骨文中记载的禹，利用卜辞材料探寻夏迹，探讨殷墟甲骨文中"夏"字形义并取得一定的学术成果。

---

① 邹衡：《试论郑州新发现的殷商文化遗址》，《考古学报》1956 年第 3 期。
② 徐旭生：《1959 年夏豫西调查"夏墟"的初步报告》，《考古》1959 年第 11 期。
③ 邹衡：《试论夏文化》，《夏商周考古学论文集》，文物出版社，1980 年，第 89～169 页。

3）二里头文化没有发现文字，尤其是"夏"字。

这样的认识应以全面收集二里头文化字符材料并做出研究为基础，否则不能轻易出此结论。考古发现二里头文化有相当数量的陶字符和骨刻字符，其中密县黄寨出土二里头文化骨刻文字构字要素从目（页、首）从又（手、止），隶定为"夏"字可备一说。

综上所述，文献记载中国历史上商朝之前存有夏朝。探寻夏朝是一条漫长的学术之路，对于从事夏研究的学者来说，任重道远，行者无疆。

2020 年 7 月 2 日下午，在国家文物局举办"夏文化研究专题会议"上的发言

论三代"居葬合一"及其判断方法[*]

雷兴山¹ 蔡 宁²

（1. 首都师范大学历史学院　2. 北京师范大学历史学院）

一、"居葬合一"的提出

在夏商周文化聚落中，常见一种堆积现象：居址类遗存（如灰坑、房址、窖穴及水井等）和墓葬类遗存（墓葬、瓮棺葬及祭祀坑等）紧邻分布，甚至互相叠压打破。以往对于这种堆积状况的形成原因，一般或认为是两类遗存分期年代不同，或认为是两类遗存所属人群不同。

我们过去也持类似认识。1999 年开始重新大规模发掘周原遗址时，意识到在周原遗址西周聚落的多个地点，居址类遗存与墓葬类遗存同处一地，与天马 - 曲村①、琉璃河等遗址内居址与墓葬各自成区、相距甚远的聚落形态完全不同。最初我们判断这种堆积状况是"换土易居"的结果。如认为 1999 年发掘的齐家东地点居址与墓葬反复的叠压打破现象，"似乎告诉我们这片土地曾经几易其主的历史真相"②。2002 年发掘的齐家北制玦作坊"遗址与墓葬布局上交叉在同一区域中，年代上相互交错，地层上相互打破"的现象，"反映了西周时期周原地区土地所有权变化的过程，印证了裘卫四器中关于土地交换的史实"③。2003 年发掘的李家铸铜作坊的这种现象，也"应该是土地使用者更换的结果"④。

然而，经过深入整理发掘资料后发现，上述发掘地点内居址和墓葬两类遗存都是从西周早期延续到西周晚期，均可分为三期 6 段。换言之，两类遗存在西周一代，一直在陶器分期上同时。如果这种状况是多次"换土易居"的结果，则这种更替未免太过于频繁⑤，有些不太合理。由此我们对传统认识产生了怀疑。

---

* 本文为国家社科基金重大项目"周原遗址凤雏城址区考古资料整理与研究"（批准号 21&ZD240）、中央高校基本科研业务费专项资金资助（批准号 2022NTSS24）的阶段性成果。

① 北京大学考古系商周组：《天马 - 曲村（1980-1989）》，科学出版社，2000 年。
② 周原考古队：《1999 年度周原遗址 IA1 区及 IVA1 区发掘简报》，《古代文明》（第 2 卷），文物出版社，2003 年，第 491～538 页。
③ 周原考古队：《2002 年周原遗址（齐家村）发掘简报》，《考古与文物》2003 年第 4 期。
④ 周原考古队：《2003 年秋周原遗址（Ⅳ B2 区与Ⅳ B3 区）的发掘》，《古代文明》（第 3 卷），文物出版社，2003 年，第 436～490 页。
⑤ 种建荣：《周原遗址齐家北墓葬分析》，《考古与文物》2007 年第 6 期。

我们曾从李家铸铜作坊墓葬随葬品"陶管"分析入手，认为有些墓主应为作坊工匠，墓葬就埋在作坊区内，即生活之地与埋葬之地皆处在一个相对狭小的区域内[①]。种建荣根据齐家北制石作坊内墓葬随葬作坊产品、工具等现象，认为发掘区内的土地所有权并未变更，同一族群或家族"生前与死后均处在一个相对独立的区域单元内"[②]。

基于上述认识，我们认为周原遗址西周聚落内，有些地点居葬两类遗存时间同时，人群一致。对于这种堆积状况，我们提出了"居葬合一"这一概念[③]。所谓"居葬合一"，指的是同一人群的居址和墓葬，时段相同，共处一地，甚至有叠压打破关系，并非相距甚远的单纯墓地与单纯居址[④]。

此后，对于居葬合一现象，我们持续进行探索。如冉宏林在全面梳理三代大型聚落手工业作坊资料的基础上，认为三代手工业者居葬形态可分两种模式，其中一种是"居葬同地"，存在于夏商和西周时期，是手工业者所独有的居葬方式[⑤]。再如蔡宁对商系居葬关系进行了全面研究，总结了判断居葬形态的方法，认为在商系聚落内，"居葬合一"模式长期延续，分布广泛，是商周时期商人独有的堆积形态[⑥]。

我们曾结合周原遗址[⑦]、曲阜鲁故城[⑧]等遗址的材料，初步认为东周时期也存在"居葬合一"堆积状况，认为西周时期"居葬合一"的族属不是周系族群，而是广义的殷遗民。

近年来，有些研究者也认识到了三代聚落中这种特殊的堆积现象，并且也使用了"居葬合一"概念。如赵海涛等认为"二里头都邑或已出现家族式分区而居、区外设墙、居葬合一的分区格局"[⑨]，"（二里头）多个区域'居葬合一'的情况，与陶寺文化等新石器时代存在大型公共墓地、居址和墓葬区分开的情况迥然有异，而是与郑州商城、偃师商城、安阳殷墟等早期王朝时期都邑的居住、墓葬制度、社会结构更为接近"[⑩]。

对于殷墟等商文化聚落的堆积特征，有些研究者也认为是"居葬合一"。如何毓灵

① 雷兴山：《论周原遗址西周时期手工业者的居与葬——兼谈特殊器物在聚落结构研究中的作用》，《华夏考古》2009 年第 4 期。
② 种建荣：《周原遗址齐家北墓葬分析》，《考古与文物》2007 年第 6 期。
③ "居葬合一"一词，是雷兴山于 2010 年前后，在田野考古及课堂讲授时提出的一个概念，正式在论文中发表则是在 2014 年，见雷兴山、种建荣：《周原遗址商周时期聚落新识》，《大宗维翰：周原青铜器特展》，文物出版社，2014 年，第 18～30 页。
④ "居葬合一"的定义参见蔡宁、雷兴山：《论曲阜鲁故城两种居葬形态》，《保护与传承视野下的鲁文化研讨会论文集》，上海古籍出版社，2018 年，第 101～111 页。该文主要内容曾于 2016 年 11 月在曲阜召开的"保护与传承视野下的鲁文化学术研讨会"上宣读过。
⑤ 冉宏林：《三代手工业者的居与葬》，北京大学学士学位论文，2010 年。
⑥ 蔡宁：《商系墓地形态探索》，北京大学博士学位论文，2020 年。
⑦ 蔡宁、种建荣、雷兴山：《周原齐家制玦块作坊居葬关系及社会结构再探》，《考古与文物》2022 年第 2 期；蔡宁、雷兴山、种建荣：《周原云塘制骨作坊"居葬合一"论》，《四川文物》2022 年第 2 期。
⑧ 蔡宁、雷兴山：《论曲阜鲁故城两种居葬形态》，《保护与传承视野下的鲁文化研讨会论文集》，上海古籍出版社，2018 年，第 101～111 页。
⑨ 赵海涛：《二里头都邑聚落形态新识》，《考古》2020 年第 8 期。
⑩ 赵海涛、许宏：《新探索与新收获：近十年二里头遗址田野考古概述》，《南方文物》2018 年第 4 期。

等认为殷墟内单个族邑,特别是手工业者为主的作坊,是以血缘为纽带,生产、生活甚至是墓地都相对集中于一处独立的区域范围内,称其为"居葬合一"模式①。发掘报告《安阳孝民屯・墓葬》认为:"除了聚族而葬以外,殷墟时期还应该会聚族而居,而且'居'与'葬'之地相距不远,甚至可以说是在同一区域内……在所谓'殷墟西区'墓地内,也有大量同时期的生活、生产遗迹。此次孝民屯遗址的发掘情况也证实,这种'居葬合一'的模式是殷墟时期最主要的聚落形态"②。孝民屯的发掘"在一定程度上改变了学术界对殷墟西区的传统观点"③。安阳市考古研究所的一些研究者认为新发掘的辛店铸铜遗址,"墓葬和手工业遗址没有明显的区域分隔,居址、道路、灰坑等遗迹和墓葬互相叠压,体现了殷墟时期'居、葬、生产'三位一体的社会形态,印证了雷兴山提出的商周时期手工业者'居葬合一'理论"④。

目前看来,关于夏商周文化聚落内存在"居葬合一"现象,甚至是一种普遍现象的认识,已取得一定共识。但即使如此,还有不少问题尚待深入研究,如:"居葬合一"概念的内涵尚未明确,判断"居葬合一"的方法尚未系统论述,"居葬合一"的文化归属与族群归属的观点仅是初步提及,"居葬合一"在考古学研究中的意义尚未被充分认识。

本文拟对上述"居葬合一"研究中的相关问题,做一初步总结,以期能够引起学界对该问题的关注与共同探索。

二、"居葬合一"的判断方法

居址与墓地共存一地的堆积现象,有可能是两种情况:一种是居址与墓葬两类遗存年代同时,属同一人群,即本文所谓的"居葬合一";另一种是两类遗存年代有别,或分属不同人群。如何判断两类遗存是"居葬合一"呢?本文认为应符合以下三条标准,简述如下:

其一,两类遗存须在空间上"共处一地"。

本文所谓的"共处一地",主要是指居址与墓葬紧邻分布,常见叠压打破现象,甚至墓葬就埋在房屋内或院落中。在以往的三代聚落发掘区中,常可以看到居址和墓葬两类遗存并不单独成区,而是二者夹杂分布,呈"插花式"分布形态。

在河北藁城台西商文化聚落中,墓葬就埋在"三合院"内外⑤。郑州商城铭功路制陶作坊内,墓葬一般埋在建筑内或建筑周围⑥。盘龙城居址和墓葬位置也有很强的关联

① 何毓灵:《殷墟近十年发掘的收获与思考》,《中原文物》2018 年第 5 期。
② 中国社会科学院考古研究所:《安阳孝民屯(四):殷商遗存・墓葬》,文物出版社,2018 年。
③ 岳洪彬、何毓灵:《新世纪殷墟考古的新进展》,《中国文物报》2004 年 10 月 15 日第 7 版。
④ 安阳市文物考古研究所:《河南安阳辛店商代晚期铸铜遗址 2016 年发掘简报》,《文物》2021 年第 4 期。
⑤ 蔡宁:《藁城台西聚落"遗迹组合"初探》,《青年考古学家》(第一辑),科学出版社,2020 年,第 31~41 页。
⑥ 郭士嘉、方铭璐、雷兴山:《郑州商城铭功路制陶作坊分区研究》,待刊。

性，在诸多地点都呈现居葬遗存同地且互相打破的现象[①]。

在殷墟遗址内遍地都有居址和墓葬，很难说某区域是单纯的墓地或是单纯的居住址[②]。如大司空 C 区的多进式院落内外，密集地埋葬墓葬，且高等级墓葬 M303 就叠压在夯土之间[③]。孝民屯等地点的灰坑、窖穴和水井等生活遗迹都分布在房基周围，墓葬也围绕在居住址附近，没有独立墓地。所谓的殷墟西区墓地，实际上也是居址与墓葬夹杂分布[④]。

需要指出的是，在有些发掘区内，居址与墓葬虽然无打破关系，但距离甚近，不过几米之隔。这种现象有可能属上述形态的局部，只是因为发掘面积较小而已。如在周原遗址李家铸铜作坊等发掘区内，灰坑和墓葬分布相对独立，但两类遗存也仅相聚 2 米左右[⑤]。如果发掘面积较大，仍然见这一现象，则可认为是"居葬合一"的另外一种形态。目前所见这种形态较少。如盘龙城遗址近年发掘的杨家湾 F4，周围发现商代灰坑 17 个，灰沟 5 条及残窑 1 座，其中 G1、G2 和 G5 对 F4 呈环绕之势，在 F4 西北 14 米处发现了 7 座分布密集的商代墓葬[⑥]，7 座墓葬都属盘龙城第七期，与 F4 年代相同。这种形态也可视为"居葬合一"。

以往研究居葬关系时，对居址与墓葬两类遗存在空间位置上的界定标准并不一致。在多大范围内，或者是在何种层级区域内，居葬两类遗存究竟该相距多远，什么样的居葬分布形态，属于"居葬合一"，都是需要深入讨论的问题。

例如，在同一功能区内，居址与墓葬之间相距远超数十米，往往一边是居址，一边是墓地，并不紧邻或者有叠压打破关系。也许有研究者将这种情况称为"居葬合一"（或居葬同地）。但按我们的界定，这种情况并不属"居葬合一"。

不过，目前在三代聚落中，很少能画出明确范围的功能区，如二里头遗址"九宫格"那样的功能区更是罕见。有些可以明确封闭的"独立空间"，也大小不一，性质有别，所属聚落层级不同，研究者在判断这些功能区或独立空间内的两类遗存是否为"居葬合一"时，肯定会有不同认识。

其二，两类遗存须在时间上"共时"。

属"居葬合一"的居葬两类遗存必须共时。但共时性和历时性一直是聚落考古中一个难题，目前判断遗存是否共时，最主要的方法是依据陶器分期。我们也认为，一

① 张昌平、孙卓：《盘龙城聚落布局研究》，《考古学报》2017 年第 4 期。
② 岳洪彬、何毓灵、岳占伟：《殷墟都邑布局研究中的几个问题》，《三代考古》（四），科学出版社，2011 年，第 248～276 页。
③ 中国社会科学院考古研究所：《安阳大司空——2004 年发掘报告》，文物出版社，2014 年。
④ 岳洪彬、何毓灵、岳占伟：《殷墟都邑布局研究中的几个问题》，《三代考古》（四），科学出版社，2011 年，第 248～276 页。
⑤ 郭士嘉：《周原铸铜业研究》，北京大学博士学位论文，2021 年。
⑥ 武汉大学历史学院、盘龙城遗址博物院：《武汉市盘龙城遗址杨家湾商代墓葬发掘简报》，《考古》2017 年第 2 期。此外 F4 西北 5 米，M17 东南 6 米处还有一座高等级墓葬 M13，见盘龙城遗址博物院：《武汉市盘龙城遗址杨家湾 M13 发掘简报》，《江汉考古》2018 年第 5 期。

般情况下，若居址与墓葬两类遗存陶器分期不同，或两者在整体年代上有早晚关系，或两者整体在层位上有叠压关系，则两类遗存必非"居葬合一"。

本文所谓的"同时"，分为三种情况，即陶器"分期共时""阶段共时""绝对共时"。

（1）陶器的"分期共时"

笔者所谓"分期共时"，是指依据陶器分期标尺，两类遗存属同期段。目前，学界常用"分期共时"来判断遗存的共时性。如有研究者对藁城台西遗址居址与墓葬陶器的分析，认为二者在陶器分期上存在共时[①]。在周原、殷墟等遗址中，墓葬和居址在陶器分期上共时的情况非常多见。这种情况下，一般可视为居址与墓葬两类遗存同时。但必须强调的是，若两类遗存仅在某一个期、段同时，依然有不共时的可能。

（2）遗存的"阶段共时"

所谓"阶段共时"，是指居址与墓葬两类遗存在不止一个（陶器分期）期段内共存，如周原遗址云塘制骨作坊内的居葬两类遗存，均从西周早期延续到西周晚期，则可认为二者在西周这一阶段共时。这种情况的共时是一种长时段的共时，即在这样一个长时段内，两类遗存一定共同存在过。

（3）遗存的"绝对共时"

笔者认为，考古遗存的共时性可分为"绝对共时"和"相对共时"两种。上述"分期共时"和"阶段共时"属于"相对共时"。"绝对共时"[②]是指两类遗存处于明确的、极短的时间段内（或时间相距非常短暂）。

绝对共时是判断两类遗存共时性的最佳证据。虽然它往往可遇而不可求，但应力求之。比如在周原遗址云塘作坊多座灰坑和2座墓葬填土中都发现了较多的、出土时仍然相连的动物关节废料。其中一座墓葬填土中的一块是牛的踝关节，出土时多块骨骼仍然紧密相连。由于韧带和肌肉组织腐烂速度较快，在埋藏后较短的时间内就会腐烂消失，这种埋藏现象表明，这些骨料从牛被屠杀到被填入墓葬中，环节虽多，时间却很短暂，以至于骨头上的筋肉还未腐烂。如此短的时间，足可视为居址遗存与墓葬"绝对共时"。

其三，两类遗存须所属"人群相同"。

本文所谓的"人群相同"包含两种含义，一是居址与墓葬的族属相同，二是居址和墓葬代表同一特定人群。商周时期考古学遗存的族属判断历来是个难题，而特定人群的判断可谓是"难上加难"，相关研究仍需不断探索。我们初步提出四种判断方法。

（1）依据特殊遗物判断

这里所谓的特殊遗物，是指在特定考古背景下可代表人群身份的遗物。如在殷墟孝民屯墓葬中发现了陶鼓风嘴与磨石，研究者一般都认为墓主人是铸铜工匠[③]。西周时

① 李宏飞：《藁城台西商代遗址再分析——兼论商文化"居葬合一"的特质因素》，《中国国家博物馆馆刊》2019年第7期。
② 蔡宁、雷兴山、种建荣：《陕西周原云塘制骨作坊"居葬合一"论》，《四川文物》2022年第2期。
③ 中国社会科学院考古研究所：《安阳孝民屯（四）：殷商遗存·墓葬》，文物出版社，2018年。

期的齐家北制玦作坊内也有多座墓葬随葬石玦和制石工具[①]。云塘、李家作坊各出有与制骨、铸铜相关的器物。这些在作坊之内、作为墓葬随葬品、属于作坊工具或产品的遗物，可视为能代表墓主人特殊身份的特殊遗物，由此可判断在这些作坊内居址与墓葬属于同一人群，墓主就是作坊的工匠（或作坊管理者）。

再如在藁城台西遗址探方地层和 F2、F6 内外地面出土了一批植物种子，为桃仁和郁李仁，外形完整，皆为剥掉硬壳后有意识储存。发掘者认为，这批植物种子并非食用，而是作为药用。在 F14 内也发现 50 克大麻籽，也可能为药用。在 M14 二层台带盖的长方形漆盒内，出土了一件石镰，尖端圆钝，内缘锐利，长 20 厘米，最宽处 5.4 厘米，无安装手柄的痕迹。发掘者认为这件石镰的出土情况极为罕见，很可能是一件砭镰，即医疗手术工具。M14 随葬品丰富，有铜器、卜骨，因此墓主有可能是兼具卜人和医生身份[②]。居址与墓葬中都出土了医药遗存，由此可知以 M14 和 F2 为代表的居葬人群中，至少有一部分是属于同一人群。

（2）依据出土文字（族徽）判断

在居址和墓葬中，有时候会出土相同的族徽、人名等有文字的遗物，有较强的人群指征性意义，表明居葬属于同一人群。如殷墟铁三路 M89，出土较多青铜礼器，其中铜觚上的族徽是一个带扉棱的牙璋之形。何毓灵认为，该墓墓主是以牙璋为族徽的制玉贵族，以职业为氏，埋葬在殷墟手工业作坊区内[③]。齐家制玦作坊陶片上刻有"璋"字，为石璋的象形字，更与金文中的"璋"字族徽相同，而该作坊产品主要是石玦，石璋和石玦都是典型的玉石器[④]。

我们在齐家北漆木器作坊发现陶文族徽"箙"字，箙在卜辞、金文中是藏矢器的复体象形字，在东周及秦汉时期，墓葬出土的装箭矢的"箙"有不少都是漆木器。由此可知齐家北漆木器作坊族徽也与作坊产品性质相同。云塘制骨作坊更为明显，它的产品以骨笄为主，墓葬出土铜尊的铭文中也有形似骨笄的族徽[⑤]。周原遗址制骨作坊出土的族徽为一种骨器，制石作坊出土的族徽为一种石器，漆木器作坊出土的族徽是一种漆木器，这并非偶然巧合，这是三代以职事为氏、"世工世族"的表现[⑥]。因此，这些出土文字符号可表明居葬遗存所属人群，属于同一特定人群。

---

① 陕西省考古研究院、北京大学考古文博学院、中国社会科学院考古研究所周原考古队：《周原——2002 年度齐家制玦作坊和礼村遗址考古发掘报告》，科学出版社，2010 年。

② 河北省文物研究所：《藁城台西商代遗址》，文物出版社，1985 年。

③ 何毓灵：《试析殷墟一座玉匠墓》，《三代考古》（七），科学出版社，2017 年，第 419~428 页。

④ 雷兴山：《论周原齐家制玦作坊的族徽与社会结构》，《古代文明》（第 10 卷），文物出版社，2016 年，第 215~228 页。

⑤ 陕西周原考古队：《扶风云塘西周骨器制造作坊遗址试掘简报》，《文物》1980 年第 4 期；陕西周原考古队：《扶风云塘西周墓》，《文物》1980 年第 4 期。

⑥ 郭士嘉、雷兴山、种建荣：《周原遗址"西周手工业园区"初探》，《南方文物》2021 年第 2 期。

（3）依据"族属代码"判断

所谓的"族属代码"，是指可代表考古学遗存族属的特质文化因素①。如笔者曾提出判断西周时期殷遗民遗存的 11 条标准②，并认为在西周时期，"居葬合一"堆积的族属是殷遗民。如果居址和墓葬遗存都符合上述标准，则可判断二者族属都为殷遗民。

目前，对于"族属代码"的认识还相对较少，诸如有关夏遗民，周余民等特定人群的代码还不清楚，今后要努力寻找。同时我们还认为，寻找"族属代码"，是破解三代考古学文化族属判断这一难题的有效方法。

不过，由于族属包含的内涵比较宽泛，同一聚落内相同族属的人可能有很多，未必都属同一特定人群。因此即使居址与墓葬的族属相同，也不能直接断定它们是"居葬合一"。换言之，族属仅是判断"居葬合一"的相对证据。

（4）依据"遗迹组合"判断

所谓的"遗迹组合"，是指几类不同属性遗迹间的时空共存关系，这些遗迹在一定时间段内，空间位置靠近，单位属性相关，分布形态稳定常见，属于同一特定人群。在藁城台西聚落内，房屋、灰坑及墓葬年代相同，分布形态相关，墓向即房向，功能也有内在联系，可按院落为核心划分多组遗迹组合③。

遗迹组合反映了遗迹之间的内在联系，是判断"居葬合一"的主位标准。将来如能辨识出更多的遗迹组合形态，判断"居葬合一"将是简单之事。

上文从时间、空间、人群对应三方面讨论了"居葬合一"的判断方法及标准。在此还需强调几点：

① 如果在进行一项具体研究时，上述三项标准皆能符合，则判断"居葬合一"的结论就最为扎实可靠；② 三项标准中，最根本的还是人群对应关系。如果能够确定居址与墓葬属于同一人群，那么即使时空关系资料略有缺失，也可判定为"居葬合一"；③ 如果居址与墓葬两类遗存只能判断为同时、同地，但无法确定居葬两类遗存属于同一特定人群，则不能下结论为"居葬合一"。不过，如果已有大量明确为"居葬合一"的证据，已经形成类似"定理"的规律性特征，则也可判断。如我们已论证"居葬合一"是商周时期商系族群聚落形态的普遍性现象④，那么如果已知其中一类遗存的族属为商人或商遗民，且同时同地，那么就可以初步判断两者为"居葬合一"。

还需提及的是，以往认为的一些单纯墓地，实际可能也是"居葬合一"。产生错误判断的原因可能有：① 发掘面积较小，仅发现了墓葬；② 选择性钻探发掘或者抢救性发掘，没有发掘居址遗存；③ 由于堆积被破坏严重，埋藏较浅的居址遗存被破坏殆尽，

① 雷兴山、王洋：《考古学文化因素分析方法新理解》，《学而述而里仁——李伯谦先生从事教学考古 60 周年暨学术思想研讨会文集》，大象出版社，2022 年，第 206~216 页。
② 雷兴山、王洋、种建荣：《西周殷遗民族属判断标准简论》，《考古学研究》（十三），科学出版社，2022 年，第 359~368 页。
③ 蔡宁：《藁城台西聚落"遗迹组合"初探》，《青年考古学家》（第一辑），科学出版社，2020 年，第 31~41 页。
④ 蔡宁：《商系墓地形态探索》，北京大学博士学位论文，2020 年。

仅留下了埋藏较深的墓葬遗存；④ 在发表资料时，仅仅发表了墓葬遗存，对居址遗存忽略不提，这种情况在以往的考古中时常遇到。

三、"居葬合一"的研究意义

三代居址与墓葬的对应关系，一直是考古学研究中的难题，以往研究成果很少，专门的理论方法研究成果更是极为薄弱。"居葬合一"是研究居葬关系的积极探索，从这个意义上讲，"居葬合一"不仅是一种观点或结论，更是一种探索居葬关系的理念与方法。不过目前其最重要的学术意义，可能也仅是引起研究者对该问题的关注。

笔者认为三代聚落中存在"居葬合一"这种堆积状况，并认为这一崭新的认识，有助于纠正以往一些错误认识，可深化三代考古相关问题的研究：

1. 有助于考古遗存的分期研究

在以往研究中，只要见到居址与墓葬共存一处，有叠压打破关系，就一般认为两类遗存分属不同期，或者是族属人群不同。有时会潜意识地将居址与墓葬划分为不同期。如藁城台西遗址发掘报告，认为遗址分期为"早期居住遗存——第一期墓葬——第二期墓葬——晚期居住遗存"，没有共时关系[1]。又如周原云塘制骨作坊发掘简报将作坊堆积分为：早期墓葬区—中期骨器作坊—晚期墓葬区[2] 等。现在看来，这些认识是错误的。

鉴此，我们认为，在以后的研究中，若遇到居葬一地的堆积，不应强行将两类遗存分为不同期段，反而应首先考虑是否存在"居葬合一"，应更加深入地分析两类遗存是否"共时"。

2. 有助于聚落形态研究

以往有些研究，将"居葬合一"的堆积，误认为是聚落变迁的证据，误认为是土地功能的转换，甚至误认为是聚落结构与性质发生了变化，导致对聚落形态的理解产生偏差。如认为殷墟聚落形态是"卷心菜"式的布局[3]，认为周原的堆积是"换土易居"的结果等。

"居葬合一"的认识可以纠正上述错误观点，我们已经认识到周原遗址聚落可划分为不同的功能区，其中即包括"居葬合一"的功能区[4]。殷墟考古也已经划分出"族

① 河北省文物研究所：《藁城台西商代遗址》，文物出版社，1985 年。
② 陕西周原考古队：《扶风云塘西周骨器制造作坊遗址试掘简报》，《文物》1980 年第 4 期；陕西周原考古队：《扶风云塘西周墓》，《文物》1980 年第 4 期。
③ 郑振香：《殷墟发掘六十年概述》，《考古》1988 年第 10 期；杨锡璋、刘一曼：《80 年代以来殷墟发掘的主要收获》，《中国古都研究》（十二），山西人民出版社，1998 年，第 47～61 页。
④ 雷兴山、种建荣：《周原遗址商周时期聚落新识》，《大宗维瀚：周原青铜器特展》，文物出版社，2014 年，第 18～30 页。

邑"①及"手工业园区"②,在园区中堆积形态亦为"居葬合一"。凡此表明,"居葬合一"这一新认识可推动聚落形态的深入研究。

有时习惯性的思维会蒙蔽我们的眼睛。一般而言,墓葬不会紧邻居址,但大量的民族志材料与已有的考古研究表明,居址与墓葬紧邻,甚至房旁就埋墓,并非一种罕见的现象。于此再次呼吁,在发掘三代遗存时,若遇到多座墓葬,先不要马上判断这只是一处墓地,甚至对近在几米外的居址遗存"视而不见",请进一步研判是否有"居葬合一"的可能。

3. 有助于考古学文化研究

以往对于考古学文化内涵的界定,多偏重于遗物,将其概括为器物组合特征,而对遗迹特征关注较少。究其原因,主要是单个遗迹特征在不同考古学文化中不易区分,亦很难发现规律,对判断考古学文化属性意义不大。由此造成我们常说的考古学文化,一般只是指陶器特征,而非应该的遗迹、遗物的总体特征。

于此强调的是,不仅单类遗迹的特征,是一支考古学文化的重要特征,不同类遗迹的组合形态,也是考古学文化特征的有机构成部分。有时甚至可见不同考古学文化的单类遗迹特征基本近同,但各类遗迹组合的形态有别。因此"居葬合一"特征也有助于深化三代考古学文化研究。

4. 有助于人群与社会组织研究

我们对"居葬合一"的研究表明,在商周时期,凡是"居葬合一"的堆积族属皆为商系族群,而周人则居址与墓葬不相混杂,呈现"居葬分离"的形态。甚至东周曲阜鲁国故城的商系族群与周系族群,仍然表现出不同的两种居葬形态③。因此,"居葬合一"特征是判断考古学遗存族属的新依据。

以前在研究社会结构等社会问题时,多依据墓葬材料,"居葬合一"的认识,可将居址与墓葬两类遗存有机地串联起来,使居址遗存也成为研究人群结构、社会形态等问题的重要材料,开拓了研究社会问题的新视野与新途径。

---

① 唐际根、荆志淳:《安阳的"商邑"与"大邑商"》,《考古》2009 年第 9 期;何毓灵:《殷墟近十年发掘的收获与思考》,《中原文物》2018 年第 5 期。
② 何毓灵:《论殷墟手工业布局及其源流》,《考古》2019 年第 6 期。
③ 蔡宁、雷兴山:《论曲阜鲁故城两种居葬形态》,《保护与传承视野下的鲁文化学术研讨会论文集》,上海古籍出版社,2018 年,第 101～111 页。

商代已有坟丘说疑议

张立东

（河南大学历史文化学院）

商代是否已有坟丘是中国墓葬研究领域的一个重要问题。

大多数学者主张商代尚无坟丘。黄展岳先生曾经明确指出："殷代还没有封土"，"西周及以后，墓上的夯土台基不断增高，成为名副其实的坟堆""至迟到孔子时代（春秋末）墓上已经有了封土，相应地有了坟和墓的文字区别"[1]。杨宽先生也认为："中原地区殷周时代的墓葬是没有坟丘的。""中原地区出现坟丘墓葬，开始于春秋晚期。"[2] 笔者在《初论中国古代坟丘的起源》一文中，亦主此说[3]。

与主流观点不同，殷墟发掘的宿将高去寻先生在 1980 年提出商代墓葬已有坟丘的说法[4]。当年初读高先生的文章，即颇以为非。稍后又见到夏之乾先生从民族学的角度，对从墓到坟的过程进行论证[5]，读后很受启发。于是主要利用民族学材料草成此文，交给李仰松先生，作为"考古与民族学研究"研究生课的作业。

后来又见到胡方平先生力主商代已有坟丘说[6]，即想整理旧稿以辨其非，然而诸事纷杂，一直没能抽出时间对旧稿进行好好修订。之后又有学者支持商代已有坟丘的说法[7]。近来欣闻赵春青兄为庆祝李仰松先生九十寿辰组稿，特在原稿基础上稍加修订，恭祝李老师九十寿诞。

一、高去寻先生关于商代坟丘的论述

高先生之讨论殷代墓冢，"完全是根据过去发掘安阳侯家庄西北冈殷代墓地中的 10 座大墓内所发现的盗掘现象而来"。

西北冈的十一座大墓加上后冈的一座大墓，共十二座。在发掘前都早已经过古代的盗掘，近代的盗掘先是自地面向下挖掘了许多长约两三米、宽约五十厘米的盗掘沟，

---

① 黄展岳：《说坟》，《文物》1981 年第 2 期。

② 杨宽：《中国古代陵寝制度的起源及其演变》，《复旦学报（社会科学版）》1981 年第 5 期。

③ 张立东：《初论中国古代坟丘的起源》，《中原文物》1994 年第 4 期。

④ 高去寻：《殷代墓葬已有墓冢说》，《考古与人类学刊》1980 年第 41 期。

⑤ 夏之乾：《从民族学材料探测由"墓"到"坟"的演进》，《广西民族研究》1988 年第 1 期。

⑥ 胡方平：《中国封土墓的产生和流行》，《考古》1994 年第 6 期。

⑦ 如董坤玉：《中国古代坟丘墓起源新探》，《考古》2017 年第 3 期。

与我们考古发掘中所挖的探沟颇为相似，而古代的盗掘，都是自上往下直掘入椁室顶面。面对这些事实，高先生产生了一个疑问："为什么当时的盗掘者在事前毫不费时费力，不加以探寻，从地面上向下掘便能很准确的掘入墓坑以内？"

为了使思考有一定的范围，高先生首先论证了"各大墓的造成都应在盘庚迁殷以后，殷人亡国以前"，于是，西北冈、后冈大墓的首次被盗掘应在殷人亡国之后，而且"由地下现象推断可说绝不是殷人亡国之后便立即发生的事，在时间上应与各大墓的造成都有或多或少的一段距离"。这样，盗掘者能事先确知大墓在地下的确切位置，就不能解释为曾"见到或参加过大墓的筑造工程，或有它们的位置分布图等等""最平实的想法是在盗掘时期各大墓在地面上本存有一种标识，使人一见而知它们之所在"。这种标识是什么呢？高先生在此引用了梁思永先生《河南安阳侯家庄西北冈殷代墓地发掘报告》的遗稿，兹转引如下：

根据西北冈发掘所得，殷代大墓上大概原来是有坟堆的，平面圆形，只覆盖墓室而不及墓道。现在把证据举例在下面：

1）第三期祭祀遗留的灰土坑和灰土堆，在紧靠大墓周围分布情形，这种祭典大概是围着坟脚举行的。如果没有坟堆墓上只是一片平地，那么灰坑就无隶属了；如果墓上或墓前有享堂一类的建筑，祭祀的举行总该在建筑之内，不会留下如此分布的灰坑。总之这些灰土坑灰土堆的情形以假设有坟堆才能得到比较满意的解释。

2）早期大圆形盗坑之位置……十一座殷代大墓，同时被盗掘者正当墓坑中部挖一圆坑（圆坑实际占墓坑全部只漏四角），将随葬物起去，盗坑很少有破坏墓坑四壁的情形。这大概是墓上有圆坟堆做盗掘者的标识，不然为何会如此巧妙！

3）全墓地地面以下约 1.5 公尺的黄熟土（即黄土和浅灰色土）层，和土层内的遗物分布情形……至于它的成因我们以为是大墓坟堆被毁平的结果；如没有坟堆，即土层的出现就大大的费解了。

高先生认为梁先生关于墓冢的推断证据充足已无可疑。另外又补充说："如果我们再试看西北冈西区大墓的分布图，它们有打破关系的也只是墓道打破墓道，并无墓道打破墓坑或墓坑打破墓坑的现象，也只有认为大墓之上原有坟冢的说法才能符合当时的实际情形。"接着又推断殷代小墓上面也是有墓冢的，其证据与大墓略同，主要是根据盗掘的方法和排列比较整齐而少打破现象。

总观之，高先生的逻辑是这样的：殷墟发现的古代盗掘现象和墓葬排列整齐而少打破现象表明，殷代墓葬上面是有标识的，而这种标识就是墓冢。梁先生文中的另外两点都是次要的，只起辅助作用。依笔者看来，这种逻辑似有不通之处，因为墓上标识并不等同于墓冢。

二、墓上标志的多样性

人类社会的最早阶段，应该是没有埋葬习俗的。按《孟子·滕文公上》的说法：

"盖上世尝有不葬其亲者，其亲死，则举而委之于壑。"菲律宾的塔桑代人处理尸体的方法是"尸体就放在树林子里。如果人死在山洞中，我们把尸体抬出去，用树叶掩盖起来"①。

　　随着社会的发展，后来有了埋葬的习俗。最初的土葬在地面之上没有任何标志。《礼记·檀弓上》引孔子之言曰："古也墓而不坟。"《易·系辞》："古之葬者，厚衣之以薪，葬之中野，不封不树。"《史记·匈奴列传》谓匈奴葬俗是"其送死……无封树"。《宋书·索虏》谓阴山等地民族葬俗是"死则潜埋，无坟垄处所"。《北史·流求列传》谓当地葬俗是"衬土而殡，上不起坟"。张庆长《黎歧纪闻》谓黎人葬俗是"父母丧……埋地内，上不起坟"。云南《禄劝县志·人种志》记述花苗葬俗曰"人死则埋于幽谷或荒郊，不用坟墓"②。云南怒江傈僳族自治州的怒族在埋葬时，挖一竖穴浅土坑，将尸体置于坑底，在四周框以木板，然后以土填平了事，不作坟堆。葬后也不祭扫。之所以如此，是因为"崇拜祖先的观念还很淡薄"③。西双版纳的哈尼族对正常死亡者都行土葬，埋葬后"墓上不留坟头，也不插任何标记"。当地人认为："人被掩埋了，灵魂也就送出了寨子，从此不再祭祀。"④ 在云南勐海县巴卡囡、贺开等寨的拉祜族中，凡正常死亡者都实行侧卧式土葬，埋葬时死者面部向下，双手交叉于胸前。"埋葬后，不垒坟，把土填平即行。"西藏隆子县珞巴族一般都是将死者埋葬于住宅附近，并且按蹲坐形状置放于圆形墓穴内，"埋完以后，地面仍要整平，没有坟堆"。类似现象在贵州荔波县瑶麓乡的瑶族（青裤瑶），云南西北部独龙河流域的独龙族，碧江傈僳族，景洪县基诺族，双江、勐海等县的布朗族，永仁县的彝族，金平县普角乡的"芒人"，海南保亭县的黎族，以及西藏察隅地区的"僜人"中也有⑤。这些民族之所以墓上没有任何标志，主要是因为人们的祖先观念淡漠，埋葬之后不再进行墓祭活动。

　　后来随着祖先观念的发展，墓祭活动的进行，开始在墓上设立各种标志，其质料则是因地而异。云南碧江县卡石、色得洼底等村的傈僳族将死者用简易木棺埋葬之后，不堆坟丘，但在墓前立两根木杆，将死者生前用物（男性用弩弓、箭包、酒器、食具，女性用织布用具等）悬于杆上品。过一年或数年后要为死者举行一次"修坟"仪式，寓意是为死者修盖房屋。其时，除进行祭献而外，还要在墓上置放一些石头作为墓葬的标记。此后，每逢年节都要举行墓祭⑥。云南永仁县彝族实行火葬，把骨灰罐埋葬于

---

① K·麦克利什：《棉兰老岛的塔桑代人——石器时代的穴居人》，《当代原始部落漫游》，天津人民出版社，1982年，第1~20页。
② 夏之乾：《从民族学材料探测由"墓"到"坟"的演进》，《广西民族研究》1988年第1期。
③ 全国人民代表大会民族委员会调查研究组：《怒族社会概况》，《怒族社会历史调查》，云南人民出版社，1981年，第17页。
④ 中共景洪县委调查组：《景洪县南林山哈尼族社会调查》，《哈尼族社会历史调查》，云南人民出版社，1982年，第113页。
⑤ 夏之乾：《从民族学材料探测由"墓"到"坟"的演进》，《广西民族研究》1988年第1期。
⑥ 董抱朴等：《碧江县五区卡石、色得佳底村傈僳族社会经济调查》，《傈僳族社会历史调查》，云南人民出版社，1981年，第104页。

家族墓地之后，每座墓上都要放一块长方形的石头做标记。金平县普角乡的"芒人"，在墓的两端各埋一块露出地面的石头做记号。海南岛某些地区的黎族在墓上放置一块石头或一块陶片作标志。东北大小兴安岭地区的鄂伦春人埋葬死者后，在墓前立一根高约 2 米的木桩。西盟佤族在墓的四周用竹篱笆围绕①。塔斯马尼亚人和澳大利亚人用木碑或树皮碑做墓上标志②。

中国古代是否使用过这类非永久性墓上标志，古文献中没有明确的记载。若从考古资料观察，中原地区新石器时代的很多墓地中，墓葬排列都是井然有序的。例如西安半坡仰韶文化墓地"墓葬坑位的排列，在北部是相当整齐的。墓葬集中的西部，几乎是纵横排列成相当整齐的行列"③。宝鸡北首岭、淅川下王岗、华县元君庙等墓地也有类似的现象。这种现象说明当时已经存在墓上标志，很可能是石块、木棍、陶片等非永久性的墓上标志。

非永久性的墓上标志，除了上述比较简单的专用标志外，还有一种兼作祭祀的房子。云南景洪的基诺人在"埋葬死人处不立坟堆，而在墓上盖小竹房一座，长宽一般为 1.5 米 × 1 米，高 1 米左右，单斜面屋顶，有门，内置篾桌，上放盛酒竹筒及水壶等物，作为对死者的祭献。小房烂后亦不再盖，小房未倒前则不能在该处再埋葬他人"④。高黎贡山等地的独龙族对正常死亡者进行土葬的三天后，在墓上修一小茅棚，内中放置饭菜，供死者享用，以后家中有人生病时，就要在茅棚前进行墓祭活动⑤。类似现象在西藏墨脱县达木乡的珞巴族、云南金平县普角乡的"芒人"中也有⑥。在古埃及，早在公元前四千年前，有些贵族墓，在墓上修建了祭祀的厅堂。古朴时期萨卡拉的阿哈墓，地面上建有砖造的祭祀性建筑，内部分为 27 个小室，用来存放酒瓮、食物盛器、猎具以及其他生活必需品⑦。塔斯马尼来人和澳大利亚人的墓上也有用木桩、树皮搭成的小棚子⑧。

三、商代的墓上建筑

中国古代的墓上建筑可以追溯到龙山时代，甚至更早。陕西凤翔大辛村 M3 是一座长方形竖穴土圹墓。长 230、宽 82、深 60 厘米。墓穴东西两壁各有柱洞 5 个，排列有序。柱洞口径 18～26、底径 8～10 厘米，洞底与墓室底平齐。墓室北端未发现柱洞，南端墓室口外有柱洞四个，口径与墓室两侧的近似，深 30～34 厘米，洞底高于墓

① 夏之乾：《从民族学材料探测由"墓"到"坟"的演进》，《广西民族研究》1988 年第 1 期。
② 北京大学历史系考古教研室：《原始社会史与民族志》，内部铅印本。
③ 中国科学院考古研究所、陕西省西安半坡博物馆：《西安半坡》，文物出版社，1963 年，第 200 页。
④ 汪宁生：《基诺族的"长房"》，《社会科学战线》1982 年第 3 期。
⑤ 云南省民族研究所：《独龙族社会历史综合考察报告》（第一集），云南省民族研究所，1983 年，第 106、107 页。
⑥ 夏之乾：《从民族学材料探测由"墓"到"坟"的演进》，《广西民族研究》1988 年第 1 期。
⑦ 〔埃及〕穆斯塔法·埃尔·埃米尔著，林幼琪译：《埃及考古学》，科学出版社，1959 年，第 7 页。
⑧ 北京大学历史系考古教研室：《原始社会史与民族志》，内部铅印本。

底。墓主为成年男性，仰身直肢，两手交置腹部，头向 280°。随葬陶器有双耳罐 2 件，单耳罐 1 件，均置于足部左侧；另有猪下颌骨 10 块，成堆置放于足下部。根据柱洞排列，可将墓上建筑复原为三面有墙，在靠近足部的北面开门①。

殷墟已发现至少三座墓上建筑。妇好墓为长方形竖穴墓，墓口南北长 5.60、东西宽 4 米，方向 10°。墓上的建筑南边被断崖破坏，南北残长 5.5、东西宽约 5 米，东边线方向为 5°。从平面图上可以看出该建筑的整体方向与墓葬相当，只是范围稍大于墓口。发掘者认为此建筑"大小不仅与墓葬大体接近，而且恰恰坐落在墓口之上"。根据保存较好的柱洞和柱础，可知东西两侧各有四柱，南北两侧各有三柱，总共有十柱。房基外侧东、西、北三面均有成行的夯土柱基，分别与房基的各柱相对应，显然是擎檐柱的柱基。房基东边有路土，推测门道可能向东②。

早在 1953 年，安阳大司空村就发现有 3 座墓上建筑，发掘时都残存有夯土地基和作柱础用的卵石。遗址一下有三座墓葬，而且发掘者对遗址与墓葬的平面分布关系没有充分报导，所以难以断定遗址一是否三墓共同的墓上建筑。遗址二压在 M311 之上，二者方向基本相同。M311 南北长 4.8、东西宽 4.4 米。遗址二的位置略偏西，夯土东西长 7.4、南北宽 6.8 米，在夯土上有卵石 10 块，排列整齐。遗址三下压 M312。由尚存的大部分范围可知，遗址三的四边也都超出下压墓葬 M312 的边圹，且各边超出的宽都比较接近，上下一体的关系非常清楚。M312 南北长 3.3、东西宽 1.8 米。遗址三夯土南北长 3.5、东西宽 2.2 米。根据已发现的 4 块础石推断，原来至少有 6 块，即东西两边各有 3 块③。

山东滕州前掌大墓地的多座墓葬之上发现有柱洞、夯土基础和础石等，证明这些墓葬之上建有房屋，而且一般多是将墓室和墓道覆盖。其中属于商代晚期的 BM4 略呈中字形。墓上的建筑遗存有墓口外侧的台基基底、柱洞、石础、散水等设施，同时在墓室、墓道底部也发现有柱洞。墓口边圹东侧外围清理出为埋柱而专门挖成的沟槽。根据墓葬地面周边保留的 18 个柱洞，以及相关的散水遗迹等，可知随着墓葬的埋葬完成，又在其上营造了墓上建筑，该建筑的形制与墓室、墓道的形制应大致相同，也略呈中字形。同属商代晚期的还有甲字形墓 M215。属于西周早期的甲字形墓 M205，墓道朝南。墓室的四角及墓道南端东西两侧口部地面上相对应的位置，有规律地保留有 6 片夯土基础。这些夯土基础现存厚度 0.1～0.2 米，都选用较纯净的黄土，和墓葬填土有较大的区别。这六片夯土的位置显示该墓埋葬完毕后，在其上又营造了一座甲字形建筑。同属西周早期的还有 M203、M206 两座甲字形墓④。

陕西凤翔春秋时期的秦公墓、河南辉县固围村战国大墓都有基本上平地起建的墓

①　雍城考古队：《陕西凤翔县大辛村遗址发掘简》，《考古与文物》1985 年第 1 期。
②　中国社会科学院考古研究所：《殷墟妇好墓》，文物出版社，1980 年，第 5～7 页。
③　马得志、周永珍、张云鹏：《一九五三年安阳大司空村发掘报告》，《考古学报》1955 年第 1 期。
④　中国社会科学院考古研究所：《滕州前掌大墓地》，文物出版社，2005 年，第 56～73、122 页。

上建筑，而在河北平山发现的战国时期中山王墓，更在墓上设计了一个台榭式享堂[①]。显而易见，中原地区在坟丘流行之前，存在一个在墓上建筑享堂的传统。

四、商王大墓的标志

梁思永、高去寻先生关于商王大墓存在墓上标志的推断是完全正确的，只是商代坟丘之说并不符合中国古代坟丘起源与发展的历史实际。作为永久性墓上标志的坟丘，最早可以追溯到春秋晚期，到战国时期开始流行，到了秦汉时期才真正定型。在这样的语境下讨论商代坟丘，若无坚实的证据，很难让人信服。就已有考古资料而言，商代应该还没有坟丘，至少在商文化核心区是没有坟丘的。

已经发现的妇好墓、大司空村 M311、M312 之上的建筑，尤其是前掌大晚商大墓上的中字型建筑，引导我们认真考虑晚商王墓也有墓上建筑。《侯家庄》第二本（1001号大墓报告）提到，"在（墓扩）东耳东南角盗坑底找到一块跟小屯村夯土基址常见用作柱础一样的河流石子"（上册 26 页，又见下册图版陆）。王世民先生据此推想，商王大墓上应该很可能都建有"享堂"[②]。

然而此说缺乏考古证据。如果商王大墓之上存在墓上建筑，例之妇好墓和大司空M311、M312 之上的三座建筑，其形制、方向应与墓葬大致相同，其夯土基址的规模应该略大于墓扩。井中伟先生曾梳理殷墟大墓西周早期的盗坑，其中大多数大致相当于墓扩的内切圆[③]。如果这些大墓之上曾有建筑，而且其规模与墓葬大致相同，那么应该有部分基址残存下来。如果说早年对商王墓区的发掘水平有限，可是后来在后冈和殷墟的发掘应该不会漏掉残余的夯土基址。现在看来，殷墟大墓之上存在规模相当的房屋建筑的可能性是比较小的。

现在需要弄清的是，如果这些大墓之上没有规模相当的房屋建筑，那么还有哪些可能呢？一种可能是墓上建筑的规模很小，在西周早期的盗墓活动中全被挖毁。这种假设可以解释大多数墓葬，但是无法解释后冈 91M9。该墓的西周早期盗洞不是相当于墓室内切圆的一个大坑，而是比较小的四个椭圆形盗坑。故此这种可能性也是比较小的[④]。

另一种可能是在墓葬中心树立木、石、陶等制作的单纯的杆状墓上标志。从商王墓区的平面图上，可以看到大墓之间的打破关系只存于墓道与墓道之间，绝无墓室被打破的现象。由此可以推断当时在地面上是可以确定墓室范围的。如果只是树立一根墓上标志，就难以保证墓室不被后来的墓葬打破。

---

① 张立东：《初论中国古代坟丘的起源》，《中原文物》1994 年第 4 期。
② 王世民：《中国春秋战国时代的冢墓》，《考古》1981 年第 5 期。
③ 井中伟：《殷墟王陵区早期盗掘坑的发生年代与背景》，《考古》2010 年第 2 期。
④ 中国社会科学院考古研究所安阳队：《1991 年安阳后冈殷墓的发掘》，《考古》1993 年第 10 期。

　　既然在地面之上可以确定墓室的范围，而墓上标志又非简单的杆状立物，那么这种墓上标志很可能是某种低矮围墙。在近现代欧美墓园中，经常见到低矮的围墙与墓碑配合使用，墓碑标志墓主的姓名，而围墙则指示着墓葬的范围。

　　这种围墙在古今中外都有使用。上文提到过云南西盟佤族在墓葬周围的竹篱笆。红山文化中的许多墓葬，发现有石制或陶制的矮墙。在某些情况下这些矮墙是独立的，但在大多数情况下，它们是和墓葬封土联系在一起的。辽宁阜新胡头沟发现的墓葬即为一例。该处墓地有内外两道墙，内层为圆形，而外层为四方形。中心部位有一最深最大的墓，而中心墓的南侧、在两层围墙中间有几座小墓葬。看起来像是内层的围墙是专为中心墓建造，外层的围墙是为中心墓和小墓建造的[①]。新疆地区发现有青铜时代和铁器时代早期石头圆形、正方形、长方形、三角形等围墙[②]。新疆和静察吾乎的Ⅳ式墓，几乎所有的墓葬都有石围墙。从 M154 的平面图和截面可以清晰地得知石头围墙作为标志的重要性[③]。类似墓上建筑在战国后期到汉代的匈奴人墓葬中也有发现[④]。

　　鉴于中国古代的建筑传统和殷墟大墓的考古发现，可以推知当时的围墙不大可能是用石头垒砌的，而可能是木头、陶器或植物制作的。考虑到中国建筑的传统，在烧砖流行之前，围墙大都是由木、泥、土制作而成。想象中的木质围墙应接近现代的篱笆墙，而土、泥围墙大致相当近现代仍在使用的用土堆成、用土夯打、草拌泥垛成的围墙。

　　这一推测在语言学上也有一些蛛丝马迹。墓葬或被称为"垄"或"垅"。汉代杨雄《方言》卷十三："冢，秦晋之间或谓之垄。"晋郭璞注："有界埒似耕垄，因以名之。"[⑤] 可见用土堆成的类似耕垄的设施曾经存在于汉晋时期的墓园。由于坟丘墓在中原地区出现较晚，它的很多名字例如坟、丘、陵、冢、山都是借自与坟丘形状相似的自然或人文景物。"垄"也应有类似起源。《汉语大字典》中，"垄"字首义为"坟墓"，其次才为"高丘"。实际上应将"地垄"义放在首位。若然，坟墓之称"垄"显然是因为墓上似垄的土质围墙。

　　遗憾的是，即使早期这些小型泥土建筑确实存在，也很难被保留下来。保存这样的建筑就像保存化石，只有在非常特殊的情况下，当一座墓葬很快被土层所覆盖，这些小的建筑才会被保留下来。此外，在发掘时，这种特征的识别是非常困难的。当然，如果这样的建筑真的存在的话，考古学家迟早都会识别出一些例子的。

① 方殿春、刘晓鸿：《辽宁阜新县胡头沟红山文化积石冢的再一次调查与发掘》，《北方文物》2005 年第 2 期。
② 韩建业：《新疆的青铜时代和早期铁器时代文化》，文物出版社，2007 年，第 66 页。
③ 新疆文物考古研究所：《新疆察吾呼——大型氏族墓地发掘报告》，东方出版社，1999 年，第 31 页。
④ 马利清：《原匈奴、匈奴历史与文化的考古学探索》，内蒙古大学出版社，2005 年，第 95～96 页。
⑤ 华学诚：《杨雄方言校释汇证》，中华书局，2006 年，第 999 页。

五、结　语

　　高去寻先生提出的商代已有坟丘说缺乏足够的证据，很难令人信服。

　　龙山时代出现，商代渐多，东周时期比较流行的墓上建筑，有可能是商代墓葬比较普遍存在的墓上标志。然就已经发掘的殷墟商代大墓而言，存在这种墓上建筑的可能性是比较小的。

　　当时很可能存在一种主要标志墓坑范围的、比较低矮的围墙式建筑。相对而言，单纯的石、木、竹、陶质矮墙的可能性较小，而用土堆筑的地垄式围墙，或在围墙之上再加以竹、木篱笆的可能性是比较大的。当时，同时存在代表墓主名号的杆状立物的可能性也是比较大的。

周代墓地三种祭祀遗存举要

谢 肃

（北京联合大学应用文理学院）

引 言

中国有"古不墓祭"的传统说法。东汉蔡邕《独断》云："古不墓祭，至秦始皇出寝起之于墓侧，汉因而不改。"[①]《后汉书·祭祀志下》承袭了这一说法，云："古不墓祭，汉诸陵皆有园陵，承秦所为也。"[②] 后世一般信从此说。

清代学者阎若璩对"古不墓祭"的说法提出质疑，他综合有限的文献材料认为周代已经存在墓祭[③]。但他对文献的解释有不少牵强之处。阎若璩之后的赵翼对墓祭考辨精赅，提出墓祭源于春秋战国。兹引其文与三代有关者于下。

古无墓祭，先儒备言之……按《周礼·小宗伯》虽有"成葬而墓祭"之文，乃葬日孝子先归虞祭，而使有司在墓，一祭地神，实非祭先祖。《冢人》所云凡祭墓为尸，《檀弓》所云有司设尊于墓左亦然。其祭先祖于野者，特《曾子问》望墓为坛以时祭耳，然亦以宗子出奔，庶子不敢主祭于庙故然。其吊丧而不及殡者，则亦先之墓，主人之待之也，即位于墓左，妇人墓右，成踊尽哀，此又因赴吊不及而然，皆非常礼也。《史记》武王上祭于毕。马融以毕为文王墓地名，其后武王、周公亦皆葬此。然司马贞、林有望以为祭毕星而非祭墓。又按《竹书纪年》礿六祀，文王初禴于毕。则文王已祭毕，非墓祭可知也。惟《吴越春秋》曰：夏少康恐禹墓之绝祀，乃封其庶子于越，号曰无余，居于秦余，春秋祠禹墓于会稽，似夏时已有墓祭。然《吴越春秋》作于后汉赵长君，其文多撮取《左氏》《国语》《史记》附会成篇，未可信也。盖三代以上，本无墓祭，故辛有见被发祭野者而以为异……《孟子》东郭墦间之祭，虽属设词，然其时必已有此俗。《史记》：孔子没鲁，世世相传，以岁时奉祠孔子冢。是春秋、战国时已开其端[④]。

[①] （汉）蔡邕：《独断》卷下，中华书局，1985年，第21页。

[②] （宋）范晔撰，（唐）李贤等注：《后汉书》卷十八《祭祀志下》，中华书局，1965年，第3199页。

[③] （清）阎若璩：《四书释地》"墦间之祭"条，《清经解·清经解续编》（第一册），凤凰出版社，2005年，第174页。

[④] （清）赵翼：《陔余丛考》第32卷，中华书局，1963年，第675～677页。

由于中山王墓兆域图、殷墟西北岗王陵区祭祀场等的发现，20 世纪 80 年代，学界对墓祭起源进行了热烈讨论①。20 世纪 90 年代北赵晋侯墓地祭祀坑的发现，再次引起学界对墓祭的关注②。目前在洛阳北窑铸铜遗址墓地、广饶五村墓地、邳州梁王城墓地、滕州前掌大墓地、曲沃北赵墓地、曲沃羊舌墓地、襄汾陶寺北墓地、华县东阳墓地、三门峡上村岭虢国墓地、礼县大堡子山秦公墓地、彭阳姚河塬墓地、上蔡郭庄墓地、荆州熊家冢墓地、荆州冯家冢墓地、辉县固围村墓地、曲沃曲村墓地、咸阳司家庄秦陵（闫家寨）等墓地发现有独立于墓葬之外的祭祀遗存③。关于这些遗存的性质，或认为是墓地祭祀地祇的遗存，或认为是墓祭遗存。两说各有拥趸。笔者以为周代墓地至少存在三种渊源有自、性质不同的祭祀。兹撮其要陈述于下。

一、殷遗民墓地祭祀公共祖先遗存④

兹以广饶五村、邳州梁王城墓地为例介绍于下。

1. 广饶五村墓地祭祀坑

1985、1986 年在山东省广饶县五村遗址东发掘区发掘了 5 座祭祀坑、5 座商末西周时期墓葬和 1 座战国时期墓葬。祭祀坑集中分布在 T5611、T5712、T5713 等相邻探方内。祭祀坑一般为圆形，直径 1.5～2、深 0.5 米左右。坑内有整匹或半匹马或牛的骨架，也有的是羊骨。这些祭祀坑旁边有同时期墓葬。其中祭祀坑 H21，直径 1.5 米，出土一具马骨。H21 北部有周初墓葬 M11，东南部有战国墓葬 M13，祭祀坑与这两座墓葬均开口于第 3B 层下。祭祀坑 H12 埋牛骨，其西部有周代墓葬 M2。祭祀坑 H50，出土牛碎骨，其西部是 M12，M12 为商末。祭祀坑 H29、H30，分别出土牛、羊骨。它们北部是 M10，M10 时代可能为商末。但由报告图二（T5713 南壁剖面图）看，H29 开口于第 3A 层下，打破第 3B、4 层；而 M10 开口于第 4 层下。报告正文却把 H29 归为汉代灰坑⑤。故对 H29 性质存疑。发掘的 5 座商末西周时期墓葬都是小墓，其中 M11、M12 有腰坑，腰坑内有狗。

五村遗址发表材料有限，笔者倾向于五村遗址东区是商末西周时期殷人、殷遗民的墓地。

---

① 杨宽：《先秦墓上建筑和陵寝制度》，《文物》1982 年第 1 期；杨宽：《先秦墓上建筑问题的再探讨》，《考古》1983 年第 7 期；杨鸿勋：《关于秦代以前墓上建筑的问题》，《考古》1982 年第 4 期；杨鸿勋：《〈关于秦代以前墓上建筑的问题〉要点的重申——答杨宽先生》，《考古》1983 年第 8 期。

② 李伯谦：《从晋侯墓地看西周公墓墓地制度的几个问题》，《考古》1997 年第 11 期；高智群：《从晋侯墓地论商周墓地制度的几个问题》，《史林》2002 年第 1 期。

③ 本文所说之墓地内祭祀遗存专指独立于墓葬外的祭祀遗存，不包括墓穴内的祭祀遗存。

④ 关于殷遗民墓地概念及判定标准，参见刘绪：《周代墓地族系分析》，《夏商周考古》，山西出版传媒集团、山西人民出版社，2021 年，第 73～110 页。

⑤ 山东省文物考古研究所、广饶县博物馆：《广饶县五村遗址发掘报告》，《海岱考古》（第一辑），山东大学出版社，1989 年，第 61～123 页。

2. 邳州梁王城墓地祭祀遗存

　　江苏省邳州市梁王城遗址西周时期的主要发现是 69 座墓葬和 12 座祭祀坑以及 2 处祭祀遗存。西周墓葬主要分布在南、北两个区。其中北区发现 28 座墓葬、7 座祭祀坑（图 1）；南区发现 36 座墓葬、3 座祭祀坑；两区之间零星分布 5 座墓葬、2 座祭祀坑和两处编号为墓葬实际是祭祀遗存的遗存（即 M55、M56）[①]。祭祀坑普遍较浅，除祭祀坑 S7 马颈部出土一枚铜箭镞外，没有其他伴出物品。

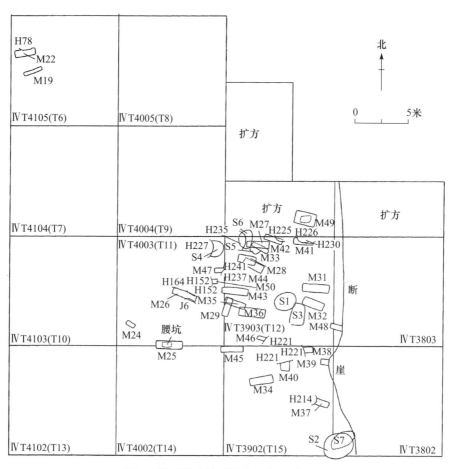

图 1　梁王城遗址西周墓地北区平面图

（资料来源：南京博物院、徐州博物馆、邳州博物馆：《江苏邳州梁王城遗址西周墓地发掘简报》，

《东南文化》2016 年第 2 期）

　　北区 7 座祭祀坑编号 S1～S7，其中马坑 5 座、牛坑和狗坑各 1 座。祭祀坑平面呈圆形或椭圆形。祭祀坑 S1（马坑）开口于夯土台基下，打破 S3 及第 7 层。平面近圆形，坑壁较直，底部不平。直径 1.92～2.03、深 0.43 米。填疏松的灰褐色土，夹杂草

[①] 南京博物院、徐州博物馆、邳州博物馆：《江苏邳州梁王城遗址西周墓地发掘简报》，《东南文化》2016 年第 2 期；南京博物院、徐州博物馆、邳州博物馆：《邳州梁王城遗址 2006～2007 年考古发掘收获》，《东南文化》2008 年第 2 期。两文相冲突处，笔者从《江苏邳州梁王城遗址西周墓地发掘简报》。

木灰颗粒。坑底出土一具较完整的马骨，马骨下有植物纤维痕迹。马骨除尾部稍残缺外，其余部分保存尚好。祭祀坑 S2（牛坑）开口于第 6 层下，打破第 7 层，叠压于 S7 上。平面近圆形，直壁，平底。直径 2.2、深 0.25～0.4 米。填疏松的灰褐色土，坑底铺有一层草木灰。坑底出土一具较完整的牛骨。牛头部残缺较甚，牛角仅存一支，面骨破碎。四肢向西侧卧，前肢弯曲，分布较散乱，后肢分开稍弯曲（图 2）。

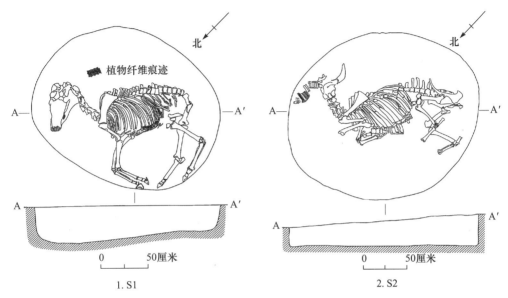

图 2　梁王城遗址部分祭祀坑平、剖面图

（资料来源：南京博物院、徐州博物馆、邳州博物馆：《江苏邳州梁王城遗址西周墓地发掘简报》，
《东南文化》2016 年第 2 期）

S1 打破 S3，S2 叠压 S7，S5 被墓葬 M27、M33 叠压和打破，S6 被 M27 打破。其中 M27 属于西周中期。

南区 3 座祭祀坑编号 S10～S12，均为马坑。祭祀坑平面呈长方形或圆角长方形。其中 M205、S10 打破 S12。

南北两区之间[①]，零星分布着 5 座墓葬，以及 S8、S9 等 2 座祭祀坑。2 座祭祀坑分别出土猪、羊骨架。祭祀坑 S8 开口于第 6 层下，打破 M54 和第 7 层。平面为椭圆形，直壁，平底。南北径为 1.76、东西径为 1.32、深 0.22 米。坑内发现两具猪骨架。南部一具保存较完整，为成年猪；北部为一具幼猪，骨架较为零散。坑内分布有大大小小石块，坑北部立一块较大石头，边上嵌两块稍小的石块（图 3）。另外编号为 M55、M56 的遗存应是祭祀遗存。M55、M56 均未发现"墓坑"，似将人骨平地掩埋。M55 人骨架一具，俯身屈肢，头骨缺失，双手并齐，置于背部，双腿并齐，弯曲于盆骨，似为捆绑所致。M66 被 H355 打破。M66 人骨架三具，自北向南编号分别为 1、2、3。1 号

---

① 查《梁王城遗址发掘报告（史前卷）》，南北两区间有较多区域没有发掘，参见南京博物院、徐州博物馆、邳州市博物馆：《梁王城遗址发掘报告（史前卷）》，文物出版社，2013 年，第 6 页。

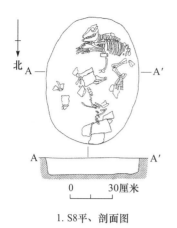

1. S8平、剖面图　　　　　　　　　　2. S8(自南向北摄)

图 3　梁王城遗址祭祀坑 S8

（资料来源：李宏飞：《试论邳州梁王城遗址发现的西周墓葬——兼论铜山丘湾社祀遗迹的年代》，
《中原文物》2020 年第 1 期）

人骨只保存部分下颌骨和脊椎骨；2 号和 3 号人骨均为俯身，头向东，面向下，仅保存有头骨及部分脊椎骨、上肢骨。这种把祭品有意或无意埋在地层内的现象也见于殷墟小屯丙组基址北段墓地（如 M410）[1]。

梁王城遗址有的西周时期墓葬有腰坑，随葬陶器也有较多的商文化因素，故简报认为其是殷遗民墓地。或据《左传》昭公元年"商有姓邳……武王复封其后于邳，为薛侯"的记载，推测梁王城西周墓地可能是西周初期分封至此的薛国平民墓地[2]。

此外在洛阳北窑铸铜遗址墓地、滕州前掌大墓地内也发现有此类祭祀遗存，华县东阳墓地的祭祀遗存似也属于此类。这些墓地的墓葬商文化因素较浓厚，被视为殷遗民墓地或部分墓葬被视为殷遗民墓葬。这些墓地的祭祀遗存，从空间、地层关系等方面看，均不从属于某一座特定墓葬。除前掌大墓地外，其他墓地的祭祀坑基本都呈圆形或椭圆形。这些墓地中北窑铸铜遗址墓地、前掌大墓地、东阳墓地有高等级墓葬。梁王城、五村西周墓地的墓葬规模不大，等级不高，但祭祀遗存却并不少。

安阳殷墟西北冈王陵区、小屯丙组基址北段墓地、后冈墓地、大司空墓地、郭家庄墓地等晚商墓地内或附近也有独立于墓葬之外的祭祀遗存。这些祭祀遗存的共同之处也是虽然分布在墓地内或附近，但从空间、地层关系上看它们并不从属于某一墓葬。据甲骨卜辞中的王卜辞记载，"在进行祭祀活动时，有时祭一个祖先，有时祭几个祖先，可祭盘庚以后各代先王，亦可祭盘庚以前不埋葬在殷墟的历代先公先王"[3]。杨锡璋、杨宝成据此推测，西北冈王陵区东区由众多祭祀坑组成的面积约数万平方米的区

① 谢肃：《商代祭祀遗存研究》，社会科学文献出版社，2019 年，第 188 页。
② 杨广帅：《豫北冀南地区西周时期墓葬研究》，山东大学硕士学位论文，2017 年，第 56 页。
③ 安阳亦工亦农文物考古短训班、中国科学院考古研究所安阳发掘队：《安阳殷墟奴隶祭祀坑的发掘》，《考古》1977 年第 1 期。

域是"商王室专门用于祭祀祖先的一个公共祭祀场所"①。刘一曼、徐广德认为后冈圆形祭祀坑所祀对象是其东南 200 米左右的大墓墓主为代表的一群祖先②。笔者曾遵循先生们的思路提出小屯丙组基址北段、大司空、郭家庄等墓地内或附近的祭祀遗存，是在那里举行的对以墓地内所埋葬的祖先为代表的众祖先的祭祀，其中也可能包括没有埋入该墓地的祖先③。所不同的是，殷墟西北冈王陵区、小屯丙组基址北段墓地的祭祀坑以长方形或近长方形为主，而后冈、大司空、郭家庄墓地祭祀坑都是圆形或近圆形。这或许是因为殷墟西北冈王陵区、小屯丙组基址北段墓地及墓地内的祭祀坑跟王族有密切关系，而其他墓地及墓地附近的祭祀坑是其他族群的遗存。商代墓地的此类祭祀遗存与墓地内的墓葬没有必然的关系，不同于后世的墓祭。

洛阳北窑铸铜遗址、广饶五村、邳州梁王城、华县东阳等殷遗民墓地内的祭祀坑多为近圆形，是对晚商非王族在墓地对公共祖先祭祀习俗的传承。殷墟诸墓地内祭祀遗存以人牲为主，兼有牛、羊、狗等牺牲。而周代的此类遗存人牲相对较少。这一方面可能与五村、梁王城等墓葬等级较低有关，另一方面也与周代不流行人祭有关。

殷人、殷遗民墓地祭祀公共祖先的礼俗，在中原地区有悠久的传统。河南郏县水泉裴李岗文化墓地发掘到裴李岗文化文化墓葬 120 座，按墓葬集聚状况，可以把墓地划分为东西两个区。东西两区之间的空白地带（即报告所说的第七与第八排墓间）有 1 座较大的烧土坑，坑内出土许多乱石。西区偏东，还有 1 座较小的烧土坑，出土少量兽骨（图 4）。报告推测"它们或许与埋葬时举行某种仪式有关"④。韩建业认为水泉墓地较大烧土坑可能为针对整个墓地的墓祭遗迹，与祭祀整个氏族的先祖有关；较小烧土坑或与祭祀西区家族先祖有关⑤。中原地区商代以前墓地内祭祀公共祖先的遗存资料尚不完备，不能从裴李岗文化贯穿下来。海岱地区商周之前墓地祭祀遗存有较多发现，但缺乏总平面图，这些祭祀遗存的性质也不能确定⑥。

广西崇左壮族也有类似的祭祀祖先习俗。20 世纪 90 年代的广西崇左壮族人仍然有较多不使用文字者，他们说不清楚自己祖辈以上祖先的名字和具体所葬坟墓，所以他们（以个人或家庭为单位）在墓地祭祖时也是泛泛地祭祀所有的祖先，而不是针对某座或某几座墓葬（或者某个具体祖先）进行祭祀⑦。这也是对商周时期此类祭祀的一个民族志方面解读。

---

① 杨锡璋、杨宝成：《从商代祭祀坑看商代奴隶社会的人牲》，《考古》1977 年第 1 期。
② 刘一曼、徐广德：《论安阳后冈殷墓》，《中国商文化国际学术讨论会论文集》，中国大百科全书出版社，1998 年，第 182～200 页。
③ 谢肃：《商代祭祀遗存研究》，社会科学文献出版社，2019 年，第 184～196 页。
④ 中国社会科学院考古研究所河南一队：《河南郏县水泉裴李岗文化遗址》，《考古学报》1995 年第 1 期。
⑤ 韩建业：《裴李岗时代的"族葬"与祖先崇拜》，《华夏考古》2021 年第 2 期；韩建业：《裴李岗时代与中国文明起源》，《江汉考古》2021 年第 1 期。
⑥ 高广仁：《海岱区史前祭祀遗迹的考察》，《海岱区先秦考古论集》，科学出版社，2000 年，第 304～313 页。
⑦ 中山大学历史系硕士研究生周峰（广西崇左人，壮族）于 2018 年元月据其幼年亲身经历告诉笔者。

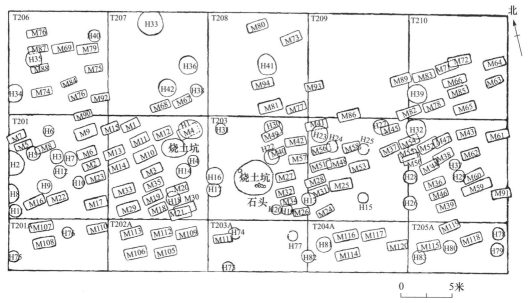

图 4　水泉裴李岗文化墓地平面图
（资料来源：中国社会科学院考古研究所河南一队：《河南郏县水泉裴李岗文化遗址》，
《考古学报》1995 年第 1 期）

商周及商周以前的此类祭祀活动可能是以"族"为单位进行的，而非家庭。该礼俗在中原地区的消失时间不可考，但可能不会延续到战国。《左传》僖公二十二年："初，平王之东迁也，辛有适伊川，见被发而祭于野者，曰：'不及百年，此其戎乎！其礼先亡矣。'"此处之祭，沈钦韩《左传补注》以为是《周礼·春官·大祝》之衍祭，《男巫》之望衍[1]。但杨伯峻认为是墓祭[2]。笔者以为辛有所见之祭极可能就是在墓地对众公共祖先的祭祀。

二、墓地祭祀地祇遗存

兹以北赵晋侯墓地、前掌大村北墓地为例介绍于下。

1. 北赵晋侯墓地祭祀坑

北赵晋侯墓地位于山西曲沃与翼城两县交界处，共发现发掘了 9 组 19 座大墓。每组大墓对应于一代晋侯和其夫人，该墓地是自第二代晋侯燮父以来 9 代晋侯及其夫人的墓地（图 5）。其中在 M8、M64、M62、M63、M93 等墓的墓道上及墓室、墓道左近，M8 祔葬车马坑 K1 上发现有祭祀坑。

---

① 沈钦韩：《左传补注》，《清经解·清经解续编》（第十一册），凤凰出版社，2005 年，第 2955 页。
② 杨伯峻：《春秋左传注》，中华书局，1990 年，第 393、394 页。

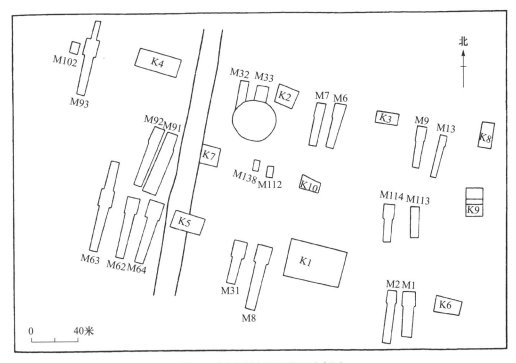

图 5　北赵晋侯墓地平面示意图

（资料来源：李伯谦：《文明探源与三代考古论集》，文物出版社，2011 年，第 292 页）

　　1992 年晋侯墓地第二次发掘中在 M13、M8 及车马坑 K1 范围内（即打破墓葬、车马坑）及近旁，发掘了祭祀坑 8 座。祭祀坑都很浅，坑内多埋马，仅 1 座为牛。牛坑位于 M13 墓道口西侧。有的祭祀坑除埋牲牲外，还埋有玉戈、玉牌等玉器①。简报对祭祀坑报道简略。M9 为第三代晋侯武侯宁族之墓，M13 是其夫人墓②。该墓组的年代明显早于其他有祭祀坑的墓葬的年代。发掘领队李伯谦和发掘参与者刘绪在关于晋侯墓地祭祀坑的论述中均不提 M13 附近的祭祀坑。

　　1993 年晋侯墓地第四次发掘中，发掘了 20 余座祭祀坑。其中 M64 墓道范围内和墓道两侧有祭祀坑近 20 座，坑内多埋马。M62 墓道南部有 2 个祭祀坑，坑内各埋马 1匹。M63 南墓道范围内有祭祀坑 3 座，其中 2 坑内各埋马 1 匹，1 座为空坑③。M62 之北还有 2 座人祭坑，坑内各出土 1 具蜷曲的人骨架。其中一具为 17～18 岁的女性，头部有一把精致的象牙梳。另一具为 20 岁左右的男性④。

　　另据刘绪、罗新介绍，晋侯墓地发现 30 余座祭祀坑，主要分布于南排西面二组大

①　北京大学考古学系、山西省考古研究所：《天马—曲村遗址北赵晋侯墓地第二次发掘》，《文物》1994 年第1 期。
②　李伯谦：《晋侯墓地墓主之研究》，《文化的馈赠——汉学研究国际会议论文集·考古卷》，北京大学出版社，2000 年，第 74～80 页；李伯谦：《晋侯墓地墓主推定之再思》，《古代文明研究通讯》2001 年总第 9 期。二文均收入李伯谦：《文明探源与三代考古论集》，文物出版社，2011 年，第 314～321、327～332 页。
③　山西省考古研究所、北京大学考古学系：《天马—曲村遗址北赵晋侯墓地第四次发掘》，《文物》1994 年第 8 期。
④　宋玲平：《晋系墓葬制度研究》，科学出版社，2007 年，第 159 页。

墓周围（即 M62、M63、M64 组和 M8、M31 组）。祭祀坑为长方形，较浅。一般每坑一马，有的马坑中伴出少量狗骨，多数为下颌骨。也有少数坑埋一个青少年，或男或女。个别坑为空坑。部分马坑和人坑内陈放玉石器和缀饰，器类有玉戈、玉璧、玉琮、玉璇玑、铜节约、铜泡、铜扣、铜环、铜管及铜胸饰等（图 6）[①]。

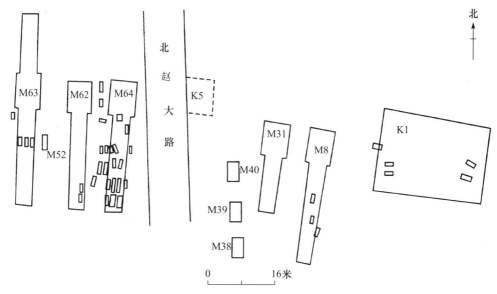

图 6　北赵晋侯墓地祭祀坑分布示意图

（资料来源：李伯谦：《文明探源与三代考古论集》，文物出版社，2011 年，第 298 页）

　　1994 年晋侯墓地第五次发掘清理了 20 余座祭祀坑。其中 M93 墓道及附近有大量的祭祀坑和"殉牲"，坑口可辨者 14 座，部分可能是入葬填埋时的"殉牲"。部分祭祀坑打破 M93 的南墓道。墓道北部多为狗骨，骨架零乱，当是随填土抛入的"殉牲"。部分狗骨旁有蚌、石或铜质小件饰品。墓道偏南部多为马骨，有的肢体不完整。还有少量的牛和羊下颌骨。零星狗骨和羊骨常常和马骨共出。从墓内牺牲的埋葬情况看，祭祀活动当不止一次。在南墓道东侧有两座小型"墓"：M97、M98，两墓都无葬具，墓主头均向北，M97 墓主面向西屈肢侧卧，随葬物仅见 1 枚粗糙的骨笄，M98 墓主面向东俯身而卧，无任何随葬品。两座墓的深度和祭祀坑相近，葬式异常。可能属人祭遗存[②]。陪葬墓 M127 的东北角、陪葬墓 M129 西南角各有 1 座小型的羊祭坑。晋侯墓地第六次发掘后，在 M93 南墓道东侧又发掘了 1 座祭祀坑（编号 M135），坑内自上而下依次埋有马、羊、人（头向西）、人（头向东）、人（头向东）[③]。

　　M8、M64、M62、M63、M93 等墓年代为西周晚期到两周之际。其中 M8、M64、

① 刘绪、罗新：《天马—曲村遗址晋侯墓地及相关问题》，《三晋考古》（第一辑），山西人民出版社，1994 年，第 18～26 页。
② 北京大学考古学系、山西省考古研究所：《天马—曲村遗址北赵晋侯墓地第五次发掘》，《文物》1995 年第 7 期。
③ 宋玲平：《晋系墓葬制度研究》，科学出版社，2007 年，第 159 页。

M93 为晋侯墓。

2. 滕州前掌大村北墓地祭祀坑

滕州前掌大村北墓地大墓东侧有"小墓"，杨锡璋、高炜、张长寿认为它们是祭祀坑[①]。笔者曾根据层位关系提出"小墓"BM5、BM6 是西周早期墓葬 BM3 的祭祀坑，"小墓"BM212、BM217 是晚商墓葬 BM214 的祭祀坑。这些祭祀坑是相关墓葬落葬过程中形成的祭祀遗存[②]。这 4 座祭祀坑均出土儿童骨骼。

此外，曲沃羊舌墓地、襄汾陶寺北墓地、三门峡上村岭墓地、上蔡郭庄墓地、礼县大堡子山墓地（仅限于人坑）的祭祀遗存皆可归入此类。这类祭祀遗存常常集中分布在大墓附近，大多数遗存晚于其所从属的墓葬，遗存间往往有打破关系。

关于此类遗存的性质学界讨论较多，分歧较大。主要有以下观点。

第一种观点认为它们是墓祭遗存。李伯谦注意到晋侯墓地祭祀坑都位于大墓 M31、M8、M64、M62、M63、M93 等的墓道上和墓室、墓道附近及 M8 袝葬车马坑上，提出它们是分属于某个特定大墓的，而且晋侯墓前的祭坑数量要多于夫人墓前祭坑的数量。祭祀坑较多的地方，祭祀坑排列有序，应是多次祭祀活动的遗留。晋侯墓地祭祀坑的发现不仅证明西周时期确实存在墓祭，而且证明有专门针对某一特定墓主举行的活动[③]。郭明赞同该观点[④]。吉琨璋、田建文认为羊舌墓地祭祀坑也是墓祭遗存[⑤]。

第二种观点认为它们是墓地祭祀地祇的遗存。高智群把晋侯墓地的祭祀坑进行了区分。提出犬、马牺牲主要是供冥居守卫攘邪和墓主巡游出行之用的殉牲；小型墓坑成年男女是服侍晋君夫妇于地下的殉葬者；牛羊作为祭品，供献的对象应包括墓主和地祇，它和后世祭墓礼性质有别[⑥]。冯峰对高智群的研究做了批判式继承。他提出人殉应在墓室之内，羊舌墓地祭祀坑中的人骨架呈现的姿态亦异于正常墓葬之葬式，大墓已经构筑车马坑，因此祭祀坑里的人、马不应当作殉葬之用。晋侯墓地祭祀坑表现为瘗埋形式，在文献里人牲、马牲不用于祭祀人鬼，而是用来祭祀地祇。上蔡郭庄墓地的祭祀坑开口在 M1 北侧墓圹之下，其形成时墓主尚未下葬，因此也不是墓祭遗存。进而提出北赵晋侯墓地、羊舌晋侯墓地、上蔡郭庄墓地、辉县固围村墓地的祭祀坑都是祭祀墓地地祇之类神灵的遗存[⑦]。

针对上述两种观点，赵昊认为郭庄墓地、大堡子山"乐器坑"和埋人坑是墓地内

① 杨锡璋、高炜：《殷商与龙山时代墓地制度的比较》，《中国商文化国际学术讨论会论文集》，中国大百科全书出版社，1998 年，第 208～219 页；张长寿：《前掌大墓地解读》，《丰邑行》，中国社会科学出版社，2014 年，第 25～59 页，原载《安志敏先生纪念文集》，文物出版社，2011 年，第 402～432 页。

② 谢肃：《商代祭祀遗存研究》，社会科学文献出版社，2019 年，第 180、181 页。

③ 李伯谦：《从晋侯墓地看西周公墓墓地制度的几个问题》，《考古》1997 年第 11 期。

④ 郭明：《先秦时期墓上建筑研究》，《华夏考古》2012 年第 1 期。

⑤ 吉琨璋：《再论羊舌晋侯墓地》，《古代文明研究通讯》2007 年总第 34 期；田建文：《旧说重提二则》，《古代文明研究通讯》2007 年总第 34 期。

⑥ 高智群：《从晋侯墓地论商周墓地制度的几个问题》，《史林》2002 年第 1 期。

⑦ 冯峰：《东周丧葬礼俗的考古学观察》，北京大学博士学位论文，2010 年，第 255～259 页。

祭祀地祇类神灵的遗存；北赵晋侯墓地、羊舌晋侯墓地、上村岭虢国墓地、荆州熊家
冢墓地、辉县固围村大墓等的祭祀坑和曲沃曲村西周墓地内的战国祭祀坑是祭祀祖先
的墓祭遗存[①]。孙庆伟提出北赵（M13 和 M8 组除外）和羊舌晋侯墓地等遗址所见的祭
祀坑是在公墓前盟誓的盟誓坑[②]。

　　笔者倾向于冯峰的认识，即北赵晋侯墓地、羊舌墓地、陶寺北墓地、上村岭墓地、
上蔡郭庄墓地、前掌大村北墓地和大堡子山墓地的祭祀遗存都是用来祭祀墓地地祇之
类神灵的遗存。

　　《周礼》《礼记》都有关于临葬祭祀后土的记载。《周礼·冢人》载："大丧既有
日，请度甫竁，遂为之尸。"郑玄注："为尸者，成葬为祭墓地之尸也。郑司农云：'既
有日，既有葬日也。始竁时，祭以告后土，冢人为之尸。'"[③]《小宗伯》云："成葬而祭
墓，为位。"郑玄注："成葬，丘已封也……先祖形体托于此地，祀其神以安之。"贾
公彦疏："云'成葬'者，谓造丘坟已讫，以王之灵柩托于此土，故祭后土之神，使
安祐之。当设祭位于墓左也。"[④]《礼记·檀弓下》云："有司以几筵舍奠于墓左，反，日
中而虞。"郑玄注："舍奠墓左，为父母形体在此，礼其神也。"孔颖达疏："此谓及窆
之后事也……有司以几筵及祭馔置于墓左，礼地神也。"[⑤]《周礼·冢人》曰："共丧之
窆器。"贾公彦疏："凡封者，封即窆，谓下棺。"[⑥]《礼记·杂记下》载："乡人，五十
者从反哭，四十者待盈坎。"孔颖达疏"'四十者待盈坎'者，谓窆竟以土盈满其
坎……"[⑦] 以此来看，《礼记·檀弓下》孔颖达疏"及窆之后事"当是在"窆竟"（落
棺后）而未盈满墓穴之时。

　　综合上引文献知，关于祭祀后土的时间，《小宗伯》、郑玄和贾公彦认为是在坟丘
造好后；郑司农以为是在始竁时；孔颖达认为在下棺之后。祭祀中充当尸的是冢人，
祭祀者为有司，参与造坟丘的在四十岁以下的乡人可能也参与了祭祀。

　　《礼记·祭义》记载宰我问孔子鬼神的含义，孔子回答说："……众生必死，死必
归土，此之谓鬼。骨肉毙于下，阴为野土……"[⑧]《檀弓下》记载延陵季子在埋葬其长
子后，"既封，左祖，右还其封且号者三，曰：'骨肉归复于土，命也。若魂气则无不

① 赵昊：《东周祭祀遗存研究》，北京大学硕士学位论文，2011 年。
② 孙庆伟：《祭祀还是盟誓：北赵和羊舌晋侯墓地祭祀坑性质新论》，《中国国家博物馆馆刊》2012 年第 5 期。
③ （汉）郑玄注，（唐）贾公彦疏，赵伯雄整理，王文锦审定：《周礼注疏》，北京大学出版社，1999 年，第 568 页。
④ （汉）郑玄注，（唐）贾公彦疏，赵伯雄整理，王文锦审定：《周礼注疏》，北京大学出版社，1999 年，第 498 页。
⑤ （汉）郑玄注，（唐）孔颖达疏，龚抗云整理，王文锦审定：《礼记正义》，北京大学出版社，1999 年，第 272 页。
⑥ （汉）郑玄注，（唐）贾公彦疏，赵伯雄整理，王文锦审定：《周礼注疏》，北京大学出版社，1999 年，第 569 页。
⑦ （汉）郑玄注，（唐）孔颖达疏，龚抗云整理，王文锦审定：《礼记正义》，北京大学出版社，1999 年，第 1208、1209 页。
⑧ （汉）郑玄注，（唐）孔颖达疏，龚抗云整理，王文锦审定：《礼记正义》，北京大学出版社，1999 年，第 1325 页。

之也,无不之也。'"孔颖达疏:"言'复归'者,言人之骨肉,由食土物而生,今还入土,故云'归复'。"① 可见春秋时期人们就有逝者落葬后即是骨肉归复于土的观念。《楚辞·招魂》云:"魂兮归来,君无下此幽都些!土伯九约,其角觺觺些。"王逸注:"幽都,地下后土所治也。地下幽冥,故称幽都。土伯,后土之侯伯也。约,屈也。觺觺,犹猲猲,角利貌也。言地有土伯,报卫门户,其身九屈,有角觺觺,主触害人也。"② 张闻捷以为《招魂》之"幽都"是楚人的"灵魂的安置所,里面又有土伯、敦脄、参目等官吏或恶兽"③。那么,落葬时祭祀地祇,祈求安佑死者,是自然不过的事情了。

墓地祭祀地祇的礼俗为后世所沿袭。《大唐开元礼》规定在葬礼中要在墓地分两次祭祀后土之神。第一次是在卜好墓葬位置后,第二次是在安葬之后④。北宋官修堪舆著作《重校正地理新书》也有墓地祭祀后土的说法。其第十四卷"明堂祭坛法"云:"《遯甲经》云:'……自王侯至于庶人若不祭明堂者,皆大凶。葬必置明堂,祭后土诸神,则亡魂安。'《青乌子》云:'不立明堂,名曰盗葬,大凶。'"⑤ 这里的"明堂"即祭祀场地。该卷"斩草建旐"又记有斩草仪式中祝辞模板,其辞曰:"祝曰:维年月日,祭主某乙致告于五方五帝、山川百灵、后土阴官、丘丞墓伯、阡陌诸神,某亲以某年月日奄逝……谨以信币、柔毛、酒礼之仪,致告于山川百灵主,供奠于后土神,既葬之后,永无咎艰,尚乡食(按:飨之讹)。"⑥ 研究者根据《重校正地理新书》的这些记载认为汉代以来兴起的买地券也是墓地祭祀后土仪式之一种。⑦

钱大昕《十驾斋养新录》卷2云:"今世营葬必于其侧立石题后土之神,临葬设酒脯祀之,盖古礼也。"⑧ 笔者于2013年7月在陕西神木石峁古城东城门外东南侧看到一处现代墓地,该墓地内立有一石柱,其上刻画文字字迹漫漶,但尚能辨识出"后土"二字。2015年7月笔者参加东莞市水利文化遗产调查,考察了一处墓地——麦氏祖茔。墓地位于东莞茶山镇超朗村麦屋(牛过蓢)石头,坐落在一座低矮山岗的南部。现存古墓三座,均坐西面东,墓前有池塘。当中一座墓碑上书写有七世祖,麦氏族人相传该墓为南宋时移居此地的麦氏先人墓葬。今天麦氏族人仍祭祀该墓葬。墓地内墓葬均为地堂式布局,地堂式墓葬布局是明代以来珠三角地区墓葬特点,这与该墓为南宋墓

---

① (汉)郑玄注,(唐)孔颖达疏,龚抗云整理,王文锦审定:《礼记正义》,北京大学出版社,1999年,第313、314页。

② 蒋天枢:《楚辞校释》,上海古籍出版社,1989年,第268页。

③ 张闻捷:《从"敬神"到"事鬼"——墓葬资料所见周代贵族生死观的变迁》,《考古与文物》2013年第6期。

④ (唐)萧嵩等:《大唐开元礼》,《四库提要著录丛书》史部第137册,北京出版社,2010年,第652、658页。《通典》卷第一百三十九"祭后土"条也有相似记载。见(唐)杜佑:《通典》,中华书局,2016年,第3533、3534页。

⑤ (宋)王洙等撰,(金)毕履道校正,(金)张谦重校正,关长龙点校:《重校正地理新书》,《中华礼藏·礼术卷·堪舆之属》(第一册),浙江大学出版社,2016年,第741页。

⑥ (宋)王洙等撰,(金)毕履道校正,(金)张谦重校正,关长龙点校:《重校正地理新书》,《中华礼藏·礼术卷·堪舆之属》(第一册),浙江大学出版社,2016年,第748页。

⑦ 郭莉:《宋代买地券仪式研究》,山西大学硕士学位论文,2013年。

⑧ (清)钱大昕:《十驾斋养新录》,江苏古籍出版社,2000年,第29页。

葬的说法不合。但不排除明代对南宋墓葬外观做了改造的可能。墓地高处有刻有"后土"二字的石碑一通，石碑现外包水泥，传石碑与古墓同时。2019 年春笔者参观中山大学深圳校区内陈氏墓地发掘现场。族谱记载该墓地始建于元代，但从发掘成果看，其始建于明代，并一直沿用到当代。该墓地旁边集中放置有多个刻有后土的当代石碑。这些石碑可能是分别摆放在各个墓葬旁的，只是为考古发掘便，临时把它们集中到一起了。神木石峁、东莞石头和深圳中山大学的现代墓地内刻有"后土"的石碑，是当代人对祭祀墓地后土之古礼的传承。广东本地人认为后土主财，所以奉献给墓地后土的祭品丰盛程度并不逊于对墓主的献祭[①]。

　　商文化墓地祭祀地祇的遗存表现为两种方式[②]，其一是把祭品掩埋在墓葬填土中，这是比较普遍的现象。在以往研究中，学界多把周代墓葬填土中掩埋牺牲的现象称作"殉牲"，视为殷遗民文化因素。其实这种实为"祭牲"的"殉牲"也存在于部分周系墓葬中。如黎城西关村黎国墓地甲字形墓 M1 墓道接近地表处有人骨架。甲字形墓 M10 墓道内发现"祭祀用的马、牛、羊、狗等动物骨骼 57 具"[③]。韩城梁带村芮国墓地的甲字形大墓 M28 的墓室填土中出土 1 件石圭和 1 具小马骨架。甲字形大墓 M502 的墓室南部的上层填土中出土 1 件残玉圭[④]。北赵晋侯墓地中字型大墓 M93 墓道填土中分层埋有牺牲。墓道北部多为随填土抛入的零乱狗骨架，部分狗骨身旁有蚌、石或铜质小件饰品。墓道偏南部多为马骨，有的肢体不完整。填土中还有少量的牛和羊骨骼（仅见下颌骨）。零星狗骨和羊骨常常和马骨共出。M93 墓室填土中出土玉或石质的戈、圭、璧、柄形饰等（填土中出此类器物的现象也见于晋侯墓地 M64）[⑤]。张家坡墓地甲字形墓 M168（该墓主人为一代井叔）墓室东南角与墓道连接处的填土中出土一具无头狗骨架[⑥]。黎[⑦]、芮、晋和张家坡墓地的井叔皆为姬姓。周代部分周人也接受了商人祭祀地祇后把祭祀用品埋在墓葬填土中的习俗。

　　商文化墓地祭祀地祇遗存的另一个表现方式是在一些大墓旁边设置单独的祭祀坑。前掌大村北墓地的西周早期祭祀坑是商文化习俗的自然顺承。秦人作为殷遗民之一种，其丧葬习俗沿革商文化较多[⑧]，大堡子山人祭坑亦是商文化习俗的流传。以北赵、羊舌晋侯墓地为代表的晋系墓地内此类遗存出现在西周晚期（北赵 M13 祭祀坑存疑），应是晋国高等贵族为代表的人群对墓地祭祀地祇后处理祭品、祭祀场地方式调整的结果。

①　2021 年冬，广州市文物考古研究院全洪研究员告知笔者。
②　谢肃：《商代祭祀遗存研究》，社会科学文献出版社，2019 年，第 172～184 页。
③　张崇宁：《山西黎城黎国墓地》，《2007 中国重要考古发现》，文物出版社，2008 年，第 40～45 页；侯彦峰、张崇宁、马萧林等：《山西黎城楷侯墓地出土祭祀动物骨骼鉴定与分析》，《江汉考古》2013 年第 4 期。
④　陕西省考古研究院、渭南市文物保护考古研究所、韩城市景区管理委员会：《梁带村芮国墓地——二〇〇七年度发掘报告》，文物出版社，2010 年，第 100、159、9 页。
⑤　北京大学考古学系、山西省考古研究所：《天马—曲村遗址北赵晋侯墓地第五次发掘》，《文物》1995 年第 7 期。
⑥　中国社会科学院考古研究所：《张家坡西周墓地》，中国大百科全书出版社，1999 年，第 27 页。
⑦　关于黎侯族姓参见刘绪：《夏商周考古》，山西出版传媒集团、山西人民出版社，2021 年，第 92、93 页。
⑧　梁云：《论早期秦文化的来源与形成》，《考古学报》2017 年第 2 期。

作为处理祭品的祭祀坑在层位关系上不早于其所属墓葬，不代表祭祀活动就一定晚于墓葬，祭祀活动也可能发生在始窆之时。郭庄战国大墓族属虽为楚，但在墓葬构筑上却与晋系的辉县固围村大墓、闻喜邱家庄战国大墓有相似之处，如夯筑墓圹基础、积砂积石。郭庄墓地祭祀坑或是晋文化影响的结果。

地祇有大小之别，有主管整个墓地之地祇，也有主管单个墓葬的地祇。北赵晋侯墓地等墓地中祭祀坑在空间位置上表现出的专属于某一墓葬的现象，其实是对个别墓葬所在兆域内地祇的祭祀。中山大学深圳校区陈氏墓地有多通刻写"后土"的石碑，则意味着这些石碑分别代表着某一座墓葬的后土之神。而神木石峁、东莞石头两墓地均只有一通刻写"后土"之石碑，也即这两个石碑分别代表这两处墓地的后土之神。现代人对后土的祭祀是持续不断的，并不限于葬前和葬后。周人可能也是如此，这就造成了祭祀坑间的打破关系。

三、春秋晚期以来的墓祭遗存

此类遗存见于荆州熊家冢墓地、荆州冯家冢墓地等楚系墓地和辉县固围村墓地、曲沃曲村墓地等晋系墓地。咸阳司家庄秦陵闫家寨部分遗迹单位可能也属于此类遗存。兹以荆州冯家冢墓地祭祀坑为例介绍于下。

冯家冢墓地位于湖北省荆州市八岭山林场中部的岗地上。墓地南北最长约110、东西最宽约350米。与熊家冢墓地类似，该墓地由主墓、陪葬墓、殉葬墓、祭祀坑、车马坑等组成。主墓、陪葬墓和已经发掘的殉葬墓都有封土。墓地年代为战国时期[①]。

主墓 JBFM1 位于墓地中心，其北侧是陪葬墓 JBFM2，两墓均为甲字形大墓。它们西侧分布 2 座车马坑。JBFM1（主墓）南侧已探明殉葬墓 24 座，呈东西向 6 行、南北向 4 列分布；二号墓（夫人墓）北侧也探明殉葬墓 24 座，呈东西向 4 行、南北向 6 列分布。在这批殉葬墓以北还有 70 座殉葬墓呈东西向 10 行、南北向 7 列分布（图 7）。2011～2012 年共发掘殉葬墓 7 座，其中 BXM1 就位于 JBFM2 北侧从南向北数第一列。2013 年在殉葬墓 BXM1 周围发掘了 9 座祭祀坑（编号 JSK1～JSK9，图 8）。祭祀坑 JSK1～JSK3、JSK9 分布于 BXM1 西侧，大致呈南北向排列；祭祀坑 JSK4～JSK8 分布于北殉葬墓区与冯家冢二号墓封土之间，呈东西向排列。祭祀坑打破 BXM1 的封土。

祭祀坑均为竖井式土坑结构。坑口平面多呈四边形，四角较为方正，近正东西或正南北向。祭祀坑口大底小，坑壁较陡直，部分坑壁存在向一侧倾斜的现象。坑底平面均呈四边形，较平坦。坑内填土未发现夯筑痕迹。大部分坑内填土中包含 1～2 块较大的砂岩石，少量填土中夹杂陶器残片等，仅 JSK3 和 JSK6 坑底出土有玉珩或玉璧。

简报认为："这些坑应是向此墓地中的核心墓主举行祭奠仪式后留下的遗迹"；

① 荆州博物馆：《湖北荆州八岭山冯家冢墓地考古勘探简报》，《文物》2015 年第 2 期；荆州博物馆：《湖北荆州八岭山冯家冢楚墓祭祀坑 2013 年发掘简报》，《文物》2015 年第 2 期。

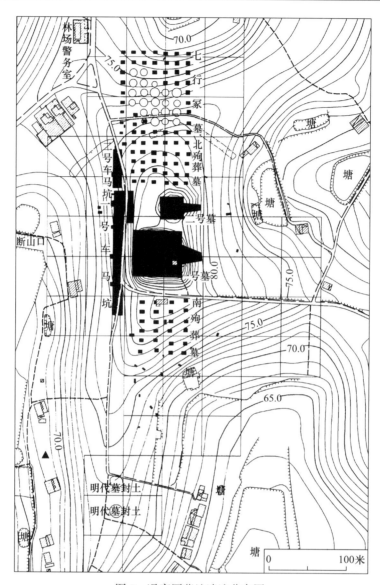

图 7　冯家冢墓地遗迹分布图

（资料来源：荆州博物馆：《湖北荆州八岭山冯家冢墓地考古勘探简报》，《文物》2015 年第 2 期）

JSK3、JSK6 出土的玉器是祭品，其余 7 座中是否用易腐的有机物作为祭品，还有待进一步的考古工作；多个坑中发现的大块砂岩石，大小、形状及埋藏深浅不一，其中置于坑底的大块砂岩石或许是搁置祭品牺牲之用。张闻捷认为熊家冢、冯家冢墓地祭祀坑主要用 1~2 件玉器或牲肉之类的有机物（盛放于砂岩石板上）来祭祀楚王。由于发掘数量太少，目前还不能够判定是否存在多次连续祭祀的情况。但就目前发掘情况看，它们与殷墟西北冈王陵区祭祀坑有极强的相似性，可能是对商礼的复原、再造[①]。

---

① 张闻捷：《"再造商礼"——战国楚地商代礼俗的复兴》，《美术研究》2019 年第 2 期。

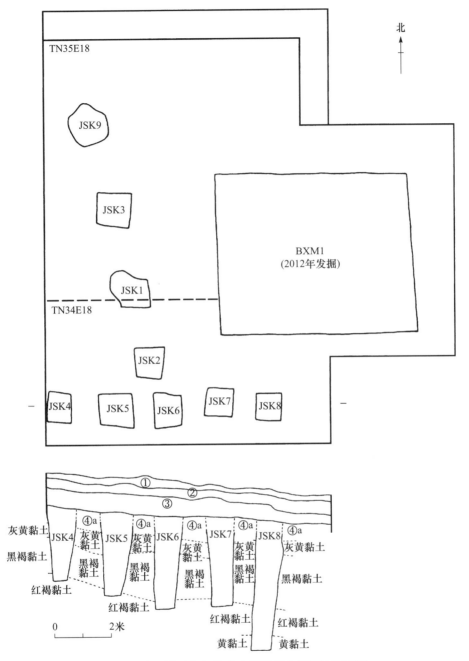

图 8　冯家冢墓地祭祀坑分布图及部分祭祀坑剖面图

（资料来源：荆州博物馆：《湖北荆州八岭山冯家冢楚墓祭祀坑 2013 年发掘简报》，《文物》2015 年第 2 期）

　　熊家冢、冯家冢墓地是时间上前后相继的两位楚王的陵园①，墓地规划严整，布局有序，祭祀坑也排列有度。从有限的层位关系看，祭祀坑打破墓葬封土。固围村大墓

---

① 张绪球：《熊家冢和冯家冢的年代及墓主》，《楚学论丛》（第 6 辑），湖北人民出版社，2017 年，第 205～223 页；
　尹弘兵：《楚都纪南城探析：基于考古与出土文献新资料的考察》，《历史地理研究》2019 年第 2 期。

时代与上述两座楚王陵相近，墓主等级相若①，由于陵园没有做整体勘探发掘，可能还有祭祀坑等遗迹没有发现。固围村墓地祭祀坑出土玉器，与两座楚王陵祭祀坑相似，但与同属晋系文化的北赵晋侯墓地为代表的祭祀遗存差别较大。固围村的这些祭祀坑应是祭祀墓主的遗存。

西周时期宗法制度执行较好。祭祀由宗子主持，庶子可以参与其中，但没有主祭权利。《礼记·曲礼下》："支子不祭，祭必告于宗子。"孔颖达疏："支子，庶子也。祖祢庙在适（嫡）子之家，而庶子贱，不敢辄祭之也。""'祭必告于宗子'者，支子虽不得祭，若宗子有疾，不堪当祭，则庶子代摄可也。"②《礼记·大传》："庶子不祭，明其宗也。"郑玄注："明，犹尊也。"③ 这种由宗子主持的祭祀一般在宗子主管的宗庙里进行。

东周以降，宗法制度日渐被破坏，核心家庭在社会生产、生活中作用逐渐加强。春秋时期已经出现了庶子作器祭祀祖先的现象④。庶子没有宗庙，其祭祀祖先要新选地方，墓地自然成了祭祖首选地。《礼记·曾子问》："曾子问曰：'宗子去在他国，庶子无爵而居者，可以祭乎？'孔子曰：'祭哉！''请问其祭如之何？'孔子曰：'望墓而为坛，以时祭……'"郑玄注："不祭于庙，无爵者贱，远辟正主。"⑤ 孔子言庶子可以代替不在国的宗子祭祀祖先，但祭祀不能在宗子主管的宗庙进行，而是在祖先墓葬附近设坛而时祭。这也反映人们在选择祭祖地点时，坟墓仅次于宗庙的地位。

墓祭当是源于东周时期下层贵族、庶民的祭祖活动。随着民间墓祭活动普及⑥，上层贵族中原本在宗庙内举行的一些活动也有转移到墓地举行的倾向。如《左传》昭公二十五年记载：鲁昭公"与臧孙如墓谋，遂行。"杜预注："辞先君，且谋所奔。"杨伯峻注："《礼记·檀弓下》：'去国则哭于墓而后行。'"⑦ 按礼，诸侯行，当辞于宗庙。鲁昭公为孟氏与叔孙氏所伐逐，或仓促间不能告庙，于祖坟告祖先而后行。《左传》昭公二十七年：季子"聘于上国"，期间公子光使鱄设诸刺杀吴王僚，季子返国后，"哭墓，复位而待"。杜预注：哭墓，"复使命于僚墓"⑧ 。这或许也是春秋晚期以降大型墓葬开始

---

① 固围村 3 座大墓年代约当战国中晚期之际，可能是某位魏国国君与其夫人的墓葬。参见刘绪：《晋文化》，文物出版社，2007 年，第 56 页。

② （汉）郑玄注，（唐）孔颖达疏，龚抗云整理，王文锦审定：《礼记正义》，北京大学出版社，1999 年，第 156 页。

③ （汉）郑玄注，（唐）孔颖达疏，龚抗云整理，王文锦审定：《礼记正义》，北京大学出版社，1999 年，第 1007 页。

④ 高婧聪、张利军：《周代"庶子不祭"新证》，《中国历史文物》2009 年第 3 期；任晓峰：《周代祖先祭祀研究》，西北大学博士学位论文，2015 年，第 104 页。

⑤ （汉）郑玄注，（唐）孔颖达疏，龚抗云整理，王文锦审定：《礼记正义》，北京大学出版社，1999 年，第 608 页。

⑥ 战国、秦代简牍中有不少与墓祭有关的内容。参见李学勤：《放马滩简中的志怪故事》，《文物》1990 年第 4 期。

⑦ 杨伯峻：《春秋左传注》，中华书局，1990 年，第 1464、1465 页。

⑧ 杨伯峻：《春秋左传注》，中华书局，1990 年，第 1485 页。

注重坟丘、"墓上建筑"①的原因之一。至于《曲礼下》云："国君去其国，止之曰：'奈何去社稷也？'大夫，曰：'奈何去宗庙也？'士，曰：'奈何去坟墓也？'"孔颖达疏："士亦有庙，辟大夫，言'坟墓'，亦与大夫互也。"②则坟墓已经完全与社稷、宗庙对等了。赵翼关于墓祭之俗起于春秋战国之际的看法大体是符合史实的。

《孟子·离娄下》叙齐国某人求"东郭墦间之祭"而食。赵岐注："墦间，郭外冢间也。乞其祭者所余酒肉也。"③出土楚简中在叙述完祭品后，有专门加以"酒食"的例子（如下引①简）。朱晓雪认为："'酒食'可看作祭祀行为，不必算在具体的祭祀物品之内。"④此祭品当是可以即食的熟食。作为较低等级人群墓祭的祭品，酒肉可能不被埋置于墓地。楚简中有以玉帛作为祭品的例子（如下引第③、④简）。荆州两座楚王陵祭祀坑和固围村大墓祭祀坑内涵与之相合。曲村墓地战国祭祀坑与上述三处诸侯王陵时代相近，可能也是墓祭遗存⑤。但曲村墓地的祭祀坑屡见埋置活牲，这应是埋（貍）的祭祀方法。与礼书中祭祀人鬼不用貍的祭祀方法相左。或是礼书在总结先秦祭礼时没有把民间的墓祭之俗纳入的缘故。

楚简中涉及祭祀多个神灵的，一般把各个神灵的祭品分开表述。

①罷祷文坪（平）夜（舆）君、部公子春、司马子音、蔡公子豪（家），各戠（特）豢，酉（酒）飤（食）。罷祷于夫人，戠（特）猪。（包山2号墓200）

②与祷楚先老僮、祝融、毓（鬻）盦（熊），各一牂，思攻解于不殆（辜）。（包山2号墓217）

③圣逗王、悼王，各備（佩）玉一环。（望山1号墓109）

④册告自客（文）王以豪（就）圣趄，各束綌（锦）珈（加）璧。（葛陵1号墓甲三137）⑥

上揭诸简中的"各"，《说文·口部》："各，异辞也。"⑦此用法见于《尚书·盘庚上》："自今至后日，各恭尔事……"⑧有别于殷墟甲骨文中常用作"格"，训为至、止的"各"。

① 现在发现的所谓"墓上建筑"与"享堂"类建筑存在较大差距。从邱家庄战国早期墓葬M5001看，墓上建筑"（仅限于东周）可能只是封土之一部分而已，中山王墓"兆域图"中的"堂"还是释作封土更妥帖。
② （汉）郑玄注，（唐）孔颖达疏，龚抗云整理，王文锦审定：《礼记正义》，北京大学出版社，1999年，第121、122页。
③ （清）焦循撰，沈文倬点校：《孟子正义》，中华书局，1987年，第606页。
④ 朱晓雪：《包山楚简综述》，海峡出版发行集团、福建人民出版社，2013年，第816页。
⑤ 邹衡认为曲村晋国墓地的战国祭祀坑与此地的陶器墓葬无关，其祭祀对象应该是以M6081为代表的西周时期铜器墓。祭祀者可能来自侯马，这批祭祀坑可能是历年祭祀祖先的遗留；见邹衡：《论故绛与唐》，《国学研究》（十二卷），北京大学出版社，2003年，第97~120页。谢尧亭推测曲村的这批祭祀坑可能与晋国晚期祭祀岳公有关；见谢尧亭：《简论晋国都城遗址的几个主要问题》，《新果集（二）——庆祝林沄先生八十华诞论文集》，科学出版社，2018年，第251~277页。
⑥ 楚简引自陈伟等：《楚地出土战国简册》（十四种），经济科学出版社，2009年，第92、93、274、414页。
⑦ （汉）许慎撰，（清）段玉裁注：《说文解字注》，上海古籍出版社，1988年，第61页。
⑧ （汉）孔安国传，（唐）孔颖达疏，廖名春、陈明整理，吕绍纲审定：《尚书正义》，北京大学出版社，1999年，第235页。

⑤贞：御自唐、大甲、大丁、祖乙百羌、百宰？（《合集》300）

⑥贞：兓〔来〕羌用自成、大丁、〔大〕甲、大庚、下乙？（《合集》231）

⑦丁未卜：其御自祖甲、祖乙至妣庚，曹二宰，麦自皮鼎酚兴？用。（《花东》149）

⑧甲午贞：乙未酚高祖亥……大乙羌五、牛三，祖乙〔羌〕……小乙羌三、牛二，父丁羌五、牛三，亡忧？兹用。（《合集》32087）

⑨乙巳：岁祖乙宰、牝，汎于妣庚小宰？

甲寅：岁祖甲牝，岁祖乙宰、白豕，岁妣庚宰，祖甲汎奴卯？（《花东》115）

殷墟甲骨文中合祭众神灵时，常常祭品不分，如上引的第⑤、⑥、⑦辞，但也有较多把不同神灵的祭品分开的辞例，如上引第⑧、⑨辞例。由楚简中祭祀诸神（包括多位祖先神）时分述各神灵的祭品推测，战国在墓地祭祀的祖先只能是墓地内的墓主。这是有别于殷人、殷遗民墓地祭祀公共祖先的遗存的。

中华文明的起源和形成[*]

韩建业

（中国人民大学历史学院）

中华文明以其伟大、古老和延续至今而闻名于世。她起源、形成于何时何地，有何特征特质和长存之道？是值得永远追问的重大问题。

一、文明、文明社会、中华文明

"濬哲文明"（《尚书·舜典》），"其德刚健而文明"（《周易·大有·象》），"见龙在田，天下文明"（《易·乾·文言》），周代文献中的"文明"，指"人类以修养文德而彰明，而社会则得有制度的建设和礼仪的完善而彰明"[①]。而现在中文使用的"文明"一词，多指对西文词汇"Civilization"等的意译，有广义和狭义之分[②]，广义上或将其理解为一整套长久传承下来的伟大文化传统[③]，或理解为人类所创造的物质财富和精神财富的总合[④]，狭义上一般将其解释为与"野蛮"相对的高级社会阶段或国家阶段。也有综合性的理解，认为文明是"在国家管理下创造出的物质财富、精神财富的总和"[⑤]。

有必要对"文明""文明社会""国家"几个概念加以区分。恩格斯说"国家是文明社会的概括"[⑥]，是将"国家"基本对等于"文明社会"而非"文明"。中华文明、两河文明、埃及文明，都是延续3000年以上的原生文明，而非三个狭义的"国家"或者"文明社会"。严文明指出："中国古代文明的内容非常丰富，包括物质文明、制度文明

---

* 基金项目：本文系国家社会科学基金重大项目"欧亚视野下的早期中国文明化进程研究"（项目编号：18ZDA172）、郑州中华之源与嵩山文明研究会重大课题"早期中国文明起源的区域模式研究"阶段性成果。
① 冯时：《文明以止：上古的天文、思想与制度》，中国社会科学出版社，2018年，第2~7页。
② 童恩正：《有关文明起源的几个问题——与安志敏先生商榷》，《考古》1989年第1期。
③ 〔法〕费尔南·布罗代尔：《文明史：人类五千年文明的传承与交流》，中信出版社，2014年，第68页；〔美〕塞缪尔·亨廷顿：《文明的冲突与世界秩序的重建》，新华出版社，2010年，第21页。
④ 林剑鸣：《如何理解"文明"这个概念》，《人文杂志》1984年第4期。
⑤ 王巍：《对中华文明起源研究有关概念的理解》，《史学月刊》2008年第1期。
⑥ 〔德〕弗里德里希·恩格斯：《家庭、私有制和国家的起源》，人民出版社，1999年，第183页。

和精神文明等诸多方面。"① 我们不妨将"文明"定义为高度发达、长期延续的物质、精神和制度创造的综合实体：人类的物质、精神和制度创造虽有长期的孕育和成长过程，但至国家阶段才够得上高度发达；高度发达的综合实体，理当拥有足够的文化传承和社会长治的智慧经验，更有可能长期延续。而中华文明，就是以华人为核心的中华民族所创造的文明，或者中华民族所拥有的高度发达、长期延续的物质、精神和制度创造的综合实体，一定程度上对应于进入国家阶段的"中国文化圈"或者"文化上的中国"②。

中华文明源自"三皇五帝"，基于中华大地，这是中国古代的基本认识。但近几百年以来，情势大变，先是西方学者杜撰出"中国文化西来说"，后有中国学者发起疑古运动，内外夹击，中国传统的古史体系一度摇摇欲坠。探索中华文明起源，或者复原实证中国古史的重任，就这样历史性地主要落在了中国近现代考古学的身上。从文化源头角度溯源中华文明的尝试，自 1921 年中国近现代考古学诞生之日就已开始③，20 世纪 80 年代以后，已能明确认识到中华文明是土生土长的文明④，有着遥远坚实的史前基础⑤。从国家起源角度探索中华文明，则始于对殷墟的发掘，20 世纪 70 年代末期以后形成了起源于 4000 年前⑥、5000 年前⑦、5500 年前⑧、5800 年前⑨、6000 年前⑩、8000 年前⑪ 等不同观点。甚至有学者认为"中国有着至少八千年未曾中断的文明史"⑫。

实际上不少人混淆了文明化进程中"起源"和"形成"这样两个阶段。从中华大地上最早出现早期国家实体开始，中华文明就正式形成，而之前还当有长期的起源过程。本文拟主要从考古学角度，简略梳理中华文明的起源、形成和早期发展过程，并论及中华文明的特征和模式问题。

① 严文明：《文明起源研究的回顾与思考》，《文物》1999 年第 10 期。
② 韩建业：《早期中国——中国文化圈的形成和发展》，上海古籍出版社，2015 年，第 45～46 页。
③ 〔瑞典〕安特生著，袁复礼译：《中华远古之文化》，《地质汇报》第五号，第 1 册，北京京华印书局，1923 年。
④ 夏鼐：《中国文明的起源》，《夏鼐文集》（上册），社会科学文献出版社，2000 年，第 413 页。
⑤ 严文明：《中国史前文化的统一性与多样性》，《文物》1987 年 3 期；张光直：《中国相互作用圈与文明的形成》，《庆祝苏秉琦考古五十五年论文集》，文物出版社，1989 年，第 1～23 页。
⑥ 夏鼐：《中国文明的起源》，文物出版社，1985 年，第 80 页。
⑦ 苏秉琦：《辽西古文化古城古国——兼谈当前田野考古工作的重点或大课题》，《文物》1986 年第 8 期。
⑧ 严文明：《中国新石器时代聚落形态的考察》，《庆祝苏秉琦考古五十五年论文集》，文物出版社，1989 年，第 24～37 页；严文明：《略论中国文明的起源》，《文物》1992 年第 1 期。
⑨ 这是 2018 年发布的"中华文明探源工程"的研究结论。《中华文明起源图谱初现》，《人民日报（海外版）》2018 年 5 月 29 日第 7 版。
⑩ 苏秉琦：《迎接中国考古学的新世纪》，《华人·龙的传人·中国人——考古寻根记》，辽宁大学出版社，1994 年，第 238 页。
⑪ 苏秉琦：《文明发端 玉龙故乡——谈查海遗址》，《华人·龙的传人·中国人——考古寻根记》，辽宁大学出版社，1994 年，第 127 页。
⑫ 冯时：《文明以止：上古的天文、思想与制度》，中国社会科学出版社，2018 年，第 1 页。

二、中华文明起源的第一阶段

中华大地上最早的人类已有大约 200 万年的历史，后来不断演化并最终与西来的尼安德特人和早期现代人相融合，形成中华民族的先祖[1]。距今 2 万年左右末次盛冰期的极端干冷气候，造成严重的食物匮乏，促进了食物攫取的多样化趋势，禾本科植物的种子被人们采集食用，最早的作物栽培在此背景下逐渐登场，炊煮谷物等的陶器最早在中国应时而生。距今 1 万多年以后的新石器时代早期，稻作和粟作农业在南、北方分别起源，距今 8000 年前后的新石器时代中期"南稻北粟"二元农业体系初步形成，距今 6000 年前后的新石器时代晚期南、北方都已是典型的农业社会，农业在生业经济中开始占据主体[2]。中国有着广大的适合发展农业的地理空间和自然环境，加上其特有的二元农业体系，能够最大程度保障食物供给的稳定性，奠定了中华文明起源和形成的坚实基础。

距今 8000 多年前中国大部地区的考古学遗存，可根据陶器等物质文化的差异性分为四个文化系统，黄河、长江和西辽河流域的重要地位已经初次凸显出来。其中黄河中游地区属于"深腹罐—双耳壶—钵文化系统"的裴李岗文化，位置居中、实力强劲，和周围地区发生交流并对外施加影响，将四大文化系统初步联结为一个雏形的"早期中国文化圈"，从而有了文化上"早期中国"的萌芽[3]。

裴李岗时代在浙江义乌桥头和萧山跨湖桥、河南舞阳贾湖、陕西临潼白家、甘肃秦安大地湾等遗址，发现带有特殊符号的彩陶、龟甲、骨角木器，以及装有石子的龟甲，意味着"八卦"类数卜数理以及原始字符的诞生。贾湖的骨质"规矩"，湖南洪江高庙遗址白陶上的八角星圆形复合纹，可能与观象授时和"天圆地方"宇宙观的形成有关[4]。高庙遗址的"天梯"或"通天神庙"遗迹，白陶上的"天梯"、飞龙、飞凤图案，显示当已出现祀天行为和敬天观念[5]。更为重要的是，在和高庙相距遥远的西辽河流域，同时出现了大口獠牙的"见首不见尾"的龙形象[6]，暗示早在七八千年前中国大江南北已出现"一元"信仰或宇宙观。

黄河流域的裴李岗文化、白家文化、后李文化等已出现"族葬"墓地，这在同时

① 吴新智：《从中国晚期智人颅牙特征看中国现代人起源》，《人类学学报》1998 年 17 卷第 4 期；高星：《中国地区现代人起源研究的考古学进展》，《早期中国研究》（第 4 辑），上海古籍出版社，2021 年，第 1～11 页。
② 赵志军：《新石器时代植物考古与农业起源研究》，《中国农史》2020 年第 3 期；赵志军：《新石器时代植物考古与农业起源研究》（续），《中国农史》2020 年第 4 期。
③ 韩建业：《裴李岗文化的迁徙影响与早期中国文化圈的雏形》，《中原文物》2009 年第 2 期。
④ 贺刚：《湘西史前遗存与中国古史传说》，岳麓书社，2013 年，第 342～344 页；韩建业：《裴李岗时代与中国文明起源》，《江汉考古》2021 年第 1 期。
⑤ 贺刚：《湘西史前遗存与中国古史传说》，岳麓书社，2013 年，第 345～350 页；韩建业：《中国新石器时代的祀天遗存和敬天观念——以高庙、牛河梁、凌家滩遗址为中心》，《江汉考古》2021 年第 6 期。
⑥ 刘勇：《辽宁阜新查海遗址发现七千五百年前石雕神人面像》，《光明日报》2019 年 9 月 29 日第 11 版。

期的欧亚大陆其他地区罕见。这些墓葬土葬深埋、装殓齐整、随葬物品，存在墓祭，体现出对死者特别的关爱和敬重，已出现显著的祖先崇拜观念。同一墓地或分区分群，或成排成列，有一定空间秩序，可能体现同一氏族（宗族）的人群在亲疏关系、辈分大小等方面的秩序。同一墓地延续一二百年甚至数百年之久，说明族人对远祖的栖息地有着长久的记忆和坚守，可能也为后世子孙在这块地方长期耕种生活提供了正当理由和"合法性"。贾湖墓葬已有明显分化，大墓随葬骨规矩、龟甲、骨笛（骨律管）等"圣物"，而且墓主人基本都是成年男性，推测当时已出现祭祀首领和普通人之间的分化，可能已经进入到父系氏族社会①。

总之，8000 年前在黄河中游和西辽河流域出现了秩序井然的社会和一定程度的社会分化，在中国大部地区产生了较为先进复杂的思想观念和知识系统，包括宇宙观、宗教观、伦理观、历史观，以及天文、数学、符号、音乐知识等。这些思想观念和知识系统传承至今，构成中华文明的核心内涵。因此，有理由将中华文明起源提前到距今 8000 年以前，将其作为中华文明起源的第一阶段。

三、中华文明起源的第二阶段

约距今 7000 年进入新石器时代晚期，中国大部地区整合为三大文化系统。此时出现的许多符号、图案、雕塑，包括仰韶文化半坡类型黑彩带钵上的刻画字符、后岗类型的蚌塑龙虎②，马家浜文化骨角器上的数字卦象符号③，河姆渡文化器物上的双凤托日、双凤托举神面形象④，表明已有的宇宙观和知识系统得到继承发展。从仰韶文化半坡类型等凝聚向心的环壕聚落来看，社会秩序更加严整⑤。约距今 6200 年以后，仰韶文化东庄—庙底沟类型在晋、陕、豫交界区迅猛崛起并对外强力影响，导致中国大部地区文化交融联系形成以中原为核心的三层次的文化共同体，"早期中国文化圈"或者"文化上的早期中国"正式形成⑥。

庙底沟类型的对外影响基于其社会变革所迸发的强大实力。约距今 6000 年以后，作为核心区的晋南、豫西和关中东部，聚落遗址数量激增三四倍，出现了明显的聚落分化，涌现出数十万甚至超百万平方米的大型聚落。房屋建筑也有显著分化，有一种"五

① 韩建业：《裴李岗时代的"族葬"与祖先崇拜》，《华夏考古》2021 年第 2 期。
② 冯时：《河南濮阳西水坡 45 号墓的天文学研究》，《文物》1990 年第 3 期。
③ 南京博物院：《江苏海安青墩遗址》，《考古学报》1983 年第 2 期；张政烺：《试释周初青铜器铭文中的易卦》，《考古学报》1980 年第 4 期。
④ 浙江省文物考古研究所：《河姆渡——新石器时代遗址考古发掘报告》，文物出版社，2003 年，第 47、285 页。
⑤ 巩启明、严文明：《从姜寨早期村落布局探讨其居民的社会组织结构》，《考古与文物》1981 年第 1 期。
⑥ 韩建业：《庙底沟时代与"早期中国"》，《考古》2012 年第 3 期。

边形"的礼仪性建筑，在核心区的灵宝西坡等地面积达 200～500 平方米[1]，已属殿堂式建筑，在周围地区则渐次缩小，体现出明显的等级差异。约距今 5300 年以后，在西坡出现随葬玉钺的大墓[2]，钺当为军权的象征。在汝州阎村出现"鹳鱼钺图"，可能是一幅鹳（凤）部族战胜鱼（龙）部族的纪念碑性图画[3]，很可能对应庙底沟类型西向扩展而对陕甘地区半坡类型产生深刻影响的事件。同时在中原和黄土高原地区还分别出现 100 多万平方米的巩义双槐树[4]和秦安大地湾中心聚落[5]，两者都有三门带前厅的殿堂式建筑。

庙底沟时代其他地区也加快了社会变革的步伐。长江下游的凌家滩文化出现 100 多万平方米的凌家滩中心聚落，有大规模的祭祀遗存和高等级墓葬，最高级别的墓葬有随葬品 330 件，仅玉器就达 200 件[6]，富奢程度在同时期无与伦比。随葬品中的"洛书玉版"[7]，被认为蕴含天圆地方、四方五位、八方九宫的宇宙观[8]，和高庙八角星纹一脉相承，加上托举八角星纹和龙的玉鹰（玉凤）、玉龙、玉石璧，显示凌家滩也应当存在祀天行为。同时或更早时期，在崧泽文化早期、大汶口文化早期都出现大墓，长江中游的油子岭文化则出现多座古城。此外，凌家滩文化、崧泽文化、大汶口文化等的精美玉石器，油子岭文化和大汶口文化的精美轮制黑陶，都需要专业工匠才能制作完成。

西辽河流域的红山文化，出现了 800 多万平方米的超大型祭祀中心——牛河梁遗址，有着规模宏大的"庙、坛、冢"，其中最大的一座圆形三层大坛（圜丘），外层（圈）直径 22 米，内层（圈）直径 11 米[9]，和《周髀算经》里《七衡图》所示的外、内衡比值完全相同，被认为是"迄今所见史前时期最完整的盖天宇宙论图解"[10]。牛河梁的大石冢一般都只随葬数件到 20 余件祭祀色彩浓厚的玉器，璧、龙、凤、勾云形器等都应该与祀天仪式有关，这些大墓可能是主持祭祀的大巫觋之墓。红山文化精美玉器的制作也当存在专业化。

我们看到，庙底沟时代的黄河、长江和西辽河流域，出现大型聚落、大型祭祀中心，有了大墓、城垣、宫殿式建筑，以及大量美玉、美陶等，其建造或者制造需要较为强大的社会组织能力，需要较高的技术水准，显示已出现掌握一定公共权力的首领和贵族，社会开始了加速复杂化的进程，先前已有的天圆地方、敬天法祖等观念得以

① 河南省文物考古研究所、中国社会科学院考古研究所河南一队、三门峡市文物考古研究所等：《河南灵宝西坡遗址 105 号仰韶文化房址》，《文物》2003 年第 8 期；中国社会科学院考古研究所河南一队、河南省文物考古研究所、三门峡市文物考古研究所等：《河南灵宝市西坡遗址发现一座仰韶文化中期特大房址》，《考古》2005 年第 3 期。

② 中国社会科学院考古研究所、河南省文物考古研究所：《灵宝西坡墓地》，文物出版社，2010 年。

③ 严文明：《〈鹳鱼石斧图〉跋》，《文物》1981 年第 12 期。

④ 郑州市文物考古研究院：《河南巩义市双槐树新石器时代遗址》，《考古》2021 年第 7 期。

⑤ 甘肃省文物考古研究所：《秦安大地湾——新石器时代遗址发掘报告》，文物出版社，2006 年。

⑥ 安徽省文物考古研究所：《安徽含山县凌家滩遗址第五次发掘的新发现》，《考古》2008 年第 3 期。

⑦ 陈久金、张敬国：《含山出土玉片图形试考》，《文物》1989 年第 4 期。

⑧ 冯时：《中国天文考古学》，社会科学文献出版社，2001 年，第 370～394 页。

⑨ 辽宁省文物考古研究所：《牛河梁——红山文化遗址发掘报告（1983—2003 年度）》，文物出版社，2012 年，附图一。

⑩ 冯时：《红山文化三环石坛的天文学研究——兼论中国最早的圜丘与方丘》，《北方文物》1993 年第 1 期。

延续发展，进入了中华文明起源的第二个阶段。

四、中华文明的形成

　　如何才算进入文明时代、文明社会或者国家阶段，有着怎样的标准或者标志？历来争论不已。学术界曾流行过将文字、青铜器、城市等作为文明社会起源的"三要素"或者几要素的认识，但这些物质层面的特征因时因地而异，难以普遍适用。恩格斯则提出国家有两个标志，一是"按地区来划分它的国民"，二是凌驾于所有居民之上的"公共权力的设立"。这样的"软性"标志可通过对各地考古材料的深入分析加以判断，可能更具有普适性。以地区划分国民，就是以地缘关系代替血缘关系；凌驾于社会之上的公共权力，也就是"王权"，建立在阶级分化的基础之上。以上述两个标志来衡量，在距今 5100 年左右的铜石并用时代之初，长江下游和黄河中游地区至少已经达到了早期国家或文明社会的标准。

　　长江下游的良渚文化以余杭良渚遗址为中心。良渚遗址有近 300 万平方米的内城、630 万平方米的外城，有水坝、长提、沟壑等大规模水利设施。内城中部有 30 万平方米的人工堆筑的"台城"，上有大型宫殿式建筑[①]。城内有级别很高的反山墓地，发现了随葬 600 多件玉器的豪华无比的大墓[②]。在良渚古城周围约 50 平方公里的区域内，分布着 300 多处祭坛、墓地、居址、作坊等，可以分成三四个明显的级别[③]。良渚诸多超大规模工程的建造、大量玉器等高规格物品的制造、大量粮食的生产储备，都需调动广大空间范围内的大量人力物力，神徽、鸟纹、龙首形纹的普遍发现可能意味着整个太湖周围良渚文化区已出现统一的权力[④]和高度一致的原始宗教信仰体系，存在一种对整个社会的控制网络[⑤]。良渚古国无疑存在区域性的"王权"。

　　黄河中游地区的仰韶文化有不止一个中心，其中黄土高原地区以庆阳南佐遗址为中心。南佐遗址发现有多重环壕，外环壕面积至少 600 万平方米，遗址中部是由两重内环壕和九座夯土台围成的面积 30 多万平方米的核心区，再中间为有围墙的"宫城"区，中央的夯土墙主殿建筑面积 700 多平方米、室内面积 580 平方米，其规模在同时期无出其右。夯土"九台"每个底面都有一两千平方米，外侧还有宽大峻深且夯筑底壁的环壕。宫城附近出土了和祭祀相关的精美白陶、黑陶、彩陶，以及大量水稻。南佐环壕、宫殿式建筑、"九台"的建造工程浩大，白陶等高规格物品的生产存在专业化

---

① 浙江省文物考古研究所：《良渚古城综合研究报告》，文物出版社，2019 年。

② 浙江省文物考古研究所：《反山》，文物出版社，2003 年。

③ 张忠培：《良渚文化墓地与其表述的文明社会》，《考古学报》2012 年第 4 期。

④ 张弛：《良渚文化大墓试析》，《考古学研究》（三），科学出版社，1997 年，第 57～67 页。

⑤ 赵辉：《良渚文化的若干特殊性——论一处中国史前文明的衰落原因》，《良渚文化研究——纪念良渚文化发现60 周年国际学术讨论会文集》，科学出版社，1999 年，第 109～117 页。

分工①。调查显示，在南佐遗址周围还存在多个出土白陶等高规格物品的较大聚落，当时在黄土高原可能存在一个以南佐为核心的、拥有区域王权的"陇山古国"。此外，上述双槐树中心聚落依然发达，在郑州地区可能存在一个"河洛古国"。

良渚遗址群所在区域之前仅有少量小型的崧泽文化遗址，南佐遗址区之前也仅发现个别小型的庙底沟期遗址，距今 5100 年左右两地突然涌现出超大型聚落，显然都不是在原有聚落（社会）的基础上自然发展而来。这样大规模的聚落营建，可能需要调动较大空间范围的人力物力，已经打破了原有各氏族社会的局限，一定程度上凸显了地缘关系，意味着早期国家的出现。不过这个时期的地缘关系组织或者早期国家，还主要限制在太湖周围或者黄土高原这样的局部地区，当时的国家形式因此可称之为"古国"或"邦国"②。当然，地缘关系的出现并非意味着血缘关系或族群的消失，实际上各族群只是经历了一番"成建制"的整合，血缘和宗族关系一直是中国社会的基础。

距今 5000 年左右，除西辽河流域的红山文化在达到发展顶峰之后突然衰落外，黄河中、下游和长江中游地区社会也都有进一步的发展，已经初步进入文明社会或者站在了文明社会的门槛。海岱地区大汶口文化墓葬规模更大、分化程度更甚③。长江中游的屈家岭文化涌现出大约 20 座古城，其中最大的石家河城面积至少有 120 万平方米④，中心位置为宫殿式建筑区，其他还有专门的祭祀区、墓葬区、陶器作坊区等，石家河古城有可能是整个江汉古国的中心。

五、中华文明的早期发展

中华文明的早期发展有大约距今 4700 年和距今 4100 年两个关键节点。

距今 4700 多年进入庙底沟二期或者广义的龙山时代以后，黄土高原尤其是陕北地区遗址急剧增多，北方长城沿线突然涌现出许多军事性质突出的石城，同时在黄土高原文化的强烈影响下，内蒙古中南部、河北大部和河南中部等地的文化格局发生突变。这一系列现象应当是以黄土高原人群为胜利方的大规模战争事件的结果，很可能与文献记载中轩辕黄帝击杀蚩尤的涿鹿之战有关⑤。

约距今 4500 年，在晋南出现面积约 280 万平方米的襄汾陶寺古城，拥有宫城、宫

---

① 韩建业、李小龙、张小宁等：《甘肃庆阳市南佐遗址》，《考古中国重大项目成果（2021）》，文物出版社，2022 年，第 136～141 页。

② 苏秉琦：《迎接中国考古学的新世纪》，《华人·龙的传人·中国人——考古寻根记》，辽宁大学出版社，1994 年，第 236～251 页；严文明：《黄河流域文明的发祥与发展》，《华夏考古》1997 年第 1 期；王震中：《邦国、王国与帝国：先秦国家形态的演进》，《河南大学学报（社会科学版）》2003 年第 4 期。

③ 山东省文物管理处、济南市博物馆：《大汶口——新石器时代墓葬发掘报告》，文物出版社，1974 年。

④ 刘辉：《长江中游史前城址的聚落结构与社会形态》，《江汉考古》2017 年第 5 期。

⑤ 韩建业：《中国北方早期石城兴起的历史背景——涿鹿之战再探索》，《考古与文物》2022 年第 2 期。

殿建筑①、高等级墓地、"天文台"或祭天遗迹②，以及仓储区、手工业区等。大墓随葬玉钺、玉琮、玉璧、鼍鼓、石磬、彩绘蟠龙纹陶盘等成套礼乐器，存在一定的礼制③，墓主人当兼有军权和神权。与陶寺古城大体同时的陕北延安芦山峁遗址，仅核心区面积就达200万平方米，发现多处大型夯土台基，上面有中轴对称的多进四合院式宫殿建筑④。约距今4300年，在陕北出现面积约400万平方米的神木石峁石城，其核心的皇城台雄伟高大，外有壮观的石砌护坡，内有宫庙区及精美石雕，外城门有内外瓮城、巨大墩台⑤。出土大量精美的玉器、几十万头羊骨等，显示出存在强大的社会组织能力和一定的社会分工。和石峁同属老虎山文化的还有约138万平方米的内蒙古清水河后城咀石城、约70万平方米的山西兴县碧村石城等。黄河以南的王湾三期文化则有禹州瓦店、登封王城岗、新密古城寨和新砦等中心聚落或者古城遗址，发现大型建筑基址和精致黑陶等。

这一时期黄河中游地区属于中原龙山文化范畴，有可能形成了一个以黄土高原为重心的大型社会或者早期国家。芦山峁、石峁都是山城，前者祭祀性质突出，后者军事色彩浓厚，而位于汾河谷地的陶寺古城最有可能是这个大型社会或者早期国家的都邑所在地，如果这样，其区域王权的范围比以往任何时候都要强大。不少学者认为陶寺古城为唐尧之都⑥，但也不排除颛顼以后诸帝早在此建都的可能性。陶寺也是突然涌现出的超大型聚落，在黄土高原当地文化基础上融合了大量大汶口文化、良渚文化等东方文化因素，人群构成不会单纯。假设中的黄河中游古国包括陶寺文化、老虎山文化、王湾三期文化等不同的考古学文化，人群成分就会更加复杂，理应是基于血缘关系的地缘组织。

距今4500年以后良渚古国渐趋衰落，黄河下游和长江中上游地区社会进一步发展，应该存在其他一些古国。黄河下游地区先是在大汶口文化晚期出现随葬品更为丰

---

① 中国社会科学院考古研究所山西队、山西省考古研究所、临汾市文物局：《山西襄汾县陶寺城址发现陶寺文化中期大型夯土建筑基址》，《考古》2008年第3期。

② 中国社会科学院考古研究所山西队：《山西襄汾县陶寺城址祭祀区大型建筑基址2003年发掘简报》，《考古》2004年第7期；中国社会科学院考古研究所山西队、山西省考古研究所、临汾市文物局：《山西襄汾县陶寺中期城址大型建筑ⅡFJT1基址2004～2005年发掘简报》，《考古》2007年第4期。

③ 高炜：《龙山时代的礼制》，《庆祝苏秉琦考古五十五年论文集》，文物出版社，1989年，第235～244页；中国社会科学院考古研究所、山西省临汾市文物局：《襄汾陶寺——1978～1985年考古发掘报告》，文物出版社，2015年；中国社会科学院考古研究所山西队、山西省考古研究所、临汾市文物局：《陶寺城址发现陶寺文化中期墓葬》，《考古》2003年第9期。

④ 陕西省考古研究院、西北大学文化遗产学院、延安市文物研究所等：《陕西延安市芦山峁新石器时代遗址》，《考古》2019年第7期。

⑤ 陕西省考古研究院、榆林市文物考古勘探工作队、神木市石峁遗址管理处：《陕西神木县石峁遗址》，《考古》2013年第7期；陕西省考古研究院等：《发现石峁古城》，文物出版社，2016年；陕西省考古研究院、榆林市文物考古勘探工作队、神木市石峁遗址管理处：《陕西神木县石峁城址皇城台地点》，《考古》2017年第7期；陕西省考古研究院、榆林市文物考古勘探工作队、神木市石峁遗址管理处：《石峁遗址皇城台地点2016～2019年度考古新发现》，《考古与文物》2020年第4期。

⑥ 李民：《尧舜时代与陶寺遗址》，《史前研究》1985年第4期；邹衡：《关于探讨夏文化的条件问题》，《华夏文明》（第一集），北京大学出版社，1987年，第162～179页。

富的大墓，距今 4500 年以后有了棺椁成套、随葬品成套的临朐西朱封大墓 ①。长江中游的石家河文化在屈家岭文化基础上继续发展，诸多古城继续沿用，出土了颇具特色的数以十万计的红陶杯、红陶塑等祭祀物品。四川盆地的宝墩文化也开始出现面积近 300 万平方米的古城。

约距今 4100 年的龙山晚期，中原龙山文化大规模南下豫南和江汉两湖地区，很可能对应古史上的"禹伐三苗"事件 ②，随即夏王朝诞生。通过"禹伐三苗"至少已将长江中游纳入夏朝版图，稍早的时候中原龙山文化还曾南下江淮等地，因此，《尚书·禹贡》等记载的夏禹划分的"九州"很可能有真实历史背景 ③。从这个意义上来说，夏朝初年夏王已经初步具有"王天下"的"大一统"政治王权 ④。此时陶寺晚期出土朱书文字、青铜容器等，不排除夏初都城仍在此地或附近的可能性。文献记载夏朝统治集团除夏后氏外还有许多其他族氏，是一个"建立在血缘组织基础之上的政治组织" ⑤，夏朝"九州"疆域更是统一天下"万国"的结果，中华文明从此进入成熟的"王国文明"阶段。

约 3800 年以后进入以偃师二里头为都城的晚期夏王朝阶段。二里头都邑面积 300 多万平方米，中央有 10 多万平方米的宫城，内有 10 余座大型宫殿，在二里头文化甚至当时的整个中国都首屈一指，具有唯我独尊的王者气象。二里头的日常陶器主要源于河南中东部，复合范铸青铜礼器技术源自中原当地并可能接受了来自西北地区青铜技术的影响，玉礼器主要源自陶寺和石峁，爵、斝、鬶、玉璋等礼器则辐射流播到中国大部地区 ⑥。之后的商、周是更加成熟发达的文明社会。

需要指出的是，中国和中亚、欧亚草原等地之间从距今 5000 多年以后就开始了文化交流，中国的绵羊、黄牛、小麦、青铜器技术等新因素就是中西文化交流的产物 ⑦，距今 4000 多年以后这些新因素汇聚于黄河中游地区，一定程度上促进了夏王朝的崛起和商周王朝的发展 ⑧。

---

① 中国社会科学院考古研究所、山东省文物考古研究院、山东临朐山旺古生物化石博物馆：《临朐西朱封——山东龙山文化墓葬的发掘与研究》，文物出版社，2018 年。
② 杨新改、韩建业：《禹征三苗探索》，《中原文物》1995 年第 2 期。
③ 韩建业：《龙山时代的文化巨变和传说时代的部族战争》，《社会科学》2020 年第 1 期；韩建业：《从考古发现看夏朝初年的疆域》，《中华读书报》2021 年 6 月 30 日。
④ 王震中所说夏商周时期的"复合制王朝国家"，实质就是"大一统"政治中国的早期阶段。王震中：《夏代"复合型"国家形态简论》，《文史哲》2010 年第 1 期。
⑤ 沈长云：《夏朝的建立与其早期国家形态》，《齐鲁学刊》2022 年第 1 期。
⑥ 赵海涛、许宏：《中华文明总进程的核心与引领者：二里头文化的历史位置》，《南方文物》2019 年第 2 期；许宏：《二里头与中原中心的形成》，《历史研究》2020 年第 5 期。
⑦ 李水城：《西北与中原早期冶铜业的区域特征及交互作用》，《考古学报》2005 年第 3 期；韩建业：《早期东西文化交流的三个阶段》，《考古学报》2021 年第 3 期。
⑧ 韩建业：《论二里头青铜文明的兴起》，《中国历史文物》2009 年第 1 期。

六、结　语

　　概括而言，黄河、长江和西辽河流域等地距今 8000 多年已经出现较为复杂先进的思想观念和知识系统，成为中国历史上最伟大的一次原创思想爆发期，社会秩序井然，至少部分地区出现基于祭祀权力的社会分化并可能已经是父系氏族社会，进入中华文明起源的第一阶段。距今 6000 年以后出现聚落之间、墓葬之间的显著分化，有了宫殿式建筑和高规格物品，显示已存在掌握一定程度公共权力的首领和贵族，社会开始了加速复杂化的进程，进入了中华文明起源的第二个阶段。距今 5100 年左右出现超级中心聚落、原初宫城和宫殿建筑，有了大型工程和豪华大墓，已出现区域王权和建立血缘关系基础上的地缘组织，中华文明正式形成，属于"古国文明"阶段。距今 4100 年左右初步形成"大一统"政治格局，进入拥有"天下"王权的夏代和比较成熟的"王国文明"阶段，距今 3800 年以后的夏代晚期和商周时期"王国文明"进一步发展。中华文明是土生土长的文明，早期的中西文化交流为中华文明的形成和早期发展提供了新鲜血液。

　　中华文明早期最鲜明的特征，就是具有"一元"宇宙观和"有中心多支一体"的格局[①]。"元"是根本源头之意，距今 8000 多年中国大部地区有着"天圆地方""天人合一"的"一元"宇宙观，这是文化上的中国能够融为"一体"、政治上的中国"分裂时向往统一、统一时维护统一"的根源所在。中国地理环境广大多样，因此文化上的早期中国具有"多支"结构或多个样貌，中华文明起源也有不同的区域子模式[②]。中华文明诚然是各区域文明社会互相融合、各地文明要素互动汇聚的结果，但黄河中游地区文化和社会发展连续性最强，多数时候都具有中心位置，起到过主导作用，黄河中游地区是中华文明之花的"花心"[③]。这样一个"一元"宇宙观和"有中心多支一体"格局的早期中华文明，既不同于西亚、希腊式的"城邦文明"模式，也不同于社会文化高度同质的"埃及文明"模式，而是将具有共同基础的多个支系的区域文明社会统一起来形成的特殊文明，可称为"天下文明"模式。"天下文明"模式，以及敬天法祖、诚信仁爱、和合大同等文化基因，是中华文明跌宕起伏而仍能连续发展的根本原因，也是中华文明伟大复兴的根基所在。

---

① 石兴邦曾提出过中国文化"一元多支"或"一元多系"的观点。石兴邦：《炎黄文化研究及有关问题》，《炎帝与民族复兴》，陕西人民出版社，2006 年，第 1~6 页。

② 韩建业：《略论中国铜石并用时代社会发展的一般趋势和不同模式》，《古代文明》（第 2 卷），文物出版社，2003 年，第 84~96 页；李伯谦：《中国古代文明演进的两种模式——红山、良渚、仰韶大墓随葬玉器观察随想》，《文物》2009 年第 3 期。

③ 严文明：《中国史前文化的统一性与多样性》，《文物》1987 年第 3 期。

史前符号、信仰与文明

王仁湘

（中国社会科学院考古研究所）

一、史前有个符号时代

史前中国出现了符号，这不是新发现，也不是新定义。但说史前有个符号时代，这应当是个新概念了。

许多研究者都很关注史前符号的发现，对那些符号意义的研究，大多仅仅是考察它们是不是文字，或者判断它们与文字有多远的距离。其实关于许多符号的本质，我们还没有来得及辨识清楚，不知道它们有着比文字重要得多的意义。

现代社会充满各类符号，各类符号系统传导着不同的信息流，让我们的行为与思想都感觉简便迅捷。在信息社会，不能想象如果没有符号的参与，我们又会是有怎样左右为难的感觉。

由数不胜数的各类符号为基础，归纳出一门学问来，名为符号学，这学问的确立也在情理之中。我们知道现代社会离不开各类符号元素，但是符号却并非只属于现代社会。符号也许是同人类与生俱来的，当然时代越早，符号体系会越简单，越直白。符号是人类的创造，是人类的思维产品，也是与人类一起成长的知识体系。这样说来，史前是符号的初生时代，相信也一定有一个专属史前的符号时代。

在我们的知识体系里，一般将文字与文明概念等观，文字出现是文明时代的重要标志。史前与成熟的文字系统无关，却已经出现了纯粹的符号系统，存在一个符号时代。史前创制的符号并不是文字，却具有准文字意义，甚至发挥了比文字更重要的作用。文字有形、音、义，但符号有形、名、义，符号有约定的名称但没有确定的读音。文明时代的文字是语言的记号，而史前时代的符号却没有这个功能，它所具备的主要是象征意义。

我们很多人都不会怀疑，文字的出现，一定与符号相关。文明的形成，也一定与符号有关。符号时代是文明时代的孕育阶段，时间虽然漫长，但基础非常牢固。文明时代到来后，符号并没有消亡，它走上更加蓬勃的发展路程。

其实符号形成成熟的体系时，它已经有或者有超过文字的意义，从这个层面上看，文明时代已经是曙光初绽了。可以展望一下，或许不久的将来对文明时代关于文字标准的定义也会发生改变，文明史的长度也会大大向前延展。

按照现代符号学的奠基人之一德国学者恩斯特·卡西尔的说法，符号的基本特征体现为抽象性、普遍性和多变性。他把符号理解为由特殊抽象到普遍的一种形式。这一点很重要，所以他说"如果没有符号系统，人的生活就被限定在他的生物需要和实际利益的范围内，就会找不到通向理想世界的道路"。而普遍性是指符号的功能具有普遍适用的原理，这个原理包括了人类思想的全部领域，普遍适用是人类符号系统的最大特点之一，这也是为什么唯独人类能打开文化世界之门的奥秘之所在。

卡西尔认为，正是符号的若干特性使符号超越于信号。人类的符号不是现实性的，而是理想性的。正是有了这个符号功能，才使人从动物的纯粹自然世界升华到人的文化世界。人与动物的分界，我们似乎又找到了一个证据，有无符号就是重要的分野。卡西尔认为，人是符号的动物，人的本质就是发明和运用各种符号创造出一个"符号宇宙"。如古中国人用天与地、阴与阳的象征符号，构建了自己的宇宙观[①]。

想到美国学者杜威（John Dewey）曾经在《哲学的改造》[②]中写下这样一段话："人由于保存了他以往的经验而与低等动物相区别……因此，人不像野生动物那样，生活在一个单纯的实在事物的世界中，而是生活在一个象征与符号的世界之中。"这么说来，符号之于人类社会，不仅只是重要的，更是不会缺席的。

二、创制符号对于人类的意义

卡西尔明确地把人定义为"符号的动物"，这话里已经道出了答案。卡西尔说人与其说是"理性的动物"，不如说是"符号的动物"，也就是能利用符号创造文化的动物。人和动物的根本区别就在于：动物只能对一些特别的信号做出条件反射，而人才能够把这些信号改造成为有意义的符号。在卡西尔眼里，人就是符号，就是文化，文化关键的关键、核心的核心，就是符号。

人类是符号动物，在成熟的社会借助于语言体系，人类构建了一个符号世界，正是在这个世界中，人类获得了空前的自由，从而不再受制于环境的束缚。人类种种文化形态，如宗教、艺术和科学等，就是符号功能的集中表现。符号创造了一个脱离于现实世界的虚拟世界，符号的出现使得人类从现实世界走向更广阔的虚拟世界。

符号是什么？

符号也许就是代号，说来似乎非常简单，但严格定义却也并不容易。一般来说，符号是指具有代表意义的标识，它有抽象的形态，或者说它是具有象征内涵的有形标识。

有研究者说，符号是指一个社会成员共同约定的用来表示某种象征意义的记号或标记。符号来源于约定俗成，形式简单，种类繁多，用途广泛，便于记忆和传播，有时具有很强的艺术感染力。符号强调的主要是象征性，特别是那些图形符号，它们都

---

① 〔德〕恩斯特·卡西尔著，甘阳译：《人论》，上海译文出版社，2002 年。
② 〔美〕杜威著，许崇清译：《哲学的改造》，商务印书馆，2002 年，第 1 页。

是具有特定意义的代号。

符号是人们共同约定用来指称一定对象的标识，有人概括说文字、语言、电码、数学符号、化学符号、交通标志等，都是符号。不过符号学里的符号范围更为广泛，研究者认为能够作为某一事物标识的，都可称为符号。也有人说各种符号系统中以语言最为重要，也最为复杂。卡西尔说："艺术可以被定义为一种符号语言。"这么说来，符号无所不包，符号可以是图形图像、文字组合，也可以是声音信号和建筑造型等等。

三、符号时代符号的提炼

符号的提炼是形象思维的结果。

我所说的符号时代的符号，并非指所有的符号，如陶器上见到的那些零星的刻画符号都没有计入。我们涉及的是辨识度很高，且流行时空很广的那些符号。

符号的提炼，是符号创制的关键，是形象思维的结果。形象思维离不开想象和联想，所反映的对象是事物的形象，思维形式是意象、感觉和想象等形象性的观念，表达的结果是能为感官所感知的图形、图像、图式和形象性的符号。在这个过程中，需要将抽象思维与形象思维巧妙结合，才可能完成符号的创制。形象思维并不是对形象的再现，它要加工出新形象，形象思维的结果可能是全新的创造。

在中国符号的出现，有着久远的历史。

如《周易·系辞上》所述孔子语说：书不尽言，言不尽意，"圣人立象以尽意"，这与现代符号学概念非常接近，当然所指为卦符，也称卦形、卦画，这也是广义一类的符号。

其实符号的出现，可以明确追溯到史前。比如彩陶时代。彩陶上大量出现的几何纹饰，都是象形纹饰抽象的结果，经过了得意忘象的创作过程，剩下流行开来的就只是那些代号了。

仰韶文化彩陶鱼纹演变的结果，是看不到鱼形的鱼符，在彩陶上看来有若干种，变化很多，多是通过纹饰拆解的途径得到的。例如鱼纹全形的演变，在完成由典型鱼纹向简体鱼纹演变的同时，又创造出了均衡对称的菱形纹，菱形纹属于结构严谨的直边形纹饰系统。变形的鱼唇在拆解后，分别生成了西阴纹和花瓣纹，这是庙底沟文化彩陶非常重要的两大弧线形构图系统。彩陶上的许多纹饰都能归入鱼纹体系。彩陶上有形与失形的鱼纹，在我们的眼中完全不同，也许对于史前人而言，它们并没有什么区别，它们具有同一的象征意义，有着同样大的魅力。鱼纹无形，鱼符无鱼，循着艺术发展的规律，许多的彩陶纹饰经历了繁简的转换，经历了从有形有象到无形无象的过程，到最后呈现出来的多是几何纹符号。

仰韶文化彩陶还有一个"大鸟纹系统"，彩陶也是通过简化和解构方法，完成了鸟纹的几何符号化，隐没了写实的鸟形。

鸟与鱼，这一对恒常的艺术主题，在彩陶上大放异彩。水和鱼，太阳和鸟，也是后来中国文化中阴与阳、水与火的象征。

时代更早的南方高庙文化的白陶纹饰也是如此，大量纹饰只是用一些图形指代崇拜的对象，那无疑都是符号。白陶纹饰主要不是用彩绘的方式，而是用篦点压印的方式来表现。近距离观察和接触湖南出土的白陶，能感受到一种震撼的美感。用篦点压印出来的图案，美得无以复加，也神秘得无以复加。白陶上构图那么抽象的元素，具有明确的象征性符号特征，那样时尚的表达，那么隐晦的意向，那么细腻的制作，这是在我们常识意料之外的灵魂艺术。

非常多的白陶图案表现的是一张大嘴，两对大牙，还有大量与鸟形相关的图形，一些画面上见到飞鸟双翅上有獠牙神面，翅间有太阳图形，表达的一定是太阳运行的景象。那么这些鸟与鸟翅所扮演的是什么角色，也是不言自明了，它们就是神话传说中的日鸟。是日鸟载着太阳在天空飞翔，高庙文化白陶的发现也让我们确信，日鸟神话在 8000 年前就已经形成了，而且是用简练的符号表达的。

白陶有相当多的那些带有十字形的四方形图案，四方形图案又与圆形常常套叠在一起，发掘者认定它们表现的就是太阳的象征，十字形则是表示的方位或方向。我们非常赞同这个判断，那就是太阳的符号，是所有相关图案的核心所在。

高庙文化陶器上的獠牙神面应当是太阳的灵魂所在，它就是当时公认的太阳标识。而那些附着在鸟体的圆形，还有替代獠牙神面和太阳图形出现的 T 形符号，它们也一定就是太阳的象征。

太阳以獠牙为标识，日鸟也以獠牙为标识。日鸟有时就刻画出獠牙，或者它就是太阳的化身。光芒万丈的太阳，被高庙人描绘成口吐獠牙的模样。这獠牙神面又与鸟同飞，或是自己长出一双翅膀飞翔。獠牙在太阳里面，獠牙在日鸟身上，高庙文化无器不獠牙，可以想象到獠牙神面在高庙文化中是无所不在。

让人有些费解的是，在太阳与獠牙之间，我们很难找到二者之间的联系，但对于光线的联想，将日光提炼为獠牙之形，又似乎并不难理解。对于高庙人来说，他们神游太空而想象出太阳的獠牙来，我们也用不着觉得有什么奇怪的了。

白陶上还发现有八角星图形，有全形八角星，也有半个八角星。八角星在很多史前文化当中都能见到，有彩绘的，也有刻画的，还有玉雕的，分布广，延续久，是一种非常重要的符号，也是太阳的象征。

四、信仰传播：人类创制符号的用意

简单，便捷，醒目，会意，一目了然，这应当是符号的特点，更是史前时代符号的特点。随着心智发育渐趋成熟，人类的形象思维也稳步完善起来。一代接续一代的观察与思考，将自然事物留在心里的印象一次次加工，具象的事物通过这样的形象思维过程，逐渐变成了抽象的代号。这样的代号获得一定的时空传播与认同，符号就出现了。

人类认识宇宙，认识自然，对事物表象进行取舍，通过形象思维的过程，对形象信息进行主观的认识，结合思维加工，用特定的形式记述与描绘出来。这应当是原初符号的一般创作过程，这样的符号在后续的传播中还会得到修饰，最终会以最完备的形式流传于世。

最初出现的那些符号，一定与信仰有关，信仰也就成为符号传播的驱动力。信仰是让纷杂的社会获得秩序的必由之路，而符号又是大脑由艺术加工出来的标识，那是一些具有强大感召力的标识。

从这样的角度看，艺术的本源也是来自信仰，所以我曾经说艺术是信仰飘扬的旗帜，尤其在史前时代。

早期中国流行的符号是如何传播的？

信仰赋予符号以灵魂和生命，也赋予了符号包容与开放的属性。

符号学研究的范围，多认为符号学是研究人类文化的，其实符号学还研究人类的认知活动、心灵活动，也难怪符号学的奠基者，多是文化人类学者。符号学关注的一个重点，应当是符号的特征。

美国学者皮尔斯的符号学有一句名言是"只有被理解为符号才是符号"，这是很简单的一句话，它的要义是符号要易于理解，也易于为人接受，接受就是认同，认同才能更好地传播。

皮尔斯认为，符号可以分成三种：像似符号、指示符号、规约符号。前两种是具有理据性的符号，像似符号指向对象靠的是相似性，一个符号代替另一个对象，但又不是直接的模仿，若是两者完全一样，那就不是符号了。符号要让人一看便知，不能模棱两可，便于理解是重要的前提。

规约符号，则是指与对象之间没有内在联系的符号，但却是约定俗成的，也须易于理解和记忆。白陶上的獠牙神面，就属于这一类符号，獠牙与太阳并没有明确的联系，但獠牙神面却传播得很广，从南到北，白陶、彩陶和玉雕上都见到有它的踪影[1]。

史前中国制作有獠牙神面艺术品，在接近8000年前的南北方都有发现，在南方高庙文化的白陶和北方兴隆洼文化的石刻，都见到有獠牙神面。高庙陶器上刻画的神面，构图已是非常完整，也已经是很固定的形态，也都显露着龇出的獠牙，以表现獠牙为主。神面大都已经相当简化，只留下一张龇着上下两对獠牙的嘴。

仰韶文化彩陶上也绘有獠牙神面，是很生动的人面形象。良渚文化玉器上微刻的神面普遍都有獠牙，也是上下各一对。这些神面一般被认作是兽面形。石家河文化玉神面是以长长尖利的獠牙为特征，獠牙上下各有一对，神面几乎都是人面形。

白陶的压刻，玉石的雕琢，彩陶的描绘，这三次艺术浪潮掀起的造神运动，留下了类同的神形，按照相同的符号密码造势。这已经不只是艺术层面上传统的延续，而

---

① 〔美〕皮尔斯著，赵星植译：《论符号》，《皮尔斯：论符号，李斯卡：皮尔斯符号学导论》，四川大学出版社，2014年，第3～126页。

且是信仰体系层面上的认同。

对史前中国艺术创意中的獠牙神面，大体可以得出这样几点印象：流行年代大约在距今 8000～4000 年前，在南北地区大范围流行；獠牙构图基本类似，上下各一对，上牙居内下牙居外，风格一脉相承。这样看来，獠牙神在史前有大范围长时段认同，这种符号的认同，可以确定是崇拜与信仰的认同，也是开放与包容精神的体现。

在史前艺术中，将动植物人格化，这是史前人造神的固定方式。一种动物图像，在给它安上一个人面之后，它便有了神格，半人半兽，也就成了神形的固定格式。史前的獠牙神面像，正是在人面上加饰了动物獠牙创作而成的。

獠牙神面作为一种信仰符号，还有前面提到的八角星纹，能在广大与久远的时空范围传播，正是这种跨文化的认同，生动体现了中华文化的开放与包容。

当然符号与对象越是相似就越易于识别，容易让人产生联想。有相似性，又不能相同，这也就是符号之为符号的重要特征。值得一提的还有安徽双墩文化陶器上的鱼纹符号刻画，最简单的不过是相互交叉的两条弧线而已，它所表示的就是一条鱼的大致轮廓。这样的符号还出现在河南中部的仰韶彩陶上，其生命力也可以千年计。

早期符号的例子，还可以列举新发现的浙江上山文化彩陶，除了直接绘出光芒四射的太阳，更引人注意的是，太阳图近旁还有对顶三角符号。对顶三角形可以作为一个特别的符号来理解，在史前彩陶中也是比较流行的元素，特别是仰韶文化彩陶上数量不少。我觉得这可是构成八角星纹的元素符号，它的传播也很广。

符号的基本功能，主要还是为着交流便利。交流被认为是符号的基本功能之一，这也是符号具有强大魅力的原因。符号在交流过程中传达人类的思想，传达信仰，也传达艺术。

文明与史前，是人类两个大时段的划分，文字与符号便是它们明确的分野。虽然文明时代符号的使用也非常广泛，但与史前的作用与意义明显不同。符号在文明时代并没有退出，不仅没有退出，反而愈发完善了。如文字是记录语言的符号，这是字符，连篇的是文章。而记录音乐的有音符，连篇的是乐谱。

多元一体的文化准备，也许是由符号的认同开始的。由符号认同，看到信仰的传播，看到艺术思维的发展，人类的智慧一步步升华。

五、符号：探索中华文明起源的特别路径

考古发现让我们了解到史前是一个符号时代，在文字出现之前，符号已经开始统领一些特定区域的人群，符号影响着他们的思维与行为方式，也让他们彼此理解，彼此认同。

早期符号更多具有信仰的性质，它是开放的，也是包容的，它在传播中吸引更多的关注，雪球会越滚越大。

人类早期的信仰，更多体现对广漠宇宙和自然万物的认识，这是人类都感兴趣的事物。认识的同时，还要适当表达出来，在文字出现之前，图式符号就成为重要的表

达方式。古中国人认识天地宇宙，萌生出阴阳观念，但是如何表达当初一定是个难题，符号在此时派上了用场。

当天圆地方和天阳地阴概念形成之时，我相信相关的符号也随之创制成功了。我们知道良渚文化玉器中的琮与璧，璧和琮形态上一圆一方，在周代是敬天礼地的礼器，也是帝后的象征。到了历史时期，这样的观念一直传承着，天圆地方和天阳地阴成为中国文化中常识的概念。

其实在古代表现阴阳的符号，很早就是方（角）圆（弧）两类几何形。我们在辨识商周铜器上的龙虎纹饰时，发现龙虎均有方菱形和圆弧形两种体饰，如果不以阴阳雌雄看待，就不会有合适的解释。方形与圆形，方菱形与圆弧形，多么明白恰当的阴与阳的艺术表达符号。其实汉字阴阳两字的构形，也应当与这样的艺术传统有关。阴阳两字金文的字形，阳是在圆中加点，阴则变圆为三角形状，阳圆阴方在造字上也体现了传统认知。

天圆地方原本就是古代阴阳学说的重要内容，天圆地方被看作是道的理念，所谓天道圆，地道方。古人由认知天地有别、阴阳不同，到认知阴阳相依、阴阳相生，建立了完美的阴阳学说，这样的宇宙观在艺术上不可能没有表现。

其实早期阴阳观是产生于史前时代，用方与圆形纹饰表达阴阳意义，有史前的艺术传统基础。阴阳是古代观察、解释、利用世界而得出的认知，是一种宇宙观和认识论，它指导着人们的精神思维与社会生活。阴阳观就是古中国人的一种主流宇宙观，可以观世界，观自然，观社会，观人自身，是一种非常健全的思维体系。

这一个认识论体系的起源，过去多是由推导得出结论，先后形成了"源于生活实践说""源于易经说""源于历法说""源于男女生殖崇拜说""源于占卜说"等结论，都难以成为定论。有研究者还特别强调，阴阳观念的起源产生在远古时期，文字没有出现，要想从古籍中回答阴阳观念的起源问题几无可能。

文献找不着依据，不过考古学提供了解决问题的途径，史前艺术品上已经表达有阴阳观念。阴阳生变，阴阳有形，对于史前人来说，观察并不难，但提炼出程式化和概念化的形式，确立特定的符号，却非是一朝一夕的事。我们由上述龙虎体表纹饰受到启发，然后再观察大量的陶器符号，也就理解了方与圆作为符号的意义，也就理解了中华文化的精髓与根脉之所在。

史前符号一般是由信仰内涵提炼出来的几何图形，强调象征意义。考古发现的象征符号，从早期中国艺术中普遍认同的神性标识，如象征太阳崇拜的日乌与獠牙神，象征阴阳的方圆几何符号等，我们确认在遥远的年代已经存在艺术交流与信仰认同。以阴阳观念为核心的方圆符号，以太阳崇拜为核心的獠牙与日乌符号，记述着古老的信仰所认同的历史，正是华夏文化的根脉所在。

中国文明形成的解释模式，思维与精神一途一直是缺席的。注意到那些古老的符号，那些与信仰相关的符号，那些指引思维方向的旗帜，我们一定会有更多的新发现。

文化认同

——红山文化文明化进程的主旋律 *

张星德　张瑞强

（辽宁大学历史学部）

辽西地区新石器时代考古研究中，有两个问题一直困惑着我们，其一，辽西自8000 年前的兴隆洼文化即形成了发达的玉文化，有着高超的玉器制作技术，而其后直至红山文化中期晚段开始，玉器才再一次在此地兴起，且工艺和部分玉器器形上有着一定的联系，尽管不断有学者表述过这种传统在当地有着上数千年历史，但之间有上千年的缺环却无人曾给予合理的解释；其二，赵宝沟文化在大约 6500 年前在辽西被红山文化所取代，但在红山文化之后的小河沿文化中却清晰可见赵宝沟文化的因素，如陶尊，而小河沿文化和赵宝沟文化间也有着近千年的时间差距，如何去理解其间应当是一种怎样的传承呢？而这里涉及的两个千年，都与红山文化休戚相关，秘密似乎都隐藏在这里。

2010 年张忠培老师带我去赤峰和呼和浩特考察魏家窝铺遗址及其出土的陶器，经过仔细观察与比对，张老师用一句话概括了他所看到的、也是那之前他已经思考了若干年的排他性殖民这个史前族群扩张迁徙的主要模式在红山文化的表现，他说"此红山非彼红山"。之后，在他的指导下，我们对赵宝沟文化对兴隆洼文化的取代和后冈一期文化对赵宝沟文化的替代做了全面的研究，我写了《西寨遗址的认识——兼谈距今六七千年间燕山南北文化格局的形成与演变》和《后冈期红山文化再考察》，结论是赵宝沟文化是由磁山文化北进引发了燕山南北兴隆洼文化发生质变而产生的，但是赵宝沟文化诞生的同时，兴隆洼文化并不是整体演变成为另一种文化，而是其在西拉木伦河以北的那部分依然沿着自身的传统存在着，就是以白音长汗遗址二期乙类为代表的兴隆洼文化第四期遗存。随着赵宝沟文化的强大并成为辽西的时尚，这部分兴隆洼文化才演变成为富河文化 [①]；而早期红山文化（后冈期红山文化）则是后冈一期文化向北扩张，越过燕山进入辽西地区，驱赶了原本生活在那里的赵宝沟文化居民，同时可能与辽西土质不适合制作鼎类器物有关，或者为了获得当地原住民的认同，他们融合了

---

* 本文为国家社科基金项目"牛河梁遗址的补充整理与研究"（项目批准号 17BKG007）阶段性成果。

① 张星德：《西寨遗址的认识——兼谈距今六七千年间燕山南北文化格局的形成与演变》，《中国考古学会第十五次年会论文集》，文物出版社，2015 年，第 78～95 页。

当地之字纹筒形罐因素形成了以夹砂之字纹筒形罐、斜口器和泥质盆、钵、壶、瓮为主要陶器组合的新的考古学文化，而退出了老哈河、大凌河向北迁徙至西拉木伦河以北的土著赵宝沟人，在保持自身传统的基础上，也吸收了后冈人的泥质陶因素，于是一直以来在考古学上将这两个不同族群创造的、陶器外观面貌和组合接近的遗存合而称之为红山文化，只是在关注并分辨出制陶工艺这一较深层次的特征差异的时候，才得以将他们辨认出来，即西拉木伦河以南的红山文化居民采用的是燕南后冈一期文化居民传统的泥条盘筑法，而西拉木伦河以北的红山文化居民是采用兴隆洼文化、赵宝沟文化居民一直以来采用的泥圈套接的方法①，而这种制陶工艺的差异稳定地存在于红山文化早、中期的西拉木伦河两岸，直到牛河梁遗址出现了"女神庙"的时期才发生改变。上述观点在近两年的牛河梁遗址陶器再整理和对赤峰地区相关遗址材料观察过程中不断得到验证。

考古学文化的更替与族群的消亡是两个既有联系，又不相等同的概念。考古学看到的文化替代，即一支考古学文化为另一支文化所取代，其原因或结局却多种多样，可以是因着贸易、通婚等人群间互动造成了旧文化的质变，但从人群的角度，新文化主体人群未有大的变化；也可能是为了资源（人口、土地、物资）的获取发生的族群扩张，甚至战争造成的，一群人占领了另一群人的土地，在这里形成了新文化。考古学就是要通过精确识读物质文化，得出更接近于历史真相的判断。而"以占领土地为主、驱赶原住民远离他乡以求得生存"的排他性殖民②，可能是我们在距今5000年前的新石器时代文化看到的以扩张为目的的对外征伐中最主要的形式。此时期随着中国北方新石器文化格局的变化，这样的个案比比皆是。在此认识基础上我们再来识读辽西地区包括红山文化在内的文化更替，南杨家营子遗址存在富河文化叠压在红山文化之上的层位关系就容易理解了③，同样兴隆洼文化玉传统在该文化部分地演变成为赵宝沟文化，并进而被红山文化所取代，以及赵宝沟文化和小河沿文化的演变关系也都成为可能。遗憾的是富河文化的考古资料至今没有完整公布，富河沟门遗址除一个简报外再没有进一步的资料被发表④。同样，把红山文化放在这样一个族群关系中去认识，其文明化进程也变得更为清晰可辨了。

一、5500年前的中国北方新石器时代考古学文化格局演变

大约自距今8000年起，中国北方地区的新石器时代考古学文化已经形成了有各自传统、特征鲜明的三个文化区，从新石器时代考古学文化最具辨识性、最能反映远古

① 张星德：《后冈期红山文化再考察》，《文物》2015年第5期。
② 张忠培：《中国古代的文化与文明》，《考古与文物》2001年第1期。
③ 徐光冀：《乌尔吉木伦河流域的三种史前文化》，《内蒙古文物考古文集》（第一辑），中国大百科全书出版社，1994年，第83~86页。
④ 中国社会科学院考古研究所内蒙古队：《内蒙古巴林左旗富河沟门遗址发掘简报》，《考古》1964年第1期。

人类传统和特征的陶器面貌上可以清晰地看到，其一是以釜和支脚（鼎）、壶、豆为主要组合的素面陶集团，其二是以平底（尖底）瓶、罐为主要组合的绳纹、彩陶集团，其三是以筒形罐为特征的之字纹集团，起初他们的势力范围分别以太行山、燕山为分界线。在红山文化进入早期文明的大约 5200 年前，上述几大集团大致经历了三次因族群扩张引发的剧烈文化进退与变迁。

在距今 6500 年前后开始的动荡，以素面陶集团的扩张为主导，该集团的北福地二期文化和后冈一期文化先后分成两路向北迁徙，一路沿桑干河向西，之后又兵分两线，往南进入晋北晋中，最后深入晋南的部分在那里形成了枣园文化。继续前行的来到内蒙古的中南部定居下来，形成了后冈一期文化的石虎山类型①，因为上述二地人烟稀少，因此并未引起大的波澜，仅在秦岭北麓造成绳纹陶集团的局部退缩，比如原本属于老官台文化的零口遗址就一度被枣园文化取代②；另一路就是前文所述越过燕山进入辽西驱赶了赵宝沟文化并形成西拉木伦河以南红山文化者。之所以我们较为肯定地说西拉木伦河以南是后冈移民，除了隔河而居的红山文化表现在陶器外在特征上存在一定差别，比如南面的红山文化泥质陶、彩陶的比例明显大于北面，南面夹砂陶器表的之字纹排列相对紧密，刷划纹同组划纹宽，筒形罐口部较直或常，而北面之字纹排列相对松散，刷划纹多由数组窄划纹带组成，筒形罐口部多敛口，最关键的是分别属于后冈一期文化和辽西土著文化的泥条盘筑和泥圈套接制陶方法在红山文化早中期稳定地在河两岸的红山文化中独立存在，这可能与外表特征易于模仿，而技术层面的工艺方法相对私密不易传播有关。

第二次大动荡情况显得较为复杂。分别以黄河东西两侧的渭河流域和晋南盆地为主要分布区的半坡文化和枣园文化经过数百年的积累，形成了发达的氏族文化。在距今 6000 年前后，半坡文化发展进入史家期，人群进一步向周边扩展，渭河上游、关中西部也都成为其重要的分布区，影响顺东流黄河到达今天的山西、河南，向北达到内蒙古河套及岱海地区，在山西北橄③、河南王湾④和内蒙的石虎山⑤、鲁家坡⑥和阳湾⑦等诸遗址都能看到其文化元素的踪迹，这些地方从考古学文化谱系的角度都属于以釜和支脚（鼎）、壶、豆为主要组合的素面陶集团，此时分别因着史家期的影响演变为北橄一、二期遗存、王湾一期遗存和鲁家坡一期遗存。其中向北迁徙的那支最终在今天的

① 内蒙古文物考古研究所、日本京都中国考古学研究会岱海地区考察队：《石虎山遗址发掘报告》，《岱海考古》（二），科学出版社，2001 年，第 18～145 页。
② 陕西省考古研究所：《临潼零口村》，三秦出版社，2004 年。
③ 山西省考古研究所：《山西翼城北橄遗址发掘报告》，《文物季刊》1993 年第 4 期。
④ 北京大学考古文博学院：《洛阳王湾——田野考古发掘报告》，北京大学出版社，2002 年。
⑤ 内蒙古文物考古研究所、日本京都中国考古学研究会岱海地区考古队：《石虎山遗址发掘报告》，《岱海考古》（二），科学出版社，2001 年，第 18～145 页。
⑥ 内蒙古文物考古研究所：《准格尔旗鲁家坡遗址》，《内蒙古文物考古文集》（第二辑），中国大百科全书出版社，1997 年，第 120～136 页。
⑦ 内蒙古自治区文物考古研究所：《内蒙古准格尔旗阳湾遗址发掘简报》，《考古与文物》2016 年第 2 期。

内蒙古中南部定居，形成了白泥窑子文化。之所以我们提出白泥窑子文化与史家期半坡文化具有谱系关系，主要基于：第一，白泥窑子文化中文化因素可以分为两部分，分别来自北橄和史家期半坡文化，其中陶器火种炉明确属于北橄因素，而大口罐、大折沿罐和宽带纹圜底钵以及鱼纹彩陶和绳纹风格都是史家期因素，即便小口尖底瓶这种双方都有的器型，口部的内折与北橄一致，但内蒙当地鲁家坡一期遗存也有相似元素，更何况北橄整体器身向瘦长发展，而白泥窑子文化则较宽胖，更接近史家期半坡文化。同时白泥窑子文化房址流行灶坑旁设火种坑，也是史家期传统；第二，据白泥窑子文化小口尖底瓶的类型学排队，其时代在北橄一、二期至西阴文化中晚期之交，亦即白泥窑子文化形成的年代在北橄一、二期阶段，此时的北橄势力还局限在汾水、运城盆地和河洛地区，不具有到达内蒙古中南部的能力。而史家期半坡文化的影响到达了河套和岱海地区是早已明确的。史家北上所经之地莫不是鼎壶为主的素面陶集团后冈一期文化石虎山类型及其后裔鲁家坡一期遗存之所在，而白泥窑子文化中，前者的因素几乎完全消失，说明这一支族群在史家期半坡文化的驱逐下，退出了这一地域，或进入辽西亦或有一部分退入今天的河北他们的老家。正当史家期半坡文化向北发展的同时，北橄一、二期悄然崛起形成了新的考古学文化——西阴文化（又称庙底沟文化），不久便势不可挡发展成为黄河中游地区同时代文化的中心，并逐步向周边拓展空间，结果就是在渭河流域、黄河中游地区半坡文化原分布区，在半坡文化遗址之上基本被西阴文化遗存所叠压，半坡文化不断向西阴文化的周边溃退，表现出两种文化的替代是以西阴文化的迅速向周边驱赶性扩张实现的。只有白泥窑子文化较完整地保留了半坡文化的主体因素，成为与西阴文化南北并存的考古学文化。再说在西阴文化中心区的北部，即晋中晋北地区，西阴人赶着素面陶集团后冈人北行，尽管那些地方人迹并不多，但一路似乎也不是一帆风顺的，以至于到达今天山西大同之后的遗存中我们仍能看到后冈人文化元素的顽强存在，大同马家小村遗址发现的 4 座西阴文化房子中，F1 为西阴文化特有的五边形房子，F3 横圆角长方形南边开门道的房子在后冈一期文化中也不多见，标志着西阴文化到来，但在考古学文化方面仍保留有较多的后冈一期文化因素，如 F1∶1 "四系" 瓮、F3∶10 后冈式瓶口的小口尖底瓶、F3∶5 桥形耳大口罐、F2∶2 泥质桥形耳敛口罐多为褐色彩陶等，而西阴文化因素则相对较少，仅有 F2∶5 小口尖底瓶口部为双唇，彩陶图案中的弧边三角纹、圆点纹，没有西阴文化常见的陶釜、陶灶和典型的彩陶盆、钵等 [①]。迫使西阴文化向北的步伐就此驻足，转而沿桑干河向东进入今天的河北，地处河北张家口的蔚县三关遗址表现的情况也大同小异，尖底瓶壶口，有双耳 [②]。无论如何西阴文化就此切断了辽西后冈后裔与其母族群的联系，于是失去了强有力后援依靠的辽西后冈系族群面临西部不断推进的白泥窑子文化、南部风头正劲的西阴文化和北部的辽西土著的合围，终于失去了在燕山以北的优势地位，

---

① 　海金乐：《山西大同马家小村新石器时代遗址》，《文物季刊》1992 年第 3 期。
② 　张家口考古队：《一九七九年蔚县新石器时代考古的主要收获》，《考古》1981 年第 2 期。

从牛河梁遗址陶器整理中我们发现此时泥圈套接工艺时隔近千年后在这里又一次出现，说明土著重新回到了西拉木伦河以南，而其中可能既包括赵宝沟文化后裔，也包括富河文化后裔，甚至新乐下层文化后裔这些均出自兴隆洼文化这个母集团而在数百年演进中已经变得若即若离的居民集团，这可能就是牛河梁女神庙母亲神、祖先神、大地神得以出现的历史背景，牛河梁遗址"女神庙"恰恰在此时出现，值得深思①。至此，红山文化进入晚期阶段②，族群碰撞新危机出现了。至于此时的燕南素面陶集团的居民逐渐退缩到黄河下游重整旗鼓，直到西阴文化晚期该集团的大汶口文化，当然其间也已经融合了其他集团的文化因素，才开始再次崛起，逐步创造出傲居东方的考古学文化。

第三次大动荡源自西阴文化的消亡和分解。尽管从西阴文化最具辨识意义的陶器观察，不同地域存在不小的差异，比如渭河流域及中条山两侧地带的遗存，表面多线纹，其次为弦纹及素面者，有少量的附加堆纹，有相当数量施彩，中期开始出现少量的横蓝纹及白衣彩陶。常用器形有盆、钵、碗、罐、瓮、甑、釜、灶、瓶、杯及器盖。伊洛—郑州地区的遗存，器表多为素面，施彩的数量相当多，且在早期即已出现红彩，以不同形式的鼎，代替渭河流域及中条山两侧地带流行的釜、灶，盆及小口尖底瓶的数量，比渭河流域及中条山两侧地带少很多，缺乏卷沿曲腹彩陶盆。反之，有相当数量的直口或敛口鼓肩束腹罐及少量的豆。汾河流域，尤其是其中上游地区及以北的张家口地区的西阴文化不见釜、灶，也没有鼎，炊器是见于伊洛—郑州地区的直口鼓肩束腹素面罐，小口尖底瓶见有碗口或壶口者。但无论如何西阴文化时期黄河中游地区总体文化风格具有一致性的特征是有目共睹的③。距今 5500 年左右，这种由陶器组合中包含有盆、钵、碗、罐、叠唇口小口尖底瓶、葫芦口平底瓶普遍发现，彩绘纹饰流行高度概括的植物花纹体现出来的统一性分裂了，半坡四期文化、西王村文化、秦王寨文化和大司空村文化崛起，那是中国北方考古学文化再次整合、重新划分势力范围的时代，中原文化对周边文化的强势影响减小，相应地周边文化蓬勃发展，这也是晚期红山文化时期的"国际"形势，对红山文化而言，最直接的影响是族群更加复杂，从发现的属于晚期红山文化阶段的各类人物造像看，既有细眼小嘴，瓜子脸的，也有高额头、浓眉大眼、突颧骨、宽嘴厚唇的，更有高额、突鼻、凹眼者；在牛河梁遗址陶器整理研究中我们也清楚地看到原本稳定的隔河分明的陶器成形工艺也发生了变化，泥圈套接法在这里出现了。这些说明此时的辽西地区古文化，乃至红山文化内部都发生了变化，土地与资源正发生着重新分配与整合，新条件下寻求稳定与共生的需求催生着能够统筹各种矛盾的公共权力的诞生。

① 辽宁省文物考古研究所：《牛河梁——红山文化遗址发掘报告（1983—2003 年度）》，文物出版社，2012 年。
② 张星德：《牛河梁遗址"女神庙"期陶器的辨识及其意义》，《考古》2018 年第 11 期。
③ 中国社会科学院考古研究所：《中国考古学·新石器时代卷》，中国社会科学出版社，2010 年。

二、文化认同基础上的发展

红山文化文明化进程的历史是文化不断碰撞认同和文化发展的历史。

首先，在各地文化普遍采取排他性扩张的同时，即便是因着这种形式的扩张而形成的红山文化，却从文化形成的初始，就开启了千余年寻求文化认同和族群共生之路。

考古学意义上的辽西地区三面环山，西边为大兴安岭南段、赤峰西部山地、七老图山，南有燕山，东有医巫闾山，北面有西拉木伦河和西辽河，山环水绕，自成一体。区域内原始景观基模以沙地疏林草原为主，景观组包括众多的丘陵、低山、台地、平原、林地、草原、草甸、湖泊等景观镶嵌块及河流、沟谷、林带等景观廊道。所以其景观异质性强，边缘结构显著，具有食物链长，生物"金字塔"基宽的特点，具备可耕可牧可渔可猎的条件[①]，为古代人类生活提供了丰富的资源和开展多种经济生活的可能性，是他们理想的居所。同时山间河谷又构成了辽西地区与黄河流域间的天然通道，可以藉此实现两地居民的沟通。所以辽西地区不仅养育了辽西当地土著居民，也是黄河流域及其他地区居民理想的迁徙之地。使得新石器时代的辽西大地，始终充当着大熔炉的角色，中国北方各大集团的居民及其文化在这里交汇融合。随着距今 6500 年来中国北方新石器文化经济发展，人口增加，扩张需求日趋增大，而早期新石器文化间地域上的空白地带消失，扩张引发的碰撞成为文化交流的主流，使原本就是因着文化碰撞而诞生的红山文化自生成之日起，即面临着如何应对碰撞，如何实现共生的问题。红山人文化认同从认同对象的角度，可分为区域内族群的文化认同和对外域文化的认同两种，前者主要表现为逐渐去异求同，之于后者则更多吸收前提下的创新，实现本文化的提升。而从认同的内容又可区分为对显性符号或标志的认同和价值取向的认同两个方面，考古发现的前者目前主要表现有生活器具、房屋建筑、墓葬形制等，反映了古人的生活方式、生活习惯等文化表象，后者则是由物质文化反映的精神层面，如宗教信仰及与之相关的仪式、礼仪制度等，反映古人评判行为所依据的道德与优秀的标准。随着红山文化的发展，认同渐次深化着。

1. 显性符号或标志的认同

显性符号或标志的认同在红山文化中首先表现在器物群的认同上。也是红山文化先民最早的一种文化元素。表现为原本使用着不同生活用器的辽西土著与后冈移民两个不同族群，在制作和使用的日常用器外观上，包括器形、纹样等方面趋于一致。当后冈一期移民进入辽西，基本不掌握泥质陶技术、器物造型单一的土著居民开始学习对陶土进行淘洗，同时学习仿制盆、钵、瓮等器型，并且学习后冈彩陶技术绘制简单的彩陶；而作为优势方的后冈移民，可能是因为辽西含砂的土质难以制作他们传统的

---

① 宋豫秦:《中国文明起源的人地关系简论》，科学出版社，2002 年。

三足器，亦或为着与当地土著表现更多的相似性进而减少冲突，则放弃了用鼎，改釜的圜底为平底，制成并使用属于辽西土著传统的筒形罐和斜口罐，并且也在器表施加之字纹[①]。随着黄河中游新石器文化的扩张并逐渐形成新的社会时尚，红山文化两个主要族群对于黄河中游陶器的认同也是一致的，中、晚期红山文化中来自黄河中游半坡系、西阴系的因素，器座、深腹盆，以及由简化鱼纹演变来的彩陶纹样[②]，在整个红山文化分布区基本是同步的。生活用器的趋同，应该也是不同族群生活方式逐渐接近的体现。

辽西土著和后冈移民传统的房屋均建成圆角方形或长方形的半地穴式建筑，二者显著的不同在于室内灶坑及其位置的区别。辽西土著从距今七八千年前的兴隆洼文化起即流行方形灶址，在土坑周边围以板状石块，进入赵宝沟文化阶段，不同的聚落有的为方形灶有的为圆形灶，一般位于居室的中部。从正定南阳庄遗址看，后冈系从北福地二期起即已经出现了使用瓢形灶的习惯，灶坑位置靠近门道，瓢形的把端正对门道[③]。进入辽西后，后冈移民与他们留在太行山以东的母集团一样，普遍采用这种形式的灶坑，魏家窝铺遗址发现的他们房址中灶坑离门道近，瓢把长且正对门道[④]，并传播给西拉木伦河以北的土著居民，白音长汗遗址红山文化房址内也都为瓢形灶，位置靠近房门，瓢把朝向门道[⑤]。

红山文化形成前辽西当地赵宝沟文化墓葬未曾发现过，但是相对年代与赵宝沟文化早期一致的兴隆洼文化四期白音长汗遗址二期乙类见则发现有墓葬。为位于山顶部的两片墓地，分别与两个聚落址相对应。大部分为积石土坑墓，地表可见墓顶上的石块，地表下为土坑。积石范围一般依墓圹土坑范围决定，积石多数呈不规则形，有少量呈长方形或呈椭圆形。墓葬为土坑竖穴，随葬品多石、玉、蚌质。进入红山文化时期，西拉木伦河以北的红山文化墓葬见于洪格力图[⑥]、白音长汗和南台子遗址[⑦]，均属于土著系统的墓葬。洪格力图墓葬见于查干诺尔苏木所在地楼子村东南部巴彦和硕自然村北面较高的小丘顶部，为长约 10 米，最宽处 4 米左右的积石冢。因破坏严重具体埋葬形式已无从知晓，发现了相当数量的玉石器和 2 件陶质人面饰；白音长汗红山文化墓葬分石板和土坑两种形制。石板墓先挖长方形土坑，在四周立石板，墓顶盖以石块，

① 张星德：《后冈期红山文化分期及其相关问题》，《边疆考古研究》（第 18 辑），科学出版社，2015 年，第 179～194 页。
② 张星德：《牛河梁遗址西阴期红山文化的分期与谱系》，《张忠培先生纪念文集·学术篇》，故宫出版社，2018 年，第 97～111 页。
③ 段宏振：《北福地——易水流域史前遗址》，文物出版社，2007 年。
④ 段天璟、成璟瑭、曹建恩：《红山文化聚落遗址研究的重要发现——2010 年赤峰魏家窝铺遗址考古发掘的收获与启示》，《吉林大学社会科学学报》2011 年第 4 期；《内蒙古自治区赤峰市魏家窝铺红山文化聚落遗址》，《中国考古学年鉴（2010）》，文物出版社，2011 年，第 181、182 页。
⑤ 内蒙古自治区文物考古研究所：《白音长汗——新石器时代遗址发掘报告》，科学出版社，2004 年。
⑥ 苏布德：《洪格力图红山文化墓葬》，《内蒙古文物考古》2000 年第 2 期。
⑦ 内蒙古文物考古研究所：《克什克腾旗南台子遗址发掘简报》，《内蒙古文物考古文集》（第一辑），中国大百科全书出版社，1994 年，第 87～95 页。

墓底没有石板。随葬品数量极少，绝大多数没有随葬品；南台子遗址墓葬周围有积石环绕。墓穴多长方形土坑竖穴墓，少数圆形土坑竖穴。墓内随葬品有陶器、石器和玉器等。

在太行山以东的后冈系居民没有积石或石构墓室的传统，为土坑竖穴。但在牛河梁发现的进入红山文化中期阶段后冈移民墓葬却也开始了墓上积石和石构墓穴，第二地点 Z4 下层墓葬为一墓一冢，墓位置在冢的中心，冢界为圆形，沿冢界立置陶筒形器，冢上平铺碎石。墓穴为南北向的土坑，贴圹壁斜置多块交错拼接的自然石板，形成墓壁。随葬器物有陶器和玉器。牛河梁十六地点下层也曾发现过筒形器圈墓线索。同时墓葬随葬品也改变以陶器为主的传统，以玉器随葬。说明他们的墓葬从形制到随葬品种类都在与土著靠近。并且很快后冈人在坟冢周围摆放筒形器的仪式又反馈给土著，在晚期红山文化积石冢的周围普遍都是有筒形器放置的。反映不同族群的居民相互间的文化影响已成为日常，快速地接受彼此。可见这种认同随着文化碰撞的发生，既表现为弱势文化对先进文化的学习，或对时尚的追求，也表现为文化间有意识地去异求同，开始可能是一种无奈，之后则成为共同的生存方式使然。

2. 信仰与宗教形式的认同

龙是远古居民与神灵沟通的中介物。辽西土著龙的观念有着悠久的历史，至少在兴隆洼文化时期就已经出现了。兴隆洼文化发现的龙形象有两类，一类为摆塑龙，第二类为陶器上的浮雕龙形装饰。摆塑龙还可以细分为龙形堆石和猪首摆塑龙。前者发现于查海遗址的中央部位，采用红褐色大小均匀的石块堆塑表现为一条昂首张口、弯身弓背、尾部若隐若现的动物形象[①]。猪首摆塑龙发现于兴隆沟遗址的一座圆形灰坑内，灰坑底中部相对放置 2 个猪头骨，并用陶片及小石块摆放弯曲的躯体[②]。浮雕式龙纹都是陶器上的装饰，查海遗址发现的龙形浮雕装饰于陶罐的外表，共两例，为残陶片上的局部形象，都缺少龙的首部，以压印的窝纹表现身体的鳞状纹。赵宝沟文化龙纹见于小山[③]和南台地遗址[④]。小山遗址陶尊上的压划龙纹表现为四个单元，分别表现 4 种身躯被高度神化了的龙形象。它们呈带状展开，环器一周，衔接紧密，形成一幅整体性很强的线雕画。4 种龙的首部都具高度写实性，可清晰分辨出具体原型动物形象，它们由大到小依次为鸟龙、鹿龙和猪龙，还有一形状已漫漶不清的双角动物，似为牛。龙的神性则主要是通过变化无穷的分组龙鳞纹身躯体现出来的，以表现龙由现实世界奔向神的世界过程中那种脱离了现实凡胎回归到原始本体的飘逸、自由状态，就像蚕作茧化生回归到生命初始一样；南台地遗址发现的龙形象陶器，或鸟首龙纹与鹿首龙纹组合出现，鸟啄如鹰啄，长颈，由分段鳞纹组成卷曲身躯，与小山遗址相似。无论

① 辽宁省文物考古研究所：《查海——新石器时代聚落遗址发掘报告》，文物出版社，2012 年。
② 邵国田：《敖汉文物精华》，内蒙古文化出版社，2004 年。
③ 中国社会科学院考古研究所内蒙古工作队：《内蒙古敖汉旗小山遗址》，《考古》1987 年第 6 期。
④ 敖汉旗博物馆：《敖汉旗南台地赵宝沟文化遗址调查》，《内蒙古文物考古》1991 年第 1 期。

如何辽西土著对龙的信仰表现为首部的多种原形动物和变幻了的身躯，具体形制各有差异。

红山文化龙形象主要有彩陶龙和玉龙两种。早期红山文化彩陶中有一种鳞片状图案，由重叠的半环构成，因仅为单独的鳞片而没有指征性部分存在，并不适合武断地将其放在龙崇拜或对龙形象的表现中加以讨论。进入中期，龙形象在彩陶上表现为交错鳞片构成的绕器身一周的龙体，从类型学上看应是赵宝沟文化刻划分组散化龙体的一种形象整合，是更易于把握的定型化表现方式，在赤峰红山后①、巴林左旗那斯台②都有发现。玉龙以"C"形龙和玦形龙两类为多见。"C"形龙体躯略细，首部长，吻部尤长，目作棱形，其中有的吻面截平，面上双孔洞，似猪，有的则吻端上翘，似鹿。此类龙形玉体形最突出的特征是背有一个很长的片状附饰，往往占到龙体的1/3甚至1/2。玦形龙整体造型似玦，体躯肥硕，首部甚大，短耳圆睛，吻部有多道皱纹。龙首动物形象也已经趋于抽象神化，而身躯则基本定型为环转、修长、一体，此类玉龙见于晚期红山文化，且在红山文化中分布范围广阔，应当形成了一定的设计范式。龙崇拜在进入辽西前的后冈系文化中是不存在的，从物质文化的表现看，至少从中期红山文化阶段彩陶龙形象看，后冈移民也接受了这种信仰，并不同的族群具有相同的龙形象表现形式，到了晚期玉龙龙体形象的定型化和使用的一致性更说明了这种认同的存在。

对女性的崇拜也是辽西的传统信仰，在白音长汗兴隆洼文化遗址房址内灶旁立置有小型半身女性雕像。红山文化时期随着社会的需要，这种信仰不断发展。从信仰对象的表现形式上，红山文化具有多样性，体量上有大中小之分，造型上有站姿、坐姿，有半身，有全身。从出土位置看，出土于居室内的女性形象见于西水泉③、西台遗址④。西水泉人形塑像质地为泥质褐陶，出土于聚落址，为小型半身像，头部残缺，胸部乳房突起，女性特征明显，下部周边刻划细竖条纹。内蒙古赤峰市敖汉旗西台遗址F4出土女性陶塑1件，陶质，个体较小，裸体，突出女性双乳，塑造精细。上述塑像出土于灶边可能与灶神有关。出土于祭坛或"庙址"的见于东山嘴⑤和牛河梁遗址，有大小之别，小者为小型孕妇立像，以东山嘴出土者为例，头及右臂均残缺，腹部凸起，臀部肥大，左臂曲，左手贴于上腹，有表现阴部的记号，从双腿内拢、便于插入土中的形象特征看，可能与巫术道具有关。大者多呈坐姿，其中东山嘴出土的为上、下身各一块，当属同一个体。上身残块为手臂和胸腹部分，高18、宽22厘米，内腔空，壁厚0.9厘米。胸腹上贴塑手臂，左臂残缺，只存贴痕，右臂存下部。双手交叉于腹部的中间，左手似攥拳，右手握住左手腕部，右手指修长。下身残块高12.5、宽22厘米，内

---

① 〔日〕滨田耕作、水野清一：《赤峰红山后》，东亚考古学会，1938年。

② 巴林右旗博物馆：《内蒙古巴林右旗那斯台遗址调查》，《考古》1987年第6期。

③ 中国社会科学院考古研究所内蒙古工作队：《赤峰西水泉红山文化遗址》，《考古学报》1982年第2期。

④ 杨虎、林秀贞：《内蒙古敖汉旗红山文化西台类型遗址简述》，《北方文物》2010年第3期。

⑤ 郭大顺、张克举：《辽宁省喀左县东山嘴红山文化建筑群址发掘简报》，《文物》1984年第2期。

腔空，左膝部有一圆孔通入腔内，壁厚可达 3～4 厘米。为盘膝正坐式，右腿搭在左腿上，左足及足趾裸露，右足已残缺。下身的底部平，满饰席纹。牛河梁 N1J1B：1 是草拌泥质泥塑人像的头部，头顶以上残缺，额顶有箍饰，鬓角部位有竖行的系带；眼嵌玉石为睛，玉石为滑石质，淡灰色，睛面圆鼓磨光，睛的背面做出钉状，深嵌入眼窝中。直径 2.3 厘米。鼻部残缺上唇以下为贴面，露出有表现牙齿的似蚌壳质贴物痕迹；右耳完整，左耳残缺，近耳垂部位可见一穿孔。头像的背面和下部均为残面，从背面的残面看，应是贴于庙的墙壁处，尚可见塑造时包以草束的支架痕迹，是为一高浮雕的人像头部。通高 22.4、通耳宽 21、最厚处 14 厘米。大型女性塑像与祭器共出，应是被祭祀的对象，可能是红山人供奉的祖先神。红山文化的女性崇拜来源于土著居民，承担着灶神、巫术道具和祖先神等不同的神性功能。

红山文化居民通过文化认同，使基本处于同一生态位的不同族群间不仅在外在的显性符号特征上表现出一致性，且在信仰等基本价值观方面也日趋接近，族群间产生彼此的稳定性和适应性，使其间互相依赖和共存具有了积极的纽带。

其次，红山人在与周边文化的碰撞交流中，不断吸取先进族群的优秀文化与技术，并在此基础上创新发展，使自身生产力水平得到了显著提高的同时，促使宗教礼仪也日臻复杂和成熟，融合创新始终是红山文化发展的主题。不仅表现在土木结构建筑技术、制陶工艺和制玉工艺技术几个物质文化方面，也表现在对外来文化的创新性发展，开创了新的祭祀形式和形成玉礼器制度。

土木结构建筑无论在辽西土著还是在后冈移民的传统中都是有着悠久历史的建筑技术。该技术在千余年的日常居住性建筑中变化不大，但从宗教性建筑中可看出无论是设计理念还是在建造技术、装饰手段方面，都有了很大的提高。距今 5500 年前的女神庙，虽然依然是半地穴式土木结构，但结构上主次分明、左右对称、前后呼应，远非史前时期一般居住址单间、双间甚至多间房屋所能相比。围绕于穴口边缘以外炭化木柱，木骨泥墙墙壁抹多层草拌泥，装饰有仿木建筑构件（多为仿方木平带和面有压印圆窝或乳钉纹的残带件），墙面或仿方木建筑构件的表面绘有赭色方折几何纹或三角纹壁画。同时，甚至更早，在积石冢的基础上，红山文化发展出了大型石构建筑，不仅能够以石板构筑墓圹，还学会了错缝垒砌石墙，牛河梁第一地点二号建筑就是由三个大型的石墙构筑起来的"山台"，东、西各一个，北部偏西一个，近品字形分布。其中西山台的南石墙，存长 12 米，东墙一段存长 0.8、北墙存长 15 米；东山台的东、西、北侧各保留人工砌筑的石墙，其中东侧石墙连续，长度更达 83 米，北墙存长10 米。

在制陶方面，手制法中的泥条盘筑成型法和泥圈套接成型方法长期稳定地在距今 5500 年前的西拉木伦河两岸红山文化中并存着，代表着两个不同的族群的制陶工艺传统。同时，从距今 6000 年起，四个方面体现了红山文化陶器制造业的进步。第一，慢轮修整的工艺也逐渐普遍地在红山文化中应用开来，盆、钵类陶器造型更为规整；第二，彩陶图案从简单的短线段构图转变为由简化鱼纹演化而来的各种几何纹，构图从单一的条带状布局到相同或不同纹样的带状图案组合而成的满布器表的组合型彩纹，图案从随意性较强到纹样规范，施纹从仅见外彩发展到内外彩都有；第三，从单纯的日常生活用器的生产制作，新出现了用于信仰和祭祀活动的大型泥塑或陶塑以及筒形器、熏炉等；第四，彩陶祭祀用器个体大、同时大量的使用带来的需求量对制作、烧造工艺与生产方式都有更高要求。上述种种，可能体现了一定程度专门化生产的存在。

辽西地区距今 8000 年前就有着进步的玉器制造业，兴隆洼文化出土的玉器说明当时居民已经掌握了采矿、选矿、开坯、设计、琢磨、抛光等多项制玉工艺，从早、中期红山文化玉器主要见于西拉木伦河以北来看，这种资源及技术主要为土著人所掌握。在距今 5400 年左右起，在牛河梁第二地点四号冢下层属于后冈移民墓葬中出现一种以往辽西地区所不见的玉器器型——斜口筒形器，虽没有很复杂的造型和花纹，然个体较大，所耗费的玉料也要大大高于其他类玉器，说明当时对大块玉料的处理已较成熟，以扁圆体为主的形体和掏挖筒形大孔，其切割和成孔难度都较大，成孔则采用了桯钻与线割相结合的方法。该类器与遥远的安徽凌家滩遗址出土玉器有一定相似性[1]，使得对两个文化部分玉器的交流影响的方向产生一定认识上的差异，但无论如何，至此，红山文化玉器种类基本摆脱了辽西土著的传统形制，为晚期红山全新的玉器组合奠定了基础。从玉器制作的半成品多出于牛河梁、半拉山遗址[2]墓葬中的情况看，具有宗教权力的人们恐怕同时也是制玉技术的掌控者。

5500 年前红山文化建立在文化认同基础上的物质文化的发展，虽然未能达成因着财富的丰富产生不同的阶层，但是无论烧陶能力、彩陶技术、制玉垄断，还是建筑水平的提高，以及在此基础上衍生出的各种宗教礼仪，却为宗教权力的进一步垄断以及宗教的进一步神圣化和仪式化奠定了基础。

三、红山文明的实现

由于女神庙期红山文化遗存发现太少，目前还无法全面描述进入晚期红山文化之初的情形，但是无论如何，至少在距今 5300 年前后，伴随着西阴文化引领的中国北方文化的统一性的崩溃和考古学文化出现的剧烈重组，红山文化内部存在着一系列似乎与氏族社会不一致的现象。

从墓葬中随葬玉器的情况，我们可以发现当时已经有了以玉辨身份明等级的现象。所有的墓葬依有无随葬品及随葬品的组合，可以分为无随葬品墓葬，仅随葬镯或环的墓葬，随葬镯环和动物形玉组合或随葬镯环和板状玉佩组合的墓葬，随葬镯环、动物形玉和板状玉佩组合的墓葬四个类型，这种类型的差别又基本上与墓葬形制——无圹

---

① 安徽省文物考古研究所：《凌家滩》，文物出版社，2006 年。
② 辽宁省文物考古研究所、朝阳市龙城区博物馆：《辽宁朝阳市半拉山红山文化墓地的发掘》，《考古》2017 年第 2 期。

石匣墓或砌石墓、有圹砌石墓、中心大墓是对应的。同时，玉器保持了规范化的原则，在红山文化广阔的分布区内，同类玉器在形制上保持高度的一致性，仿佛是有规则制约的。

红山文化积石冢有冢坛并存的特点，冢下埋葬死者，而坛则具有祭坛性质，应当是红山文化先民举行墓祭的地方，祭祀的主体自然是冢内埋葬的祖先。而每个积石冢地点各自都有着自己的中心大墓，显示了其地位的至高无上，以及与同地点其他死者存在的明显等级差异。

红山文化中存在着等级化的宗教祭祀遗址。在晚期红山文化的兴隆沟遗址、草帽山遗址、东山嘴遗址、牛河梁遗址，我们可以看到分属于一个聚落、聚落群、超级聚落群和核心区不同层级的宗教祭祀遗址。一般而言，宗教礼仪遗址与一定的行政区或社区存在对应关系，而作为核心区宗教遗址的牛河梁方圆数千米不见可与之相匹配的聚落，很可能在整个红山文化分布区中具有宗教整合作用。

上述现象与普通的氏族社会存在着明显的区别，以玉明身份辨等级、坛冢结合的祖先崇拜及"一人为中心"的积石冢、等级化的宗教祭祀遗址等或被指向红山社会高度的政治统一，应进入了文明门槛；但同时因为红山文化缺乏传统上认定文明的三个要素，即文字、城市和金属器，加之该文化没有发达的农业，因占有财富不同造成的阶层分化不明显，军事权力不突出，也被认为判断其进入文明的证据不足。

究竟应当怎样看待上述现象，如何认识晚期红山文化的上述特点反映的社会性质呢？恩格斯指出"国家是文明社会的概括"，"国家是社会在一定发展阶段上的产物；国家表示：这个社会陷入了不可解决的自我矛盾，分裂为不可调和的对立面而又无力摆脱这些对立面"，国家"按地区划分它的国民"，并出现了"凌驾于社会之上的公共权力"[①]。列宁也指出，国家是区别于史前社会的社会组织的政权，起着一种社会的调节器作用的公共权力。伟人的经典论述提示我们，观察文明社会或早期国家是应关注以下两点：社会陷入了不可解决的自我矛盾，出现了不可调和的对立面；有能够避免社会各种不同群体在斗争中出现各自同归于尽的公共权力。反观红山文化，首先，上文晚期红山文化出现的诸现象，均与宗教相关，体现的是一种通过宗教作用实现对社会的规范和协调。随葬玉器虽个别地表现出一些例外，但初级玉礼制的存在是无疑的，已经形成了以随葬玉礼器的种类以及由墓葬位置与形制体现的拥有等级差别的宗教权力集团，红山文化区域内各等级规模宗教祭祀场所得以兴建，也正是这个集团具有对人力、物力进行调配能力的体现；其次，红山文化编年研究已经证明了宗教权力集团出现的背景，正是上文中国北方文化第三次大动荡时期，一方面随着黄河中游半坡系和西阴系新石器文化向东北的挤压，迫使后冈移民在辽西的强势不在，辽西土

---

① 〔德〕恩格斯：《家庭、私有制和国家的起源》，《马克思恩格斯文集》（第四卷），人民出版社，2009 年。

著也再次进入西拉木伦河以南地区；另一方面半拉山①、草帽山②、牛河梁等遗址出土的一批红山文化人物造像，显示了此时辽西地区人群更为复杂，势必对原本已经千年磨合相对稳定的资源、土地的占有提出了重新分配的要求，以宗教权力为核心形成的公共权力应当是为着调节上述生死攸关的关系而出现的，这是一种超越了族群的权力。如是说，晚期红山文化不正符合早期国家，亦即张忠培先生所说的神王之国的标准吗？而之所以在红山文化能够实现向文明门槛的跨越，又是以其千年之久的文化认同与发展为基础的。红山文化居民通过文化认同，使基本处于同一生态位的人们已经从外在的单纯生活领域中器具、图案、房屋、墓葬等显性符号特征的认同，外在表达的区分意义逐渐减少，上升到基本价值观，包括精神上的、信仰上的乃至祭祀方式上的渐趋一致，并由宗教信仰的认同使族群上有着截然不同起源的人们或原本就同源随着时间推移才分化开来的人们，在宗教意义上具有达成共同的知识体系和价值体系的可能，造就了红山文化中不同族群间的差异在大部分领域和地区逐步削弱，族群间产生彼此的稳定性和适应性，成为他们互相依赖和共存的积极纽带，同时认同基础上的融合、创新造就了红山文化更为开放和富有生命力的特性，所以当距今5500年以后黄河流域考古学文化发生巨变，整个中国北方都进入了一个资源重新整合与分配的阶段，辽西地区出现不同族群的居民探寻新秩序的道路的时候，红山人有能力选择认同优先，选择共处、共生、互补，成就了红山人在超越了单一族群血缘氏族社会基础上的公共权力诞生。伴随着红山人文明化进程的认同基础上的发展以及认同优先的选择，充分体现了红山人高超的智慧和中华民族源远流长的和平、求同、共生的民族精神追求和传统。

---

① 辽宁省文物考古研究所、朝阳市龙城区博物馆：《辽宁朝阳市半拉山红山文化墓地的发掘》，《考古》2017年第2期。
② 邵国田：《敖汉文物精华》，内蒙古文化出版社，2004年。

华夏文明兴起的考古学观察
——以考古学文化变迁和聚落的"生长"为视角

牛世山

（中国社会科学院考古研究所）

华夏文明指汉族的前身以华夏族群为主体创造的文明，为西汉帝国以前古代中国最重要文明之一。

华夏族的形成和发展经历了一个较长的历史阶段，大致包括新石器时代晚期到周代。传世文献所见，周王朝及其分封国家与周边其他国家间，主体族群具有明确的身份认同，最明显的是华夏与四夷的分别，有所谓"南夷与北狄交，中国不绝若线"（《公羊传·僖公四年》）、"微管仲，吾其被发左衽矣"（《论语·宪问》）之说。其他如《尚书·大禹谟》所谓"无怠无荒，四夷来王"、《孟子梁惠王》"莅中国而抚四夷也"、《礼记·王制》之"东曰夷、西曰戎、南曰蛮、北曰狄"，说的是中国人与四面族群有一定区别。即周人国家的主体族群自称夏、诸夏，总称华夏族，是具有共同地域、共同经济和文化生活的共同体，以区别于四邻的夷、蛮、戎、狄等族。传世文献与出土文献所见，夏、商王国的主体族群的身份认同与周代类似。如殷墟甲骨文所见，商王国具有中土与四土的地理空间划分，商王国的中心居于中原中心地区，周边分布有其他族群和国家，其中商王国是华夏国家的总代表。研究者认为，华夏族群的形成期早到史前时期。徐旭生先生认为中国上古传说时代的族群集团有炎黄集团、东夷集团和苗蛮集团[1]，再加上大致同时存在、至迟在周代兴起于东南的百越、北方的白狄、西方的西戎[2]，大体涵盖了当时几个大的族群集团，其中炎黄集团与周代的华夏族群集团一脉相承。华夏族群集团与周边其他族群集团不断兼并、融合，逐渐形成稳定的族群共同体，创造出灿烂的华夏文明。这些认识虽然是基于传世文献得出的，但在今天仍然具有重要价值。

学界对华夏文明的探讨，常将其放在中国古代文明起源的大背景下进行文化史学的研究。中国古代文明的形成和发展对人类社会的发展产生了深远的、重大的影响，在世界文明史上占有重要的地位。中国文明起源与形成的研究是重大学术课题之一，也是很长时期以来的热门话题，在今天仍然是关注的重点。中国古代文明是什么时候

① 徐旭生：《中国古史的传说时代》，文物出版社，1985年。
② 蒙文通：《周秦少数民族研究》，《蒙文通全集》（四），巴蜀书社，2015年，第3～344页。

起源的，什么时候进入文明阶段的？回答这个问题，不是一两句话所能说清楚的，但现在可以这样说，中国古人是从原始的野蛮状态逐步向文明社会前进的，并不是从哪一个早上中国就进入文明社会的门槛里了。这种认识，经过了很多学者的不断探索，其中不仅有理论与方法的探索、创新，也经过了数十年的研究历程。研究中国古代文明的起源，理论与方法探索是重要的方面。正如严文明先生所说[①]，研究中国古代文明的起源，需要将它放在人类古代文明研究的大背景下来研究，因为中国古代文明是全人类古代文明的一部分，只有放在这个大背景下，才能认清中国古代文明的特点及其在世界文明发展史上的地位与作用。同时，需要以考古学研究为基础，实行多学科的合作，进行多角度、全方位的研究。世界上最著名的古代文明，诸如美索不达米亚文明、古埃及文明、古印度文明、美洲的玛雅文明和印加文明，无一不是基于考古的发现和研究，再结合其他学科的综合研究才逐渐清晰起来的。

作为一个重大学术问题，探索中国古代文明的起源是从近代开始的。晚清以来，随着西学东渐、近代意义的历史学的建设，构建真实的中国上古史成为历史学的重要任务。20 世纪初，以田野考古为基本特点的考古学传入中国，中国古代文明的研究走上了基于考古学研究的轨道。1921 年，瑞典人安特生发掘河南渑池的仰韶遗址，拉开了中国现代考古学的序幕。安特生把仰韶文化称之为"中华远古之文化"，他认为找到了中国历史文化的史前源头，但此后又推测中国文化是西来的。1928～1937 年的殷墟考古，证实商代晚期已经是高度发达的青铜文明。同时期对龙山文化与商文化的研究，使许多学者坚信中国文明是本土起源的。梁思永先生在 1939 年从 10 个方面论证了龙山文化与殷商文化的密切关系，明确提出龙山文化是中国文明的史前期之一[②]。从 1952 年开始对郑州二里冈的发掘，确认郑州商城是一座商代前期的都城遗址，那时的商王朝已经达到很高的文明水准。1959 年，徐旭生先生为寻找夏墟而发现河南偃师二里头遗址[③]，邹衡先生首先提出二里头文化是夏文化[④]，现在学术界普遍认可二里头遗址为夏都、以二里头文化为代表的夏文化属于文明时代也已无异议。夏代文明的产生也不是一朝一夕的事，之前必然有一个逐渐走向文明的过程，中国文明的起源还要追溯到更早的时期——新石器时代晚期和铜石并用时代。目前学界关注的时段主要在仰韶文化、龙山文化时代。姜寨仰韶文化遗址出土了黄铜质文物，为公元前 4700 年左右；仰韶文化时期不仅已出现了铜制品，并且已经出现了如甘肃东乡出土的青铜刀，这说明在中国大地上已经出现了冶铜技术，只是因技术不成熟，所以还没有出现更多的铜制品，

---

① 严文明：《以考古学为基础，全方位研究古代文明》，《古代文明研究通讯》1999 年第 1 期；收入《农业发生与文明起源》，科学出版社，2000 年，第 175～178 页。

② Liang, S. Y., The Lungshan Culture: A Prehistoric Phase of Chinese Civilization, *Proceedings Sixth Pacific Science Congress*, 1939, (4), pp. 69-79. 中文译文刊于《考古学报》（第七册），中国科学院，1954 年，第 5～14 页。

③ 徐旭生：《1959 年夏豫西调查"夏墟"的初步报告》，《考古》1959 年第 11 期。

④ 邹衡：《关于探讨夏文化的几个问题》，《文物》1978 年第 3 期。

此时已进入铜石并用时代①。龙山时代,与冶铜有关的遗物及地点明显增多,冶铜技术真正取得了突破。其中登封王城岗的王湾文化遗址出土的青铜容器残片②,形制同于同时期的陶鬶。这种具有中国本土特征的铜容器的发现证明,当时铜冶铸技术已经在中国大地真正扎根,中国特色的青铜文化正在形成。这个时期是华夏文明起源的重要时期。1996~2000年实施的"夏商周断代工程",重点发掘了二里头、郑州商城、殷墟和西周时期重要遗址,通过多学科研究,构建了夏商周时期比较准确的年代标尺,对夏商周文明认识也更为全面。2001年以来实施的"中华文明探源工程",对公元前3500年至公元前1500年左右考古学文化作综合研究,探讨这个阶段的经济和文化进步、社会复杂化到多元一体格局的形成过程,回答中华文明形成的时间、地域、过程、原因和机制等基本问题。这两个项目取得了重要成果,比较充分地揭示出早期中华文明的丰富内涵和古代文明的辉煌成就。

综合文献记载和学界的研究可知,华夏族群的活动地域以中原为中心,核心区在今天的河南洛阳、郑州一带,这里的地理地貌为洛阳盆地、嵩山山地及其东南面的颍河上游及其支流双洎河、汝河的河流阶地。所在地区的考古学文化及交互文化圈,是当时族群所在的社会发展与人群交流关系的反映。传统观点认为,华夏文明的兴起,是以夏王朝的建立为标志,在考古学文化层面是二里头文化。二里头文化的中心在河南洛阳盆地,此后历史上长期为中原文化的核心区。在夏王朝之后有商、周王朝前后相继,它们的建立和发展都离不开夏王朝中心地区这个根基,三个王国的统治核心区都包括洛阳盆地。所以司马迁《史记·封禅书》所说"昔三代之居,皆在河洛之间"。毫无疑问,夏王国的建立是华夏文明演进上的重大事件,一般将此等同于考古学上的二里头文化的形成和兴起,并作为华夏文明兴起的标志,但这还有重新讨论的余地。如果以有关地区考古学文化变迁与聚落的"生长"为视角,结合传世文献证据可见,在二里头文化之前,以王湾三期文化为代表的中原龙山文化阶段,其中出现了一些重要现象,可视为华夏文明崛起的标志和关键片段。下面通过中原及邻近地区考古学文化的变迁以及聚落的演变,就此方面做概括性的讨论。

一

自20世纪20年代仰韶文化发现后,直到60年代,中原地区新石器和铜石并用时代文化一直是学界的关注的焦点。加上后来夏、商、周王国兴起于中原地区,在传世文献里,有关文献文本也是最重要的部分。因此,中国古代文明起源的中原中心论是深入人心的。但50年代以来越来越多的考古发现使苏秉琦先生认识到,中国境内新石器时代各考古学文化的渊源、特征与发展道路差异很大。他经过十年(1965~1975

---

① 严文明:《论中国的铜石并用时代》,《史前研究》1984年第1期。
② 河南省文物研究所等:《登封王城岗遗址的发掘》,《文物》1983年第3期。

年）的思考，将中国境内新石器时代考古学文化分为六大文化区系①，它们是：（1）以燕山南北、长城地带为中心的北方；（2）以山东为中心的东方；（3）以关中（陕西）、晋南、豫西为中心的中原；（4）以环太湖为中心的东南部；（5）以环洞庭湖与四川盆地为中心的西南部；（6）以鄱阳湖——珠江三角洲一线为中轴的南方。这六大区系内，还可以划分出不同的地方类型。在此基础上，进一步探讨了中国古代文明起源的模式和道路。这个理论性思考不仅有前瞻性，还有重要指导意义，20 世纪 80 年代以来，学界的讨论很多是在这个思考的背景下。

基于区域考古学文化的演进探讨华夏文明的兴起，一方面要以中原为视角，梳理中原地区从新石器时期中晚期以来到商周时期的考古学文化体系及其传统的演变，主要关注本区域的文化内部发展的阶段性；另一方面，还要超出中原视角，梳理中原与外部其他地区文化的交流和激荡，关注中原文化的扩张和辐射力，明了中原文化与外部其他区域文化的强弱转换态势。有关这方面的讨论已比较多，代表性的如赵辉先生对史前方面的研究②。

在新石器晚期和铜石并用时代，黄河中下游、长江中下游等地区各自延续了新石器中期以来的文化传统，逐渐形成各区域文化体系间相对稳定的格局③。

大约在公元前 5000～前 3600 年，黄河中游地区是仰韶文化系统，其中在关中、豫西和晋南地区前有半坡文化，陶器群以炊器夹砂罐为核心；其后庙底沟文化明显兴盛起来。在它的东面，以嵩山为中心的郑洛地区，有与庙底沟文化同时兴起的大河村文化，陶器群以釜形鼎和罐形鼎为核心。豫北冀南有后冈一期文化，大致与半坡文化相当，陶器群以圆腹鼎、圜底釜等炊器为核心。黄河下游地区有大汶口文化，有以炊器鼎（盆形、罐形、釜形和钵形）为核心的陶器群，分布区覆盖整个山东半岛，中晚期向西、向南扩展到豫东、安徽淮河流域。长江中游地区有大溪文化，有以炊器罐形釜为代表的陶器群。这个阶段，中原文化与其他地区的空白地带大多消失，人群的交往自然密切起来，考古学文化所见相互联系明显增多，如在中原周边的其他地区出现了仰韶文化风格的彩陶如红顶钵，一般认为是受仰韶文化影响所致。其中庙底沟文化的对外影响更加明显，如具有该文化典型风格、以弧边三角为主要构图的花瓣图案的彩陶出现在东边的大汶口文化、南边的大溪文化、乃至东北地区的红山文化中。与向东、南的影响不同，庙底沟文化最大的变化是向西扩张到甘青地区，向北到达陕北和河套地区，这明显是因为人群向外迁移的结果。当然此时也能看到四面向中原影响的因素，但明显要弱于仰韶文化体系的对外影响力。

大约在公元前 3600～前 2900 年，即一般定性的仰韶文化晚期阶段，在中原中心

---

① 苏秉琦、殷伟璋：《关于考古学文化的区系类型问题》，《文物》1981 年第 5 期；苏秉琦：《中国考古学从初创到开拓——一个考古老兵的自我回顾》，《考古学文化论集》（2），文物出版社，1989 年，第 371～374 页。

② 赵辉：《以中原为中心的历史趋势的形成》，《文物》2000 年第 1 期；赵辉：《中国的史前基础——再论以中原为中心的历史趋势》，《文物》2006 年第 8 期。

③ 中国社会科学院考古研究所：《中国考古学·新石器时代卷》，中国社会科学出版社，2010 年。

区、原庙底沟文化中心区之后是西王村文化；郑洛地区有大河村文化依然延续。相比前一阶段，这个阶段仰韶文化体系对外辐射力明显弱，相反，外部文化对中原地区的影响明显很大，尤以东面的大汶口文化的影响最大。大汶口文化中期主要向西、西南扩展，分布范围覆盖豫东和皖北的地区，势力明显扩大。在西面，大汶口文化的因素直达嵩山东南的双洎河、颍河、沙河上游流域，这些地方的遗址中出现大量大汶口文化的因素，如釜形鼎、罐形鼎、背壶、高柄杯、浅盘豆、盉等；甚至在中原核心地带的洛阳盆地也出现了大汶口文化的墓葬，明确可证大汶口文化的人群向西进入中原腹地，这些情况说明大汶口文化不仅向西影响到中原地区，而是把势力范围推进、扩张向中原地区。

大约在公元前 2900～前 2600 年，承西王村文化之绪，庙底沟二期文化从晋南兴起，器体粗犷、带横篮纹风格的陶器群迅速散布到关中、豫西和郑洛地区，黄河中游地区的文化面貌统一性增强，但有的地区地方性特点明显，如郑洛地区的大河村五期遗存明显保留有之前的大河村文化传统。陶器群中盛行三足器的炊器（如盆形或罐形的鼎、袋足鬲，早期流行平底盆形鼎，晚期则流行罐形鼎）。这个阶段，区域文化格局的最大的改变是庙底沟二期文化的分布区扩展到豫东地区，这里原属于大汶口文化的传统分布区，这种转换可见庙底沟二期文化作为强势的一方，将豫东地区纳入中原文化的势力范围[1]。但在向南方向，庙底沟二期文化与以江河平原为中心的屈家岭文化对峙于豫南地区。

大约在公元前 2600～前 2000 年，以郑洛地区为中心的王湾三期文化成为中原地区的主体文化，其统一性增强，分布区扩大，除了具有典型文化风格的郑洛地区，黄河北面的豫西北的文化面貌也几无差别；周围还有后冈二期文化、三里桥类型、造律台类型、下王岗类型的文化风格与之有很多相似之处。晋南的陶寺文化、关中的客省庄文化与之有一定联系。这个阶段，王湾三期文化作为攻势方，将势力范围向东和南扩展。在东方，王湾三期文化影响下形成的造律台类型的分布范围向东已扩展到今大运河一线，表明在龙山时代，中原文化不仅将豫东地区完全控制，还向东进一步压缩了东方由大汶口文化发展而来的龙山文化的势力空间[2]。在南方，王湾三期文化后期阶段扩展到石家河文化中心的江汉平原，导致石家河文化的衰亡[3]。

大约在公元前 2000～前 771 年，是人们熟悉的夏商周时期。先是以二里头文化为代表的夏文化以中原腹地为基地，在进一步稳固了原王湾三期文化的势力范围的基础上，文化影响力向东南扩展到安徽淮河流域，向西扩展到关中东部，向北扩展到晋中地区。随后商王国建立，以二里冈文化为代表的商文化迅速占据了原二里头文化的分

---

① 段宏振、张翠莲：《豫东地区考古学文化初论》，《中原文物》1991 年第 2 期；段宏振：《试论华北平原龙山时代文化》，《河北省考古文集》，东方出版社，1998 年，第 370～388 页。

② 段宏振、张翠莲：《豫东地区考古学文化初论》，《中原文物》1991 年第 2 期；段宏振：《试论华北平原龙山时代文化》，《河北省考古文集》，东方出版社，1998 年，第 370～388 页。

③ 韩建业、杨新改：《王湾三期文化研究》，《考古学报》1997 年第 1 期。

布区，势力向四面扩张，东到山东半岛，南越长江，北抵河北中部；中心与边缘的考古学文化面貌高度一致。《吕氏春秋·似顺论·分职》说："汤武一日而尽有夏商之民，尽有夏商之地，尽有夏商之财。"这绝非虚言。周人灭商后，又在商王国的势力范围的基础上向外扩张，北越燕山，东南越过长江，西达甘肃南部。西周文化以关中、晋南最为典型，其他地区者本土原有的文化风格浓厚。

以上通过对新石器晚期到周代4000多年的文化格局及其变迁的梳理，我们看到，新石器晚期以来，以中原为中心的黄河中游与以黄河下游为代表的东方、以长江中游为代表的南方，组成史前文化体系中的相对稳定三角，三者的这种格局在很长时期也是相对稳定的。中原文化的兴衰，主要是与东方、南方文化相互影响、竞争甚至剧烈对抗的结果。相互影响方面，表现为非日常使用的特型物向对方文化区的流传，如早期中原彩绘陶的外传，还有玉器从原产地、中转地向消费地的输送等也属于此类。仰韶文化晚期，中原腹地受到大汶口文化的冲击，表现为后者的以炊器为核心的日常使用的成组甚至全套用器出现在中原，原有的文化因素明显减少，这绝不是文化影响的结果，而是大汶口文化的势力向中原推进、人群迁徙造成的，也反映了东方大汶口文化所在的社会的实力明显强于中原。到王湾三期文化，以炊器为核心的日常使用的成组甚至全套用器向东、向南分别扩展到龙山文化、石家河文化的分布区，这明显是竞争甚至剧烈对抗的战争的结果，从而使后两者的文化削弱甚至消亡。因中原文化势力扩张，造成中原、东方、南方的三方文化体系从很长时期保持相对稳定的格局，到中原崛起、一超独大，原来三个区域间文化体系相对稳定、三足鼎立的均势格局被彻底打破而出现新局面的重大改变。虽然王湾三期文化向东尤其向南远距离扩张明显，但与西邻的三里桥文化、北邻陶寺文化仅为影响关系，说明他们所在的人群政治实体间的关系应该以相互协调为主要方式，而不是以剧烈对抗的战争方式为主流。中原文化的崛起，意味着三方力量对比的失衡，中原文化地域更广、其人群的政治实体的力量更强，其他区域的力量更弱，再也无力与中原文化所在的政治实体对抗。此后，夏、商、周王国基于中原文化长期的历史积淀和丰厚的滋养而相继兴起是水到渠成的事。因此，从三大区域文化传统的变迁可以说，以中原为基础的华夏文明兴起的标志，就是王湾三期文化扩张而导致中原文化一超独大局面的形成。一个人群的政治实体的力量强大，常常会出现对外扩张的情况，文化也强盛，对外辐射力强；反之亦然，古今同理。

二

上古群体社会的兴衰强弱，人口是最重要的因素。反映在考古学文化层面，就是遗址（聚落）的数量、规模、等级变化以及中心的迁移等。下面对以郑洛地区为中心的中原地区的情况进行讨论和分析。

新石器时代中期，中原地区是裴李岗文化及其类型分布区。20世纪90年代初统计该文化的聚落（遗址）有 70 多处[1]，最新统计已发现 160 处以上[2]；其中郑洛地区的，2000 年统计有 68 处[3]。聚落分布以今天的嵩山山地以及东南的双洎河、颍河、汝河阶地最多。仰韶文化阶段的，据统计有 5000 多处（包括半坡文化、庙底沟文化、西王村文化或大河村文化阶段），其中河南境内 1000 多处[4]。据 2000 年统计[5]，仰韶文化前期（指半坡文化和庙底沟文化阶段），郑洛地区的聚落遗址总数为 238 处，比裴李岗时期的 68 处（1990 年前数据）增加了 3 倍左右。仰韶文化后期（指大河村文化、庙底沟二期文化阶段），郑洛地区的聚落遗址总数为 357 处[6]，比前期增加了三分之一。据 20 世纪 90 年代初统计，"中原龙山文化"（包括庙底沟二期文化和王湾三期文化阶段）有上千处[7]，后统计有 1400 多处（含庙底沟二期文化的）[8]。其中王湾三期文化的有六七百处之多[9]，而郑洛地区的王湾三期文化聚落遗址总数即达 516 处，较之于仰韶后期的 357 处增加了 159 处[10]。此阶段豫中和豫北一带遗址的数量增长最快。此后的情况，据 2003 年前后统计，二里头文化遗址 200 多处[11]（基本是河南境内的），最新统计达 793 处[12]，但比龙山文化阶段要少。

前述 2000 年统计数据可见，郑洛地区的新石器和铜石并用时代遗址，裴李岗文化与仰韶文化前期、仰韶文化后期、王湾三期的数量之比为 68：237：356：516，显示后面阶段较之前有较多增长。据 1997～2007 洛阳盆地东部（洛阳盆地东部 1120 平方千米的范围）调查，该区域仰韶文化与龙山阶段的遗址数比以前调查的应该还要多。如 2000 年统计整个洛阳盆地有仰韶文化遗址 74 处[13]、洛阳盆地中东部（洛阳、伊川、宜阳、孟津等地）王湾三期阶段的有 186 处[14]。1997～2007 年调查所见，仅洛阳盆地东部的仰韶文化遗址有 228 处[15]，超过了 2000 年统计的整个洛阳盆地的数据，可明确细分的，仰韶早期者 20、仰韶中期者 77、晚期者 146 处，遗址数量显著增加；龙山文化阶

[1] 国家文物局：《中国文物地图集·河南分册》，中国地图出版社，1991 年，第 29 页。
[2] 张居中、李梦维：《中原地区裴李岗时代考古发现与研究》，《中国考古学百年史：1921—2021》，中国社会科学出版社，2021 年，第 432～506 页。
[3] 赵春青：《郑洛地区新石器时代聚落的演变》，北京大学出版社，2001 年，附表三。
[4] 曹桂岑：《中原文化大典·文物典·聚落》，中州古籍出版社，2008 年，第 140 页。
[5] 赵春青：《郑洛地区新石器时代聚落的演变》，北京大学出版社，2001 年，附表四。
[6] 赵春青：《郑洛地区新石器时代聚落的演变》，北京大学出版社，2001 年，附表五。
[7] 国家文物局：《中国文物地图集·河南分册》，中国地图出版社，1991 年，第 35 页。
[8] 曹桂岑：《中原文化大典·文物典·聚落》，中州古籍出版社，2008 年，第 262 页。
[9] 韩建业、杨新改：《王湾三期文化研究》，《考古学报》1997 年第 1 期。
[10] 赵春青：《郑洛地区新石器时代聚落的演变》，北京大学出版社，2001 年，附表六。
[11] 中国社会科学院考古研究所：《中国考古学·夏商卷》，中国社会科学出版社，2003 年，第 86 页；李维明：《夏文化分布态势量化与信息初现》，《东南文化》2004 年第 3 期。
[12] 贺俊：《论二里头文化的宏观聚落形态》，《考古学报》2022 年第 4 期；原见于贺俊：《二里头文化区的聚落与社会》，中国社会科学院大学博士学位论文，2020 年。
[13] 赵春青：《郑洛地区新石器时代聚落的演变》，北京大学出版社，2001 年，第 59 页。
[14] 赵春青：《郑洛地区新石器时代聚落的演变》，北京大学出版社，2001 年，附表六。
[15] 中国社会科学院考古研究所、中澳美伊洛河流域联合考古队：《洛阳盆地中东部先秦时期遗址：1997—2007 年区域系统调查报告》，科学出版社，2019 年，第 1208 页。

段的，龙山早期（庙底沟二期文化阶段）61 处、龙山晚期（王湾三期文化阶段）156处，另外 25 处遗址只能定到龙山时期。与仰韶晚期的 146 处相比，龙山早期的数量明显减少；龙山晚期（王湾三期文化阶段）比龙山早期（庙底沟二期阶段）的遗址数量增加了 1.5 倍，略高于仰韶晚期的遗址数量；二里头文化时期的遗址有 207 处，也是增加了。

　　现在缺乏商代及以后包括中原地区在内的大区域的数据，有关文献记载中有一些信息。文献记载，商人建国后都城经多次迁徙，《世本》记载有亳、隞、相、邢、奄、殷等地，其中多已确定所在。殷墟甲骨文所见商代晚期共有诸侯 46 个 [1]，每个应该最少有一处都邑。周人灭商，迅速占据商王国的地盘，大封诸侯。《左传·昭公二十八年》："昔武王克商，光有天下，其兄弟之国者十有五人，姬姓之国者四十人，皆举亲也。"《荀子·儒效》："（周公）兼制天下，立七十一国，姬姓独居五十三人。"这些诸侯国都会有都邑。清顾栋高的《春秋大事表·春秋列国都邑表》统计有周、鲁、齐、郑、宋、卫、曹、邾、莒、杞、纪、徐、晋、虞、虢、秦、楚、陈、蔡、许、庸、麋、吴、越等二十四国的都、邑超过 351 座。实际数量应该更多，许宏统计周代城址有 657 处 [2]。

　　有关商周时期的情况，1997～2007 年洛阳盆地东部的调查数据提供了重要参考。调查共发现二里冈文化（商代早期）遗址 120 处，其中明确为二里冈文化下层的 36处、二里冈文化上层的 65 处，还有 33 个遗址只能定到二里冈文化阶段；属于商代晚期（殷墟文化阶段）的遗址 60 处 [3]。相比之下，商代遗址数量比以前明显减少。西周时期的遗址数量与商代近似。东周时期的数量则明显超过了此前以仰韶文化阶段为最高的峰值，达到 294 处。

　　从遗址（聚落）数量的历时性看，从裴李岗文化到仰韶文化早期，在超过 2000 年的时段，聚落数量在缓慢增加。从仰韶文化晚期开始到王湾三期文化以及之后的二里头文化阶段，在长达 1000 多年的时段，河南境内的聚落数量增加速度提升，尤其是二里头文化的时段比前两个文化阶段大致减半的情况下，遗址数量没有减少，而是增加了。但商、西周时期明显减少了。东周时的数量明显增加，又上升到一个新的高度。相应地，聚落密度也随之变化。以洛阳盆地东部调查区域 1120 平方千米的范围（均宜居）为基准，可知仰韶文化阶段平均每 5 平方千米就有一处聚落，庙底沟二期阶段大减，王湾三期阶段的密度比仰韶文化时期略低，二里头文化时期比王湾三期阶段有所提高。商、西周时明显降低。东周时聚落密度上升到一个新的高度。

　　区域内聚落的增加，自然是人口增加的结果。但聚落数量的减少，未必反映当时聚落总面积的减少与人口的减少。因为一方面，从王湾三期文化开始，单个中心型聚落的面积增大，大中型聚落的数量增多，尤其是像郑州商城、殷墟大邑商这样的超级

① 王宇信、杨升南：《甲骨学一百年》，社会科学文献出版社，1999 年，第 463 页。
② 许宏：《先秦城邑考古》，西苑出版社，2017 年，第 244 页。
③ 中国社会科学院考古研究所、中澳美伊洛河流域联合考古队：《洛阳盆地中东部先秦时期遗址：1997—2007年区域系统调查报告》，科学出版社，2019 年，第 1222 页。

大城市的出现，一个超大型城市的面积相当于很多中小型聚落的总面积，因而能吸纳更多的人口。或许还反映了另一种情况，因为王国的扩张，一些人迁徙到王国的边缘地区，导致中心区域人口减少，聚落密度也降低了。洛阳盆地调查说明，东周时期的聚落数量明显增多，且增幅较大，而且也增加了，相应地，聚落总面积也应该增加，再加上这里的东周王城等几个大中型城市，反映东周时期中原中心地区比以前人口有了明显增加。

从区域聚落等级看，在中原地区，裴李岗文化的聚落（遗址）面积不大，小的为数千平方米，大的数万平方米。以等级划分，或可分为两级[1]，实际上属于同一等级[2]。总的来说聚落分化不明显，由此侧面可知当时的社会发展水平低。到龙山文化阶段，区域聚落明显分化，出现了面积更大的聚落。陈星灿、刘莉等对伊洛河下游的坞罗河和干沟流域进行了区域系统调查。在调查中共发现龙山文化时期的聚落 12 个，根据遗址的面积对其进行了分级，可分为 10 万平方米以下和 10 万～20 万平方米两个等级，其中最大的罗口村东南遗址面积约 20 万平方米[3]。赵春青同样按照聚落的面积将嵩山南北的王湾三期文化分布核心区内的聚落划分为 4 个等级：100 万～40 万平方米为一级聚落，40 万～15 万平方米为二级聚落，15 万～5 万平方米为三级聚落，5 万平方米以下为四级聚落[4]。张海按照不同的地理单元对洛阳盆地、郑州地区、颍河中上游地区、洛河中游地区、伊河流域、沙颍河冲积平原六个地理单元内的聚落等级分别做了划分，划分为二至三个等级[5]。二里头文化发现有 793 处聚落，或可分都邑、次级中心、一般中心、基层四级；其中二里头遗址面积达到 300 万平方米，属于最高一级的中心性聚落，其他的聚落面积明显小[6]。商周时期的聚落数量及其等级情况没有详细统计数据，但比以前最大的变化是商代出现了面积超大的超级都城，如郑州商城由内、外城两部分组成，内城呈长方形，周长约 6960 米，其中东、南两墙各长约 1700 米，西墙长约 1870 米，北墙长约 1690 米，面积 290 万平方米；加上外郭城区，总面积达 1300 万平方米[7]，这个规模，与数百年后的东周时期人口明显增加的形势下中小国都城的规模接近。殷墟作为商代晚期的都城，一般认为有 30 平方千米，即 3000 万平方米，据笔者计算近 26 平方千米，直到战国晚期时最大的城址燕下都的规模与之相当。西周时期，作为最高一级的都城的规模大多在数百万平方米，明显要小。

众所周知，夏商周时期是等级社会，从聚落—城市的视角看，当时的王都是最高

[1] 赵春青：《郑洛地区新石器时代聚落的演变》，北京大学出版社，2001 年，第 29 页。
[2] 刘莉：《中国新石器时代：迈向早期国家之路》，文物出版社，2007 年，第 148 页。
[3] 陈星灿、刘莉、李润权等：《中国文明腹地的社会复杂化进程——伊洛河地区的聚落形态研究》，《考古学报》2003 年第 2 期。
[4] 赵春青：《郑洛地区新石器时代聚落的演变》，北京大学出版社，2001 年，第 142 页。
[5] 张海：《中原核心区文明起源研究》，上海古籍出版社，2021 年。
[6] 刘莉：《中国新石器时代：迈向早期国家之路》，文物出版社，2007 年，第 209 页；贺俊：《论二里头文化的宏观聚落形态》，《考古学报》2022 年第 4 期。
[7] 袁广阔、秦小丽：《早商城市文明的形成与发展》，科学出版社，2017 年，第 68 页。

一级，具有唯一性，其他性质的城市和聚落依性质具有相应等级，但都达不到最高等级 [1]。在夏商时代，邑是居民聚居点的通称。商代只有大邑、小邑之分，如商代晚期的都城叫大邑商 [2]，殷墟甲骨卜辞中有关于邑的记录。商代的邑，据其规模及性质可分王邑、方国邑、诸侯臣属邑与其他中小族邑等四大类 [3]。文献记载周代的都邑等级很明确，分周王都城、诸侯封国都城、宗室或卿大夫封邑和其他低级的小邑。其中最高一级的王都或被称为"国"，《考工记·匠人营国》开篇说："匠人营国，方九里，旁三门。国中九经九纬，经涂九轨，左祖右社，面朝后市，市朝一夫。"其中营国指的是营建王城，即周王的都城才称国。《左传·庄公二十八年》："凡邑，有宗庙先君之主曰都，无曰邑。邑曰筑，都曰城。"以宗庙先君神主牌位之有无来区分邑或都，应该是周代礼制反映在城邑上政治化、等级化的表现。但到战国时期，都专指有宗庙的城市的情况应该大为削弱了，出土地下文字资料所见，当时的燕、齐等国的城市普遍称为都，其他各国的多称郡、县。综合来看，周代城邑分国、都、邑以及下面的小聚邑四级 [4]，与商代相同。比照商周时期的情况，新石器和铜石并用时代的聚落等级分三级是合理的，可称为都、邑、聚。《吕氏春秋·贵因》："舜一徙成邑，再徙成都，三徙成国。"《史记·五帝本纪》也说："一年而所居成聚，二年成邑，三年成都。"这类记载是有道理的。

　　夏、商、周王朝的都城在当时处于最高等级、居于首屈一指的地位，夏王朝之前的情况是不是这样呢？这里略作分析。从仰韶文化以来，随着人口的增长和聚落的发展，区域中心出现。学界对中原地区王湾三期文化的聚落等级尤其关注。赵春青认为王湾三期文化的聚落可分三大聚落群，其间呈"主从式环状布局"，其中分布于郑洛地区、以伊洛平原为中心的 A 群是主体聚落群 [5]。张海将王湾三期文化按河流流域分布的不同划分聚落群，如洛阳盆地的聚落分为伊洛河南、北两组，颍河中上游地区分为上游的登封盆地聚落群和中游的禹州平原聚落群，还有洛河流域的洛河中游聚落群和伊河流域的伊川盆地聚落群、白降河流域聚落群和嵩县盆地聚落群，等等，并提出了"中心聚落—城址"的模式，以嵩山东南地区的社会发展程度最高 [6]。王立新同样将颍河中上游的聚落分为王城岗聚落群和瓦店聚落群 [7]。钱耀鹏以中原龙山城址为基准进行划

① 《春秋左传正义》卷二《隐公元年》："先王之制，大都不过国三之一，中五之一，小九之一。"这个记载与考古发现有可比性。参见《春秋左传正义》，北京大学出版社，1999 年，第 60 页。

② 如《合集》36482："……告于大邑商……"

③ 宋镇豪：《商代的邑制所反映的社会性质》，《中国史研究》1994 年第 4 期；宋镇豪：《夏商社会生活史》（增订本），中国社会科学出版社，2005 年，第 53 页。

④ 段宏振：《先秦城邑的城郭问题》，《李下蹊华——庆祝李伯谦先生八十华诞论文集》，科学出版社，2017 年，第 422～423 页。

⑤ 赵春青：《郑洛地区新石器时代聚落的演变》，北京大学出版社，2001 年，第 146 页。

⑥ 张海：《中原核心区文明起源研究》，上海古籍出版社，2021 年。

⑦ 王立新：《从嵩山南北的文化整合看夏王朝的出现》，《二里头遗址与二里头文化研究》，科学出版社，2006 年，第 410～426 页。

分，将王湾三期文化分为以王城岗、古城寨和郝家台三个城址为中心的聚落群①。这些聚落群中都发现有大型聚落中心，面积在百万平方米以上，但还没有一个可与龙山文化时期其他文化的中心型聚落或城址相当规模的。可对比的例子如晋南地区陶寺文化，分布区限于晋南，分布区域明显比王湾三期文化的要小。它有中心性城址——陶寺城址②，面积足有 300 万平方米。与陶寺中晚期大体同时的绛县周家庄龙山环壕聚落也具有相似的规模，壕以内面积有 300 余万平方米，龙山时期遗存分布总面积约 450 万平方米③。与陶寺一山之隔的曲沃方城遗址也有 300 万平方米④；当然方城遗址的面积只是踏查后的估算，没有经过钻探，或许实际面积要小一些。王湾三期文化分为几个聚落群，各群所占区域面积大小不同，各群的地位应该不是对等的，大群的最大聚落应该在整个文化中居于中心地位，即以伊洛平原为中心、北越黄河到焦作一带的聚落群为该文化的中心区。但在王湾三期文化中迄今还没有发现像陶寺城址这种规模的中心聚落。比照陶寺文化的情况，按理说王湾三期文化也应该有像陶寺城址这种规模的聚落，或许还不止一个。与后代对比，王湾三期阶段中心聚落的规模或与二里头遗址的规模相当，自然应小于商代都城的规模，也就是说，王湾三期文化阶段应该没有出现商代那种超级王都规模的聚落。

中原地区的中心在地理空间上有阶段性的不同。综合学界研究可见，仰韶文化体系的半坡文化阶段的中心在关中东部，庙底沟文化阶段的中心到了豫西，西王村文化阶段的中心在晋南。王湾三期阶段的中心在洛阳盆地，夏商周阶段也是如此，所以司马迁在《史记·封禅书》中说"昔三代之居，皆在河洛之间"。

三

通过中原及邻近地区考古学文化的变迁以及聚落演变的观察，综合学界的研究成果，可推知华夏文明崛起于中原龙山文化时期。并获知如下一些认识：

龙山晚期中原龙山文化的向外扩张（向东、南明显），势力所及，东到以山东为中心的龙山文化的势力范围（如豫东及以东），向南远距离推进到石家河文化中心的江汉平原，此前很长时期三个区域文化系统相对稳定的均势被彻底打破，出现华夏联盟国家一超独大的新局面，这是华夏文明崛起的标志之一。从此以后，华夏文明的强势地位一直保持到春秋晚期。此后经历春秋五国称伯、争长，到战国七王争霸，最终为华

---

① 钱耀鹏：《中原龙山城址的聚落考古学研究》，《中原文物》2001 年第 1 期。
② 梁星彭、严志斌：《山西襄汾陶寺文化城址》，《2001 中国重要考古发现》，文物出版社，2002 年，第 24~47 页；何驽、严志斌：《黄河流域史前最大城址进一步探明》，《中国文物报》2002 年 2 月 8 日第一版；中国社会科学院考古研究所山西工作队等：《山西襄汾陶寺城址 2002 年发掘报告》，《考古学报》2005 年第 3 期。
③ 中国国家博物馆田野考古研究中心、山西省考古研究所、运城市文物保护研究所：《山西绛县周家庄遗址2007~2012 年勘查与发掘简报》，《考古》2015 年第 5 期。
④ 山西省考古研究所：《山西翼城南石遗址调查、试掘报告》，《三晋考古》（第二辑），山西人民出版社，1996 年，第 245~258 页。

夏国家的秦国完成国家统一。

从聚落与城市的变迁看，华夏文明与国家发展中，在仰韶文化阶段邦国国家产生后，聚落分级有三级，即都、邑、聚，其中都一级的规模达上百万平方米。龙山文化阶段是初期王国阶段，都城的规模达到数百万平方米。夏商周王国阶段属于成熟王国国家阶段，聚落"生长"、出现了更高的第四级——国（超级王都），规模达到数百万乃至上千万平方米，都城规模一超独大。

从王国兴起后，王权的传递与更替有阶段性变化。自从有了国家，必然存在对王权的争夺。华夏文明和国家发展中，各国家对王权的争夺存在不同的形式和阶段性特点。在邦国国家阶段，华夏族群内部相互争战或联盟。在初期王国国家阶段的五帝时代，内部以联盟为主要形式，在文化上表现为融合、多元特点，不像后来商王国采取激进的同化方式，中心与边缘的文化统一性很强。王权的传递形式主要为禅让，王权的传递先在华夏族群内的不同国家、不同氏族、不同血缘的氏族间传递，后发展到东夷集团的太昊与少昊集团的加入、后者参与王权的禅让传递，政治中心相继发生变化。到成熟王国国家阶段的夏、商、西周王国时代，王权相继在单一氏族内传递。王权的更替反映的是中国古代政治哲学所讲的从"大同社会"到"小康社会"的社会模式的转变。

伍 边疆考古学研究

轮车的源与流
——从酒泉三坝洞子出土车轮模型谈起

李水城

（四川大学、北京大学）

1987 年夏，我们在甘肃酒泉干骨崖墓地南侧的三坝洞子遗址发掘出土一件形制特殊的圆盘形陶器（编号：87JFS-042）。此器残存一半（约 1/2），系夹砂灰褐陶，陶胎内掺有云母屑（或蛭石），烧制火候较高，器表素面无纹。圆盘形器的周边较薄、近圆心位置两面陡然突起增厚，形成一小圆柱状台面，中心有一穿孔。此器直径 7.8、周边厚 0.7、孔径周围的小圆柱状台面厚 2.6 厘米（图 1，1）[1]。

与三坝洞子所出圆盘形器同样的器物在国内其他地点也偶有所见，兹述如下：

1973 年，辽宁省博物馆在挖掘本溪庙后山遗址时，出土 2 件圆盘形器。其中 1 件出自庙后山遗址 C 洞，系墓中随葬品（CM9：1）。此器为石质，残存不到一半（约 2/5）。剖面呈周边薄，中心穿孔两侧有突起的小圆柱台面，特点是一面较高，另一面略低。外周边缘呈尖刃状，边缘两侧刻划有密集浅槽，原报告将之命名为"齿形器"。此器直径 13.4、中心小台面部分厚 5、孔径 2～2.2 厘米（图 1，4）。另一件采自 C 洞外山坡部位的遗址（编号采：10），石质，系打制琢磨的半成品，器身厚重，圆心部位两侧有突起的小圆柱，器身外缘周边保留打制疤痕。此器直径 14、中心小台面部分厚 13 厘米（图 1，3）[2]。后来曾有学者将庙后山遗址所出的圆盘状石器归入棍棒头一类[3]。

2017 年，中国社会科学院考古研究所在新疆维吾尔自治区温泉县挖掘了呼斯塔遗址，出土 2 件圆盘形石器。其中，已经披露的 1 件器表经过细致的修整打磨，直径近 12、周边厚 2、中心小台面部分厚 5～6 厘米（图 1，2）。另一件尚未发表[4]。

---

① 甘肃省文物考古研究所、北京大学考古文博学院：《酒泉干骨崖》，文物出版社，2016 年，第 277 页。
② 辽宁省博物馆、本溪市博物馆、本溪县文化馆：《辽宁本溪县庙后山洞穴墓地发掘简报》，《考古》1985 年第 6 期。
③ 安志敏：《西周的两件异形铜兵——略论商周与我国北方青铜文明的联系》，《文物集刊》（第 2 期），1980 年，第 151～159 页。
④ 中国社会科学院考古研究所、新疆文物考古研究所、博尔塔拉蒙古自治州文物局等：《考古新发现：新疆温泉呼斯塔遗址 2017～2018 年发掘收获》，《中国文物报》2019 年 3 月 8 日。

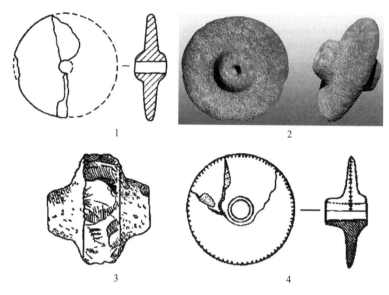

图 1　国内出土的圆盘形器

以上三座遗址中，酒泉三坝洞子遗址属于四坝文化，绝对年代为公元前 1900～1500 年。温泉呼斯塔遗址属于安德罗诺沃（Андроново）文化，年代与三坝洞子遗址接近。锦州庙后山遗址属于马城子文化，年代约当中原地区的商代晚期，即公元前 2 千纪末[①]。

此前这种圆盘状形器在国外不少遗址有发现，地点主要集中在西亚的安纳托利亚高原、外高加索、里海南岸及中亚西南部。以下按空间位置做一大致梳理。

1974 年，冯·德瑞艾尔夫妇（G. van Driel and G. van Driel-Murray）捐赠了一件圆盘形石器，据称此器出自幼发拉底河中游、叙利亚阿勒颇（Aleppo）东部 90 千米的耶贝尔-阿儒达（Jebel Aryda）聚落遗址。这是用白垩岩打制的一件半成品，残缺约 1/3，周边逐渐减薄，中部增厚凸起，中心有对钻的器孔。直径 8、厚 3 厘米（图 2，1）。该址年代为公元前 3500～前 3000 年，属铜石并用时代。

在土耳其东部的阿尔斯兰泰佩（Arslantepe）的宫殿—宗庙废墟（period Ⅶ A）遗址出土一件圆盘形器，陶质，圆盘直径 7.5、中心的小圆台厚约 4.8 厘米（图 2，2）。年代为公元前 3000 年以前，属晚期乌鲁克（Uruk）文化[②]，即铜石并用时代末期[③]。

在外高加索阿塞拜疆纳希契凡（Нахичеван）自治共和国阿拉克斯（Аракс）河谷的丘里杰别（кюль-тепе）遗址出土一件圆盘形器，石质，器表打磨不是很精细，圆盘外缘周边可见打制留下的疤痕，中心器孔两侧有突起的小圆台面，尺寸不详（图 2，

① 李恭笃：《辽宁东部地区青铜文化初探》，《考古》1985 年第 6 期；陈光：《羊头洼类型研究》，《考古学文化论集》（2），文物出版社，1989 年，第 113～151 页。

② 乌鲁克文化为西亚地区的铜石并用时代文化，因伊拉克境内乌鲁克古城的发现得名，年代约当公元前 3750～前 3150 年，分早中晚三期。典型遗址有乌鲁克遗址（12～4 层）、埃利都遗址和尼普尔古城等。

③ Sagona, A., Zimansky, P., *Ancient Turkey*, New York: Routledge, 2009, pp. 155-162.

3）。该址年代为公元前 4 千纪，属铜石并用时代[1]。

青铜时代早期，在黑海和里海南部的外高加索地区分布着库洛 - 阿拉克斯基文化（куро-аракская культура），在该文化的 Shresh-Blur 遗址出有圆盘形器，陶质，圆盘中心两侧有高高凸起的小圆台，制作规整，直径 12、最厚 6 厘米（图 2，4）。年代为公元前 3 千纪，属铜石并用时代晚期[2]。同时期的圆盘形器在高加索地区的维利肯特（Velikent）遗址和杰米肯特（Djemikent）遗址也有出土[3]。

在中亚西部南土库曼斯坦的纳马兹加（Намазга）遗址第二期（NMG Ⅱ）出土 2 件圆盘形器，均系红色陶质，器形特点是一面平整，另一面中部有一突起的小圆台，中心为穿孔。其中，一件直径约 13.5、孔径约 3 厘米（图 2，5），另一件直径 14、孔径约 3 厘米（图 2，6）。这两件器物的年代为公元前 3650～前 3200/ 前 3100 年，属铜石并用时代中晚期[4]。

在卡拉杰别（Kapa Depe）出土 1 件圆盘形器，陶质，圆盘中心两侧有较高的突起小圆台面，直径 6.5、厚 3.5 厘米（图 2，7）。年代为公元前 3200 / 前 3100 年～前 2900 年，相当于纳马兹加遗址的第三期（NMG Ⅲ），即铜石并用时代晚期[5]。

在土库曼斯坦的阿尔丁杰别（Altyn Depe）14～9 层出土一件圆盘形器，系用未经焙烧的泥土制作，器形较厚重，圆盘中心两侧有突起的小圆台面，直径 6.1、厚 3 厘米（图 2，8）。年代为铜石并用时代晚期（ca. 3300～ 2800 / 2700BC）。在 5～4 层也出有一件圆盘形器，同样是用未经焙烧的泥土制成，圆盘中心两侧有较高的、规整的突起小圆台面，直径 8、厚 4.8 厘米（图 2，9）。年代相当于纳马兹加遗址第四期（NMG Ⅳ）的晚期，已进入早期青铜时代（ca. 2500～2350，同一时期在该址还出有陶质圆盘形器（残存约 1/4），器表绘有彩色图案。原器直径估计在 7 厘米左右（图 2，10）[6]。

1903～1905 年，美国地质学家拉斐尔•庞培里（R. Pumpelly）在土库曼斯坦挖掘了安诺（Anau）遗址。该址包含南北两座土丘，在南土丘的 B 阶地出土一件圆盘形器（S. K.134），橘黄色陶质，器形规整，器表经打磨（图 2，11）。根据出土层位，此器属

[1]　Д. А. Авдусин, *ОСНОВЫ АРХЕОЛОГИИ*, Допущено Государственным комитетом СССР по народному образованиюв качестве учебника для студентов высших учебных заведений, обучающихся по специальности «История», Москва • Высшая школа • 1989, рис. 19(8), с. 86.

[2]　Д. А. Авдусин, *ОСНОВЫ АРХЕОЛОГИИ*, Допущено Государственным комитетом СССР по народному образованиюв качестве учебника для студентов высших учебных заведений, обучающихся по специальности «История», Москва • Высшая школа • 1989, рис. 26(14), с.102.

[3]　Jrupnov, E. L., Archaeology of the Soviet Union and Adjacent Areas, *Sovetskaia Arkheologiia*, 1964, (1), pp. 31-45.

[4]　Д. А. Авдусин, *ОСНОВЫ АРХЕОЛОГИИ*, Допущено Государственным комитетом СССР по народному образованиюв качестве учебника для студентов высших учебных заведений, обучающихся по специальности «История», Москва • Высшая школа • 1989, рис. 25(8), с.101.

[5]　The World of the Oxus Civilization, In: Lyonnet. Dubova, N. A., (eds.), *Routledge Taylor & Francis Group*, London and New York, 2021.

[6]　The World of the Oxus Civilization, In: Lyonnet, B., Dubova, N. A., (eds.), *Routledge Taylor & Francis Group*, London and New York, 2021.

于安诺遗址第Ⅲ期，绝对年代为公元前 2800～前 2000 年之间①。

　　1980 年，在黑海北部伏尔加 - 顿河草原的维诺夫卡遗址出土一件圆盘形器（编号：18400/8），黑色夹砂陶，圆盘中心两侧有突起的小圆台，直径 10.5、厚 7.5、孔径 1.1 厘米（图 2，12）。年代为公元前 3000～前 2200 年，属青铜时代早期的洞室墓（Catacomb）文化②。

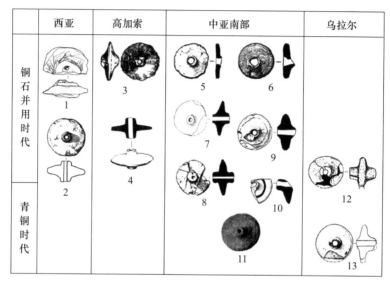

图 2　国外出土的圆盘形器

　　20 世纪 70 年代，苏联考古学家在乌拉尔河以东挖掘了辛塔施塔（Sintashta）遗址，在该址的生活聚落区（сп）出土一件圆盘形器，灰黑色陶质，器表经打磨。圆盘中心一侧有较高的突起小圆台，另一侧圆台稍矮。直径 7、厚 4 厘米（图 2，13）。此器属于辛塔施塔 - 彼得罗夫卡（Sintashta-Petrovka）文化，年代为公元前 2 千纪初③。

　　在中亚乌兹别克斯坦的布斯坦Ⅵ遗址出有一批同样形制的圆盘形器，有的还用于随葬，年代为公元前 2 千纪中叶前后，相当于安德罗诺沃文化阶段④。

　　以上是本文所搜集的圆盘形器。对于此类器物的用途，国外学者普遍认为是模仿早期车轮制作的模型，圆盘中心系安装车轴的轴孔，圆盘两侧中心突起的小圆台面为车毂的模仿⑤。此外，考古还发现有这个时期的一批轮车模型，其车轮形状与这些圆盘

① Schmidt, H., Archaeological Excavations in Anau and Old Merv, In: Pumpelly, R., (ed.), *Explorations in Turkestan: Expedition of 1904*, Washington D. C.: Carnegie Institution of Washington, publication, 1908, 73, pp. 83-216.

② Jones-Bley, K., *Early and Middle Bronze Age Oottery from the Vola-Don Steppe*, BAR International Series, 1999, p. 796.

③ Генинг, В. Ф., Зданович, Г. Б., Генинг, В. В., Ситашта Южно-Уральское книшжное издательство, Челябинск, 1992.

④ 〔俄〕爱莱娜·库兹米娜著，邵会秋译，杨建华校：《印度—伊朗人的起源》（上、下），上海古籍出版社，2020 年，图 84，第 611 页。

⑤ Masson 等：《中亚：前阿赫梅尼德时期的特克梅尼亚》，泰晤士与哈得逊，1972 年，第 157 页。

形器完全一致，证实上述推论是可信的。

在中亚西部的阿尔丁杰别出土两件双轮车模型。其中，一件用泥料制作，未经焙烧。车舆两侧为车轮，车舆长方形，周边插立小木棍，以像车舆围栏，车舆前为单辕。车舆长7、轮径4.5厘米（图3，7）。另一件为陶质，尺寸稍小，造型与上面那件大致相同，但形制更为简约，车舆周边没插木棍，车舆前为单辕。车舆长约5、轮径4厘米（图3，8）。这两件车模的年代为铜石并用时代晚期[①]。

阿尔丁杰别还出土一件双轮牛车模型，年代稍晚，陶质，造型与上面两件车模相同，差异是车舆前为双辕，拉车的役畜为一圆雕的牛。车舆长约8、轮径7、车辕长10厘米，陶牛高近8厘米（图3，9）。年代为青铜时代早期偏晚阶段[②]。

大致同一时期，在阿尔丁杰别还出有四轮陶车模型。车舆为敞篷式，剖面"U"字形，拉车的役畜为长颈、头颅高昂的骆驼，骆驼的身体与车舆融为一体。车舆和车轮上绘有彩绘花纹（部分剥落）（图3，10）。年代为公元前2500年，属青铜时代早期[③]。

在外高加索亚美尼亚的阿瑞奇（Arich）青铜时代遗址出土一件用黏土制作的双轮车模型。造型很简单，车舆为长方形，仅有底面，周围没有护栏，单辕（车舆前可见插车辕的孔洞）。尺寸不详（图3，5）[④]。

20世纪50年代，在土库曼斯坦的纳马兹加遗址Ⅵ-Ⅴ文化层出土两件陶车模型。一件为四轮车，另一件为双轮车，两侧车轮中间的车厢上部残缺，根据残存部分推测，四轮车应为敞篷（图3，11），双轮车为篷车（图3，12）。年代为青铜时代早中期[⑤]。

另一个出土轮车模型比较多的是近东地区的叙利亚。在该国北部出有四轮篷车模型，陶质（Baked Clay）。车厢为长方形，拱顶，前面为出入口。车身下部刻划一周条带网格，上部也刻划稀疏网格。尺寸不详（图3，1）。年代为公元前3千纪下半叶，即青铜时代早期[⑥]。

大马士革博物馆也收藏一件四轮篷车模型，陶质，车厢像横置的陶罐，筒状，前面为出入口。车身表面刻划网状方格纹。这辆车的前后车轮大小有别，前面比后面的车轮要小一圈。高14.6、宽10.9厘米（图3，2）。年代为公元前2600～前2400年，属

①　The World of the Oxus Civilization, In: Lyonnet, B., Dubova, N. A., (eds.), *Routledge Taylor & Francis Group*, London and New York, 2021.

②　The World of the Oxus Civilization, In: Lyonnet, B., Dubova, N. A., (eds.), *Routledge Taylor & Francis Group*, London and New York, 2021.

③　Маргианской археологической экспедиции., *Уистоков цивилизации: сборник статей к 75-летию В. И. Сарианиди*, Москва, 2004.

④　Kohl, P. L., *The Making of Bronze Age Eurasia*, Cambridge University Press, 2007.

⑤　Kohl, P. L., *Central Asia Paleolithic Beginning to the Iron Age*, Paris, 1984; Д. А. Авдусин, *ОСНОВЫ АРХЕОЛОГИИ*, Допущено Государственным комитетом СССР по народному образованиюв качестве учебника для студентов высших учебных заведений, обучающихся по специальности «История», Москва • Высшая школа • 1989, рис. 25(14-15), c.101.

⑥　Roaf, M., *Cultural Atlas of Mesopotamia and the Ancient Near East*, Oxford: Equinox (Oxford) Ltd., 1990, pp. 122-123.

青铜时代早期[①]。

　　大马士革博物馆还收藏有双轮战车模型，陶质，车舆为四周封闭的箱形，后部为高高的靠背，前方有方形台柱。车舆内可容纳一名驭手，前面的方形台柱供驭手扶持，以便驾驭时保持身体平衡，后部靠背可供驭手依靠休息。高 11.7、宽 9 厘米（图 3，3）。年代为公元前 2600～前 2400 年，属青铜时代早期[②]。

　　叙利亚北部还出有四轮战车模型，陶质。车舆为全封闭式，上面有盖。后部为高高的长方形靠背，前方厢盖上也有高起的方柱，课供驭手驾驭时支撑、保持平衡。后面的靠背供驭手依靠休息。高 19.6 厘米（图 3，4）。年代为公元前 19 世纪左右，属青铜时代中期[③]。

　　法国巴黎卢浮宫收藏 2 件出自伊朗苏萨（Susa）卫城土丘（Tell of the acropolis）的四轮车模型，造型相同，车厢和车轮用沥青制作。车舆为长方形，仅有底面，周围没有护栏。车上放置一件大理石圆雕刺猬，车长 6.7 厘米（图 3，6）。另一件车子上趴着一只大理石圆雕的雄狮。车子年代为公元前 1500～前 1200 年，属于中埃兰时期（Middle-Elamite Period）[④]。这种造型的车很像是现代的儿童玩具。

　　在俄罗斯境内还出有斯基泰时期的篷车模型，陶质。车厢较短，拱顶，前面为供上下车的阶梯和出入口。车轮大小有别，前面两个轮子较后面的稍小。尺寸不详（图 3，

图 3　国外出土的轮车模型

① 深圳市南山博物馆、中国文物交流中心：《"叙"写传奇：叙利亚古代文物精品展》，文物出版社，2021 年，第 66 页。
② 深圳市南山博物馆、中国文物交流中心：《"叙"写传奇：叙利亚古代文物精品展》，文物出版社，2021 年，第 67 页。
③ Roaf, M., *Cultural Atlas of Mesopotamia and the Ancient Near East*, Oxford: Equinox (Oxford) Ltd., 1990, pp. 116-117.
④ Roaf, M., *Cultural Atlas of Mesopotamia and the Ancient Near East*, Oxford: Equinox (Oxford) Ltd., 1990, p.130.

13）。斯基泰文化已进入铁器时代。

　　轮车的发明可以说是人类文明发展史上的重大事件。多年以来，学术界对轮车出现的时间和地点一直存有争议，主要有两种不同的观点：一种为单一说，即认为轮车起源于近东，具体分为乌鲁克文化、美索不达米亚文化两说；轮车发明后，很快从近东传入欧洲及东欧草原。另一种为多地区说，主张轮车是在欧洲及近东多个地区独立发明的。此外，还有不少学者通过语言学的研究认为，轮车应诞生在印欧语系的故乡——西南亚地区，特别是安纳托利亚东部和高加索南部一带^②。

　　美国学者安托尼（D. W. Anthony）通过长期深入的研究归纳出如下认识：大约公元前3400年以后，关于轮式车辆的考古学和题铭证据就很普遍了。一则不很确定的证据是，在德国北部弗林特贝克（Flintbek）一座车葬墓下保存的一段轨迹，可能是由车轮导致，且年代可能早至约公元前3600年，但证据的急剧增加始于约公元前3400年。在约公元前3400～前3000年间，轮式车辆以四种不同的媒介出现：① 四轮马车的书写符号；② 四轮和双轮马车的二维图像；③ 四轮马车的三维模型；④ 保存下来的木质车辆和四轮马车部件。上述四方面独立证据的种类在公元前3400～前3000年间普遍出现于古代世界，并且清晰地指示了轮式车辆在何时变得普遍^③。但他并未明确指出轮车的起源地点。

　　从本文搜集的实物资料看，铜石并用时代的车轮模型主要集中出现在以下三个地区：即西亚、高加索和中亚西南部，其范围大致环绕黑海、里海南岸和外高加索地区。年代偏早的轮车模型也基本限定在这一空间范围，可见，这个区域很有可能就是轮车这种文化特质的最早诞生地。轮车出现后迅速向外传播，其中，进入中亚西南部的这一支先是向北影响到南乌拉尔和哈萨克大草原，并继续向东进入西伯利亚、阿尔泰和中国西部地区。

　　目前在中国境内出土年代较早的车轮模型仅有新疆温泉县呼斯塔遗址（2件）和甘肃酒泉三坝洞子遗址（1件）。尽管为数不多，但提供的信息非常重要，它以实物证实，轮车是在公元前2千纪初从中亚草原或阿尔泰传入新疆及甘肃河西走廊，并很快被中原地区所接纳，时间大致就在夏末至商代初年。

壬寅岁末于川大望江校区

① Д. А. Авдусин, *ОСНОВЫ АРХЕОЛОГИИ*, Допущено Государственным комитетом СССР по народному образованиюв качестве учебника для студентов высших учебных заведений, обучающихся по специальности «История», Москва • Высшая школа • 1989, рис. 51(13), с.101.
② 以上观点详见〔日〕林俊雄：《车的起源及其向东方的传播》，《丝绸之路研究》（第4辑），科学出版社，2020年，第1～20页。
③ Anthony, D. W., *The Horse, the Wheel, and Language: How Bronze-Age Riders from the Eurasian Steppes Shaped the Modern World*, Princeton, N. J.: Princeton University Press, 2007.

云贵高原发现的早期骑马民族文化遗存研究

水 涛

（南京大学历史学院）

　　云贵高原地处中国西南边缘，远离北方的欧亚草原地带，但是，在这里多次发现了带有北方游牧文化色彩的青铜时代遗存，引起了学术界的广泛关注和持续讨论，在此，我们在梳理已有发现和研究成果的基础上，对早期的骑马民族文化进入云贵高原的时间、路线及其相关问题，做一番新的探索。

1. 相关的考古发现

　　1961 年，在云南省祥云县大波那遗址发现两座古墓，1964 年 [1]、1977 年 [2]，两座墓葬分别被清理发掘，其中，在 1964 年清理的 M1 中，出土了 1 件人骑马的铜质模型俑，另外，在两座墓中各出土了 1 件山字格的青铜剑和柳叶形矛。

　　1987～1988 年，有关单位发掘了祥云县红土坡石棺墓地，在已经发表资料的 M14 中 [3]，共出土随葬器物 501 件，其中，发现有铜质马的模型 30 余件，另外，出土了 200 多件青铜鸟形杖首和 90 余件青铜矛。

　　1987 年，有关部门在云南省宾川县夕照寺村清理了一个土坑墓 [4]，其中，出土 2 件铜质马模型。

　　1966 年以来，在云南省江川县李家山遗址发现大量的墓葬，后经过多次考古发掘 [5]，其中，在 M57 中出土的 1 件铜斧銎部以浮雕形式铸出三个人，中间的人骑马，手持长柄兵器。在 M50 中，出土有鎏金的马面形铜当卢和铜马珂。在 M51 出土的铜贮贝器上，发现有 10 人 7 马的组合雕像。在 M51 出土铜鼓的面上，铸有一组三人骑马的雕像 [6]。

---

① 云南省文物工作队：《云南祥云大波那木椁铜棺墓清理报告》，《考古》1964 年第 12 期。

② 大理州文管所、祥云县文化馆：《云南祥云大波那木椁墓》，《文物》1986 年第 7 期。

③ 大理白族自治州博物馆：《云南祥云红土坡 14 号墓清理简报》，《文物》2011 年第 1 期。

④ 宾川县文管所：《宾川县石棺墓、土坑墓调查简报》，《云南文物》1992 年第 31 期。

⑤ 云南省博物馆：《云南江川李家山古墓群发掘报告》，《考古学报》1975 年第 2 期；云南省文物考古研究所、玉溪市文物管理所、江川县文化局：《江川李家山——第二次发掘报告》，文物出版社，2007 年。

⑥ 云南省李家山青铜器博物馆：《滇国铜魂——云南李家山古滇文物集萃》，云南人民出版社，2015 年，第 54、55、66、67、88～95 页。

1955～1960、1996 年，有关部门先后五次发掘了云南省晋宁石寨山墓地[①]，出土了 3000 多件各类随葬品，其中，有马具 500 余件，主要包括马衔、当卢、辔饰、节约、三通、铃、泡等。

1998～2001 年，云南省昆明市羊甫头墓地的考古发掘中，在 M268 中出土了 1 件铜马模型[②]，由于此墓共出有汉式铜镜、铜甗、铜鍪、铜耳杯等典型器物，可确认为汉文化的墓葬遗存，因此，这个铜马不在本文的讨论范围之中。

2. 以往的研究成果

汪宁生首先注意到了石寨山文化与周边地区，特别是与北方地区青铜文化的相关文化因素问题[③]。

张增祺较早注意到了云南省境内发现的骑马民族遗存，并对云南骑马民族出现的时间、地域、文化关系和族属等问题做了分析[④]。

日本学者白鸟芳郎最早提出了石寨山文化与斯基泰文化有关的认识[⑤]，张增祺对此观点也表示赞同，并加以引申和扩展[⑥]。

美国学者艾玛・邦克则不赞成将云南的骑马猎手及动物格斗题材的艺术风格归因于欧亚草原东北部的骑马民族[⑦]。

邱兹惠注意到了云南发现的黑格尔Ⅰ型铜鼓上的行鹿母题纹样与欧亚草原的动物纹艺术的相互关系问题[⑧]。

Rubin Han 和李晓岑从青铜器制作技术的角度讨论了滇文化与北方草原青铜文化的关系[⑨]。

黄维比较了滇文化中出土的金属饰件与中亚和西亚地区相关发现的联系与可能的

---

① 云南省博物馆考古发掘工作组：《云南晋宁石寨山古遗址及墓葬》，《考古学报》1956 年第 1 期；云南省博物馆：《云南晋宁石寨山古墓群发掘报告》，文物出版社，1959 年；云南省博物馆：《云南晋宁石寨山第三次发掘简报》，《考古》1959 年第 9 期；云南省博物馆：《云南晋宁石寨山古墓第四次发掘简报》，《考古》1963 年第 9 期；云南省文物考古研究所、昆明市博物馆、晋宁县文物管理所：《晋宁石寨山——第五次发掘报告》，文物出版社，2009 年。

② 云南省文物考古研究所等：《昆明羊甫头墓地》，科学出版社，2005 年，第 757～764 页。

③ 汪宁生：《试论石寨山文化》，《中国考古学会第一次年会论文集》，文物出版社，1979 年，第 278～293 页。

④ 张增祺：《古代云南骑马民族及其相关问题》，《云南民族学院学报》1984 年第 2 期。

⑤ 〔日〕白鸟芳郎：《石寨山文化的担承者——中国西南地区所见斯基泰文化的影响》，《石棚》1976 年第 10 期。转引自张增祺：《再论云南青铜时代"斯基泰文化"的影响及其传播者》，《云南青铜文化论集》，云南人民出版社，1991 年，第 320～354 页。

⑥ 张增祺：《再论云南青铜时代"斯基泰文化"的影响及其传播者》，《云南青铜文化论集》，云南人民出版社，1991 年，第 320～354 页。

⑦ 〔美〕艾玛・邦克：《滇国艺书中的动物格斗和骑马猎手》，转引自张增祺：《再论云南青铜时代"斯基泰文化"的影响及其传播者》，《云南青铜文化论集》，云南人民出版社，1991 年，第 320～354 页。

⑧ 邱兹惠：《黑格尔Ⅰ型铜鼓与"动物纹样"艺术》，《南方民族考古》（第二辑），1989 年，第 59～64 页。

⑨ Han, R. B., Li, X. C., The Bronze-Using Cultures in the Northern Frontier of Ancient China and The Metallurgies of Ancient Dian Area in Yunnan Province, In: Hanks, B. K., Linduff, K. M., (eds.), *Social Complexity in Prehistoric Eurasia, Monuments, Metals and Mobility*, Cambridge: Cambridge University Press, 2009, pp. 168-186.

接触途径[①]。

罗伯特·强南等人从社会与经济发展模式的角度检讨了滇文化与周边地区的文化联系等问题[②]。

安可则对以往西南地区与北方草原地区文化关系的研究做了系统的梳理和评论[③]。

3. 相关问题的讨论

关于云贵高原早期骑马民族文化出现的时间，以往的研究有许多不同的观点和认识，概括起来说，云贵高原青铜文化的年代范围主要集中在战国到秦汉时期。但在云贵高原内部的各个不同区域，或可能有早晚的差别，如在滇池周边地区，以石寨山文化为代表的滇文化遗存年代大约为战国晚期到东汉早期[④]。在滇西地区，以楚雄万家坝墓地[⑤]、祥云大波那墓地[⑥]为代表的文化遗存年代约为战国晚期到西汉时期[⑦]。在滇西北的横断山区，以剑川鳌凤山墓地[⑧]、昌宁坟岭岗墓地[⑨]为代表的文化遗存年代约为战国晚期到西汉时期[⑩]。实际上，在滇西北地区，也存在着一些年代更早的青铜文化遗存，如德钦纳古石棺墓地[⑪]、德钦永芝石棺墓地[⑫]，其年代大约为西周中晚期到春秋中晚期阶段[⑬]。

可以看出，云南境内青铜时代的文化遗存，最早出现在滇西北地区的横断山区一带。

在滇东黔西地区的昭鲁盆地，情况则略有不同，这里最早在商周时期，即已出现了以鸡公山文化为代表的青铜时代遗存[⑭]，但此时期尚未见到与骑马民族有关的发现。一直到战国中晚期的赫章可乐类型阶段[⑮]，当地的文化大量接受了来自于滇文化的强烈影响而得以迅猛发展[⑯]。因此，贵州境内骑马民族文化的出现，可以归因于云南境内同时期文化遗存的东扩影响。

---

① 黄维：《再论滇文化的金属饰件——中国西南与欧亚草原、中亚文化交流的一些新例证》，《四川文物》2020年第4期。

② 罗伯特·强南等：《中国西南游牧考古刍议》，《南方民族考古》（第七辑），科学出版社，2011年，第185～200页。

③ 〔英〕安可著，陈心舟译：《文化传播、人群移动和文化影响：以西南地区与北方草原文化联系的研究为例》，《南方民族考古》（第十一辑），科学出版社，2015年，第67～90页。

④ 杨勇：《战国秦汉时期云贵高原考古学文化研究》，科学出版社，2011年，第142页。

⑤ 云南省文物工作队：《楚雄万家坝古墓群发掘报告》，《考古学报》1983年第3期。

⑥ 云南省文物工作队：《云南祥云大波那木椁铜棺墓清理报告》，《考古》1964年第12期。

⑦ 杨勇：《战国秦汉时期云贵高原考古学文化研究》，科学出版社，2011年，第253页。

⑧ 云南省文物考古研究所：《剑川鳌凤山古墓发掘报告》，《考古学报》1990年第2期。

⑨ 云南省文物考古研究所：《云南省昌宁坟岭岗青铜时代墓地》，《文物》2005年第8期。

⑩ 杨勇：《战国秦汉时期云贵高原考古学文化研究》，科学出版社，2011年，第282页。

⑪ 云南省博物馆文物工作队：《云南德钦县纳古石棺墓》，《考古》1983年第3期。

⑫ 云南省博物馆文物工作队：《云南德钦永芝发现的古墓葬》，《考古》1975年第4期。

⑬ 陈苇：《先秦时期的青藏高原东麓》，科学出版社，2012年，第285～292页。

⑭ 张合荣、罗二虎：《试论鸡公山文化》，《考古》2006年第8期。

⑮ 贵州省文物考古研究所：《赫章可乐——二〇〇〇年发掘报告》，文物出版社，2008年。

⑯ 张合荣：《夜郎文明的考古学观察——滇东黔西先秦至两汉时期遗存研究》，科学出版社，2014年，第121～123页。

如果我们再追寻一下滇西北地区那些年代较早的青铜文化的来源，则可以看出，它们应该与四川西部、甘肃南部的若干种早期文化有一定的联系。

德钦纳古石棺墓和德钦永芝石棺墓代表着以石棺墓为特征的人群曾经活动于滇西北的横断山区一带，而这种石棺墓遗存在川西北地区的岷江[①]、金沙江流域[②]也具有广泛的分布，其最终的源头或可能来自于甘青地区[③]。

由于在石棺墓遗存中伴出的双耳罐等陶器和山字格短剑等铜器与在甘青地区若干种早期文化中发现的同类器形态颇多相似之处，且甘青地区的发现年代更早，因此，多数学者倾向于认为，这些相似性因素代表着甘青地区的族群在不同时期经川西北地区不断南下的过程。

张增祺认为，原居中亚的塞人曾沿着横断山脉进入云南西部地区，由此带来了欧亚草原地区的斯基泰文化艺术风格[④]。

邱兹惠认为，采用石棺葬的人群是安德罗诺沃文化的后代，先居于河西走廊为氐人和羌人，新石器时代开始迁居四川西北，随后向南移动，最后抵达洱海地区[⑤]。

根据在新疆地区多年的考古发现可以知道，所谓的塞人文化，它在中国境内分布范围的东界并没有超出新疆的东疆一线[⑥]，也没有所谓的殷商之际塞人经河西走廊向甘肃、陕西迁徙，逼近泾水、渭水流域的事件发生[⑦]。因此，就目前的考古发现而言，说中亚地区的塞人经长途跋涉进入中国内陆腹地，最后南迁为云南地区的"巂人"，或者"昆明人"[⑧]，这种说法没有考古学材料的支持。

所谓动物纹造型艺术和北方类型的青铜兵器在中国北方地区的出现和扩散，经历了十分复杂的过程，一般被称作鄂尔多斯式青铜器[⑨]的这类遗存按照在内蒙古各地的考古发现来看，应该首先起源于鄂尔多斯地区的朱开沟文化晚期阶段，年代约为商代早期[⑩]。其后，在晚商的殷墟遗址发现了大量的北方风格青铜兵器和马车。同时，陆续在

① 四川省文物管理文员会等：《四川茂汶羌族自治县石棺墓发掘报告》，《文物资料丛刊》(7)，文物出版社，1983年，第34～55页。
② 西藏文管会文物普查队：《西藏贡觉县香贝石棺墓葬清理简报》，《考古与文物》1989年第6期。
③ 李水城：《石棺墓的起源与扩散——以中国为例》，《四川文物》2011年第6期。
④ 张增祺：《再论云南青铜文化"斯基泰文化"的影响及其传播者》，《云南青铜文化论集》，云南人民出版社，1991年，第320～354页。
⑤ Chiou-Peng, T., Western Yunnan and its Steppe Affinities. In: Mair, V. H., (ed.), *The Bronze Age and Early Iron Age Peoples of Eastern Central Asia*, Washington D. C.: The Institute of Study of Man, The University of Pennsylvania Museum Publications, 1998, pp. 295-296.
⑥ 水涛：《从周原出土蚌雕人头像看塞人东进诸问题》，《远望集——陕西省考古研究所华诞四十周年纪念文集》(上)，陕西人民美术出版社，1999年，第373～377页。
⑦ 斯维至：《从周原出土蚌雕人头像谈玁狁文化的几个问题》，《历史研究》1996年第1期。
⑧ 〔日〕白鸟芳郎：《石寨山文化的担承者—中国西南地区所见斯基泰文化的影响》，《石棚》1976年第10期；转引自张增祺：《再论云南青铜时代"斯基泰文化"的影响及其传播者》，《云南青铜文化论集》，云南人民出版社，1991年，第320～354页。
⑨ 田广金、郭素新：《鄂尔多斯式青铜器》，文物出版社，1986年。
⑩ 内蒙古文物考古研究所：《内蒙古朱开沟遗址》，《考古学报》1988年第3期。
内蒙古文物考古研究所：《朱开沟——青铜时代早期遗址发掘报告》，文物出版社，2000年。

山西的石楼①和陕西的绥德②等地，也发现了若干组具有北方青铜器的遗存。西周时期，在辽西地区出现了以夏家店上层文化为代表的早期骑马民族文化遗存③。

在甘青地区，考古发现年代最早的北方风格青铜兵器是在西周时期的寺洼文化遗存中④。到春秋战国时期，在宁夏固原地区的杨郎文化中出现了骑马民族文化遗存⑤，在甘肃张家川的马家塬墓地，则发现了高等级的，出土大量金银制品的骑马民族文化遗存⑥。

如果我们把如此广大范围内发现的各种具有动物纹造型艺术风格的青铜器和兵器简单的归因于斯基泰文化人群的迁移和影响，显然是不符合实际的。事实上，经过多年的探索，考古学家对于中国北方长城地带游牧文化带的形成过程已经有了许多新的认识⑦。

关于长距离的人群迁移和文化传播理论如何实现的问题，由于总是缺乏必要的中间环节的发现而遭到了批评和诟病⑧。首先，任何远距离的文化现象是否具有同质性？需要严格的加以限定和论证，而不是随意地进行比照和推定。具体到云南地区早期骑马民族文化因素的出现，应该是一个复杂的，经过一系列文化互动过程的后果，而不是一次单一来源人群迁移活动的结果。

我们在考察新疆地区发现的早期骑马民族文化遗存时曾经注意到，从中亚各地进入新疆的多种骑马民族文化人群，在向东移动的过程中，一部分人群也曾向南移动，越过天山进入到了南疆的南部地区，其存在的时间大约为春秋战国时期⑨。这些骑马民族的人群是否最终越过昆仑山进入了更加遥远的青藏高原？由于目前考古发现证据不足，尚不得而知。可以设想，如果在今后的考古发现中，确认青藏高原的西北部地区存在有早期骑马民族人群的文化遗存，应该是可以理解的。也就是说，自通天河上游地区的称多、结古（玉树）一带沿金沙江两岸南下，是一条可能的早期骑马民族人群

①　杨绍禹：《石楼县发现古代铜器》，《文物》1959 年第 3 期；郭勇：《石楼后兰家沟发现商代青铜器简报》，《文物》1962 年第 4、5 期；石楼县人民文化馆：《山西石楼义牒发现商代铜器》，《考古》1972 年第 4 期；山西吕梁地区文物工作室：《山西石楼褚家峪、曹家垣发现商代铜器》，《文物》1981 年第 8 期。

②　黑光、朱捷元：《陕西绥德鄢头村发现一批窖藏商代铜器》，《文物》1975 年第 2 期；绥德县博物馆：《陕西绥德发现和收藏的商代青铜器》，《考古学集刊》（第 2 辑），中国社会科学出版社，1982 年。

③　辽宁昭乌达盟文物工作站、中国科学院考古研究所东北工作队：《宁城县南山根的石棺墓》，《考古学报》1973 年第 2 期；内蒙古文物考古研究所、宁城县辽中京博物馆：《小黑石沟——夏家店上层文化遗址发掘报告》，科学出版社，2009 年。

④　王占奎、水涛：《甘肃合水九站遗址发掘报告》，《考古学研究》（三），科学出版社，1997 年。

⑤　宁夏文物考古所、固原博物馆：《宁夏固原杨郎青铜文化墓地》，《考古学报》1993 年第 1 期。

⑥　甘肃省文物考古研究所、张家川回族自治县博物馆：《2006 年度甘肃张家川回族自治县马家塬战国墓地发掘简报》，《文物》2008 年第 9 期。

⑦　林沄：《中国北方长城地带游牧文化带的形成过程》，《燕京学报》（新十四期），北京大学出版社，2003 年，第 95～146 页。

⑧　〔英〕安可著，陈心舟译：《文化传播、人群移动和文化影响：以西南地区与北方草原文化联系的研究为例》，《南方民族考古》（第十一辑），科学出版社，2015 年，第 67～90 页。

⑨　水涛：《论新疆发现的早期骑马民族文化遗存》，《中国西北地区青铜时代考古论集》，科学出版社，2001 年，第 88～98 页。

南下云南的通道 [①]。虽然，这些藏彝走廊上的通道和文化传播路线，有一些自新石器时代晚期就已经出现 [②]，但有关早期骑马民族人群进入云贵高原的时间和路线，仍然需要更多的考古发现来细化具体的历史演进过程。

云南地区青铜文化中不仅有大量北方风格的动物纹造型艺术品和青铜兵器，同时，还存在着大量的表现牛的造型艺术品，这或许是另一个能够代表本地文化特质与传统的指征符号，显然，此类传统不能从中国北方地区的草原艺术中获得来源。我们可以在遥远的西亚 [③] 和中亚地区 [④] 的早期文化中，找到一些神牛崇拜的证据，更多与瘤牛相关的发现来自于印度河流域的哈拉帕文明。有的研究者注意到当时的云南地区可能存在着与中亚地区的远程贸易交流活动 [⑤]，但若要建立起云贵高原与西亚、中亚，以及南亚地区长距离文化交流的途径，依然需要大量的考古发现给予支持，这是云南地区青铜文化研究中另一个值得关注的学术问题。

从考古发现来看，云贵高原地区并不是一些早期骑马民族人群扩散的终点。曾经在广东和香港等地，发现了一种人面弓形格短剑，研究者认为此种短剑是北方草原地区流行的兵器类型 [⑥]，我们认为，这些发现在岭南地区的青铜短剑应该是经由云贵高原继续南下和东进的早期骑马民族文化人群所散布的遗存 [⑦]。而广州南越王墓出土的 5 对鎏金动物纹铜牌饰，虽然是典型的北方草原文化风格的艺术品，但其来源应该是由南平百越的秦军带入该地区的 [⑧]。

云贵高原早期骑马民族文化遗存中的这些特殊文化构成因素，是在长时段的多族群互动交流基础上形成的地域文化传统，不是单一族群长距离迁徙的结果。完整揭示这些族群的异动过程和文化融合现象，需要考古界长期的努力，这也是云贵高原考古的魅力所在。

　　附记：1956 年，24 岁的李仰松踏上了前往云南西盟佤族自治县进行民族学调查的

① 胡嘉麟：《西喜马拉雅地区出土双圆饼首铜剑的新认识》，《西藏文物考古研究》（第 3 辑），科学出版社，2019 年，第 86～94 页。
② 陈苇：《先秦时期的青藏高原东麓》，科学出版社，2012 年，第 291～324 页。
③ Anuz, J., Wallenfels, R., (eds.), *Art of the First Cities: The Third Millinnium B. C. from Mediterranean to the Indus*, p.102. 转引自黄维：《再论滇文化的金属饰件——中国西南与欧亚草原、中亚文化交流的一些新例证》，《四川文物》2020 年第 4 期。
④ 联合国教科文组织：《中亚文明史》（第一卷），中国对外翻译出版公司，2002 年，第 170～172 页。
⑤ 彭长林：《试论滇文化文明起源之成因》，《边疆民族考古与民族考古学集刊》（第一集），文物出版社，第 126～143 页。
⑥ 邓聪：《人面弓形格铜剑刍议》，《文物》1993 年第 11 期；邓聪：《香港石壁出土人面弓形格铜剑试释》，《岭南古越族文化论文集》，香港市政局，1993 年，第 86～100 页。
⑦ 水涛：《岭南青铜文化中的外来文化因素》，《东南考古研究》（第 3 辑），厦门大学出版社，2003 年，第 322～326 页。
⑧ 吴凌云：《南越文王赵眜墓》，《广州秦汉考古三大发现》，广州出版社，1999 年，第 316～318 页。

征途①，由此开始了长达 60 多年民族考古学研究的探索历程，如今，李先生已经成为中国民族考古学界的一面旗帜。

本人自 1978 年进入北大考古专业求学始，一直受教于李先生，1980、1981 年曾两次随李先生前往山东潍坊地区参加田野考古实习，发掘诸城前寨遗址和凤凰岭遗址。大学毕业后长期在甘肃省文物考古所工作，后入南京大学考古专业任教，多年从事中国西北地区史前考古研究和考古教学工作。

自 21 世纪以来，本人曾追随李先生的足迹，多次到云南、贵州、四川等地考察和调研，感受了云贵高原早期文化的丰富多彩和博大精深，也切实体会到在这个地区进行考古工作的艰辛，由此，对于早年在该地区从事民族考古学研究的李先生深表由衷的敬佩。

值此李先生九十寿辰庆典之际，本人撰写小文，为先生祝寿，愿李先生生命之树长青。

2022 年 10 月 17 日于南京

---

① 李仰松：《云南省西盟佤族概况》，《民族考古学论文集》，科学出版社，1998 年，第 188～197 页；李仰松：《佤族社会历史调查》（一、二），云南人民出版社，1983 年。

新疆安迪尔道孜勒克古城的佛教遗存及有关问题[*]

刘文锁

（中山大学人类学系）

安迪尔河处于塔里木盆地南道约中途位置，由地理及考古遗存上推测，此地相当于尼雅佉卢文书中所记的莎阇（Sacha）、玄奘《大唐西域记》所谓"覩货逻故国"及贾耽《皇华四达记》安西道上的勿遮水和兰城镇、兰城守捉所在。在河东岸分布有三座古城（道孜勒克、廷姆、方城）及一些佛塔、居址等遗迹。1901、1906年斯坦因曾两次探察和挖掘，以道孜勒克古城及其佛寺遗迹为重点，其时为古城弃置后首次被揭露，遗迹、遗物保存状况较佳。及至以后所做的几次调查[①]，在考古发现与研究资料的获得上颇为有限。由于这座城址的重要性，加上寺庙形制的独特及出土了丰富的文献等，而相关的研究未及开展，故本文主要依据斯坦因的发现来讨论佛寺遗址及其附属城址之年代、性质等问题，以求教方家。

一、寺庙的形制特征与各种遗物、题记

寺庙遗迹有两座，分布在道孜勒克古城中央（斯坦因编号 E.Ⅰ）和北部（E.Ⅱ.ii），前者是一座独立庙宇，后者是在一栋排屋中辟出的一间。古城平面呈圆形，直径约128米（图1）。

1. E.Ⅰ佛堂

形制方形，带围墙，木骨泥墙结构，门朝向东。佛堂内屋墙四角各立一尊硬泥塑

* 基金项目：中山大学—新疆大学"新疆历史文化旅游可持续发展重点实验室"（Key Laboratory of the Sustainable Development of Xinjiang's Historical and Cultural Tourism, Sun Yat-sen University-Xinjiang University）。

① 主要有笔者所做的考古调查（参见塔克拉玛干沙漠综合类学队考古组：《安迪尔遗址考察》，《新疆文物》1990年第4期），及新疆文物古迹保护中心和"三普"的调查等（参见梁涛等：《新疆安迪尔古城遗址现状调查及保护思路》，《江汉考古》2009年第2期；新疆维吾尔自治区文物局：《新疆维吾尔自治区第三次全国文物普查成果集成·和田地区卷》，科学出版社，2011年，第76～78页）。

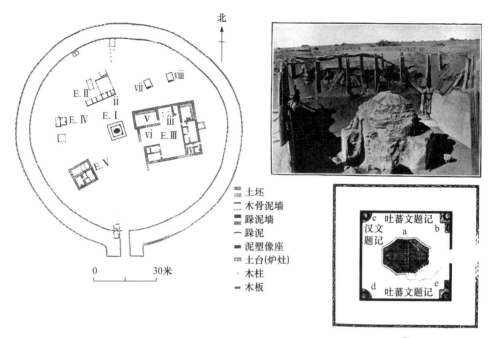

图 1 道孜勒克古城平面图及 E. I 寺庙遗迹（据 Ancient Khotan[①]）

像，约真人大小，残存覆莲座和腹以下部分（类似丹丹乌里克寺庙遗迹 D. II[②]），东北、东南角塑像边各残存一尊较小塑像的莲座。堂中央为一座八面体形基座，与屋墙间形成一条阔约 1.5 米的回廊。基座的尺寸为 2.9 米 × 2.3 米，残高 0.8 米，土坯砌筑，外壁用细泥批荡，每面宽 1.2 米，东、西二面较直，绘壁画（可辨者为西北面，为两排七幅坐佛像）。座上朝向四方残存三个莲花座，朝东方者因盗掘而毁坏。西、北二座上尚存双足、膝及袍衣下摆。由双足长约 0.3 米推测，其像为真人大小。从地面上堆积中保存的椭圆形背光塑像残块等来看，四像当是坐佛像。

像座周围出土了一批写本、纸画及丝、棉布制作的小幡，在墙壁上亦保存了若干汉、吐蕃文题记。写本共发现了四种，其出土位置分别是像座的东、北脚及周围。出自东脚的为梵文写本，保存了 46 叶，为"婆提"（Pothī）形式的梵文写卷，经霍恩雷（A. F. R. Hoernle）释读为 7~8 世纪的陀罗尼写本。在座北脚地面保存了两捆纸本写卷，似是从像座上跌落下的供奉物，经霍恩雷释读，其一是用斜体中亚婆罗迷字母（slanting Central Asian Brāhmī）书写；另一捆是用粗体直体笈多字母书写，二者皆非梵语，霍恩雷倾向于认为是一种"原始吐蕃文（proto-Tibetan）"，可能是某种医药或巫术类文献。座下方地面及堂内四角立像莲座下方发现了大量保存良好的吐蕃文写卷，经复原为 27 叶，原属一套 45.2 厘米 × 7.2 厘米长卷的一部分，旁有丝锦或棉布系带，经

---

① Stein, M. A., *Ancient Khotan, Detailed Report of Archaeological Explorations in Chinese Turkestan*, Oxford at the Clarendon Press, 1907, Vol. I, pp. 249-251; Vol. II, Pl. II-III.

② Stein, M. A., *Ancient Khotan, Detailed Report of Archaeological Explorations in Chinese Turkestan*, Oxford at the Clarendon Press, 1907, Vol. I, Fig. 49; Vol. II, Pl. XXXVI.

巴奈特（L. D. Barnett）释读为《稻芉经》（Śālistamba-sūtra）的残卷及祭仪类文献和两首宗教诗[1]。此外，还有 2 张可能是梵文的桦树皮经卷，以及在像座附近的 3 小片汉文纸公文（《唐典周玄福牒残片》等）。纸画上残存的有骆驼及人物画等（图 2）[2]。1989 年以来在遗址采集到的 2 件木雕立佛像，也应是出自该寺庙遗迹中（图 3）[3]。

E.I.39 梵文《陀罗尼》写卷　　　　　　　　E.I.6 斜体中亚婆罗迷文非梵语写卷

非梵语佛教文献

E.I.24

E.I.21 吐蕃文《稻芉经》写卷

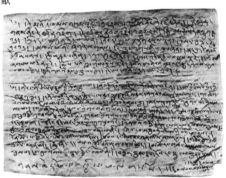

E.I.11 吐蕃文佛教诗篇

图 2　佛堂（E.I）出土写卷（据 Ancient Khotan, Pl. CXVIII，等）

　　寺庙（E.I）西墙近西北角造像位置保存汉文题记一处，另于北墙近东北角处、南墙及南墙近西南角处存吐蕃文题记三处（图 4）。汉文题记由沙畹（É. Chavannes）根据斯坦因提供的现场照片释读，今据《古代和田》刊布照相订正如下：

　　　　□□（大唐）开元七年记
　　　　至道[4]，闻其兵马使在[5]，及四镇、大蕃

---

①　巴奈特和弗兰克（A. F. Francke）比勘了藏文《甘珠尔》经部第十六节，发现二者一致，而《甘珠尔》则是较晚期的修订本。参见 Stein, M. A., *Ancient Khotan, Detailed Report of Archaeological Explorations in Chinese Turkestan*, Oxford at the Clarehdon Press, 1907, Vol. I, pp. 548-565.

②　以上参见 Stein, M. A., Vol. I, pp. 417-442, Fig.49, 61; Vol. II, Pl. X-XII, XXXVI, LXXVIII-LXXIX, CXVIII, CXXIX；陈国灿：《斯坦因所获吐鲁番文书研究》，武汉大学出版社，1995 年，第 565～567 页。

③　参见塔克拉玛干综考队考古组：《安迪尔遗址考察》，《新疆文物》1990 年第 4 期。

④　沙畹释作"建"，参见 Chavannes, É., Chinese Documents from the Sites of Dandān-Uiliq, Niya and Endere, In: Stein, M. A., *Ancient Khotan, Detailed Report of Archaeological Explorations in Chinese Turkestan*, Oxford at the Clarehdon Press, 1907, Vol. I, pp. 546-547。

⑤　沙畹释作"死"。

图 3　可能出自道孜勒克古城佛寺的木雕立佛像

图 4　寺庙墙壁题记（据 Ancient Khotan, Pl. XI-XII）

　　□[1]，大蕃官、太常卿秦嘉兴归本道[2]。

这是开元七年（719 年）唐与吐蕃使臣一次会晤的记录，其问题后文再论。

---

[1]　沙畹释作"和"。

[2]　Stein, M. A., *Ancient Khotan, Detailed Report of Archaeological Explorations in Chinese Turkestan*, Oxford at the Clarehdon Press, 1907, Vol. I, p. 546; Vol. II, Pl. XI.

北墙和南墙的吐蕃文题记，由巴奈特、弗兰克释读：

（北墙）Wug lgal（或 Brug rgal）之手……

此系……供奉。各色丝帛及珍宝。

……各色供奉，（将）呈上年租作为祈愿（之供奉）。

（南墙及近西南角处）……Žiba 谨致 Roku［lha］之供奉并致礼。

……如若……Žiba 谦卑……众僧侣、众男子及牛将无受害，且［滋活？］。

诸先驱。诸供奉牦牛于 Ro ku ₀dam bro 者，其人众、马匹将 Sla yul［之途中］不致损害。当其获致财富、食物及［其马群］之牧草，［彼等将重还］彼方之土地[①]。

这两处属供养题记，其施主分别是 Wug lgal（或 Brug rgal）和 Žiba。受供养的 Roku［lha］、Ro ku ₀dam bro 尚不明确。

2. E. Ⅱ. ii 禅室

这是 E. Ⅱ 排房中的一间，形制为长方形，面积不大（2.4 米 × 1.4 米），门朝北。南墙壁残高约 1.2 米，上绘壁画：中心为真人大小的立佛像，残存双足、袈裟下摆、背光部分，背光上绘小坐佛像（皆蓝地红袈裟，淡绿色背光）；背光下方两侧各绘一幅跪姿人像，背后立一握剑人像，似乎是吐蕃官员及其侍从的供养像。东墙上有一排木楔，可能是一副木供案的残余。东南角出一件木板画（E. ii. 1），绘四臂象头神（Gaṇeśa）或毗那夜迦天（Vināyaka）像[②]（图 5）。

图 5　毗那夜迦天木板画（据"国际敦煌项目"网站数据库）

二、古城的年代与性质

斯坦因曾根据道孜勒克古城及附近古城、窣堵婆遗迹、出土佉卢文木牍（N. 661）等，将遗址区的遗存分为两个时期：较早期（约 3～4 世纪）的遗存（与尼雅遗址相当），及较晚期的唐代遗存（道孜勒克古城和佛寺等）；并据《大唐西域记》和寺庙墙壁汉文纪年题记及吐蕃文文献，推测古城的起始年代在玄奘经行的贞观十八年（644

① Stein, M. A., *Ancient Khotan, Detailed Report of Archaeological Explorations in Chinese Turkestan*, Oxford at the Clarehdon Press, 1907, Vol. Ⅰ, pp. 566-569; Vol. Ⅱ, Pl. XI-XⅡ.

② Stein, M. A., *Ancient Khotan, Detailed Report of Archaeological Explorations in Chinese Turkestan*, Oxford at the Clarehdon Press, 1907, Vol. Ⅰ, pp. 430-431; Pl. X, LXXⅢ.

年）之后，废弃于吐蕃占领后的 8 世纪中叶，寺庙的废弃年代在 8 世纪中叶①。

案圆形形制的土筑城址，另见于洛浦阿克斯匹尔古城、尉犁营盘古城等。根据斯坦因的勘察，道孜勒克古城城墙下部由跺泥构造，上方建有一道土坯筑女墙②。目前尚没有证据证明它们是不同时期的建筑。但在 1906 年再访时的发现却具有重要性：城门西侧的一段城墙建在了一座较早期的垃圾堆等之上，从垃圾堆里出土了丝、毛织品和 1 件佉卢文皮革文书③。这种情况表明了唐代城堡是利用了较早期的城址重修或重建而成，类似于若羌米兰吐蕃城堡可能利用了汉代伊循城的例子。

寺庙西墙上的汉字"开元七年"题记，是由唐朝某位使臣记录的开元七年唐与吐蕃的一次交际，似乎是来自唐廷的使臣太常寺卿秦嘉兴与吐蕃的使臣（"大蕃官"）约于安西四镇某地（可能是于阗）会谈，当使臣抵达后听闻"兵马使"（安西都知兵马使？）在本地；第三行起首、"大蕃"后的字，如果沙畹所释"和"字无误的话，则是说四镇和吐蕃在西域的军队谛和了，于是双方的使臣便各归本道。实际上，据《新唐书·玄宗纪》《资治通鉴·唐纪》开元六年（718 年）冬十一月吐蕃遣使奉表请和，至翌年再次请和，这一年唐廷还册封了突骑施的苏禄为忠顺可汗④。大约秦嘉兴的出使与这次约和有关。这些使臣曾下榻安迪尔河的道孜勒克古城，由此也显明此城的重要性。他们曾拜谒了寺庙。据此可以把寺庙和古城的兴建时间推定在开元七年之前某个时候，且与唐朝在于阗地区设置的于阗军镇驻防体系有关。

古城东部保存的一栋大型建筑（E.Ⅲ），斯坦因推测是衙署，其中庭西侧一间屋墙上残存了著蓝袍的供养人壁画⑤。由此看也可能是一间小佛堂。中庭北侧的大厅东壁上亦存汉文及吐蕃文题记，而且有彼此打破的迹象，表明了其书写的时间差。汉文题记存多处痕迹，可辨者有"七""休"及"□国使辛利川"等⑥，分属两种字体，前者为吐蕃文题记磨去，后者又叠在吐蕃文上，且字体与寺庙中题记类似，似是同一人所题（图 6）。吐蕃文题记写在一幅虎壁画旁，据巴奈特等释读：

此是 rkyaṅ、猞猁、孔雀之像。

① Stein, M. A., *Ancient Khotan, Detailed Report of Archaeological Explorations in Chinese Turkestan*, Oxford at the Clarehdon Press, 1907, Vol. Ⅰ, pp. 429, 435; Stein, M. A., *Serindia, Detailed Report of Explorations in Central Asia and Westernmost China*, Oxford at the Clarendon Press, 1921, Vol. Ⅱ, pp. 270-292.
② Stein, M. A., *Ancient Khotan, Detailed Report of Archaeological Explorations in Chinese Turkestan*, Oxford at the Clarehdon Press, 1907, Vol. Ⅰ, p. 434.
③ Stein, M. A., *Serindia, Detailed Report of Explorations in Central Asia and Westernmost China*, Oxford at the Clarendon Press, 1921, Vol. Ⅱ, pp. 278-279.
④ 参见：《新唐书》卷五《玄宗纪》，中华书局，1975 年，第 127 页；《资治通鉴》卷二百一十二《唐纪二十八》，中华书局，1956 年，第 6734、6736、6737 页。
⑤ Stein, M. A., *Serindia, Detailed Report of Explorations in Central Asia and Westernmost China*, Oxford at the Clarendon Press, 1921, Vol. Ⅱ, p. 279.
⑥ 这是沙畹的释读，参见 Stein, M. A., *Ancient Khotan, Detailed Report of Archaeological Explorations in Chinese Turkestan*, Oxford at the Clarehdon Press, 1907, Vol. I, pp. 546-547; Vol. Ⅱ, Pl. XI. 从斯坦因拍摄的现场照片看，这些题记比较漫漶，现在已经无法验证了。

此题记下方：

　　五顶帽（？）遗失，曾见及，一切均安。

前述题记右侧汉文题记之右侧：

　　于上 。Tom Lom 州 Pyagpag 超过此军，获虎肉。［现下］食至你等肥硕之时。

此题记之第二行下：

　　征得石榴，［哦］Bap'yima[①]！

图 6　道孜勒克古城 E. Ⅲ屋墙上的汉、吐蕃文题记（据 *Ancient Khotan*, Pl. XI）

　　"□国使辛利川"似指唐朝的使臣，与 E. Ⅰ寺庙的汉文题记可能是同时（开元七年）。吐蕃文题记像是涂鸦，是若干零乱的记录，比较重要的是汉文题记之右侧关于"上 。Tom Lom 州"的一行，这个地名现在尚未在吐蕃文书中寻及，也许是在于阗境域。"获虎肉"与虎壁画有关，这可能指发生在上 。Tom Lom 州的一次唐、蕃交战，而且吐蕃军可能获胜了，因此这幅壁画和题记可能是吐蕃军获胜的纪念。考虑到汉、吐蕃文题记的叠压情况，可大体还原这座城堡在唐与吐蕃之间几次易手的大略情形，最后的汉文题记是在开元七年。由此也可推理上 。Tom Lom 州的战役发生在开元七年之前。

　　以上都反映出这座官署及古城的性质不寻常，很可能是唐朝与吐蕃建于南道上的一座交通、军事重镇。考虑到安迪尔河所处的地理位置，循河谷向南越昆仑山的达坂即进入藏西北地区（吐蕃王朝时这一带分布着麻和羊同部落），并进一步可达到克什米

① Stein, M. A., *Ancient Khotan, Detailed Report of Archaeological Explorations in Chinese Turkestan*, Oxford at the Clarehdon Press, 1907, Vol. Ⅰ, pp. 568-569; Vol. Ⅱ, Pl. XI.

尔的拉达克地区（勃律），这是青藏高原与塔里木盆地的两条主要通道之一，另一条是循柴达木盆地进入罗布泊南岸的米兰、若羌绿洲并控扼沿孔雀河—铁门关的交通线①。唐代的藏西北与塔里木盆地南道的安迪尔、克里雅、达玛沟、和田河诸绿洲，是双方在西域争锋的重点地区②。

据《皇华四达记》记载的于阗至且末间各站及行程，于阗东 300 里为坎城镇，600里为兰城镇；而自且末城以西则经悉利支井、袄井、勿遮水，500 里抵兰城守捉，再经移杜堡、彭怀堡 300 里抵达坎城守捉③。兰城镇和坎城镇皆是守捉驻地。案唐之守捉皆设于军事与交通要地，在南道则为防备吐蕃的要塞。结合以考古发现和地理，兰城守捉和兰城镇以安迪尔道孜勒克古城所在为合宜，至于坎城镇和坎城守捉则应在克里雅河至老达玛沟流域寻之④。从城址内佛寺及官署墙壁的吐蕃文题记看，此守捉城后来为吐蕃军所取得。据荣新江考证，长寿元年（692 年）王孝杰击败吐蕃、收复四镇后，唐朝将安西四镇升级为军镇体制，并完善了其下属的守捉、城、镇、戍、堡各级建制⑤。因此，兰城守捉的设置有可能在长寿元年后不久。这样，就可以推定道孜勒克古城的年代介于 692 年至吐蕃占据塔里木盆地的年代下限约 840 年之间。至于吐蕃征服并统治于阗的时间，《西藏通史》引《敦煌本吐蕃历史文书》中的"赞普传记"，以为是赤松德赞（755～797 年）在位时的 791～796 年间⑥。这与根据丹丹乌里克等地出土的唐文书及钱币所推定的时间大致相同。

三、E.Ⅰ寺庙与密宗的关系

E.Ⅰ寺庙的形制以及出土的经卷等写本，显示出与密宗的关系。以下试做分析。

1. 寺庙的形制

寺庙坐西朝东，形制中最引人瞩目的是建于庙中央的八面体形像座及其上的四尊造像（坐佛），其像大体布于四个正方向上。从塔里木盆地各地保存的地面佛寺遗迹来

① 在米兰河古三角洲遗存的戍堡遗址及吐蕃文和突厥如尼文文书，证实了唐、吐蕃在该地的角逐。值得注意的是突厥如尼文文书（M. I. xxxii. 006. a-c），最初由 Vilhelm Thomsen 释读、刊布，参见 Thomsen, V., Dr. M. A. Stein's Manuscripts in Turkish "Runic" Script from Miran and Tun-huang, J. R. A. S., 1912, pp. 181-227；最近由白玉冬重做释读，参见白玉冬：《米兰出土 Or. 8212/76 鲁尼文文书译注》，《丝瓷之路》（Ⅶ），商务印书馆，2019年，第 31～50 页。另外，近年新疆文物考古研究所对孔雀河克亚克库都克烽燧的发掘所发现的一批唐烽铺文书，也证明孔雀河—铁门关通道的重要性。
② 参见荣新江：《于阗在唐朝安西四镇中的地位》，《西域研究》1992 年第 3 期；张云、林冠群：《西藏通史·吐蕃卷》，中国藏学出版社，2016 年，第 129～135 页。
③ 《新唐书》卷四十三下《地理志七下》，中华书局，1975 年，第 1150、1151 页。
④ 贝利在释读于阗文献赫定第 24 号汉文—于阗文双语文书（Hedin 24）等时，曾推测坎城（k'âm, kīmtha）即玄奘所记的媲摩（于阗文写作 Phema），参见 Bailey, H. W., Introduction: Gaustana: The Kingdom of the Sakas in Khotan, In: Khotanese Texts Ⅳ, Cambridge: Cambridge University Press, 1979, pp. 1-18.
⑤ 荣新江：《于阗在唐朝安西四镇中的地位》，《西域研究》1992 年第 3 期。
⑥ 张云、林冠群：《西藏通史·吐蕃卷》，中国藏学出版社，2016 年，第 129～135 页。

看，这种以佛像为中心的佛堂是从以窣堵婆为中心的"塔庙"发展而来，但一般都是在方形像座上塑一尊坐佛或立佛像，如丹丹乌里克遗址的 D. Ⅱ 佛堂 [1] 和新发现的老达玛沟托普鲁克墩 1、2 号佛寺 [2]。值得注意的是，托普鲁克墩 2 号佛寺像殿的四角也保存了类似的莲座和塑像，这里也发现了与密宗相关的遗物：一是前厅北侧像台上的涂白色卧牛及其背上塑像，塑的可能是大自在天（摩醯首罗）；另外是黏土模制的"擦擦"和 2 件木板画，木板画上绘坐佛及众目（千眼）等，似是毗卢遮那佛像（图 7）[3]。此像殿西侧可能是经堂的第 3 号遗迹，墙壁上出现了粟特文、吐蕃文、于阗文题记 [4]。证明了佛寺一度处于吐蕃统治时期。

图 7　托普鲁克墩 2 号佛寺塑像与出土木板画等（陈代明供图）

根据 E. Ⅰ 寺庙八面体像座上朝向四方的四尊坐佛像，可复原为一座形制特殊的四方佛佛堂。关于四方佛造像，可以在北朝的四面体石造像及敦煌等地石窟的中心柱四面龛像和壁画等中，寻到相类似的造像范例。尤其是莫高窟，自北朝历隋唐至宋代，由中心柱四面龛像演变为四壁的说法佛像；至隋代流行覆斗形顶式方形窟，形成在窟

① Stein, M. A., *Ancient Khotan, Detailed Report of Archaeological Explorations in Chinese Turkestan*, Oxford at the Clarehdon Press, 1907, Vol. Ⅰ, pp. 246-249, Fig. 29-30; Vol. Ⅱ, Pl. Ⅲ, ⅩⅩⅤ.

② 参见中国社会科学院考古研究所新疆队：《新疆和田地区策勒县达玛沟佛寺遗址发掘报告》，《考古学报》2007年第 4 期。

③ 中国社会科学院考古研究所新疆队：《新疆和田地区策勒县达玛沟佛寺遗址发掘报告》，《考古学报》2007年第 4 期。毗卢遮那佛像另见于焉耆明屋遗址及老达玛沟巴拉瓦斯特佛寺遗址等所出壁画，参见 Bussagli, M., *Central Asian Painting*, Geneva: Editions d'Art Albert Skira S. A., 1979, p. 55；魏文斌、周晓萍：《焉耆七个星毗卢遮那佛法界身图像研究》，《敦煌学辑刊》2020年第 1 期。

④ 参见中国社会科学院考古研究所新疆队：《新疆策勒县达玛沟 3 号佛寺建筑遗址发掘简报》，《考古》2012年第 10 期。

顶四披上分绘四方佛的样式。一些窟中四方佛像的题名，与《观佛三昧海经》及《金光明经》所记类同，显示出图像与佛教义理及洞窟形制布局之间的关联，尤其是吐蕃统治敦煌时期（786～848 年）大为流行的窟顶四披四方佛图式与密宗关系密切，一些藏密洞窟（第 7、158、361 号窟等）的四方佛和五方佛还构成了一种曼荼罗形式 ①。

2. 吐蕃文《稻芉经》及经咒等

　　寺庙中所发现的用作供奉的三种语文写本皆属佛教文献，且以梵文的陀罗尼、吐蕃文《稻芉经》和仪轨及所谓 "原始吐蕃文" 的医药或巫术类文献为显著。虽然此寺址未发现于阗文文献，但和田及敦煌 "藏经洞" 所出于阗文、梵文佛教文献中颇多陀罗尼及金刚乘文献 ②。这有助说明这一类文献在敦煌和于阗等地的流传情形。

　　《稻芉经》是说弥勒应舍利弗之请，宣讲因缘生法，以稻秆之生化比喻十二因缘变化法则，存世的有汉、藏两种译本。汉译《稻芉经》原译者不详，《大正藏》有录，一卷，又译写为《稻秆经》③。此经之别译有东吴支谦译《了本生死经》，及唐开元密宗梵僧不空译《慈氏菩萨所说大乘缘生稻秆喻经》等 ④。莫高窟 "藏经洞" 的藏经中，有《佛说大乘稻芉经》及《大乘稻芉经随听疏》的汉文写本 144 号，《大乘稻芉经》据推测可能是法成的译本 ⑤。法成（chos-grud）是吐蕃廓西（Vgos）寺僧侣，通晓汉、蕃语言，据说当长发王赤祖德赞（815～836 年在位）之后继位的吐蕃达磨王排佛时受迫害逃亡敦煌。敦煌写卷中保存有他所译或编集的《诸星母陀罗尼经》和《大乘稻芉经随听疏》等 ⑥。吐蕃时期的沙州写经坊，原承担着汉文和吐蕃文佛典的抄写甚至翻译任务 ⑦。在流行的吐蕃文密宗文献中，除了《稻芉经》，还有大量的陀罗尼 ⑧。道孜勒克古城佛寺发现的这部吐蕃文《稻芉经》和陀罗尼抄本，会不会就是在沙州的写经坊里由汉

---

① 关于莫高窟四方（面）佛、五方佛像及其义理和演变，可参见殷光明：《敦煌显密五方佛图像的转变与法身思想》，《敦煌研究》2014 年第 1 期；严耀中：《"四面像碑" 与 "四面佛像"》，《社会科学战线》2015 年第 9 期；赖鹏举：《盛唐以后莫高窟引入中印密教及唯识系经变思想关系研究》，《敦煌学辑刊》2007 年第 1 期。

② 参见 Bailey, H. W., *Khotanese Texts V*, Cambridge: Cambridge University Press, 1963, pp.105, 137, 153, 160, 165, 263, 327, etc.; Bailey, H. W., Vajrayāna Texts from Gostana, In: *Studies in Esoteric Buddhism and Tantrism in Commemoration of the 1150th Anniversary of the Founding of Koyasan*, Koyasan, 1965; Bailey, H. W., *Khotanese Buddhist Texts*, Cambridge: Cambridge University Press, 1981, pp. 27-39; Skjærvø, P. O., *Khotanese Manuscripts from Chinese Turkestan in the British Library, A Complete Catalogue with Texts and Translations*, The British Library, 2002, pp. 170, 203, 205, 236, 292, 296, 349, 451, etc.

③ 《大正藏》（第十六册），（台北）财团法人佛陀教育基金会出版部，1990 年，第 816～818 页。

④ 参见《大正藏》（第十六册），（台北）财团法人佛陀教育基金会出版部，1990 年，第 815～816 页；慈怡：《佛光大辞典》第七册，（台北）佛光文化事业有限公司，1999 年，第 6118 页。

⑤ 参见张涌泉：《敦煌本〈佛说大乘稻芉经〉及其注疏残卷缀合研究》，《浙江师范大学学报（社会科学版）》2017 年第 2 期。

⑥ 参见上海古籍出版社、法国国家图书馆：《法国国家图书馆藏敦煌西域文献》（11），上海古籍出版社，2000 年，第 12～14、18～27 页。

⑦ 参见〔日〕藤枝晃著，刘豫川译：《吐蕃统治时期的敦煌》（下），《长江文明》（第十一辑），2013 年，第 84～100 页。

⑧ 参见赵晓星：《吐蕃统治敦煌时期的陀罗尼密典——中唐敦煌密教文献研究之一》，《敦煌研究》2012 年第 6 期。

文翻译后并被某吐蕃信众携至西域供奉在此寺中呢?

斯坦因曾经将道孜勒克古城佛寺获得的吐蕃文文献交维也纳大学威斯纳（J. Wiesner）教授做了鉴定，结论是吐蕃文《稻芉经》的纸张系采用藏地工艺，其工艺特征是在书写面上上米浆（防晕染），这与同出的汉文、梵文纸张工艺不同，后者系于阗当地所沿用的纸张工艺①。这个研究中关于《稻芉经》使用了吐蕃造纸的结论，最近还得到了对古藏纸纸浆工艺的新研究的佐证②。威斯纳的鉴定并不过时。这一检测结果有助于我们推论，在道孜勒克古城佛寺发现的这批吐蕃文文献，其纸张有可能出自沙州的纸坊。

另一方面，由于不空和法成都是密宗大德，他们的翻译也使《稻芉经》具有了密宗色彩。显然，这部吐蕃文佛经连同一批陀罗尼甚至巫术文献，被吐蕃时期的一些西域寺院所行用。不仅如此，于阗本地也曾汉译过陀罗尼，这是从"藏经洞"藏卷中保存的《千眼陀罗尼经》（S.0231）及其尾题"西天竺伽梵达摩沙门于于阗译"上，得到反映的③。托普鲁克墩佛寺出土的千眼佛像木板画，与这部陀罗尼经有关。

3. 象头神或毗那夜迦天木板画

顺带一提的是，寺庙北侧的小禅室发现的象头神或毗那夜迦天木板画，在和田地区其它几座同时期佛寺遗址中也有发现：在丹丹乌里克2号寺庙出土了一件象头神木板画（D. II. 16），另外在斯编10号寺庙（D. X）的壁画中也出现了类似的画像④；墨玉县库木拉巴特佛寺遗址出土过一件泥塑象头神残像⑤。另外，这种神像在柏孜克里克石窟及敦煌（莫高窟）、洛阳（龙门石窟）也有发现，被认为与密宗有关⑥。柏孜克里克石窟德编第4窟的象头神壁画旁，还绘有一幅大自在天像。在托普鲁克墩佛寺的佛殿前厅北侧像台上，保存了一尊站在白牛背上的大自在天像。此外，丹丹乌里克遗址10号（D. X）寺庙壁画中，也保存有可能是大自在天的画像，7号寺庙一件木板画中也表现了

① Stein, M. A., *Ancient Khotan, Detailed Report of Archaeological Explorations in Chinese Turkestan*, Oxford at the Clarehdon Press, 1907, Vol. I, p. 426.

② 近来对于"藏经洞"吐蕃文书和桑耶寺12～13世纪藏经的检测，藏纸的工艺研究又有了新发现，参见 Han, B., et al., Paper fragments from the Tibetan Samye Monastery: Clues for an Unusual Sizing Recipe Implying Wheat Starch and Milk in Early Tibetan Papermaking, *Journal of Archaeological Science: Reports*, 2021, 36, p. 102793.

③ 参见敦煌研究院：《敦煌遗书总目索引新编》，中华书局，2000年，第7页。

④ 关于 D. II 出土的木板画，参见 Stein, M. A., *Ancient Khotan, Detailed Report of Archaeological Explorations in Chinese Turkestan*, Oxford at the Clarehdon Press, 1907, Vol. I, p. 292. 斯坦因在《古代和田》中只提及在 D. X 寺庙墙壁上发现了千佛像，象头神及大自在天像是鲍默（Christoph Baumer）1998年进入丹丹乌里克遗址后发现的，参见 Baumer, C., *Southern Silk Road, In the Footsteps of Sir Aurel Stein and Sven Hedin*, Bangkok: Orchid Press, 2000, pp. 85-90. 这两幅像分别与鬼子母（Hariti）和可能是梵天（Brahma）的像组合在一起。

⑤ 参见新疆维吾尔自治区文物局：《新疆佛教遗址》（上册），科学出版社，2015年，第32页。

⑥ 上述地方有关发现，参见 Grünwedel, A., *Altbuddhistische Kultstätten in Chinesisch-Turkistan, Bericht über Archäologische Arbeiten von 1906 bis 1907 bei Kuča, Karašahr und in der Oase Turfan*, Berlin: Druck und Verlag von Georg Reimer, 1912, p. 238, Fig. 510-511；王惠民：《敦煌毗那夜迦像》，《敦煌学辑刊》2009年第1期；严耀中：《在中国的加内塞和毗那夜迦》，《文物》2017年第2期，等。

类似的大自在天像（D. VII. 6）^①（图 8）。这些发现有助于说明西域地区同类画像的流传情形。

丹丹乌里克遗址

柏孜克里克石窟

图 8　丹丹乌里克遗址和柏孜克里克石窟出土的象头神与大自在天像
（据"国际敦煌项目"网站等）

　　以上从寺庙形制到经卷、图像几方面已知的证据，可推测 E. I 寺庙的密宗性质。我们知道它们属于这座寺庙中最后时间的遗存。但是，这座寺庙是什么时候以及如何成为密宗寺庙的呢？

　　由于寺庙及其所属城址尚未发现可资分期的考古证据，前文我们曾推定城址的年代介于约 692 年至 840 年间，就佛寺立于城址中央来说，寺庙似乎是在建城时即已规划了的。假设我们推定的城址为兰城守捉城不误的话，则寺庙似是在建城之初即已营建，可能是为兰城一带的于阗信众或丝路南道上的行旅所建。此时的寺庙可能尚是大乘

① 　参见 Stein, M. A., *Ancient Khotan, Detailed Report of Archaeological Explorations in Chinese Turkestan*, Oxford at the Clarehdon Press, 1907, Vol. I, pp. 278-279; Vol. II, Pl. LX.

显宗寺院，只是到约 8 世纪末吐蕃占领于阗时被改造成了一所密宗寺庙，对此演变目前还没有发现有关的证据。固然，在吐蕃王朝统治西域之前，龟兹、高昌等地已有密宗流传[①]，在于阗本地可能也有密宗流传，吐蕃王朝的统治使西域密教中加入了藏密的成分。

　　当吐蕃王朝统治于阗等地之时，通常是利用了唐朝的城镇、馆、寺等设施，这是从道孜勒克古城、麻扎塔格神山馆遗址、托普鲁克墩佛寺遗址等的发现所揭示的。道孜勒克古城的佛寺遗存还进一步揭示了当地与敦煌（沙州）之间的密切联系，当吐蕃王朝时期在寺庙形制、经卷、造像等方面的互动，对这个问题还需要深度的检视和田、库车、焉耆、吐鲁番等地的考古发现，以做出深入的阐释。

---

① 库车出土的梵文和龟兹文密宗残卷，参见季羡林：《龟兹之密宗》，《延边大学学报（社会科学版）》2007 年第 1 期；杜斗城、任曜新：《鲍威尔写本〈孔雀王咒经〉与龟兹密教》，《世界宗教研究》2012 年第 4 期。斯坦因在阿斯塔那一区 4 号墓获得之唐初密教偈，参见陈国灿：《斯坦因所获吐鲁番文书研究》，武汉大学出版社，1995 年，第 173 页。

汉晋朱提县治城

闵 锐 周然朝

（云南省文物考古研究所）

　　昭通位于云南省东北部，金沙江下游沿岸的云、贵、川三省结合处，属于四川盆地向云贵高原抬升的过渡地带。昭通古称朱提，是西南地区古代历史上一个较为重要的地理单元和文化单元。这不仅与该地区特殊的地理位置和环境密切相关，更与东汉以后中原汉文化的扩张和渗透密切相关。汉晋时期是昭通古代历史文化发展嬗变的第一个特殊阶段，汉代朱提郡、县治城的设置及其对昭通古代历史发展的重要影响一直备受学界关注，朱提郡、县治城的位置也一度成为学者争论的焦点，本文根据近年新发现的考古材料，结合文献记载，拟对汉代朱提县治城的具体位置进行考证。

一、文献中的朱提

　　根据文献记载，朱提最初为山名，后为地名，地名因山而得，再后来由地名逐渐演变成古郡、县名、货币名和器物名。相关名称有朱提山、朱提郡、朱提县、朱提银和朱提堂狼铜洗。《华阳国志·南中志》记载："朱提郡，本犍为南部，孝武帝元封二年置，属县四。建武后，省为犍为属国。至建安二十年，邓方为都尉，先主因易名太守。属县五，户八千。去洛五千三百里。先有梓潼文齐，初为属国。穿龙池溉稻田，为民兴利，（亦）（民）为立祠。大姓朱、鲁、雷、兴、仇、递、高、李，亦有部曲。其民好学，（地）滨犍为，号多士人，为宁州冠冕。""朱提县，郡治。山出好银。"[①]

　　公元前135年，汉武帝设置犍为郡，领县十二，朱提县即为十二县之一。公元前126年，朱提县隶属犍为南部。公元前109年，汉武帝置朱提郡，朱提县为其属县之一，此时朱提郡、县并存。公元107年，犍为南部改为犍为属国，朱提郡、朱提县归属犍为属国。公元215年，改犍为属国置朱提郡，此后直至两晋、南北朝时期，朱提郡、县并存，隶属宁州。隋开皇四年（公元584年），废朱提，置南中。唐武德元年（公元618年）复置朱提县。天宝中（公元742～756年）仍置朱提县，属南诏。咸通（公元860～874年）年间，原朱提郡、县辖区归阿竽路部，属东爨地区，此后朱提郡、

---

① （晋）常璩著，汪启明、赵静译注，吴迪、刘亚、夏宇、李保平校订：《华阳国志译注》，四川大学出版社，2007年。

县名称不见于文献记载①。"朱提"作为古代行政区划称谓，自西汉中期设置后一直沿用至唐代，其间经历多次郡、县间的层级变化及与其他郡的离析合并，前后存在时间长达 800 多年。

二、关于朱提的争论

长期以来，拥有 800 年历史的朱提郡（县）到底地处何方一直是学术界争论不休的话题。争论的焦点主要集中在两个问题上，一是朱提郡或朱提县具体的行政区划范围；二是朱提故城的位置。这些争论大多从对文献记载的梳理辨析出发，往往因为学者对文献的不同理解而出现不同的结论。少数学者意识到了考古材料的重要性，运用双重证据法进行了一些探讨，但终因缺乏确凿的考古学证据，这些问题至今仍然没有定论。

关于朱提郡、县具体行政区划范围的讨论，总体来看大致有三种意见。第一种意见以潘先林、汪宁生为代表②，认为古代朱提在今天云南的昭通地区，地域上含括了邻近的东川、会泽、宣威及黔西北的威宁、毕节、水城等地。第二种意见以方国瑜、陈本明为代表③，他们通过文献考证进一步指出朱提在今天云南省昭通市昭阳区境内。方国瑜根据《御览》卷七九一引《永昌郡传》曰："朱提郡在犍为南千八百里，治朱提县，川中纵广五、六十里，有大泉池水口，僰名千顷池。又有龙池，以灌溉种稻"的记载考证千顷池就是今天昭通、鲁甸交界处的八仙海水。陈本明也认为朱提郡就在今天昭通市昭阳区南面的甘河八仙营一带。第三种意见以孙太初、张希鲁为代表，认为朱提在今天昭通的鲁甸县境内。持类似观点的还有李启斌、范文钟两位学者④，他们认为朱提山即今天鲁甸境内的龙头山，闻名中外的朱提银即产自龙头山乡的乐马厂。

关于朱提治城位置的讨论，有昭阳区南诸葛营村、昭阳区东小龙洞乡小墰包村、昭阳区西旧圃镇以及鲁甸城西野石山四种说法⑤。上述说法中有三种观点认为古代朱提治城位于昭通市昭阳区境内。与朱提郡、县具体行政区划范围的讨论类似，上述四种说法的提出也主要是基于对文献记载的论证，个别观点仅仅是研究者的猜测和判断，缺乏说服力。

通过对早年出土考古资料的综合分析，我们认为古朱提故城的位置应该在昭阳区

---

① 尤中：《云南地方沿革史》，云南人民出版社，1990 年。
② 《辞海》关于"朱提"词条的解释中，朱提郡、县的治所以及"朱提山"皆在今云南省昭通县境内。潘先林：《朱提文化论》，《贵州民族研究》1997 年第 1 期；汪宁生：《云南考古》，云南人民出版社，1980 年。
③ 方国瑜：《朱提堂狼铜洗概说》，《云南史料丛刊》（第 1 卷），云南人民出版社，1990 年，第 166 页；方国瑜：《西南历史地理考释》（上），中华书局，2012 年；陈本明：《朱提文化论》，云南民族出版社，1999 年，第 41 页。
④ 孙太初：《朱提堂狼铜洗考》，《云南青铜器论丛》，文物出版社，1981 年，第 178～191 页；李启斌：《朱提城墟今何在》，《昭通师专学报》1994 年第 2 期；范文钟：《朱提银到底产于何地》，《四川文物》1995 年第 4 期。
⑤ 李启斌：《朱提城墟今何在》，《昭通师专学报》1994 年第 2 期。

境内寻找。

　　首先，到目前为止，昭通境内发现的有据可查的古城址仅土城故址一处，位于昭阳区境内。土城故址又名天梯城址，20 世纪 50 年代发现于昭通市城西南约 3 千米的土城乡土城村，面积约 1 平方千米。据《昭通县志》记载，该城始建年代不详（一说建于明嘉靖年间），清雍正八年改土归流，天梯城废弃，县治迁至龙山之阳二木那，即今天的昭通城。据实地调查发现土城的东、西、北三面保留有断续的城垣，城墙为板夯筑成，夯层清晰，城门位置亦有迹可寻。城内中央有一段土墙，据说是当时土司衙门的遗迹，俗称"内罗城"，综合调查发现推测该城为元明时期遗迹，现为昭通市重点文物保护单位[①]。

　　其次，目前在国内发现的器内底铸有"朱提""堂狼"或"朱提堂狼"铭文的青铜洗 28 件，其中 12 件出土于云南昭通地区。历年著录和考古发现的朱提堂狼铜洗达 107 件。"朱提堂狼铜官造作"铜洗的发现证明朱提已经设置了专门管理朱提堂狼铜器制造和经营的地方性手工业官府机构——朱提堂狼铜官，而且也从侧面说明了东汉时期朱提青铜采矿和铸造业比较发达，其影响力在西南地区可能仅次于蜀郡工官，朱提作为当时政治经济中心的地位由此可见一斑[②]。

　　再次，1901 年，在昭通市刘家海子村八社马家湾村发现一座带封土堆的石室墓——孟孝琚墓，出土了云南现存最早的著名汉碑——孟孝琚碑，碑文记载了当时作为南中大姓之一的孟孝琚的生平，记载其死后归葬朱提，墓葬所在地属于昭阳区[③]。

　　最后，1963 年，在昭通市东北二十里的旧圃镇后海子中寨发现一座建于东晋太元年间（公元 376～396 年）的石室封土堆墓，墓主人霍承嗣为"南中大姓"之一，曾官居使持节都督江南交、宁二州诸军事，建宁、越巂、兴古三郡太守，南夷校尉，交、宁二州刺史，成都县候。墓内墨书铭记："……牧六十六岁薨先葬蜀郡以太元十□□二月五日改葬朱提越渡……"，证明墓主人死后归葬朱提[④]，墓葬所在地亦属昭阳区。

三、区域考古资料的梳理

　　昭通市昭阳区和鲁甸坝区是昭通地区地理位置及自然环境相对较好的区域，二十世纪五六十年代开始陆续开展的考古工作发现并发掘了部分遗址和墓地[⑤]，积累了一批原始资料，为古朱提郡相关问题的讨论酝酿了一个更大范围的历史背景。这些遗存从

①　昭通市文物管理所：《昭通田野考古之一》，云南人民出版社，2012 年，第 219 页。
②　丁长芬：《东汉时期昭通朱提堂狼造铜器相关问题研究》，《昭通学院学报》2018 年第 1 期。
③　国家文物局：《中国文物地图集》（云南分册），云南科技出版社，2001 年，第 56 页；方国瑜：《孟孝琚碑》，《云南史料丛刊》（第 1 卷），云南人民出版社，1990 年，第 156 页。
④　云南省文物工作队：《云南省昭通后海子东晋壁画墓清理简报》，《文物》1963 年第 12 期；方国瑜：《晋霍承嗣墓室壁画概说》，《云南史料丛刊》（第 1 卷），云南人民出版社，1990 年，第 392 页。
⑤　此部分考古资料来源于昭通市文物管理所：《昭通田野考古之一》，云南人民出版社，2012 年；国家文物局：《中国文物地图集·云南分册》，云南科技出版社，2001 年，第 55～72 页。

年代跨度上看早至商周时期，晚至汉晋；从空间分布上看，尽管遍布整个昭鲁坝区，但又以昭阳区较为集中（图 1）。

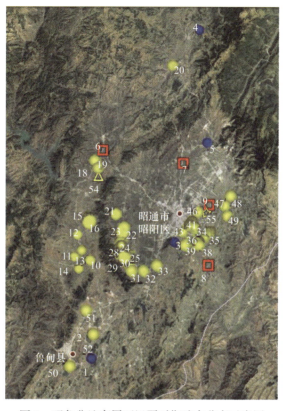

图 1　昭鲁盆地商周至汉晋时期遗存分布示意图

1. 鲁甸野石山遗址　2. 鲁甸马厂遗址　3. 昭阳区黑泥地遗址　4. 昭阳区双龙井遗址　5. 昭阳区闸心场遗址
6. 昭阳区营盘墓地　7. 昭阳区白沙地墓地　8. 昭阳区文家坮包墓地　9. 昭阳区张家营墓地　10. 烂坟院
11. 观音庙　12. 苏家院　13. 祠堂梁子　14. 平山顶　15. 仁和　16. 杨家院　17. 三家寨　18. 小湾子
19. 李家湾　20. 水营村　21. 端公寨　22. 荒山　23. 老坟山　24. 金竹林　25. 三堵墙　26. 塘房　27. 陈家营
28. 王家老屋基　29. 杨家坟　30. 团包包　31. 纳吉块　32. 烟堆山　33. 青草坪　34. 周家坡　35. 范家坡
36. 大坟山顶上　37. 平山顶坟场　38. 松毛山　39. 甘河学庄　40. 孟孝琚墓　41. 白泥井　42. 桂家院子
43. 大院村　44. 石油库　45. 象鼻岭　46. 江西地　47. 曹家松林　48. 沙子坡　49. 将军坡　50. 大坪子
51. 半边街　52. 马厂　53. 象鼻岭　54. 上小湾子　55. 诸葛营遗址
（10~52 梁堆墓，53、54 崖墓；蓝色：商周时期，红色：战国至西汉时期，黄色：东汉至魏晋南北朝时期）

（一）商周时期

主要以遗址为主。典型地点有鲁甸野石山遗址、马厂遗址；昭阳区黑泥地遗址、双龙井遗址和闸心场遗址。

1. 鲁甸野石山遗址

位于昭通市鲁甸县砚池街道普芝噜村东北部，距鲁甸县城约 4 千米，遗址所在区域位于昭鲁盆地南部边缘，依自然地势由西向东倾斜。1982 年发现，2002 年 4~6 月，由云南省文物考古研究所、昭通市文物管理所、鲁甸县文物管理所组成联合考古队，对野石山遗址进行了考古发掘工作。发掘面积 425 平方米，发掘出窑址 1 座、灰坑 2 处、柱洞 20 个，出土铜器、骨器、陶器、石器、铁器等器物共计 369 件。据发掘结果初步判断，野石山遗址时代属商周时期。遗址范围约 1 平方千米，是目前滇东北地区发现面积最大的遗址。2010 年 3 月，对野石山遗址 54000 平方米进行详细的考古勘探，共发现各类型遗迹现象 84 处，其中房址 35 座、灰坑 21 处、灰土 11 处、灰沟 3 处、井 1 处、墓葬 1 座、活土坑 12 处，没有发现城墙遗迹。

2. 鲁甸马厂遗址

位于鲁甸县城东 5 千米的茨院回族乡马厂营头村，北距昭通 22 千米，南至鲁甸 5 千米，地处乌蒙山顶部较为平坦的丘陵地带。遗址面积达 10 万余平方米，文化层堆积厚达 1.3 米。出土遗物主要有石器、陶器、铜器三类。石器全为磨制，器类有斧、锛、凿、穿孔石刀。陶片以泥质灰陶居多，余为夹砂灰陶、泥质黑陶，可辨器型的有大耳单耳罐、大耳双耳罐、小耳单耳罐、侈口罐、壶、瓶、杯、纺轮、网坠等。铜器有矛、钺、镞等。时代同野石山遗址相同。

3. 昭阳区黑泥地遗址

位于昭阳区凤凰街道凤凰社区。1994 年发现，面积不详。文化层堆积厚达 1.2 米，发现有房屋遗迹。出土遗物均为陶器，有小耳单耳罐、壶、杯等，同鲁甸野石山遗址出土的同类器物相同，时代为商周时期。

4. 昭阳区双龙井遗址

位于昭阳区靖安镇龙潭村一社。1994 年发现，为一洞穴遗址，面积不大。采集到部分石器和陶器，石器仅石臼和石杵两种；陶器以夹细砂红陶、泥质红陶为主，纹饰以弦纹、刻划几何纹、戳印纹为主。器形以平底器为主，有少量圈足器，器类有小耳单耳罐、侈口罐、单耳钵、敛口钵、壶、瓶等。遗址时代为商周时期。

5. 昭阳区闸心场遗址

位于昭通城北约 12 千米的丘陵地带，面积约 20 万平方米。1959 年发现，1960 年进行试掘。出土遗物主要是石器和陶器，石器有斧、锛、石刀等；陶器质地有泥质橙黄陶和灰陶两种，其中泥质橙黄陶最为常见，器形有单耳长颈小瓶、侈口罐、单耳平底小瓶等。这几类器物与马厂遗址出土的同类器物相近，时代为商周时期。

（二）战国至西汉时期

这一时期以墓葬材料数量最多，以昭通市昭阳区为中心分布，墓葬形制为地表无封土堆的竖穴土坑墓。典型地点有昭阳区营盘墓地、白沙地墓地、文家垴包墓地和张家营墓地。

1. 昭阳区营盘墓地

位于昭阳区西北 15 千米的洒渔坝子大桥村，墓地面积 3.2 万平方米。1984 年发现，1986 年进行考古发掘，发掘面积 1412.5 平方米，分甲乙两区，共清理墓葬 205 座。少数墓葬有二层台，个别墓中残存人牙，大部分墓葬未发现葬具。随葬品有陶、铜和玉石器。铜器可分为兵器、生活用品及装饰品三类，器形有剑、剑鞘、戈、矛、削、带钩、镯、簪等。陶器均为夹砂陶，火候低，陶色有灰白、灰黄、褐、灰黑等，纹饰以刻划网格纹、弦纹、剔刺纹为主，部分器形肩部饰乳丁，足部镂空。器形大多不规整，器类有罐、杯、尊、豆等。玉石器多见玉镯、玛瑙珠和绿松石珠。时代为战国至西汉时期。

2. 昭阳区白沙地墓地

位于昭阳区北闸街道白坡塘社区。1994 年发现，面积约 1 万平方米。墓葬埋藏浅，采集到的遗物有铜器、陶器和玉器三类。铜器主要是兵器，有剑、戈、矛、匕四种。陶器以夹粗砂灰白陶为主，基本用泥条盘筑法制成，小型陶器则为捏制。器形有尊、罐、豆、杯等。玉器仅玉瑗 1 件。铜器有剑、戈、矛等。从出土物分析，这批器物同营盘墓地和文家垴包墓地出土器物相近，时代也基本同为战国至西汉时期。

3. 昭阳区文家垴包墓地

位于昭阳区守望回族乡水井湾社区。第二次全国文物普查时发现，面积 1.36 万平方米。未进行过发掘，采集器物有铜剑、铜戈、陶尊、陶豆、陶罐、陶瓶、陶瓿等，陶瓶和陶瓿为东汉时期器物。时代约为战国至东汉时期。

4. 昭阳区张家营墓地

位于昭阳区东部太平街道永乐社区张家营，距离市区约 5 千米，面积约 2500 平方米。采集到部分夹砂灰黑陶片及少量铜器，铜器有铜柄铁剑、镶嵌绿松石铜镯、弩机、洗、釜等。从铜器器形特征看与贵州赫章墓地出土器物相近，时代基本为战国至西汉时期。

（三）东汉至魏晋南北朝时期

这一时期的遗存仍然以墓葬材料为主，墓葬形制发生了明显变化，以地表有巨大封土堆的梁堆墓和崖墓为代表，分布地域以昭阳区为主，鲁甸坝区数量较少。

1. 梁堆墓

昭阳区发现的梁堆墓主要分布在苏家院、乐居、洒渔、青岗岭、旧圃、永丰、守望、凤凰、太平、小龙洞 10 个乡镇近 24 个村委会及社区。梁堆墓的数量在 20 世纪 60

年代曾有过统计，1963 年云南省文物工作队在《云南昭通桂家院子东汉墓发掘》报告中称"经过调查的已达三百座左右"[①]。自 1982 年至 2010 年间，经过调查统计的梁堆墓数量达 260 座，保存下来的不到四分之一，另外还有近三分之一无法确定具体位置[②]。

从墓葬形制的差异看，昭阳区梁堆墓可分为单室砖室墓、多室砖石混合墓和石室墓三种。有的墓室有墓道，出土铜车马饰、铜泡钉、铜钱、铜摇钱树、铜洗、铜釜、铜环、铜灯、铜马、环首铁刀、陶器、陶动物俑、印章、文字砖等遗物。

鲁甸坝区的梁堆墓集中分布在大坪子、半边街、马厂、大婆树一带，约 70 多座。从文屏街道清理的情况看，墓葬形制、随葬品特征与昭阳区近似。

2. 崖墓

昭通地区的崖墓主要分布在金沙江下游、横江、白水江流域，少数分布在昭阳区的洒渔河流域，主要涉及昭阳、大关、盐津、绥江、水富几个县区，皆为东汉至魏晋南北朝时期的遗存。

从墓葬形制看，有单室、双室和多室三种，以双室数量最多，墓室呈长方形，多有墓道。葬具葬式多因被盗而信息不详。出土遗物以陶、铜、铁、银、琉璃、瓷等质地为主，器形特征皆为汉式。

3. 遗址

此时期的遗址仅发现昭阳区诸葛营一处。诸葛营遗址位于太平街道永乐社区，距昭通城中心约 4 千米。遗址面积 50 万平方米，文化层堆积厚度达 1 米以上。遗址地表散布大量炼铜炉渣及瓦片，历年调查所见遗物有铜洗、陶片、石柱础、鸟头形器物、五铢钱等。是昭通境内分布面积最大的汉晋时期遗址。

四、考古新发现

2017 年，南方丝绸之路南亚廊道云南段考古调查研究项目启动，基于对上述考古材料的梳理分析，昭通诸葛营遗址区域具有重要价值。寻找城址的考古勘探工作作为项目关键节点的重点工作随即展开，随后发现的一批考古新材料为古朱提治城位置的确定提供了新证。

昭通诸葛营遗址位于昭通市昭阳区东南部，昭通机场北侧，距市中心约 4 千米，地理坐标东经 103°44′57″，北纬 27°19′52″，遗址西南角海拔 1924 米，属昭阳区太平街道永乐社区诸葛营村委会管辖。遗址最早于 1983 年第二次全国文物普查中发现，后来做过多次调查，在遗址前河河岸两侧的缓坡地带发现部分汉晋时期带封土堆的砖室

---

① 葛季芳：《云南昭通桂家院子东汉墓发掘》，《考古》1960 年第 5 期。
② 李文奇：《昭阳区梁堆墓及其保护状况》，《岭南考古研究》(11)，中国评论学术出版社，2011 年，第 27～36 页。

墓，俗称"梁堆"。遗址周围曾采集到铜洗、铜鼓、摇钱树残片、瓦当、几何纹砖、石柱础等遗物，农民翻土种地时曾发现过砖砌排水沟，地表随处可见绳纹瓦片及炼渣，当时对遗址的范围、性质、文化内涵、年代等信息尚不清楚。

2017 年考古勘探工作开始后，我们通过大面积普探、重点区域详探、探沟勘探相结合的方法（图 2），确定了诸葛营遗址的范围，掌握了各类遗迹的分布和堆积情况，更重要的是在遗址分布区内发现了一座城址和一处疑似冶炼作坊。

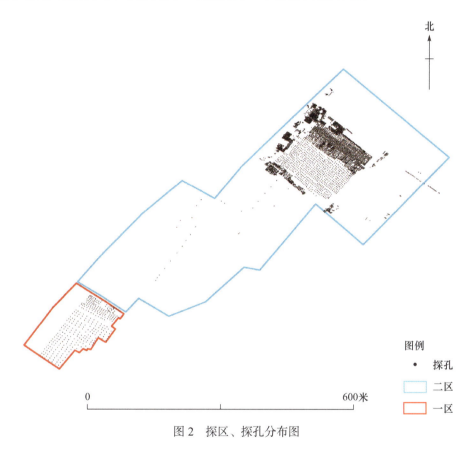

北

图例

· 探孔

二区

一区

0   600米

图 2　探区、探孔分布图

城址内外都发现有文化堆积，分布面积近 50 万平方米，西南部及城址所在的区域堆积较厚，遗迹相对丰富，保存也较好，勘探发现了灰坑、沟、柱洞、砖瓦堆积等遗迹以及大量汉晋时期的筒瓦、板瓦、瓦当、花纹砖、陶器残片等遗物。城址位于遗址东北部，平面近四边形，东西长，南北短，西、南、东 3 道城墙保存较好，南城墙长 144、西城墙长 228、东城墙长 230 米，城墙宽 10 米，城内面积近 32800 平方米。城墙系夯筑，夯层明显。城墙外环绕一周壕沟，横截面呈倒梯形，壕沟距离城墙 0.7～22 米，壕沟宽 7.5～8 米，深度近 3 米。城内西北角靠近城墙转角发现成片砖瓦堆积，说明此区域存在建筑（图 3）。

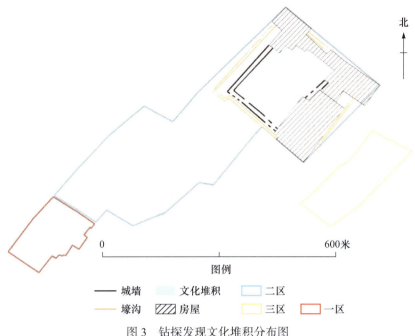

北

0　　　　　　　　　　　　600米

图例

——— 城墙　　▨ 文化堆积　　▢ 二区
——— 壕沟　　▨ 房屋　　　　▢ 三区　　▢ 一区

图 3　钻探发现文化堆积分布图

　　冶炼遗址位于城外东南部，北距城址东侧壕沟仅 200 米。大量炼渣散落地表。勘探过程中发现一条高出地表约 60 厘米的土埂，土埂的断面发现 4 处烧土堆积，基本呈直线分布，其中一处清理后发现是一座炼炉，残存炉底，平面呈"凸"字形，外周分布着宽约 0.3～0.6 米的橙红色烧结硬面。炉底长 2、宽 1.62 米，炉底周围有纯净黄土踩踏而成的工作面（图 4）。北京大学崔剑锋团队对四个探沟单元（TG1、TG4、TG5、TG6）中共选取 23 件冶金遗物进行实验，实验利用能量色散 X 射线荧光光谱仪、扫描电子显微镜和金相显微镜分析了云南省昭通市朱提治城出土冶金文物的基体、物相、显微组织和金相组织。形态分析表明，所有炉渣均未出渣；成分分析表明，炉渣含铁量高，含有一定量的磷，而基体中含有大量的方铁矿。此外，炉渣中的残余铁块具有高磷含量，以及铸铁、软铁和高碳钢结构。综合分析，渣是铸铁原料通过炒钢（炼钢）工艺脱碳的结果，炒钢技术早在西汉中期至晋时期就出现在昭通，这为研究炼钢技术从中原到云南的传播和发展提供了考古证据。这一发现为研究汉代中国西南地区的开发和治理提供了重要信息[①]。

　　出土遗物有瓦片、瓦当、砖、陶片、陶珠、凿纹石块、铜渣、炼渣、料珠、水晶、骨骼十一类。其中铜渣、水晶数量较少，骨骼数量多，且绝大部分为动物骨骼，此三类遗物均不见明确器形，在此对瓦片、瓦当、砖、陶片、陶珠、凿纹石块、料珠等几类进行介绍（图 5）。

① Zou, G. S., Min, R., Zhou, R. C., Cui, J. F., Where did Yunnan's puddling steel technology come from? Preliminary analysis of metallurgical relics unearthed from the Shushi Ancient City Site in Zhaotong, Yunnan Province, China, *Archaeological and Anthropological Sciences*, 2022, (9), https://doi.org/10.1007/s12520-022-01638-8.

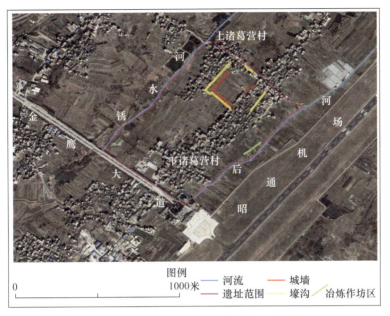

图4　诸葛营遗址和城址位置图

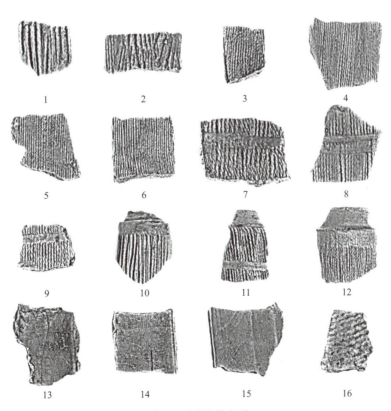

图5　瓦片纹饰拓片

1、2. 粗绳纹（TG4②、TG4 瓦片堆积）3、4. 中绳纹（TG1①、H14）5、6. 细绳纹（G1⑦、G1⑥）
7～9. 粗绳纹＋带状抹痕（G1⑦、H16、TG1②）10～12. 粗绳纹筒瓦（TG4②：1、H14、G1⑦）
13～15. 布纹（G1⑧：1、G1⑥、H14）16. 绳纹（H16）
（1～12 为瓦片凸面，13～16 为瓦片凹面；1～9、14～16 为板瓦，10～13 为筒瓦）

从出土遗物看，能判断遗址相对年代的遗物主要有绳纹瓦片、云纹圆瓦当和器形明确的陶器口沿。凸面饰绳纹，凹面饰布纹的板瓦或筒瓦是汉代建筑所用瓦片的普遍特征，诸葛营遗址地表随处可见此类瓦片，证明遗址内存在汉代建筑。

根据重要遗迹的地层叠压关系及出土遗物特征判断，遗址的相对年代上限约为西汉中期，下限为两晋时期或更晚。城址的建造和使用年代当在西汉时期，其上限有可能与遗址同时。

目前，除昭通诸葛营城址外，云南境内发现的汉晋时期的城址还有保山市隆阳区汉庄城址[①]、曲靖市麒麟区三宝城址、祥云云南郡城、洱源三营古城等几处。

保山汉庄城址位于滇西保山市隆阳区兰城街道汉营社区。城址平面呈长方形，南北长约 315、东西长约 370 米，城址面积 116500 平方米。现存四面城墙均高出地表 1～3 米不等，为夯筑而成。城墙外有宽窄不一的壕沟，宽 8～26 米。壕沟距离城墙也远近不一，约 2～23 米。城址内西半部分布有较多建筑基址，城外附近还发现多处汉代墓地，出土了大量汉晋时期的花纹砖、筒瓦、板瓦及陶器、残铁斧、残铜器等遗物。发掘者推测汉庄古城址可能是东汉益州西部都尉及永昌郡治巂唐城所在，是当时滇西南唯一的汉文化中心。

曲靖三宝城址位于曲靖市麒麟区坝区中部地势平坦的红壤分布地带，平面形状近长方形，东西长 440、南北宽 270 米，城址面积约 96000 平方米。城墙系夯筑而成，夯层中夹杂汉代建筑材料，城址地表发现大量汉代建筑遗存。初步判断三宝城址始建于汉代，宋代被用作墓地，明代在原城址基础上复建使用，现存三宝古城为曲靖明代的"南城"。

这 3 座汉晋时期的古城址，除昭通诸葛营城的面积相对小一些外，四者在地理环境、城址形制、城墙建筑方法、城址布局结构，城址周边发现的相关遗存等方面有较多相似之处。3 座城址平面形制基本都是方形，城墙建筑方法皆为夯筑，其中诸葛营城发现有壕沟，3 座城址都位于地势平坦，交通便利、人口集中的坝区地带，临近水源，城址内外也都分布有同时期的遗址及墓地。

在地理区位上与昭通地区紧密相连的四川，近年也新发现了数座汉晋时期的城址。四川境内确定为汉晋时期的城址主要有渠县宕渠城[②]、眉山市彭山区武阳城[③]、梓潼县广汉城、荥经县严道城、德阳市绵竹城[④]5 座。从地理位置看，这 5 座城址都位于江岸或河岸阶地上，离水源地很近，有的还与古道或隘口相连，处于水陆交通的重要节

① 云南省文物考古研究所：《隆阳区汉庄汉晋时期城址》，《中国考古学年鉴（2006）》，文物出版社，2007 年，第 382 页；云南省文物考古研究所：《隆阳汉庄古城址勘探发掘报告》，《云南文物》2009 年总第 70 期。
② 四川省文物考古研究院：《渠县城坝遗址》，《中国考古学年鉴（2017）》，中国社会科学出版社，2018 年，第 407 页。
③ 成都文物考古研究所、眉山市文物局、彭山县文物管理研究所：《彭山县汉晋阳城遗址调查简报》，《成都考古发现（2012）》，科学出版社，2014 年，第 388～402 页。
④ 四川省文物考古研究所、德阳市文物考古研究所、旌阳区文物保护管理所：《2004 年川德阳"绵竹城"遗址调查与试掘》，《四川文物》2008 年第 3 期。

点。从城址形制看,多数为方形或长方形,发现了城墙、壕沟、城门、建筑基址、道路、排水渠、窖穴等结构单元。在城址布局方面,绵竹城城内发现了同时期的聚落遗址,发现了一定数量的灰坑、房址、灶、沟等遗迹。宕渠城、武阳城和广汉城相对丰富,在城址周围不仅发现了窑址、水井等手工业作坊区,还发现了一定规模的墓葬区。

整体来看,川滇两区汉晋时期的城址在地理位置的选择、城址形制结构、城址功能布局等方面都存在较多的相似性和统一性。就城址的性质而言,这个时期的城址多为郡县治所和军事防御城堡,而郡县治所多半也是军政合一的区域行政中心。这些城址的建置和兴废,充分反映了以中央集权统治为载体的汉文化对西南边疆区域文化的渐进影响。

五、小　　结

商周时期,昭通古代文化发展的中心在鲁甸坝区。野石山遗址、马厂遗址等大型遗址集中发现于此区域。到了汉晋时期,昭阳区西北部(洒渔坝区)和东南部数量庞大的墓葬遗存以及同时期大型遗址的发现说明当时的文化重心已从鲁甸坝区转移至昭阳区。

从地理位置及环境看,诸葛营遗址整体地势南高北低,西高东低,东、西两侧各有一条东北—西南走向的河流,西侧河流称前河,也叫锈水河,河床略低于河岸两侧,东侧河流称后河。诸葛营两侧有河流,北侧有沼泽,易守难攻,生活便利,极适合建城。勘探发现的灰坑、炼炉以及大量炼渣和建筑材料,说明当时诸葛营遗址的生产生活活动已具相当规模,在遗址周围发现的数量众多的梁堆墓、崖墓中,有出土铜鼓、印章、铜洗等重要器物的高等级墓葬,这些墓葬与遗址、城址关系十分密切,说明诸葛营城址所在区域是当时集生活、生产、居住为一体的重要区域政治、经济、文化中心。结合前人研究,根据文献记载,结合诸葛营遗址、城址的考古新发现,同周边区域同时期城址的比较,我们认为诸葛营城址就是汉晋时期朱提县的治所所在。

尽管最新的考古工作已经廓清了诸葛营遗址及城址的范围,弄清了遗址的文化堆积情况,但城址的布局、内外部详细的功能分区、冶炼作坊区的规模、生产管理方式等更多重要问题的解决尚需开展持续的田野工作。因其重要性发现,诸葛营城址在2019年获批成为第八批全国重点文物保护单位,对其保护性研究工作也会随后展开,相信有关汉代朱提县的诸多疑团在不久的将来定会一一解开。

"中华文明探源工程"成果的
博物馆展示与传播
——"早期中国"系列展览的策划与实施

庞雅妮[1]　王炜林[2]

（1.陕西历史博物馆　2.山西大学考古文博学院）

从 2001 年开始启动的"中华文明起源与早期发展综合研究"（简称"中华文明探源工程"），在 20 多个学科 400 余位专家 20 余年的共同努力下，取得了大量丰硕的成果。这些成果不仅具有重大的学术意义，而且"对于我国的民众以及全世界的炎黄子孙了解中华文明的悠久历史，增强民族自信和文化自信，促进民族的伟大复兴具有深远的意义"[①]。然而，尽管学术圈内的讨论非常热烈，但广大公众却对之知之甚少。如何将学术界的研究成果转化为社会大众的认知，博物馆的展示与传播无疑是一个有效的途径。

陕西历史博物馆于 2017 年开始筹划"早期中国"系列展览，试图以彩陶、玉器、冶金三重视角解读中华文明起源与早期发展的伟大进程。2018 年年初正式启动、并于 2020 年年初完成的"彩陶·中华——中国五千年前融合与统一"展览（简称"彩陶·中华"展），作为"早期中国"系列展览的第一部，不仅在展示与传播方式上为今后的玉器与"早期中国"、青铜器与"早期中国"两部展览开创了一个很好的范例，而且为探索如何通过博物馆的展示与传播以活化考古学研究成果提供了一个良好的借鉴。本文权作引玉之献，供方家批评指正。

一、博物馆展示与传播是考古学研究"活化"的重要方式

博物馆的展示传播与考古学的研究之间存在着天然的密切关系。首先，只有依据

---

① 王巍：《勾勒五千年前的文明图景——"中华文明探源工程"成果巡览》，《中国社会科学报》2018 年 9 月 28 日第 004 版。

考古学的研究，历史文物类的展示传播才能真正揭示历史文化的脉络和内涵。考古学研究和博物馆展示传播都以"物"作为工作和研究的主要对象。"考古学研究的对象是物质的遗存，即古代的遗迹和遗物"①。而对"物"的关注，也是博物馆一切工作的出发点。"博物馆物品是博物馆赖以活动的物质基础，如果不把物作为主要的信息传播工具，无论其性质如何都不是博物馆。"而且，"不是任何实物都能成为博物馆藏品的，而只有那种能够反映人类和人类环境的具有历史、艺术、科学价值的实物才能成为博物馆物品"②。随着从文物保护到文化遗产保护理念的转变，博物馆"物"的概念日益扩大③，博物馆的"具有历史、艺术、科学价值的实物"和考古学的"古代的遗迹和遗物"，其内涵也愈来愈接近，这就从根本上奠定了博物馆可以吸纳考古研究成果作为展示传播的物质基础。而且，"从文化的观点来看，博物馆藏品的价值和意义，除存在其本身之外，还应该由其原存的脉络中来探索，或即应该尽可能地保存于其原始脉络中，才能彰显其较完整的意义"④。所谓"其原存的脉络"，从宏观层面上讲是指"物"原生的时空及文化，从微观层面上讲是指"物"发现的地点、位置、伴出物及相互之间的关系。对于绝大多数以考古发掘品为主要展品的历史文化类展览而言，对于"物"的"原存的脉络"的探索，实质上就是考古学的研究。也就是说，只有依据和吸纳考古学的研究成果，才能真正揭示"物"的内涵和价值，也"才能彰显其较完整的意义"。相反地，如果不考虑物件的"原存的脉络"，对其的认识大多时候只能停留在诸如外形、材质、花纹等表层信息上，很难完全揭示物件所承载的深刻内涵和丰富信息。

其次，博物馆的展示与传播是考古学研究成果"活化"的重要方式。"活化"实质上就是"利用"的问题，而"利用"则是人的利用，也即公众和社会的利用。虽然考古学研究和博物馆展示传播都是通过对"物"的研究以获得知识及信息，并进而形成对当时社会的认知，然而不同的是，考古学作为一种以学术研究为目的科学，不管是其研究成果本身，还是其研究成果传播的对象、方式，乃至话语体系，都不是主要面对一般社会公众的，自然很难被一般公众所了解，当然也就很难谈得上"利用"了。尽管考古工作者也努力以"公众考古"等方式向社会公众传播考古和历史知识，但不是所有的人都有条件或者可以根据自己的日程安排随意去考古工地，通过"公众考古"这种方式获得历史文化信息。而博物馆作为一种大众传播媒介，"从收藏、保护、研究、展示等基本功能，到提供知识、教育、娱乐等扩展功能，都致力于在传播层面实现文化传播功能的最大化"⑤。因此，从公众角度看，博物馆的陈列展览、讲解及各种

①　中国大百科全书总编辑委员会《考古学》编辑委员会：《中国大百科全书·考古学》，中国大百科全书出版社，1986 年，第 2 页。
②　中国大百科全书总编辑委员会《文物博物馆》编辑委员会：《中国大百科全书·文物博物馆》，中国大百科全书出版社，1993 年，第 21 页。
③　单霁翔：《从"文物保护"走向"文化遗产保护"》，天津大学出版社，2008 年，第 7 页。
④　吕理政：《博物馆：展示的传统与展望》，台北南天书局，1999 年，第 15 页。
⑤　包东波：《大众传播视角下的博物馆功能初探》，《中国博物馆》2020 年第 1 期。

教育活动、科普类书籍、公众讲座、文化创意产品等，都是公众可以"利用"的文化产品种类；从博物馆角度看，上述这些文化产品的服务对象主要是一般公众，而不是学术圈层，因此在研发这些文化产品时，注重公众的需求，注重沟通的艺术，自然也就成为一种必然。对于其中最重要的文化产品——陈列展览来说，"展示的内容基本上是学术性的，注重的是精确的科学；展示设计却必须是教育性的，注重的是沟通的艺术"[①]。因此，经过博物馆的展示与传播，考古学的研究成果就可以为公众所利用，考古学的研究成果也才能得以"活化"。

二、从"中华文明探源工程"成果到"早期中国"系列展览策划

中国考古学诞生一百年来最重要的一个研究主题就是关于中华文明起源的问题。其中，关于中华文明起源及中华文化起源的学说，则经历了20世纪20年代的中国文化西来说，到30、40年代的东西二元对立说，50年代的一元说及中原中心论，再到80年代中叶中国文化起源的多元论几个发展演变过程[②]。

虽然到20世纪80、90年代时，随着全国各地新石器时代考古的一系列重大发现，特别是夏鼐、苏秉琦、张光直、严文明、张忠培等多位学者有关中华文明重要理论和认识的提出，中华文明起源研究已达到了前所未有的高潮。但是，有关文明形成的标志、各区域文明间的关系以及中华文明形成和发展的背景、机制、道路、模式和特点等深层次问题，依然没有解决。进入21世纪后，为了解决上述这些深层次问题，同时在世界文明研究领域赢得话语权，在多位学者建议下，2001年启动并正式立项了由国家支持、多学科结合的综合性研究项目"中华文明起源与早期发展综合研究"，即"中华文明探源工程"。

关于什么是"文明"的问题是探讨中华文明起源的首要问题。中华文明探源工程坚持恩格斯关于"国家是文明社会的概括"的观点，以国家形成作为文明社会的最重要标志和最本质特征，并基于良渚、陶寺、石峁等几处都邑性遗址的考古发现，同时参考世界其他古代文明的情况，归纳出判断是否进入文明社会的关键特征。关于这些关键特征有八条说[③]、四条说[④]，但最为核心就是三条，即生产发展，人口增加，出现城市；社会分工，阶层分化，出现阶级；出现王权和国家[⑤]。

中华文明什么时间起源的问题是探讨中华文明起源的核心问题。在中华文明起源问题研究的过程中，"早期中国"这个概念被提了出来。学者们普遍认为，夏商周王

① 吕理政：《博物馆：展示的传统与展望》，台北南天书局，1999年，第61页。
② 陈星灿：《前言》，《考古学家眼中的中华文明起源》，文物出版社，2021年。
③ 王巍：《百年考古与中华文明之源——访中国历史研究院考古研究所王巍研究员》，《历史研究》2021年第6期。
④ 赵辉：《中华文明起源与早期发展的总体进程》，《人民日报》2022年8月8日第11版。
⑤ 王巍：《中华文明探源工程——揭示中华文明起源、形成、发展的历史脉络》，《人民日报》2022年7月4日第9版。

国时代中国的形成应当有一个史前基础①,可将之称为"早期中国"②"最初的中国"③或
"最早的中国"④。虽然这几个提法不很一致,但指的都是社会从基本平等到社会分层
分化、阶级出现、国家建立所经历的一个转型阶段。关于"早期中国"这个转型阶段
的时间框架,或者说中华文明起源的时间问题,虽然学界的认识也不尽一致,但比较
多的学者都认为仰韶文化庙底沟时期是"早期中国"初具雏形的阶段⑤,所以,其年
代上限可以定为庙底沟文化时期。关于其年代下限,可定为二里头文化时期之前。因
为二里头文化是历史的一个重要节点,呈现出之前社会从未显露出的王朝气派。也正
因为这个原因,可以将二里头文化之前的聚落形态或"国家"形态称之为"古国时
代"⑥。由此也可以看出,"早期中国"与"古国时代"从时间框架和研究内涵上是基本
相同的。

关于中华文明起源与早期发展的进程,即"早期中国"或"古国时代"的文明化
进程,是探讨中华文明起源的重点问题。学者们认为:从距今6000年开始,各地区相
继开始出现比较明显的社会分化和显贵家族。表现最为突出的即为距今6000至5500
年左右中原地区的庙底沟文化,它不仅实现了内部的融合,而且对周边文化产生了强
烈影响⑦。自距今5500至4300年左右,各区域文化的社会分化进一步加剧,形成了集
军事权力与祭祀权力于一身的王者及地位显赫的家族,出现了早期国家,进入到区域
文明社会。在距今4300至3800年期间,各区域文明相继发生衰变,而中原地区的文
明兼收并蓄,一跃成为最为兴盛的文明,开启了以中原地区为核心的历史格局,形成
了早期中国⑧。相对应"早期中国"文明化进程上述三个阶段,从古国演进的视角看,
第一阶段可称之为"古国时代初期",主要表现为聚落群内部的整合;第二阶段可称之
为"古国时代早期",呈现出聚落群之间整合的趋势;第三阶段可称之为"古国时代晚
期",这一时期人群的流动明显增加,文化间、社会间的交流频度和深度也随之加强,
战争暴力现象明显超过过往⑨。

在"早期中国"文明化进程的三个阶段,古国时代初期庙底沟文化彩陶的传播、
古国时代早期和晚期各区域文明普遍"以玉为贵"的习俗,以及古国时代晚期铸铜技
术等一些全新生产力要素在改变和推进社会进程上产生的巨大作用,显示出彩陶、玉

---

① 张致政、程鹏飞、褚旭等:《文化上"早期中国"的形成和发展学术研讨会纪要》,《南方文物》2011年第4
　期。
② 韩建业:《论新石器时代中原文化的历史地位》,《江汉考古》2004年第1期。
③ 李新伟:《重建中国的史前基础》,《早期中国研究》(第1辑),文物出版社,2013年,第1~18页。
④ 韩建业:《最早中国:多元一体早期中国的形成》,《中原文物》2019年第5期。
⑤ 张致政、程鹏飞、褚旭等:《文化上"早期中国"的形成和发展学术研讨会纪要》,《南方文物》2011年第4
　期;陈星灿:《庙底沟时代:早期中国文明的第一缕曙光》,《中国文物报》2013年6月21日第5版;韩建
　业:《略论文化上"早期中国"的起源、形成和发展》,《江汉考古》2015年第3期。
⑥ 赵辉:《古国时代》,《华夏考古》2020年第6期。
⑦ 韩建业:《庙底沟时代与"早期中国"》,《考古》2012年第3期。
⑧ 王巍:《更好认识源远流长博大精深的中华文明》,《红旗文稿》2020年12月7日。
⑨ 赵辉:《古国时代》,《华夏考古》2020年第6期。

器、冶金在各个不同阶段分别扮演了突出而重要的作用，因此，通过彩陶、玉器、冶金三个视角，可以审视当时农业与手工业的发展、贵重资源和高等级手工业制品的生产和分配、社会的阶层分化以及社会管理权力的运行等等社会现象。而且，鬼神天地崇拜是史前先民精神世界的重要组成部分，祭祀活动构成先民最初的礼制世界[①]。作为丧葬祭祀礼仪用器的彩陶、玉器、青铜器本身，都是具有丰富内涵的文化载体，"古礼是看得见摸得着有载体的制度文化，其具体抓手主要有用彩制度、用玉制度和用鼎制度"[②]。

　　正是基于对"早期中国"文明化进程以及彩陶、玉器、冶金在这一进程中重要作用的认识，我们策划了"彩陶·中华""玉韫·九州""吉金·中国"系列展览三部曲。其中，"彩陶·中华"展览聚焦古国时代初期的庙底沟文化，探讨这一时期以彩陶为媒介所成就的中国历史上的第一次大规模的文化融合；"玉韫·九州"展聚焦古国时代早期和晚期各区域文明间的互动及其兴衰，探讨这一时期玉礼器如何助推和强化神权、军权和王权的文明起源发展模式；"吉金·中国"展聚焦古国时代晚期，探讨以铸铜技术为代表的各种文化因素如何向中原汇聚，并进而催生出王国文明的伟大历程。通过这三个主题密切关联的展览，以实现对中华文明探源工程研究成果的创新性转化，以及对中华文明起源与早期发展进程的系统阐释。

三、"彩陶·中华"展览的"1+N"展示传播模式

　　美国传播与媒介研究学者亨利·詹金斯于 2003 年在《融合文化——新媒体和旧媒体的冲突地带》一书中提出了"跨媒介叙事"的概念，并对其定义为："一个跨媒介故事横跨多种媒体平台展现出来，其中每一个新文本都对整个故事做出了独特而有价值的贡献。"他认为，这种运用多媒体平台的整体效果要比各个单一媒体的累加效果好。作为通过实体空间进行叙事的博物馆展览，是博物馆提供给公众最重要的文化产品，也是博物馆实现文化传播功能的最重要手段。而围绕展览所进行的各种传播活动，比如讲座、讲解、教育活动、科普读物、文创产品、线上展览等，均属于展览的跨媒介传播。基于以上的认知，从展览伊始，我们就创设了"主项目"带"子项目"的全方位展览项目策划管理模式。也即将展览本身作为主项目，同步规划与展览相配套的学术讲座、学术会议、学术图录、通俗读物、教育活动、文创产品等子项目，从而形成了"彩陶·中华"展览的"1+N"展示传播模式。

　　"1+N"展示传播模式的核心是作为"1"的展览展示。而要将彩陶与"早期中国"的考古研究成果转化为博物馆的展览展示，其根本就是首先要对纷繁的学术观点进行

① 罗丰：《黄河上游新石器时代的玉器——以馆藏宁夏地区玉器为中心》，《故宫学术季刊》第十九卷第二期，第 49 页。
② 卜工：《为神绽放还是为礼歌唱——从仰韶时代的神采飞扬说开去》，《中国文物报》2020 年 8 月 7 日第 7 版。

"编辑",从而形成一个逻辑清晰的展览大纲和集学术性与普及性为一体的展览文本。"彩陶·中华"展览于2018年2月正式启动后,主策展人便以课题组的形式搭建策展团队,带领团队梳理研读海量文献和相关学术成果,以达到对彩陶与"早期中国"研究成果的融汇贯通。

彩陶在中国的出现目前所见最早见于距今8000年前的新石器时代中期。这个时期,在渭河流域、长江中游以及钱塘江流域杭州湾附近的遗址中,都发现有彩陶。距今7000年至5000年左右的新石器时代晚期是史前文化的大发展时期,而其繁荣发展的一个鲜明标志就是彩陶的兴盛。黄河流域的仰韶文化、大汶口文化和马家窑文化,辽河流域的红山文化和小河沿文化,长江流域的大溪文化和屈家岭文化都有比较发达的彩陶,而其中尤以仰韶文化庙底沟时期的彩陶最为突出。为什么彩陶会在这个时期,在东到大海、西达甘青、南至长江、北抵阴山这么广阔的空间跨度里得以传承和传播呢?这些不同地域的彩陶文化之间具有什么样的联系?那些精心描绘的彩陶图案表达着古人什么样的理念和情感?而这些理念和情感又是怎样驱动着当时社会的运转?

带着上述问题,策展组梳理了彩陶文化研究的大量成果,认识到:彩陶是新石器时代中晚期,特别是仰韶时代最杰出的艺术和工艺成就。彩陶文化在黄河流域发展得最为充分,而黄河最大的支流渭河流域的彩陶文化,更以其发展序列最完整、且对周围地区发生的影响最大,而成为一个突出的文化现象。对这一文化现象的研究发现,彩陶在渭河流域经过了老官台文化、半坡文化、庙底沟文化和仰韶晚期文化大约3000年的发展,彩图图案也相应地从老官台文化的红色宽带纹,转变为半坡文化由直线构成的各种几何纹和以鱼纹及人面鱼纹为代表的像生纹饰,再转变为庙底沟文化由弧线构成的各种花瓣纹和以鸟纹为代表的像生纹饰。在渭河中下游地区彩陶文化发展的最后阶段,亦即仰韶晚期文化时期,彩陶图案又变得潦草、简单,似乎再一次返回到半坡文化时的直线几何特征。而渭河上游地区的马家窑文化彩陶则异军突起,成为继中原地区庙底沟文化之后彩陶文化发展的又一中心。

庙底沟文化的彩陶是中原地区3000年彩陶发展历史中最为发达的彩陶文化。从这一时期中原地区的考古遗址看,当时经济繁荣、人口增长、聚落林立,而其中的一些遗址如关中地区的代表性遗址杨官寨一样,规模巨大、地位显赫,在这些遗址中屡屡发现更多的彩陶器物和更复杂的彩陶纹样。同时,在东到大海、西达甘青、南至长江、北抵阴山的广大范围内,还发现了与中原地区庙底沟文化共同的彩陶文化元素。这种以彩陶为媒介所呈现出来的中国历史上的第一次文化意义上的融合与统一,被学者称之为文化上"早期中国"的雏形①,是"早期中国文明的第一缕曙光"②。这种文化意义上的融合与统一在空间上呈现出自内向外的三个层次,即关中东部及豫西晋南的核心区,黄河中游地区的主体区,黄河下游、长江中下游和东北南部地区的边缘区。这三个层

① 张致政、程鹏飞、褚旭等:《文化上"早期中国"的形成和发展学术研讨会纪要》,《南方文物》2011年第4期。
② 陈星灿:《庙底沟时代:早期中国文明的第一缕曙光》,《中国文物报》2013年6月21日第5版。

次犹如一个巨大的、具有多重花瓣的大花朵，反映的就是"早期中国"的"重瓣花朵式"文化格局①。

古人费工费时费心描绘彩陶图案，使得彩陶器物不仅是当时人们重要的生活用品，有很多可能就是当时的丧葬祭祀，甚至礼仪用品。那些精心描绘的彩陶图案，极有可能是当时人对于天地山川、风雨雷电、生老病死等现象的理解和认知，是体现他们喜悦、恐惧、希望和期盼的"密码"。从图像学层面分析，有两个现象尤其颇有意味。一个现象是半坡文化晚期或称史家类型的彩陶图案，常常由直线、圆点和弧线等构成。在由这些元素构成的像生图案中发现有鱼、鸟共生的形象，或为鱼鸟相争或为鱼鸟相融。对这种既有半坡文化元素又有庙底沟文化元素的彩陶，学者们普遍认为这是半坡文化向东发展、庙底沟文化向西发展在器物图案上的反映，或者说是仰韶时代鱼、鸟两个不同社会集团之间相互关系的一种反映②。根据《山海经》记载鱼纹及人面鱼纹与炎帝部落的关系，以及鸟纹与黄帝部落的关系，有学者认为鱼鸟相争或鱼鸟相融的彩陶图案，就是半坡文化与庙底沟文化之间交流与融合的直接反映，也是炎黄部落之间从争战到形成联盟这一过程的生动隐喻③。另一个现象是半坡文化彩陶中的鱼纹和庙底沟文化彩陶中的鸟纹都经历了由具象到抽象的发展过程，并最终发展为两种花卉纹饰：一种是相对具象的四瓣式花瓣纹，一种是比较抽象的花卉纹④。半坡文化彩陶中的鱼纹和庙底沟文化彩陶中的鸟纹，作为两种文化中最有代表性的彩陶图案最终趋同为花纹，是两种文化完全融合的鲜明标志。而在东到大海、西达甘青、南至长江、北抵阴山的广大范围内，发现的这种以庙底沟花纹的圆点、勾叶和弧线三角为基本元素构成的彩陶图案，则说明两种文化融合后形成的强大力量向周围的辐射和影响。炎、黄两个部落的人群正是在对"花"的共同认知下，形成了最初华夏民族的核心。

为了支撑上述以彩陶文化视角对当时社会的剖析和认知，我们精选了全国 16 个省、市、自治区 36 家文博单位的 245 件（组）与展览主题相关的文物，通过"艺术·源流""观念·社会""寻根·中国"三个单元，以渭河流域彩陶发展的纵向脉络、彩陶繁盛期庙底沟文化社会的横向剖面，以及对"华夏之华"的探源溯流，阐释了五千年前中华大地上第一次文化大整合的恢弘历程及其深远影响和重大意义，以求探寻中华文明的渊远源头与华夏民族的文化根脉。其中，第一单元的"艺术·源流"分为二章。第一章的"泥火幻彩"在引入何为彩陶以及彩陶文化的世界分布之后，用二节内容分别展示了彩陶的制作工艺和构图的艺术法则。第二章的"探源溯流"通过"晨曦初现：老官台文化彩陶""人鱼之悦：半坡文化彩陶""繁花似锦：庙底沟文化彩陶""芳华未艾：仰韶文化晚期与马家窑文化彩陶"四节，展示了渭河流域从距今

① 韩建业：《"重瓣花朵式"格局形成于庙底沟文化时代》，《中国社会科学报》2014 年 3 月 19 日第 A05 版。
② 赵春青：《从鱼鸟相战到鱼鸟相融——仰韶文化鱼鸟彩陶图试析》，《中原文物》2000 年第 2 期。
③ 王子今：《文明初期的部族融合与龙凤崇拜的形成》，《文博》1986 年第 1 期。
④ 王炜林：《彩陶与是前中国的文化融合》，《彩陶·中华——中国五千年前融合与统一》，陕西师范大学出版社，2020 年，第 11 页。

8000 年至 5000 年的三千年间彩陶文化的发展脉络和各自特点。第二单元的"观念·社会"也分为二章,第一章的"人文初现"通过"农桑为本""聚落林立""都邑肇始"和"礼制萌发"四节,展示了庙底沟文化时期农业、家畜饲养业、养蚕治丝业的发展,以及如此丰富多样的生业形态造就了这一时期人口激增和聚落林立的社会现象;众多的聚落呈现出规模和层级的分化,而位于泾渭之交的陕西杨官寨遗址则以其超大的规模和清晰的规划,反映出当时社会所具有的超强动员能力和社会组织能力,以及其作为中心聚落乃至都邑雏形的特殊地位;维系这个已呈现出一定复杂化社会成员之间关系以及社会运行的是由石壁、石琮、陶祖、彩陶以及大型房址等遗物遗迹所体现出来的由祭祀之礼、丧葬之礼、宴饮之礼等构成的中华古礼。第二章的"融合统一"通过"东到大海""西达甘青""南至长江""北抵阴山"四节,展示了庙底沟文化最具代表性的花卉纹彩陶因传播和交流在空间上所呈现出来的文化面貌上的相似性,揭示了庙底沟文化在不同区域的文化间所进行的中国历史上第一次文化大整合,以及由庙底沟文化的核心区、主体区和边缘区所形成的"重瓣花朵"式文化格局。第三单元的"寻根·中国"分为三章。第一章的"鱼鸟相融"展示了考古发现的分别作为半坡文化和庙底沟文化最有代表性的鱼纹和鸟纹,从鱼鸟相争到鱼鸟融合画面的变化,并结合历史文献记载的炎帝与鱼、黄帝与鸟的联系,提出半坡文化与炎帝的关系、庙底沟文化与黄帝的关系,以及鱼鸟融合反映了炎黄联盟形成的历史推断。第二章的"华夏之华"结合学者们对鱼纹和鸟纹分别演化为花纹的推测研究,提出花卉纹彩陶可能就是华族得名的由来,而"花"在位于庙底沟文化核心区中心的华山脚下萌发,并从而在这里形成华夏文化的最初记忆。第三章"龙的传人"通过半坡的鱼纹和庙底沟文化杨官寨遗址发现的龙纹彩陶钵,提出从鱼到龙的演化,以及龙作为中民族的图腾,也许要从五千年前的彩陶图案里寻找起源的构想。

为了将上述丰富的内容清晰、生动地传递给公众,我们在展览形式设计上也颇费了一番心思。首先,在空间布局上采用双层"回"字形结构,形成条状的长廊和方正的中心展区两种空间,不仅使空间布局与内容结构相契合,也使得空间风格与博物馆其他展厅形成明显区别。其次,在参观动线上用分离式多线组合代替传统的单一线性的传播体例,构建"一轴两线"的多样化意义建构模式。"一轴"即文物中心轴,"两线"即文字图表辅展线和互动多媒体辅展线。再次,在展陈风格上借鉴美术馆的"白盒子"代替传统历史类博物馆的"黑匣子",以突出彩陶的色彩和图案,同时也是为了在整体色调上取得现代简约之美的艺术效果;段首和互动多媒体背景墙面采用现代设计风格表达彩陶文化元素,以与当代人的审美趣味产生共鸣,同时也是为了体现传统文化对现代人的激发及在当代的传承。最后,在辅助展示方面,采用文字图标、沙盘模型、影像游戏、互动打卡等多种方式形成多样立体的辅展方式,以进一步向不同受众阐释展览内容。

"彩陶·中华"展览在 2020 年 1 月 22 日至 7 月 15 日近六个月的展期中,虽然有新冠肺炎疫情的影响,但展览的线下观众仍然超过 34 万人次,线上观众更是达到创纪

录的 500 余万。展览不仅荣获了国家文物局 2020 年度"弘扬中华优秀传统文化、培育
社会主义核心价值观"主题展览重点推介项目、2020 年度全国博物馆十大陈列展览精
品推介优胜奖、首届陕西省博物馆优秀展览第一名等多项殊荣，而且被《人民日报》、
《中国文物报》、央视、新华网、人民网、西部网、弘博网等各类媒体在展前、展中、
展后的不同阶段，进行了全方位、多角度的报道和宣传，被认为是一场"兼具学术性
与大众性的成功展览"①，在一段时间里竟然在公众中掀起一股学习了解彩陶文化的热
潮，从而使彩陶与"早期中国"的考古学研究成果在更大范围得以传播。

　　除了展览本身之外，2020 年 7 月召开了"溯源寻根 传承利用'彩陶·中华——
中国五千年前的融合与统一'展览研讨会"，邀请了来自全国 36 家文博单位及高校和
科研院所的 50 余位知名专家学者，围绕彩陶与"早期中国"学术研究以及考古研究
成果的博物馆展示与传播等问题，进行了深入研讨；为了使公众更好地理解展览，在
更大范围、更长时间传播分享展览研究成果，编撰出版了侧重于面向专业人群和资深
爱好者的《彩陶·中华——中国五千年前的融合与统一》大型学术图录。该图录以内
容质量的高度学术性和原创性，以编校质量、设计质量和印刷质量的较高水准，荣获
了 2020 年度全国文化遗产十佳图书；为了帮助公众深入理解彩陶文化研究的多方面成
果，从展览筹备伊始至展览闭幕历时近三年的时间里，邀请全国著名彩陶与"早期中
国"的研究专家连续举办了 20 期彩陶文化系列讲座，以呈现彩陶文化研究的不同视
角与观点；为了向更多普通观众传播展览文化内涵，策划举办了一系列线上线下的教
育活动。特别是展览期间推出的 12 期"听小姐姐讲彩陶"系列音频课程，因内容依
托"彩陶·中华"严谨的展览大纲，且由 5 位策展团队的"小姐姐"亲自撰稿、亲自
录音，同时伴以精心选择的沉静而幽远的埙乐，从而使知识性和趣味性相得益彰，一
经推出便收到了业界内外的广泛好评，后来又被"喜马拉雅"、陕西和全国的"学习强
国"等多个平台选中播出。之后，集结为《泥火幻彩：听小姐姐讲彩陶》一书正式出
版时，对文字又进行了进一步的打磨，同时添加了 50 多幅精美的彩陶图片和便捷的收
听二维码，以满足公众视觉与听觉的双重需求，从而使之变身为一本针对普通观众的
通识读物，并荣获了陕西省 2022 年度优秀科普作品奖；为了让公众将"文化带回家"，
配合展览开发了 90 余种文创产品，涵盖生活用品、文具、首饰等品类。特别是其中的
《2020 陕博日历·彩陶中华》，不仅在内容和形式上都起到了与展览互相补充且相映成
辉的功能和效果，也得到了社会各界的强烈关注，荣获 2018~2020 年度陕西省优秀外
宣品一等奖；2023 年春节前制作完成的"彩陶·中华"线上展览，力图将展厅的实体
空间叙事转化为虚拟空间叙事，以打造"永不落幕"的博物馆展览……这种配合展览
举办的专题学术讨论会、面向不同受众的各种出版物、系列公众讲座、主题教育活动、
文创产品研发、线上展览等各种子项目的同步策划与实施，共同强化了展览的影响力，
实现了多角度、多层次、立体化向不同受众展示传播彩陶文化丰富内涵的根本目标，

---

① 弘博网：《50 余位专家齐聚，共论彩陶背后 5000 年前的文化融合与统一》，2020 年 7 月 15 日。

使得彩陶与"早期中国"研究的考古学术成果藉由博物馆的展示与传播得以较为充分的活化。

虽然"彩陶·中华"展览也有因我们的认识水平和展品档期等各种主客观条件所造成的些许遗憾，但作为"早期中国"系列展览的第一部，"彩陶·中华"展览的内容策划和空间展示不仅为今后的"玉韫·九州"和"吉金·中国"两部展览开创了一个很好的范例，而且在打破部门阻隔、以研究专长组建策展团队，改变任务式的"短平快"、以课题方式进行内容研发，实行主项目＋子项目的项目管理模式、以展览带动相关产品和服务等方面，进行了有益的探索，这也为今后博物馆展览的策划，为考古学研究成果的博物馆活化，提供了一个可资借鉴的成功案例。

附录一 李仰松先生学术历程

一、小学与中学时期

1932 年 1 月 20 日，出生于陕西西安阎良区官路村。

1938 年（六岁），在陕西阎良区官路村小学上初小。

1944 年（十二岁），在陕西阎良区官路村小学毕业。

1945 年（十三岁），在陕西省三原县福音村中学上初中。

1948 年（十六岁），初级中学毕业于三原县福音村中学。

1948 年（十六岁），在陕西华县咸林中学上高中。

1950 年（十八岁），高中毕业于陕西华县咸林中学。

二、专科与本科时期

1950 年（十八岁）

8 月，李仰松由陕西省华县咸林高中毕业考入北京大学文学院博物馆专修科（美术组）。当时北京大学校址在北京城内五四大街沙滩红楼（北大校址）。

1951 年（十九岁）

春季，裴文中带领李仰松、陈慧等 5 人（50 级）赴山西省大同云冈石窟对岸与高山镇附近进行田野考古调查，采集若干新石器时代文化遗物及细石器。参见裴文中先生文章，载《雁北文物勘查团报告》（1951 年）。

7 月，国家教育部建议将博物馆专修科置于北大历史系内。年底北大文科研究所取消并入历史系成立考古专业。

1952 年（二十岁）

京津高校调整，原城内北京大学迁出与西郊燕京大学合并（燕京大学取消）为今北大校址。博物馆专修科 5 名学生（陈慧、李仰松、郑振香、俞伟超、刘观民）编入历史系考古专业。

秋冬，北京大学历史系考古专业李仰松、郑振香等 5 名同学参加第一届考古工作人员训练班，赴河南省郑州二里岗遗址发掘出商代前期的文化遗存（考古发掘报告见

《考古学报》第八册，1954 年）。

1953 年（二十一岁）

9 月 27 日～10 月 30 日，第二届考古工作人员训练班开学，实习地点在河南省洛阳西关建校区（现名烧沟）发掘现代墓葬。考古专业 50 级本科生李仰松等 5 人与研究生 1 人（邹衡）担任辅导员。

11 月中旬，李仰松、杨建芳、陈慧等 4 人在安志敏、钟少林等的辅导下，赴河南陕县、灵宝县进行田野考古调查，发现了一些仰韶、龙山、商周和汉代的遗址，12 月初结束调查。

12 月中旬，李仰松、杨建芳等 4 人在科学院考古所安志敏辅导下，整理第一届考古工作人员训练班 1952 年秋在郑州二里岗发掘的全部遗物并编写发掘报告。

1954 年（二十二岁）

4 月初，北京大学考古专业 50 级本科生李仰松、刘观民等 5 人，研究生 1 人（邹衡），参加了中国科学院考古研究所郭宝钧先生主持的洛阳古城勘察发掘工作。

三、留校任教时期

1954 年（二十二岁）

7 月下旬，李仰松于北大历史系考古专业本科毕业留校任教，担任"新石器时代考古"和"人类学通论"两课的助教（1954 年后，"人类学通论"改为"原始社会史与民族志"）。

1955 年（二十三岁）

9 月初，李柳松带领考古专业 52 级本科生，赴陕西省西安半坡进行田野考古实习。参加了中国科学院考古研究所石兴邦先生主持的西安半坡遗址的发掘工作（1956 年 2 月结束）。

这是新中国成立后首次大面积考古发掘揭露新石器时代的村落遗址，发掘出许多房屋、窖穴、墓葬和陶窑遗迹，以及当时的生产工具和生活用具。该遗迹、遗物为研究我国新石器时代的考古及历史提供了重要实物资料。

1956 年（二十四岁）

李仰松参加中央民委领导的少数民族社会历史调查云南分组的佤族社会历史调查（1957 年夏季结束）。调查材料见李仰松等编著的《佤族社会历史调查》（一、二）（云南人民出版社，1983 年）。部分参见李仰松：《考古人和他们的故事》（第二辑），学苑出版社，2006 年。又见，徐志远：《佤山行——云南西盟佤族社会调查纪实（1956～1957）》，云南大学出版社，2009 年。

1957 年（二十五岁）

9 月初，历史系考古专门化 53 级本科生在宿白、邹衡等带领下，赴河北邯郸进行田野考古实习（1958 年 1 月结束）。李仰松与研究生俞伟超分别参加了平山百家村和赵玉城的调查和辅导工作。

1958 年（二十六岁）

发表云南西盟佤族制陶全部过程，见《云南省佤族制陶概况》（《考古通讯》1958 年第 2 期）。它对研究我国新石器时代诸文化的制陶方法，成形、纹饰和火候等均有借鉴作用，引起学术界的关注。

1959 年（二十七岁）

3～5 月，考古专业 56 级、58 级本科生和越南留学生叶挺花、张黄珠 2 人、进修教师 1 人，在李仰松、白瑢基和研究生张忠培等带领下，赴陕西华县柳子镇泉护村元君庙进行田野考古实习（56 级本科生）。

下半年，李仰松和研究生杨建芳、张忠培全面整理两个年度（1958～1959 年）的田野考古实习发掘资料。具体分工：李仰松整理 1959 年泉护村南台地第 II 工区遗址探方的遗迹、遗物、文化分期和有关图表；杨建芳整理泉护村遗址其他诸工区遗址，遗物及分期图表填写；张忠培整理元君庙 1958～1959 年两次发掘的仰韶文化墓葬。发掘成果《元君庙仰韶墓地》（文物出版社，1983 年）、《华县泉护村》（科学出版社，2003 年）。

发表《从佤族制陶探讨古代陶器制作上的几个问题》（《考古》1959 年第 5 期）。

1960 年（二十八岁）

春夏季，考古专业 57 级本科生在李仰松、严文明、夏超雄的带领下，赴河南洛阳进行田野考古实习，继续发掘洛阳王湾遗址。又沿偃师伊河南岸进行了考古调查与试掘。

9 月初～1961 年 1 月底，"原始社会史与民族志"课改由李仰松讲授。

李仰松由助教晋升为讲师。

1961 年（二十九岁）

春季，李仰松赴洛阳中科院考古所洛阳工作站整理 1959～1960 年两年度的洛阳王湾新石器时代考古发掘资料，并指导考古专业 57 级杨虎、郭大顺等部分本科生进行毕业专题实习。

发表《洛阳王湾遗址发掘简报》（李仰松、严文明执笔）（《考古》1961 年第 4 期）。又《佤族的葬俗对研究我国远古人类葬俗的一些启发》（《考古》1961 年第 7 期）。

1962 年（三十岁）

春季，李仰松、邹衡赴中科院考古所洛阳工作站整理编写《洛阳王湾》。

发表《对我国酿酒起源的探讨》（《考古》1962 年第 1 期）。

1963 年（三十一岁）

9 月，李仰松赴中科院考古所洛阳工作站整理编写《洛阳王湾》报告；又带领考古专业 59 级陈振裕、胡美州等部分本科生赴洛宁、伊川、水寨等地调查新石器时代遗址及试掘。

1964 年（三十二岁）

8 月 14 日～9 月末，李仰松带领越南留学生阮文宁、阮维占、阮文好、陈玉 4 人赴河南省安阳进行田野考古实习，参加中科院考古所安阳队在殷墟苗圃北地的考古发掘。安阳队郑振香、杨锡璋参加了辅导工作。

发表《河南偃师伊河南岸考古调查试掘报告》（《考古》1964 年第 11 期）。

1965 年（三十三岁）

开专业课，李仰松为考古专业 64 级本科生讲授"新石器时代考古"。

夏季，李仰松回陕西临潼闫良家乡探亲，对附近康桥义和村仰韶文化遗址进行了调查。

发表《陕西临潼康桥义和村新石器时代遗址调查记》（《考古》1965 年第 9 期）。

1970 年（三十八岁）

8 月，李仰松与考古专业部分教师下放去江西省鲤鱼洲劳动。

1971 年（三十九岁）

春季，在江西鲤鱼洲劳动的教师撤回学校。

7 月，"文化大革命"期间出土文物展在故宫开幕。宿白、邹衡、李仰松、俞伟超、高明、夏超雄、李伯谦等先后参加筹备工作。

冬季，为给考古专业恢复招生做准备，开始在 1960 年编写的《中国考古学》教材的基础上，重新组织编写适应新要求的教材。

1972 年（四十岁）

7 月，北京大学印刷厂铅印《新石器时代考古试用讲义》（李仰松、严文明执笔），1974 年 2 月又油印了补充教材，增加了新石器时代各章有关的器物插图。

10～11 月，考古专业 72 级本科生在教师邹衡、李仰松、李伯谦等的带领下，赴北京房山县与北京市文管处合作，发掘了刘李店、董家林遗址，为探索西周时期的燕国始封地提供了重要线索。

1973 年（四十一岁）

李仰松编写《原始社会史与民族志试用讲义》。

1974 年（四十二岁）

2 月，《原始社会史与民族志试用讲义》，由北京大学印刷厂铅印。

春夏，李仰松与邹衡赴洛阳中科院考古所工作站编写《洛阳王湾》发掘报告。

6 月，邹衡与李仰松由洛阳去湖北宜都红花套帮助实习学生整理发掘资料。

9 月初，李仰松、李伯谦、贾梅仙等带领 72 级部分本科生与江西省博物馆合作，发掘了清江筑卫城新石器时代遗址和吴城商代遗址。

1975 年（四十三岁）

3～7 月，李仰松与邹衡赴中科院考古所洛阳考古工作站整理编写《洛阳王湾》发掘报告，绘图员王翔配合插图工作。

1976 年（四十四岁）

发表《江西清江筑卫城遗址发掘简报》（李仰松、余家栋执笔）（《考古》1976 年第 6 期）。又《谈谈仰韶文化的瓮棺葬》（《考古》1976 年第 6 期）。

1977 年（四十五岁）

3～8 月，李仰松、赵朝洪、高崇文、钱江初等带领考古专业 76 级本科生，赴青海省海南藏族自治州进行田野考古实习，与青海省文化局考古队合作，发掘了贵南县尕马台遗址，清理了一处齐家文化墓地。该墓地葬式多种多样，M25 中出土了一面铜镜。这是迄今为止我国发现最早的铜镜。北大实习队还发掘了贵南县高渠遗址和加土乎遗址，出土了一批马家窑、齐家、卡约三种文化的遗存。

北大发掘队在工地与青海文化局共同举办了"青海省文物干部考古训练班"。发掘结束后撰写了发掘简报，见《青海日报》1978 年 2 月 18 日。

9 月，李仰松为考古专业 77 级讲授"新石器时代考古"。

1978 年（四十六岁）

发表《柳湾出土人像彩陶壶新解》（《文物》1978 年第 4 期）。

8 月 13~20 日，李仰松、邹衡、李伯谦等出席在江西省庐山举行的"中国南方地区几何形印纹陶学术讨论会"。会上，李仰松就我国南方几何形印纹陶的技术与我国云南佤族制陶技术对比做了发言。会后，与邹衡等同去福建、广东、湖南、湖北等地博物馆参观。

9 月，李仰松讲授"原始社会史与民族志"。

1979 年（四十七岁）

春夏，李仰松讲授"原始社会史与民族志"。

发表《从河南龙山文化的几个类型谈夏文化的若干问题》（《中国考古学会第一次年会论文集》，文物出版社，1979 年）。

1980 年（四十八岁）

春夏，李仰松讲授"原始社会史与民族志"。

秋冬，教研专业 78 级本科生佟伟华、杨群、安家瑶及 1 名进修生，在李仰松、赵朝洪带领下，赴山东诸城县进行田野考古实习（1981 年 1 月结束）。与诸城县博物馆合作，发掘了诸城县前寨和凤凰岭遗址。在前寨遗址发现了大批大汶口文化晚期墓葬及龙山文化和岳石文化遗存。同时发现岳石文化在上，龙山文化在下的地层叠压关系，从而确定了岳石文化的相对年代。

发掘结束，李仰松、赵朝洪等又带领学生分赴山东省高密、平度、昌邑、安邱、潍县、益都、寿光、临朐、五莲、日照及诸城境内进行考古调查。昌潍博物馆杜在忠和山东省考古所张江凯等参加了辅导工作。

发表《中国原始生产工具试探》（《考古》1980 年第 6 期）、《试谈我国新石器时代出土的"双连杯"和"三连杯"及其有关问题》（《中原文物》1980 年第 4 期）。

本年，李仰松晋升副教授。

1981 年（四十九岁）

春夏，李仰松讲授"原始社会史与民族志"。

秋冬，77 级本科生与研究生杨群在李仰松、赵朝洪带领下，继续发掘了山东诸城县前秦和凤凰岭新石器时代遗址，之后，赴山东海阳、福山、文登、烟台等地进行教学参观学习。

1982 年（五十岁）

3~6 月，李仰松讲授"原始社会史与民族志"。

7月4～9日，李仰松出席在沈阳市举行的"新乐遗址学术讨论会"，提交了题为《新乐文化及其有关问题》的论文。

8月，李仰松出席了山东省荣城县石岛召开的"第一次山东史前教研学术讨论会"，提交了题为《关于我国新石器时代考古学文化区系类型的研究》的论文。

9月，考古专业80级本科生及研究生3人，79级部分毕业生和进修干部1人在邹衡、李仰松、王树林、吉发习（特邀）、刘绪（研究生）、蒋祖棣（助教）带领下，与山西省考古研究所合作，在山西省翼城县及曲沃县间的"天马—曲村遗址"进行田野考古实习（1983年1月结束）。获得仰韶、龙山、东下冯、西周、东周、秦汉及元明时期的大量遗迹、遗物，基本上弄清了该遗址的发展变迁及遗存分布情况，加深了对"晋文化"的认识。

发表《云南西盟佤族的鸡骨卜》（《民族学研究》（第三辑），民族出版社，1982年）。

1983年（五十一岁）

3～6月，李仰松讲授"原始社会史与民族志"。

夏季，北京大学第125次校长办公会议决定，在历史系原考古专业基础上建立考古系。

7月26～29日，李仰松出席在辽宁省朝阳市举行的"燕山南北、长城地带考古座谈会"，会上对新发现东山嘴遗址的学术意义发表个人意见，见《文物》1984年第11期。

9月初，考古系80级本科生在李仰松带领下，赴山东省昌乐县进行田野考古实习，与昌乐图书馆合作发掘了昌乐邹家庄遗址（1984年1月结束）。获得一批龙山文化的遗物。本次实习成果见《中国考古学年鉴（1984）》（李仰松执笔）（文物出版社，1984年）。

本年，李仰松1956～1957年赴云南省佤族调查报告《佤族社会历史调查》（一、二）（合编者）两册由云南省人民出版社出版。

1984年（五十二岁）

1月底，全系会议上宣布本月13日第145次校长办公室会议决定，同意考古系成立新石器商周考古教研室，任命邹衡、李仰松为教研室正副主任。

3～6月，李仰松讲授"原始社会史与民族志"。

10月26～30日，李仰松出席广西南宁召开的"中国民族学第二届年会"。闭幕会安排李仰松做有关民族考古学的演讲。

发表《试论中国古代的军事民主制》——纪念恩格斯〈家庭、私有制和国家起源〉发表一百周年（《考古》1984年第5期）、《谈起源对我国新石器时代研究的指导作用》（《史前研究》1984年第4期）。

1985 年（五十三岁）

春夏，李仰松讲授"原始社会史与民族志"。

1 月，李仰松参加在福建省福州市召开的全国配合基本建设考古工作座谈会。会后，参观附近考古工地。

3 月 1～6 日，李仰松出席在北京大学召开的"中国考古学会第五次年会"。

11 月 4～10 日，李仰松出席在河南省渑池县召开的"仰韶文化发现六十五周年大会"。提交了论文《关于仰韶文化研究中的若干问题》，并向大会作了演讲。

11 月 9～25 日，李仰松出席在广西南宁召开的"广西左江流域崖壁画考查团暨岩画学术讨论会"，提交题为《广西左江花山崖壁画试探》的论文。

秋冬，考古系研究生王辉及考古系 82 级本科生何长风等数人，在李仰松带领下，与甘肃省博物馆合作，发掘了甘肃省庆阳县王家咀（疙瘩渠）遗址，发现了新石器时代仰韶晚期的文化遗存。

发表《试论仰韶文化半坡类型的编年与社会性质》（《史前研究》1985 年第 4 期）。

1986 年（五十四岁）

3～6 月，李仰松讲授"考古与民族学研究"（即"民族考古学"）。

8 月 1～4 日，李仰松出席在兰州召开的"大地湾考古座谈会"，提交了题为《秦安大地湾遗址仰韶晚期地画研究》的论文，见《考古》1986 年第 11 期。

9 月，考古系研究生王辉在李仰松指导下，与宁夏固原县博物馆合作。发掘了宁夏海源曹洼遗址和隆德页河子遗址。发现了新石器时代马家窑文化和齐家文化的遗存。对该地区这一时期的文化面貌及分布有了新的认识。

宁夏隆德页河子新石器时代遗址发掘报告，发表在《考古学研究》（三）（科学出版社，1997 年）。

又发表《广西左江流域花山崖壁画试探》（《广西民族研究》1986 年第 3 期）、《关于我国新石器时代考古学文化区系类型的研究》（《山东史前文化论文集》，齐鲁出版社，1986 年）、《关于仰韶文化研究中的若干问题——在纪念仰韶遗址发现 65 周年学术讨论会上的演讲》（《中原文物》1986 年特刊））。

本年，《试论中国古代的军事民主制——纪念恩格斯〈家庭、私有制和国家起源〉发表一百周年》荣获北京大学首届科学研究成果二等奖。

1987 年（五十五岁）

5 月中旬，李仰松参加考古系与山东烟台市博物馆联合召开的"胶东地区考古座谈会"（即第一次环渤海考古学术讨论会）。发言内容：胶东新石器文化序列、胶东的青铜文化、长岛县海域是联系辽东半岛的主要"桥梁"。

秋季，李仰松讲授"考古与民族学研究"。

1988 年（五十六岁）

春季，考古学系研究生 1 人及 84 级本科生数人在李仰松、张弛带领下，参加河南省文物研究所等单位对濮阳市西水坡仰韶文化遗址的发掘。

田野发掘期间，应邀为郑州大学考古本科生（当时在同一工地实习）讲授云南佤族 1956~1957 年社会调查概况。

8 月至年底，考古系研究生庞雅妮、刘凤芹在李仰松、吕文渊（摄影教师）的带领下，赴云南省丽江、怒江、独龙江地区考察，了解纳西族、摩梭人、普米族、独龙族、傈僳族和怒族的物质文化与社会习俗。

8 月，北京大学学术委员会批准李仰松晋升教授。

同年，考古系更名为"北京大学考古学系"。

1989 年（五十七岁）

3 月 2 日，美国肯塔基大学人类学系主任威廉·亚当斯教授及夫人应邀来考古学系讲课，历时 13 周，授课内容："北美洲土著印第安居民""古埃及文明"和"美国人类学的理论和实践"等。李仰松随堂听课，并多次与教授交流有关美国新考古学（New Archaeology）这门学科的内容和研究情况。个人心得曾撰文《新考古学与国情》（《中国文物报》1990 年 1 月 4 日）。

5 月 15~20 日，李仰松出席在湖南省长沙市举行的"中国考古学会第七次年会"。会后，与邹衡赴常德、津市、澧县以及湖北省武汉等地参观交流。

10 月 13~20 日，李仰松参加在北京大学召开的"中国民族学第四届年会"。

秋季，李仰松讲授"考古与民族学研究"。

本年，指导意大利进修生洪玛录，讲授"中国民族学研究"等课题。

发表《谈民族社会调查与考古学研究的关系》（《文物工作》1989 年第 5 期）。

1990 年（五十八岁）

第三批文科博士点转向科研基金项目公布，考古系有四项，其中李仰松立项是《滇西地区民族考察与考古学研究》。

本年李仰松与李卫东为本科生开课"马克思、恩格斯原著选读"。

秋季，带领考古系研究生何嘉华（香港）赴山西天马—曲村考古实习基地进行田野考古认识实习。

发表《西盟马散佤族村落对研究姜寨遗址村落的启示》（《纪念北京大学考古专业三十周年论文集（1952—1982）》，文物出版社，1990 年）。

1991 年（五十九岁）

李仰松讲授"考古与民族学研究"。

李仰松与李卫东为本科生讲授"马克思、恩格斯原著选读"。

春夏季，考古系研究生赵春青、何嘉华在李仰松的带领下，赴海南省通什、保亭、白沙、昌江、东方、乐东、三亚、陵水、石宁、临高等县市，考察黎族、苗族的社会物质文化及生活习俗等。获得大量调查资料。

10 月 4～11 日，李仰松出席在宁夏银川召开的 91 国际岩画年会暨宁夏国际岩画讨论会，并提交了题为《内蒙古宁夏岩画生殖巫术析》的论文。

发表《仰韶文化婴首、鱼、蛙纹陶盆考释》（《北京大学学报（哲学社会科学版）》1991 年第 2 期）、《田野考古调查概述》（《文博》1991 年第 3 期）。

1992 年（六十岁）

李仰松为考古系本科生讲授"马克思、恩格斯原著选读"。

4 月 5～10 日，李仰松等出席在河南省洛阳市召开的"洛阳考古四十年学术讨论会"提交了题为《王湾遗址有关学术问题的探索》的论文。

夏季，李仰松应聘为本校博士论文答辩委员会主席，主持了法国阿弗里尔·埃韦丽女娜和原西德曹碧琴两人的博士论文答辩会。诸委员的提问与答辩，全票通过 2 人的论文答辩，提交本校研究生院予以批准。

发表《内蒙古宁夏岩画生殖巫术析》（《宁夏社会科学》1992 年第 2 期）。

本年考古学系电教室方月妹为李仰松制作完成了中华文化讲座《中国远古制陶技术》的录像片。

秋季，指导考古系研究生杨学祥赴四川省凉山彝族地区社会考察（1993 年 1 月结束）。

10 月，荣获国务院颁发有突出贡献专家政府特殊津贴证书。

1993 年（六十一岁）

李仰松为考古系研究生讲授"考古与民族学研究"。

发表《我国谷物酿酒起源新论》（《考古》1993 年第 6 期）。

参考编著《二十世纪中国学术要籍大辞典》（中共中央党校出版社，1993 年），并荣获 1994 年第五届中国图书奖。

1994 年（六十二岁）

李仰松为考古系研究生讲授"考古与民族学研究"。

发表《谈考古学与有关人文科学的关系》（《人类学与民俗研究》1994 年第 4 期）。

1995 年（六十三岁）

李仰松为考古系研究生讲授"考古与民族学研究"。

6 月 21 日，李仰松参加北京大学社会学研究所人类与民俗学中心举办的"社会文化人类学高级研讨班"，历时 3 周。并与台湾蒋斌等有关专家进行业务交流。

10 月 8～11 日，李仰松出席河南濮阳市举行的"龙文化与中华民族"学术讨论会。作大会发言，介绍了考古工地发掘情况。并提交了题为《濮阳蚌塑龙虎墓的发现与研究》的论文。

10 月 22～28 日，由日本东京出光美术馆和北京大学考古学系联合举办的"中国考古发掘成果展"在东京出光美术馆举行。北京大学校党委书记任彦申和考古学系李伯谦、李仰松、张江凯等 7 人赴日本出席开幕式。李仰松作了佤族、黎族、纳西族制陶技术的演讲。详见日本《出光美术馆》馆报号 94（1996 年）。

本年，论文《仰韶文化婴首、鱼、蛙纹陶盆考释》荣获第二届北京大学学报优秀论文奖。

发表论文《中国民族考古学及有关问题》(《马启成、白振声主编：民族学与民族文化发展研究》，中国社会科学出版社，1995 年)、《中国岩画探秘》（北京大学中国传统文化研究中心编：《中华文化讲座丛书》（第二辑），北京大学出版社，1995 年)、《夏鼐先生的一封复信——纪念夏鼐先生逝世十周年》（《文物天地》1995 年第 4 期，此文 2009 年又收入《夏鼐先生纪念文集》)。

李仰松与张江凯合著《中国新石器时代の研究課題について——北京大学考古学系発掘成果》（日文）((日本) 出光美术馆发行，平凡社，1995 年)。

1996 年（六十四岁）

李仰松为考古系研究生讲授"考古与民族学研究"。

发表《王湾遗址有关学术问题的探索》（洛阳市文物考古工作队编：《洛阳考古四十年》，科学出版社，1996 年)。

1997 年（六十五岁）

李仰松为考古系研究生讲授"考古与民族学研究"。

发表《研究我国文明起源问题的一些思考》（《考古与文物》1997 年第 1 期)。

12 月，李仰松退休。

与科学出版社合作整理《民族考古学》论文书稿。

四、退 休 之 后

1998 年（六十六岁）

3 月，李仰松赴美国探亲一年。

4 月，出版《民族考古学论文集》（科学出版社，1998 年）。

1999 年（六十七岁）

应学校返聘为考古文博学院研究生讲授"考古与民族学研究"。

7 月，李仰松应国家文物局之邀，赴黑龙江省度假 10 天，随队在黑龙江省博物馆作《我与民族考古学》的学术演讲。

2000 年（六十八岁）

应学校返聘为考古文博学院研究生讲授"考古与民族学研究"。

《民族考古学论文集》荣获北京市第六届哲学社会科学优秀成果二等奖。

2001 年（六十九岁）

发表《岩画与人类社会早期历史——我对岩画学的研究》（《2000 宁夏国际岩画研讨会文集》，宁夏人民出版社，2001 年）。

2004 年（七十二岁）

发表李仰松在"胶东考古座谈会"上的发言，文见《胶东考古研究文集》（齐鲁书社，2004 年）。

2005 年（七十三岁）

发表《半坡遗址和我的民族与考古学研究》（《史前研究》（2004 年），三秦出版社，2005 年）。

2007 年（七十五岁）

发表《岩画学是多学科研究的一门新兴学科——对中国岩画研究的反思》（《史前研究》（2006），陕西师范大学出版社，2007 年）。

2008 年（七十六岁）

5 月，《民族考古学论文集》荣获改革开放三十年北京大学人文社会科学研究"百项精品成果奖"提名奖。

发表《老龄大学是我们的精神家园》（《枫林》（北京市海淀老龄大学校刊）2008 年11 月）。

2009 年（七十七岁）

发表《五心昌老师指导我的国画创作》（《枫林》2009 年 12 月）。

2010 年（七十八岁）

发表《弘扬祖国传统文化——谈对养生保健与绘画艺术的感悟》（北京市海淀老龄大学老年教育理论研究会创编：《海淀老年教育研究》（第一期），2010 年 12 月）。

又接受访谈，发表《筚路蓝缕，开拓创新——李仰松先生访谈录》（《南方文物》特约稿）（《南方文物》2010 年第 2 期）。

2013 年（八十一岁）

发表《人类健康是一个系统工程——再谈心理健康与身体健康》（北京市海淀老龄大学老年教育理论研究会：《海淀老年教育研究》（第三期），2013 年）。

2015 年（八十三岁）

出版《20 世纪 50 年代西盟佤族社会历史调查》（文物出版社，2015 年）。

2017 年（八十五岁）

因年龄关系，从海淀老龄大学休学后又转向其他单位，学习绘画同时一直关注老年身体健康问题的研究。

2019 年（八十七岁）

出版《李仰松考古文集》（文物出版社，2019 年）。

2022 年（九十岁）

荣获北京大学考古文博学院教学贡献奖。

附录二　李仰松先生论著总目

一、学术专著

（一）田野考古发掘报告

《洛阳王湾——田野考古发掘报告》（李仰松参与编写），北京大学出版社，2002 年。

（二）民族考古调查报告

1.《原始社会史与民族志》，北京大学印刷厂铅印，1972 年。

2.《佤族社会历史调查》（一），云南人民出版社，1983 年。

3.《佤族社会历史调查》（二），云南人民出版社，1983 年。

4.《20 世纪 50 年代西盟佤族社会历史调查》，文物出版社，2015 年。

（三）考古学讲义与民族考古学教学大纲

1.《新石器时代考古》（李仰松、严文明编著），北京大学印刷厂铅印，1972 年。

2.《田野考古教学札记——纪念北京大学考古专业成立三十周年》，《考古与文物》1983 年第 5 期。

3.《民族考古学》教学大纲，参见《民族考古学论文集》附录二，科学出版社，1998 年。

（四）民族考古学论文集与考古学论文集

1.《民族考古学论文集》，科学出版社，1998 年（2000 年荣获北京市第六届哲学社会科学优秀成果二等奖）。

2.《李仰松考古文集》，文物出版社，2019 年。

（五）科普读物

1.《二十世纪中国学术要籍大辞典》（考古学编委及主持人：李仰松），中共中央党校出版社，1993 年（1994 年荣获第五届中国图书奖）。

2. 中华文化讲座电视系列片：《岩画探秘》（李仰松讲授），北京大学音像出版社，1996 年（1996 年荣获首届全国优秀教育音像出版物一等奖）。

3.《寻找解开考古学哑谜的钥匙》，《考古人和他们的故事》（第二辑），学苑出版社，2006 年。

二、学 术 论 文

（一）田野考古调查、发掘简报

1.《陕西华县柳子镇（泉护村、元君庙）第二次发掘的主要收获》，《考古》1959年第 11 期。

2.《洛阳王湾遗址发掘简报》（李仰松、严文明执笔），《考古》1961 年第 4 期。

3.《河南偃师伊河南岸考古调查试掘报告》，《考古》1964 年第 11 期。

4.《陕西临潼康桥义和村新石器时代遗址调查记》，《考古》1965 年第 9 期。

5.《清江筑卫城遗址发掘简报》（李仰松、余家栋执笔），《考古》1976 年第 6 期。

6.《青海贵南尕马台齐家文化墓地简报》，《青海日报》1978 年 2 月 18 日。

（二）田野考古发掘报告

1.《田野考古发掘工作》，《文物工作》1990 年第 4、5 期。

2.《田野考古调查概述》，《文博》1991 年第 3 期。

3.《整理发掘资料与编写考古报告应注意的若干问题》，《李仰松考古文集》，文物出版社，2019 年，第 58～67 页。

（三）研究论文

1.《云南省西盟佤族制陶概况》，《考古通讯》1958 年第 2 期。

2.《从瓦族制陶探讨我国古代陶器制作上的几个问题》，《考古》1959 年第 5 期。

3.《佤族的葬俗对研究我国远古人类葬俗的一些启发》，《考古》1961 年第 7 期。

4.《对我国酿酒起源的探讨》，《考古》1962 年第 1 期。

5.《仰韶文化的瓮棺葬》，《考古》1976 年第 6 期。

6.《柳湾出土人像彩陶壶新解》，《文物》1978 年第 4 期。

7.《从河南龙山文化的几个类型谈夏文化的若干问题》，《中国考古学会第一次年会论文集》，文物出版社，1979 年，第 32～49 页。

8.《试谈我国新石器时代出土的"双连杯"和"三耳杯"及其有关问题》，《中原文物》1980 年第 4 期。

9.《中国原始社会生产工具试探》，《考古》1980 年第 6 期。

10.《云南省西盟佤族的鸡骨卜》，《民族学研究》（第三辑），民族出版社，1982 年，第 173～181 页。

11.《新乐文化及其有关问题》，《新乐遗址学术讨论文集》，1982 年。

12.《西盟大马佤族社会经济调查》《西盟县岳戛科佤族社会经济调查》《西盟县宛

不弄茶佤族的鸡卜骨》（李仰松等执笔），均见《佤族社会历史调查》（一、二），云南人民出版社，1983 年。

13.《学习〈家庭、私有制和国家的起源〉实事求是的科学态度》,《史前研究》1984 年第 4 期。

14.《试论中国古代的军事民主制——纪念恩格斯〈家庭私有制和国家起源〉发表一百周年》,《考古》1984 年第 5 期。

15.《在东山嘴遗址座谈会上的讲话》,《文物》1984 年第 11 期。

16.《试论仰韶文化半坡类型的编年与社会性质》,《史前研究》1985 年第 4 期。

17.《广西左江流域花山崖壁画试探》,《广西民族研究》1986 年第 3 期。

18.《秦安大地湾遗址仰韶晚期地画研究》,《考古》1986 年第 11 期。

19.《关于我国新石器时代考古学文化区系类型的研究》,《山东史前文化论文集》,齐鲁书社，1986 年，第 56～62 页。

20.《华南和西南地区新石器文化》,《中国大百科全书・考古卷》，1986 年，第 210 页。

21.《关于仰韶文化研究中的若干问题——在纪念仰韶遗址发现 65 周年学术讨论会上的演讲》,《中原文物》1986 年特刊。

22.《我国新石器时代的泡菜坛和封闭式陶瓶》,《史前研究》1988 年辑刊。

23.《谈民族学调查与考古学研究的关系》,《文物工作》1989 年第 5 期。

24.《"新考古学"与国情》,《中国文物报》1990 年 1 月 4 日第三版。

25.《西盟马散佤族村落对研究姜寨遗址村落的启示》,《纪念北京大学考古专业三十周年论文集（1952—1982）》，文物出版社，1990 年，第 95～107 页。

26.《仰韶文化慢轮制陶技术的研究》,《考古》1990 年第 12 期。

27.《仰韶文化婴首、鱼、蛙纹陶盆考释》,《北京大学学报（哲学社会科学版）》，1991 年第 2 期。

28.《内蒙古与宁夏岩画生殖巫术析》,《宁夏社会科学》1992 年第 2 期。

29.《贺兰山岩画生殖巫术画新证》,《中国文物报》1992 年 2 月 16 日。

30.《我国谷物酿酒起源新论》,《考古》1993 年第 6 期。

31.《考古学与有关人文学科的关系》,《人类学与民俗研究通讯》1994 年第 4 期。

32.《中国民族考古学及有关问题》,《民族学与民族文化发展研究》，中国社会科学出版社，1995 年，第 329～336 页。

33.《夏鼐先生的一封信——纪念夏鼐先生逝世十周年》,《文物天地》1995 年第 4 期。

34.《中国岩画探秘》,《中华文化讲座丛书》（第二集），北京大学出版社，1995 年，第 106～111 页。

35.《中国新石器时代の研究課題について——北京大学考古学系发掘成果》（中国新石器时代有关研究课题），（日本）出光美术馆发行，平凡社，1995 年。

36.《王湾遗址有关学术问题的探索》,《洛阳考古四十年》, 科学出版社, 1996 年。

37.《研究我国文明起源问题的一些思考》,《考古与文物》1997 年第 1 期。

38.《濮阳蚌塑龙虎墓的发现与研究》,《中华第一龙——95 濮阳"龙文化与中华民族"学术讨论会文集》, 中州古籍出版社, 2000 年, 第 135～140 页。

39.《岩画与人类社会早期历史——我对岩画学的研究》,《2000 宁夏国际岩画研讨会文集》, 宁夏人民出版社, 2001 年。

40.《对山东胶东新石器文化及其他有关问题的探讨》,《胶东考古研究文集》, 齐鲁书社, 2004 年。

41.《半坡遗址和我的民族与考古学研究》,《史前研究》(2004), 三秦出版社, 2005 年, 第 77～84 页。

42.《岩画学是多学科综合研究的一门新兴学科——对中国岩画研究的反思》,《史前研究》(2006), 陕西师范大学出版社, 2007 年, 第 3～7 页。

43.《对青海贵南县齐家文化墓地无头墓穴的解读》,《考古人和他们的故事》(第二辑), 学苑出版社, 2008 年。

44.《筚路蓝缕, 开拓创新——李仰松先生访谈录》,《南方文物》2010 年第 2 期。

45.《人类健康是一个系统工程——再谈心理健康与身体健康》,《海淀老年教育研究》(第三期), 2013 年。